AF533883

Mark Zahel

BERGSTEIGERDÖRFER

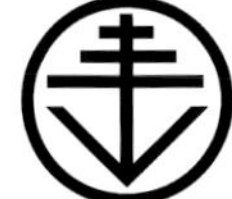

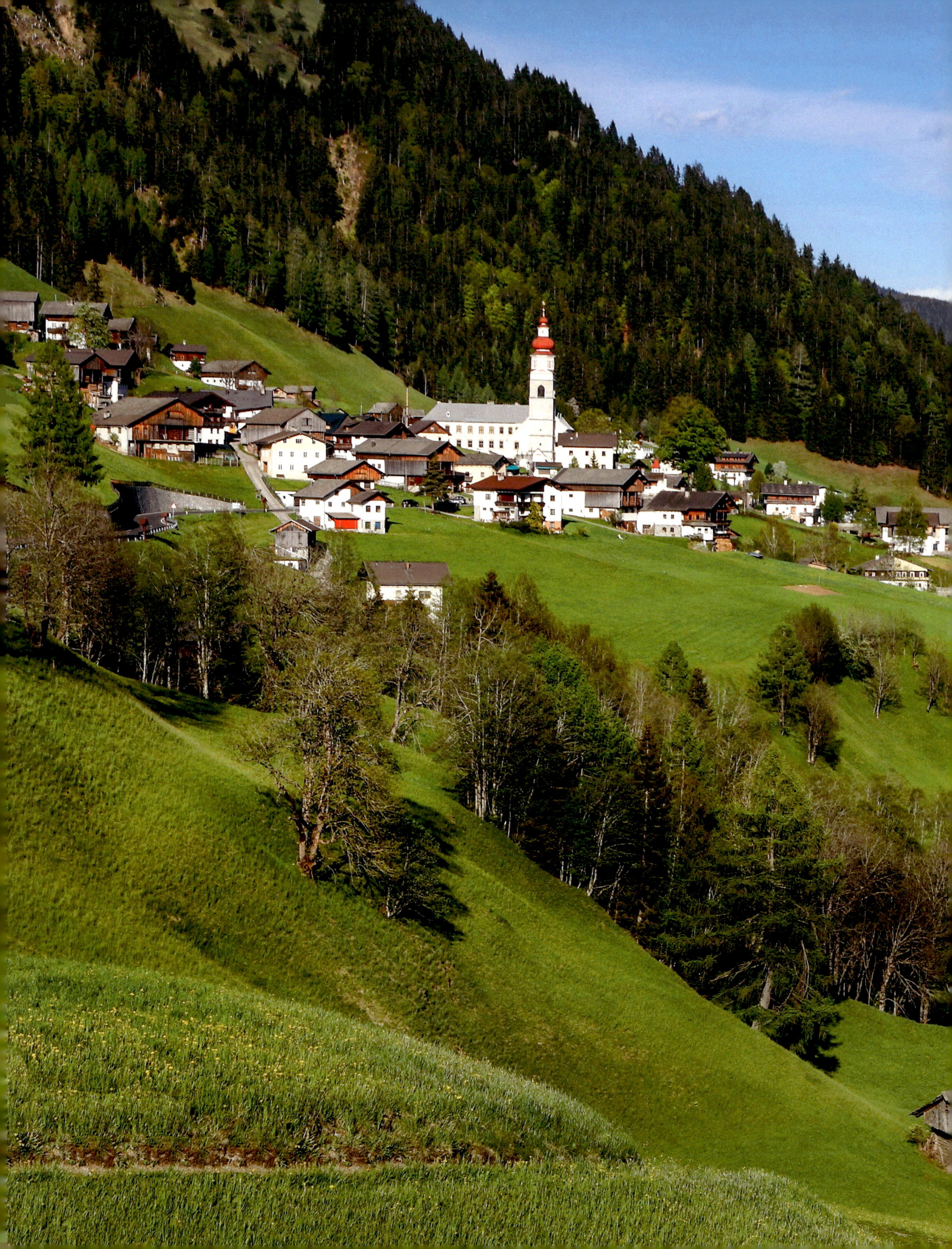

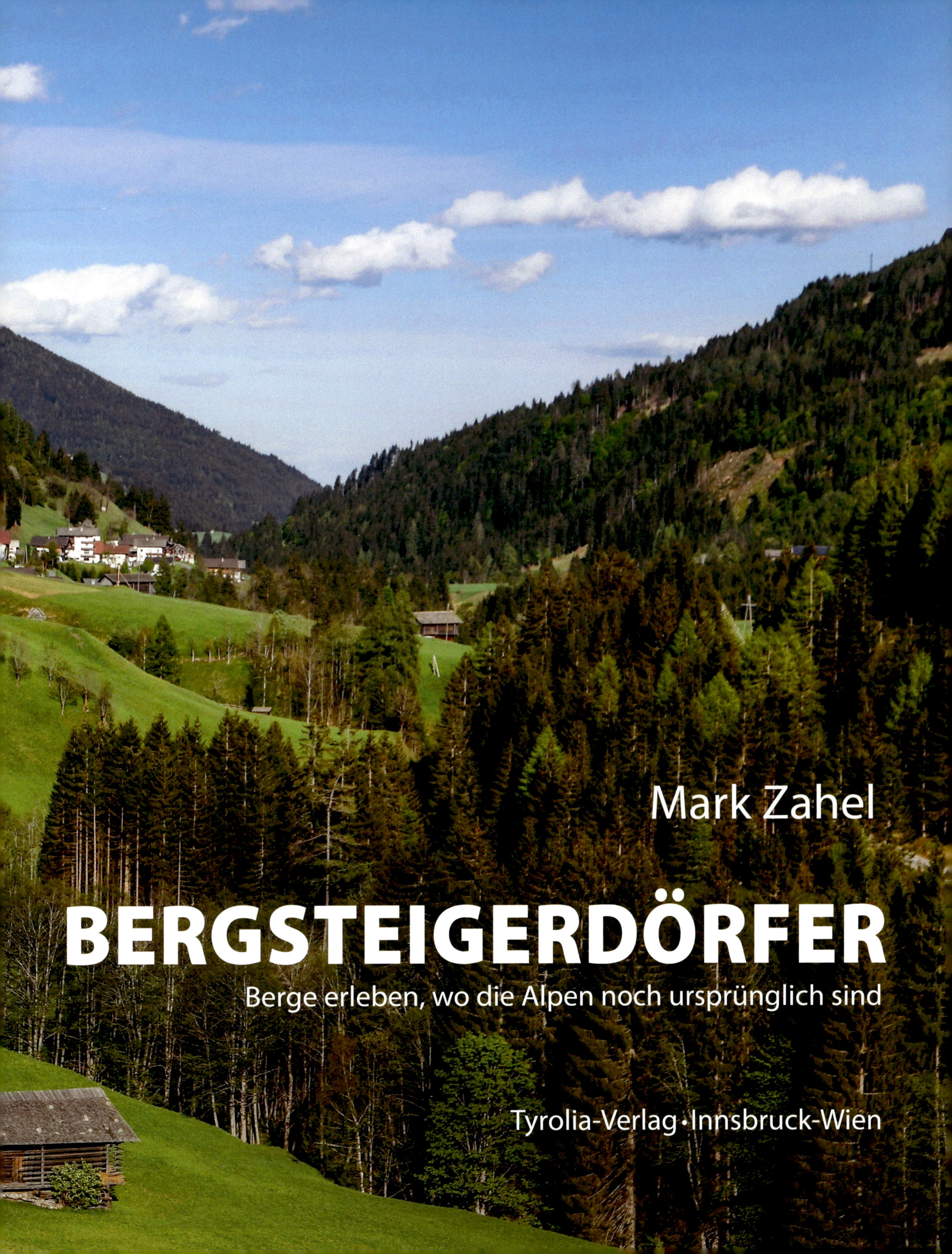

Mark Zahel

BERGSTEIGERDÖRFER

Berge erleben, wo die Alpen noch ursprünglich sind

Tyrolia-Verlag · Innsbruck-Wien

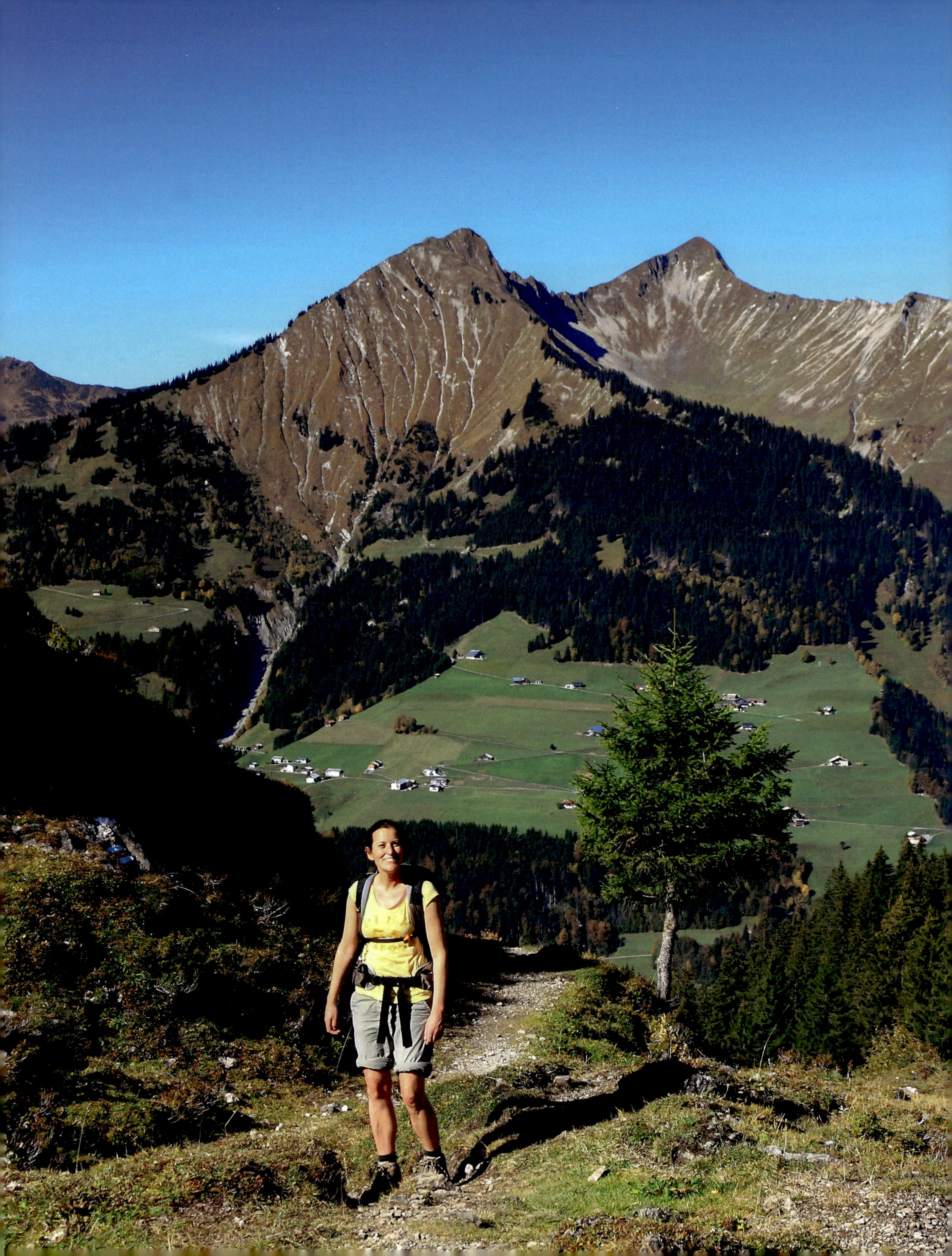

INHALT

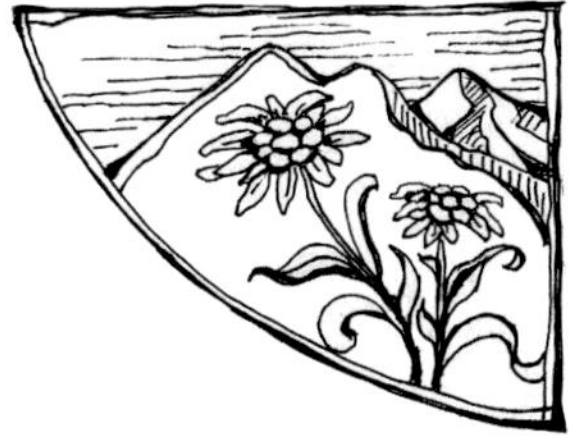

Was gibt es Schöneres, als durch eine ursprüngliche und intakte Berglandschaft zu wandern? Ein Bilderbuch-Herbsttag im Großen Walsertal lässt diesen Wunsch wahr werden …

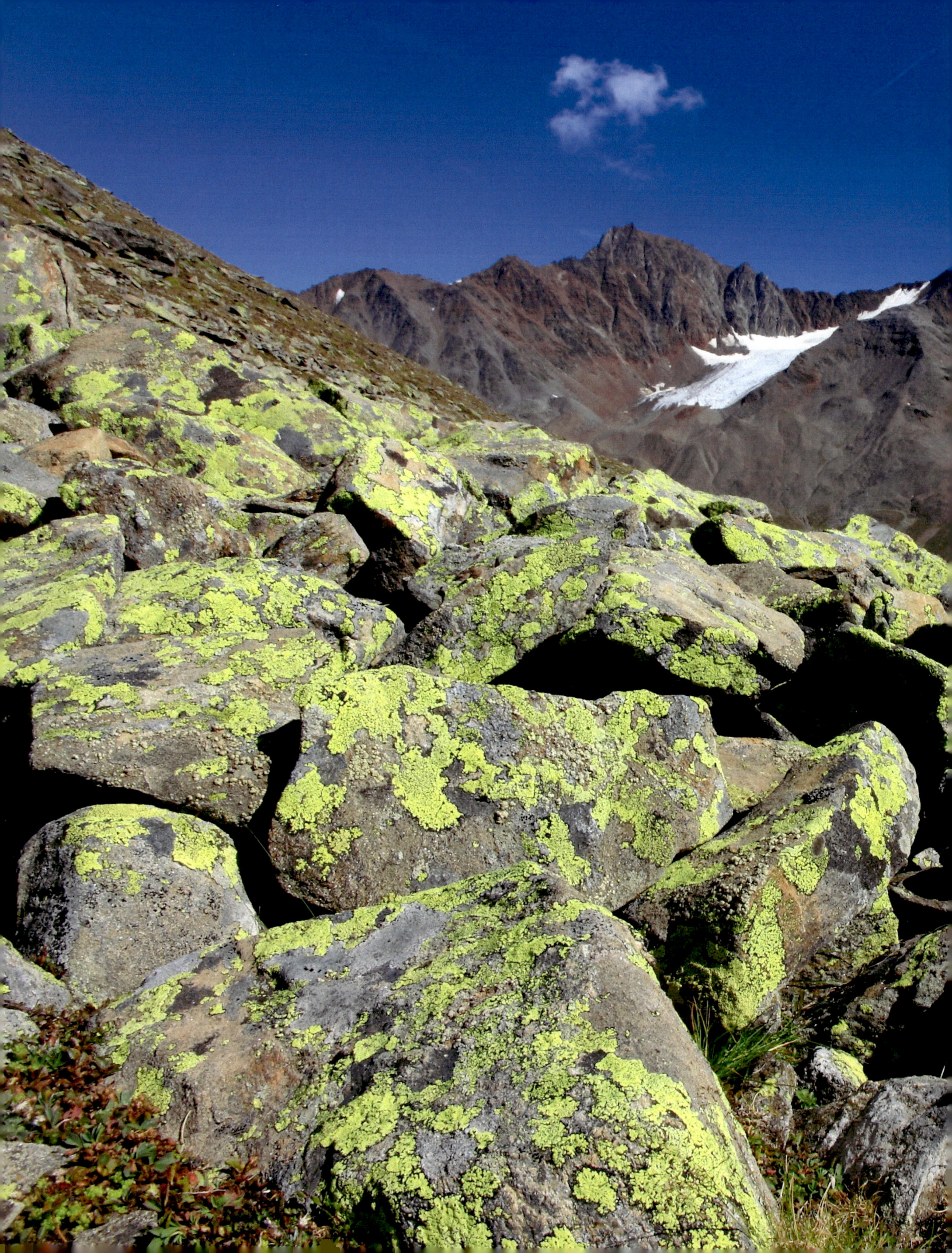

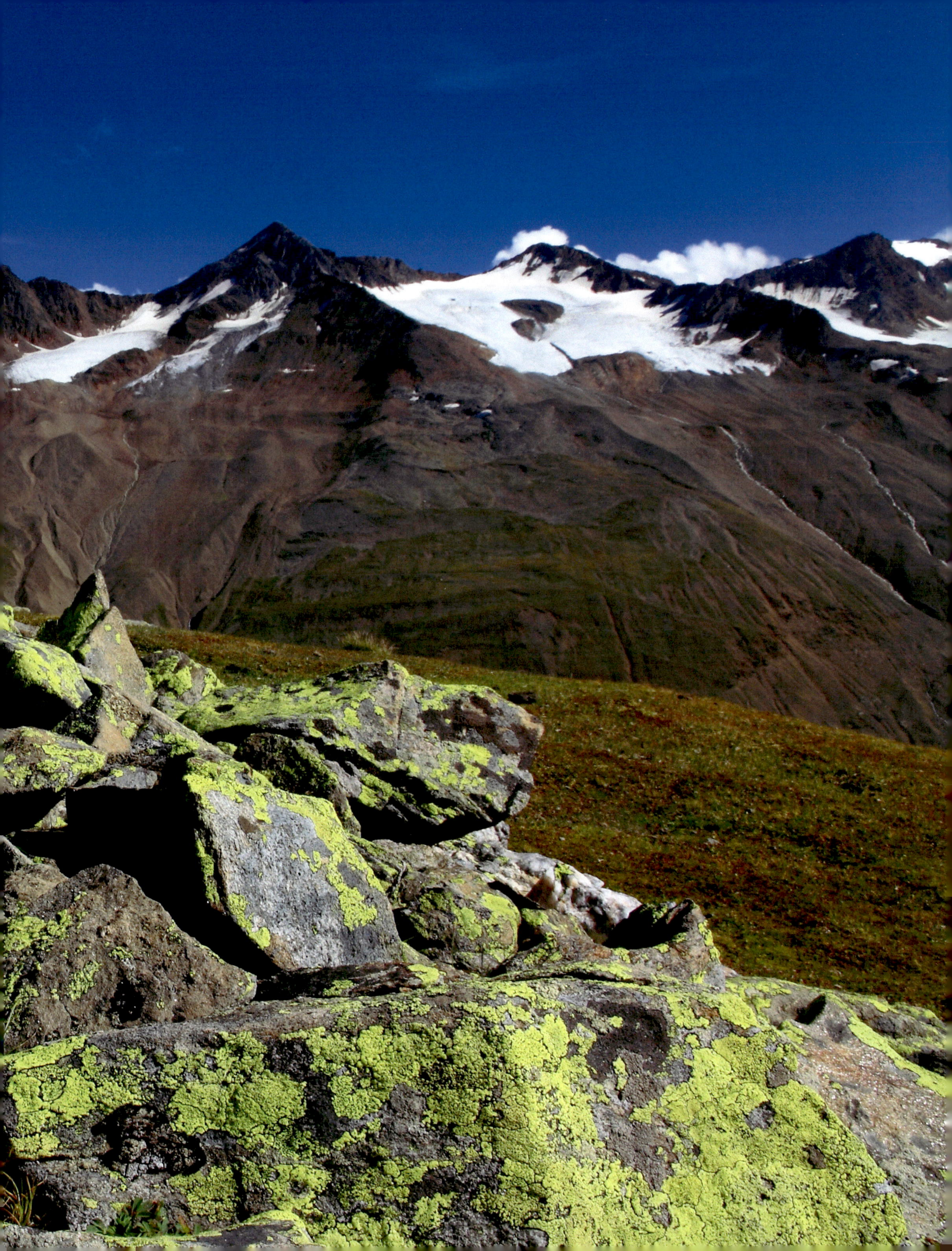

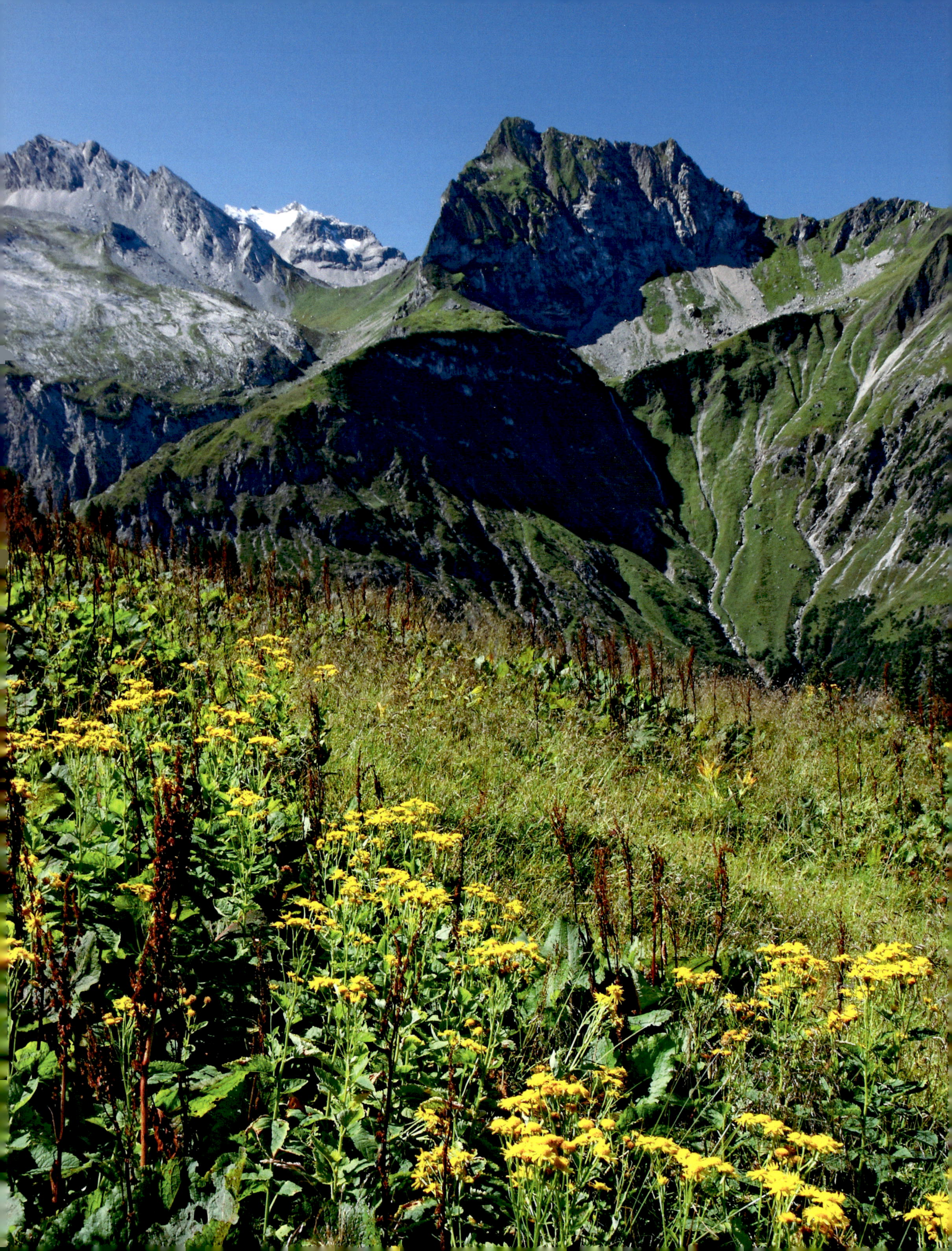

BERGE ERLEBEN, WO DIE ALPEN NOCH URSPRÜNGLICH SIND

Schon vor etlichen Jahren kam mir die Idee, einen Bildband über attraktive Bergdörfer und deren alpines Umfeld zu gestalten, eine thematische Blickrichtung, die es – überraschenderweise – in Buchform so noch gar nicht gegeben hat. Als ich dann auf die interessante Initiative des Österreichischen Alpenvereins gestoßen bin, lag ein handfestes Konzept im Grunde bereit. Denn bei der Auseinandersetzung mit den Grundwerten der Bergsteigerdörfer wurde schnell klar, wie sehr sich diese mit meinen eigenen Vorstellungen decken. Sanfter, naturverträglicher Tourismus lautet das Schlagwort, eine Hinwendung zu Ursprünglichkeit und authentischem Erleben, ohne die Erschließungsspirale immer weiter zu drehen.

Die Bereisung der Berggebiete zu erleichtern und die Kenntnis davon zu mehren, hatte sich der Alpenverein im 19. Jahrhundert als vorrangiges Ziel auf die Fahnen geschrieben und infolgedessen durch den Bau von Hütten und Wegen infrastrukturelle Pionierarbeit geleistet. Es kann nicht bezweifelt werden, dass der voll entwickelte Tourismus die Lebensbedingungen im Laufe der Zeit maßgeblich verbessert hat und zu einem wirtschaftlichen Zugpferd geworden ist. Ein schonender Umgang mit der Natur ist dabei jedoch häufig auf der Strecke geblieben, insbesondere im Ausbau des harten, landschaftsfressenden Wintertourismus. Und angebliche wirtschaftliche Erfordernisse werden auch heute noch von Befürwortern weiterer massiver Eingriffe ins Feld geführt, obwohl gesellschaftlich inzwischen längst ein Umweltbewusstsein verankert ist und für den Naturschutz durchaus hart gerungen wird. Leider sind es mittlerweile eher Konkurrenzsituationen zwischen verschiedenen Destinationen, die um die Gunst der Gäste buhlen und damit die Erschließungsspirale in Gang halten …

Eine sehr begrüßenswerte Alternative dazu stellen die Bergsteigerdörfer dar. Ihre Strategie setzt auf Nachhaltigkeit im Umgang mit den natürlichen Ressourcen, insbesondere mit dem unschätzbaren Kapital einer weitgehend intakten Landschaft. Für den Bergfreund, der sich nicht als »Konsument« von touristischen Dienstleistungen versteht, sondern auf ganz individuelle Art die Großartigkeit der Berge entdecken möchte, bieten sich hier bestgeeignete Möglichkeiten, die eigenen Wünsche zu verwirklichen.

Viele der 21 vom Alpenverein auserkorenen Orte bzw. Talschaften habe ich somit gleichsam intuitiv bereits kennengelernt, bevor sie zur offiziellen Marke Bergsteigerdorf gelangt sind. Nicht nur zahlreiche Erinnerungen an wunderbare Tage draußen verbinden sich damit, sondern auch das Bewusstsein, mit derartigen Erfahrungen als Bergsteiger und Alpenliebhaber gereift zu sein. Die Kenntnisse im Zuge dieses Buchprojekts zu vertiefen und auf die bisher noch vorhandenen Lücken auszuweiten, hat mich mit großer Freude erfüllt. Herausgekommen ist nun eine recht persönliche Sicht auf die »Bergsteigerdörfer«, die ja alle ihr ureigenes Charakterbild besitzen, eine Mischung aus Wissenswertem und Erlebtem, wobei im Fokus vor allem die sommerliche Aktivität am Berg stehen soll.

Insofern hoffe ich, dass Ihnen das vorliegende Buch interessanten und anschaulichen Lesestoff bietet, mit seinen Informationen auch einigen praktischen Nutzwert, und dass die großzügige Bebilderung vielleicht eine Sehnsucht auslöst, diese herrlichen Winkel unserer Alpen selbst zu erkunden. Viel Spaß beim Schmökern und Entdecken wünscht

Mark Zahel

Wer das Große Walsertal im »Ländle« besucht, wird auch das vielseitige Lechquellengebirge durchstreifen.

DIE IDEE DER BERGSTEIGERDÖRFER

Seit dem Jahr 2008 wird vom Österreichischen Alpenverein eine Initiative zur Stärkung des naturnahen Tourismus vorangebracht. Die bislang 21 nach strengen Kriterien zertifizierten Bergsteigerdörfer stehen damit als Gegenentwurf zu jenem problematischen »Erschließungs-Kapital-Kreisel«, wie ihn der Alpenverein selbst nennt, der seit Jahrzehnten die Fremdenverkehrsbranche dominiert und in dieser Konsequenz auf weite Bereiche von Umwelt und Sozialstruktur ausstrahlt.

Dabei waren es am Anfang ja meistens Bergsteiger, die als Pioniere erste Keime für einen Tourismus säten. In der zweiten Hälfte des 19. Jahrhunderts organisierten sie sich in alpinen Vereinen und setzten sich auch die Erschließung der Bergwelt zum Ziel, was in der Folgezeit sehr euphorisch und tatkräftig in den Bau von Hütten und Wegen mündete. Rückblickend kann diese »Wertschöpfung« nicht hoch genug eingeschätzt werden, sowohl in ideeller als auch in wirtschaftlicher Hinsicht. Denn solch eine vergleichsweise moderate und nachhaltige Infrastruktur können wir heutzutage ruhigen Gewissens unter die Rubrik »sanfter Tourismus« einordnen, auch wenn es hier und da Hütten geben mag, die bei Umweltstandards noch hinterherhinken.

Somit kann der Alpenverein durchaus als Geburtshelfer für den Alpentourismus angesehen werden. Mit allgemein steigendem Wohlstand und einer zunehmenden Technisierung haben im Laufe der Zeit allerdings drastischere Entwicklungen buchstäblich Raum ergriffen. Insbesondere der Skiboom führte zu einer oft rücksichtslosen Erschließungswelle und immer größeren Kapazitäten. Ganze Berghänge wurden zwecks Pistenbau planiert und verdrahtet, Speicherseen für die künstliche Beschneiung angelegt und in den Talorten entstand ein Hotelkomplex neben dem anderen – nicht selten von auswärtigen Investoren. Scheinbar alternativlos unterwarf man sich einem Diktat von Wachstum und Profit, ohne die Nebenwirkungen ausreichend mit ins Kalkül zu ziehen. Oppositionen gegen solche Prinzipien haben sich zwar formiert, Teile der Gesellschaft stehen weiteren Erschließungen längst skeptisch bis ablehnend gegenüber und dem Naturschutz sind mancherorts tatsächlich auch beachtliche Erfolge gelungen. Doch ist ein grundsätzliches Umdenken wohl ein langfristiger Prozess, über den trefflich zu philosophieren wäre, ob dieser denn überhaupt gelingen könnte.

EIN ALTERNATIVES TOURISMUSKONZEPT

Sicher wäre es übertrieben zu sagen, die ganzen Alpen seien im Jahr 2017 (über)erschlossen. Es gibt nach wie vor Bereiche, die von nennenswerter Wildnis respektive von einem harmonischen Gefüge zwischen Natur- und Kulturlandschaften geprägt sind. Und als passionierter Bergsteiger neigt man ja dazu, solche bevorzugt aufzusuchen, sofern man den Berg nicht bloß als Sportgerät sieht …

Nur müssen wir uns bewusst machen: Die Ressource »Landschaft« ist endlich – ähnlich wie die Bodenschätze dieser Welt. Auf einer Wanderung in der Schweiz bin ich einmal unweigerlich über Stunden mit dem Begriff »Landschaft« konfrontiert worden. Schulkinder hatten aufgeschrieben, was ihnen dazu alles einfällt, welche vordergründigen und tiefsinnigeren Bedeutungen und Verflechtungen diesem Wort innewohnen: ein Themenweg der besonderen Art, unterhaltsam und lehrreich zugleich. Wie wohl die Entscheidungsträger den »Wert« einer Landschaft definieren?

Oft führen die praktischen Sachverhalte ja zu einer Konstellation, in der sich Erschließungslobby und Umweltschützer mehr oder weniger frontal gegenüberstehen. Der Alpenverein sieht sich laut Statuten und Selbstverständnis daher regelmäßig in die Rolle eines Verhinderers gezwungen. Mit dem Projekt der Bergsteigerdörfer soll hingegen ein konstruktiver Weg eingeschlagen werden. Dörfer und

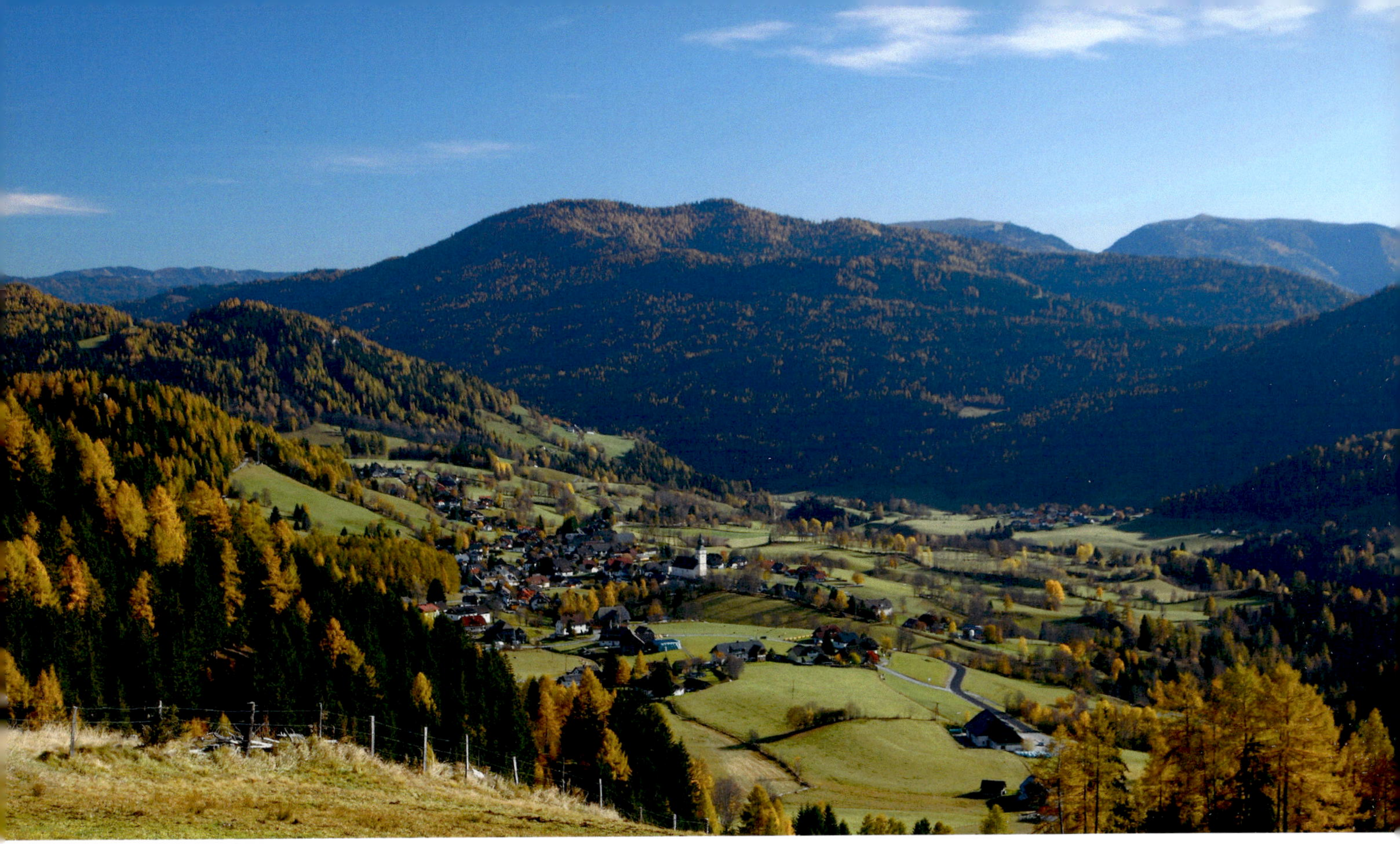

Die waldreiche Hügellandschaft um Krakaudorf in der südwestlichen Steiermark (oben).
Das Dorf Raggal schaut von seinem Balkon über das Große Walsertal auf den Walserkamm (unten).

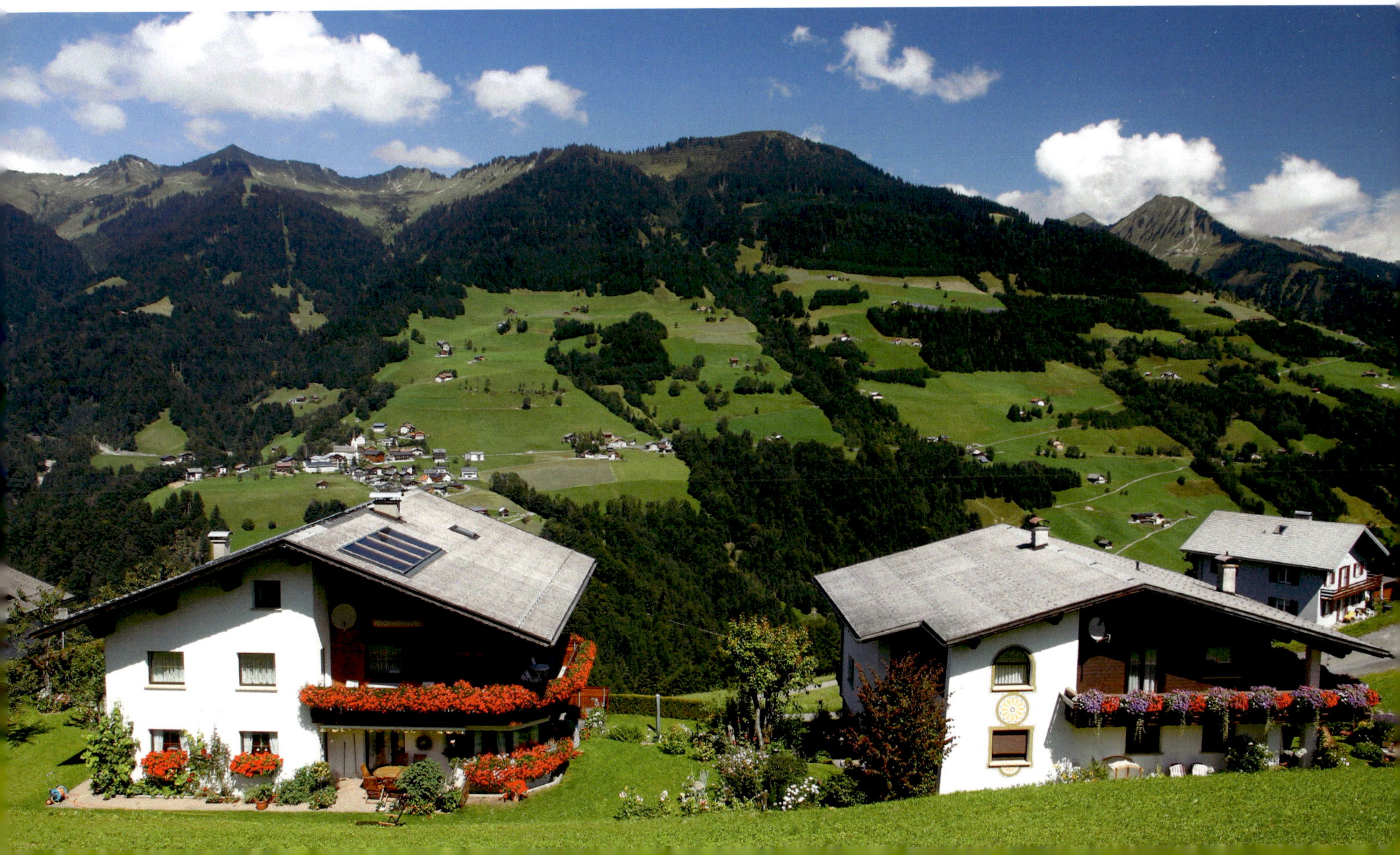

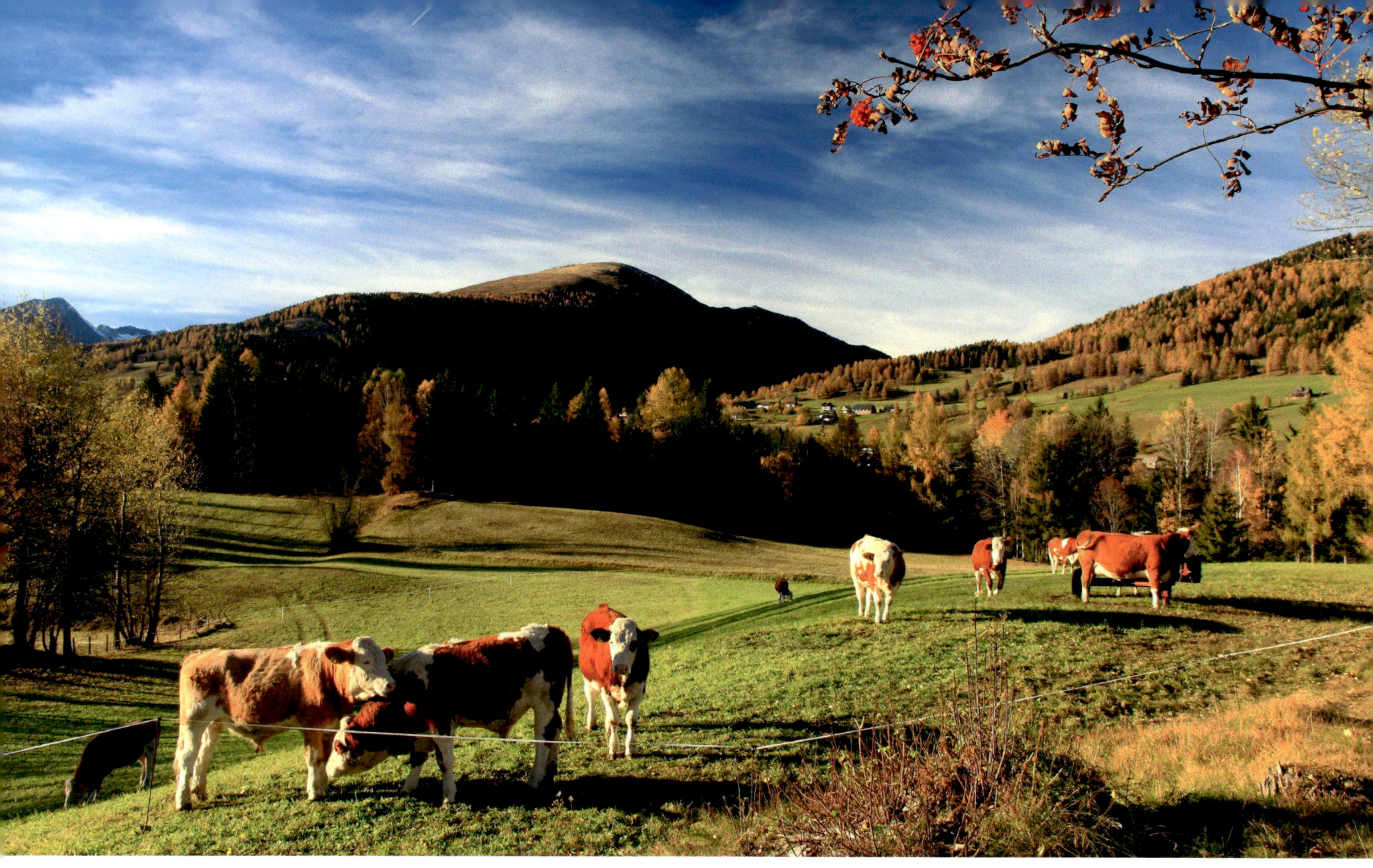

Szenerie in der liebreizenden Steirischen Krakau. Der Herbst ist vielleicht die schönste Zeit zum Wandern und Genießen.

Talschaften, die sich bislang nicht der Erschließungsspirale preisgegeben haben, sollen in ihren naturnahen Konzepten und Zielsetzungen bestärkt und praktisch gefördert werden. Denn es erscheint ja stets besser, sinnvolle Alternativlösungen aufzuzeigen, anstatt Dinge nur zu negieren. Wesentliche Maßgabe ist demnach, einen Tourismus zu unterstützen, der nicht auf bombastische Infrastruktur und schrille Events setzt, sondern umwelt- und traditionsbewusste Aspekte in den Vordergrund rückt. Die Bergsteigerdörfer wollen sich weder inszenieren noch einem hippen Zeitgeist nachlaufen, sondern sich so authentisch wie möglich präsentieren. Dass ein »Zurück-zu-den-Wurzeln«, als die Bergwelt nämlich aus sich heraus fasziniert und die Aufmerksamkeit auf sich gezogen hat, keinesfalls altbacken daherkommen muss, davon kann man sich ja ganz praktisch überzeugen. Und letztlich liegt es auch am Gast, seine Wahl ganz bewusst und verantwortungsvoll zu treffen …

UMSETZUNG DER ALPENKONVENTION

In engem Zusammenhang steht die Initiative der Bergsteigerdörfer mit der Alpenkonvention und deren Umsetzungsprotokollen. Dabei handelt es sich um ein internationales politisches, sprich völkerrechtliches Vertragswerk, das die acht Alpenstaaten gemeinsam mit der Europäischen Union im Jahr 1995 zur nachhaltigen Entwicklung des alpinen Raums geschlossen haben. Eines der Umsetzungsprotokolle behandelt den Themenkomplex »Tourismus und Freizeit«, wo entsprechende Zielsetzungen formuliert sind. Freilich verbleibt die Aufgabe, diese auch in ganz konkreter Hinsicht mit Leben zu füllen, also entsprechende Projekte und Ausrichtungen in Zusammenarbeit mit der Bevölkerung auf den Weg zu bringen. Als Beispiel kann hier bereits die Via Alpina genannt werden, ein alpenumspannendes Weitwanderwegenetz, das dem Motto »sanfter Tourismus« genügt.

Die Bergsteigerdörfer tragen der Alpenkonvention insofern Rechnung, als ein naturnaher Tourismus in seiner Wettbewerbsfähigkeit gestärkt wird und gleichzeitig zur Diversifizierung des Angebots führt, als den Belangen von Naturschutz und Landschaftspflege besonderer Stellenwert eingeräumt und die Intensität der touristischen Nutzung nicht überstrapaziert wird. Im Prinzip soll daraus eine Symbiose entstehen, wie man beim Alpenverein betont: »Während der Gast endlich den Alltag hinter sich lassen kann, werden in den Gemeinden Arbeitsplätze gehalten, können kleine Gastronomiebetriebe ihr Auskommen finden, werden Nächtigungen auf Schutzhütten gebucht, findet das regionale, kulinarische Angebot seine Abnehmer. Oberstes Ziel ist es, die Wertschöpfung in der Region zu halten«.

MERKMALE UND KRITERIENKATALOG

Und was macht nun ein Bergsteigerdorf typischerweise aus? Vordergründig eine weitgehend naturbelassene Umgebung von alpinem Charakter, ohne die Dominanz technischer Erschließungen, ein harmonisches, dörfliches Erscheinungsbild in vorzugsweise ruhiger Lage sowie eine Verwurzelung in Bergsteigerthemen mit gelebten Traditionen und entsprechender, historisch gewachsener alpiner Kompetenz. Damit die Sache freilich nicht zu schwammig oder beliebig wird, ist die Verleihung des Labels durch den Österreichischen Alpenverein – auch gemäß den zuvor ausgeführten Grundsätzen der Alpenkonvention – an eine ganze Reihe von konkret formulierten Kriterien gebunden. Nachfolgend eine Aufstellung:

- Alpiner Landschaftscharakter, der sich üblicherweise über die Reliefenergie (Höhenunterschied zwischen Tal und Gipfelniveau) definiert. 1000 Höhenmeter sollte diese mindestens betragen, eher deutlich mehr.
- Als Einzeldorf maximal 2500 ständige Einwohner, um das Erscheinungsbild eines kleinen, ruhigen Bergdorfes zu gewährleisten. Der Baustil sollte in sich harmonisch wirken und sich entsprechend in die Landschaft fügen.
- Groß dimensionierte Beherbungsbetriebe (Hotelkomplexe etc.) sprechen gegen diese Prinzipien, ebenso umfangreichere Industrieansiedlungen und Hochleistungsverkehrswege im Gemeindegebiet.
- Gleichwohl muss ein Mindestangebot an touristischer Infrastruktur (Gastronomie und Übernachtungsmöglichkeiten) gewährleistet sein, dazu zählen speziell auch alpine Schutzhütten.
- Keine oder allenfalls moderate technische Erschließung des Bergraums, d. h. Seilbahnen und Skipisten sollen die Ausnahme bilden und keinesfalls das Standbein, auf dem der örtliche Tourismus fußt.
- Berglandwirtschaft und/oder Waldwirtschaft sind neben dem Tourismus von tragender Bedeutung und werden unter Umweltaspekten sowie im Sinne einer Landschaftspflege durchgeführt. Möglichst enge Vernetzung von Produzenten und Konsumenten vor Ort bzw. in der Region
- Vorteilhaft ist das Vorhandensein von Naturschutzgebieten bzw. die Bemühung, solche auszuweisen. Die Nähe zu größeren Einheiten wie Natur- oder Nationalparks stellt das Ideal dar.
- Gute Anbindung an das Netz öffentlicher Verkehrsmittel und eine Infrastruktur, welche die Mobilität vor Ort gewährleistet, sodass auch der Urlaub vom eigenen Auto möglich ist.
- Aktive Wanderer und Bergsteiger als Hauptzielgruppe, mit einem speziell ausgerichteten Angebot und entsprechender Alpinkompetenz
- Bedeutung der alpinen Geschichte und daraus resultierend eine gelebte alpinistische Tradition

DER FALL KALS UND EIN AUSBLICK

Dass diese Richtlinien sehr ernst genommen werden, beweist der Vorgang eines Ausschlusses aus dem illustren Kreis der Bergsteigerdörfer. Betroffen war Kals am Großglockner, das vorderhand sehr prädestiniert erschien, das Qualitätssiegel zu tragen: die unmittelbare Nähe zum höchsten Berg Österreichs, der Nationalpark Hohe Tauern vor den Toren, die fraglos vorhandene Alpinkompetenz. Schließlich konnte sich Kals aber nicht dazu entschließen, den Weg eines »sanften Tourismus« konsequent zu verfolgen, sondern schielte gleichzeitig auch auf die andere, kurzfristig lukrativere Seite des Kuchens. Die Gemeinde genehmigte die Skischaukel mit Matrei, band sich damit in einen großen Skiverbund ein und stampfte ein stattliches Chalet-Dorf aus dem Boden. Zu viel Widerspruch für den Träger der Initiative, der entschieden handelte und damit glaubwürdig blieb. Freilich zeigt dieses Beispiel auch, wie eine fraglos zu würdigende Idee schnell in den Strudel politischen Gezänkes geraten kann. Immerhin müssen die Dinge stets auch von der einheimischen Bevölkerung mehrheitlich getragen werden und bei örtlichen Entscheidungsträgern Verbündete finden …

Mit Kals hat der Zirkel zwischenzeitlich zwar ein Mitglied verloren, Zuwachs hat sich allerdings auch nach und nach eingestellt, sodass wir momentan 20 Bergsteigerdörfer auf österreichischem Boden zählen (Stand 2017). Sie verteilen sich auf alle Bundesländer, die Alpenanteile besitzen, und bilden keine abgeschlossene Liste. Es können durchaus noch einige dazukommen. Richtungsweisend erscheint in dieser Hinsicht, dass auch in angrenzenden Ländern großes Interesse an einer Beteiligung bekundet wird. Und so kam es in Zusammenarbeit mit dem Deutschen Alpenverein 2015 zum ersten Bergsteigerdorf in Bayern, nämlich Ramsau bei Berchtesgaden, das in diesem Buch ebenfalls beleuchtet wird. Wir werden sehen,

Verheißungsvolle Hochalpen: Mit Eintritt in den Zillertaler Zemmgrund leuchtet uns das Hornkees mit den Hornspitzen entgegen.

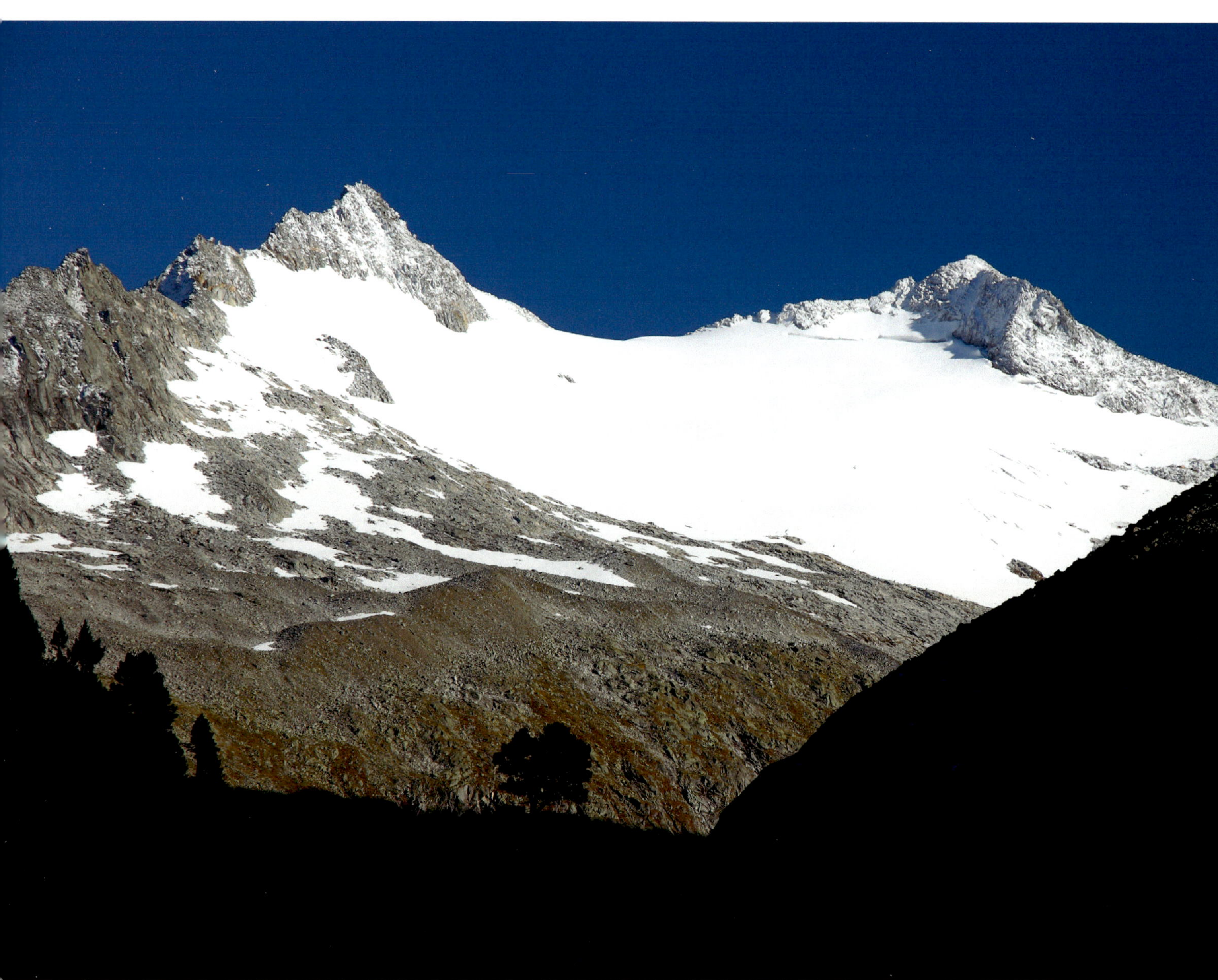

welche Früchte derartige Kooperationen zukünftig noch tragen werden, eventuell auch im Hinblick auf Slowenien, Südtirol bzw. Italien, wo sich entsprechende Bestrebungen abzeichnen. Insofern befindet sich die Initiative nach wie vor in einem dynamischen Prozess.

Zweierlei wäre ihr zu wünschen: Einerseits, dass jene Orte, die sich dem »sanften Tourismus« ganz ernsthaft verschrieben haben, mit dieser Strategie langfristig Erfolg haben und dabei nicht zuletzt die eigenen Ressourcen schonen. Und zum anderen, dass von diesen Bergsteigerdörfern und ihrer Philosophie eine weiterreichende Signalwirkung ausgeht, wie ein auf Traditionen fußender, aber doch irgendwie neuer und fortschrittlicher Tourismus gestaltet werden kann. Vielleicht sind unsere 21 Vertreter in diesem Band ja nur die Vorreiter für eine zukunftsweisende Entwicklung, die vom allgemeinen Urlauberverhalten irgendwann auch ganz selbstverständlich mitgetragen wird …

Schaulaufen vor der majestätischen Hochalmspitze: unterwegs auf den Höhenwegen des Maltatals im Osten der Hohen Tauern.

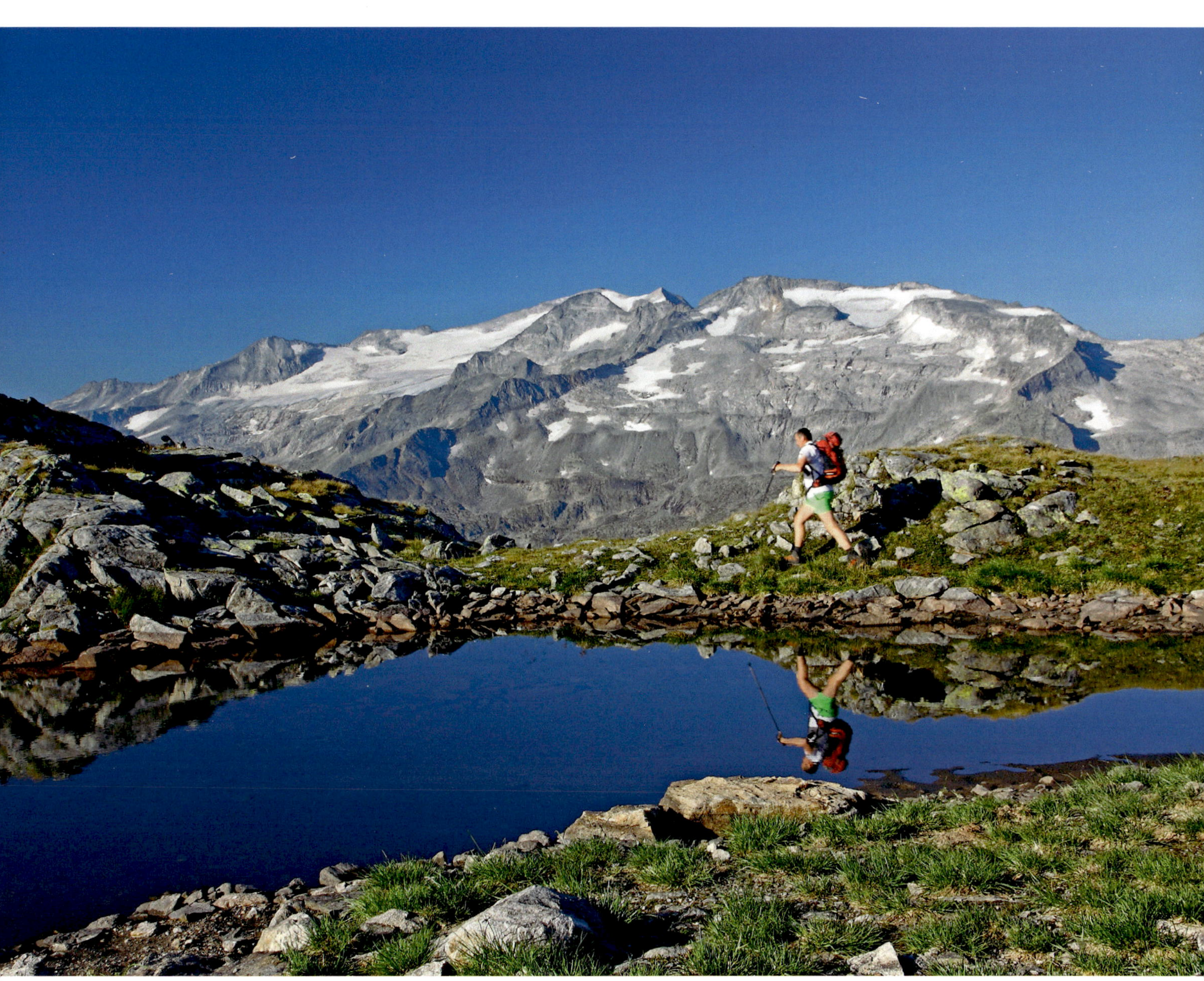

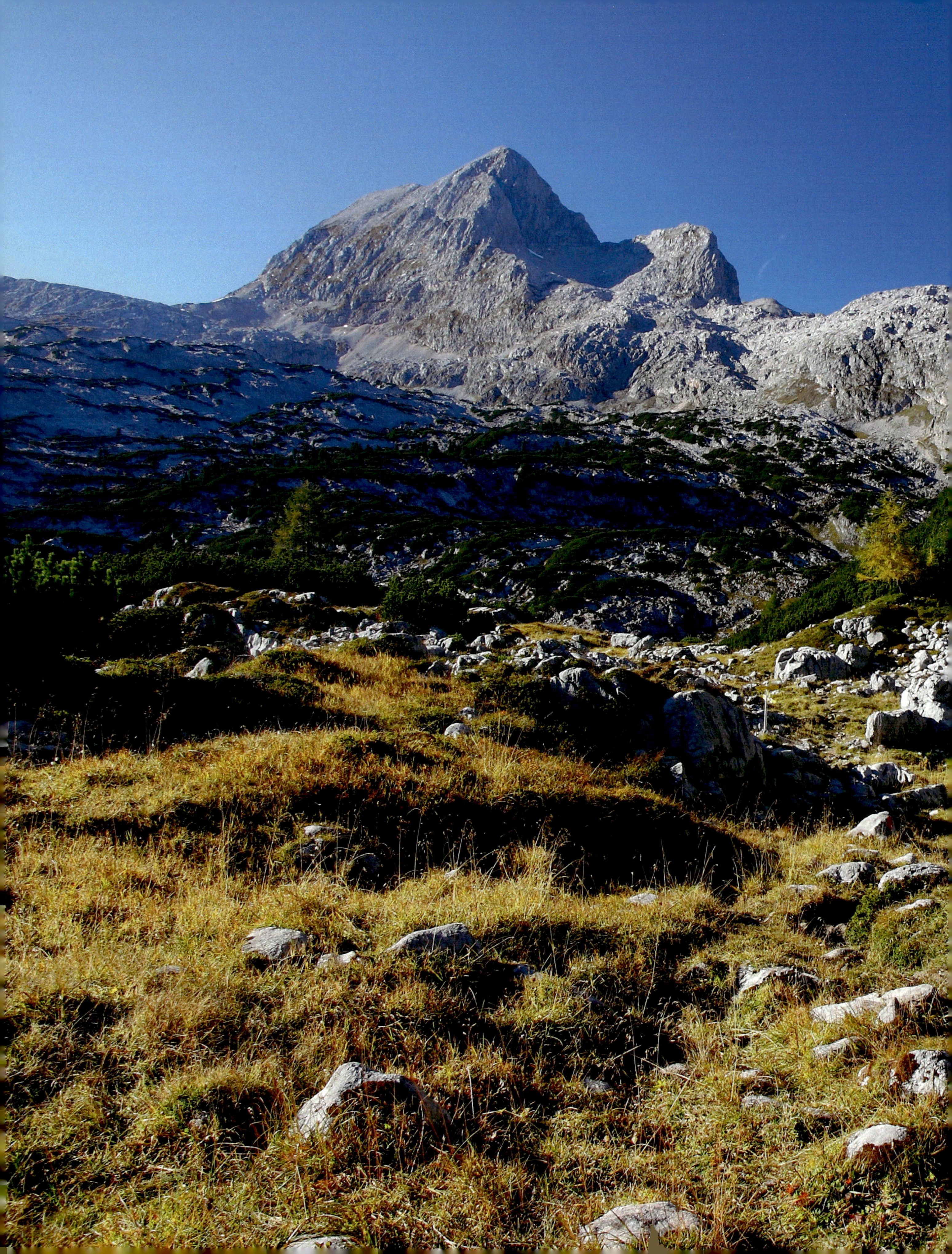

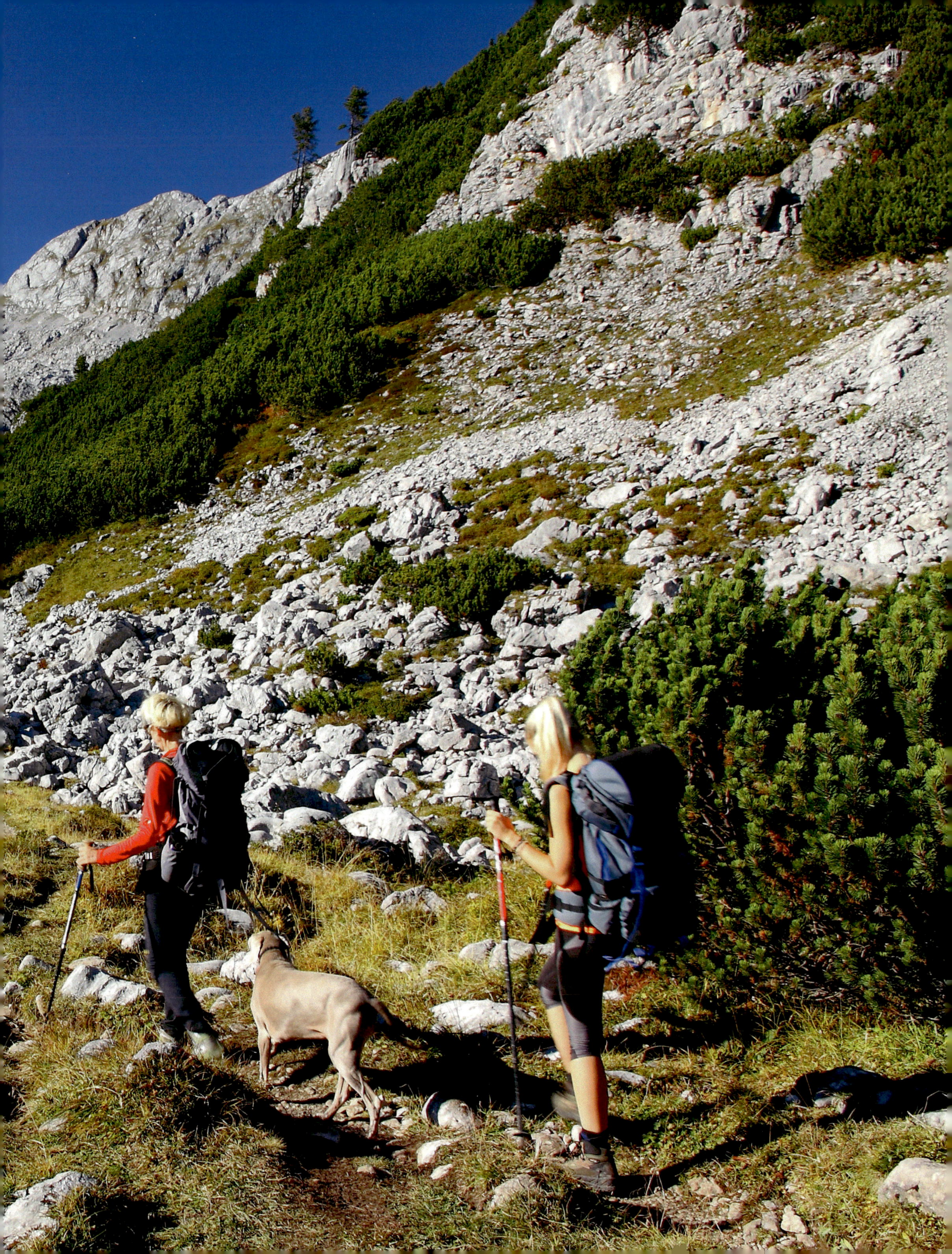

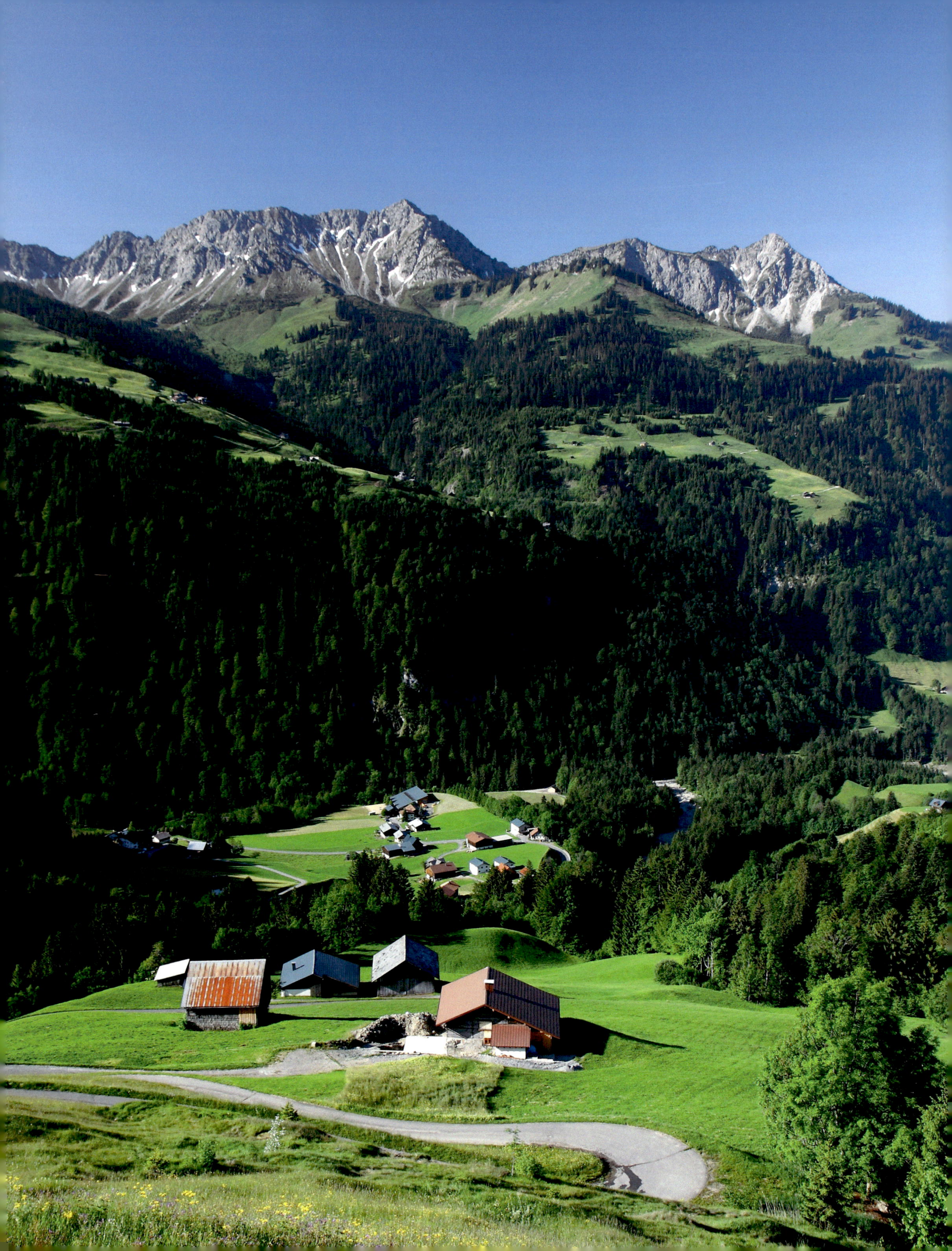

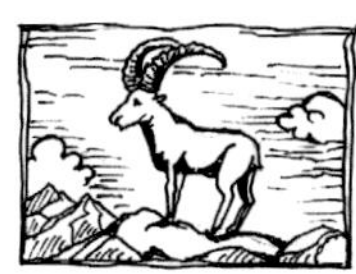

DAS GROSSE WALSERTAL

Mitten im »Ländle«, wie das westlichste Bundesland Vorarlberg von den Einheimischen liebevoll genannt wird, befindet sich das Große Walsertal zwischen den südlichen Ausläufern des Bregenzerwaldes und den schon merklich schrofferen Gipfeln des Lechquellengebirges. Das markante Relief mit einer Mischung aus Fels- und Grasbergen sowie zahlreichen tief eingeschnittenen Tobeln, nicht zuletzt auch die anmutig in die Landschaft gestreuten Walsersiedlungen, schaffen eine Szenerie wie aus dem Bilderbuch. Das Tal besitzt heute den Status eines UNESCO-Biosphärenparks!

Janine ist zum ersten Mal im Großen Walsertal – und auf Anhieb begeistert! Freilich haben wir für die Premiere einen makellosen Tag erwischt und eine Tour mit vielseitigen Perspektiven ausgesucht: Die herbstliche Landschaft leuchtet brillant in allen Farben, als wir lockeren Schrittes die Fünf-Alpen-Runde abschreiten. Sie führt vom Weiler Marul aus um das Massiv von Breithorn und Kellaspitze. Fast die ganze Zeit wandern wir entlang der Alphorizonte, die im Großen Walsertal weiten Raum einnehmen und somit das Landschaftsbild entscheidend prägen. Die Alpe Steris beispielsweise ist solch ein Idyll, mit ein oder zwei Dutzend Hütten fast schon ein kleines Dorf, abseits jedweder Hektik. Das sommerliche Glockengebimmel als Begleitmusik ist jetzt verschwunden, das Vieh seit einigen Wochen im Talgut angekommen. Vor einem Hüttchen sitzen noch einige Älpler beim Ratschen und Kartenspielen.

Nach diversen Besuchen in dieser Gegend kann ich Janine im Laufe unserer Wanderung das Gros der hiesigen »Bergprominenz« vorstellen: anfangs den Kammzug der Gamsfreiheit (welch schöner Name!), dann natürlich die mächtige Rote Wand, flankiert von der profilierten Kulisse über dem Klesenzatal, und später die gesamte nördliche Talumrahmung, von der Hochkünzelspitze über Zitterklapfen und Zafernhorn bis zur langen Gipfelkette des wiesengrünen Walserkammes. Wir werden noch genauer hinschauen …

Ein Tal in Grünschattierungen. Den Blickfang im Hintergrund bilden Breithorn und Kellaspitze.

EIN STÜCK SCHÖNE SCHWEIZ IM LÄNDLE

Wer die Schweizer Berge in ihrem Wesen mag, wird auch das Große Walsertal lieben. Dass es da unweigerlich gewisse Assoziationen gibt, kommt nicht von ungefähr. Denn der Name stammt ja von den ehedem nur in einem begrenzten Areal der Westalpen beheimateten Walsern, die im 13. und 14. Jahrhundert auszogen, größere Teile der Alpen zu besiedeln. Ostwärts drangen sie dabei bis ins heutige Vorarlberg vor. Und so erwartet uns hier ein typisch »walserisches« Ambiente, sprich häufig offene Hanglagen, die seinerzeit als Lebensraum urbar gemacht worden sind, darin verstreute Höfe und Weiler, die stolz über das Tal schauen. Allen Klischeekritikern zum Trotz: Die meisten Besucher empfinden solch ein Gefüge als besonders harmonisch und ästhetisch – oder wie man es gemeinhin ausdrückt: als schön!

Natürlich kommen hier auch Aspekte zum Tragen, die grundlegend sind für das Konzept unserer Bergsteigerdörfer. Denn eine Ursprünglichkeit, die ihren Namen wirklich noch verdient, ist in weiten Bereichen der nördlichen und zentralen Ostalpen schon ein seltenes Gut geworden. Wo vielerorts eher noch mehr Infrastruktur gefordert und gefördert wird, versucht man im Großen Walsertal – vornehmlich unter dem Dach des Biosphärenparks – die sanfte Schiene zu fahren, die sich nicht bloß auf klassischen Naturschutz in eng umrissenen Zonen stützt, sondern den Mensch in seinem angestammten Lebensraum ausdrücklich im Vordergrund sieht. Ökologische, wirtschaftliche und soziale Faktoren sollen dabei nachhaltig in Einklang gebracht werden. Das Tal ist mit seiner Umgebung ja weniger eine entlegene Wildnis als vornehmlich eine Kulturlandschaft. Diese in ihrer unverfälschten und vielfältigen Form zu erhalten bzw. positiv weiterzuentwickeln, lautet die Devise.

Als bergsteigende Gäste spielen wir in diesem Konzept natürlich auch eine Rolle, die sich in der Praxis großzügig ausfüllen lässt. Ob beschaulicher Alpbummel oder zünftige Gipfeltour, ob lehrreicher Themenweg oder pures Aussichtsvergnügen – hier ist für jeden Geschmack etwas geboten. Augenfällig erscheint dabei die geologisch bedingte Zweiteilung der Bergwelt: Der hauptsächlich aus Flysch aufgebaute Typus offenbart – wie beispielsweise am gesamten Walserkamm – ein weithin grasbewachsenes Relief, wobei das weiche Material die Ausbildung von tiefen Gräben, auch Tobel genannt, fördert. Nicht nur der Hauptfluss des Tals, die Lutz, hat sich tief in den Untergrund eingeschnitten, sodass die eigentliche Talsohle praktisch gar nicht besiedelt werden kann, sondern sich das

Ein sonniger Herbsttag auf der Rundtour über die fünf Alpen beschert uns traumhafte Ausblicke. Über dem Klesenzatal stechen schroffe Felsmassive in den azurblauen Himmel.

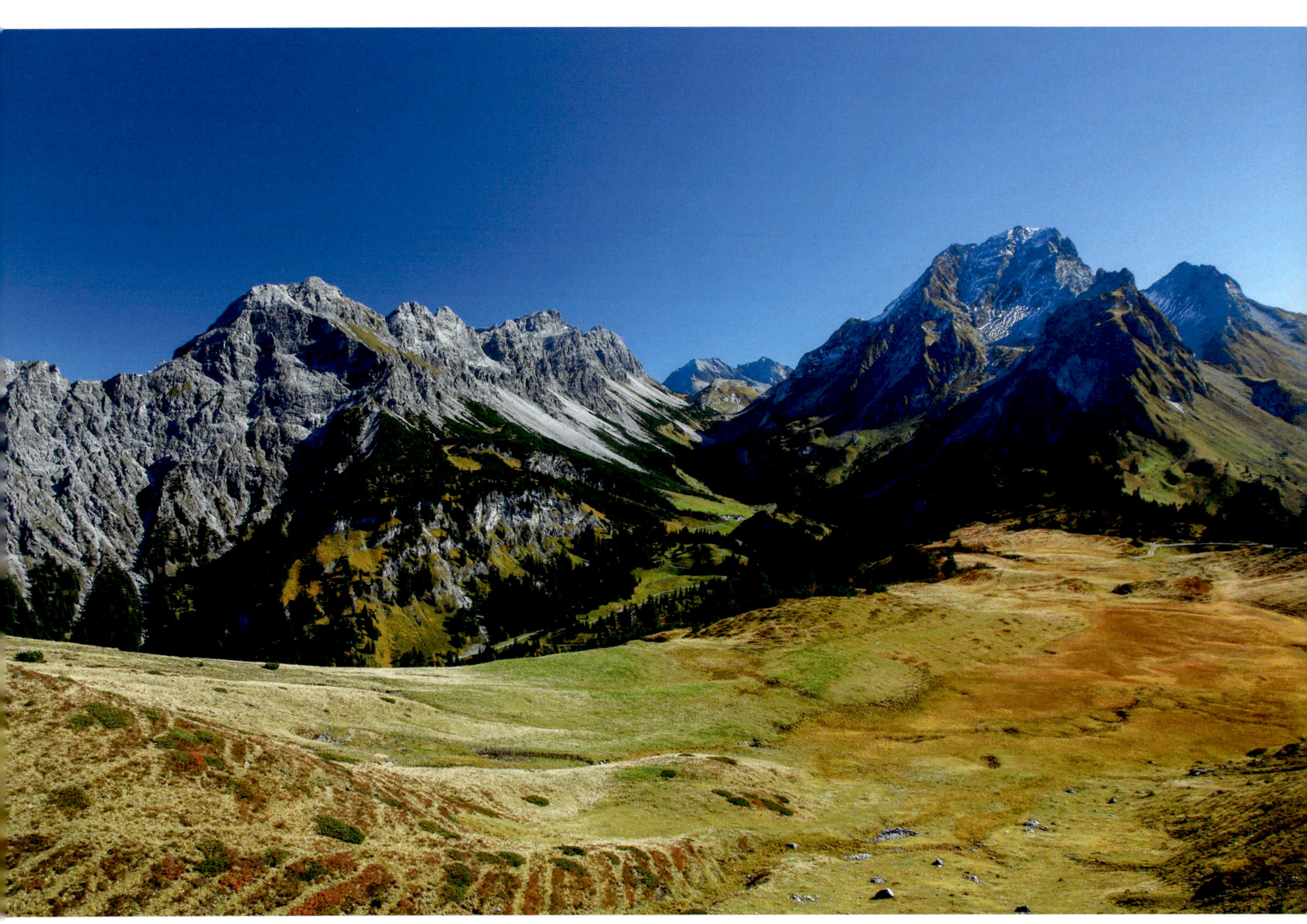

Leben auf den Hangterrassen abspielt. Auch die Flanken selbst sind ziemlich zergliedert, was schon zu dem Wortspiel geführt hat, das Große Walsertal sei ein »von Tobeln durchtobelter Tobel«. Dass solch ein Gelände im Winter ziemlich lawinenträchtig ist, mussten die Menschen hier im Januar 1954 außerordentlich leidvoll erfahren. 80 Tote, davon 57 allein in der kleinen Ortschaft Blons, waren damals zu beklagen!

CHARAKTERBERGE

Dem Flysch gegenüber tritt der Hauptdolomit mit seinen grauen, oft zersplitterten Felskolossen. Dieses Gestein baut die größeren Gipfel des Lechquellengebirges auf – abseits der obligatorischen »Wegeberge« vielfach ziemlich unzugängliche Gesellen in veritablem Ödland! Im Detail ist es mitunter freilich noch viel komplizierter. So erscheint der Südabbruch der Roten Wand mit seinen sieben farblich fein differenzierten Schichten wie ein aufgeschlagenes Buch der Erdgeschichte – oder wie eine versteinerte Torte, wie manch einer schon witzelte.

Diese Rote Wand ist der höchste und wuchtigste Berg im gesamten Einzugsgebiet. Von der Freiburger Hütte aus muss man ihn zunächst halb umrunden, dabei die Schwarze Furka und das Obere Sättele überschreiten, um letztlich über die »Schwachstelle« des Nordgrats hinaufzugelangen. Die Schwierigkeiten bleiben dann minimal unterhalb des zweiten Grads, freilich stets in hochalpin ernstem Ambiente mit allen Spielregeln, die dort zu beachten sind. Positiver Nebeneffekt dieser ausschweifenden Tour: Sie gestaltet sich ausgesprochen abwechslungsreich und wird mit einer gigantischen Fernsicht gekrönt! Von der Alpe Laguz gibt es einen direkteren Seitenzustieg, übrigens auch mit der Möglichkeit einer geschlossenen Rundtour um das ganze Massiv. Prädikat: sehr empfehlenswert!

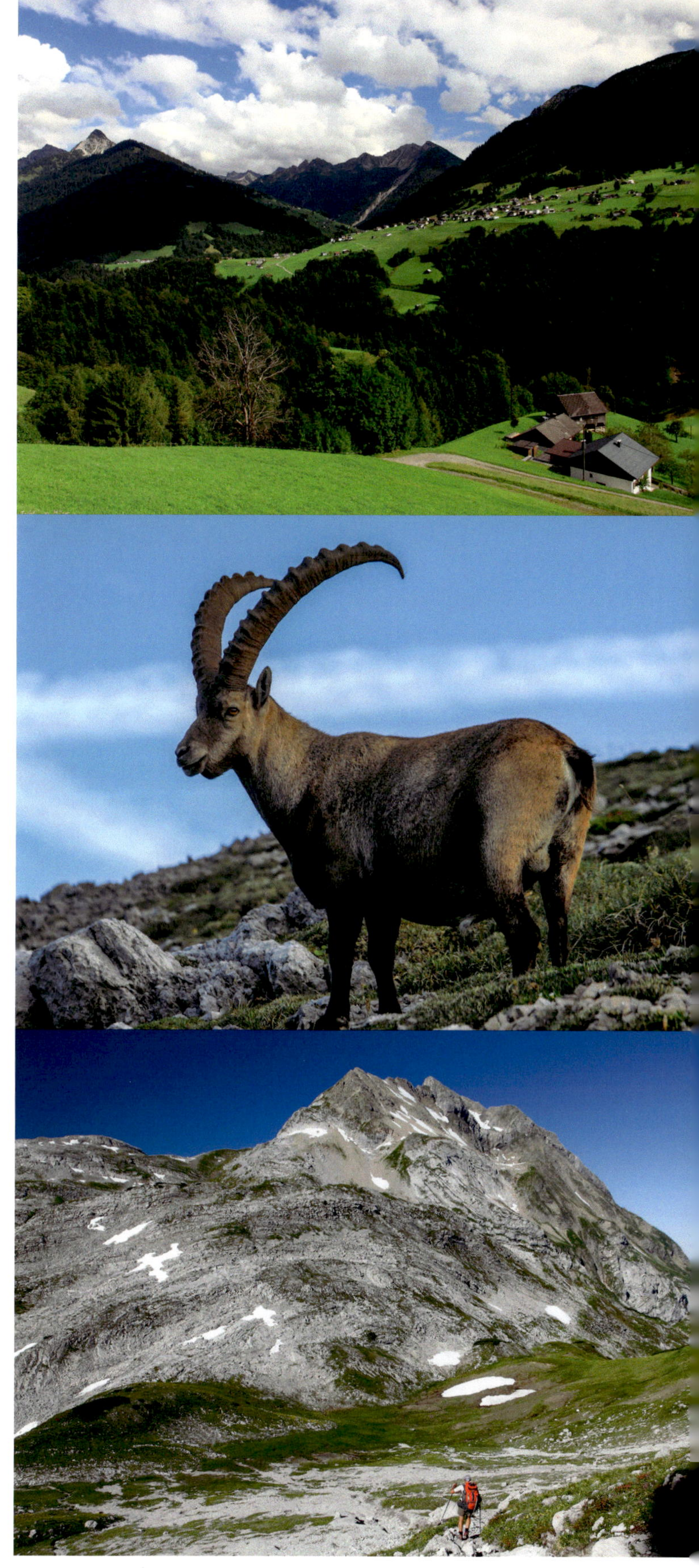

Impressionen aus dem Lechquellengebirge: Harmonisches Gefüge von Wäldern und offenen Flächen beim Blick Richtung Raggal (oben). Mit etwas Glück lassen sich Steinböcke beobachten, etwa im Gebiet der Göppinger Hütte (Mitte). Die Höhenwege, hier am Johannesjoch zwischen Freiburger und Göppinger Hütte, eröffnen immer wieder neue Perspektiven (unten).

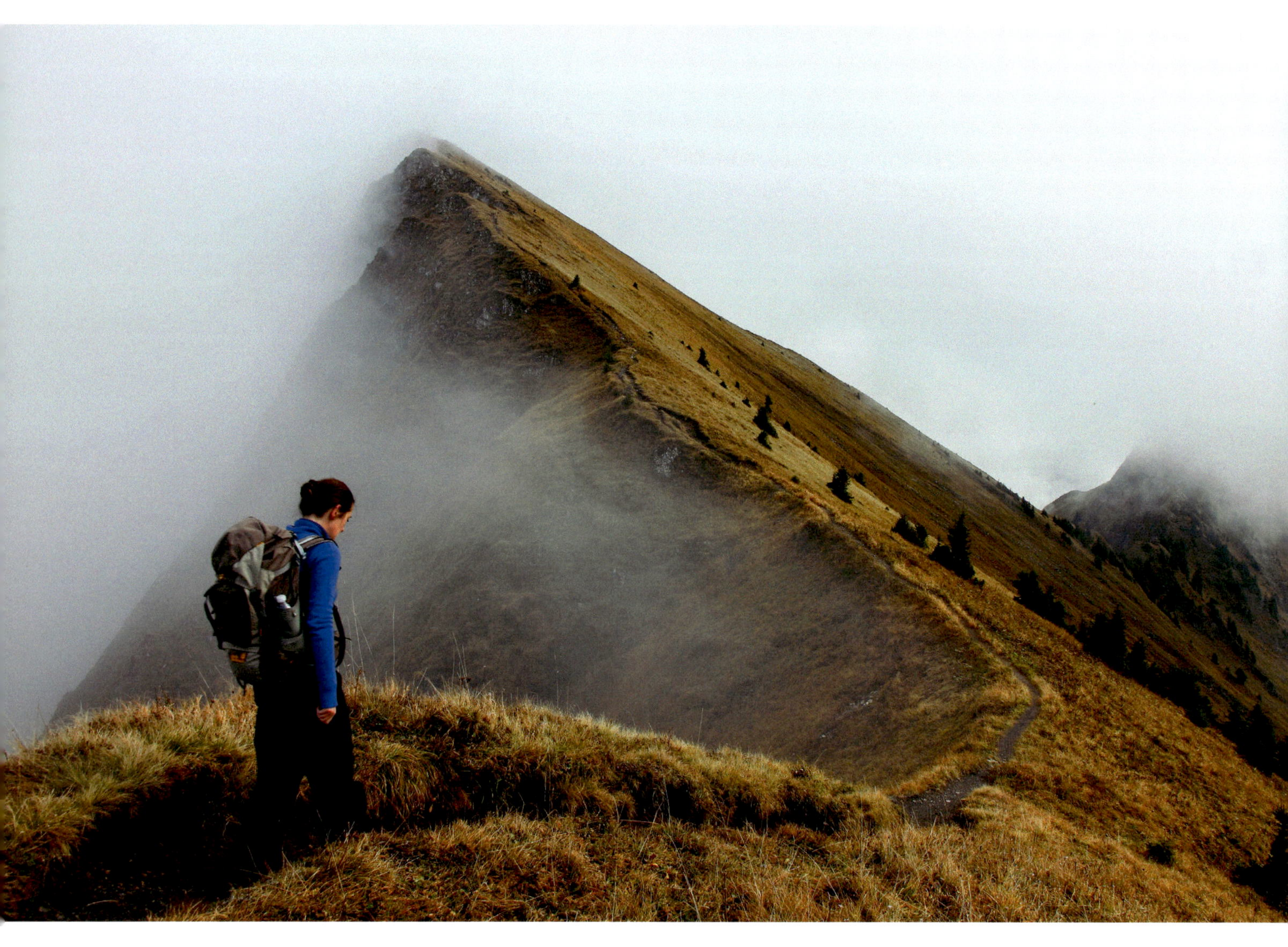

Mystisches Nebeltreiben bei der ausgesetzten Überschreitung des Glatthorns, die üblicherweise vom Faschinajoch aus unternommen wird.

Selbstverständlich kann man seine Streifzüge auch erst einmal locker angehen. Am Walderlebnispfad beim »Bio-Dorf« Marul kommt gleich die ganze Familie auf Trab. Unterhaltsam und oft gar spielerisch wird an vielen Stationen Wissenswertes über Natur und Geschichte vermittelt – besonders für Kinder eine tolle Sache! Bei Faschina gibt es einen Blumenlehrpfad, bei Raggal einen »Kneipp-Aktiv-Weg«, während die Blonser Lawinenwege am Falvkopf den schon erwähnten ernsten Hintergrund haben. Sehr lauschig und wenig anstrengend gestaltet sich eine Wanderung zum Seewaldsee bei Fontanella. Themenwege erfreuen sich stets großen Zuspruchs, zumal man dabei noch zusätzliche Facetten inmitten einer reizvollen Landschaft entdeckt und seine Sinne für die Feinheiten schärfen kann.

Freilich ist ganz normales Gipfelglück ebenfalls willkommen. Selbst wer Anstiege von 1000 Höhenmetern und mehr scheut, wird im Großen Walsertal nicht enttäuscht. Das hoch gelegene Faschinajoch ist Ausgangspunkt für die beliebte Zafernrunde, bei der ein Abstecher auf das Zafernhorn das i-Tüpfelchen darstellt. Ein kaum minder schönes Panorama bietet die benachbarte, aber etwas abseits stehende und daher stillere Blasenka. Und auf der anderen Seite erscheint eine Überschreitung des Glatthorns verlockend, doch Obacht: Hier muss die Trittsicherheit noch

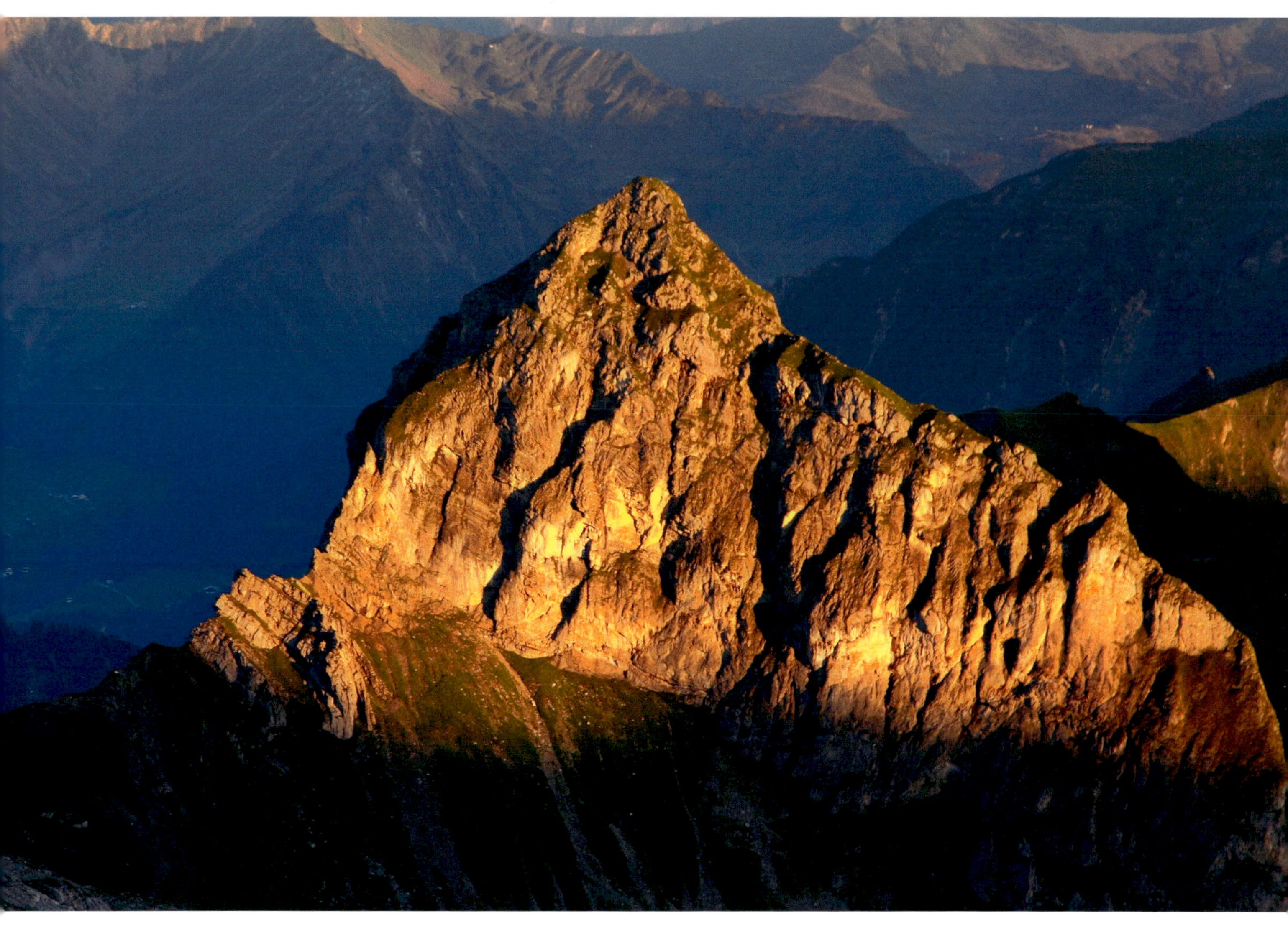

Lichtspot am Feuerstein: Eine frühe Morgenstunde auf der Hochlichtspitze verströmt wunderbare Stimmungen.

eine Spur ausgeprägter sein, vollziehen sich einige Passagen in Schrofen und Graspleisen doch recht abschüssig (wenngleich meist gesichert). Vor allem bei Nässe werden die erdigen Pfade im Flysch nämlich unangenehm glitschig, eine der weniger attraktiven Eigenschaften dieser Gegend.

DURCHS LECHQUELLENGEBIRGE

Zu meinen persönlichen Favoriten gehört ein dreitägiges Programm über dem wildromantischen Talschluss von Buchboden, das mit dem Aufstieg über die Ischkarneialpe zur Biberacher Hütte beginnt. Ganz am Anfang entdeckt man bereits die geologisch interessanten Kessilöcher, eine Klammstrecke der Lutz mit eigenartigen Erosionskesseln. Dann folgen typische Alpwege hinauf zum Schadonapass, wo vor der ersten Hüttennächtigung noch die Hohe Künzel bestiegen werden kann. Und die entpuppt sich als wirklich erstklassige Aussichtswarte, nicht nur über das Lechquellengebirge selbst, sondern auch im ferneren Bogen bis in die Zentralalpen und Schweizer Berge sowie mit dem fulminanten nordseitigen Tiefblick in die Talschaft des Bregenzerwaldes. Ich hab mich kaum sattsehen können!

Tags darauf wartet der aussichtsreiche Höhenweg Richtung Braunarlfürggele, wo der Weimarer Steig zur

Braunarlspitze ansetzt. Spätestens dort wird's richtig alpin, für den gestandenen Bergwanderer aber kaum allzu hindernisreich. Der trutzige Gipfel zählt zur ersten Garnitur im Lechquellengebirge und kann optimal gen Süden überschritten werden, um dort Anschluss an den Theodor-Prassler-Weg zur Göppinger Hütte zu erhalten. Neue, spannende Perspektiven ins Arlberggebiet öffnen sich derweil. Nach einem weiteren geselligen Hüttenaufenthalt sei selbst notorischen Morgenmuffeln anderntags eine frühe Stippvisite auf das Hochlicht ans Herz gelegt – der Aufstieg dauert kaum länger als eine Stunde. Stimmungsmäßig zahlt es sich nämlich aus, dort oben den erwachenden Tag zu begrüßen, zudem gibt es besonders gute Chancen, das Steinwild in Ruhe beobachten zu können. Hernach bleibt noch genug Zeit, die Rundtour über Muttenwangjoch, Diesnerberg- und Gadenalpe zu schließen, wobei mir gerade diese Gefilde als besonders urtümlich in Erinnerung geblieben sind.

AUS ALLEN PERSPEKTIVEN

Für passionierte Höhen- und Hüttenwanderer sind die Möglichkeiten damit nicht erschöpft. Schließlich ist die Göppinger Hütte auch mit der Freiburger Hütte am Formarinsee verbunden, und diese wiederum mit der Frassenhütte am gleichnamigen Bludenzer Hausberg. Der viel begangene sonnseitige Zugang von der Seilbahn sei hier lediglich am Rande erwähnt. Wir können nämlich auch von Raggal, der einzigen Gemeinde auf der »Schattseite« des Großen Walsertals, zum Hohen Frassen aufsteigen. Die Hütte auf der freien Westschulter ist dann nicht nur ein ideales Quartier, sondern auch eine Sonnenuntergangsloge vom Feinsten.

Bis hinüber zum Formarinsee wird es am nächsten Tag ein mehr als siebenstündiger Marsch! Metrischer und emotionaler Höhepunkt ist dabei die Gamsfreiheit (die übrigens von Marul auch binnen einer Tagestour zu über-

DIE WALSERKOLONISATION

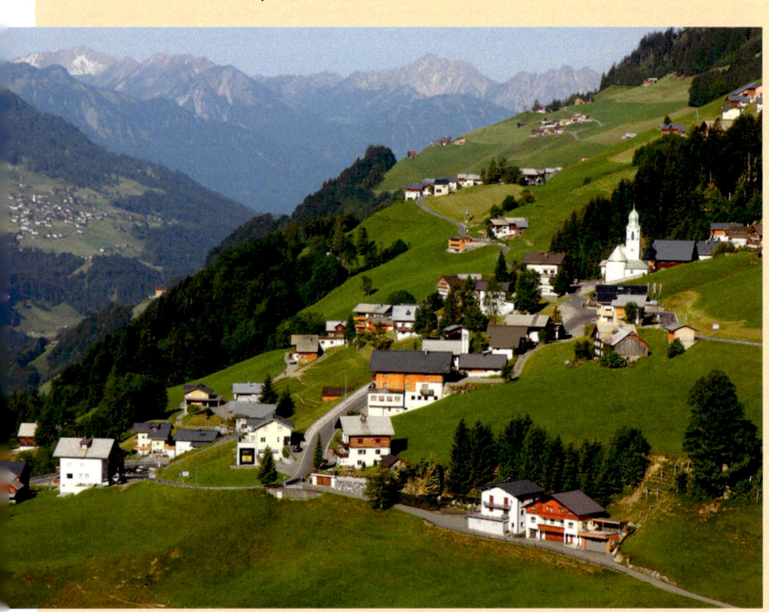

Fontanella heißt die oberste Gemeinde im Großen Walsertal. Typisch sind die Streusiedlungen an offenen Wiesenflanken.

Die zu den alemannischen Volksgruppen zählenden Walser haben ihren Ursprung im Gebiet rund um den Monte Rosa, im heutigen schweizerischen Kanton Wallis. Von dort aus begannen sie im Mittelalter unter der Maßgabe einer wachsenden Population ihre Kolonisationszüge innerhalb des Alpenraums, wobei sie sich als Spezialisten für die Besiedlung höher gelegener Bereiche erwiesen. Die Rodung und Urbarmachung solcher Landstriche wurde häufig auch von den jeweiligen Landesfürsten durch Übertragung besonderer Rechte gefördert. Das führte zum Status der »Freien Walser«, die autark und nahezu abgabefrei wirtschaften durften, jedoch zu militärischen Zwecken bereitstehen mussten. Die typische Dreistufenwirtschaft mit ihrem Wechsel zwischen Hof, Maisäß und Hochalpe hielt Einzug. Ganz im Osten verschlug es die Walser bis nach Vorarlberg, wo sie sich speziell im heute nach ihnen benannten Groß- und Kleinwalsertal niederließen. Das älteste schriftliche Zeugnis darüber datiert ins Jahr 1313. Unbesiedelt war die Gegend damals freilich nicht. Immerhin geht die Gründung der Propstei St. Gerold (das kulturelle und geistliche Zentrum des Tals) schon auf das 10. Jahrhundert zurück und bestimmte Flur- und Ortsnamen deuten auf das Vorhandensein einer rätoromanischen Bevölkerung hin.

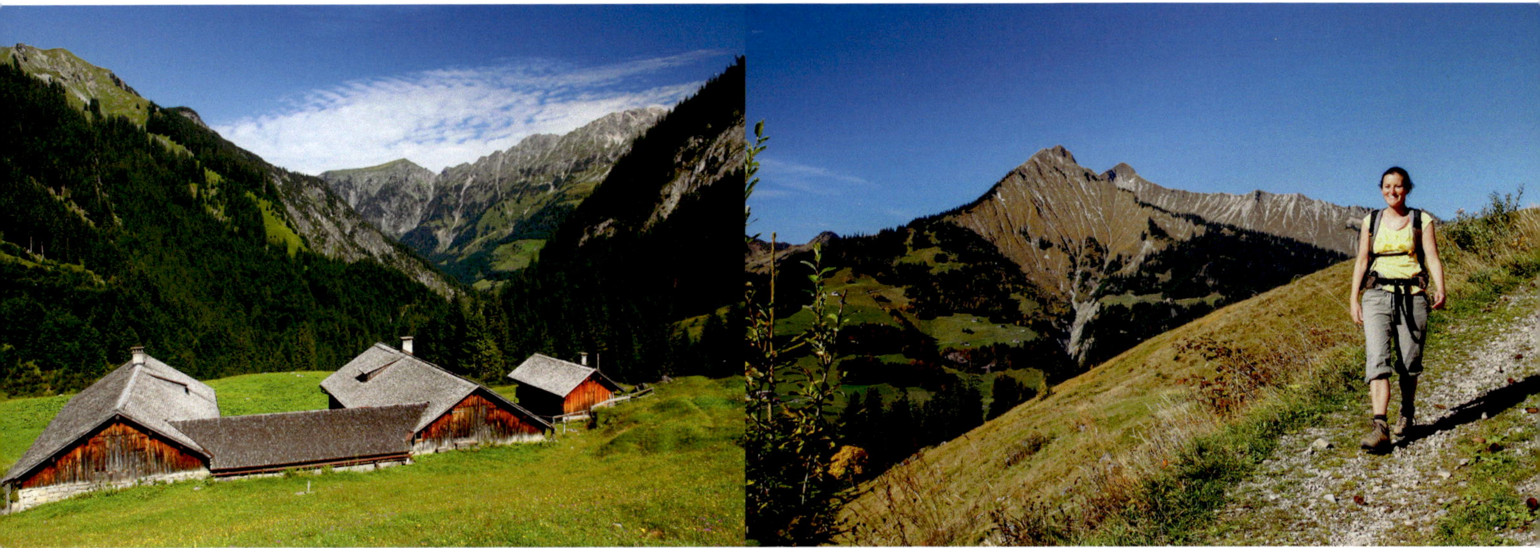

Genussvolles Wandern über die Alpen (Almen) im Großen Walsertal.
Links die anmutige Gadenalpe, rechts eine Wegpassage unweit der Sterisalpe.

Der Sommer hat Maß genommen! Ab Juni lockt die Bergwelt zu ausgiebigen Steifzügen zwischen Walserkamm und Stafelfederkamm.

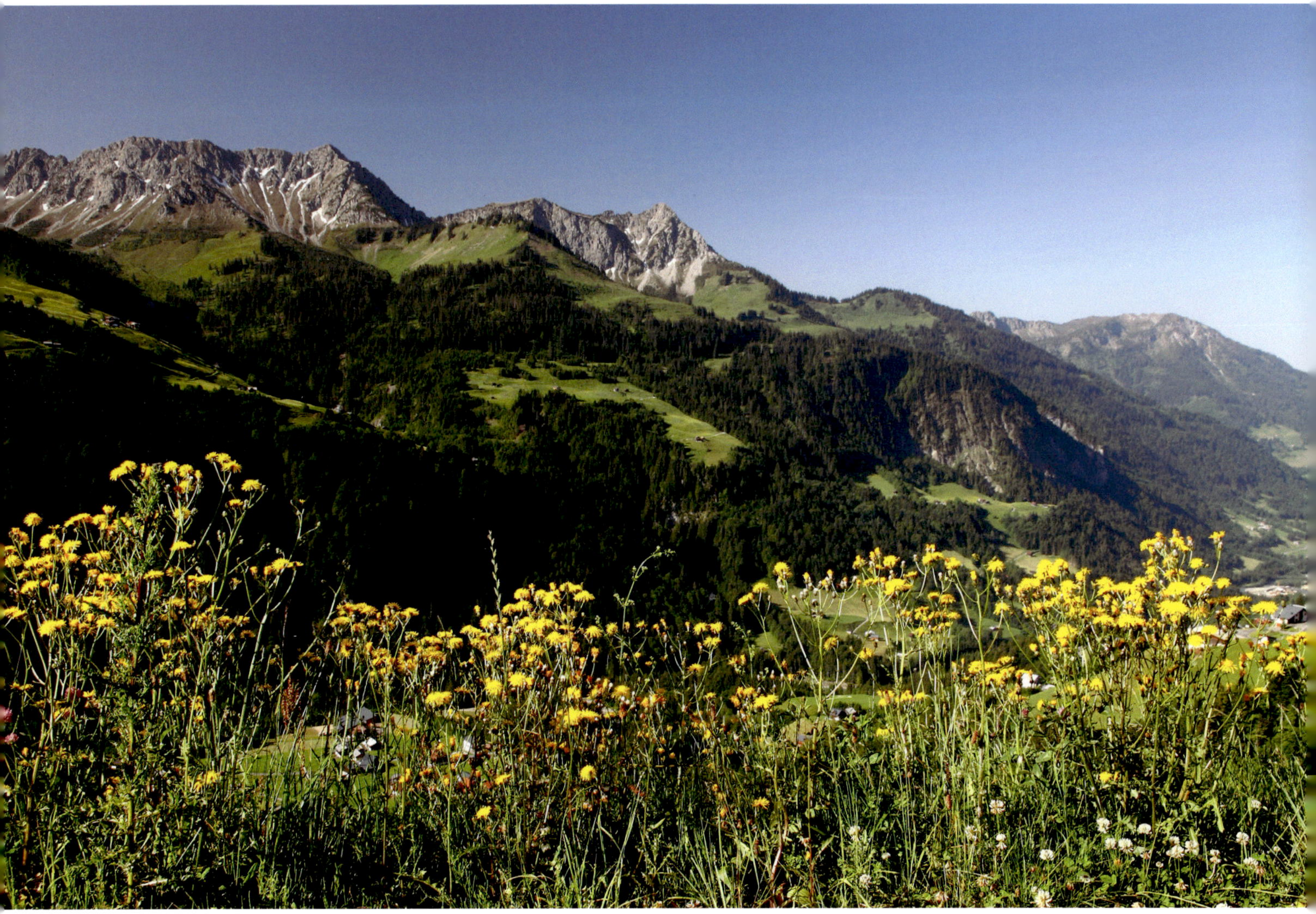

schreiten wäre). Während sich in den nordseitigen Kesseln das Naturschutzgebiet Faludriga-Nova im Kerngebiet des Biosphärenreservats hinbreitet, bricht die Südseite der Gamsfreiheit in zerfurchten Steilflanken jäh gegen das Klostertal ab. Und wieder kommt die Rote Wand ins Spiel – an der Schwarzen Furka steht man direkt vor dieser dominanten Bastion, die Janine unweigerlich auf ihre Wunschliste setzt …

An einem milden Oktobertag sind wir gemeinsam am Walserkamm unterwegs: von Thüringerberg hinauf zur Tälispitze, die mit ihren exakt 2000 Metern den Kulminationspunkt des langen Gipfelzugs auf der Sonnseite des Großwalsertals bildet. Anstatt aber einfach dem Normalweg über die Gassneralpe zu folgen, entdecken wir den kleinen, kaum markierten Pfad, der von Tschöppa über den eleganten Südostgrat emporzieht. Fast schon ein »wilder Weg« und eine gute Kostprobe dessen, was uns beim Übergang über zwei Zwischenköpfe zum Hochgerach erwartet: ein bisschen Nervenkitzel manchmal, vor allem aber viel Genuss und eine Art Freiheitsgefühl, wie es sich

Die Rote Wand ist der mächtigste Berg im Lechquellengebirge. Hier die Nordansicht mit der Gletschermulde, rechts begrenzt vom Aufstiegsgrat.

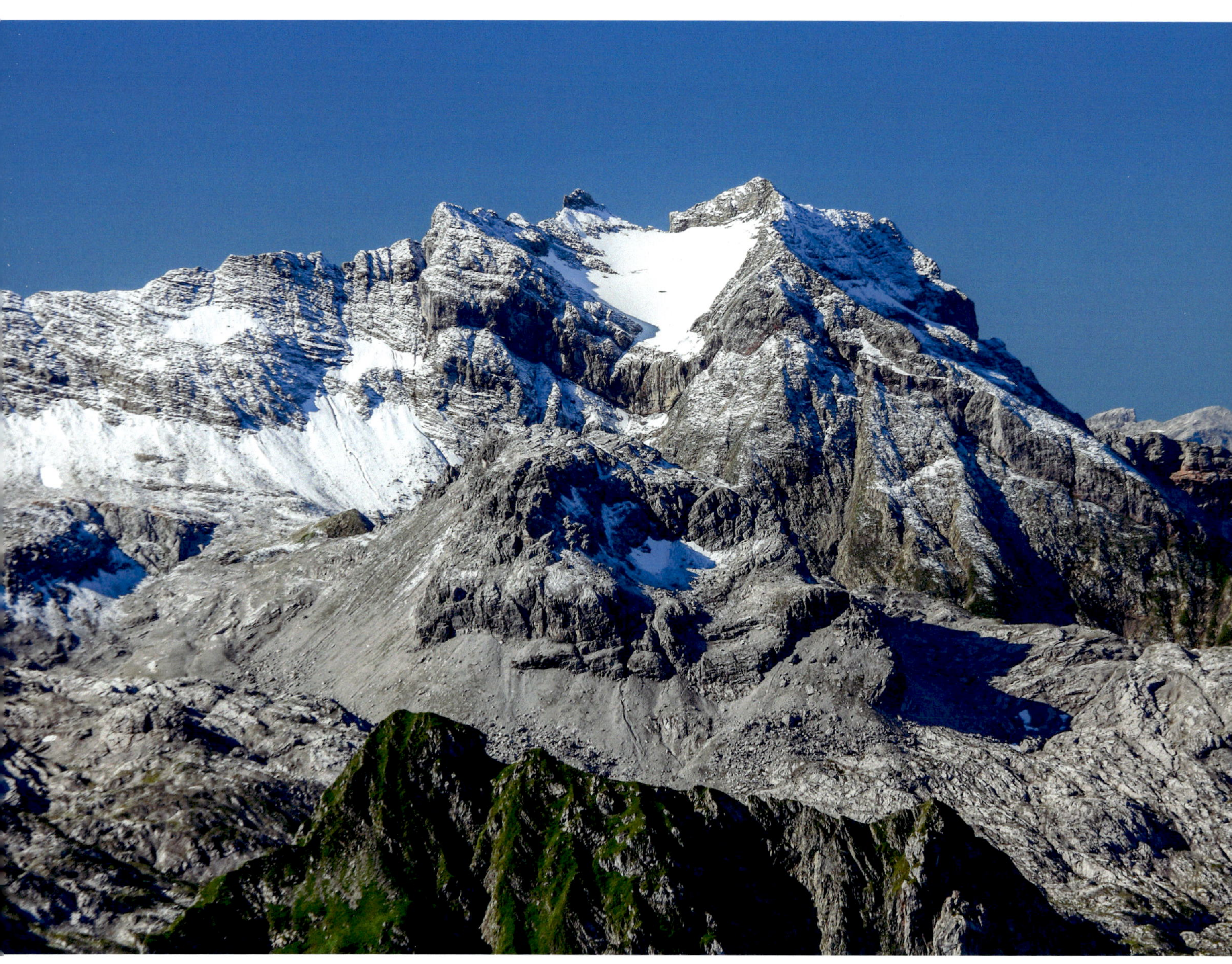

auf den Bergen ja regelmäßig einstellt, besonders aber bei den etwas exklusiveren Unternehmungen, die gar nicht offiziell ausgewiesen sind. Prinzipiell könnte man den ganzen langen Walserkamm in dieser Manier überschreiten – freilich eine Mammuttour, nicht ohne die eine oder andere knifflige Stelle an luftigen Rasenschneiden –, wofür dieser kurze Spätherbsttag jedoch nicht mehr ganz ausreicht. Ein Projekt für irgendwann ...

Heute verweilen wir einfach noch ein wenig auf dem Hochgerach, neben dem ebenfalls gen Westen vorgeschobenen Hohen Frassen auf der gegenüberliegenden Seite wohl der beste Punkt für einen Vorarlberger Gesamtüberblick. Denn es öffnen sich von hier auch der dicht besiedelte Walgau und der breite Talverlauf hinaus zum Bodensee im Dreiländereck, nicht zu vergessen die Rätikon- und Silvrettaberge am südlichen Horizont. Janine ist glücklich, dies alles während ihrer kleinen, wohlverdienten Bergauszeit kennenlernen zu dürfen. Und für mich haben sich wieder mal neue, vertiefte Einblicke rund ums sympathische Große Walsertal ergeben ...

Ein Fest der Farben: Das erste Licht an den Johannesköpfen, Gipfelmomente auf der Braunarlspitze, leuchtende Blütensterne im Geröll und ein stolzer Baumriese auf freier Wiese.

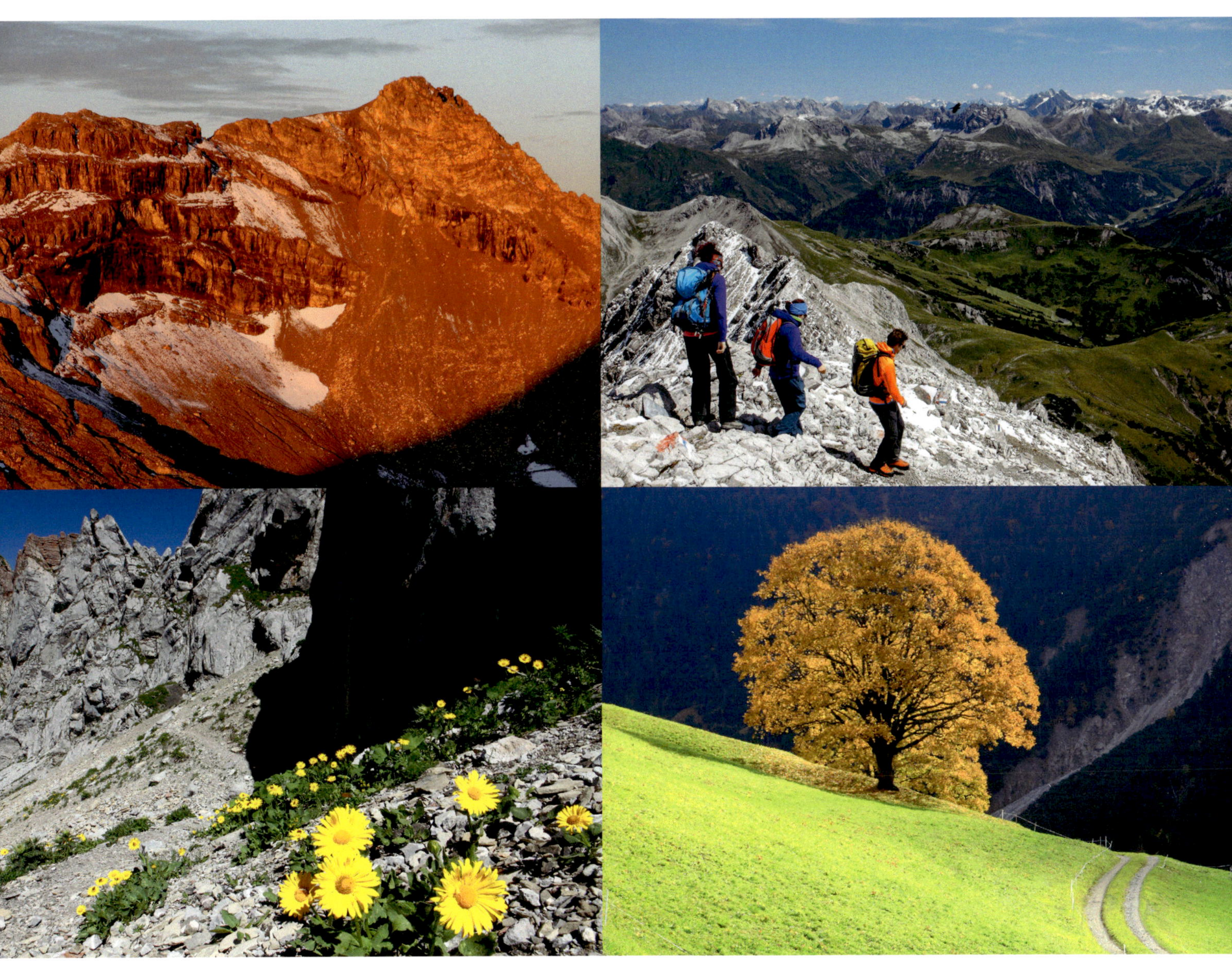

DAS GROSSE WALSERTAL

Lage: Vom inneren Walgau in Vorarlberg greift das Große Walsertal ostwärts rund 25 Kilometer ins Berggebiet des Lechquellengebirges hinein. Über das Faschinajoch gibt es eine Verbindung zum inneren Bregenzerwald. Die Talschaft besteht aus den sechs Gemeinden Thüringerberg, St. Gerold, Blons, Sonntag (mit Buchboden), Fontanella (mit Faschina) und Raggal (mit Marul), die zusammengerechnet rund 3500 Einwohner haben.

Anreise: Von Bregenz kommend auf der Rheintal-Autobahn (A14) bis Ausfahrt Nenzing, dann über die Ortschaft Thüringen direkt ins Große Walsertal. Aus dem Großteil Österreichs zunächst über die Arlberg-Strecke bis Bludenz-Nüziders, dann über Ludesch nach Raggal bzw. nach Thüringen und Thüringerberg.

Öffentliche Verkehrsmittel: Von den Bahnhöfen Bludenz, Ludesch bzw. Nenzing per Bus nach Thüringen. Dort umsteigen in die Linie nach Sonntag – Fontanella – Damüls oder in die Linie Raggal – Marul – Sonntag.

Wanderbus: Zwischen Juni und September werden die Laguzalpe von Marul und die Klesenzaalpe von Buchboden aus angefahren, weitere Alpgebiete im täglichen Wechsel (siehe www.vmobil.at).

Informationsbüro: Biosphärenpark Großes Walsertal, Boden 34, A-6731 Sonntag, Tel. +43(0)5550/20360, www.grosseswalsertal.at. Verein Großes Walsertal Tourismus, Rathausgasse 12, A-6700 Bludenz, Tel. +43/(0)5554/5150, www.walsertal.at

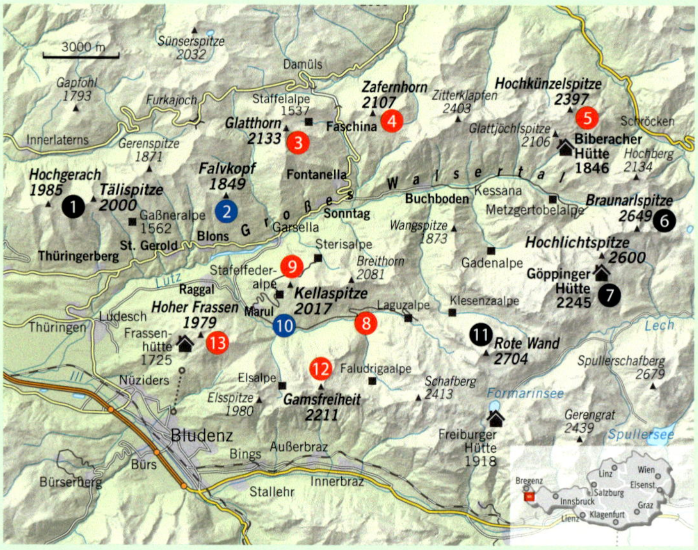

Hütten: Biberacher Hütte (1846 m), DAV, Mitte Juni bis Anfang Oktober, 90 Schlafplätze, Tel. +43/(0)5519/257. Göppinger Hütte (2245 m), DAV, Mitte Juni bis Anfang/Mitte Oktober, 64 Schlafplätze, Tel. +43/(0)5583/3540. Freiburger Hütte (1918 m), DAV, Mitte Juni bis Anfang Oktober, 120 Schlafplätze, Tel. +43/(0)664/1745042. Frassenhütte (1725 m), ÖAV, Ende Mai bis Mitte Oktober, 60 Schlafplätze, Tel. +43/(0)699/17051089.

Karten: Kompass, 1:50.000, Blatt 32. Freytag & Berndt, 1:50.000, Blätter 364 und 375. Österreichische Karte, 1:50.000, Blätter 1224, 1230 und 2219.

Touren-Highlights

❶ Tälispitze (2000 m) – Hochgerach (1985 m)
Spannende Tour am westlichen Walserkamm, die im Kernbereich auf schmalen, nicht markierten Pfaden entlang luftiger Grasgrate verläuft. Perfekte Trittsicherheit und trockene Verhältnisse wichtig! Von Thüringerberg auf die Tälispitze 3¼ Std., über Kuhspitz und Hüttenkopf zum Hochgerach 1¾ Std., Abstieg 2½ Std.

② Falvkopf (1849 m)
Gipfelziel oberhalb von Blons, nach der verheerenden Lawinenkatastrophe von 1954 stark verbaut und mittlerweile im Rahmen von Themenwegen zu erkunden. Schönes Panorama über die gesamte Talschaft. Aufstieg von Blons in knapp 3 Std.

③ Glatthorn (2133 m)
Höchster Gipfel in der kleinen, skitouristisch erschlossenen Berggruppe zwischen Fontanella und Damüls, üblicherweise vom Faschinajoch bestiegen. Trittsicherheit auf beiden Routen wichtig (einige Sicherungen), als Rundtour insgesamt 4 Std.

④ Zafernhorn (2107 m)
Die Zafern-Runde vom Faschinajoch gehört zu den beliebtesten Wanderungen der Gegend, elementare Trittsicherheit nötig. Einschließlich Gipfelabstecher ca. 4¼ Std.

5 Biberacher Hütte – Hochkünzelspitze (2397 m)
Vom Parkplatz Kessana über die Ischkarneialpe bis zur Hütte 3 Std. Der aussichtsreiche Gipfel wird in 1¾ Std. auf einem steilen Schrofensteig erreicht (zuoberst Drahtseile).

6 Braunarlspitze (2649 m)
Einer der höchsten Gipfel im Umkreis, mit seinen Trabanten eine mächtige Bastion im Talschluss der Metzgertobelalpe (per Alpbus oder zu Fuß von Kessana in 1½ Std.). Zwei weit ausholende Routen sind kombinierbar: über das Braunarlfürggele und den nordseitigen Weimarer Steig einerseits und via Alpschella, Göppinger Hütte, Prasslerweg und Südflanke (I) andererseits. Überaus lohnend auch im Rahmen einer Drei-Tage-Tour über Biberacher und Göppinger Hütte.

7 Göppinger Hütte – Hochlichtspitze (2600 m)
Hausberg der Göppinger Hütte, mitten in einem tollen Felsrevier. Langer Zustieg von Kessana über Metzgertobelalpe, Alpschellaalpe und die Gamsböden (4½ Std.), ab Hütte zum Gipfel nur noch 1 Std. Reizvoller Rückweg über Jägersteig – Muttenwangjoch – Diesnerbergalpe – Gadenalpe – Bad Rotenbrunnen in 4 Std.

8 Fünf-Alpen-Tour
Technisch leichte, aber sehr lange Rundwanderung um den Stafelfederkamm, beginnend in Marul und am besten gegen den Uhrzeigersinn über fünf Alpgebiete: Hintertöbel, Laguz, Oberpartnom, Steris und Stafelfeder. Abwechselnd Steige und Wirtschaftswege, dabei vielseitige Ausblicke. Gesamtgehzeit 7½ Std.

9 Kellaspitze (2017 m)
Westlicher Gipfel des Stafelfederkammes zwischen Haupttal und Marultal. Von Marul über die Stafelfederalpe und den Sattel am Guggernülli, schließlich felsdurchsetzt über den Westgrat, 3 Std.

10 Walderlebnisweg Marul
Rund 5,5 km langer Themenweg im Marultal, interessant besonders auch für Kinder. Viel Abwechslung mit Schautafeln, Spielplätzen, Wasserfall und See, ca. 2 bis 3 Std.

11 Rote Wand (2704 m)
Das alpine Aushängeschild des Großwalsertals gehört zu den eindrucksvollsten Bergstöcken in den Nördlichen Kalkalpen. Anspruchsvolle Bergtour, die sich von der Alpe Laguz (Zufahrt per Wanderbus möglich) oder ab Freiburger Hütte angehen lässt. Über das Obere Sättele ins nordwestseitige Kar, schließlich über den Nordgrat (maximal I+) zum Gipfel, ca. 4 Std.

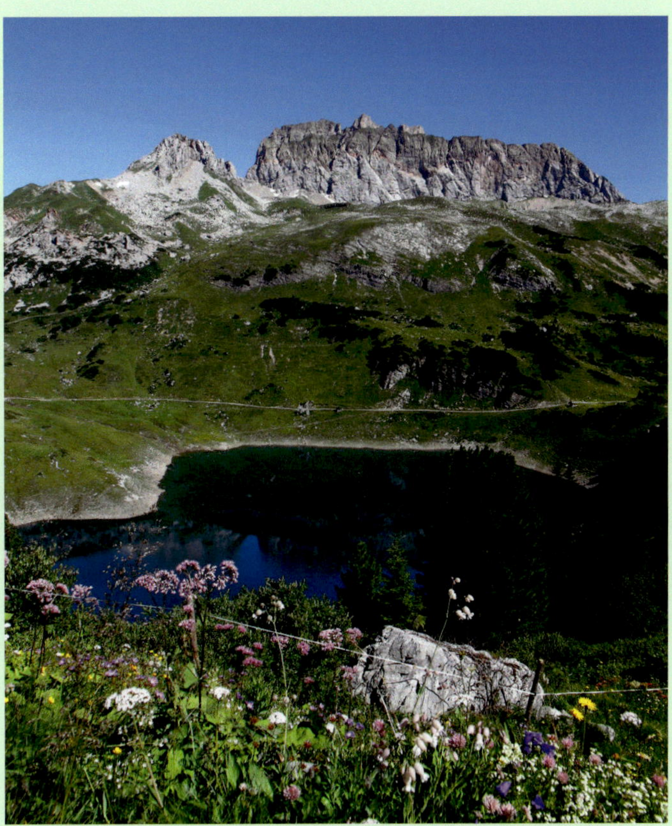

Auf die Rote Wand, hier mit ihrem Südabbruch über dem Formarinsee, führt eine anspruchsvolle Bergtour.

12 Gamsfreiheit (2211 m)
Lohnendes Gipfelziel am Rande zum Klostertal, auf der Südseite steil und zerklüftet abbrechend. Zwei Routen über die Faludrigaalpe und die Elsalpe erlauben eine großzügige Überschreitung, auch integriert in den Verbindungsweg zwischen Frassen- und Freiburger Hütte. Als Tagestour von Marul insgesamt rund 8 Std.

13 Hoher Frassen (1979 m)
In seiner vorgeschobenen Position einer der klassischen Aussichtsberge Vorarlbergs, mithilfe der Muttersbergbahn von Bludenz relativ rasch zu besteigen. Langwieriger, aber stiller ist ein Aufstieg von Raggal, wobei zwei Wege über die Klesialpe und die Frassenhütte verbunden werden können. Bergwärts ca. 3 Std., talwärts gut 2 Std.

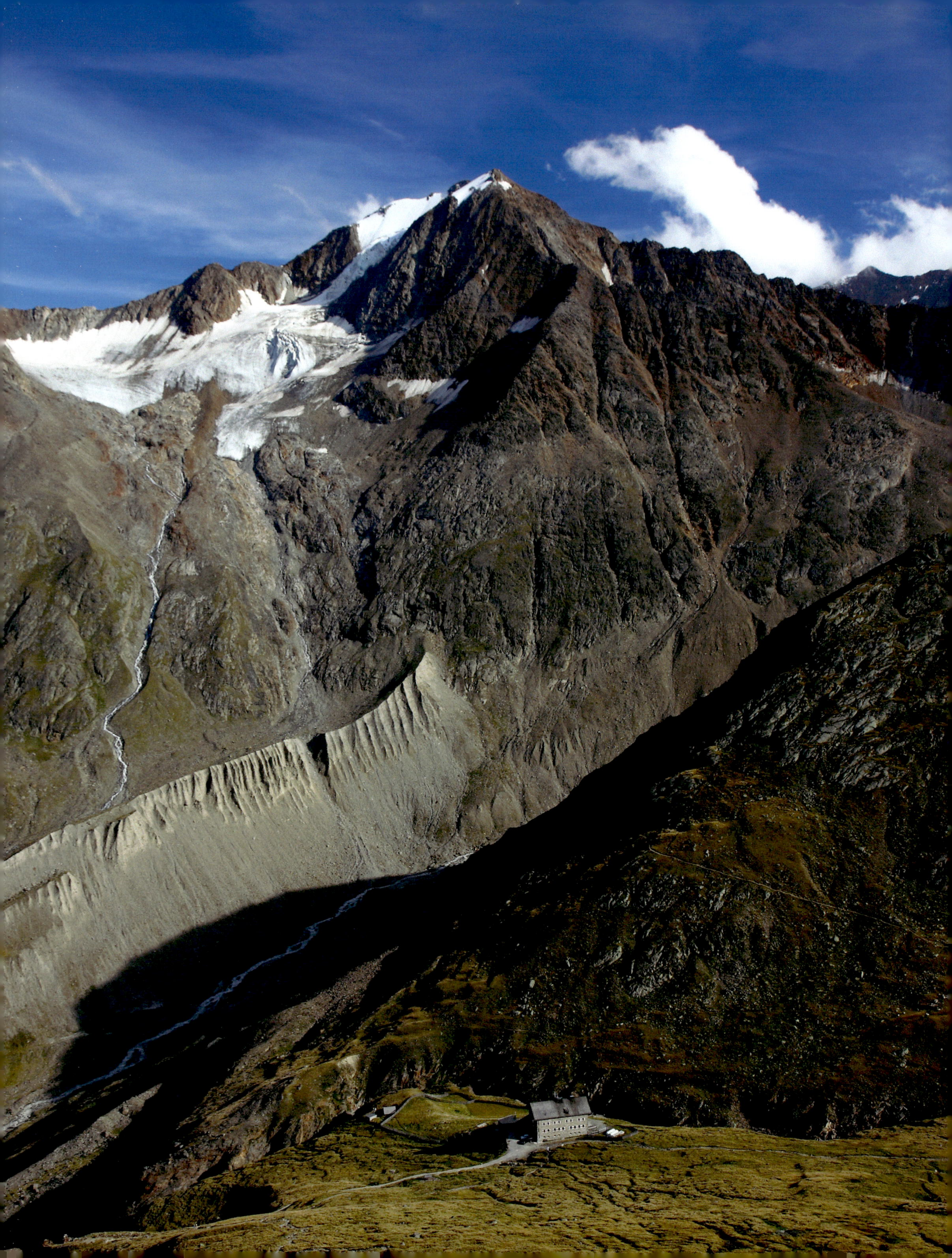

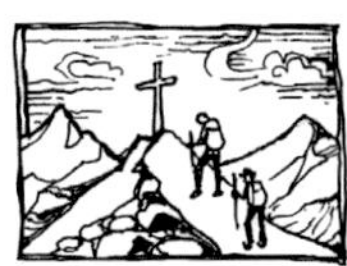

VENT IM ÖTZTAL

Auf 1900 Metern im innersten Winkel des Ötztals gelegen und umringt von namhaften vergletscherten Dreitausendern, gilt Vent als Inbegriff eines Bergsteigerdorfes. Die Auswahl an Wanderungen und Hochtouren ist erstklassig; mehr als ein halbes Dutzend Schutzhütten liegen im unmittelbaren Einzugsbereich. Anreiz genug, einem groß dimensionierten Massentourismus mit all seinen Begleiterscheinungen Raum zu geben. Aber genau das ist in und um Vent nicht passiert! Vielmehr empfängt uns im Herzen der Ötztaler Alpen ein Bergdörfchen inmitten einer intakten Landschaft.

Bei Vent könnte ich nun schon ein wenig sentimental werden. Eines Morgens im Sommer 1994 war ich hier aufgetaucht, nach langen Stunden mit dem Nachtzug und einer Busfahrt bis zuhinterst ins Ötztal, um hochmotiviert zu meiner ersten richtig großen Bergtour aufzubrechen. Am Nachmittag des gleichen Tags trottete ich pitschnass und von einem Hagelgewitter gezeichnet die letzte halbe Stunde hinauf zur Vernagthütte. Lektion eins in Sachen Berg war ebenso anschaulich wie nachhaltig zu lernen … Die ganze Tour dauerte übrigens elf Tage, führte mich durch weite Bereiche der Ötztaler Alpen, zwischendrin auch auf meine ersten Dreitausender (Kreuzspitze und Co.) sowie über den Alpenhauptkamm nach Südtirol, um schließlich im heiteren Meran zu enden: der Beginn einer Leidenschaft …

DAS EINSTIGE BERGBAUERNNEST

Vent ist also auch in unserem illustren Kreis vertreten. In Anbetracht seiner Geschichte eigentlich zwangsläufig, denn wenn ich den Begriff »Bergsteigerdorf« auf seine ursprünglichste Bedeutung zurückführe, dann fällt mir wohl zuallererst der Name Vent ein. Franz Senn hatte seinerzeit die Weichen dafür gestellt, hatte den Tourismus initiiert und gefördert, wie auf Seite 37 näher ausgeführt wird. Es gibt landesweit wohl kaum eine Siedlung dieser bescheidenen Größe, die bei Alpinisten höheres Renommee genießt. Kein Wunder: Wo anderswo die Berge schon ihr Gipfelniveau erreichen, fangen sie hier erst an – wir sind buchstäblich in den Hochalpen unterwegs!

An Vent und seinem Nachbarn Obergurgl, den beiden höchsten Kirchdörfern Österreichs, ist abzulesen, dass Entwicklungen durchaus markant variieren können. Obergurgl hat im Skiboom der Nachkriegsjahrzehnte ausgiebig für das Wintergeschäft aufgerüstet, hat beachtliche Pistenschneisen in die Landschaft gerissen, die Retortensiedlung Hochgurgl aus dem Boden gestampft und sich wohl auch am touristischen Trendsetter Sölden orientiert. Immerhin, mag sich der naturverbundene Bergsteiger trösten, ist das Hinterland um den Gurgler Ferner unangetastet geblieben.

Um Vent ist solch ein ursprüngliches Ambiente hingegen weithin Normalität. Das wesentliche Inventar besteht aus: hohen Bergen, wilden Bächen, steilen Wiesen, genügsamen Schafen. Eine »Fun-Zone« muss man woanders suchen. So besitzt der Fremdenverkehr im Sommer – entgegen üblicher Tendenzen in Tiroler Landen – sogar den größeren Stellenwert. Es gibt lediglich ein bescheidenes Skigebiet auf Stablein, während der überwiegende Rest

Die Martin-Busch-Hütte liegt im Niedertal unterhalb der Mutmalspitze.

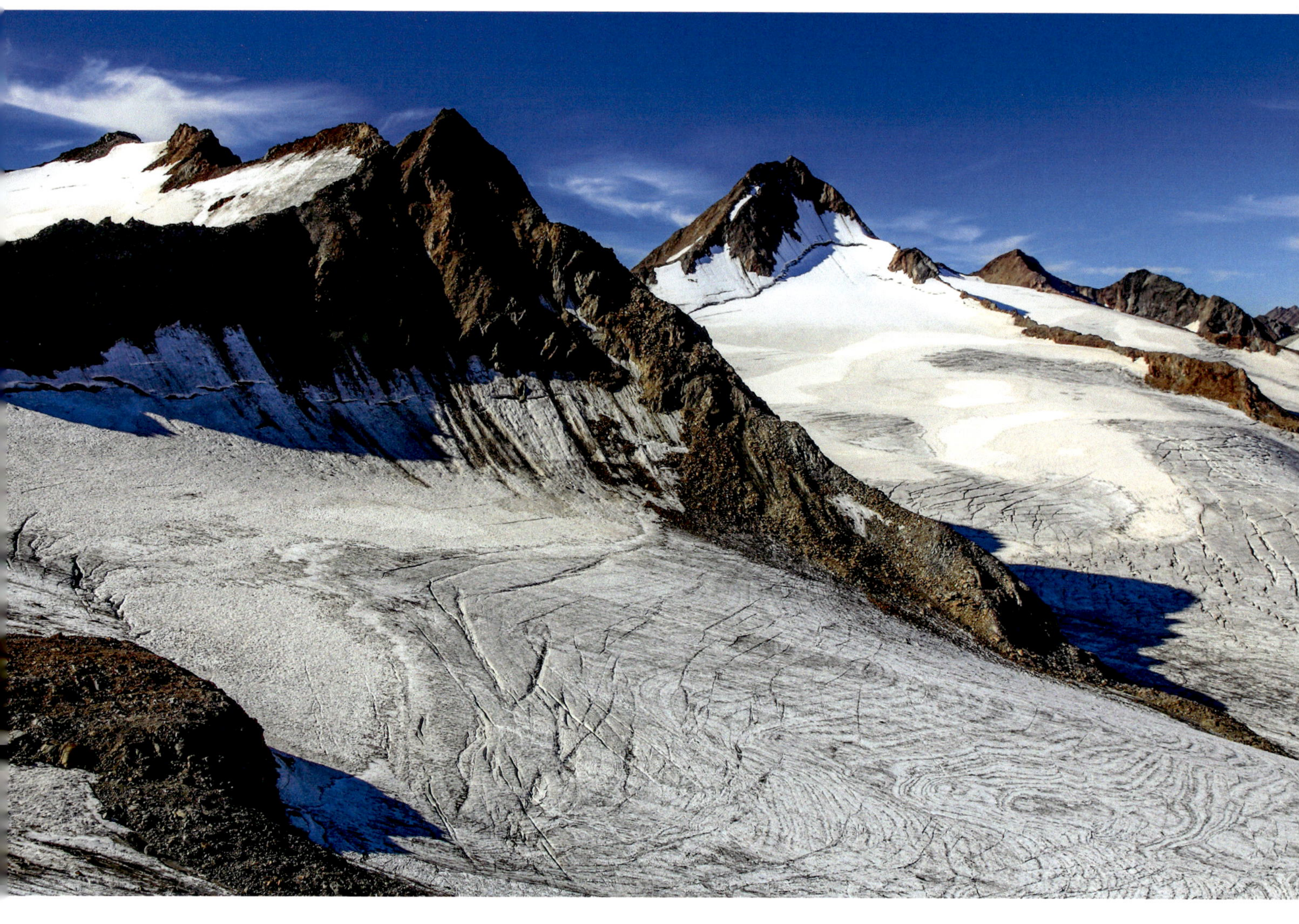

Gletscher verleihen den Ötztaler Alpen ihr unwiderstehliches Charisma. Beim Saykogel-Übergang sind wir dem Hochjochferner mit Hauslabkogel und Fineilspitze ganz nah.

rund um Rofen- und Niedertal bis heute eine fantastische alpine Fußgängerzone geblieben ist. Also, auf geht's!

Wer sich erst einmal sachte vertraut machen möchte, kann in einem Spaziergang die altehrwürdigen Rofenhöfe besuchen, dabei die ungestüm durch eine Felsengasse schäumende Rofenache bewundern, eine überschaubare Runde über Mutsbichl und Ramolalm unternehmen oder am gegenüberliegenden Hang zum Aussichtspunkt am Hörndle aufsteigen. Interessante Perspektiven auf Vent und seine Berge machen garantiert Lust auf mehr. Vielleicht darf es als Nächstes eine Panoramawanderung am Sonnberg sein. Zu einem Klassiker hat sich der erst in den 1990er-Jahren angelegte Höhenweg vom Tiefenbachferner entwickelt. Allmählich bekommt man eine Ahnung, welch ausgedehntes Tourenrevier man hier vor sich hat. Weit schließen die beiden Hochtäler zum Alpenhauptkamm auf, hüten Schätze, deren Existenz man vorerst nur aus der Karte entschlüsselt. Wie anspruchsvoll es dort wohl wird, mag sich der arglose Wanderer fragen …

VENTER HÜTTENRUNDE

Der gutmütige Weg zur Breslauer Hütte ist der Auftakt eines spannenden Hüttentreks, der uns diese Winkel nahebringt. Am Südabhang der überragenden Wildspitze hatte der Deutsche Alpenverein 1882 seinen ersten Stütz-

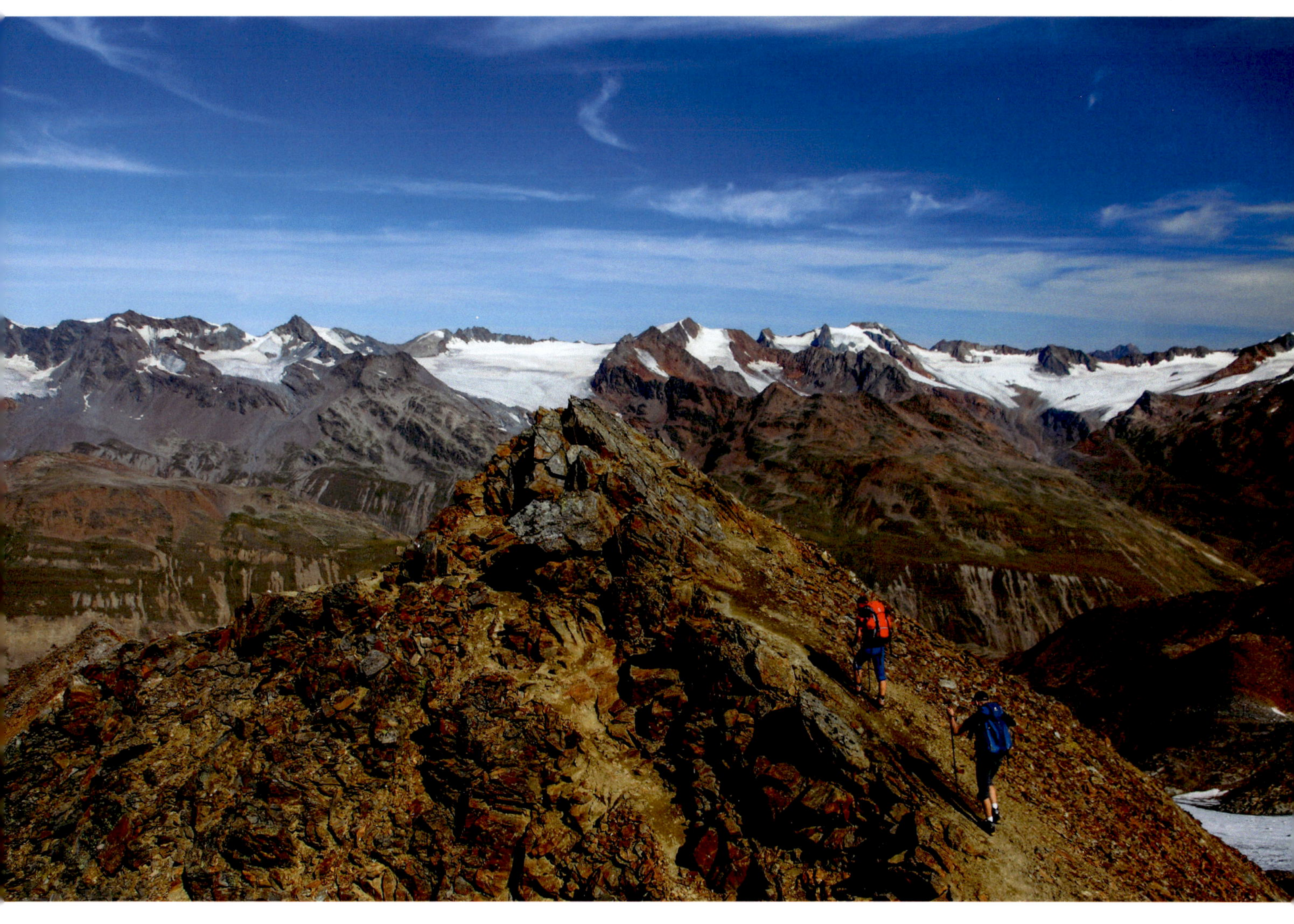

Über den Saykogel führt die Königsetappe der Venter Hüttenrunde. Wir befinden uns auf Augenhöhe mit vielen stolzen Dreitausendern ringsum!

punkt in diesem Gebiet errichtet und war damit in die von Franz Senn eingeläutete neue Ära eingestiegen. Gemeinsam mit der Vernagthütte folgte etwas später auch die beliebte Verbindung über den Seuffertweg, die seither regelmäßig größere Rudel von Wanderern sieht. Mit dem Kreuzkamm im Mittelpunkt des Gesichtskreises wird hier Panoramawandern freilich in seiner schönsten Form zelebriert, wobei sich nach einer Weile auch der Vernagtkessel öffnet. Die 1850er-Moränen verdeutlichen die einstigen Ausmaße des Vernagtferners, der zu den besterforschten Gletschern überhaupt zählt. Nicht ohne Grund: Abrupte Ausbrüche seiner aufgestauten Schmelzwasser stellten einst eine immense Gefahr für Vent und das gesamte Ötztal dar – mehrmals ergossen sich verheerende Flutwellen talauswärts. Heutzutage leidet eher der Gletscher selbst und legt auf seinem Rückzug rostrote Blockschuttflächen in den Vorfeldern frei, die beinahe wie eine Ödnis in Zentralasien anmuten. Die Landschaft ist allenthalben glazial geformt. Und das Eis verschafft ihr immer noch den hauptsächlichen optischen Reiz, wenn man etwa der eleganten Weißkugel aus dem Bereich des Hochjochhospizes ansichtig wird. Wer die höchste Hütte der Ötztaler Alpen und die zweithöchste in ganz Österreich kennenlernen möchte, schlägt von hier aus den Deloretteweg bergwärts ein. Weiter oben kommt man auf das Gletscherplateau des Kesselwandferners und erspäht am Sporn der Dahmannspitze, die wie ein Nunatak aus dem Eis ragt, das Brandenburger Haus: ein traumhafter Hüttenstandort inmitten weiter Gletscherflächen, die uns mitten in den Alpen einen Hauch von Arktis vermitteln.

Von diesem Seitensprung abgesehen führt die normale Venter Hüttenrunde auf ihrer Königsetappe über den stattlichen Saykogel ins Niedertal, wo die Martin-Busch-Hütte Tourenträume von Gipfelstürmern sowie neuerdings auch von zahlreichen Weitwanderern auf der »gehypten« Meraner Variante des E5 unterstützt. Talauswärts schließt sich dann der Kreis Richtung Vent – es sei denn, man möchte auf dem Diemweg und über das Ramoljoch auch dem schon zum Gurgler Revier orientierten Ramolhaus einen Besuch abstatten. Was sich auf jeden Fall lohnt, denn diese Hütte besitzt auf 3000 Metern Höhe einen außergewöhnlichen Logenplatz, der mich seit meinem legendären 1994er-Besuch nicht mehr loslässt. Alle paar Jahre ist mal wieder Lokalaugenschein …

SCHEITEL ZWISCHEN NORD UND SÜD

Zwei weitere Hütten im Umkreis blieben bisher unerwähnt. Sie haben ihre Plätze ebenfalls an ganz besonderen Punkten, nämlich die Similaunhütte am Niederjoch sowie das Schutzhaus Schöne Aussicht am Hochjoch, jeweils schon wenige Meter auf Südtiroler Boden. Über diese Pässe am Alpenhauptkamm werden alten verbrieften Rechten zufolge alljährlich im Frühsommer einige tausend Schafe aus dem Vinschgau auf die fruchtbaren Weidegründe des inneren Ötztals getrieben – Mitte September zieht der Trek wieder über die Jöcher zurück. Ein archaisch anmutendes Relikt einer überkommenen Bergbauernkultur!

Genau auf diesen Routen von Süden her erfolgte vor Urzeiten auch die Besiedlung, mithin die Gründung von Vent. Und prähistorische Spuren reichen sogar noch viel weiter zurück – der weitaus spektakulärste Fund wurde unter dem Namen »Ötzi« weltberühmt. Entdeckt hat man die vollkommen mumifizierte Leiche des rund 5200 Jahre alten Steinzeitmenschen am Tisenjoch, etwa eine Gehstunde von der Similaunhütte entfernt. Die Stelle ist daraufhin zum hochalpinen Pilgerziel avanciert und mit Denkmal ausgestattet worden, während Ötzi selbst der Wissenschaft als begehrtes Untersuchungsobjekt dient und heute im Südtiroler Archäologiemuseum in Bozen »ruht«. Viel hat man über sein Leben enträtselt, aber die genauen Umstände seines Todes sind bislang ungeklärt, was eine gewisse Mystifizierung zeitigt. Nun, es wird ja auch nicht alle Tage ein Leichnam gefunden, der mehrere tausend Jahre unter dem Eis gelegen hat …

DREITAUSENDER FÜR EINSTEIGER

Ich hab es eingangs schon erwähnt: Die Kreuzspitze war mein allererster Dreitausender. Und womöglich befinde ich mich diesbezüglich in großer Gesellschaft, denn der Berg ist, abgesehen von der schon spürbar dünnen Luft, erstens nicht schwierig zu erklimmen und zweitens eilt ihm ein legendärer Ruf voraus. Vollkommen verzückt vom gigantischen Rundumblick im Herzen der Ötztaler Alpen stellten schon frühe Besucher die Kreuzspitze in eine Reihe mit berühmten Proszeniumslogen der Alpen: Gornergrat, Faulhorn, Piz Languard … Bald nach der Erstbesteigung durch Franz Senn und Cyprian Granbichler (1865) wollte der Venter Kurat eine »Werbe-Offensive« starten und beauftragte den Maler Charles Brizzi mit der Anfertigung eines prachtvollen Panoramas, spendierte ihm zu diesem Zweck sogar ein Hüttchen auf den Sömen, jener gut 2900 Meter hoch gelegenen Geländeterrasse, die auch den wunderbaren Samoarsee inklusive Spiegelbild von Similaun und Co. trägt. Dumm nur, dass das Panorama nie zur Fertigstellung kam. Die Kreuzspitze wurde freilich trotzdem sehr populär …

Die magische »Drei« vieler Gipfel spornt natürlich regelmäßig tüchtige Bergwanderer an. Hier in der Venter Gegend kann man solchen Ambitionen ausgiebig frönen. Der etwas weiter hinten im Kreuzkamm aufragende Saykogel wurde bereits im Zuge der Venter Hüttenrunde angesprochen – er steht der Kreuzspitze an Qualität kaum nach und besitzt sogar den Vorteil einer attraktiven Überschreitungsmöglichkeit. Die direkt über dem Ort auffällig postierte Talleitspitze ist indes seit jeher einsam geblieben. Eine Zweier-Tour ohne Weg lockt halt höchstens ein paar Individualisten an. Das ist beim Wilden Mannle als Spritztour im Nahbereich der Breslauer Hütte wiederum anders. Topographisch betrachtet mag der Gipfelstatus anfechtbar sein, doch die Aussicht erweist sich einmal mehr als fantastisch. Man weiß gar nicht, was man mehr bewundern soll: den Weitblick mit den gestaffelten Bergzügen im südlichen Halbkreis oder die unmittelbare Wucht der Wildspitze, die sich hier gewaltig aufbaut.

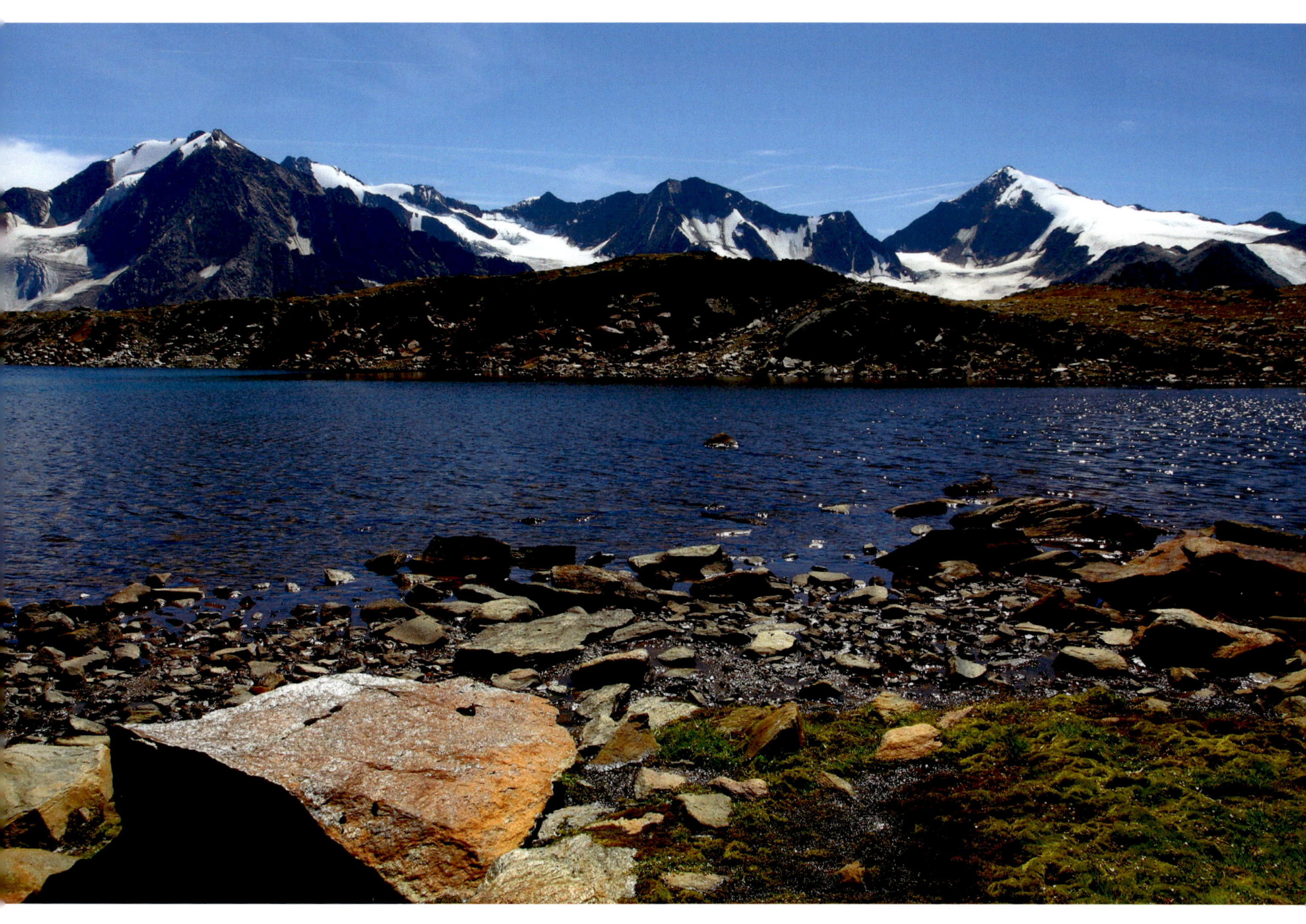

Einen wunderbaren Blick auf die eisverzierte Skyline zwischen Hinterer Schwärze und Similaun genießen wir vom Samoarsee aus.

Ein paar alpine Schmankerln offeriert auch die Vernagthütte, beispielsweise mit der Hintergraslspitze, die bis zum Hauptgipfel freilich schon mit ein paar kniffligen Stellen gewürzt ist. Die Guslarspitzen hingegen legen dem Wanderer im Zuge des Eisrückgangs kaum noch größere Hürden in den Weg. Sowohl von der Vernagthütte als auch vom Hochjochhospiz aus wurden mittlerweile Markierungen ins Gelände gepinselt, womit sogar ein neuer Klassiker geboren sein könnte. »Wegeberge« vor großer Kulisse – das trifft doch beim Publikum heute wie ehedem voll ins Schwarze! Und mit den fortschreitenden Veränderungen im subglazialen Bereich werden sich zukünftig womöglich noch mehr Chancen für solch sanfte Erschließungen ergeben …

ÜBER GLETSCHER UND GRATE

Die erste Garnitur der Gipfel, sprich die Riege der Höchsten, wird allerdings noch eine Weile von Eis bedeckt sein und weiterhin die Hochtourengeher auf den Plan rufen. Keines der anderen 20 Bergsteigerdörfer ist so sehr mit Gletschertouren verbunden wie Vent im Ötztal. Fast alle Stützpunkte sind mehr oder weniger darauf ausgerichtet, wurden von den Altvorderen ja aus gutem Grund an den entsprechenden Standorten errichtet. Zwischen Weißkamm und Hauptkamm ließen sich ohne Weiteres zwei oder drei Dutzend eigenständige Ziele ausfindig machen, im Prinzip sogar zu einer veritablen »Haute Route« verbinden. Freilich gibt es auch in der Königsdisziplin des klassischen Bergsteigens seit jeher die bevorzugten Dauerbrenner, an denen sommers normalerweise eine dicke Spur ausgetreten ist.

Der Similaun ist einer dieser populären Vertreter, ein Blickfang schon, wenn man durchs Niedertal der Martin-Busch-Hütte entgegenwandert. Auch wenn der Eisschild der Nordwand nicht mehr so brillant leuchtet wie einst (und in warmen Sommern sogar zum regelrechten Schutthaufen mutiert), verheißt der formschöne Berg eine feierliche Tour moderaten Anspruchs. Am reizvollsten ist dabei zweifellos die Annäherung über den bis Kote 3149 sogar »wanderbaren« Marzellkamm, doch muss ich an dieser Stelle leider gleich eine Einschränkung hinzufügen: Am Marzellkamm besteht aktuell erhöhte Bergsturzgefahr, was zu Sperrungen geführt hat – womöglich schon eine Folge des stetigen Eisrückgangs und weichenden Permafrosts. Bleibt zumindest der Normalanstieg von der Similaunhütte, die diametral mit der Fineilspitze gleich noch ein tolles Ziel anzubieten hat. Dabei geht es an der vielbeachteten Ötzi-Fundstelle vorbei zum Hauslabjoch und anschließend über den blockigen Nordostgrat gut gestuft gipfelwärts.

Die Hintere Schwärze, ebenfalls direkt am Grenzkamm zu Südtirol aufragend, erscheint ähnlich wohlproportioniert wie der Similaun, misst sogar ein paar Meter mehr, wird aber des umständlicheren und weiteren Zugangs wegen seltener aufs Programm gesetzt. Steile Eisrampen und Spalten können hier ein paar ernsthafte Hindernisse aufwerfen. Am Ramolkamm eröffnet die hohe Lage des Ramolhauses ein ideales Sprungbett für die umliegenden Dreitausender, als da wären: die Ramolkögel, Hinterer Spiegelkogel sowie Firmisanschneide und Schalfkogel. Da kann der Gipfelsammler binnen eines Wochenendes einiges abgrasen.

Verheißungsvolles »Opening«: Wer durchs Niedertal zur Martin-Busch-Hütte hinaufwandert, hat den edel geformten Similaun als Schaustück vor sich.

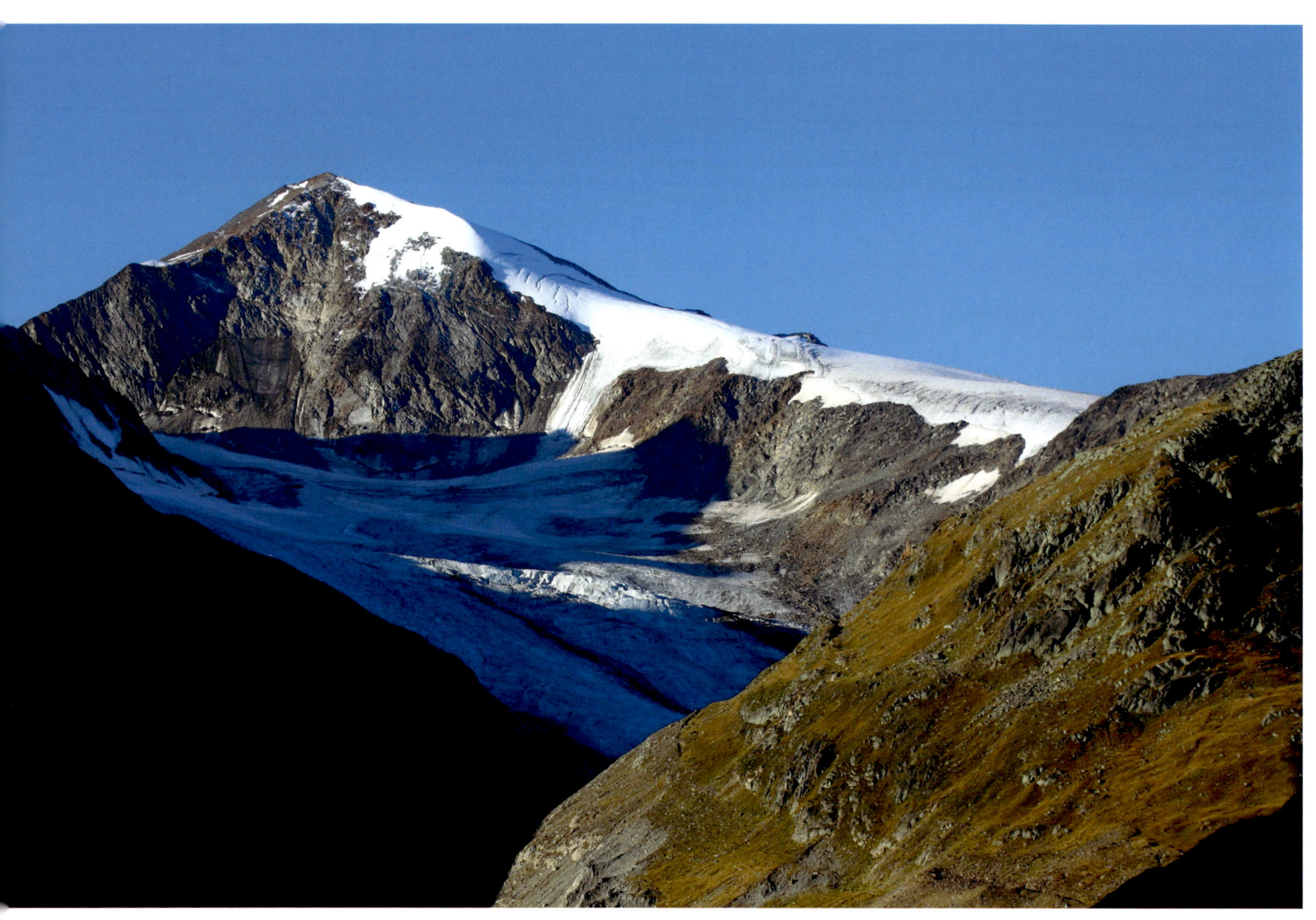

FRANZ SENN – PIONIER DES ALPINTOURISMUS

Die Geschichte von Vent ist untrennbar mit einem Namen verbunden: Franz Senn (1831–1884) wächst in bescheidenen Verhältnissen im Ötztaler Dorf Längenfeld auf, gelangt durch glückliche Umstände jedoch in den Genuss einer gymnasialen und universitären Ausbildung und kommt im Jahr 1860 als Priester nach Vent, der damals weltabgeschiedenen 50-Seelen-Gemeinde inmitten eisstarrender Berge. Senn bleibt zwölf Jahre und bringt einiges in Bewegung. Selbst leidenschaftlicher Bergsteiger, erkennt er die Zeichen der Zeit, ist an der Gründung des Deutschen Alpenvereins in vorderster Reihe beteiligt und verhilft im inneren Ötztal dem Tourismus in die Kinderschuhe.
Zwei Motive mögen Senn hauptsächlich leiten: Nach den alpinistischen Pionierleistungen jener Tage, an denen er mit eigenen Erkundungen und Erstbesteigungen selbst maßgeblich teilhat, gilt es die Bergwelt für bergbegeisterte Fremde zu öffnen, ihnen die Bereisung zu erleichtern. Dafür beherbergt Senn im Pfarrhaus die ersten Gäste, fördert das Bergführerwesen und regt den Bau von Hütten und Wegen an. Sogar persönliche Schulden nimmt er in Kauf.
Dem kargen Auskommen der Bergbevölkerung soll diese Initiative einen wirtschaftlichen Auftrieb verschaffen – ein langer, hindernisreicher, aber zukunftsweisender Prozess, wie wir heute wissen.
Persönliches Glück ist Franz Senn, den man irgendwann den »Gletscherpfarrer« tauft, auf diesem steinigen Weg indes nicht beschieden, denn die von anderer Seite zugesagte Unterstützung bleibt tatsächlich allzu oft aus. Nach seinen Venter Jahren kommt er über Nauders nach Neustift im Stubaital, wo er 52-jährig verbittert, körperlich ausgelaugt und finanziell ruiniert stirbt.

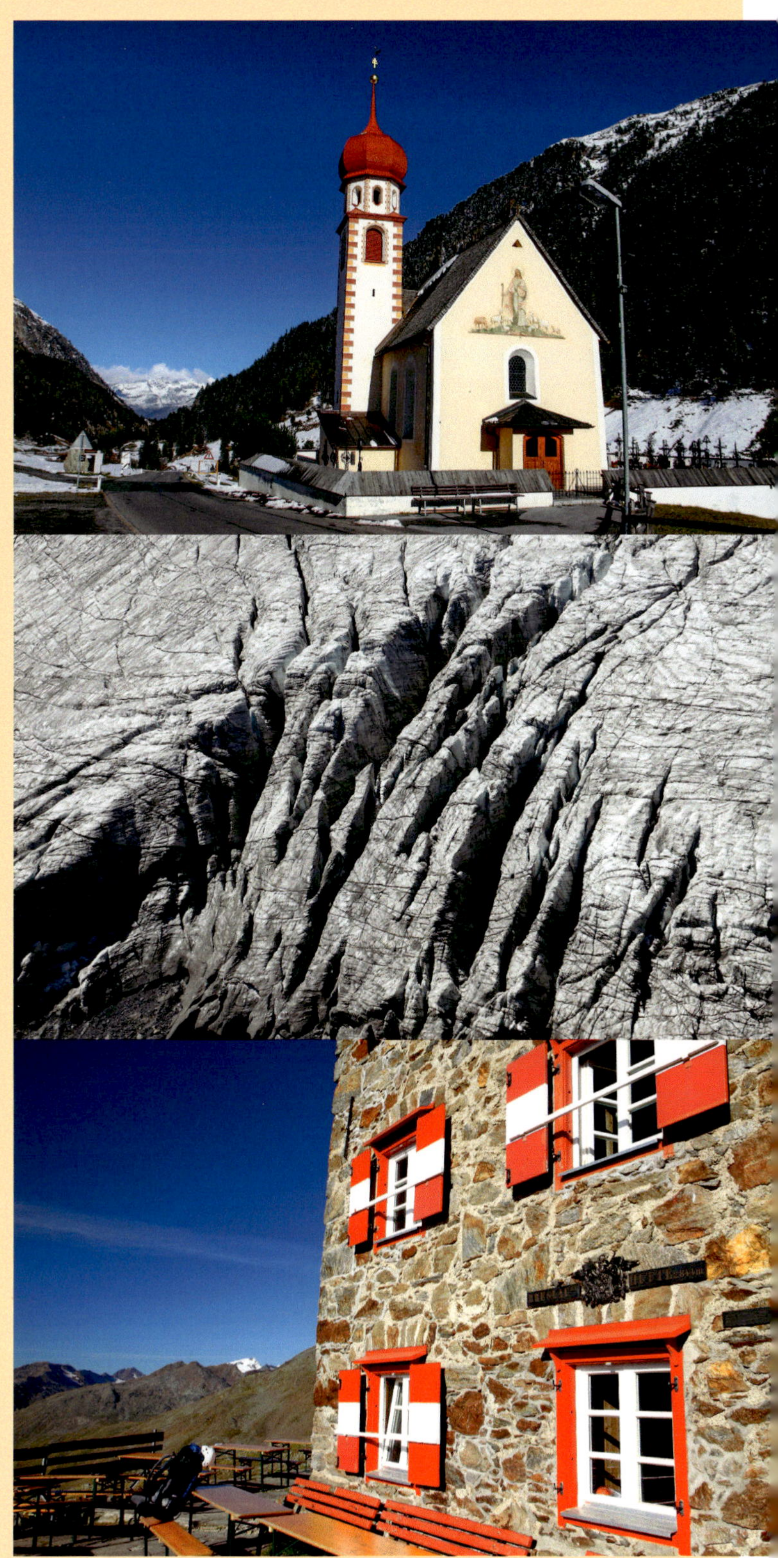

Die Kirche von Vent war einst der originäre Wirkungskreis des Kuraten Franz Senn. Als Bergpionier erkundete er aber auch die gefährlichen und noch kaum erforschten Gletscherregionen der Ötztaler Alpen und verhalf dem Alpintourismus in die Kinderschuhe. In dieser Zeit entstanden die ersten Stützpunkte wie 1882 die Breslauer Hütte am Venter Südanstieg zur Wildspitze.

Sprung hinüber zum Ötztaler Weißkamm, der als gewaltige Massenerhebung die ausgedehntesten Firndecken trägt und gleichsam das Idealbild einer zentralalpinen Gletscherlandschaft verkörpert: Landschaftstrunken blinzelt man vom Brandenburger Haus in die gleißende, arktisch anmutende Welt, gewahrt die stolze Weißkugel, deren Gipfel freilich noch an die fünf Marschstunden entfernt liegt, und besteigt stattdessen vielleicht lieber die näheren Hintereisspitzen und kurz vor Sonnenuntergang die noch viel nähere Dahmannspitze, um bei entsprechendem Wetterglück ein Feuerwerk der Stimmungen fernab aller Niederungen zu erleben.

KRÖNUNG AN DER WILDSPITZE

Tags darauf könnte man über den Fluchtkogel zur Vernagthütte wechseln und damit einen weiteren klassischen Dreieinhalbtausender einheimsen, danach die Hochvernagtspitze, die Schwarzwandspitze oder den Vorderen Brochkogel folgen lassen, um sich schließlich

Die Wildspitze über dem Rofenkarferner. Naturgemäß ist der höchste Berg ganz Nordtirols ein begehrtes Ziel für Alpinisten, die zumeist über das Mitterkarjoch aufsteigen.

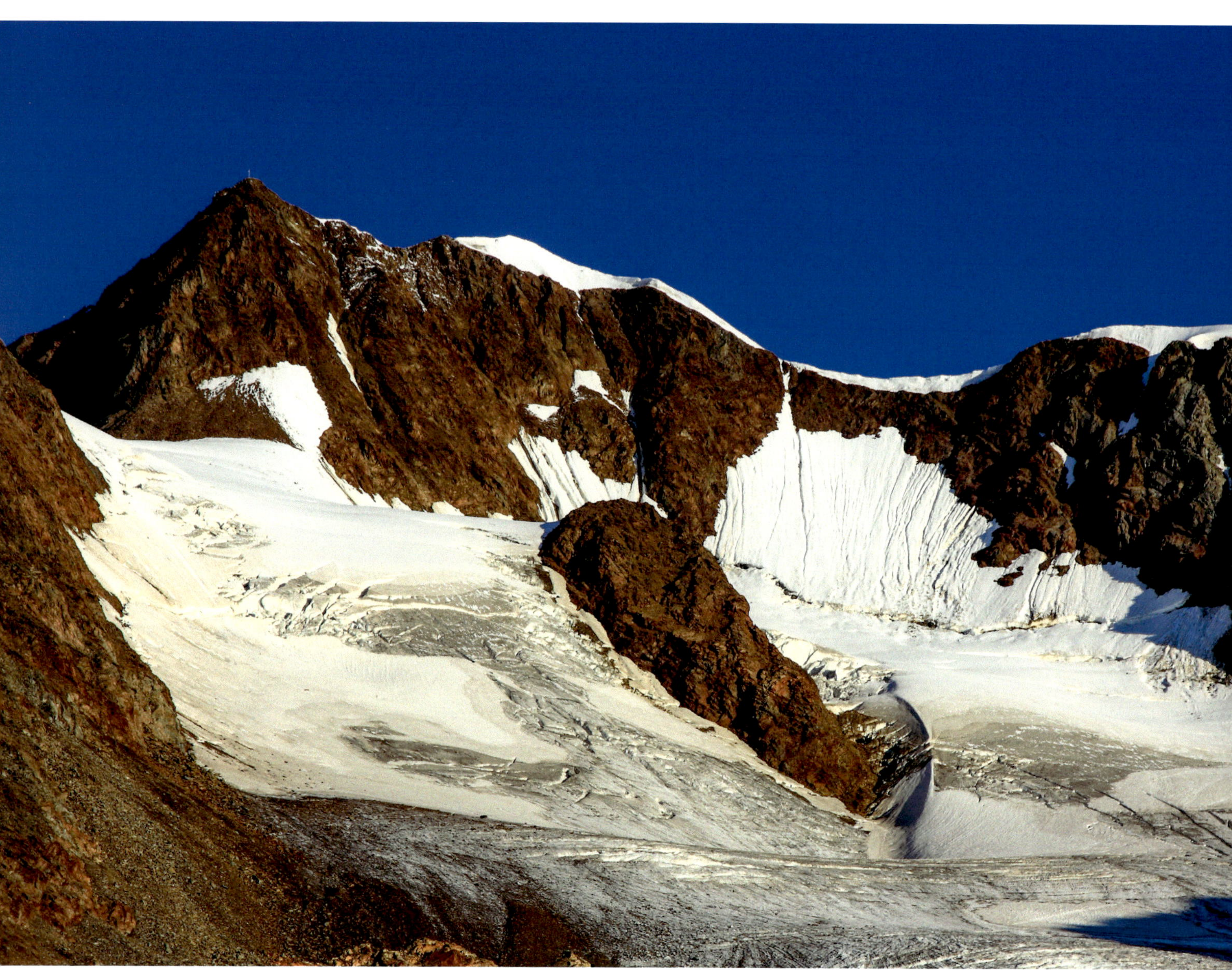

dem Hauptgipfel der gesamten Ötztaler Alpen zuzuwenden. Die Wildspitze ist und bleibt ein besonderes Aushängeschild, da denkt der (bergsteigende) Mensch halt in eingefahrenen Kategorien und lässt sich auch von naturgegebenen Tücken nicht unbedingt ausbremsen: Wenn in sehr heißen Sommern die Normalroute von der Breslauer Hütte über das Mitterkarjoch mitunter schon nicht mehr verantwortungsvoll gangbar ist, weicht man gegebenenfalls über den Südgrat oder weiträumiger über den Rofenkarferner aus.

Die Venter Bergführer wollen sich die prestigeträchtige Wildspitze als Standbein ebenso wenig abluchsen lassen, wie die Schar der auswärtigen Gipfelstürmer auf die stolzeste Visitenkarte verzichten mögen. Es ist schon eine Weile her, als ich das letzte Mal auf dem Dach Nordtirols war. Damals herrschten gute Bedingungen am Mitterkarjoch, der Tag war edel und alles lief wie am Schnürchen. Es war der Abschluss einer großen »Haute Route« rund um Vent, die mir noch genauso lebhaft und positiv in Erinnerung ist wie mein erster Hüttentrek anno 1994. Diese Verbundenheit mit Vent bleibt unauslöschlich …

Die Venter Hüttenrunde zählt zu den attraktivsten Trekkingrouten ihrer Art. Tagelang genießen wir herrliche Panoramen, etwa zur eleganten Weißkugel, und machen zwischendurch bei einer Reihe uriger Berghütten Station.

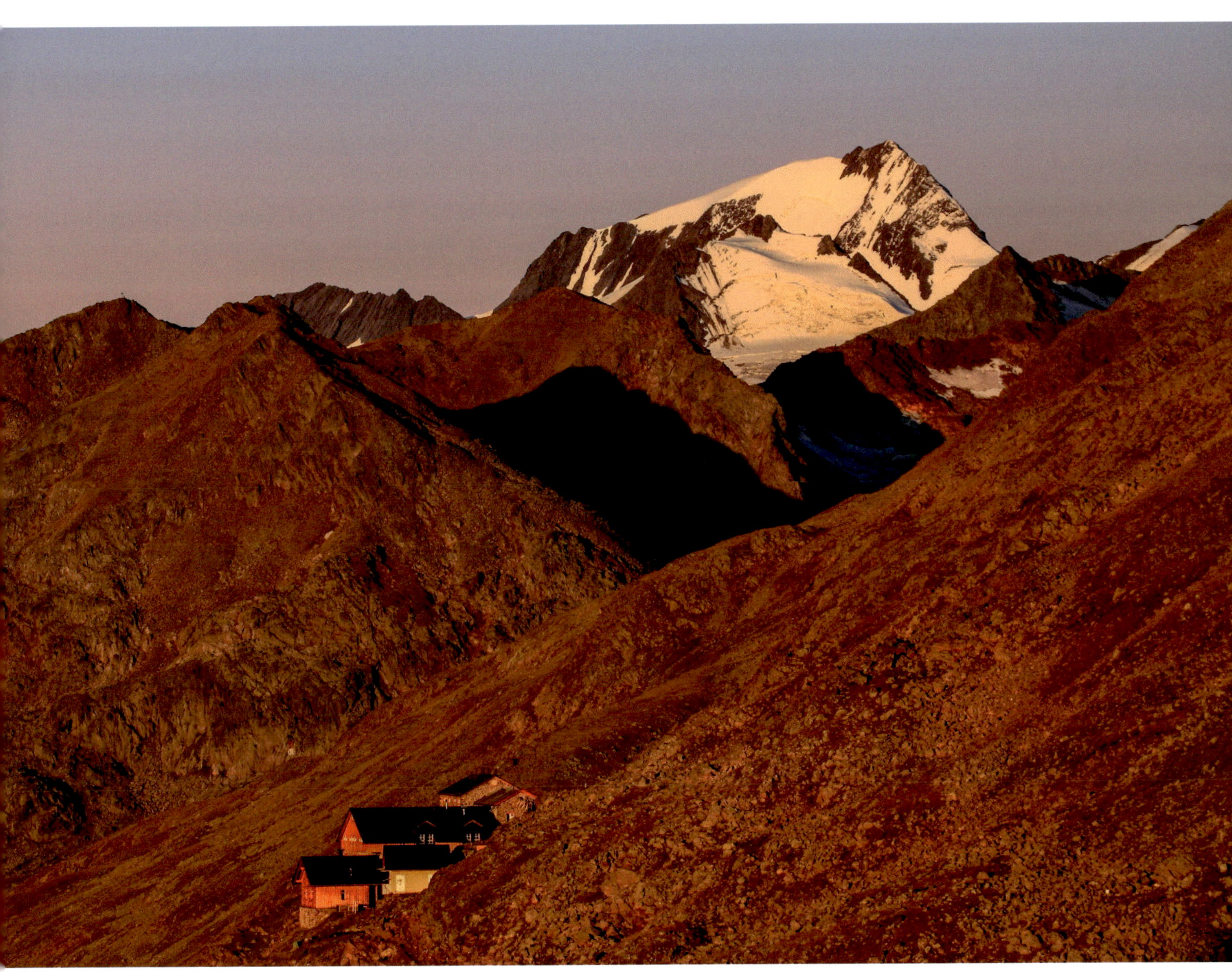

VENT IM ÖTZTAL

Lage: Vent (1896 m) liegt im Kernbereich der Ötztaler Alpen, und zwar im zwischen Weißkamm und Hauptkamm eingeschnittenen Venter Tal, das weiter unten ins eigentliche Ötztal übergeht. Politisch gehört Vent zur Gemeinde Sölden, wirkt durch die Lage aber sehr eigenständig und beheimatet gut 200 Einwohner.

Anreise: Auf der Inntal-Autobahn (A12) bis Ausfahrt Ötztal, anschließend auf der B186 durchs Ötztal, bis bei Zwieselstein die Straße ins Venter Tal abzweigt.

Öffentliche Verkehrsmittel: Mit dem Zug gelangt man bis Ötztal-Bahnhof. Von dort weiter per Bus taleinwärts, wobei in Sölden normalerweise umgestiegen werden muss.

Informationsbüro: Ötztal Tourismus, Ortsbüro Vent, Venterstraße 28, A-6458 Vent, Tel. +43/(0)57/2002-60, Fax 2002-61, www.vent.at.

Hütten: Breslauer Hütte (2844 m), DAV, Mitte Juni bis Ende September, 166 Schlafplätze, Tel. +43/(0)664/5300898 oder +43/(0)5254/8156. Vernagthütte (2755 m), DAV, Anfang Juli bis Mitte September und zur Skitourenzeit, 140 Schlafplätze, Tel. +43/(0)664/1412119. Hochjochhospiz (2412 m), DAV, Ende Juni bis Ende September und zur Skitourenzeit, 70 Schlafplätze, Tel. +43/(0)664/6305998. Brandenburger Haus (3274 m), DAV, Ende Juni bis Mitte September, 95 Schlafplätze, Tel. +43/(0)720/920304. Schöne Aussicht (2842 m), privat, Mitte Juni bis Mitte Oktober und in der Pistensaison (Schnalstaler Gletscher), 73 Schlafplätze, Tel. +39/0473/662140. Martin-Busch-Hütte (2501 m), DAV, Ende Juni bis Ende September und zur Skitourenzeit, 114 Schlafplätze, Tel. +43/(0)5254/8130 oder +43/(0)664/3043151. Similaunhütte (3019 m), privat, Mitte Juni bis Anfang Oktober und zur Skitourensaison, 95 Schlafplätze, Tel. +39/0473/669711 oder +43/(0)720/920439. Ramolhaus (3006 m), DAV, Anfang Juli bis Mitte/Ende September, 52 Schlafplätze, Tel. +43/(0)5256/6223.

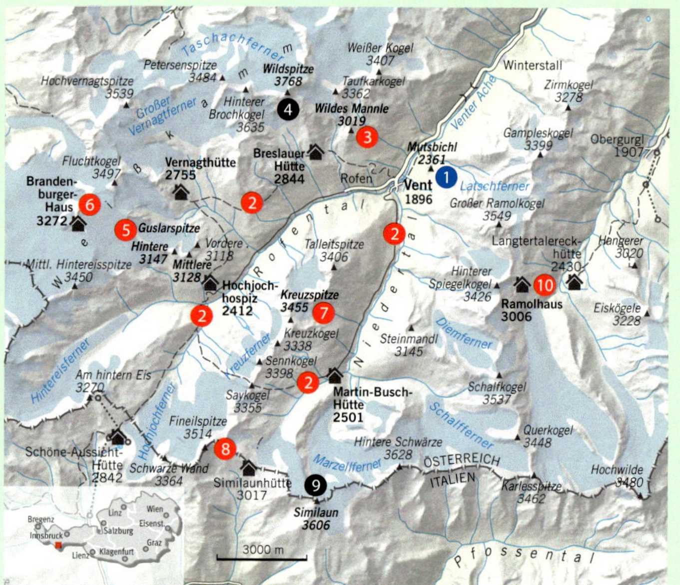

Karten: Alpenvereinskarte, 1:25.000, Blätter 30/1 »Ötztaler Alpen – Gurgl«, 30/2 »Ötztaler Alpen – Weißkugel« und 30/6 »Ötztaler Alpen – Wildspitze«. Freytag & Berndt, 1:50.000, Blatt 251. Kompass, 1:25.000, Blatt 042. Österreichische Karte, 1:50.000, Blätter 2103 und 2109.

Touren-Highlights

1 Mutsbichl (2361 m)

Spritztour im Nahbereich des Orts zu einem aussichtsreichen Geländebalkon mit schönen Zirbenbeständen. Rundwanderung über die Ramolalm, insgesamt 2½ Std.

2 Venter Hüttenrunde

Etwa viertägiges Programm auf gut ausgebauten Höhenwegen, beginnend mit dem Zustieg zur Breslauer Hütte, weiter am Seufertweg zur Vernagthütte und um den Rofenberg herum zum Hochjochhospiz. Die mit Abstand anspruchsvollste und längste Etappe führt über den Saykogel (3355 m) zur Martin-Busch-Hütte (Trittsicherheit unerlässlich, ansonsten Variante durchs Rofental hinaus), ehe wieder nach Vent abgestiegen wird.

3 Wildes Mannle (3019 m)

Großartige Aussichtskanzel vor dem Wildspitz-Massiv, etwas Trittsicherheit in Blockwerk und Moränengeschiebe nötig. Gehzeiten 3¼ Std. ab Vent, 2 Std. ab Stablein bzw. 1 Std. ab Breslauer Hütte.

4 Wildspitze (3768 m)

Höchster Gipfel der Ötztaler Alpen und ganz Nordtirols, von verschiedenen Seiten häufig bestiegen. Die Venter Normalroute führt ab Breslauer Hütte durch das zunehmend ausapernde Mitterkar und einen mittlerweile gesicherten Steilriegel zum Mitterkarjoch, schließlich über den jenseitigen Gletscher auf den höheren Südgipfel. Aufstieg 3 bis 3½ Std., Schwierigkeiten stark von den Verhältnissen abhängig. Mögliche Alternativen über den Ötztaler Urkund und den Südgrat (Stellen II bis III) oder über den Rofenkarferner.

5 Hintere (3147 m) und Mittlere Guslarspitze (3128 m)
Über die Guslarspitzen führt seit einigen Jahren eine markierte Route, die einen reizvollen Alpinübergang zwischen Vernagthütte und Hochjochhospiz erlaubt, ca. 3½ Std. Auf der Mittleren steht ein neues Kreuz, die Hintere wird auf Steigspuren »mitgenommen«. Trittsicherheit im Blockschutt obligatorisch.

6 Brandenburger Haus (3272 m)
Eine hohe Hütte mitten im »ewigen Eis«! Der Zugang führt von Vent durchs Rofental zunächst zum Hochjochhospiz (2¾ Std.) und weiter über den Deloretteweg zum Kesselwandferner, der am Ende flach, aber nicht ganz spaltenfrei überschritten wird. Aufstieg insgesamt 5½ Std. Lohnende Gipfelzugaben sind die Dahmannspitze (3401 m) in 20 Min. oder der Fluchtkogel (3500 m) in 1 Std.

7 Kreuzspitze (3455 m)
Ein absoluter Klassiker unter den »Wegebergen« der Ötztaler Alpen, denn höher kommt man als reiner Wanderer kaum hinaus. Trittsicherheit und Akklimatisierung wichtig. Aufstieg von der Martin-Busch-Hütte, zwischendurch über eine markante Geländeterrasse (hier Abstecher zum Samoarsee nicht verpassen!), in knapp 3 Std.

8 Ötzi-Fundstelle am Tisenjoch (3210 m)
Auch ohne besonderen Geländestatus sehr beliebtes hochalpines Wanderziel, in 1 Std. von der Similaunhütte zu erreichen (dorthin ab Vent über die Martin-Busch-Hütte 4½ Std.). Für Gipfelstürmer Fortsetzung auf die Fineilspitze (3516 m) lohnend, aber deutlich anspruchsvoller (kombiniert, am steilen Nordostgrat Kletterei im I. Grad).

9 Similaun (3606 m)
Klassische Hochtour, von der Similaunhütte über den Niederjochferner, 2 Std. Der attraktive Zugang von der Martin-Busch-Hütte über den Marzellkamm (4 Std.) ist wegen akuter Steinschlaggefahr derzeit Einschränkungen unterworfen.

10 Ramolhaus (3006 m)
Eigentlich eine Gurgler Hütte, von Vent aus über das hochalpine Ramoljoch aber gut erreichbar und auf dieser Strecke relativ einsam. Gehzeit fast 5 Std. Bei einer Nächtigung Gipfelzugaben möglich, z. B. auf den Hinteren Spiegelkogel (3426 m).

»Neun Monate Winter und drei Monate kalt« – dieses Gerücht kursiert über Vent in Anbetracht seiner klimatischen Situation auf fast 2000 Metern Höhe.

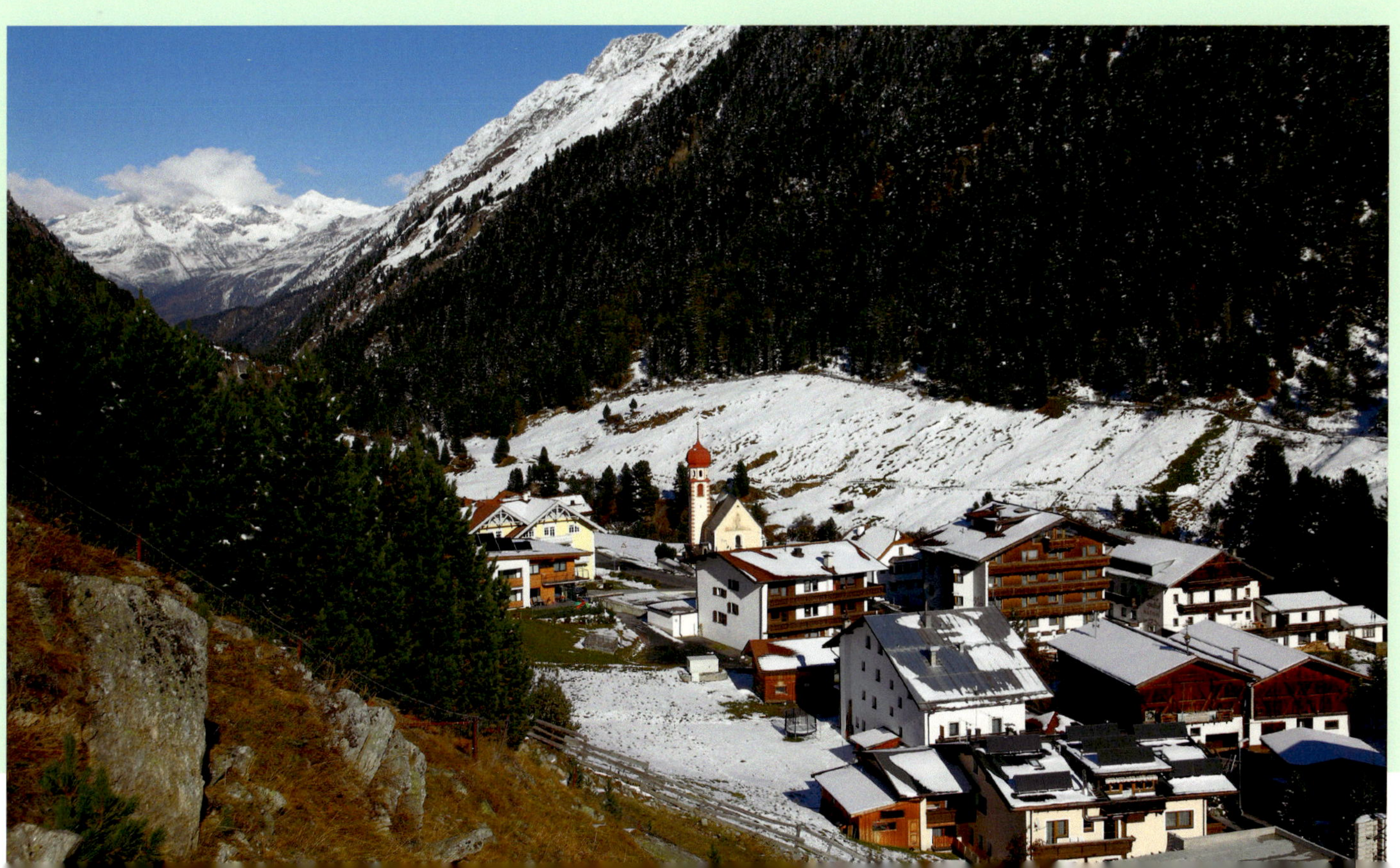

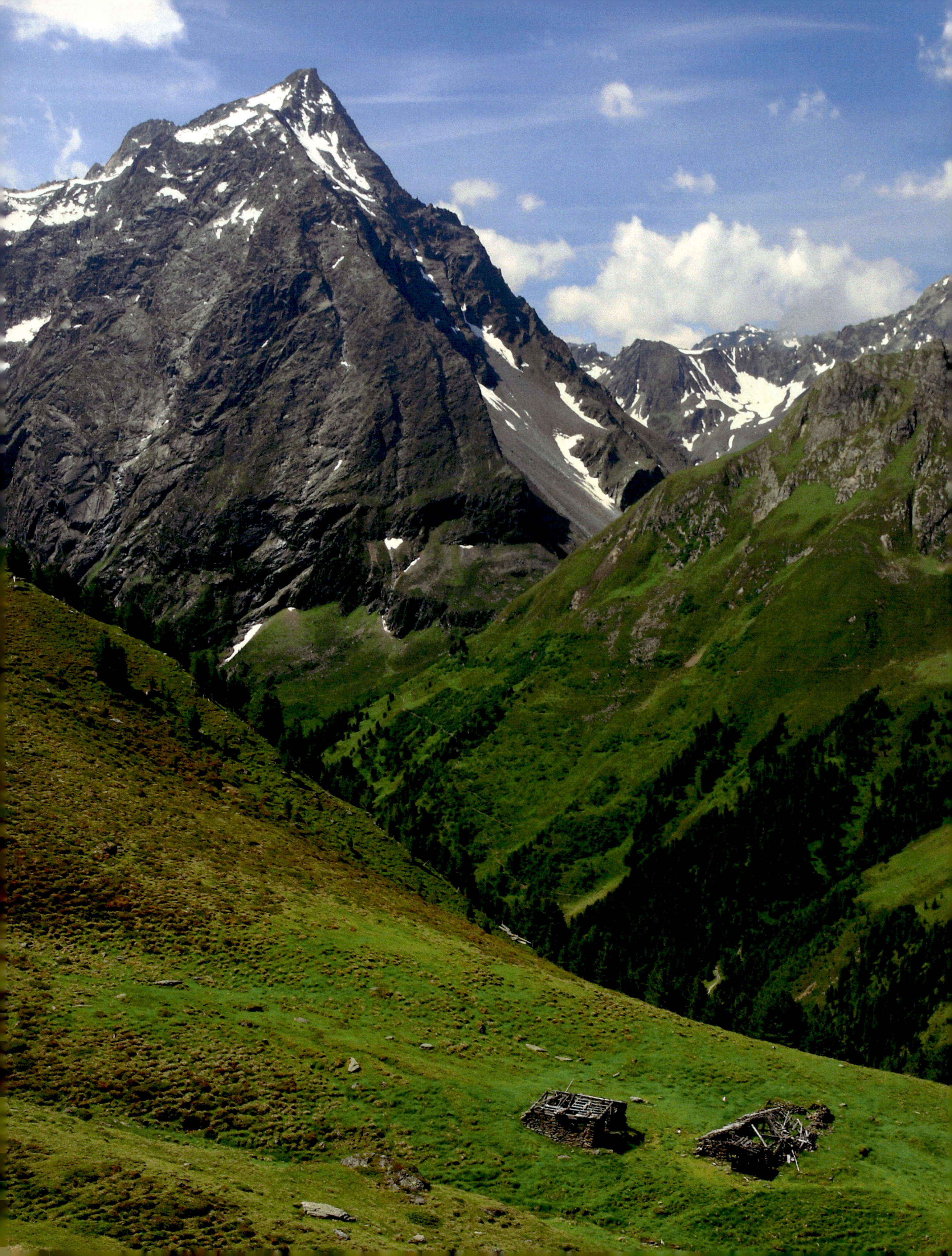

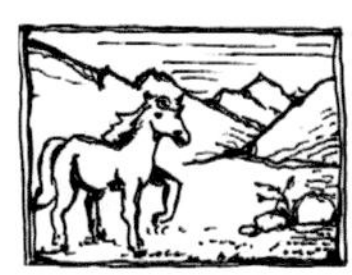

REGION SELLRAINTAL

Im nördlichen Teil der Stubaier Alpen verläuft das Sellraintal nahezu quer zum verkehrsgeplagten Inntal. Mit seinem großartigen Hinterland wirkt es wie aus einer anderen Welt, in der Hektik und Trubel keinen Platz haben. Weit greifen die Hochtäler Fotsch, Lüsens und Gleirsch hinein ins Gipfelgefüge und bieten vielfältige Möglichkeiten für Bergaktive. Sellrain brüstet sich kaum mit Sensationen, bietet im Einzugsbereich der Tiroler Landeshauptstadt aber einen wertvollen Ruhepol.

Von Innsbruck her ist es eigentlich nur ein Katzensprung: Randlage einer Alpenmetropole. »Überraschend, dass das Sellraintal heute überhaupt noch die Kriterien und Anforderungen an Bergsteigerdörfer erfüllt«, urteilt Peter Haßlacher, Vorsitzender der CIPRA Österreich und langjähriger Leiter der Fachabteilung Raumplanung & Naturschutz im ÖAV. »Ringsherum wird immer noch die Strategie der Regionalentwicklung durch Errichtung weiterer harter Infrastrukturen verfolgt: Pirchkogel/Verbindung mit dem Ötztal, Mutters-Axamer Lizum, Kalkkögelverbindung zwischen Schlick und Axamer Lizum«. Ist das Sellrain als eine Art »Auge im Sturm« bisher etwa nur zufällig davon verschont geblieben? Nun, Pläne zur großflächigen Erschließung haben wohl auch dort in den Schubladen gelegen, aber gerade noch rechtzeitig scheint man den Wert ursprünglicher Oasen – auch oder vielleicht gerade im Umfeld eines Ballungsraumes – erkannt zu haben.

Wer ins Sellraintal kommt, lässt das turbulente städtische Flair räumlich nur ein paar Kilometer, emotional aber in der Tat sehr weit hinter sich. Die fast schluchtartige Verengung der Melach riegelt eine eigene Welt ab. Doch völlig bereitwillig öffnet sich die Landschaft auch auf Höhe des Hauptorts noch nicht. Steile Waldlehnen prägen vordergründig das Bild, erst im weiteren Verlauf über die nächsten Talstufen nach Gries und St. Sigmund setzen sich vermehrt Wiesenböden in Szene und vermitteln ein Tiroler Bilderbuchambiente. Wie wichtig der Schutzwald in einem derartigen Relief ist, belegt die Naturkatastrophe vom Juni 2015: Anhaltender Gewitterregen löste damals verheerende Schlammlawinen aus und brachte immensen Schaden über das Dorf Sellrain – etliche Familien verloren ihr Hab und Gut.

HALBVERGESSENES SELLRAIN

Um das Wesen dieses Landstrichs zu ergründen, reicht keine hastige, motorisierte »Bergfahrt« hinauf zum Kühtaier Sattel (wo man eh schon wieder in eine ganz andere Sphäre eintaucht ...). Man muss vielmehr die Seitentäler und vor allem die Bergeshöhen erwandern, muss am Sonnberg ebenso unterwegs sein wie in den Tourenrevieren von Potsdamer Hütte, Westfalenhaus und Pforzheimer Hütte.

Die alpintouristische Erschließung durch den Alpenverein – ein immer wiederkehrendes Merkmal in unseren »Bergsteigerdörfern« – hat in den Sellrainer Bergen erst relativ spät stattgefunden. Als die beliebten Gletschergebiete am Alpenhauptkamm bereits mit zahlreichen Hütten bestückt waren, musste man hier noch von den Dörfern und Weilern zu etwaigen Gipfeltouren aufbrechen. Renommier-

Wuchtig dominiert der Lüsener Fernerkogel den Talschluss von Lüsens. Der Aufstieg muss mit rund fünf Stunden veranschlagt werden.

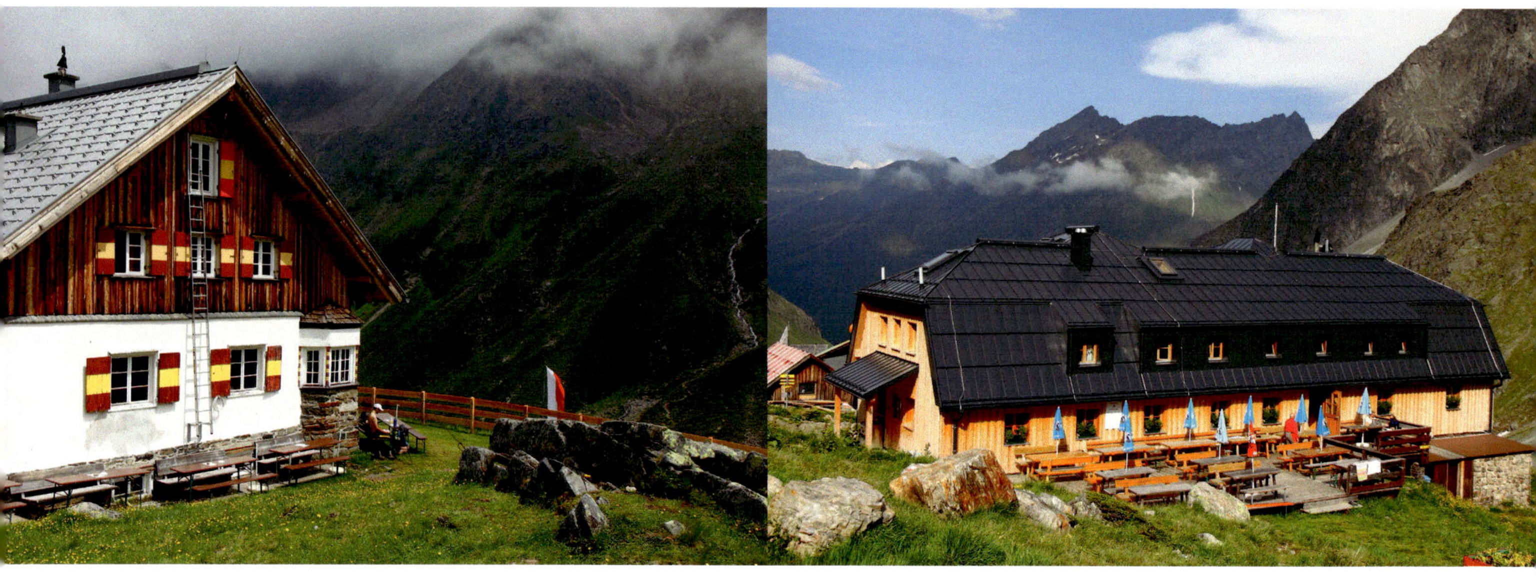

Rund um das Sellrain finden wir vier alpine Stützpunkte: In der Fotsch empfängt uns die urige Potsdamer Hütte (links). Das schmucke Westfalenhaus liegt oberhalb von Lüsens im Längental (rechts).

berge sind ohnehin sehr rar, was einen größeren Zustrom von auswärtigen Besuchern verhindert oder zumindest verlangsamt hat. Und selbst für die Innsbrucker lagen wohl immer Karwendel und Kalkkögel noch näher. So dauerte es bis zum Jahr 1908, bis mit dem Westfalenhaus oberhalb von Lüsens die erste vollwertige Berghütte eingeweiht wurde. Potsdamer und Pforzheimer Hütte im Fotscher- bzw. Gleirschtal entstanden gar erst zwischen den Weltkriegen. Dass die Sellrainer Berge in einer ganz bestimmten Hinsicht doch noch zum Modegebiet aufgestiegen sind, können Sie auf Seite 47 nachlesen …

SCHAULAUFEN AM SONNBERG

Sommers umgibt uns hier jedenfalls eine wohltuende Ruhe. Wenn irgend möglich, versuche ich das Sellrain während der Alpenrosenblüte zu besuchen. Meist um Ende Juni, Anfang Juli – je nach Witterungsverlauf – sind die alpinen Matten weithin von purpurfarbenen Teppichen überzogen und verleihen der ganzen Szenerie eine besonders prachtvolle Note, vor allem im Kontrast mit den dunklen Felsen und gleißenden Schneefeldern der höheren Lagen. Geradezu schwelgerisch lässt man sich als Wanderer durch diesen alpinen Garten treiben, der natürlich noch jede Menge anderer Blütenpflanzen beheimatet. Speziell die Bergmähder auf der Sonnseite des Tals laden zu ausschweifenden »Schnuppertouren« ein. Oberhalb etwa 1700, 1800 Metern Höhe ist diese seit Generationen von fleißiger Bauernhand geprägte Landschaft offen, der Ausblick entsprechend weit.

Wer ausreichend Kondition besitzt, sollte sich ruhig mal den ganzen Sellraintaler Höhenwanderweg vornehmen. Man startet an der Kühtaier Landesstraße nahe der Zirmbachalm und schreitet anschließend auf weiter Front die sonnseitigen Flanken ab, stets auf mittlerem Niveau zwischen dem Waldsockel und den schrofigen Gipfelstöcken, die hier und da eine steile Geröllreise talwärts entsenden. Nach und nach öffnet sich gegenüber jedes der vier nach Süden ausgreifenden Seitentäler: zuerst der Einschnitt des kurzen Kraspestals, das von Kraspesspitze und Zwieselbacher Roßkogel abgeriegelt wird, anschließend das bei St. Sigmund ausmündende Gleirschtal, als drittes das von Gries ausgehende und zuhinterst vom mächtigen Fernerkogel dominierte Lüsenstal und zu guter Letzt noch die Fotsch, wie man vor Ort in der Kurzform sagt. Immer wieder ergeben sich Abstiegsmöglichkeiten in die Dörfer, doch wer die Sache durchzieht, quert mit dem Roßkogel auch einen der besten Sellrainer bzw. Inntaler Aussichtsberge und lässt die Schritte über herrliche Arnikawiesen am lang gestreckten Bergrücken schließlich Richtung

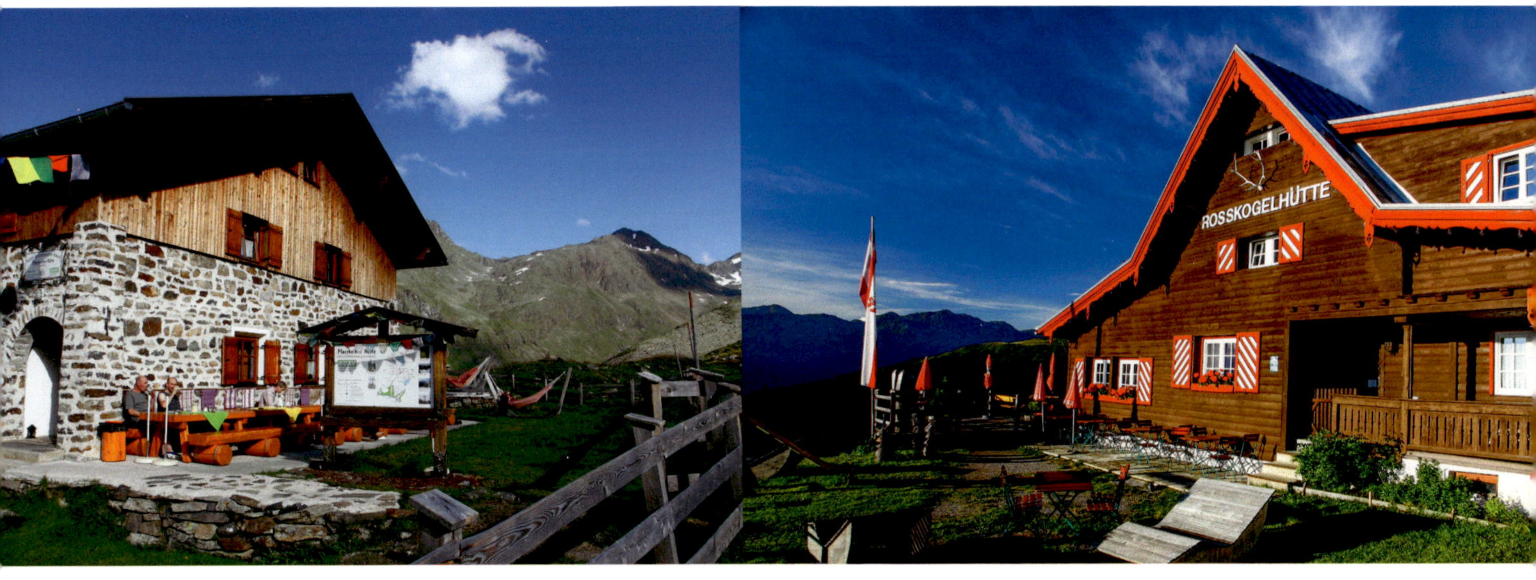

Gemütlichkeit ist auch auf der Pforzheimer Hütte im Gleirschtal Trumpf, zudem eine besonders reiche Gipfelauswahl (links). Mehr auf den Ausflugsverkehr ausgerichtet hat sich die Roßkogelhütte (rechts).

St. Quirin auslaufen. Der Bergweiler grüßt mit seiner schmucken Kirche weit über die Talschaft – eines der charakteristischen Motive aus dem Sellrain.

SELLRAINER HÜTTENRUNDE

Meiner besonderen Passion und späteren »Berufung« zufolge streifte ich vor vielen Jahren das erste Mal von Hütte zu Hütte durch die Sellrainer Berge. Ich schrieb über »großzügige Schleifen« in diesem wegetechnisch gut vernetzten Revier und würdigte die Landschaft als »besonders ursprünglich, wo sie nicht ihre allergrößten Trümpfe ausspielt«. Typisch zentralalpine Elemente wie Blockwerk und Matten, Wildbäche und Seen sowie ausgeprägte Trogtäler mit hochalpinen Schartenübergängen sind kennzeichnend. Erst Jahre später lancierte der Alpenverein eine Initiative zur Förderung des alpinen Hüttentrekkings und prägte den Begriff von der Sellrainer Hüttenrunde. Das Gesamtkonstrukt dieser Tour einschließlich Ötztal- und Inntalschlaufe ist ziemlich ausschweifend und bezieht insgesamt zehn Hütten mit ein.

An dieser Stelle möchte ich nur auf den engeren Sellrainer Zirkel etwas näher eingehen – ein Programm, das man in drei oder vier Tagen absolvieren kann. Es beginnt mit dem lockeren Zustieg durchs Fotschertal zur Potsdamer Hütte, die mit ihrer behaglichen Stube ein uriges Flair verströmt und so richtig auf das einfache Dasein im Gebirge einstimmt. Familie Schaffenrath sorgt in alter Tradition für eine gediegene Atmosphäre.

Die anschließende zweite Etappe erweist sich dann als strammer Marschtag, müssen wir doch zuerst den Roten Kogel überschreiten – hinauf über wellige Schafweiden mit ihren eingestreuten glitzernden Seeaugen, abwärts über eine hohe, einförmige Flanke –, ehe ab Lüsens noch eine erkleckliche Gegensteigung bis zum Westfalenhaus bevorsteht. Dort empfängt uns ein schmucker Bau mit neuer Außenfassade und modernisiertem Interieur, vor allem aber eine umtriebige Hüttenwirtsfamilie. Ernesto De Biasio kam einst aus Udine ins Ötztal und blieb hängen. Heute leitet Sohn Rinaldo in zweiter Generation die Geschicke, während der Senior nach wie vor mit flottem Wortwitz dafür sorgt, dass den Gästen kein lustiger Hüttenabend entgeht. So verbandelt sich mitten in Tirol westfälische Gründlichkeit mit einem Schuss italienischem Charme.

Über die zuweilen etwas prekäre Zischgenscharte, die auch einen Abstecher auf die 3000 Meter messende Schöntalspitze eröffnet, geht's tags darauf weiter zur Pforzheimer Hütte, wo Ingrid Penz die Wanderer auf ebenso herzliche Art umsorgt. Man kann wirklich bei allen drei

Stützpunkten von gemütlichen, charaktervollen Berghütten sprechen und wird nach abwechslungsreichen Übergängen am Ende mit einem Rucksack voller Erlebnisse durchs Gleirschtal nach St. Sigmund hinausschlendern …

EIN DUTZEND UND MEHR »WEGEBERGE«

Schlagworte wie »Wanderparadies« sind in alpinen Destinationen ja schnell aus dem Hut gezaubert. Ich meine, dass sich das Sellrain, abgesehen von der tollen Hüttenrunde, vor allem in einer Kategorie wirklich eine Auszeichnung verdient: Nicht bloß zwei, drei Standardziele, sondern auffallend viele der umliegenden Gipfel können auf markierten Routen bestiegen werden, womit sich dem beharrlichen Erkunder nach und nach ein umfassendes Bild der Gegend erschließt. Zwar mögen dies alles keine namhaften »Knüller« sein, was einem Bergglück in Stille jedoch eher zuträglich erscheint.

Gleich eine ganze Handvoll Gipfelpunkte wird auf der Kammwanderung von Salfains zum Schaflegerkogel überschritten. Einfach herrlich, dieser gutmütige Laufsteg zwischen Fotscher- und Senderstal, auf dem man sich nach Lust und Laune dahintreiben lassen kann! Als attraktive Kulisse stehen gegenüber die Kalkkögel, gern als »Nordtiroler Dolomiten« tituliert, Parade. Recht eindrucksvoll präsentiert sich auch das Schwarzhorn zur Potsdamer Hütte hin. Der Normalweg über die Hohe Schöne verlangt im Steilgelände durchaus stramme Wadln. Und mit Kastengrat und Rotem Kogel hat die Potsdamer Hütte weitere lohnende Ziele auf dem Wegweiser. Bei Letzte-

Pferde haben ihr Sommerparadies auf den Hochweiden oberhalb der Potsdamer Hütte gefunden. Einen Wanderer zieht es wohl weiter zum Roten Kogel.

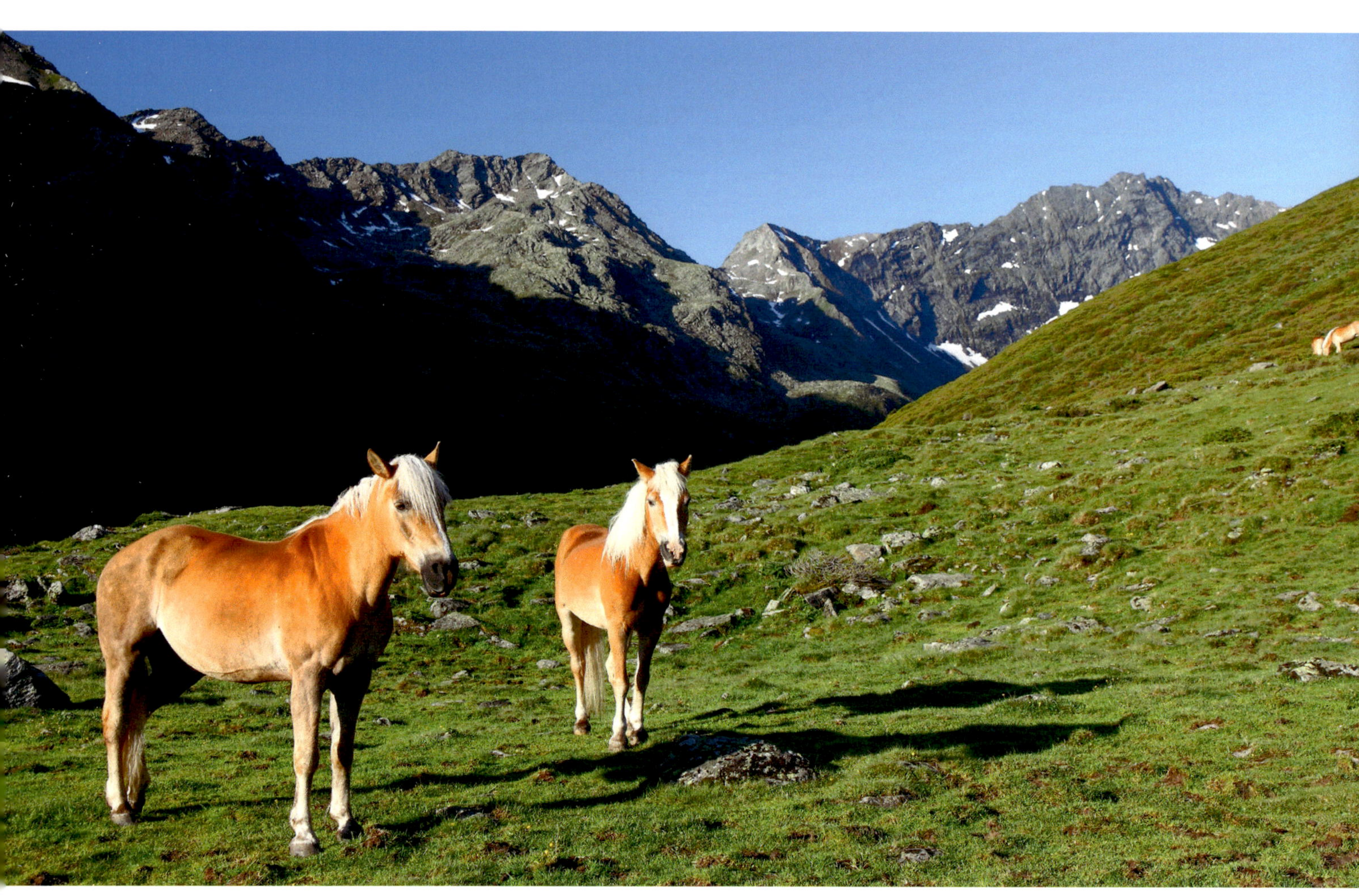

SKITOUREN IM SELLRAIN

Eigentlich geht es in diesem Buch um die sommerlichen Bergsteigerdörfer. Beim Sellrain kommt man jedoch kaum umhin, auch ein paar Streiflichter über die Vorzüge als Skitourengebiet auszubreiten. Das Wort vom »Skitourendorado« hat schon lange die Runde gemacht. Gute Erreichbarkeit, Schneesicherheit und nicht zuletzt das weithin abfahrtstaugliche Gelände mit Dutzenden von Möglichkeiten sind Merkmale, die man zu schätzen weiß. Außerdem entwickelt solch ein Klassikerstatus irgendwann eine Eigendynamik, lockt quasi aus sich heraus immer mehr Gäste an. Ziele wie Lampsenspitze, Zwieselbacher und Gleirscher Roßkogel, Zischgeles, Roter Kogel und Lüsener Fernerkogel stehen bei den Brettlfreaks hoch im Kurs. Darauf haben sich auch die Hüttenwirte eingerichtet und sperren entsprechend zwischen Februar und April ihre Türen auf. Wer unverspurtes Gelände sucht, muss in den Sellrainer Bergen freilich etwas Esprit beweisen. Überflüssig zu erwähnen, dass dies stets im Rahmen einer verantwortungsvollen Einschätzung der Lawinensituation geschehen sollte …

Nach einem Wettersturz zeigen sich die Stubaier Alpen angezuckert. Auf der Freihut erleben wir die sich langsam auflösenden Wolken der abziehenden Front.

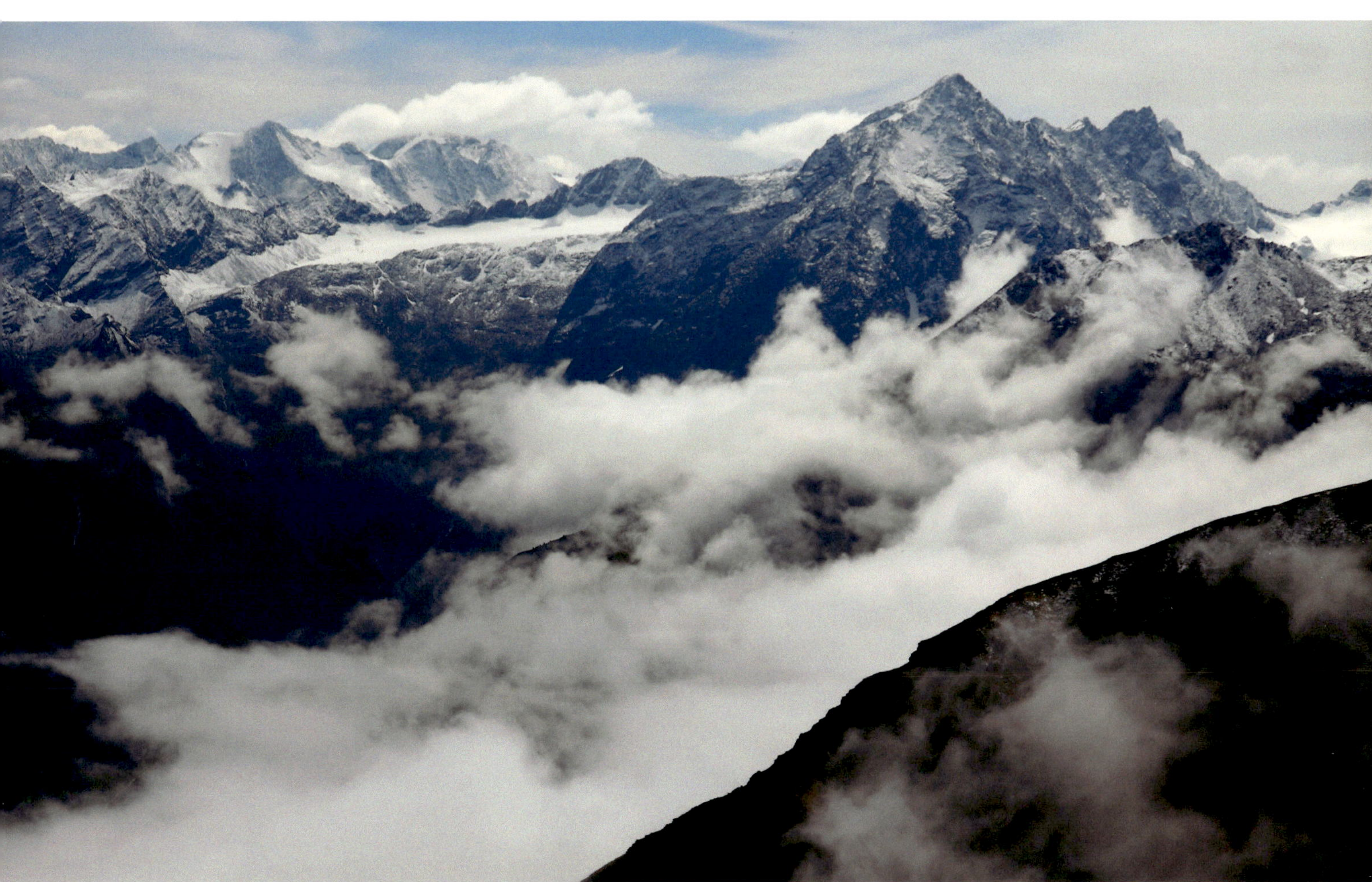

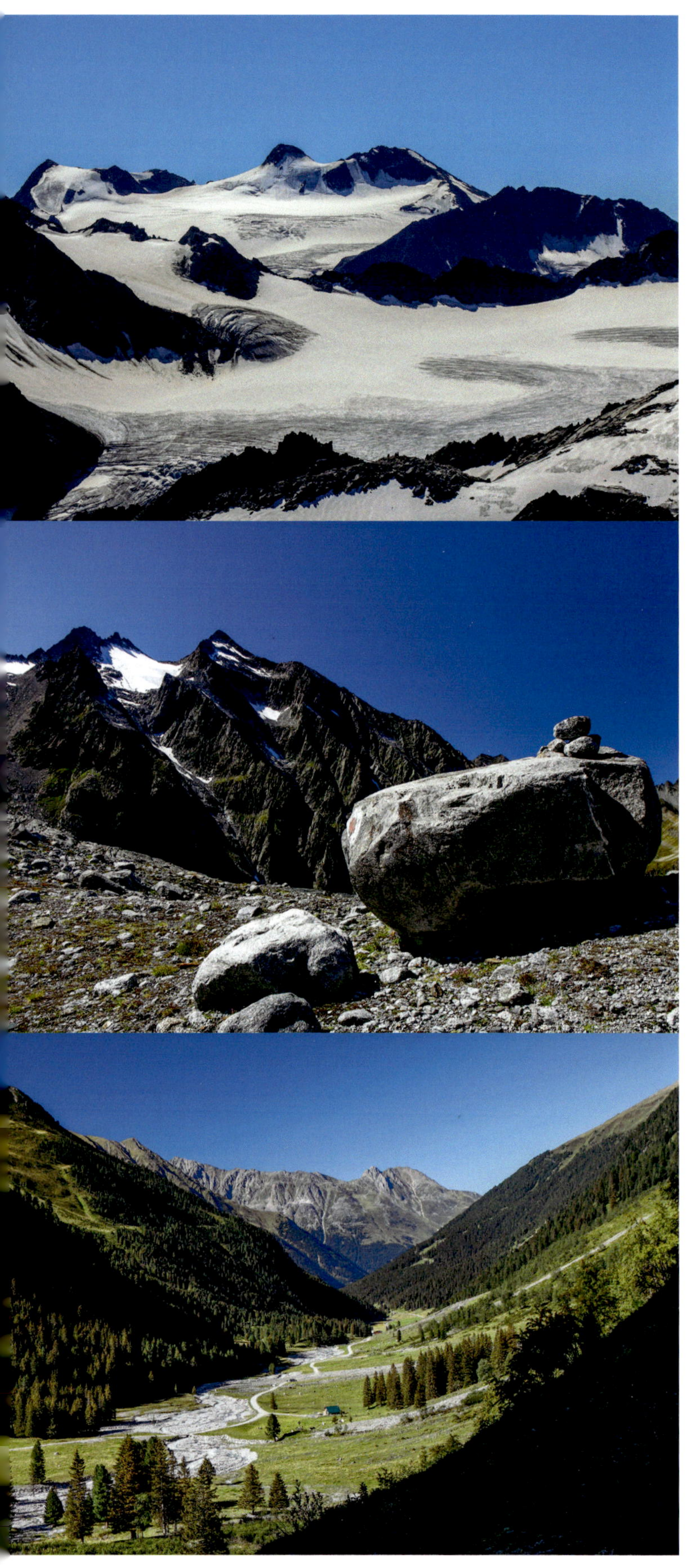

rem ergibt sich sogar die Möglichkeit einer Überschreitung ins Lüsenstal, wie im Rahmen der Sellrainer Hüttenrunde ausgeführt.

Auch das Fotscher Windegg und die Freihut besitzen Zugänge von zwei verschiedenen Seiten und punkten darüber hinaus mit ihren gegen das Sellraintal vorgeschobenen Positionen. Vor allem die Perspektive von der Freihut erweist sich als exzellent: tief hinab ins Kirchdorf Gries und durch die Talachse hinaus bis gegen die kalkhellen Karwendelberge, während im entgegengesetzten Halbkreis die Gipfelflur der Stubaier Alpen zahllose Gneisspitzen zur Schau stellt. Verblüfft steht man zuoberst auf einer ausgedehnten Wiese, auf der glatt ein ganzes Fußballfeld Platz fände.

Vom Weiler Praxmar aus wird nicht nur die Freihut gelegentlich bestiegen, sondern deutlich öfter auch der Zischgeles. Klar, als Dreitausender sendet dieser wohl eine besondere Verlockung aus und gilt als Skitourenziel in Tirol als wirklich große Nummer. Wir waren sehr angetan von der Kombination der Routen via Sattelloch und Nordgrat sowie über den Ostgrat und Drei Zaiger retour: viel Auslauf in urtümlichen Blockschuttkaren, im Gipfelbereich die eine oder andere anregende Kraxelstelle und zum Lohn eine Aussicht, die nun wirklich reichlich Hochalpenflair vermittelt. Da erhebt sich fast zum Greifen nah die Grubenwand, dahinter schon der Hohe Seeblaskogel, der vom Westfalenhaus kaum ersteigbar wirkt, über den versteckten Grüne-Tatzen-Ferner aber doch ein überraschendes Hintertürl öffnet. Dieser Berg gehört damit freilich bereits in die Kategorie »Hochtouren«.

Im Umkreis der Pforzheimer Hütte locken gleich sieben mit Weg erschlossene Gipfel. Während Gleirscher und Zwieselbacher Roßkogel schon lange zum Inventar zählen, wurde die Route zur Haidenspitze erst vor wenigen Jahren neu ausgewiesen – gemeinsam mit einem etwas avantgardistischen Gipfelkreuz, das die agile Alpenvereinssektion dem Fast-Dreitausender spendiert hat. Der Weg über typische Schafmatten und Blockschuttfelder wird nach und

Die »Königstour« auf den Lüsener Fernerkogel wird mir wohl lange in Erinnerung bleiben: makellos der Tag, fordernd der Aufstieg und wie ein perfekt komponierter Spannungsbogen die Landschaftsimpressionen vom grünen Lüsener Tal bis in die Welt der Gletscher, wo sogar das Zuckerhütl in Erscheinung tritt.

nach wohl stärker ausgetreten werden und den Besuch der Haidenspitze mehren. Sie entspricht genau jener Art von Berg, die dem »normalen«, gleichwohl tüchtigen Wanderer auf den Leib geschnitten ist, und steht damit im Sellrain in bester Gesellschaft ...

ABENTEUER AM FERNERKOGEL

Eine Nummer gewichtiger fällt dagegen der Lüsener Fernerkogel aus. Wobei man dieses Attribut mal ganz wörtlich nehmen kann, denn die Masse, die sich im Talschluss von Lüsens wie ein Bollwerk aufbaut, ist schon ein ordentliches Pfund. Was muss das für ein Bild geboten haben, als die Gletscherschleppe noch fast bis zum sogenannten Fernerboden herabreichte! An einem stabilen Sommertag befinde ich mich noch in der Dämmerung auf dem Weg taleinwärts. Einen Hinweis auf das Gipfelziel sucht man vorerst vergeblich, doch anhand der Karte gibt es die eindeutige Interpretation, sich kurz hinter der Materialseilbahn links zu halten. Mit Tourenski begeht man direkt die steile Rampe im breiten Trog, was im Sommer allerdings nicht unbedingt geboten ist. Stattdessen windet sich ein ziemlich wilder Pfad durch wucherndes Gras und Gestrüpp am linksseitigen Hang in die Höhe. Das geht ja schon mal abenteuerlich los!

Irgendwann doch ein altes, angewittertes Wegschild – immerhin habe ich den Einstieg nicht verfehlt. Weiter oben auf dem Moränenrücken sollte es angenehmer werden, versuche ich mich zu motivieren. Der Schein trügt nicht, allerdings legt sich zwischendrin noch ein Gletscherabfluss in den Weg. Mit ein paar Sprüngen bin ich drüben, nur leise

Wolken umspielen den Gipfel des Schwarzhorns,
das üblicherweise aus dem Fotschertal bestiegen wird.

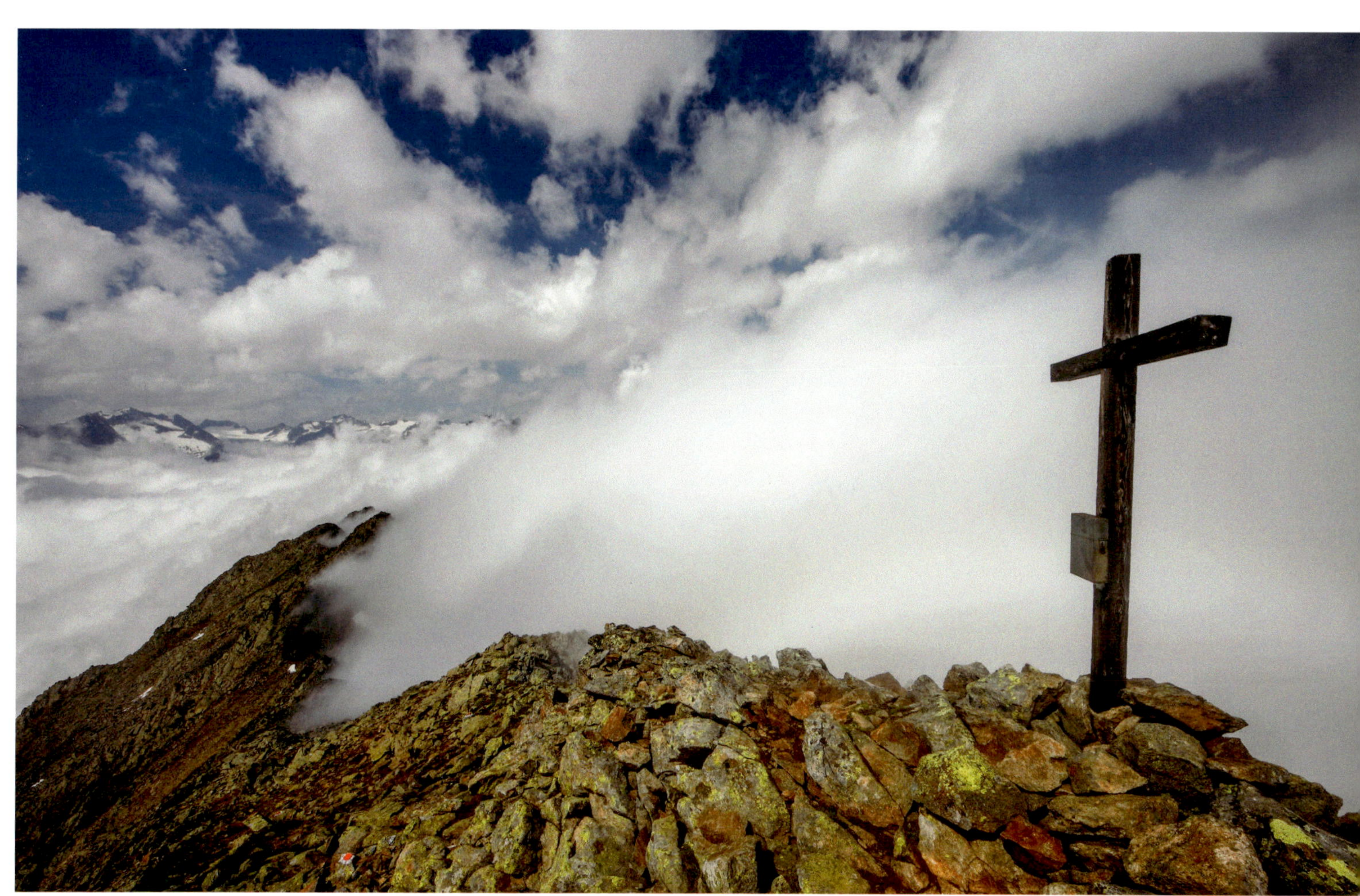

ahnend, dass es retour bei stärkerem Wasseraufkommen wahrscheinlich nicht mehr so einfach sein wird. Ich schiebe den skeptischen Gedanken beiseite … und setze den Aufstieg unbeirrt fort. Bald kommen die Gletscherschliffzonen, die vor gar nicht allzu langer Zeit noch unter Eis verborgen waren. Damit wird es wieder etwas rauer, doch niemals schwierig. Der Übertritt auf den Lüsener Ferner ist ein Kinderspiel, ebenso wie die flache Traverse desselben, zumal sich auf dem blanken Eis keinerlei Spalten auftun. Vorsorglich habe ich trotzdem mal die Steigeisen angeschnallt. Das Gipfelkreuz ist längst zu sehen gewesen, gerät nun aber wieder aus dem Blickkreis, denn die übliche Route auf den Lüsener Fernerkogel nimmt einen ziemlich verschlungenen Verlauf. Aus der erhabenen Arena des Gletscherbeckens muss man den Durchstieg in der sogenannten Plattigen Wand finden. Was sich nach einer grimmigen Kletterei anhört, ist jedoch nicht mehr als ein kleiner Balanceakt über etwas unaufgeräumtes Blockgelände. Die Steigspuren

Zwischen dunklen Urgesteinsgraten bedeckt der Lüsener Ferner eine erhaben wirkende Geländekammer. Wie lang wird das »ewige Eis« wohl noch überdauern?

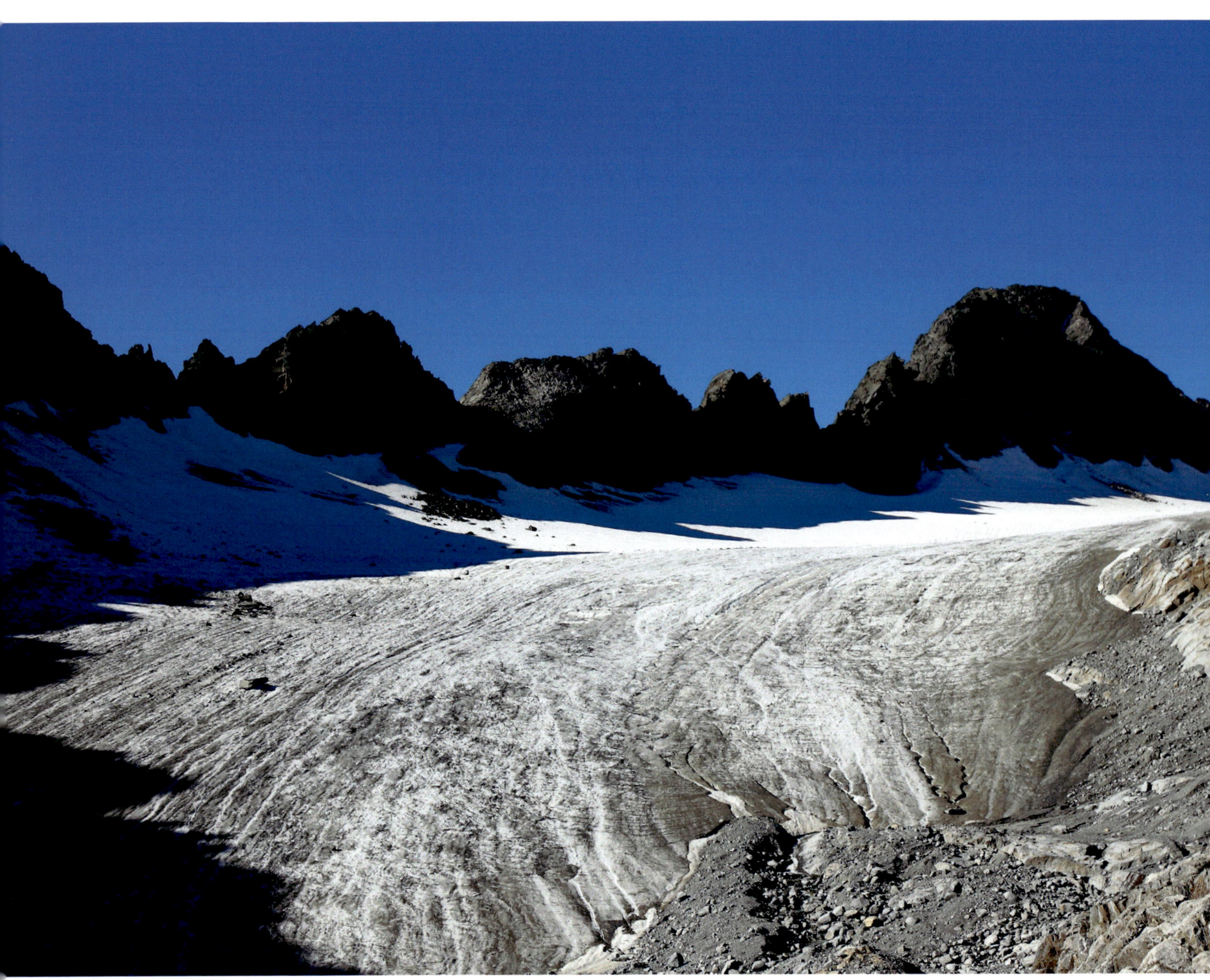

werden bald wieder deutlich und setzen sich jenseits des Durchschlupfs als Stapfspur im Schnee fort. Nun gilt es den Rotgratferner in Richtung Südgratscharte zu traversieren. Ein paar Meter nur sind heikel, wo schon das Blankeis durchschimmert. Über fünf Stunden bin ich nun bereits unterwegs, länger als erwartet, doch ist das Ende greifbar. Beherzt wird die Blockkletterei am Südgrat angepackt, das finale Element dieser spannenden, vielseitigen Tour. Genau zur Mittagsstunde bin ich am Ziel meiner Wünsche!

Freilich muss man den ganzen Weg auch wieder zurück. Der Gletscher schwitzt im Sonnenglast – keine Wolke trübt diesen makellosen Tag! Allmählich schleichen sich Bedenken ein, wie wohl der Bach zu dieser vorgerückten Stunde sein wird. Und erneut bei der Stelle angekommen, sehe ich meine schlimmsten Befürchtungen übertroffen. Der Bach ist ein Monster! Was sich in den nächsten Minuten hier abspielt, wird sein Plätzchen in der eigenen Anekdotenkiste sicher haben …

Farbenfrohe Flora: Kratzdistel vor dem Roßkogel (oben links), Arnika am Sellrainer Sonnenhang (oben rechts), Zwergprimeln an der Zischgenscharte (unten links) und Alpenrosenfelder im Fotschertal (unten rechts).

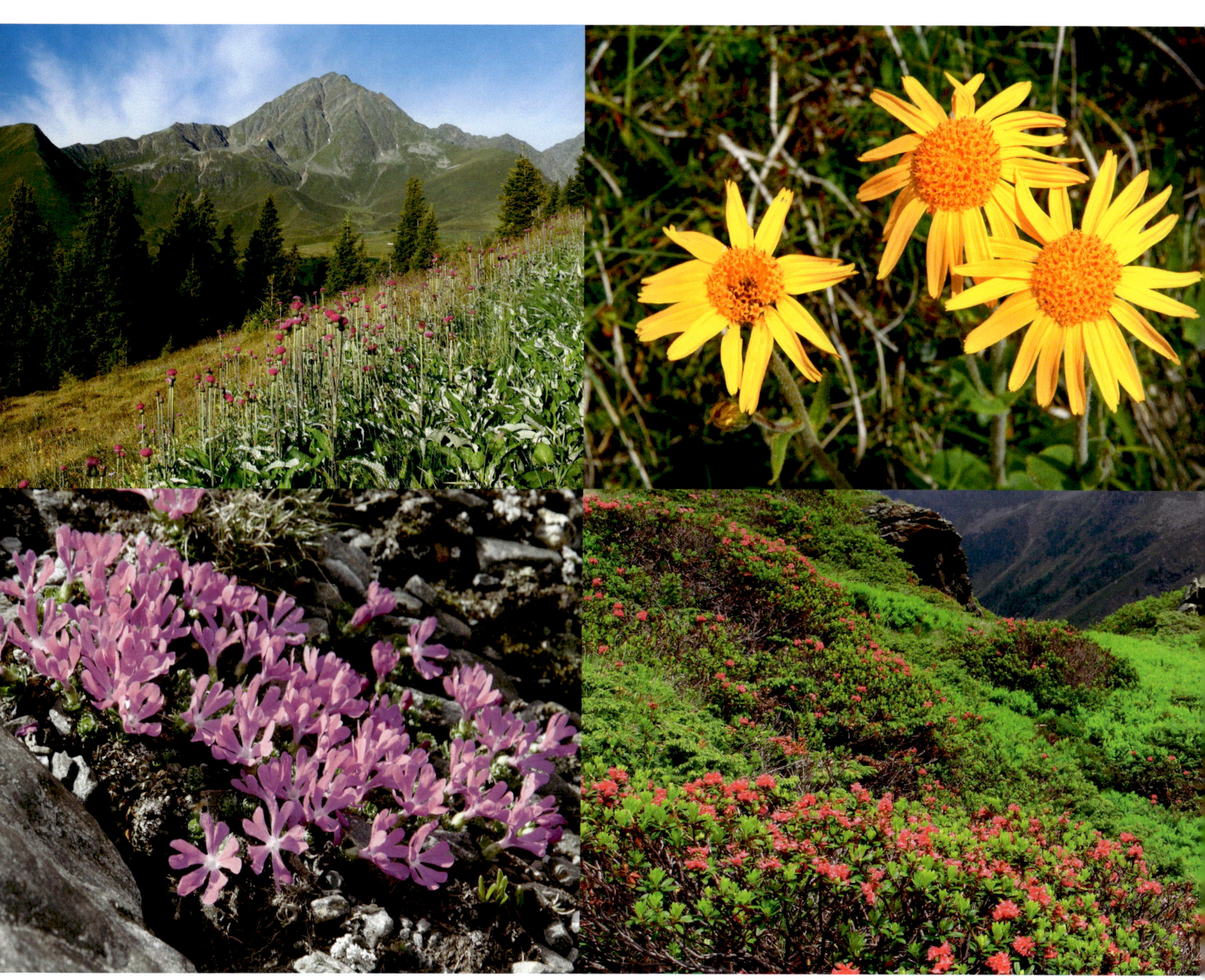

REGION SELLRAINTAL

Lage: Das Sellraintal erstreckt sich südwestlich von Innsbruck in den nördlichen Stubaier Alpen, und zwar von Kematen hinauf zum Kühtaier Sattel, über einen beachtlichen Höhenunterschied. Es beheimatet die drei Gemeinden Sellrain (908 m), Gries im Sellrain (1187 m) und St. Sigmund im Sellrain (1513 m) mit zusammen gut 2000 Einwohnern. Der umgebende Teil der Stubaier Alpen ist auch unter der Bezeichnung Sellrainer Berge geläufig.

Anreise: Über die Inntal-Autobahn (A12) bis Ausfahrt Zirl-Ost, von Deutschland aus gegebenenfalls auch über Scharnitz und den Zirler Berg, und schließlich via Kematen auf die Sellrainer Landesstraße.

Öffentliche Verkehrsmittel: Von Innsbruck verkehrt regelmäßig der Postbus ins Sellraintal. Die meisten Kurse enden in St. Sigmund, einige fahren in der Hauptsaison auch bis Kühtai sowie nach Praxmar im Lüsenstal.

Informationsbüro: Innsbruck Tourismus, Büro Sellrain, Rothenbrunn 40, A-6181 Sellrain, Tel. +43/(0)5230/244. Büro Gries im Sellrain, Gries 17, A-6182 Gries im Sellrain, Tel. +43/(0)5236/224. Büro St. Sigmund – Praxmar, St. Sigmund 25, A-6184 St. Sigmund im Sellrain, Tel. +43/(0)5236/570, www.innsbruck.info.

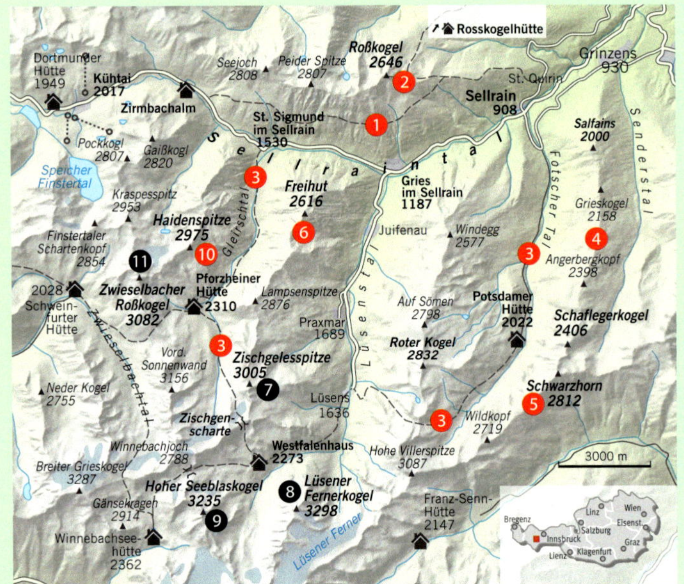

Hütten: Potsdamer Hütte (2012 m), DAV, Anfang Juni bis Mitte Oktober und vom 26. Dezember bis Ostern, 46 Schlafplätze, Tel. +43/(0)650/4030822. Westfalenhaus (2273 m), DAV, Mitte Juni bis Ende September und Anfang Februar bis Anfang Mai, 66 Schlafplätze, Tel. +43/(0)664/7880875. Pforzheimer Hütte (2308 m), DAV, Mitte Juni bis Ende September und Mitte Februar bis Ende April, 68 Schlafplätze, Tel. +43/(0)5236/521. Roßkogelhütte (1777 m), privat, Mitte Mai bis Oktober und zur Skiaison, 40 Schlafplätze, Tel. +43/(0)5232/81419.

Karten: Alpenvereinskarte, 1:25.000, Blatt 31/2 »Stubaier Alpen – Sellrain«. Freytag & Berndt, 1:50.000, Blatt 241. Kompass, 1:50.000, Blatt 83. Österreichische Karte, 1:50.000, Blätter 2228 und 2222.

Touren-Highlights

1 Sellraintaler Höhenwanderweg

Lange Hangwanderung zwischen Zirmbachalm und St. Quirin bzw. Sellrain, stets auf der Sonnseite des Tals mit prächtigen Ausblicken ins Hochgebirge. Meist grasiges Gelände, selten schrofig, mehrmals vorzeitiger Abstieg möglich. Gesamtgehzeit ca. 7 Std.

2 Roßkogel (2646 m)

Der Roßkogel gilt sogar als Innsbrucker Hausberg, erscheint mit auffälliger Form im Westen der Stadt, erhebt sich aber unmittelbar über dem Sellraintal. Aufstiege von Obermarendebach bei Gries über die Südflanke oder von St. Quirin über den langen Ostrücken, jeweils ca. 4 Std., alternativ auch von Hinterburg oder Stiglreith (dabei sehr spannend, aber etwas anspruchsvoller über die Nordseite).

3 Sellrainer Hüttentour

Ausgewählte Etappen der großen Sellrainer Hüttenrunde, welche die Potsdamer Hütte, das Westfalenhaus und die Pforzheimer Hütte berühren. Integriert sind alle drei normalen Hüttenwege (für sich genommen jeweils leichte Tageswanderungen), die Überschreitung des Roten Kogels (2832 m) sowie der Übergang via Zischgenscharte (2930 m), der gleichzeitig die Schlüsselstelle darstellt. Gehzeiten: Sellrain – Potsdamer Hütte 3 Std. – Westfalenhaus 7¾ Std. – Pforzheimer Hütte 4½ Std. – St. Sigmund 2 Std.

4 Von Salfains zum Schaflegerkogel (2406 m)
Aussichtsreiche Kammwanderung auf der Ostseite des Fotschertals über insgesamt fünf benannte Erhebungen. Zustieg vom Bergheim Fotsch über den Mähderweg, Abstieg über die Furggesalm, insgesamt 7 Std.

5 Schwarzhorn (2812 m)
Markanter Gipfel über dem Fotschertal mit bezeichneter Normalroute. Diese beginnt bei der Seealm und führt zunächst steil Richtung Hohe Schöne, dann von Südwesten gipfelwärts. Aufstieg ab Bergheim Fotsch 4 Std., ab Potsdamer Hütte 3 Std. Ein Rundkurs über die Wildkopfscharte kann angeschlossen werden.

6 Freihut (2616 m)
Gegen das Sellraintal vorgeschobener Berg zwischen Lüsens- und Gleirschtal mit tollem Panorama. Markierte Anstiege von St. Sigmund in 3 Std. sowie – etwas langwieriger – von Praxmar über Rözer Grüblalm und Grube in 3½ Std.

7 Zischgelesspitze (3005 m)
Bekannter Skitourengipfel im Herzen der Sellrainer Berge, der auch im Sommer eine Besteigung lohnt. Zwei verschiedene Routen können ab Praxmar kombiniert werden. Die stillere führt über Kamplschrofensattel, Sattelloch und Nordgrat, die etwas häufiger gewählte um den Oberstkogel herum und zuletzt über den Ostgrat. Im Aufstieg jeweils 3½ bis 4 Std., insgesamt 6½ Std.

8 Lüsener Fernerkogel (3298 m)
Der dominante Berg über dem Lüsenstal, eines der absoluten Schaustücke im Sellrain. Anspruchsvolle kombinierte Tour von Lüsens, mit ruppigem Zustieg zum Lüsener Ferner, später im Bogen über die Plattige Wand auf den Rotgratferner und zuletzt aus der Südgratscharte zum Gipfel, ca. 5 Std. Eine schwierigere Direktroute leitet über den Nordgrat (II bis III); nur für sehr Erfahrene!

9 Hoher Seeblaskogel (3235 m)
Eindrucksvolles Massiv über dem Längentalkessel. Vom Westfalenhaus zunächst auf dem Dr.-Siemon-Weg, dann rechts ab in eine Bergkehle, die zum versteckten, ganz schmalen Grüne-Tatzen-Ferner aufschließt. Bis zum Gipfel ca. 4 Std.

10 Haidenspitze (2975 m)
Eine neu erschlossene Route im Bereich der Pforzheimer Hütte, sie führt ohne besondere Schwierigkeiten über Matten und Blockwerk. Ab Hütte 2¼ Std., vom Talort St. Sigmund aus 4¾ Std.

11 Zwieselbacher Roßkogel (3082 m)
Der höchste mit einem Weg erschlossene Gipfel im Umkreis der Pforzheimer Hütte. Die Route führt durchs Walfeskar weit aufwärts in die Nähe einer Schmelzwassermulde, über das Blockschuttplateau nördlich des Gipfelaufbaus und von dieser Seite auf den Doppelgipfel, 2½ Std.

Am Sellraintaler Höhenwanderweg bewegt man sich stundenlang in den sonnenverwöhnten Südflanken und genießt derweil instruktive Panoramablicke auf die gegenüberliegende Bergwelt.

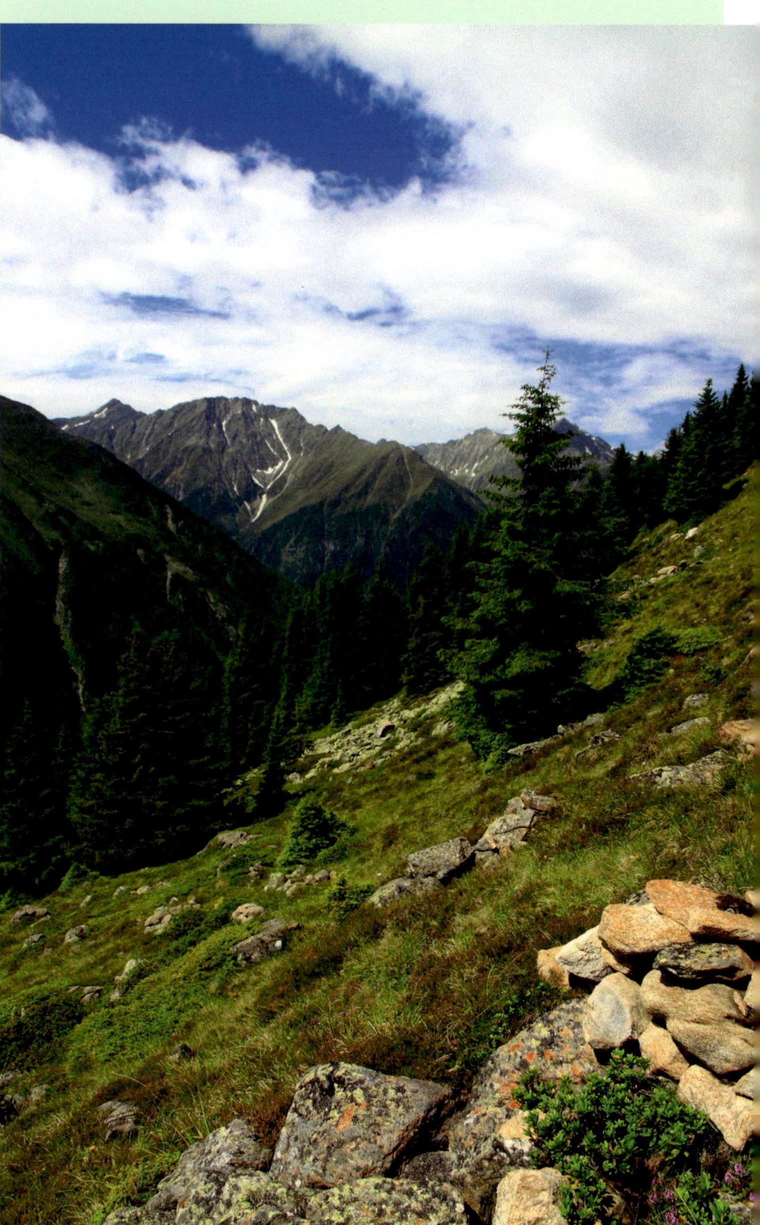

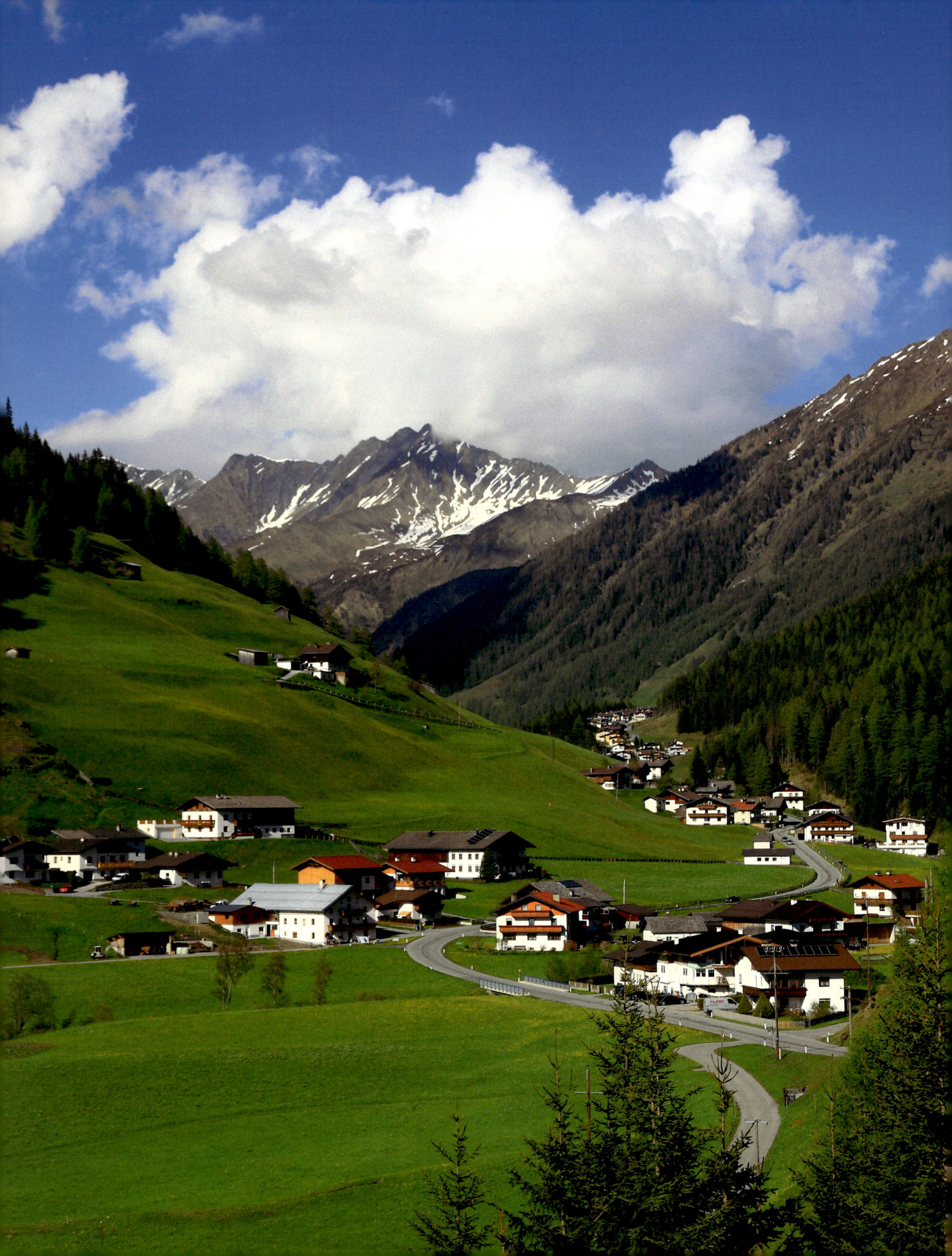

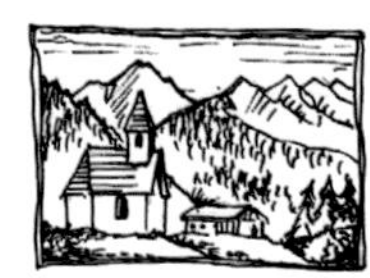

ST. JODOK, SCHMIRN- UND VALSERTAL

Von eiligen Reisen in den sonnigen Süden kennt die Brennerstrecke wohl jeder Bergfreund. Doch wer weiß schon von der reizvollen Landschaft nur einen Katzensprung abseits davon? Acht Kilometer vor der Passhöhe zweigt linker Hand ein Seitental ab, das sich kurz darauf hinter der hübschen Ortschaft St. Jodok in zwei Äste gabelt: Schmirn und Vals. Dieses vergessene Eck an einem Nabelpunkt Europas hütet unerwartete Schätze und ist auf jeden Fall eine Entdeckung wert!

Claudia und ihre Tochter Nicole stammen aus Schmirn. Ich begegne den beiden zufällig auf dem Jochgrubenkopf. Fasziniert blicken sie gleichsam aus der Vogelperspektive auf ihr Tal, das sich tief unten malerisch hinausschlängelt – optisch den Stubaier Alpen als vielgipfliger Hintergrundkulisse entgegen. »Eine wirklich schöne Heimat habt ihr da«; und sie scheinen auch sehr zufrieden damit. Gemeinsam schwärmen wir über die mehr als üppigen Alpenrosenfelder beim Aufstieg (ganze Hänge leuchten Anfang Juli purpurrot!), posieren für die Kamera und grüßen hinüber zum Olperer – dann verabschieden sich Claudia und Nici auf dem gleichen Weg talwärts, während ich noch die Überschreitung Richtung Schöberspitzen anpacke. Diese hat zwischendurch schon etwas von einem »wilden Weg«, denn auf den mal mehr, mal weniger scharfen Grasschneiden sind lediglich dürftige Spuren zu erkennen. Erst vor dem Ramsgrubensee stoße ich wieder auf eine offiziell markierte Route und stehe kurz darauf verblüfft vor diesem Kleinod: welch ein herrlicher Erdenfleck! Die Schöberspitzen zacken dahinter etwas grimmig in den Himmel, sind aber tatsächlich gar nicht so schwierig zu erklimmen. Bei solch einem Traumwetter bietet sich ein Fest für die Augen. Vor allem der gewaltige Tuxer Hauptkamm mit dem Olperer im Mittelpunkt zieht mich jetzt noch mehr in Bann.

Reizvolle Annäherung: Auf Höhe der Madonna zur Hohen Warte öffnet sich ein schöner Blick ins Schmirntal.

UNVERFÄLSCHTE BERGTÄLER

Wenn man drunten im transitgeplagten Wipptal Richtung St. Jodok ausschert, fällt dem Besucher mit alpin geschultem Blick wohl zuallererst die Stafflacher Wand ins Auge: eine diagonal ansteigende Felsblöße in den ansonsten waldigen Hängen direkt oberhalb des Orts. Vor ein paar Jahren wurde dort der Peter-Kofler-Klettersteig eingebohrt – ein Aufbruch in moderne Ausprägungen des Bergtourismus, der in dieser Gegend ansonsten eher ganz klassischen Mustern folgt, wie wir noch sehen werden. Immerhin muss man für die Durchsteigung der Stafflacher Wand kein ausgebuffter Felsakrobat sein. Wo anderswo bei derartigen Neuerschließungen nicht selten das Bestreben nach hohen und höchsten Schwierigkeitsgraden Einzug hält, bleibt hier alles in einem auch für Durchschnitts-Ferratisten vertretbaren Rahmen. Dabei handelt es sich vom Wesen her dennoch um einen Sportklettersteig. Die Motivation liegt also nicht im Erreichen eines Gipfelzieles oder in hochalpinem Ambiente schlechthin, sondern in der lustig-luftigen Turnübung als solcher.

Von den inneren Tälern sieht man allerdings noch nicht viel. Dafür müssen wir hinter St. Jodok (das an der 1867 eingeweihten Brennerlinie liegt und vor allem wegen

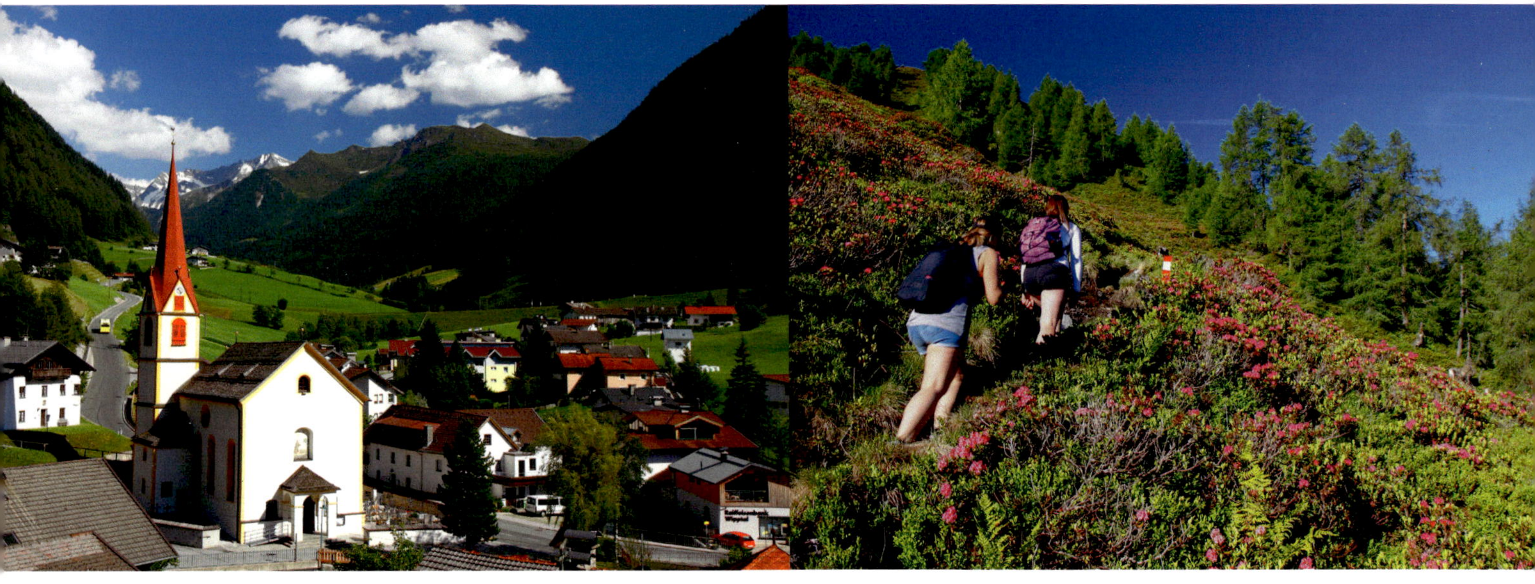

Links: Bei St. Jodok verzweigen sich Schmirn- und Valsertal, ziehen jeweils eine Geländestufe höher. Rechts: Zum Jochgrubenkopf steigen wir durch üppige Alpenrosenfelder auf.

seines berühmten Kehrtunnels regelmäßig Eisenbahn-Liebhaber anlockt) weiter bergwärts fahren. Interessant übrigens, dass alles, was in St. Jodok südlich des Bachs liegt, zur Gemeinde Vals gehört und die nördlich gelegenen Ortsbereiche zur Gemeinde Schmirn.

Schmirn- und Valsertal dürften ab dem 13. Jahrhundert dauerhaft besiedelt worden sein. Zuvor gab es bereits eine Almnutzung der fruchtbaren Weideböden, zudem lassen sich Spuren einer vorzeitlichen Begehung des Tuxer Jochs belegen, das ja die kürzeste Verbindung ins hintere Zillertal darstellt. In diesem Zusammenhang erscheint auch bemerkenswert, dass Hintertux als oberste Siedlung auf der anderen Seite bis 1926 noch zu Schmirn gehörte. Pässe und Jöcher waren ehedem oft weniger Barriere als lange, beschwerlich zu bereisende Talabschnitte.

Trotz der Nähe zur Brennerachse ist der bäuerliche Charakter in Schmirn und Vals nie abhandengekommen. Keine modernen Produktionsstätten, keine überdimensionierten Bettenburgen und Skipisten, sondern einfach die althergebrachte Kulturlandschaft umgibt uns hier. Auf den Sonnseiten reichen die Mähder bis weit hinauf. In manchen Steillagen wird das qualitativ hochwertige Bergheu noch heute per Sense und Holzschlitten eingebracht – ein aufwendiger, aber wichtiger Beitrag zur Landschaftspflege. Die nordseitig ausgerichteten Hänge zeigen naturgemäß mehr Wald, an der Grenze zur alpinen Stufe vermitteln Zirben und Lärchen eine urwüchsige Idylle. Hervorzuheben sind zudem die Grauerlenwälder im Valsertal, dessen innerer Bereich 1942 zum Naturschutzgebiet erklärt wurde und nunmehr in das EU-Programm »Natura 2000« einbezogen ist. Auf den Almen sömmert Nordtiroler Grauvieh. Es liefert die kulinarische Spezialität der Gegend und damit den Grund, weshalb Schmirn und Vals in Tirol auch mit dem Label »Genussregion« ausgezeichnet worden sind: Das Grauvieh, eine der ältesten Rassen in den Alpen, gilt als robust und höhentauglich, das Fleisch des Almochsen als hochwertig und sehr schmackhaft.

DIE SCHMIRNER BERGUMRAHMUNG

Nun aber wieder bergwärts! Mit der Tour auf Jochgrubenkopf und Schöberspitzen habe ich eines der Highlights rund um Schmirn bereits vorgestellt. Kaum weniger attraktiv sind die Kammwanderungen über dem vorderen Talbereich, beispielsweise vom Hochgeneinerjöchl zum Sumpfkopf, eine der dankbarsten Aussichtswarten der Gegend. Das fällt dann so recht in die Kategorie »Genusswandern« und dauert auch nur einen halben Tag, wenn man die Hochgeneiner Straße (bis zur ehemaligen Jausenstation Edelraute) nutzt und vom Sumpfkopf später

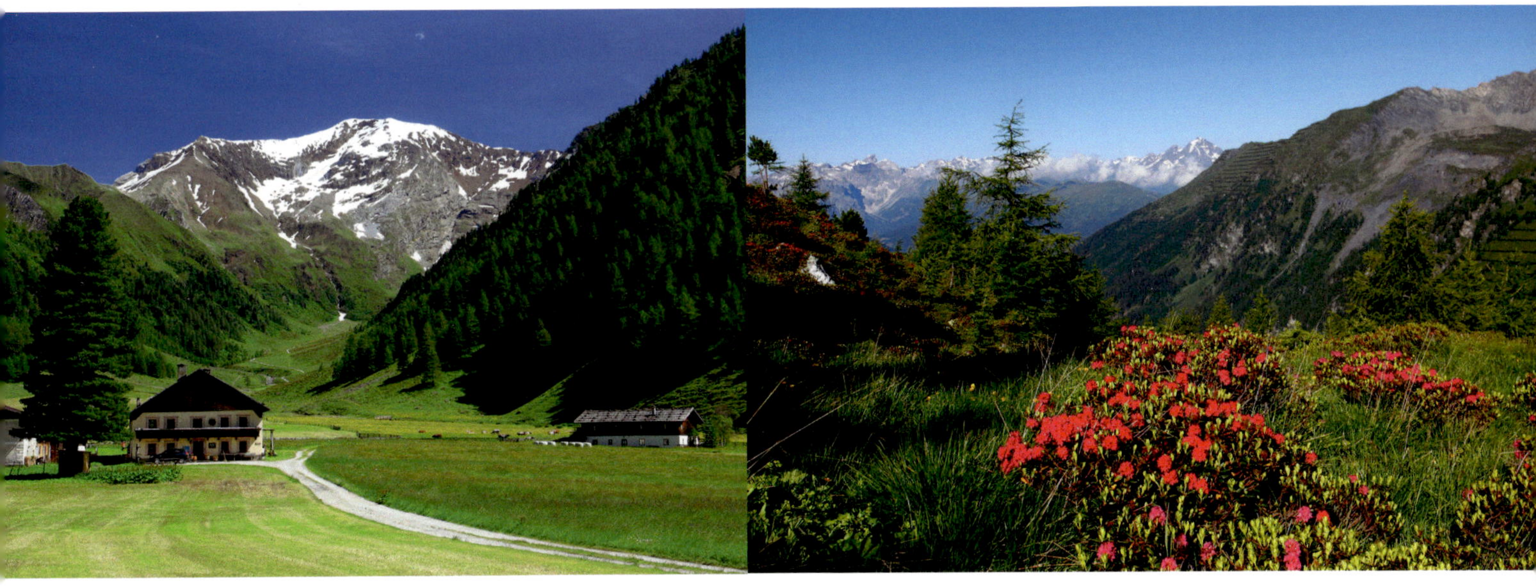

Links: Als innerste Schmirner Geländekammer liegt der Kaserer Winkl ziemlich versteckt.
Rechts: Die Zeit der Alpenrosenblüte ist besonders reizvoll zum Bergwandern. Allenthalben leuchtet es purpurrot.

durch die Südhänge wieder zurückkehrt. Der Einstieg von oben in die steile Gipfelflanke verlangt auf kleinem Pfad allerdings einen sicheren Tritt! Ausdauernde können die Kammwanderung freilich auch Richtung Reißenschuh und Schafseitenspitze fortsetzen.

Auf der gegenüberliegenden Seite gibt es zwischen Ottenspitze und Gammerspitze ebenfalls einen recht gutmütigen, markierten Höhenweg. Knifflig ist lediglich der kurze Ostgrat der Ottenspitze, der sich jedoch umgehen lässt. Man überblickt nun auch das Valsertal und ist erstaunt, wie abschüssig die Graspleisen auf dieser Seite hinabschießen. Mit mehr Schneid und Ausdauer steht auch in diesem Fall eine Fortsetzung offen: hinüber zur Hohen Warte, die zu den elegantesten Gipfeln ringsum zählt …

Im Talschluss von Schmirn überrascht noch ein verstecktes Extra-Stüberl, der sogenannte Kaserer Winkl. Bei Obern vollzieht das Tal nämlich einen markanten Knick, sodass wir quasi in eine ganz neue Geländekammer eintauchen. Links heraus können wir auf dem klassischen Tuxer-Joch-Weg das gleichnamige Haus des Österreichischen Touristenklubs besuchen. Es wurde schon vor über 100 Jahren als wichtiger Stützpunkt auf den Hochböden erbaut, geriet später aber ein wenig in die Fänge des Hintertuxer Gletscherskigebiets, wo heute 365 Tage im Jahr dem »weißen Rausch« gefrönt wird, selbst wenn Kalender und Wetterbericht knallige Sommerhitze verkünden. Dass dies in eklatantem Gegensatz zu unseren beschaulichen Bergsteigerdörfern steht, dürfte klar sein – die zwei Gesichter der Alpen liegen manchmal halt frappierend dicht beieinander, und manch einäugiger Tourismus-Stratege wird sich schon eine Skischaukel erträumt haben …

Ganz hinten, aber ebenfalls noch zum Schmirner Einzugsbereich gehörend, erhebt sich mit dem Lizumer Reckner der höchste Berg der Tuxer Alpen. Von Obern startet man ins sekundäre Kluppental und muss dann zunächst ziemlich langatmig gegen das Naviser Kreuzjöchl ansteigen. Die Kammstrecke bis zum Staffelsee zählt zum Schönsten der Tour, ehe man sich am Ende des Karhangs entscheiden kann, entweder dem leichteren Geier oder dem anspruchsvollen Reckner aufs Haupt zu steigen. Dort hat man es mit einem gesicherten Steig in grobblockigem Serpentingestein zu tun. Doch welche Schau über das verzweigte Gipfelmeer der Tuxer Alpen – und weit darüber hinaus!

VOM PADAUNER KOGEL TALEINWÄRTS …

Wechseln wir ins benachbarte Valsertal! Hier sei zunächst auf ein Ziel hingewiesen, das höhenmäßig untergeordnet erscheint, aber seiner Position zufolge doch zu den reizvollsten Aussichtswarten zählt. Der Padauner Kogel

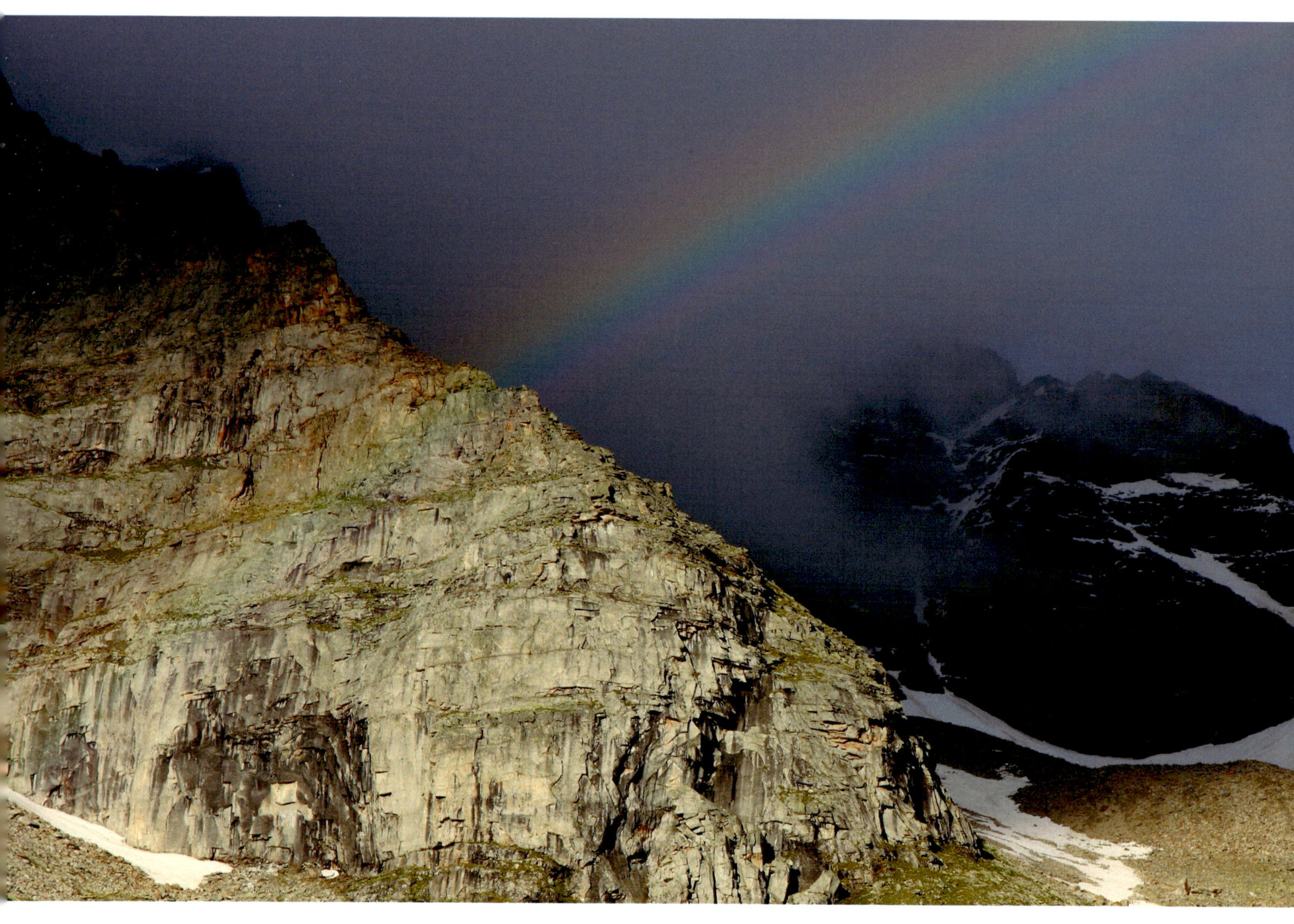

Regenbogen an der Fußstein-Kante – ein Schauspiel für kurze Augenblicke.
Der widerstandsfähige Granitgneis hält hingegen (fast) für die Ewigkeit.

steht nämlich abgesetzt von anderen Bergen direkt über dem Wipptal und verspricht vom Weiler Padaun aus eine pfiffige Halbtagesrunde auf manchmal leicht verschlungenen Wegen. Klar, dass bei dieser Gelegenheit auch beim Steckholzer eingekehrt wird …

Gleich nebenan beginnt in entgegengesetzter Richtung der Aufstieg zur Vennspitze. Wieder einmal wandert man durch weitläufige Matten und Alpenrosenfelder, die sich winters als perfektes Skitourengelände erweisen. Die Vennspitze ist diesbezüglich fast bekannter als im Sommer. Als Wanderer sehen wir die besondere Verlockung im Weiterweg über den noch etwas höheren Roßgrubenkofel zum Silleskogel. Keine Frage, Kammrouten, diese formidablen Laufstege hoch über allen Abgründen, verdienen stets ihre Sternchen. Nur der Rückweg fällt hier leider etwas umständlich aus, sofern man diesen auf einer alternativen Route durch die nordseitigen Hangmulden der Hüttenbergalm vollziehen möchte.

Von der Jausenstation Touristenrast im Valser Talschluss führen zwei Hüttenwege bergwärts. Recht langwierig, aber auch sehr abwechslungsreich gestaltet sich der Geistbeckweg hinauf zur Landshuter Europahütte, die direkt auf der Grenze zwischen Nord- und Südtirol einen spektakulären Logenplatz innehat. Lesen Sie dazu mehr auf Seite 60. Als Hausberg der Landshuter Europahütte wird der Kraxentrager gern zusätzlich aufs Programm gesetzt,

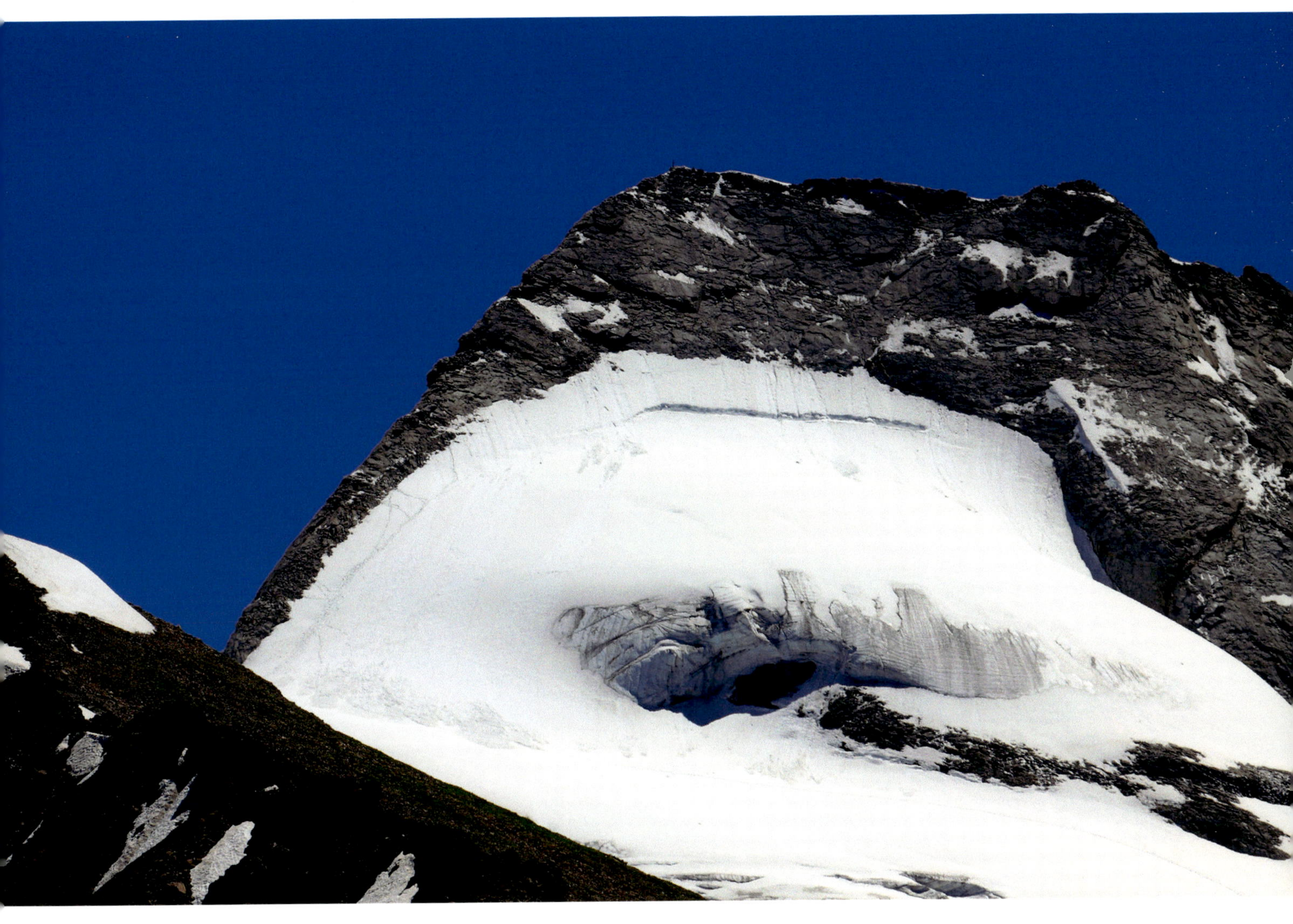

Der Olperer ist das bergsteigerische Top-Ziel über Schmirn- und Valsertal.
Links im Profil der steile Nordgrat, der die übliche Route von der Geraer Hütte trägt.

auch wenn ihm ein schlapper Meter zum Dreitausender fehlt. Für die Aussicht ist's einerlei!

… BIS ZUM OLPERER

Die zweite Route führt zur Geraer Hütte, auf halber Höhe unterhalb der Phalanx von Schrammacher, Fußstein und Olperer gelegen – und damit inmitten der wildesten Kulisse weit und breit! Der Serpentinenweg meint es freilich sehr gut mit dem Wanderer, denn auf den rund 50 Schleifen geht der Höhengewinn so allmählich und schleppend vonstatten, dass die Geduld mehr auf die Probe gestellt wird als die Kondition. Seit ungefähr zehn Jahren bewirtschaftet Familie Lanthaler aus Sterzing die Geraer Hütte, die sich ganz urig mit Holzinterieur und -fassade präsentiert. Arthur erzählt mir, dass er Initiativen wie den »Bergsteigerdörfern« sehr positiv gegenüberstehe. Auch für die Peter-Habeler-Runde am Tuxer Hauptkamm hat er sich stark gemacht, hinüber zur Kleegrubenscharte sogar einen optimierten Routenverlauf geschaffen. »Seine« Geraer Hütte wartet mit allen drei Gütesiegeln des Alpenvereins auf: für die Umweltverträglichkeit (bedingt durch die moderne Haustechnik), die Familienfreundlichkeit (»Mit Kindern auf Hütten«) sowie das Label »So schmecken die Berge«, durch das die Verwendung regionaler Produkte garantiert wird. Arthur schätzt, dass rund 20 Prozent der

SCHICKSAL EINER HÜTTE

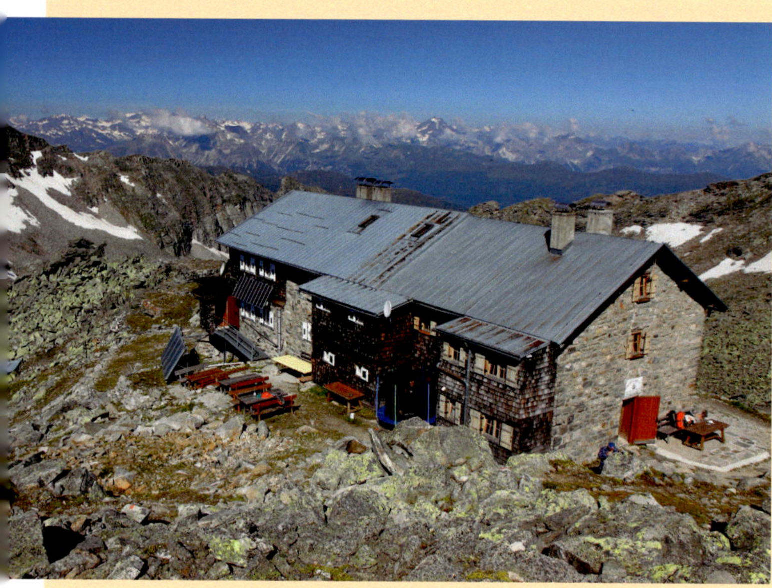

Die Landshuter Europahütte, ein Haus mit bewegter Geschichte, hat ihren Standort direkt auf der Grenze zwischen Nord- und Südtirol.

1899 baute die Alpenvereinssektion Landshut hoch oben auf der Schneide des Hauptkamms ihre Stammhütte. Mitten in Tirol. Wer hätte damals gedacht, dass zwei Jahrzehnte später eine Staatsgrenze genau durch das Haus verlaufen, es in zwei Teile trennen würde – ein Kuriosum sondergleichen. Ob der politischen Wirrungen um Südtirol, die bekanntermaßen noch bis in die 1970er-Jahre hinein bestanden, war eine optimale Führung natürlich schwierig. Sepp Schnürer stellte in dieser Zeit fest: »Die Landshuter Sektion war auch unter den neuen Verhältnissen bemüht, ihren Gebäudeteil zu erhalten und investiert laufend und mit Erfolg in dieses Vorhaben. Traurig sieht die südwestliche italienische Haushälfte aus. Dem Verfall preisgegeben, muss sie wohl abgeschrieben werden, wenn nicht bald zuständige italienische Stellen Einsicht zeigen und vielleicht dem Italienischen Alpenclub eine Rettungsaktion ermöglichen. Als Gemeinschaftshütte beider Vereine könnte die Landshuter Hütte, anstatt ein trauriges Denkmal engherziger Eigenstaatlichkeit zu sein, großzügig den europäischen Einigungsgedanken zum Wohle aller Bergwanderer von Nord und Süd demonstrieren«. Genau so ist es inzwischen gekommen, verankert durch den neuen Namen: Landshuter Europahütte.

Nächtigungsgäste die Hütte als eigentliches Ziel sehen. Der Olperer ist die begehrteste Gipfeltrophäe; der Fußstein sieht regelmäßig Kletterer, jedoch nicht allzu viele. Die meisten Besucher gehen indes von Hütte zu Hütte.

Die rund fünftägige Peter-Habeler-Runde habe ich inzwischen selber kennengelernt: ein toller, spannungsreicher Hüttentrek, der im weiteren Verlauf bei Friesenberghaus, Olpererhütte, Pfitscher-Joch-Haus und schließlich auch bei der Landshuter Europahütte Station macht. Die sogenannte Olperer-Randonée folgt zunächst der gleichen Route, zieht ab Olpererhütte jedoch einen engeren Zirkel über die Alpeiner Scharte zurück zur Geraer Hütte (also ohne Südtiroler Intermezzo) und verlangt normalerweise nur drei Tage. In jedem Fall ergeben sich herrliche Eindrücke inmitten der höchsten Berge in den Zillertaler Alpen.

Zu denen zählt natürlich auch der Olperer – der Paradegipfel schlechthin über Schmirn- und Valsertal. Von der Geraer Hütte folgt man dem Moränensteig zur Wildlahnerscharte und betritt im oberen Bereich den spaltendurchsetzten Olpererferner. Ohne sich vom Anblick des zum Skigebiet erschlossenen Hintertuxer Gletschers, der eigentlich Gefrorene-Wand-Kees heißt, allzu sehr irritieren zu lassen, packt man beherzt den plattigen Nordgrat an. Kletterpassagen im zweiten bis dritten Grad sind dort gefordert, streckenweise entschärft durch Metallbügel. Von einer »Via ferrata« zu sprechen, wäre allerdings vermessen – die Tour verlangt den Allround-Bergsteiger! Und als solcher erlebt man auf 3476 Metern Höhe die Krönung seiner Erlebnisse rund um Schmirn und Vals – so viel sei versprochen …

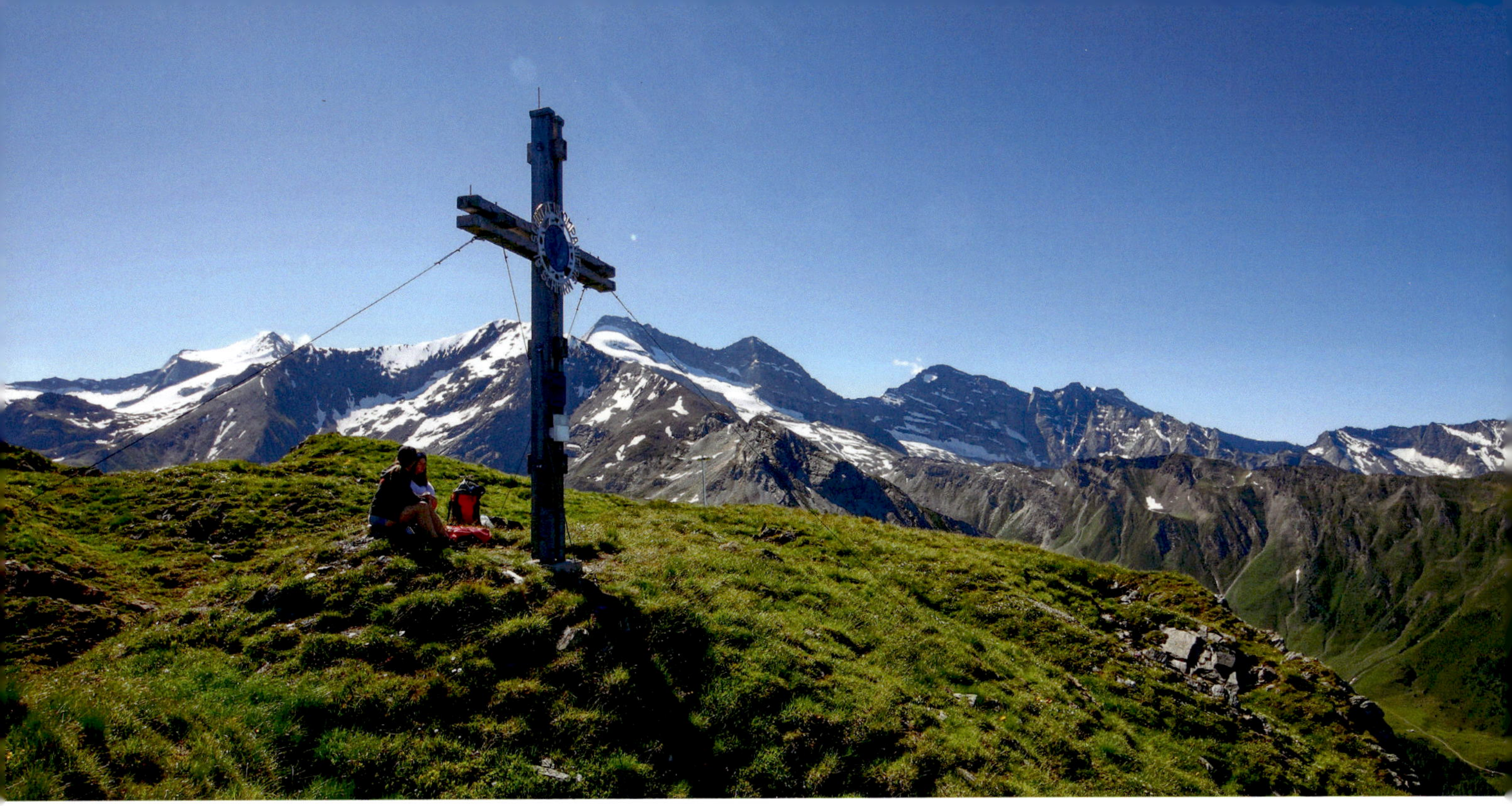

Am Jochgrubenkopf genießen wir eine feine Panoramaschau (oben).
Wer die Tour fortsetzt, gelangt zum malerischen Ramsgrubensee (unten).

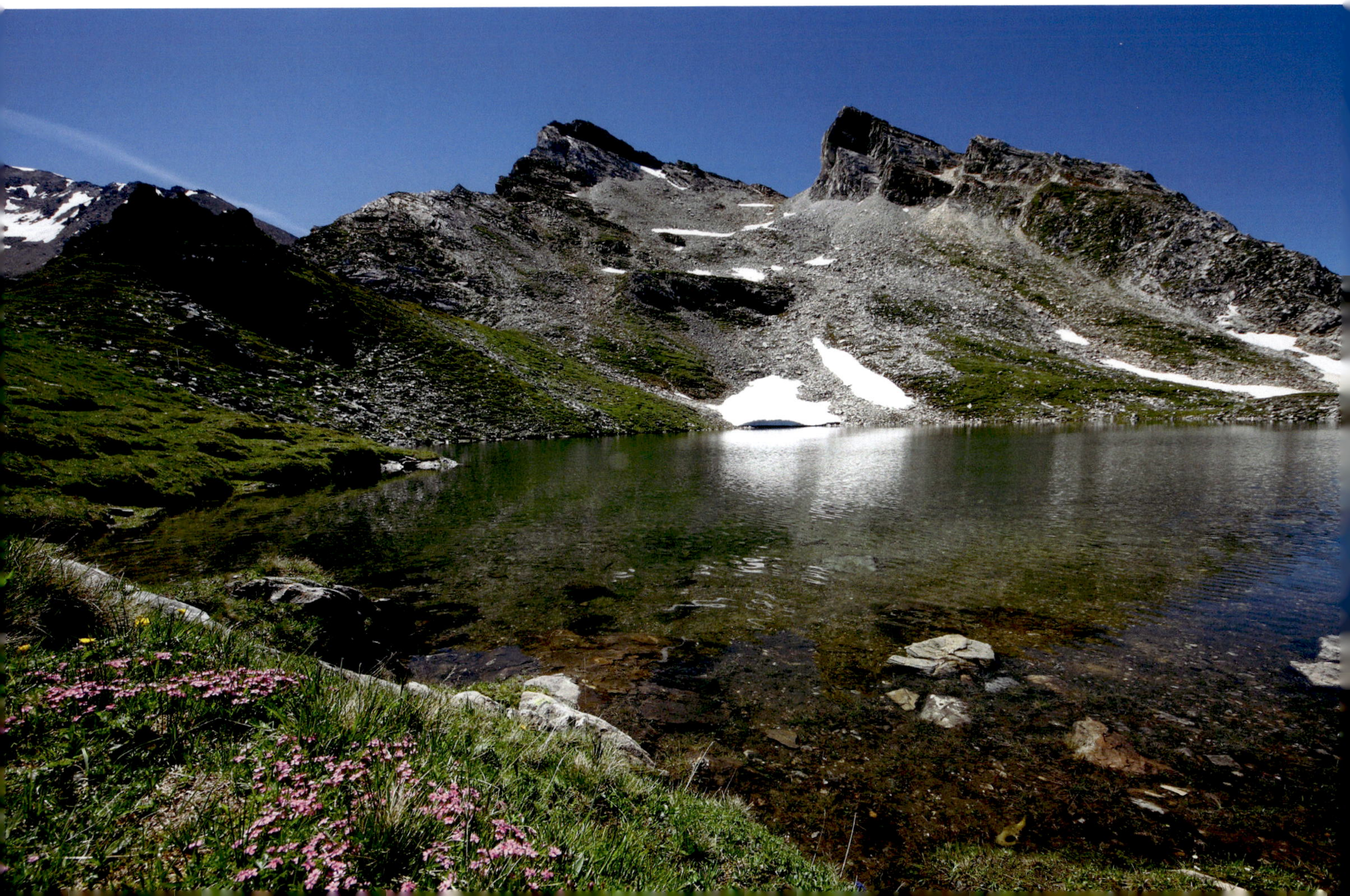

ST. JODOK, SCHMIRN- UND VALSERTAL

Lage: Schmirn- und Valsertal zweigen bei Stafflach im Nordtiroler Wipptal ostwärts ins Gebiet der Tuxer und Zillertaler Alpen ab und bilden dort jeweils Sackgassen. Bei St. Jodok (1129 m) verzweigen sie sich bereits; Schmirn ist das nördliche und Vals das südliche Tal. Beide sind aufgelockert mit etlichen Weilern, Rotten und Einzelhöfen besiedelt. Die Gesamteinwohnerzahl beträgt rund 1400 Personen.

Anreise: Über Inntal- und Brenner-Autobahn (A12 und A13) bis zur Ausfahrt Matrei/Steinach, weiter auf der B182 bis Stafflach, wo man links Richtung St. Jodok abzweigt. Von Südtirol her nimmt man die Ausfahrt Brennersee.

Öffentliche Verkehrsmittel: St. Jodok ist Haltepunkt der Regionalbahn zwischen Innsbruck und Brenner. Ins Schmirn- und Valsertal verkehren Linienbusse von Steinach bzw. St. Jodok.

Wanderbus: Auf Vorbestellung jeweils an Wochenenden in der Hauptsaison für die Ausgangspunkte Kasern und Touristenrast, Tel. +43/(0)664/88310154.

Informationsbüro: Tourismusverband Wipptal, Brennerstraße 67, A-6150 Steinach, Tel. +43/(0)6272/6270, www.wipptal.at.

Hütten: Geraer Hütte (2326 m), DAV, Mitte Juni bis Mitte Oktober, 100 Schlafplätze, Tel. +43/(0)676/9610303. Landshuter Europahütte (2693 m), DAV/CAI, Mitte Juni bis Ende September, 88 Schlafplätze, Tel. +39/0472/646076. Tuxer-Joch-Haus (2313 m), ÖTK, Mitte/Ende Juni bis Ende September/Anfang Oktober, im Winter Tagesbetrieb, 39 Schlafplätze, Tel. +43/(0)5287/87216.

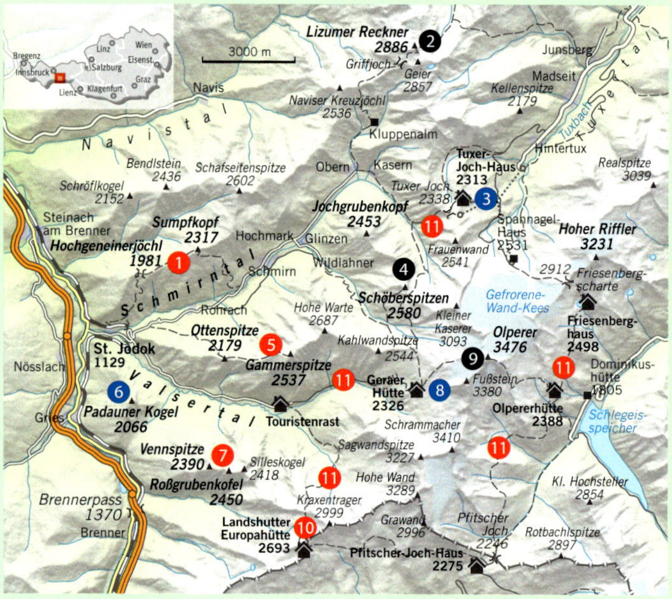

Karten: Alpenvereinskarte, 1:50.000, Blätter 31/3 »Brennerberge« und 31/5 »Innsbruck und Umgebung«, 1:25.000, Blatt 35/1 »Zillertaler Alpen West«. Freytag & Berndt, 1:50.000, Blatt 241. Kompass, 1:50.000, Blatt 34 oder 36. Österreichische Karte, 1:50.000, Blätter 2229 und 2230.

Touren-Highlights

1 Hochgeneinerjöchl (1981 m) – Sumpfkopf (2317 m)
Schöne, ruhige Kammtour vom westwärts vorgeschobenen Hochgeneinerjöchl zum deutlich höheren Sumpfkopf, weithin leichtes Wandergelände, nur beim Abstieg in die Südflanke erhöhte Trittsicherheit erforderlich. Rundtour von Edelraute (Bergstraße zum Hochgeneinerhof) ca. 4 Std.

2 Lizumer Reckner (2886 m)
Höchster Gipfel der Tuxer Alpen mit schroffem Gipfelaufbau (klettersteigartig ausgebaut). Sehr weiter Anstieg von Obern in Innerschmirn über die Kluppenalm zum Kamm des Naviser Kreuzjöchls (2536 m, bis dorthin bereits lohnend) und weiter via Griffjoch und Staffelsee zum Gipfel. Am Schluss auch leichtere Variante zum benachbarten Geier (2857 m) möglich. Aufstieg ca. 5 Std.

3 Tuxer-Joch-Haus (2313 m)
Hüttenwanderung am alten Übergang ins Tuxer Tal. Von Kasern in den eindrucksvollen Kaserer Winkl und auf gutem Bergweg über das Tuxer Joch zur knapp jenseits gelegenen Einkehr, 2½ Std.

4 Jochgrubenkopf (2453 m) – Schöberspitzen (2580 m)
Großartige Überschreitung der Berge zwischen Wildlahnertal und Kaserer Winkl in Innerschmirn. Zwischendurch teilweise wegloser Charakter, daher Bergerfahrung wichtig. Wird in der Verbindung eher selten gemacht, aber auch als Einzeltouren lohnend. Von Glinzen auf den Jochgrubenkopf 3 Std. (kleine Steige), danach Übergang zum Ramsgrubensee und Aufstieg

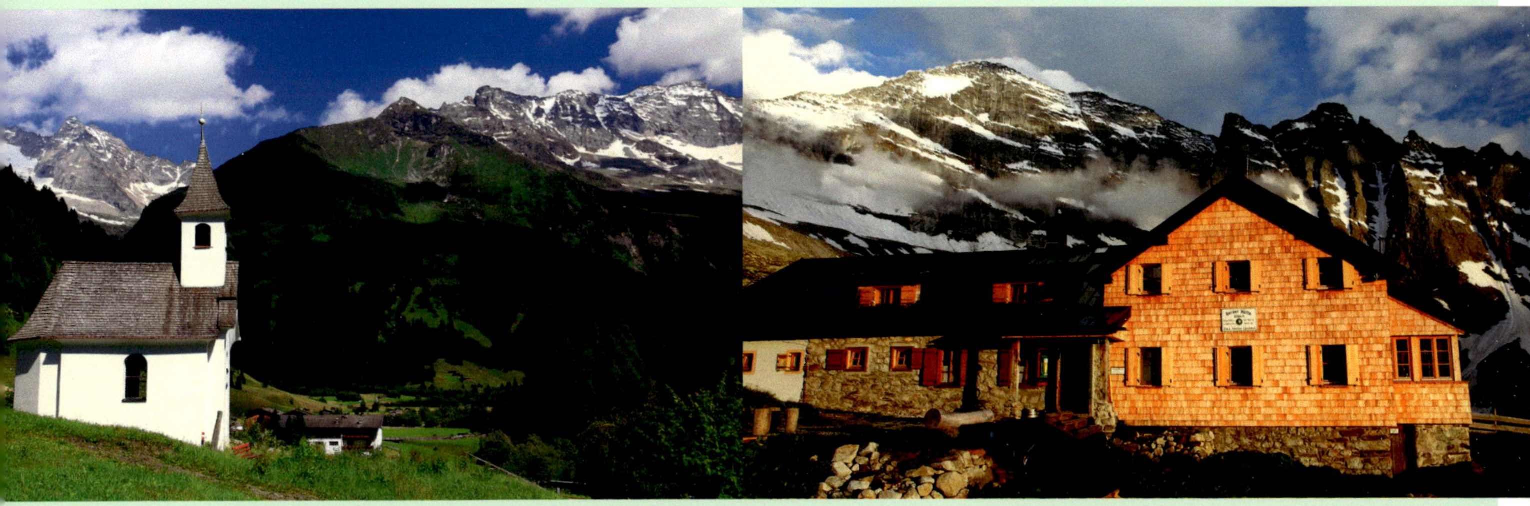

Links: In den Talgründen von Vals und Schmirn stehen auffallend viele Haus- und Flurkapellen.
Rechts: Die Geraer Hütte präsentiert sich noch als echtes Bergsteiger-Refugium.

zum Nordgipfel der Schöberspitzen in ca. 2 Std., talwärts Richtung Toldern weitere 2½ Std.

5 Ottenspitze (2179 m) – Gammerspitze (2537 m)
Bergzug zwischen Schmirn- und Valsertal, dessen Gipfel auf einer hindernisarmen Kammroute verbunden werden können. Ausgangspunkt bei der »Madonna zur Hohen Warte«, bis zur Ottenspitze 2¼ Std., Übergang zur Gammerspitze 1½ Std. Weiterweg zur Hohen Warte hat hochalpinen Charakter.

6 Padauner Kogel (2066 m)
Isoliert stehender Bergstock zwischen Wipptal und Vals mit einer toller Rundumsicht. Beliebte Familien-Halbtagestour auf normalen, teils auch kleineren Bergwegen, von Padaun als Überschreitung insgesamt 3 Std.

7 Vennspitze (2390 m) – Roßgrubenkofel (2450 m)
Diese Berge scheiden das Valsertal vom unbesiedelten Venntal. Von Padaun mäßig steiler Wanderweg in begrüntem Gelände zur Vennspitze (2½ Std.) und teils schrofig zügig weiter über Roßgrubenkofel zum Silleskogel. Abstiegsmöglichkeit nach Norden (weniger gut markiert und ausgetreten) und später Querung zur Padauner Straße, insgesamt 5¾ Std.

8 Geraer Hütte (2326 m)
Echte Bergsteigerhütte im Valser Talschluss. Von der Touristenrast taleinwärts und über eine fast endlose Folge von Serpentinen zum Ziel, 3¼ Std.

9 Olperer (3476 m)
Einer der stolzesten Ostalpengipfel, höchster im Tuxer Kamm der Zillertaler Alpen, mit unverkennbarem Profil. Anspruchsvoller, kombinierter Anstieg von der Geraer Hütte über die Wildlahnerscharte und den Nordgrat (II bis III), ca. 4 Std. Lässt sich mit dem geringfügig leichteren Normalweg über den Schneegupfgrat (II) zu einer Überschreitung ausgebauen.

10 Landshuter Europahütte (2693 m)
Dieses Hüttenziel weist gefühlten Gipfelstatus auf, denn es befindet sich direkt auf der Höhe des Alpenhauptkamms. Wird häufiger noch von Südtirol angesteuert, von Innervals aus über den interessanten Geistbeckweg (weithin Schafweiden, einige Stellen gesichert, im oberen Bereich auch viel Blockwerk). Gehzeit ca. 5 Std.

11 Peter-Habeler-Runde
Hüttentrekking am Tuxer Hauptkamm, das am besten im Valsertal begonnen wird. Die Höhenwege sind oft steinig, aber meist nur mittelschwer, anspruchsvoller allerdings die Friesenbergscharte (2910 m) als Schlüsselstelle. Zeitbedarf durchschnittlich fünf, maximal sieben Tage, falls in jeder Hütte übernachtet wird. Routenverlauf: Touristenrast – Geraer Hütte 3¼ Std. – Tuxer-Joch-Haus 4¾ Std. – Friesenberghaus 4¾ Std. – Olpererhütte 2 Std. – Pfitscher-Joch-Haus 4 Std. – Landshuter Europahütte 3 Std. – Touristenrast 4½ Std. Abkürzung über die Alpeiner Scharte möglich (Olperer-Randonée).

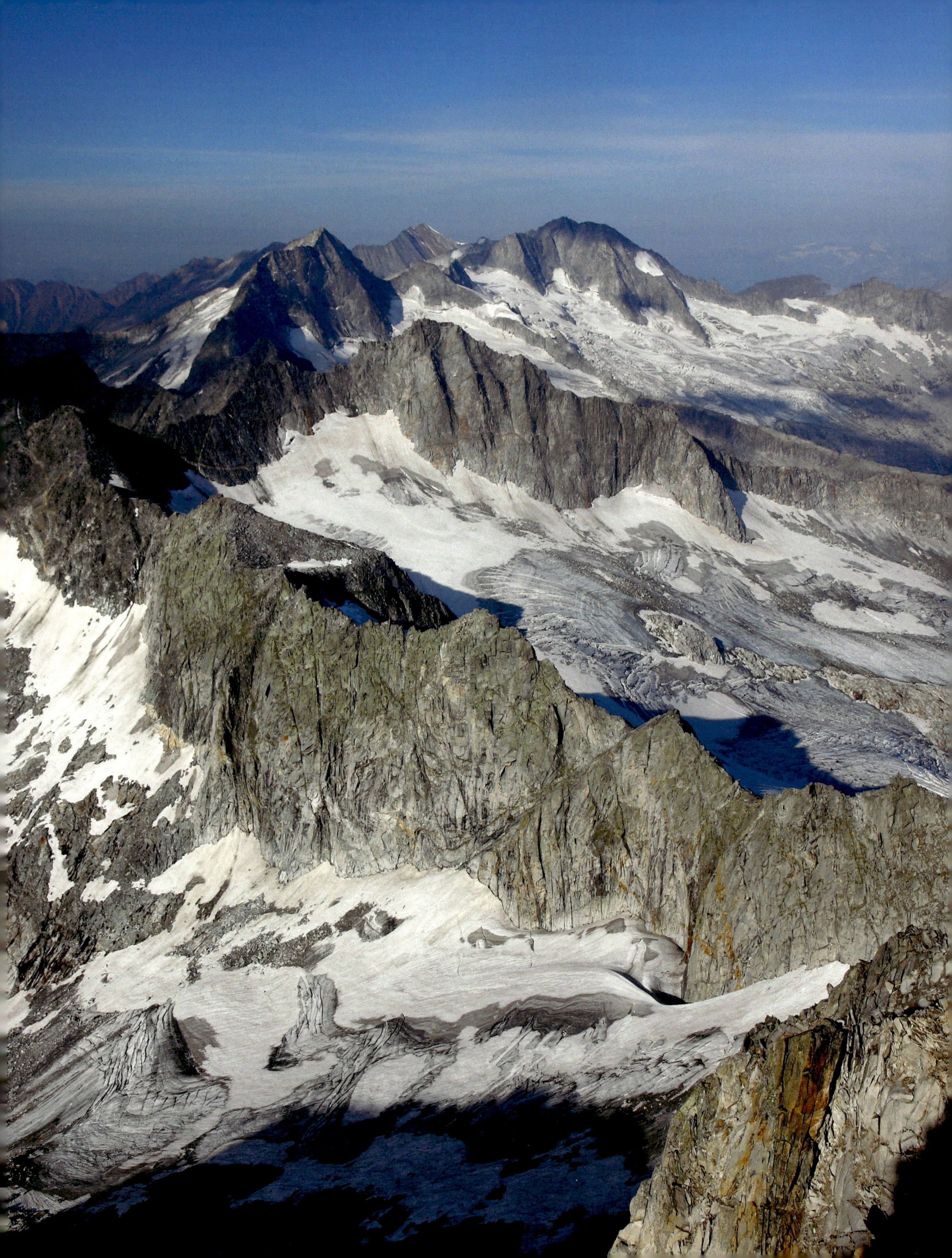

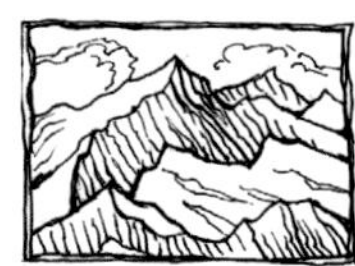

GINZLING IM ZILLERTAL

Rund 30 Kilometer führt das Zillertal quasi bretteben einwärts, bis es sich hinter Mayrhofen ähnlich wie die abgespreizten Finger einer Hand in die hochalpinen Gründe aufteilt. In einem dieser Quelltäler versteckt sich das kleine Dorf Ginzling, dessen Lockruf für Bergbegeisterte ganz verheißungsvoll ertönt. Die umrahmende Urgesteins- und Gletscherwelt der Zillertaler Alpen zählt österreichweit zum Imposantesten überhaupt! Nicht umsonst begann hier die Initiative der Bergsteigerdörfer mit einem Pilotprojekt.

Sommertage in Ginzling: Den Duft des Bergheus in der Nase, das Rauschen der Gletscherwasser im Ohr, lenken wir unsere Schritte in die Höhe. Wo man hinschaut – die Kulisse ist gewaltig. Einfach urgewaltig! Die von eiszeitlichen Gletschern ausgehobelten Talgründe präsentieren ihre steilen Trogflanken, über die zahlreiche Wasserfälle stieben. Gipfel aus kantigem Granitgneis zacken darüber in den azurblauen, von einigen Schönwetterwolken gezierten Himmel. Vor uns liegt ein Tummelfeld voller Abenteuer. Wir müssen uns nur darauf einlassen! Mit Entdeckerlust und dem nötigen Respekt.

DAS TOR ZUM HOCHGEBIRGS-NATURPARK

Mehr als sieben Millionen Übernachtungen pro Jahr – ein deutliches Übergewicht davon in der Wintersaison – verzeichnet das Zillertal, das sich gern als »aktivstes Tal der Welt« vermarktet und unter den Fremdenverkehrsdestinationen Österreichs regelmäßig einen Spitzenplatz einnimmt. Wie das zuweilen anmutet, hat Felix Mitterers legendäre »Piefke-Saga« karikiert, inklusive des ganzen Abhängigkeitsgeflechts, das entsteht, wenn man mit einer schönen Landschaft Geld verdienen will. Geschäftstüchtige, weltoffene Leute haben das Zillertal bis in den hintersten Winkel so erschlossen und gestaltet, dass berglustige Preußen (und andere) bereit sind, hier während der Ferien einige Ersparnisse auf den Kopf zu hauen. Speziell zu Zeiten des Wirtschaftswunders hat das touristische Wachstum, die obligatorische »Betten-Pisten-Spirale«, ein atemberaubendes Tempo angenommen und dabei oft wenig Sensibilität offenbart. Und das wirklich bis in den hintersten Winkel? Mal schauen …

Jedenfalls wälzt sich regelmäßig eine Blechlawine durch das lieblich grüne, von zahlreichen gepflegten Kirchdörfern gesäumte Talband. Mayrhofen – vor der Barriere von Ahornspitze, Dristner und Co. gelegen – fungiert als touristischer Hauptort im Zillertal (und zweitstärkster in ganz Tirol!) und versucht sich unentwegt an der Quadratur des Kreises. Das Skiboomvillage sieht im Sommer auch jede Menge Wanderer und Alpinisten. Doch Ginzling, eingezwängt im engen Zemmgrund, verkörpert das echte Bergsteigerdorf. Ruhiger ist es hier, bescheidener, familiärer. Man geht schon unmittelbar auf Tuchfühlung mit den Bergriesen, wähnt sich von ihnen gleichsam gefangen genommen.

Am Ortsrand beginnt zudem die geschützte Zone: der Hochgebirgs-Naturpark Zillertaler Alpen. Hervorgegangen aus dem 1991 gegründeten »Ruhegebiet« soll er Garant sein für eine nachhaltige Regionalentwicklung unter besonde-

Wer die Hochgipfel am Alpenhauptkamm besteigt, wähnt sich inmitten einer Urlandschaft aus Gletschern und Graten. Hier der Blick vom Schwarzenstein nach Westen.

rer Berücksichtigung von Naturschutzbelangen. Er macht nicht nur einen beträchtlichen Anteil an der Gesamtfläche im Zillertal aus, sondern hängt auch noch überregional mit weiteren Schutzgebieten zusammen (in Summe 2500 Quadratkilometer!). Dieser Status ergänzt sich geradezu optimal mit dem Siegel als Bergsteigerdorf, das Ginzling stolz trägt. Im Naturparkhaus können wir die Ausstellung »Gletscher. Welten« besuchen – vielleicht die passende Einstimmung auf eigene Erlebnisse draußen …

DURCH DIE GRÜNDE ZU DEN HÜTTEN

Dabei sind wir auf den Spuren der Altvorderen unterwegs. Nach den Erstbesteigungen wichtiger Gipfel um die Mitte des 19. Jahrhunderts wurden weite Kreise auf das spektakuläre Zillertaler Hochgebirge aufmerksam. Damals entfalteten vor allem die großen, vergletscherten Berge am Hauptkamm eine enorme Anziehungskraft. Der Alpenverein engagierte sich mit dem Bau von Hütten und Wegen, wobei sich vor allem die finanzkräftige Sektion Berlin hervortat. 1879 zog sie zunächst mit ihrer Berliner Hütte im inneren Zemmgrund ein. Nach und nach entstanden auch an anderen ausgesuchten Plätzen Unterkünfte: am Tuxer Hauptkamm die Olpererhütte und die später von einer Lawine zerstörte Rifflerhütte, im Schlegeiskessel das Furtschaglhaus, im inneren Floitengrund die Greizer Hütte, und zwischen den Weltkriegen noch das Friesenberghaus sowie die Gamshütte. Dieses Engagement hat sich längst als weitsichtig erwiesen. Vom Drang der Bergbegeisterten in die Hochregion profitierten selbstverständlich auch die Talorte, speziell Ginzling, das sich als »Basislager« der Bergführer etablierte.

Für das gemäßigte Wanderpublikum stellen die Hütten heute bevorzugte Ziele dar. Sie können jeweils im Rahmen einer Tagestour besucht oder – für die Ambitionierteren – zu einem mehrtägigen Trekking verbunden werden. Doch schauen wir uns im Einzelnen um – und wandern von Ginzling hinein in den wilden Floitengrund. Die zuhinterst gelegene Greizer Hütte wurde bis vor gar nicht so langer Zeit noch mit Tragtieren versorgt. Mittlerweile gibt es eine Materialseilbahn, wohin mithilfe des Wandertaxis sogar der Startpunkt verlegt werden kann. Wer hingegen vorn loslegt, erlebt das Floitental in seiner ganzen Ausdehnung, kann die Blicke voller Muße in all die kleinen Geländefalten links und rechts werfen, sich an den Silberfäden der Bäche ergötzen, die aus den Hochkaren gespeist ihr erfrischendes Element gischtend über die Felsen schießen lassen, oder dem Almvieh ein Weilchen zuschauen, wie es auf ureigenste Art und Weise seinen Alltag im Gebirge verbringt. Erst gegen Ende zieht ein Kehrenweg kräftig bergauf und lässt uns nun auch die fotogene Gletscherkulisse im Hintergrund der Greizer Hütte würdigen.

Im benachbarten Zemmgrund lockt eine ganze Hüttenstafette besonders viele Wanderer an. Vor allem die Berliner Hütte muss man einfach mal gesehen haben. Nach Aufbruch am Breitlahner bleibt manch einer allerdings schon bei der Klausenalm hängen und genießt ungeniert seine Jause. Alle anderen gehen weiter über ausgedehnte Almböden mit Waldparzellen und werden erst hinter der Schwemmalpe bei der Steigung zur ebenfalls bewirtschafteten Grawandhütte wieder mehr gefordert. Am gleichnamigen Wasserfall vorbei kommt man zu einer Schluchtstrecke, wo der Weg aufwendig durch den Felshang trassiert wurde, bevor man in die Arena des inneren Zemmgrunds eintritt. Ein starkes Bild! Oberhalb der gemütlichen Alpenrosenhütte empfängt uns die Berliner Hütte fraglos pompös. Doch eigentlich ist sie bis heute ein Hort dessen geblieben, was schon im 19. Jahrhundert in die Hausfront gemeißelt wurde: »Dem Sturme Trutz, dem Wanderer Schutz!« So darf es auch in Zukunft bleiben …

IM GEWALTIGEN SCHLEGEISGEBIET

Der Schlegeiskessel ist mir auf Streifzügen durch die Zillertaler Bergwelt immer besonders großartig vorgekommen. Wahrscheinlich liegt's einfach an der bestechenden Anordnung profilierter Gipfel im Zusammenspiel mit dem zerrissenen Schlegeiskees. Das sind Zentralalpenbilder, wie man sie sich gemeinhin erträumt! Und man braucht beileibe kein besonders befähigter Hochalpinist zu sein, um dieser Szenerie beizuwohnen. Durch die Mautstraße zum großen Stausee ist das Furtschaglhaus relativ locker zu erreichen: zunächst eine Stunde flach am Ufer entlang, anschließend auf gutem Weg auf die Trogschulter zum Furtschaglkar. Selbst den Weiterweg in die Dreitausender-Etage, sprich aufs Schönbichler Horn, darf sich jeder gestandene Bergwanderer zutrauen. Rund um den Schlegeis-Speicher sind noch weitere Berghütten beheimatet, etwa die Olpererhütte.

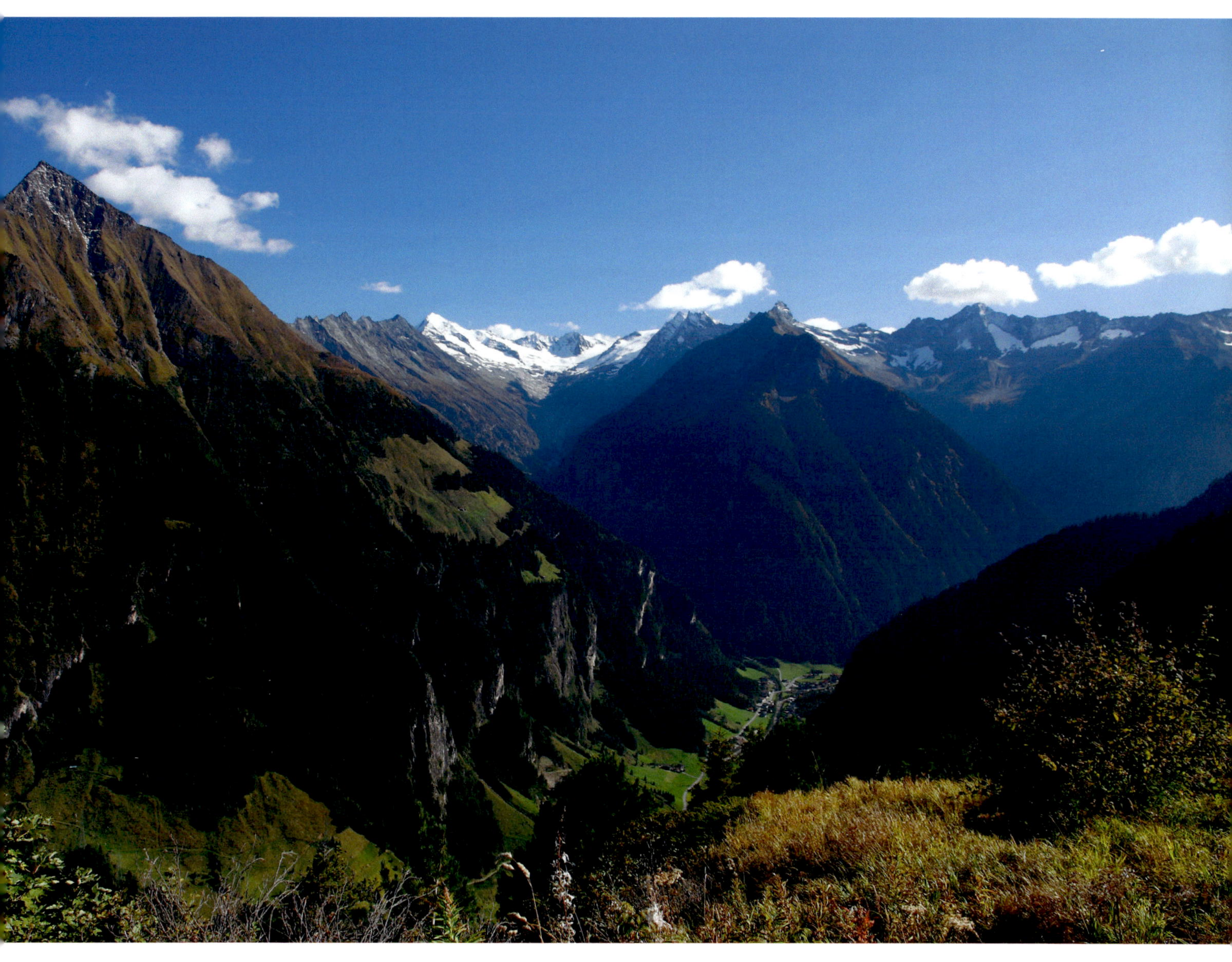

Von Ginzling sollte man unbedingt einmal ins Gebiet der Gamshütte aufsteigen. Der Rückblick ist fantastisch und stellt besonders den profilierten Dristner (links) zur Schau.

1882 ursprünglich von der Sektion Prag errichtet, 1900 von den Berlinern und später seitens der Sektion Neumarkt übernommen, präsentiert sich uns mittlerweile ein Neubau. Dieser erscheint in seiner Holzbauweise mit großzügiger Panoramaverglasung weder besonders rustikal noch zu avantgardistisch und wird insbesondere modernen Anforderungen in Sachen Energieeffizienz gerecht. Und die »Atmosphäre« kommt keinesfalls zu kurz, spätestens wenn am Abend das letzte Leuchten des dunkelfelsigen Greinerkamms und des eisverzierten Möselers in die Stube dringt.

Als Panoramaweg sehr beliebt ist die Verbindung zum Friesenberghaus, nicht nur im Rahmen des Berliner Höhenwegs, sondern auch als geschlossenes Tagesprogramm vom Stausee aus. Da wird man des Schauens nicht müde! In der anderen Richtung kann die Neumarkter Runde begangen werden: von der Olpererhütte hinüber ins Unterschrammachkar – ebenfalls einer der gebietstypischen Plattenwege, die in buchstäblich steinreichen Flanken dem Gelände abgetrotzt worden sind. In diesem Fall ist die Trassierung allerdings erst vor wenigen Jahren geschehen, nicht

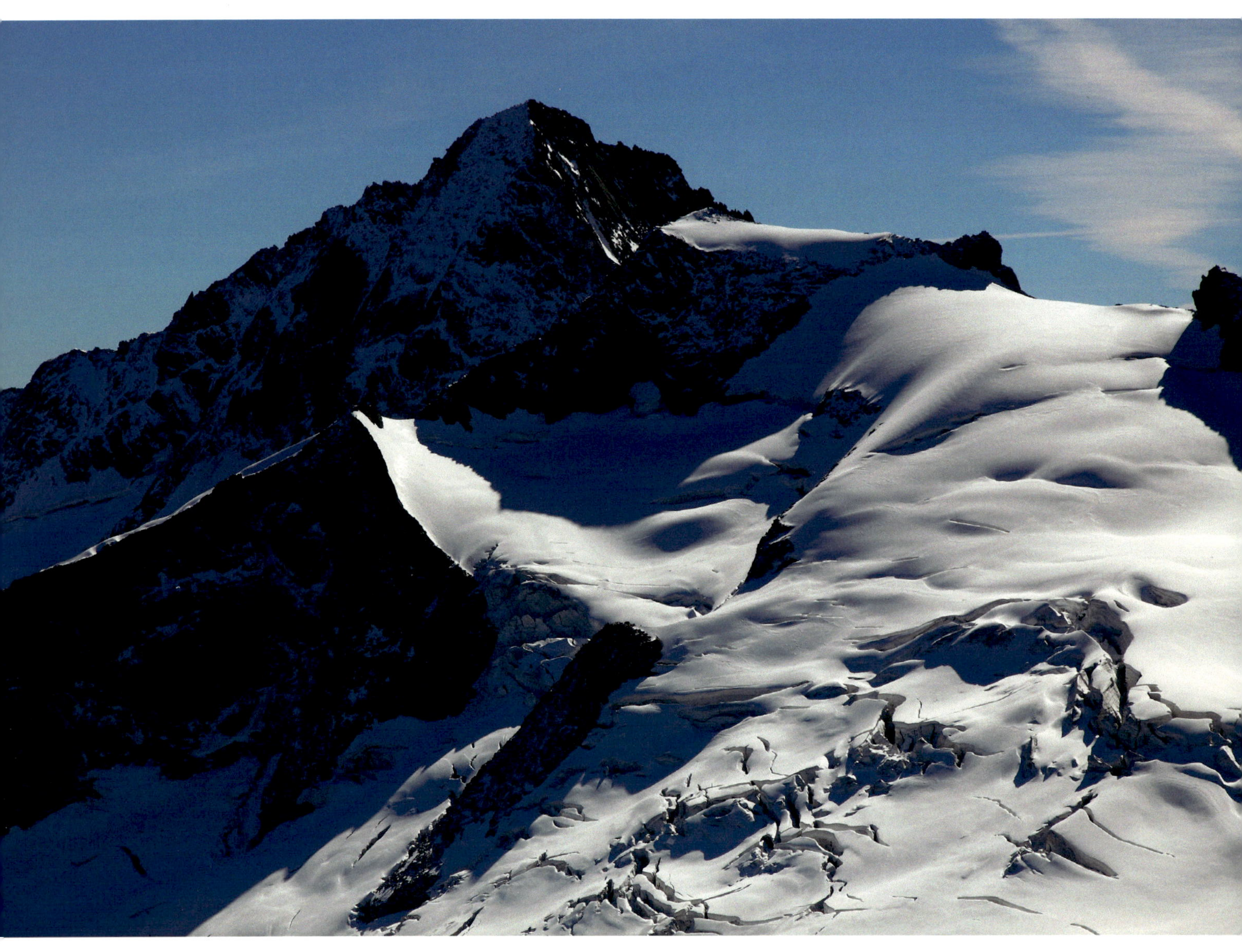

Schroffe Felsbastion über zerrissenen Gletschern: Der Turnerkamp gehört zu den anspruchsvollsten Gipfeln am Zillertaler Hauptkamm.

schon in der klassischen Ära des alpinen Wegebaus. Aus dem Unterschrammachkar gewinnt man zudem Anschluss zum Pfitscher Joch und seiner Hütte, kann also sogar eine kleine Stippvisite nach Südtirol unternehmen. Durch den innersten Zamser Grund verläuft der gänzlich harmlose Normalweg dorthin – ideal für die spätere Rückkehr. Selbst Mountainbiker nutzen diese Strecke für ihre »Transalp«.

Jahrhunderte früher kamen die ersten Siedler von Süden her über das Pfitscher Joch, um sich hier niederzulassen, sie gründeten unter anderem die Schwaigen Dornauberg und Ginzling.

DER BERLINER HÖHENWEG

Gegen Ende der 1920er-Jahre erweiterten die Berliner ihr Arbeitsgebiet am Tuxer Kamm mit zwei weiteren Stützpunkten: dem bereits erwähnten, von einer jüdischen Sektion initiierten Friesenberghaus sowie der kleinen Gamshütte, die am äußersten Ende oberhalb von Finkenberg postiert ist. Es sollte allerdings noch bis zum Jahr 1976 dauern, bis man den nicht ganz unkomplizierten Lückenschluss im Wegenetz vollzog und damit den Berliner Höhenweg komplettierte. Damit ergab sich freilich ein Hüttentrek, der zu

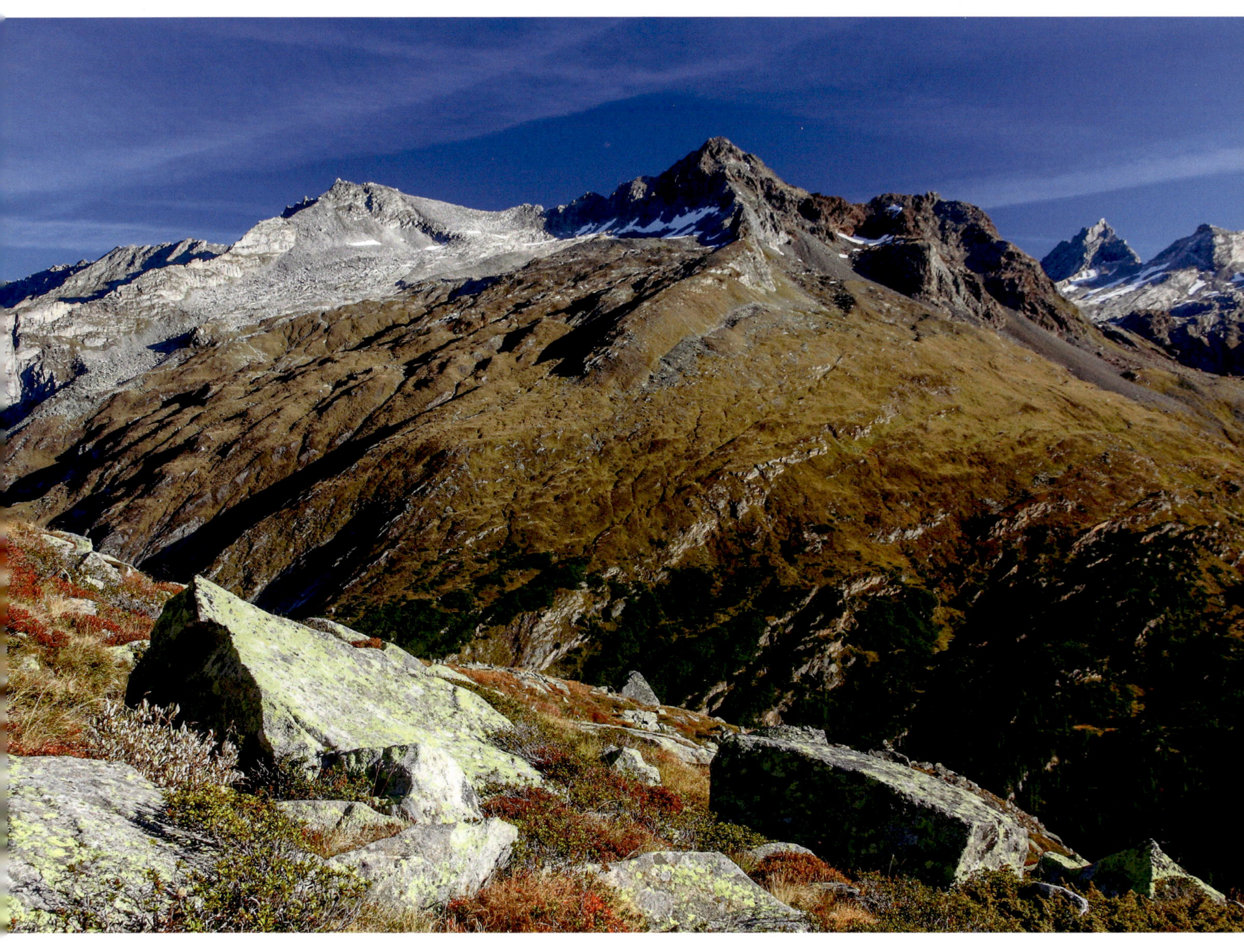

Beim Aufstieg aus dem Zemmgrund Richtung Schönbichler Horn zeigt sich gegenüber der Ochsner. Hinten rechts ist die kühne Zsigmondyspitze auszumachen.

den populärsten überhaupt avancieren sollte! Schließt man sämtliche Stützpunkte des Zirkels um die Zillertaler Gründe mit ein – also auch die Edelhütte und die Kasseler –, ist man acht Marschtage lang beschäftigt und sammelt währenddessen Eindrücke vom Feinsten …

Ein heiterer Augustmorgen sieht uns am Siebenschneidensteig, hinauf zum ersten Übergang an der Popbergnieder. Die flankierende Ahornspitze lassen wir diesmal aus, obwohl sie sich als bester »Appetizer« für die große Zillertaler Runde bewährt hat. Aber das Wetter soll morgen schon wieder launisch sein, und da wollen wir uns am langen, anspruchsvollen Siebenschneidensteig doch lieber bei stabilen Bedingungen verlustieren. Das Programm steht bereits im Namen und verlangt in groben Blockfeldern sowie beim Übersteigen der ersten drei luftigen Gratrippen einige Konzentration und Standfestigkeit. Von der Aussicht her kommt man hier in den Hochkaren über der Stilluppe nicht zu kurz, doch bis das im Talschluss aufragende Felstrapez des Großen Löfflers wirklich nahe gerückt ist, zieht es sich beachtlich.

Die Kasseler Hütte wird tags darauf bei leichtem Regen verlassen. Ich avisiere meinen Begleitern schon die bei Nässe etwas heikle Traverse der Elsenklamm. Davon abgesehen ist der Übergang via Lapenscharte zur Greizer Hütte allerdings relativ gutmütig. Wobei die Betonung auf »relativ« liegt, denn bequeme Wanderwege sind in diesen Gefilden per se nicht zu erwarten. Vielmehr blockdurchsetzte Schafweiden, weiter oben eher reines Geröll und Moränengeschiebe, vielleicht mit dem einen oder anderen Schneefeld garniert. An der Scharte erwischt uns noch ein kräftiger Schauer, der nächste mit Einlauf in der Greizer Hütte aber nicht mehr.

Nachdem man von dort rund 400 Meter bis in den Grund der Floite verloren hat, gilt es jenseits des Bachs den berüchtigten 1000-Meter-Anstieg zur Mörchenscharte zu stemmen. Was in der vorherigen Draufsicht allerdings schlimmer aussieht, als es tatsächlich ist, denn die beträchtliche Neigung der Flanke wird durch den Zickzackkurs unseres Steiges effektiv gemildert. Gleichwohl geht es am bröseligen Schlusshang schon ziemlich rustikal zu – eine Schlüsselpassage für Gelegenheitswanderer, die sich mitunter unbeholfen an das Drahtseil klammern.

Sein alpines Rüstzeug beisammen haben sollte man auch bei der Überschreitung des Schönbichler Horns am folgenden Tag. Diese Verbindung zwischen Berliner Hütte und Furtschaglhaus gilt als das Kernstück des Berliner Höhenwegs, nominell auch als dessen Höhepunkt, denn mit dem Schönbichler Horn wird ein Dreitausender überschritten. Wir erwischen perfektes Wetter für das große Schauvergnügen auf den eisverzierten Hauptkamm (besonders der Große Möseler zeigt sich aus verschiedenen Perspektiven sehr eindrucksvoll!), allerdings nicht ganz optimale Geländeverhältnisse: Der blockige Gipfelaufbau präsentiert sich nämlich leicht verschneit, doch nicht derart, dass wir ernstlich in Bredouille geraten würden. Fast zwei Stunden richten wir es uns zuoberst ein – nichts treibt zur Hast, zumal der Abstieg zum Furtschaglhaus überschaubar ist.

Am nächsten Morgen liegt ein Wolkendeckel über der Landschaft, verschluckt ihr Charisma, sodass noch etwas länger am Frühstückstisch verweilt und ein kurzweiliger »Ratscher« mit Hüttenwirt Hans abgehalten wird. Ohnehin ist heute Schongang angesagt, wenn wir den Schlegeis-Stausee an seinem breiten Uferweg abschreiten und dabei ein touristisch angehauchtes Intermezzo erleben. Die Parkplätze am Zamsgatterl, die betonierte Natur, erachten wir als einzigen Wermutstropfen der Tour. Am Gegenhang empfängt uns die Olpererhütte, die auf dieser Etappe normalerweise übersprungen wird, zumal sich die beschaulichen zwei Stunden am Flankenweg zum Friesenberghaus meist noch locker ausgehen und damit der Tag eigentlich erst gut gefüllt wird.

Erneut von ganz anderem Kaliber ist hingegen der folgende Übergang – ein veritabler Leistungsmarsch im

Links: Faszination Gletscher: Von ihrem schaurig-schönen Anblick ist man stets aufs Neue ergriffen.
Rechts: Während einer Dristner-Tour ergeben sich atemberaubende Tiefblicke ins Tal von Ginzling.

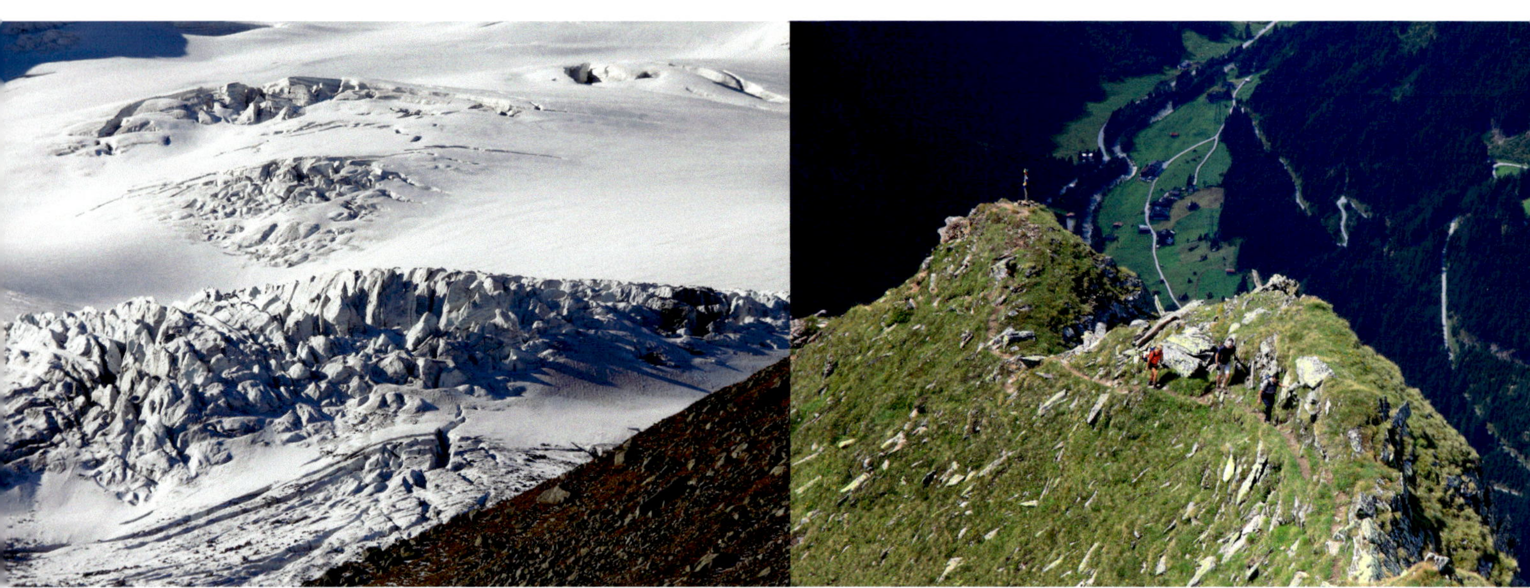

ständigen Auf und Ab durch die Flanken und Kessel am vorderen Tuxer Kamm, den schon manch einer auf die leichte Schulter genommen hat. Da kommt mir unweigerlich eine frühere Begebenheit in den Sinn: So sind eines Abends drei Männer samt Hüttenhund bei aufziehendem Gewitter losgestiefelt, um eine abgängige Familie, die von der Gamshütte her erwartet war, zu »retten«. Die feinste Spürnase unter uns hatte zum Glück bald Erfolg …

Wenn man dann – je nach Schritttempo – nach sechs bis zwölf Stunden drüben beim letzten Quartier angelangt ist, wird man sich des Erlebniswertes dieser Zillertaler Runde so richtig bewusst – und obendrein eines bekannten Bonmots: »Der Weg ist das Ziel«. Uns treibt es anderntags zum Ausklang noch auf die Vordere Grinbergspitze, bevor wir mit einem Rucksack voller Erinnerungen talwärts schlendern.

KLASSISCHE HOCHTOUREN

Was gibt's sonst noch rund um das Bergsteigerdorf Ginzling? Sportkletterer und Boulderer zieht es in die »Ewigen Jagdgründe« im Zemmtal, wo Mutter Natur einen urwüchsigen Haufen Granitblöcke in die Landschaft geworfen hat. Ein weiterer Klettergarten befindet sich an der Nasenwand und nebenan – um auch modernen Trends Genüge zu tun – ein rassiger Sportklettersteig hinauf zum Floitenschlag. Bei den Anforderungen (bis E) hat man sich allerdings so sehr an der »Elite« orientiert, dass sich manch einer dann doch die Sinnfrage stellt.

Ohnehin denkt man beim Begriff »Zillertaler Alpen« wohl eher an klassisches Bergsteigen, an Gletschertouren und scharfe Grate hinauf zu stattlichen Dreitausendern. Der Große Löffler beispielsweise ist der Paradeberg rund um die Greizer Hütte. Heutzutage kommt es allerdings vor, dass die Hütte voll belegt ist, ohne dass auch nur eine einzige Seilschaft den Löffler ins Visier nimmt. Denn Gletscherrückgang, Blankeis und zunehmende Steinschlaggefahr sind Begleiterscheinungen, mit denen sich nicht jeder Bergsteiger herumschlagen möchte.

Das Tourengebiet der Berliner Hütte gilt traditionell als besonders reichhaltig. Aber auch hier hat der Gletscherschwund negative Auswirkungen gezeitigt. Das berühmte Firndreieck am Möseler ist mehr oder weniger Geschichte, der Turnerkamp besonders garstig geworden und selbst am verhältnismäßig gutmütigen Schwarzenstein, dem Hochtourenziel Nummer eins im Umkreis, muss man dem Eis heutzutage lange nachlaufen und stolpert stattdessen stundenlang über unwegsames Schliffgelände. An der Dritten Hornspitze (auch als Berliner Spitze geläufig) mag es noch etwas einfacher sein, ansonsten

Links: Eine ganz leichte Wanderung führt zum Pfitscher Joch, dem Grenzpass zu Südtirol.
Rechts: Zwischen Bergsteigern gibt es immer etwas Interessantes auszutauschen …

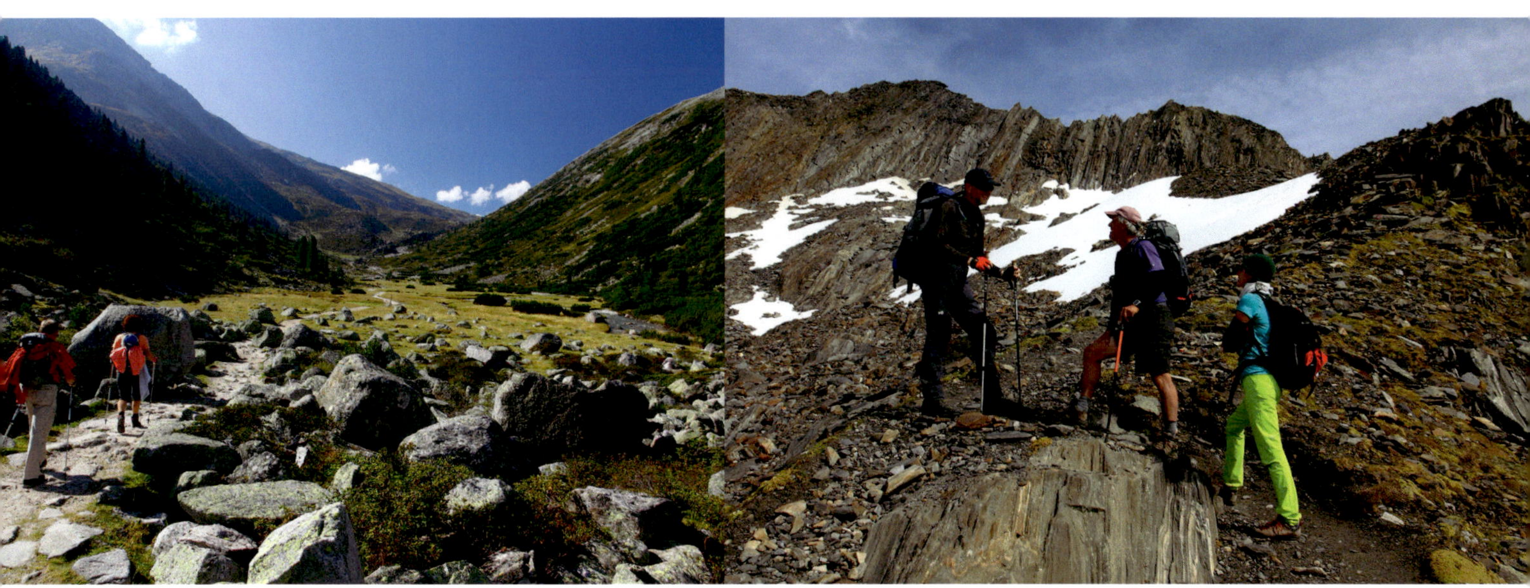

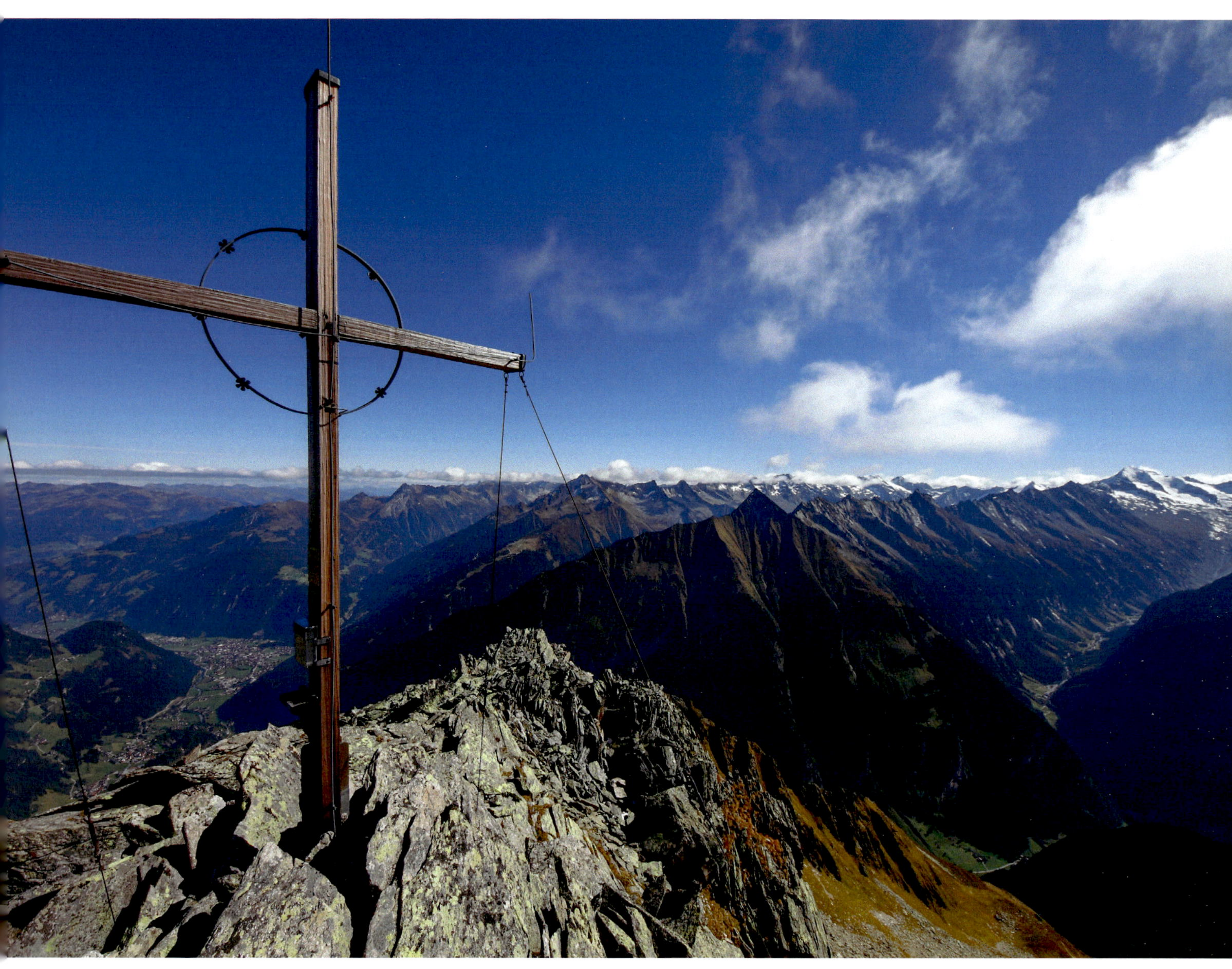

Tolle Fern- und Tiefblicke garantiert: Gestandene Bergwanderer zieht es auf die Vordere Grinbergspitze, eine klassische Zillertaler Aussichtswarte.

gerät vielleicht umso mehr die Zsigmondyspitze (alias Feldkopf) in den Fokus, weil man hier mit dem Eis kaum in Berührung kommt. Auf dem Programm steht allerdings eine ziemlich luftige Kletterei.

Zum Furtschaglhaus hin zeigen sich die Nordwand des Hochfeilers mit ihrem Eispanzer, der sich ebenfalls immer mehr auflöst, sowie die wohlgeformte Westseite des Großen Mözelers. Während der höchste Zillertaler von Normalos lediglich südseitig zu erklimmen ist (dann jedoch recht einfach und sogar als hochalpine Wandertour zu verantworten), muss die Hochtour auf den Großen Möseler je nach aktuellen Verhältnissen als ziemlich anspruchsvoll beurteilt werden. Nach einem mehr oder weniger ausgeprägten Slalom über das spaltenreiche Kees spürt man hinter dem auffälligen Felsköpfl eine versteckte Rinne auf – einst ein richtiger Firnschlauch, heutzutage meist ein »überhängendes Schuttcouloir«, wie schon gewitzelt wurde –, jedenfalls den Schlüssel zum Durchstieg aufs Gipfeleisfeld, das einer Möseler-Besteigung richtiggehend Erhabenheit verleiht. Wir sind damals nicht wieder durchs steinschlaggefährdete

DIE BERLINER HÜTTE

»[..] Die Berliner Hütte dokumentiert in architektonisch herausragender Weise die Erschließung der Tiroler Alpen durch Vereine im ausgehenden 19. Jahrhundert. Damit ist im Sinne des oben zitierten Gesetzes die in Rede stehende Hütte unter Denkmalschutz gestellt.« Das Schreiben des Österreichischen Bundesdenkmalamts an die Alpenvereinssektion Berlin besiegelt im Jahr 1997 einen im alpinen Hüttenwesen bisher einzigartigen Vorgang. Wie war es dazu gekommen?
Mit dem Bau der Berliner Hütte auf der Schwarzensteinalpe im Zemmgrund wurde 1878 die touristische Erschließung der Zillertaler Alpen eingeläutet. Obgleich anfangs bescheiden, wuchs der Stützpunkt rasch zu einem regelrechten Hüttenkomplex heran. Und dabei wollte man sich auch beim Interieur nicht lumpen lassen. Schon kurz vor dem Ersten Weltkrieg traten Bergsteiger dort förmlich ein wie in ein Grandhotel: großzügige, mit Teppichen ausgelegte Flure und Treppenhäuser, ein hochdeckiger, holzvertäfelter Speisesaal mit Kronleuchtern als eigentliches Prunkstück. Preußens Glanz und Gloria hatte ihren Weg hinauf in die Zillertaler Gletscherwelt gefunden und erinnert uns noch heute an die verflossene Zeit des Kaiserreichs. Böse Zungen lästerten wohl schon von Großmannssucht, Imponiergehabe und sogar kolonialistischen Tendenzen. Zweifellos war es eine echte Visitenkarte der deutschen Hauptstädter, von der jedoch nicht zuletzt auch Einheimische profitierten. Denn Arbeitsplätze bot der Platz reichlich, sei es für Handwerker, bei der stattlichen Hüttencrew oder den stationierten Bergführern. Mittlerweile ist der exorbitante Luxus längst ein gutes Stück auf zweckmäßiges Normalmaß heruntergefahren. Wer heutzutage die altehrwürdigen Hallen betritt, ist vor allem aufgrund der Atmosphäre verblüfft. Denn der bauliche Zustand der Berliner Hütte ist seit fast 100 Jahren faktisch original erhalten – Grund genug, ihn unter Denkmalschutz zu stellen.

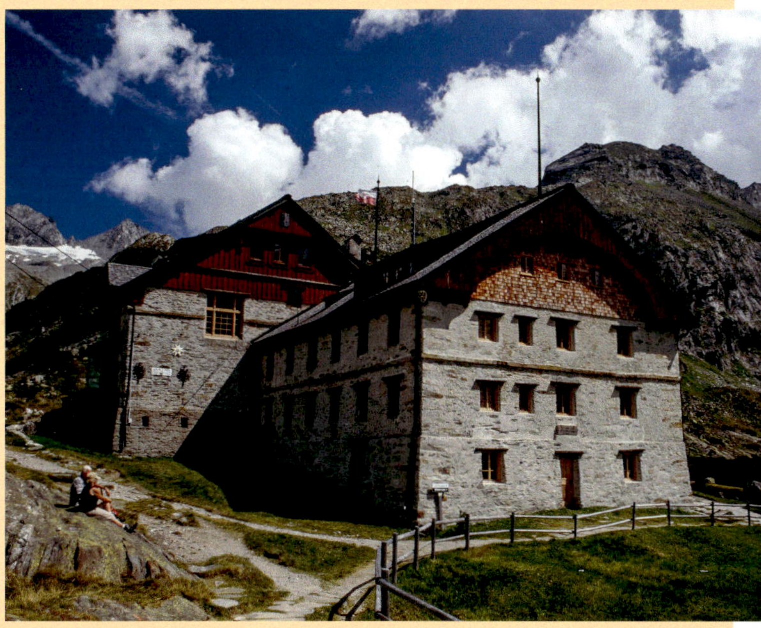

Preußens Glanz im Zillertaler Hochgebirge. Heute steht die Berliner Hütte ihres besonderen Interieurs wegen unter Denkmalschutz.

Couloir hinab, sondern hinüber nach Südtirol, in weitem Bogen via Chemnitzer zur Schwarzensteinhütte und über den Schwarzenstein zurück auf die Nordseite – eine veritable »Haute Route« im Herzen der Zillertaler Alpen!

Eine Möseler-Überschreitung funktioniert zukünftig wohl vorteilhaft mit einem Rückweg über den nahen Nevessattel. Dort soll nämlich ein neuer, hochalpiner Weg eingerichtet werden, der auch ein grenzüberschreitendes Trekking – sprich eine geschlossene Runde um den Hochfeiler – ermöglichen wird. Äußerst vielversprechend! Ich war jüngst auf Erkundungstour, freilich noch im Stile einer Hochtour durch ungezähmtes Gelände ...

Am Tuxer Kamm stellt der Olperer alles um sich herum in den Schatten. Zwar sind ein Schrammacher, ein Fußstein oder der bei höhenerprobten Wanderern beliebte Hohe Riffler ebenfalls nicht von schlechten Eltern, doch der Olperer sticht mit seinen klaren Konturen als höchste Spitze hervor, aus gewissen Perspektiven als formschöner Dreikant. Schon häufig hat er mir Orientierung im großen Panorama verschafft, wenn ich irgendwo in Tirols Bergwelt unterwegs war. Die Olpererhütte ist dem Berg wie auf den Leib geschnitten. Kaum zu glauben, über zwanzig Jahre ist es mittlerweile her, dass ich über den Schneegupfgrat dort hinauf gekraxelt bin, als junger Kerl in unbekümmerter Solo-Manier. Das Wetter war nicht besonders gut, so lala halt. Kenner warnen, der Olperer sei bei Gewitterneigung besonders gefährlich – wegen des eisenhaltigen Gesteins. An jenem Tag hat es tatsächlich gewittert, aber damals war man ja flink und längst wieder drunten …

ZILLACHTOL, DU BIST MEI FREUD'

Viele Impressionen haben wir nun schon gesammelt, doch unser Bergsommer in Tirol ist noch nicht ganz vorbei. Noch haben wir ein lang gehegtes Ziel auf dem Wunschzettel, ohne dessen Verwirklichung wir nicht heimfahren wollen! Der Dristner … ja, der Tristner, wie die Einheimischen in ihrem harten Dialekt sagen, setzt sich gemeinsam mit Brandberger Kolm, Ahorn und Grinberg im hinteren Zillertal

Zwischen Friesenberghaus und Gamshütte absolvieren wir eine der längsten Etappen am Berliner Höhenweg. Im Fokus stehen die inneren Zillertaler Gründe und ihre umrahmenden Gratkämme.

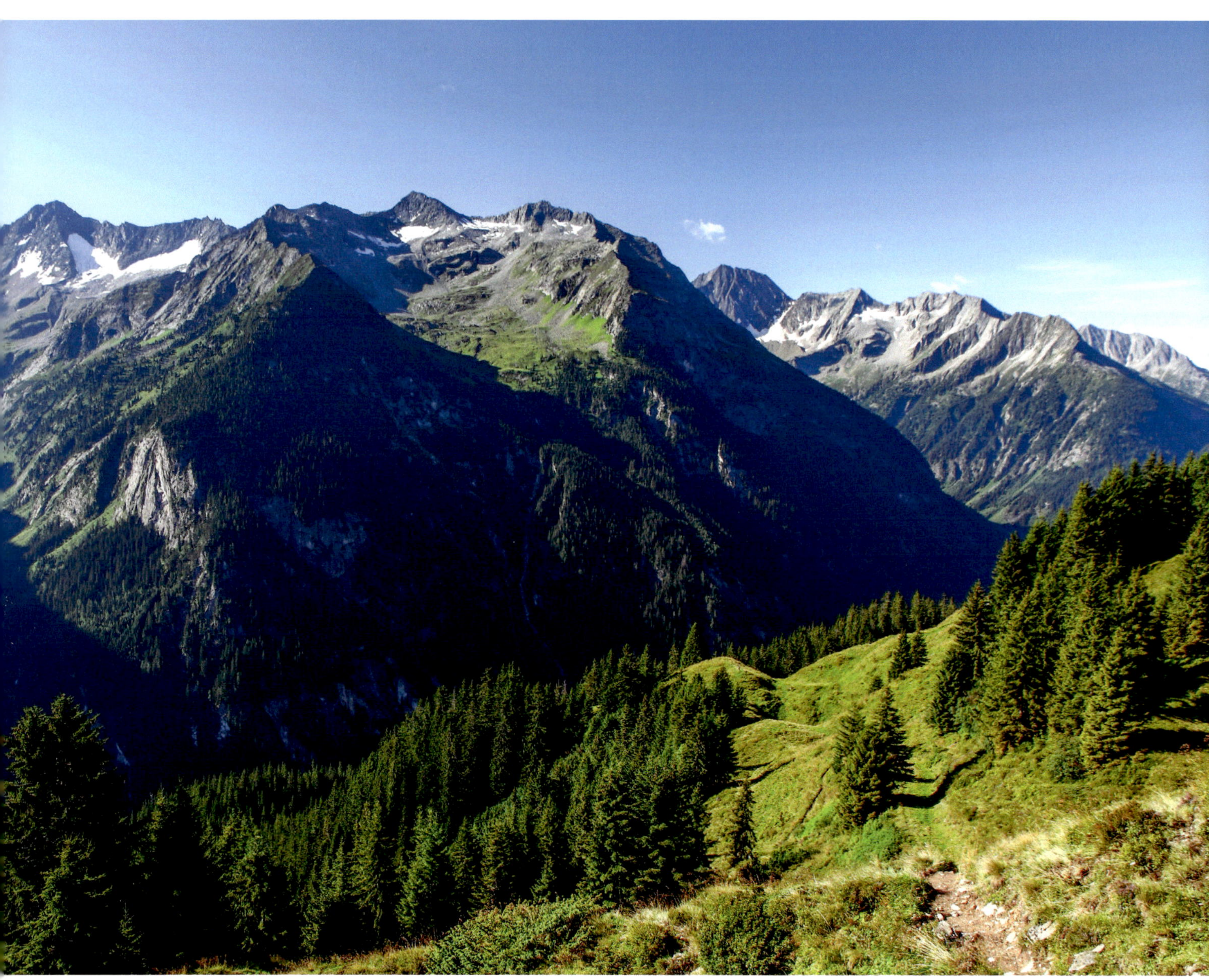

besonders markant in Szene, nimmt sozusagen die erste Reihe ein und ist bereits ein Blickfang bei der Fahrt taleinwärts. Als Hausberg steht er direkt über Ginzling; seine steilen Graslehnen schießen gleichsam ins Bodenlose hinab. 1800 Höhenmeter vom Ort bis zum Gipfel, und das ohne Stützpunkt, schrecken ebenso ab, wie der kleine abschüssige Pfad die Anwärter selektiert. Im Gegensatz zu den anderen drei genannten Bergen bleibt es am Dristner fast immer einsam. Schon vor Tau und Tag sind wir unterwegs, bewältigen den bewaldeten Sockel über den Floitenschlag zur Jagdhütte Wandegg. Wir steigen behutsam, möglichst gleichmäßig, bemühen immer wieder unsere Trittsicherheit. Das Panorama wächst mit jedem Schritt, offenbart uns die Floite mit ihrer Umrahmung sowie gegenüber den Tuxer Hauptkamm.. Und nach fast viereinhalb Stunden stehen wir oben – glückbeseelt und mit der Gewissheit: Wir kommen wieder! Denn der alte, berühmte Ausspruch hat sich bewahrheitet: » Zillachtol, du bist mei Freud'« ...

Ein Hochtourenziel für Bergsteiger alter Schule ist der Große Möseler. Gen Norden zeigt er das legendäre Firndreieck; die Normalroute führt indes vom Furtschaglhaus über die Westseite.

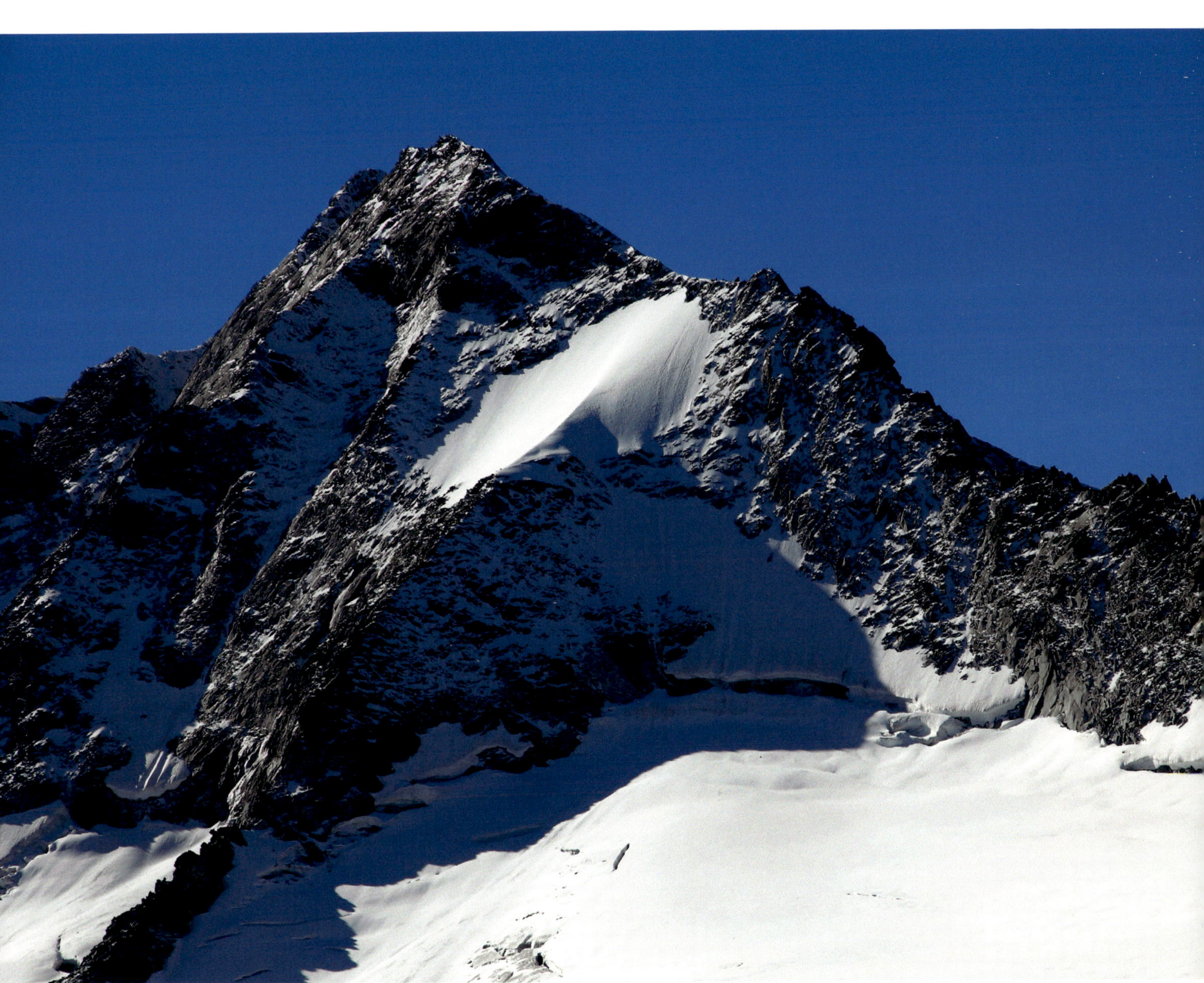

GINZLING IM ZILLERTAL

Lage: Der Doppelort Ginzling-Dornauberg liegt im hinteren Zillertal, genauer gesagt im Zemmgrund bei der Vereinigung mit dem Floitengrund, und daher inmitten einer hochalpinen Umgebung. Auf Gemeindeebene ist das orografisch rechtsseitige Ginzling Mayrhofen zugeordnet, Dornauberg hingegen gehört zu Finkenberg. Die Wohnbevölkerung beträgt etwa 400 Menschen.

Anreise: Auf der Inntal-Autobahn (A12) von Westen und Osten bis Ausfahrt Zillertal, dann auf der B169 über Mayrhofen nach Ginzling.

Öffentliche Verkehrsmittel: Nächstgelegener Bahnhof der ÖBB-Hauptstrecken ist Jenbach im Inntal. Von dort verkehren die Zillertalbahn (Schmalspur) und eine Buslinie nach Mayrhofen. Dort umsteigen in den Bus nach Ginzling/Schlegeis.

Wandertaxi: In den Floitengrund besteht ab Ginzling ein Taxi-Transfer, das gleiche gilt für den Stilluppgrund von Mayrhofen aus.

Informationsbüro: Tourismusverband Mayrhofen, Dursterstraße 225, A-6290 Mayrhofen, Tel. +43/(0)5285/6760-0, www.ginzling.at. Hochgebirgs-Naturpark Zillertaler Alpen, Naturparkhaus, A-6295 Ginzling, Tel. +43/(0)5286/52181, www.naturpark-zillertal.at.

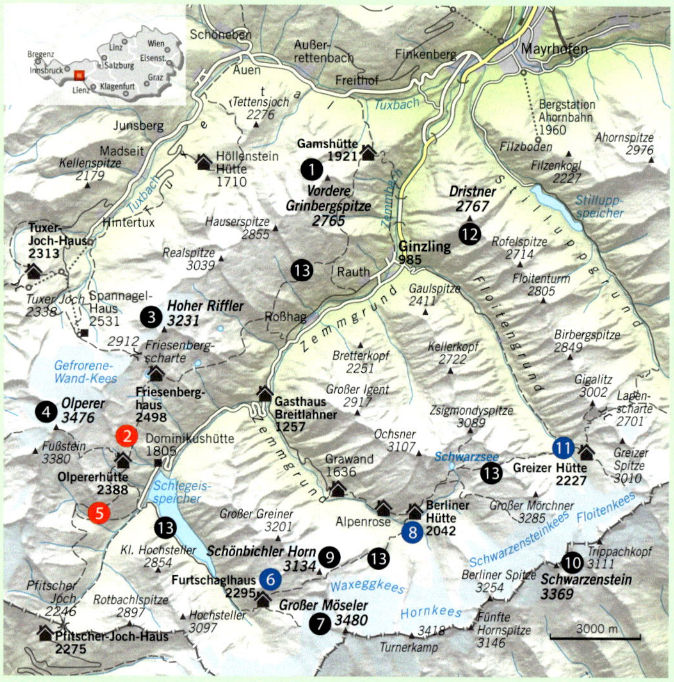

Hütten: Gamshütte (1921 m), DAV, Anfang/Mitte Juni bis Ende September, 38 Schlafplätze, Tel. +43/(0)676/3437741. Friesenberghaus (2498 m), DAV, Mitte Juni bis Ende September, 66 Schlafplätze, Tel. +43/(0)676/7497550. Olpererhütte (2388 m), DAV, Anfang Juni bis Anfang Oktober, 60 Schlafplätze, Tel. +43/(0)664/4176566. Pfitscher-Joch-Haus (2275 m), privat, Anfang Juni bis Anfang/Mitte Oktober, 30 Schlafplätze, Tel. +39/0472/630119. Furtschaglhaus (2295 m), DAV, Mitte Juni bis Ende September, 120 Schlafplätze, Tel. +43/(0)676/9646350. Alpenrosenhütte (1875 m), privat, Anfang Juni bis Anfang Oktober, 75 Schlafplätze, Tel. +43/(0)664/9177850. Berliner Hütte (2042 m), DAV, Anfang/Mitte Juni bis Ende September, 177 Schlafplätze, Tel. +43/(0)676/7051473. Greizer Hütte (2227 m), DAV, Mitte Juni bis Anfang Oktober, 78 Schlafplätze, Tel. +43/(0)664/1405003.

Karten: Alpenvereinskarte, 1:25.000, Blätter 35/1 und 35/2 »Zillertaler Alpen West und Mitte«. Freytag & Berndt, 1:50.000, Blatt 152. Kompass, 1:25.000, Blatt 037 oder 1:50.000, Blatt 37. Österreichische Karte, 1:50.000, Blätter 2229, 2230 und 2106.

Touren-Highlights

❶ Gamshütte – Vordere Grinbergspitze (2765 m)
Am Nordosteck des Tuxer Kamms erhebt sich das mehrgipfelige Massiv der Grinbergspitzen, die Vordere ist durch einen Steig erschlossen (Schlüsselstelle mit leichter Kletterei). Auf halber Höhe liegt die Gamshütte, erreichbar aus dem Zemmgrund bei Ginzling über den Georg-Herholz-Weg oder von Finkenberg über den Hermann-Hecht-Weg, jeweils in 3 Std. (blau). Zum Gipfel weitere 2½ Std.

❷ Friesenberghaus (2498 m) – Olpererhütte (2388 m)
Beliebte Tagestour vom Schlegeis-Stausee, ein aussichtsreicher Höhenweg . Insgesamt 5¾ Std.

❸ Hoher Riffler (3231 m)
Einer der höchsten »wanderbaren« Gipfel der Zillertaler Alpen, Hausberg des Friesenberghauses, von dort reichlich 2 Std. Trittsicherheit erforderlich, nur bei eisfreien Bedingungen relativ hindernisarm. Netter Abstecher zur Steinmandlkolonie am Petersköpfl.

4 Olperer (3476 m)
Höchster Gipfel des Tuxer Kamms und eine der herausragenden »Bergpersönlichkeiten« in den Zillertaler Alpen. Kombinierter Normalweg von der Olpererhütte über das Riepenkees und den exponierten Südostgrat (Schneegupfgrat), Stellen II und teilweise mit Eisenstiften entschärft, 3½ Std.

5 Neumarkter Runde
Genusswandertour vom Zamsgatterl (Schlegeis-Speicher) über die Olpererhütte ins Unterschrammachkar (ca. 4½ Std.), kann auch über das Friesenberghaus oder Richtung Pfitscher Joch ausgedehnt werden.

6 Furtschaglhaus (2295 m)
Altehrwürdiges Hüttenziel im Schlegeisrund, ehedem weit von der Zivilisation entfernt, seit dem Bau des Stausees eine lockere Tageswanderung, auch für Bergunerfahrene geeignet. Vom Parkplatz am Zamsgatterl rund 2½ Std. bis zur Hütte.

7 Großer Möseler (3480 m)
Einer der ganz großen, majestätischen Gipfel der Zillertaler Alpen, deren zweithöchster. Meistbegangener Anstieg vom Furtschaglhaus über das spaltige Schlegeiskees, durch eine steile Schuttrinne und zuletzt über die firnbedeckte Gipfelabdachung. Je nach Verhältnissen ziemlich anspruchsvolle Hochtour, 4 Std.

8 Berliner Hütte (2042 m)
Eine der berühmtesten Hütten der Alpen, mit bemerkenswerter Historie, seit 20 Jahren unter Denkmalschutz. Leichter Zugang vom Breitlahner durch den Zemmgrund, vorbei an Klausenalm, Grawandhütte und Alpenrosenhütte, 3 Std. Weiterweg zum malerischen Schwarzsee 1½ Std.

9 Schönbichler Horn (3134 m)
Vielbesuchter Gipfelpunkt zwischen Berliner Hütte und Furtschaglhaus. Die Steigverbindung begründete den Berliner Höhenweg, der später durch größere Areale der Zillertaler Alpen erweitert wurde. Hochalpines Gelände mit einigen Kraxeleinlagen (stellenweise gesichert), für erfahrene Wanderer ein Gustostück mit packender Aussicht. Vom Furtschaglhaus 2½ Std., von der Berliner Hütte 4 Std. bis zum Gipfel.

10 Schwarzenstein (3369 m)
Klassische Gletschertour von der Berliner Hütte aus, vergleichsweise ohne größere Schwierigkeiten, aber ziemlich lang. Vor dem Schwarzensteinkees zunehmend ausaperndes Moränen- und Schliffgelände, später recht flach zum kurzen, blockigen Gipfelgrat, fast 5 Std.

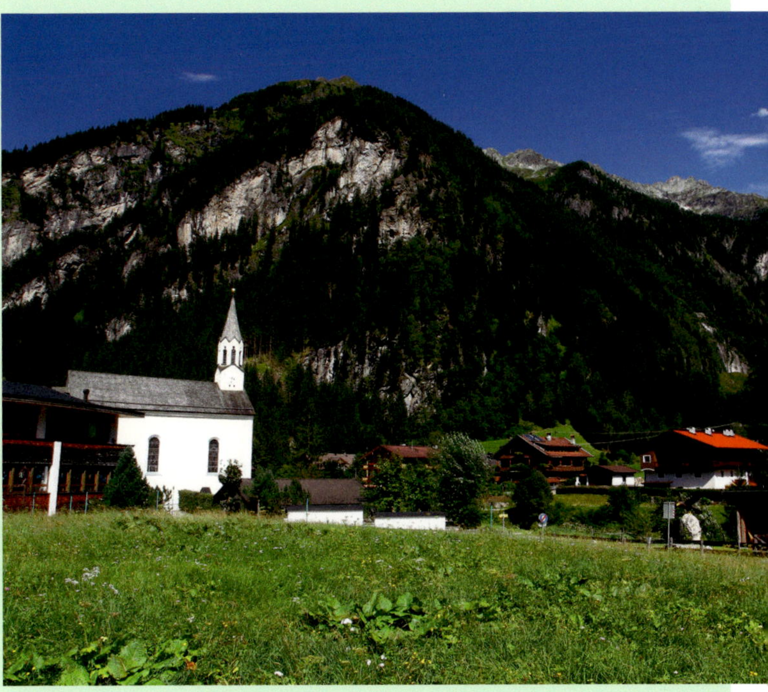

Ginzling, im Herzen der Zillertaler Alpen und an der Schwelle zum Hochgebirgs-Naturpark gelegen, fungierte als Prototyp für die Initiative der Bergsteigerdörfer.

11 Greizer Hütte (2227 m)
Stützpunkt im Floitengrund, nach wie vor eine urige Bergsteigerhütte, die aktuell renoviert wird. Ab Tristenbachalm durchs gesamte Hochtal 3¾ Std., ab Materialseilbahn (Taxi-Zubringer) nur knapp 2 Std. Aufstieg.

12 Dristner (2767 m)
Zünftiges Gipfelziel himmelhoch über Ginzling. Offizieller Bergwanderweg nur bis Wandegg, danach schmale Pfadspur ohne Markierung durch steile Graspleisen und Schrofen. Perfekte Trittsicherheit und Schwindelfreiheit unerlässlich. 4¾ Std. bei 1800 Höhenmetern bis zur großartigen Gipfelaussicht.

13 Berliner Höhenweg (Zillertaler Runde)
Großes, einwöchiges Alpintrekking über insgesamt acht Hütten, die allesamt in bzw. über den inneren Zillertaler Gründen liegen und über tolle Höhenwege verbunden sind. In beiden Richtungen viel begangen. Anspruchsvolle und mittelschwere Passagen wechseln, nur selten leichtes Gelände. Etappenlängen von ca. 5 bis 8 Std. Höchster Punkt am Schönbichler Horn.

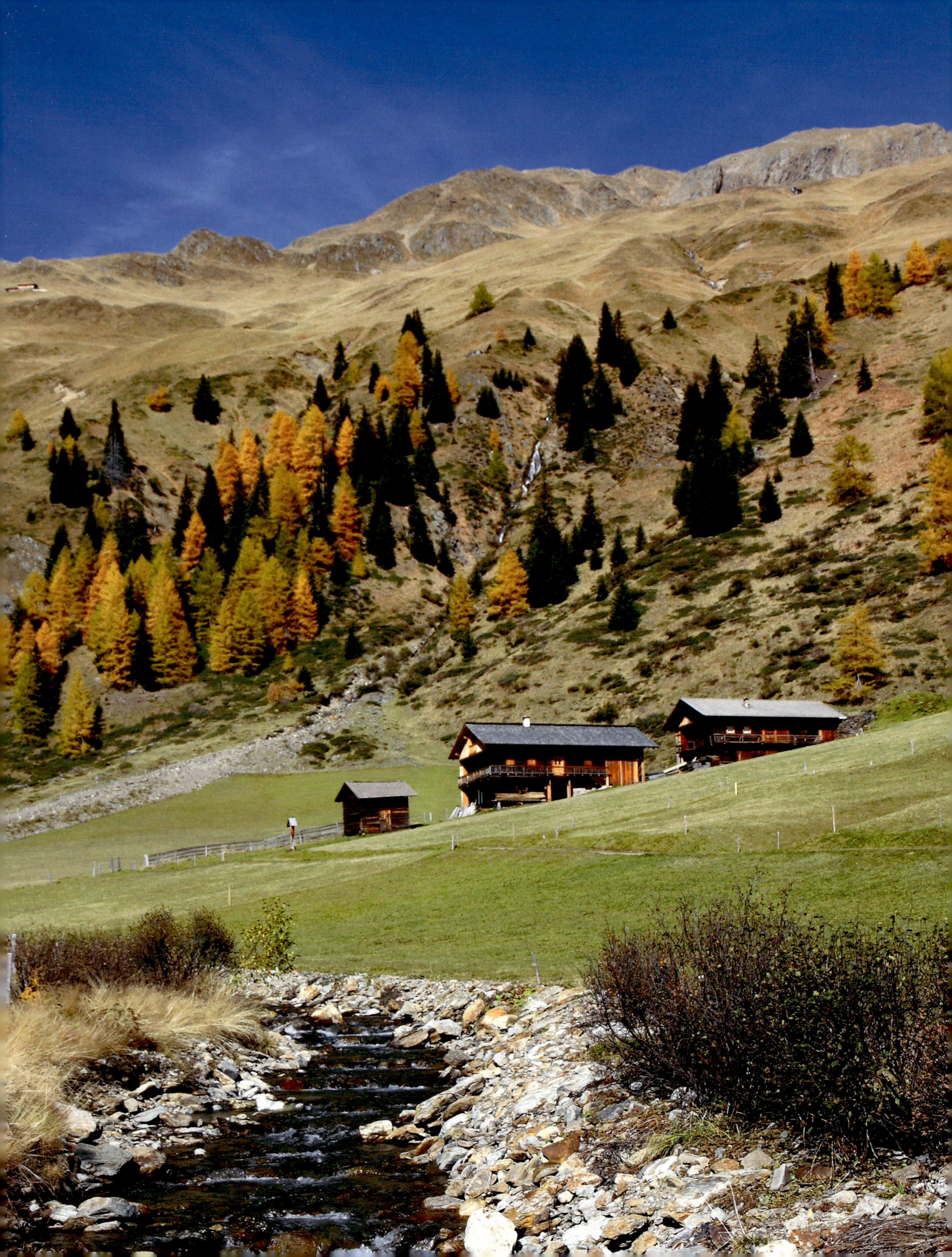

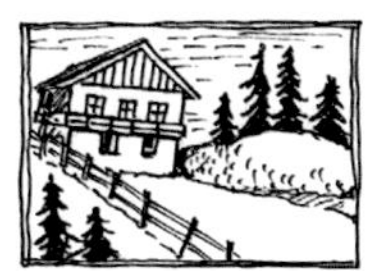

DAS VILLGRATENTAL

Die Bergtäler Osttirols sind häufig noch von einer erstaunlichen Ursprünglichkeit geprägt. Was vielleicht an ihrer wohltuenden Distanz zu Ballungsräumen liegt, womöglich aber auch an einer starken Verbundenheit der Bewohner mit ihrer Heimat. Eines dieser Osttiroler Kleinode ist das Villgratental, das ganz selbstbewusst von Anfang an auf einen sanften, authentischen Tourismus im Gleichgewicht mit der angestammten Bergbauernkultur gesetzt hat.

Stolze, mehrstöckige Bauernhäuser aus dunkel gebeiztem Holz, saftige Wiesen mit urigen Stadeln, die hier Schupfen genannt werden: Die Kulturlandschaft von Villgraten verkörpert ein Stück archetypisches Tirolerland, wie wir es irgendwie als Ideal verinnerlicht haben, wie es angesichts paralleler »Bergwelten« jedoch fast schon aus der Zeit gefallen scheint. Streusiedlungen kleben hoch am Hang, einige Almdörfer sind buchstäblich filmreif (und von Scouts für historische Drehs auch schon entdeckt worden). Erblickt man Plätze wie die Oberstaller-, Kamelisen- oder Alfenalm, kann man sich ihrem urtümlichen Charme einfach nicht entziehen.

Gleichwohl war das Leben hier nie ein Honigschlecken und stets von harter, körperlicher Arbeit geprägt, zuweilen sogar ein regelrechter Existenzkampf, dem nicht immer erfolgreich getrotzt werden konnte. Nachdem die Besiedlung im Mittelalter auf Geheiß des Stiftes Innichen vorangetrieben worden war, kamen im 15. Jahrhundert für die Schwaighöfe zunehmende wirtschaftliche Notstände auf, die zahlreiche Villgrater Familien sogar zum Auswandern zwangen. Nicht wenige ließen sich in der deutschsprachigen Enklave Bladen im Piavetal, dem heutigen Sappada, nieder. Noch bis Mitte des 19. Jahrhunderts forderten die Grundherren hohe Zinsabgaben von den Bauern. Moderne Infrastruktur hielt hier verhältnismäßig spät Einzug. Das Ausbleiben rasanter touristischer Entwicklungen, wie sie manches Alpental schier überrollt haben, begreift man mittlerweile jedoch eher als Chance. Keineswegs verschließt man sich in Villgraten nämlich innovativen Ideen – die Schafzucht mit anschließender Veredelung der Produkte und deren Eigenvermarktung sowie die Vermietung von rustikalen Ferienunterkünften in den Almdörfern, die sonst womöglich dem Verfall preisgegeben wären, sind Beispiele dafür. Nur nimmt man die Geschicke halt lieber selbst in die Hand, anstatt sich von auswärtigen Investoren überrumpeln zu lassen …

Aus dem inneren Winkeltal kann man Richtung Degenhorn und Hochgrabe aufsteigen – zwei tolle Fast-Dreitausender.

HOHE ZWEITAUSENDER

In den Villgrater Bergen bzw. dem Defereggengebirge – die offizielle Namensgebung ist durchaus diskutabel und zeitigte bereits akademisch geführte Auseinandersetzungen – gibt es keine prestigeträchtigen Dreitausender. Das stellt sie bei »ernsthaften« Bergsteigern traditionell etwas ins Abseits. Viele ahnen nicht, was sie verpassen! Denn eine weite Gipfelflur von Bergen um zwei-sieben, zwei-acht, zwei-neun hält hier ein Füllhorn echter Erlebnisse bereit und ist keinesfalls gering zu schätzen. Obwohl die ganz großen Herausforderungen fehlen mögen, kann man sich als Bergwanderer (und Skitourengeher!) hier richtiggehend austoben. Wer typische Anstiege von drei bis vier Stunden Dauer auf meist kleineren Steigen liebt, kommt in den Villgrater Bergen voll auf seine Kosten: Weiße und Rote Spitze, Hochgrabe und Degenhorn, Riepenspitze und Gölbner …

Heute soll es für mich der Regenstein werden. Fährt man von Außervillgraten ins Winkeltal hinein, tritt er als ausladende Gestalt bald einmal ins Blickfeld. Der Regenstein ist ein typischer Vertreter der Villgrater Gneis- und Phyllitberge, die den südlichen Tauernvorlagen zugerechnet werden. Im Raum zwischen den leuchtenden Eisfeldern des Alpenhauptkamms im Norden und den protzigen Felsbauten der Südlichen Kalkalpen formiert sich hier eine weitläufige Riege unauffälliger Berge in überwiegend gedeckten Farben. Da wundert es nicht, wenn man wieder einmal in Stille und Einsamkeit seine Schritte gipfelwärts lenkt. Von der Brunneralm zieht der Steig recht forsch bergan und lässt den Waldsockel bald schon unter sich. Über die teils aufgelassenen Arnalmen tritt man in freies Hochweidengelände ein. Nach oben hin wird es dann deutlich inhomogener: Steile und flache Passagen wechseln, Blockabschnitte legen sich dazwischen und auch ein paar sandige Rinnen. Erst kurz vor dem Gipfel gewahre ich, dass der Regenstein eigentlich regelmäßig aufgesucht wird, nämlich aus dem jenseitigen Defereggental über den idyllischen Geigensee. Selbige Route ist mir wohlbekannt, und so ergänzt meine heutige Variante das Bild von diesem Berg

Über den dunklen Gebirgskämmen des Defereggengebirges leuchtet die Gletscherkrone des Großglockners. Hier die Aussicht von der Hochgrabe.

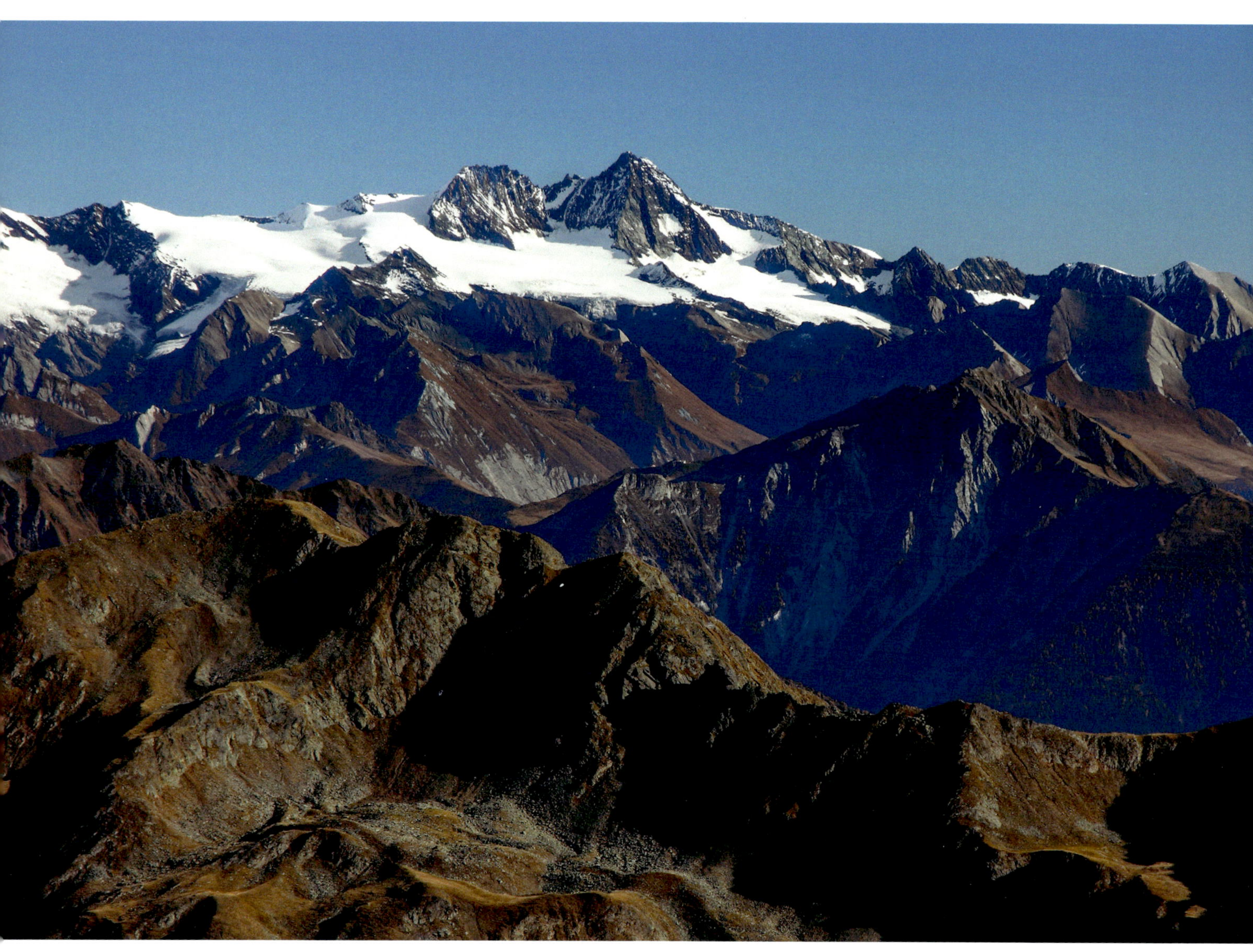

in perfekter Weise. Besonders pfiffig – aber auch deutlich anspruchsvoller – wird die Tour mit dem Übergang zum Villgrater Joch, von wo sich über herrliche Almterrassen und kleine Pfade schließlich ins Winkeltal zurückkehren lässt.

IM WINKELTAL

Bleiben wir noch ein wenig in dieser Gebirgskammer, die sich von Außervillgraten bis zur Volkzeiner Hütte immerhin fast zwölf Kilometer einwärts zieht. Weiter vorn, in der Nähe der Reiterstub'n, zweigt der Aufstieg zum Gölbner ab. Im Grunde lassen sich Parallelen zum Regenstein ziehen. Der (eigenhändig geschriebene) Wanderführer fasst zusammen: »Durchgängig markiert, aber speziell im Mattengelände nicht überall deutlicher Steig. Einige steile, mitunter rutschige Abschnitte sind mühsam, die kurzen Kletterstellen am Südgrat dagegen eher harmlos. Gute Trittsicherheit und Kondition wichtig«. Solch eine Charakteristik liest sich beinahe wie allgemeingültig für die Villgrater Berge. Beim Gölbner sind es über 1400 Höhenmeter bis zum Gipfel – »geschenkt« wird einem hier also nichts …

Wenn das erste zarte Licht des Tages über die Gipfel streicht, erlebt man die intensivsten Stimmungen. Im Hintergrund die Gipfel der Rieserfernergruppe.

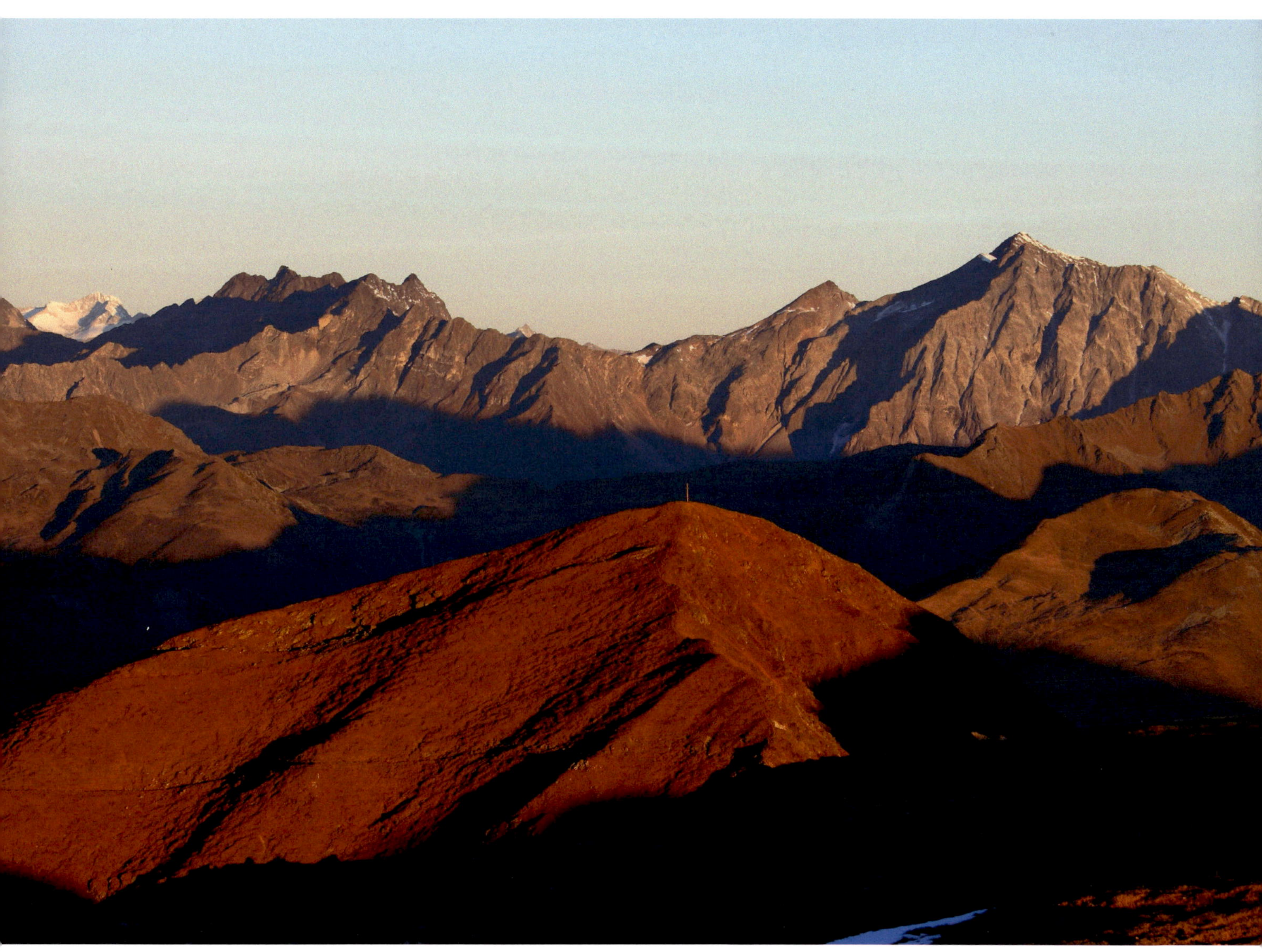

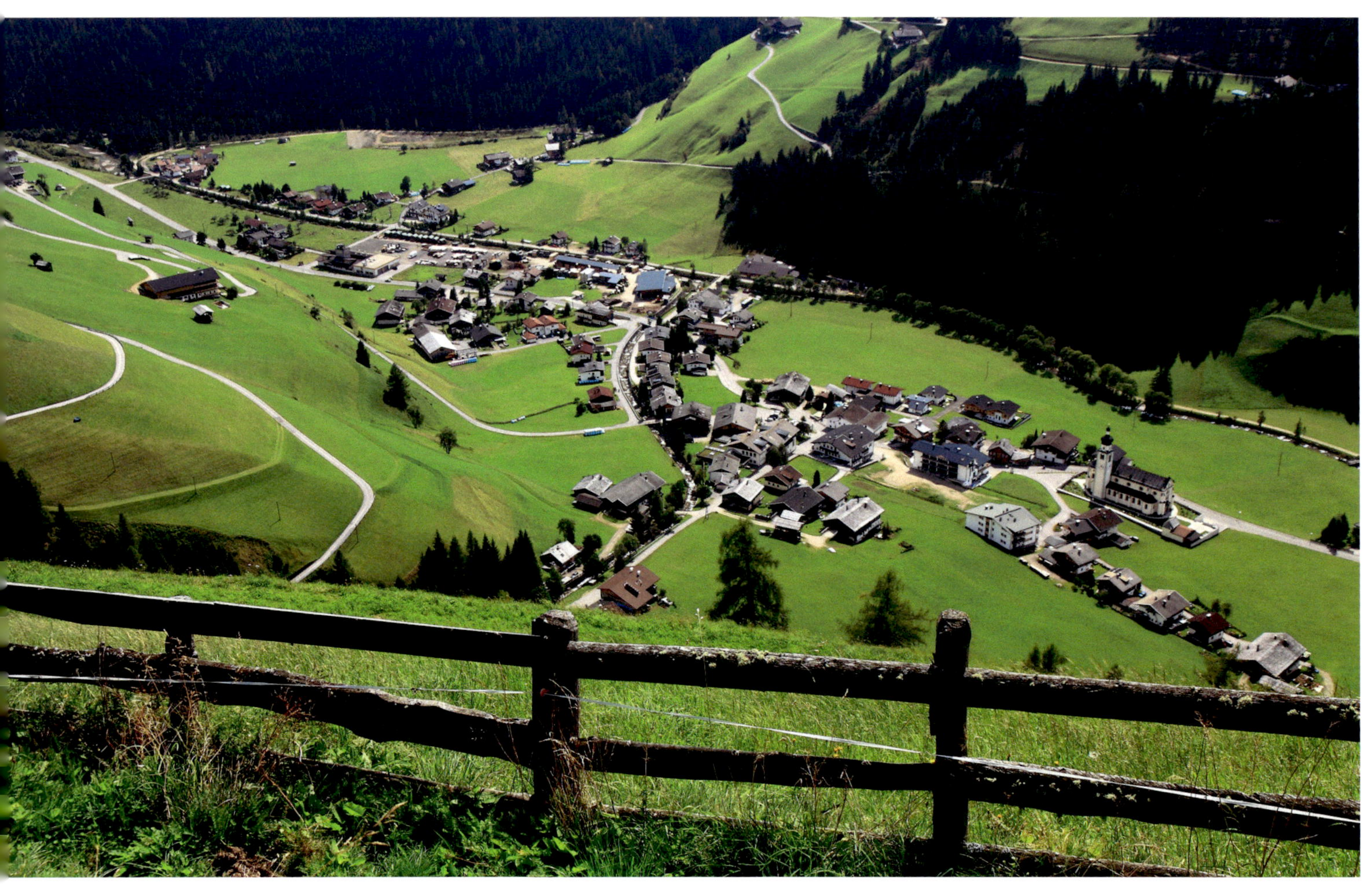

Vom Hochberg bietet sich eine reizvolle Perspektive auf das Dorf Innervillgraten, eingebettet in saftiges Wiesengrün.

außer einem grandiosen Panorama bei klarem Wetter! Das wird am Gölbner und anderswo immer wieder zur großen Belohnung, wenn sich eine schier unermessliche Staffelung von Bergketten offenbart – vom Großglockner bis zu den Dolomiten.

An einem schönen Hochsommertag bin ich zum Großen Degenhorn, einem weiteren Fast-Dreitausender, unterwegs. Die Route windet sich aus dem Talschluss abwechslungsreich in die Höhe, über eine markante Geländeschwelle mit Wasserfall auf die Verebnung des Schrentebachbodens, über die nächsten zwei Karstufen zum Juwel des Degenhornsees, der mit seinen 2713 Metern rekordverdächtig erscheint, und schließlich über die Schulter des Kleinen Degenhorns vollends aufs Große. Schon der umtriebige Ludwig Purtscheller, Bergpionier des 19. Jahrhunderts, urteilte, dass ein Besuch dieser »Hochzinne« für einen Gesamtüberblick unerlässlich sei. Freilich eignet sich die benachbarte Hochgrabe dafür nicht minder gut. Auf Höhe des Schrentebachbodens zweigt der Zugang über die sogenannte Wilde Platte ab, ohne jedoch tatsächlich allzu wild zu werden.

INNERVILLGRATER GIPFELPOTPOURRI

Hinsichtlich Degenhorn und Hochgrabe wäre zu bemerken, dass es für beide auch Alternativrouten gibt – in einem Fall durchs Arntal, im anderen durchs Einattal. Und damit sind wir schon im Einzugsbereich von Innervillgraten, dessen Umgebung ein wenig offener wirkt als jene von Außervillgraten. Rund um die Kirche findet das Dorf genug Platz, zum malerischen Gesamtambiente gehören aber unbedingt auch die verstreuten Höfe am Hang, etwa am sonnenverwöhnten Hochberg.

Dort liegt der günstigste Ausgangspunkt für eine ausschweifende Rundtour, die am Roten Kinkele (in manchen Karten auch »Ginggle«) kulminiert. Steile Bergwiesen sind über dem Einattal zu überwinden – wo die Schafe nichts mehr abgrasen, wuchert es recht üppig und der Pfad wird dürftig. Weiter oben verblüfft nach einem markanten Rechtsknick eine Hochebene und mittendrin der schmucke Remassee. Mit der Zahl prächtiger Bergseen braucht sich das insgesamt so zurückhaltend gewürdigte Defereggengebirge ohnehin nicht zu verstecken! Hinauf zum Gipfelgrat verliert selbst der Steilhang (der wohl zu der leicht überzogenen Wegekategorie »schwarz« geführt hat) bei trockenen Verhältnissen seine Tücken, sodass ich rascher als erwartet oben am Kreuz stehe. Und beim Abstieg ergeben sich wieder neue Facetten. Ich erkunde den Weg über die Öwelenke hinunter zur liebreizenden Kamelisenalm und denke an die Skitourengeher, die hier wie anderswo in Villgraten oft perfekt geneigte Hänge unter ihren Brettln haben. Kein Wunder, dass sich die Gegend auch winters von einem Geheimtipp zu einer Top-Adresse gemausert hat.

Am Grenzkamm zu Südtirol reihen sich eine ganze Menge Tourenschmankerl aneinander. Das bekannteste Ziel ist zweifellos das Toblacher Pfannhorn, das besonders häufig von der drüberen Seite bestiegen wird und dort mit der Bonner Hütte vor ein paar Jahren auch ein nettes Extra bekommen hat (ein Besuch bei Hüttenwirt Alfred Stoll lohnt sich in jedem Fall). Startet man hingegen im Weiler Kalkstein, entdeckt man als allererstes die kleine Wallfahrtskirche Maria Schnee und begibt sich anschließend durchs anheimelnde Alfental bergauf. Nach zweieinhalb Stunden ist am Pfanntörl die Grenze und der ersehnte Dolomitenblick erreicht, eine halbe Stunde später dann der ganz große, legendäre Logenplatz am Toblacher Pfannhorn. Eine Panoramascheibe erklärt detailreich das Geschaute, von dem man sich noch eine ganze Weile berauschen lassen kann. Es gibt nämlich einen fantastischen Höhenweg hinüber zum Marchkinkele – und falls man mag, sogar wei-

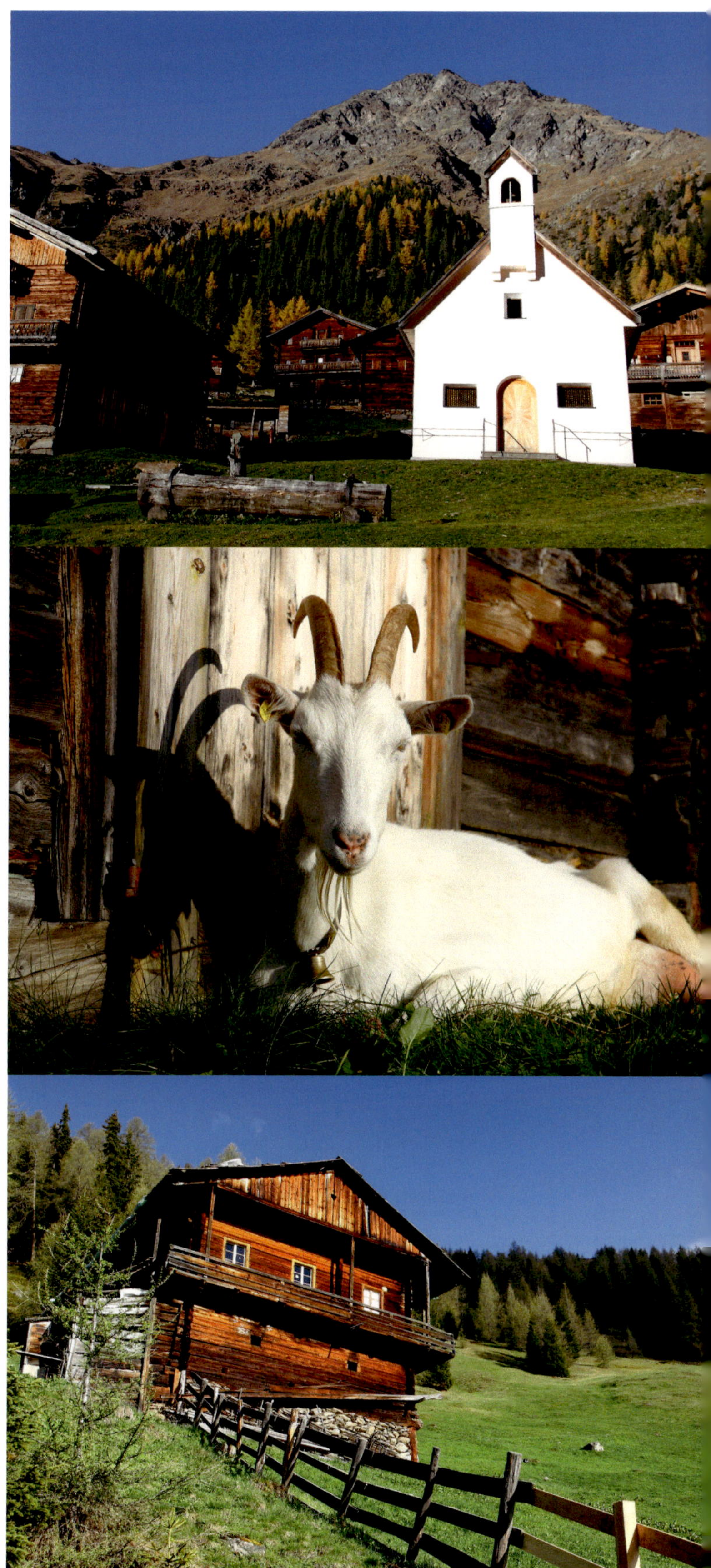

Wettergegerbte Hütten auf der Oberstalleralm (oben) und der Mitterwurzeralm (unten) vermitteln typisches Tiroler Flair. Auch die Ziege genießt den Almsommer.

ter Richtung Thurntaler, wo das Sillianer Skigebiet angrenzt. Der logische Rückweg führt freilich durchs Marchental zurück nach Kalkstein. Alternativ lässt sich vom Pfanntörl auch der Bonner Höhenweg in nördlicher Richtung bis zum Kalksteiner Jöchl abschreiten: eine alte, zwischenzeitlich vernachlässigte Weganlage, der man sich jüngst wieder mehr erinnert …

ROT ODER WEISS?

Bleibt zum Schluss, noch von einem Kuriosum zu berichten: Es betrifft die Rote und die Weiße Spitze, die als beherrschende Zwillinge mit steilen Schrofenflanken direkt oberhalb der Oberstalleralm himmelwärts schießen. Kartografisch unbestechlich sind es sogar die höchsten Gipfel rund um Villgraten respektive in der gesamten Gebirgsgruppe. Von der Oberstalleralm gibt es jeweils markierte Zugänge, ziemlich ähnlich in ihrer Art – halt das typische Gelände für standfeste Bergfexe, die sich im Gipfelbereich auch auf eine kleine Kraxelei verstehen. Um dankbare Aussichtsberge handelt es sich sowieso. Nur: Welche Spitze ist nun die Rote und welche die Weiße?

Da beide Berge nämlich auch über dem Defereggental aufragen, erheben die dortigen Bewohner ebenfalls Anspruch darauf. Vielleicht liegt dem Ganzen ja bloß irgendein Missverständnis zugrunde, vielleicht erlaubt die Anschauung je nach Perspektive aber auch keine andere Deutung – jedenfalls benennen die Villgrater und Deferegger das Gipfelduo jeweils umgekehrt. Was also für die einen die Rote Spitze ist, firmiert bei den anderen unter dem Namen Weiße Spitze. Selbst einschlägige Kartenwerke vermögen das Problem bisher nicht zu lösen. Ich persönlich fühle mich an dieser Stelle natürlich irgendwie der Villgrater Version verpflichtet – die Deferegger mögen's mir nachsehen. Den meisten Bergwanderern dürfte solch eine lokalpatriotische Kleinkrämerei freilich allenfalls ein Schmunzeln entlocken …

ÜBER DIE JÖCHER

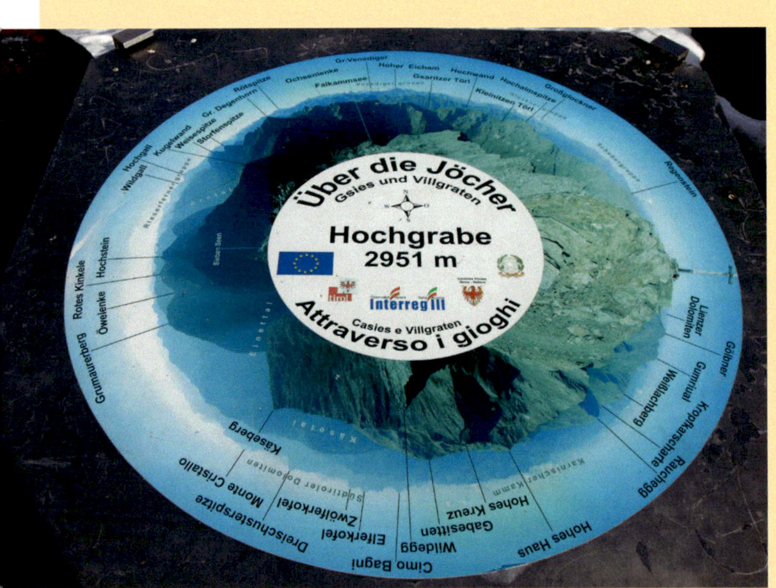

Informative Panoramascheibe auf dem Gipfel der Hochgrabe. Die Talschaften von Villgraten und Gsies sind seit jeher eng miteinander verbandelt.

Die Täler von Villgraten und Gsies pflegten schon immer einen regen nachbarschaftlichen Austausch. Dazwischen erhebt sich zwar ein stattlicher Bergkamm, der jedoch mit diversen Durchlässen gespickt ist und nie eine tatsächliche Barriere bildete. Es wurde Handel getrieben und mitunter auch zwischen hüben und drüben geheiratet. Eine Zäsur brachte dann allerdings die neue Grenzziehung nach dem Ersten Weltkrieg, denn plötzlich gehörte man verschiedenen Staaten an (das Gsiesertal liegt ja in Südtirol). Praktische Kontakte vermochte dieser Umstand freilich nicht zu unterbinden, weshalb der Schmuggel zeitweilig ordentlich florierte. Villgrater Bauern konnten in Gsies beispielsweise ihr Vieh gewinnbringend absetzen. Seit 2002 existiert nun das grenzüberschreitende EU-Projekt »Über die Jöcher«. Auf drei interessanten Lehrwegen können sich Wanderer über verschiedene Themen informieren. Der ehemalige Schmugglersteig führt von Kalkstein über das Kalksteiner Jöchl nach St. Magdalena in Gsies. Über die Bewirtschaftung einst und heute erfährt man etwas am Weg via Gsieser Lenke. Und der Brauchtumssteig verbindet Kalkstein mit St. Martin in Gsies über die Gruberlenke. Ein Tipp zur konkreten Tourenplanung: Zwischen Anfang Juni und Mitte September verkehrt jeweils mittwochs und freitags ein Wanderbus zwischen Ausgangs- und Endpunkten.

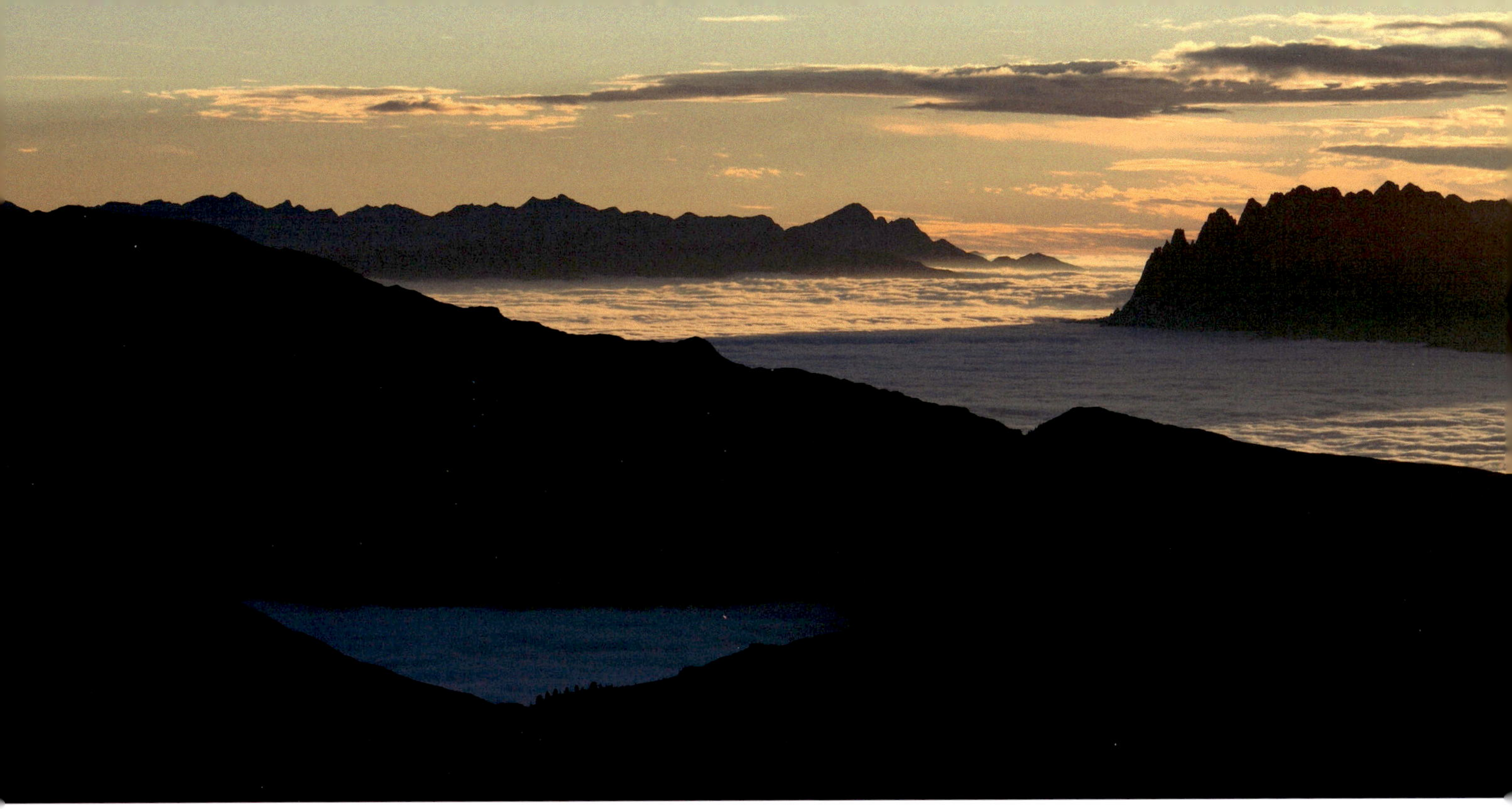

Das Toblacher Pfannhorn zählt zu den besten Logenplätzen im Süden Tirols.
Oben eine Sonnenaufgangsstimmung über Osttirol, unten die Zackenkulisse der Sextner Dolomiten jenseits des Pustertals.

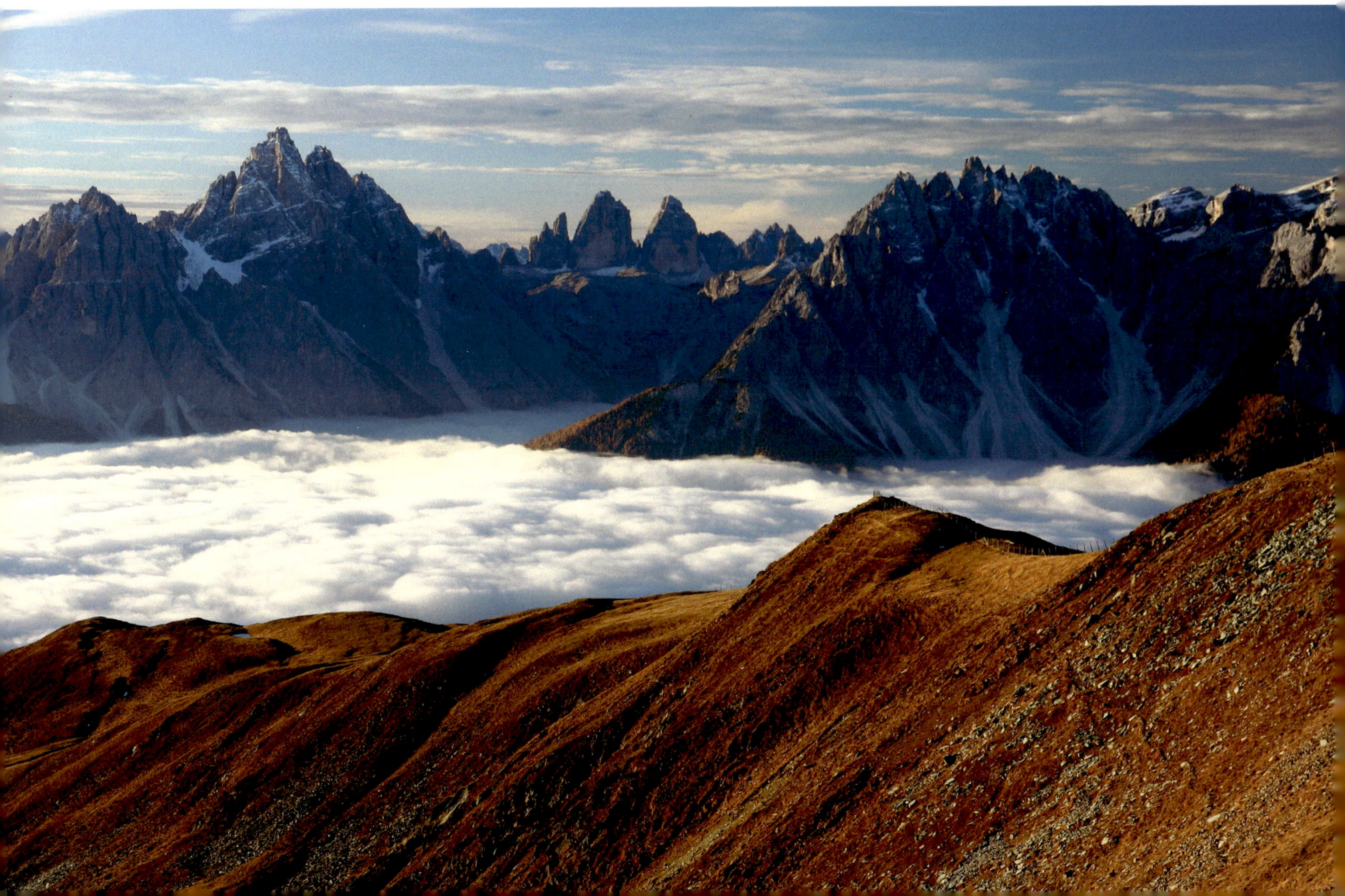

DAS VILLGRATENTAL

Lage: Bei Heinfels im Osttiroler Hochpustertal zweigt gen Norden das Villgratental ab. Es gliedert sich in die beiden Gemeinden Außervillgraten (1287 m) und Innervillgraten (1402 m), in denen zusammen rund 1800 Menschen leben. Die umgebende Bergwelt gehört alpingeographisch zum Defereggengebirge.

Anreise: Auf der Tauern-Autobahn (A10) zum Knoten Spittal-Millstätter See und weiter zur B100, der man über Lienz Richtung Sillian folgt. In Heinfels rechts abbiegend ins Villgratental. Von Westen kommend durchfährt man das gesamte Südtiroler Pustertal Richtung Sillian/Heinfels.

Öffentliche Verkehrsmittel: Busverbindung vom Bahnhof Sillian nach Außer- und Innervillgraten (dort Endhaltestelle).

Wanderbus: In der Hauptsaison wird an bestimmten Tagen ein Bustransfer zwischen Villgratental und Gsieser Tal in Südtirol angeboten.

Informationsbüro: Tourismusverband Osttirol, Information Innervillgraten, Gasse 78, A-9932 Innervillgraten, Tel. +43/(0)50/212340. Information Außervillgraten, Dorf 136, A-9931 Außervillgraten, Tel. +43/(0)4843/5522-12, www.villgratental.com.

Hütten: Volkzeiner Hütte (1886 m), privat, Mitte Mai bis Mitte Oktober, 30 Schlafplätze, Tel. +43/(0)664/9888800. Bonner Hütte (2340 m), privat, Ende Mai bis Mitte Oktober, 25 Schlafplätze, Tel. +39/340/9428264.

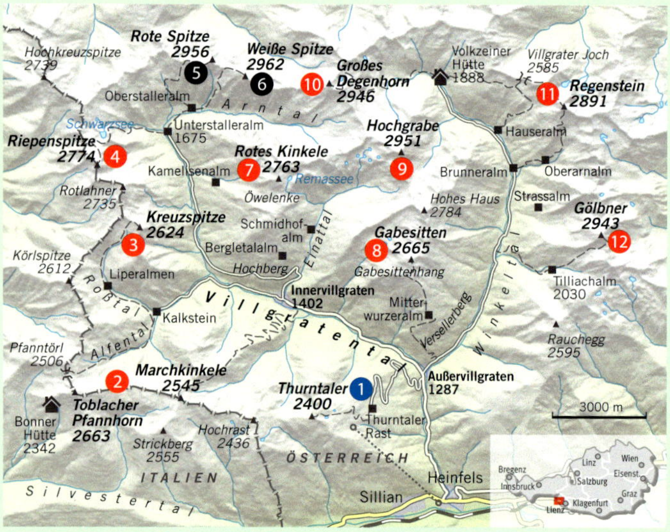

Karten: Freytag & Berndt, 1:50.000, Blatt 182. Kompass, 1:50.000, Blätter 45 und 47. Österreichische Karte, 1:50.000, Blätter 3101, 3102, 3107 und 3108.

Touren-Highlights

1 Rund um den Thurntaler (2400 m)
Der Sillianer Hausberg trägt ein kleines Skigebiet und kann auf problemlosen Wegen umwandert werden. Von Außervillgraten öffentliche Zufahrt zur Thurntaler Rast möglich, von dort 3½ Std. für den Rundkurs über den Astattsattel.

2 Toblacher Pfannhorn (2663 m) – Marchkinkele (2545 m)
Klassische Panoramawanderung, wobei der Weg streckenweise auf Südtiroler Boden vor einer tollen Dolomitenkulisse verläuft. Von Kalkstein durchs Alfental zum Pfanntörl, dann auf dem Toblacher Höhenweg bis zum Marchkinkele, von wo sich die Runde optimal schließen lässt; insgesamt 6¼ Std. Lohnend ist auch ein Besuch der reaktivierten Bonner Hütte südwestlich unterhalb des Pfannhorns.

3 Kreuzspitze (2624 m)
Aussichtsberg über Innervillgraten, der unmittelbar in Verlängerung der Talachse aufragt. Von Kalkstein durchs Roßtal über die Liperalmen, am Schluss von Nordwesten zum Gipfel, 2½ Std.

4 Riepenspitze (2774 m)
Höchster Gipfel im Grenzkamm zum Gsiesertal, den man dorthin auch überschreiten könnte. Von der Unterstalleralm über den Schwarzsee und die Nordflanke, bis in den Sommer Schneefelder, 3 Std.

5 Rote Spitze (2956 m)
Rote und Weiße Spitze beherrschen als höchstes Villgrater Bergduo das Gebiet der Oberstalleralm. Recht stramme Tour über steile Hänge zu einer Scharte im Westgrat und teils nordseitig ausbiegend zum Gipfel, vom Parkplatz 3¼ Std.

6 Weiße Spitze (2962 m)
Das minimal höhere Pendant zur Roten Spitze ist nominell der Hauptgipfel des gesamten Defereggengebirges. Der Zugang

setzt hinter der Oberstalleralm ein und führt zuerst weit hinauf zur Schlötterlenke, schließlich mit etwas Kletterei zum Ziel, 3½ Std.

7 Rotes Kinkele (2763 m)
Dieser Gipfel erhebt sich im Herzen der Villgrater Berge zwischen Einattal und Arntal, wobei verschiedene Routen kombiniert werden können, z. B. über die Kamelisenalm und entweder links ausholend oder über die Öwelenke und die Remasseen gipfelwärts (zuletzt steil). Zu den Seen auch aus dem Einattal über die Schmidhofalm oder über die Bergletalm auf interessantem Hangweg. Als Ausgangspunkt bietet sich vor allem Hochberg an.

8 Gabesitten (2665 m)
Der sogenannte Gabesittenhang baut sich direkt über Außervillgraten auf, die weitläufige Gipfelkuppe legt sich ein Stück zurück. Vom Versellerberg auf kleinen Steigen über die Mitterwurzeralm 3 Std. Abstiegsvariante vom Gabesittenhang über die südwestseitige Route.

9 Hochgrabe (2951 m)
Ziemlich ausladender Gipfelstock, der sowohl aus dem Winkeltal – von der Volkzeiner Hütte via Schrentebachboden und Goldtrögele – als auch von Innervillgraten durchs Einattal und an den Sieben Seen vorbei erreicht werden kann. Im Aufstieg 3½ bzw. 4½ Std., am Gipfelhang eventuell Erschwernisse durch Schneefelder.

10 Großes Degenhorn (2946 m)
Recht häufig bestiegene Bergpyramide, ebenfalls mit mehreren markierten Routen ausgestattet. Am besten von der Volkzeiner Hütte über Schrentebachboden und Degenhornsee, 3½ Std. Wie üblich solide Trittsicherheit nötig.

11 Regenstein (2891 m)
Die meisten Besteigungen erfolgen aus dem Defereggental, die Villgrater Normalroute führt von der Brunneralm (Winkeltal) über die Unter- und Oberarnalm weithin über Mattengelände und zuletzt etwas anspruchsvoller gegen den oberen Südostgrat hinauf, ca. 4 Std. Deutlich grimmiger und daher »schwarz« ist die Überschreitung Richtung Villgrater Joch (ebenfalls markiert, aber zweimal rutschige Rinnen mit Sicherungen), von wo man wieder ins Winkeltal (Hauseralm) zurückkehren kann.

12 Gölbner (2943 m)
Auffälliger, stumpfer Gipfel und höchster Punkt im Kamm zwischen Winkel- und Kristeinertal. Von der Tilliachbrücke über die Tilliachalm und durch ein Kar zum Gölbnerschartl, schließlich am Südgrat gipfelwärts, ca. 4 Std. Die Route via Strassalm und Gölbnerboden soll offiziell nicht mehr begangen werden.

Blick vom Regenstein über die Kämme des Defereggengebirges bis zum Glockner am Horizont.

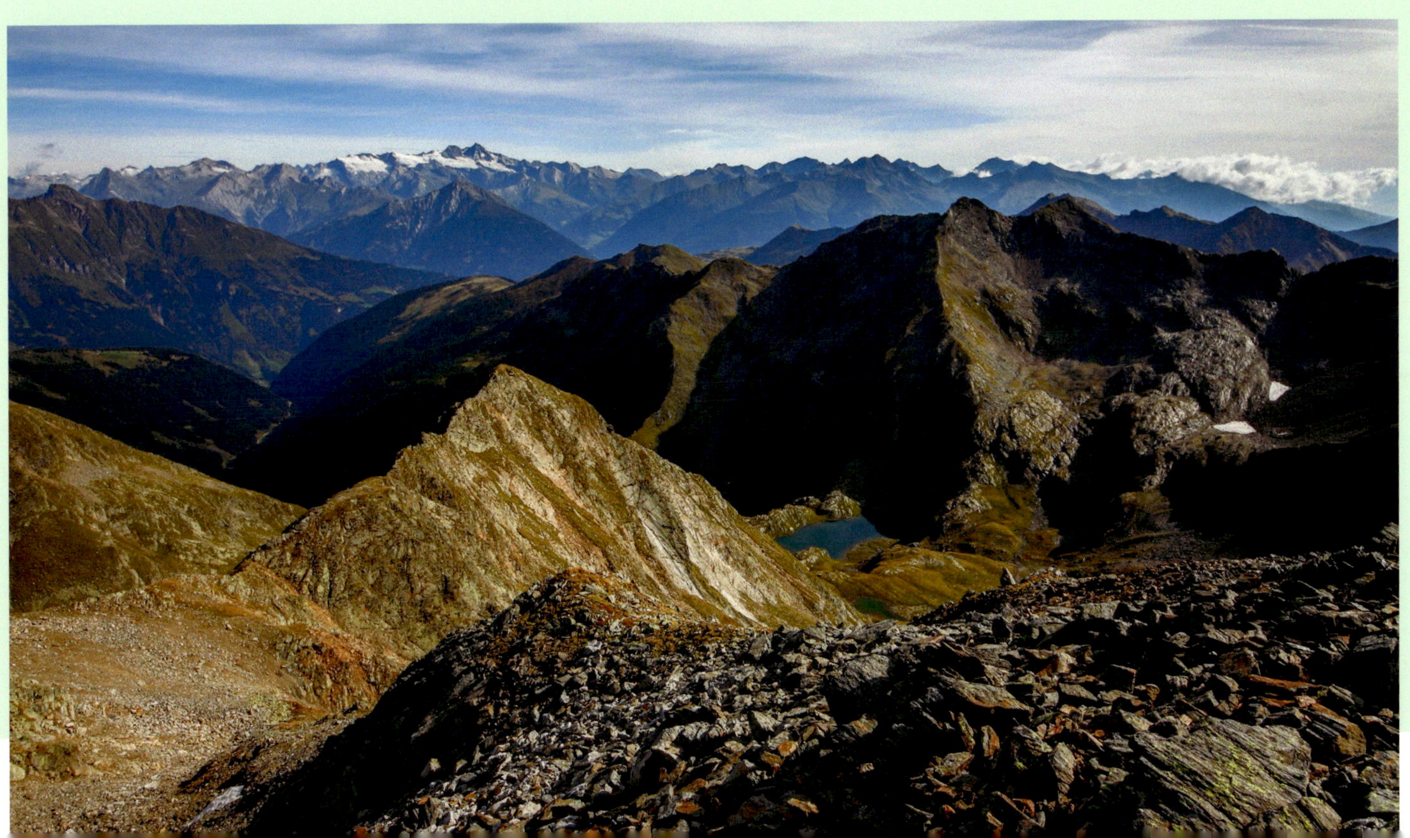

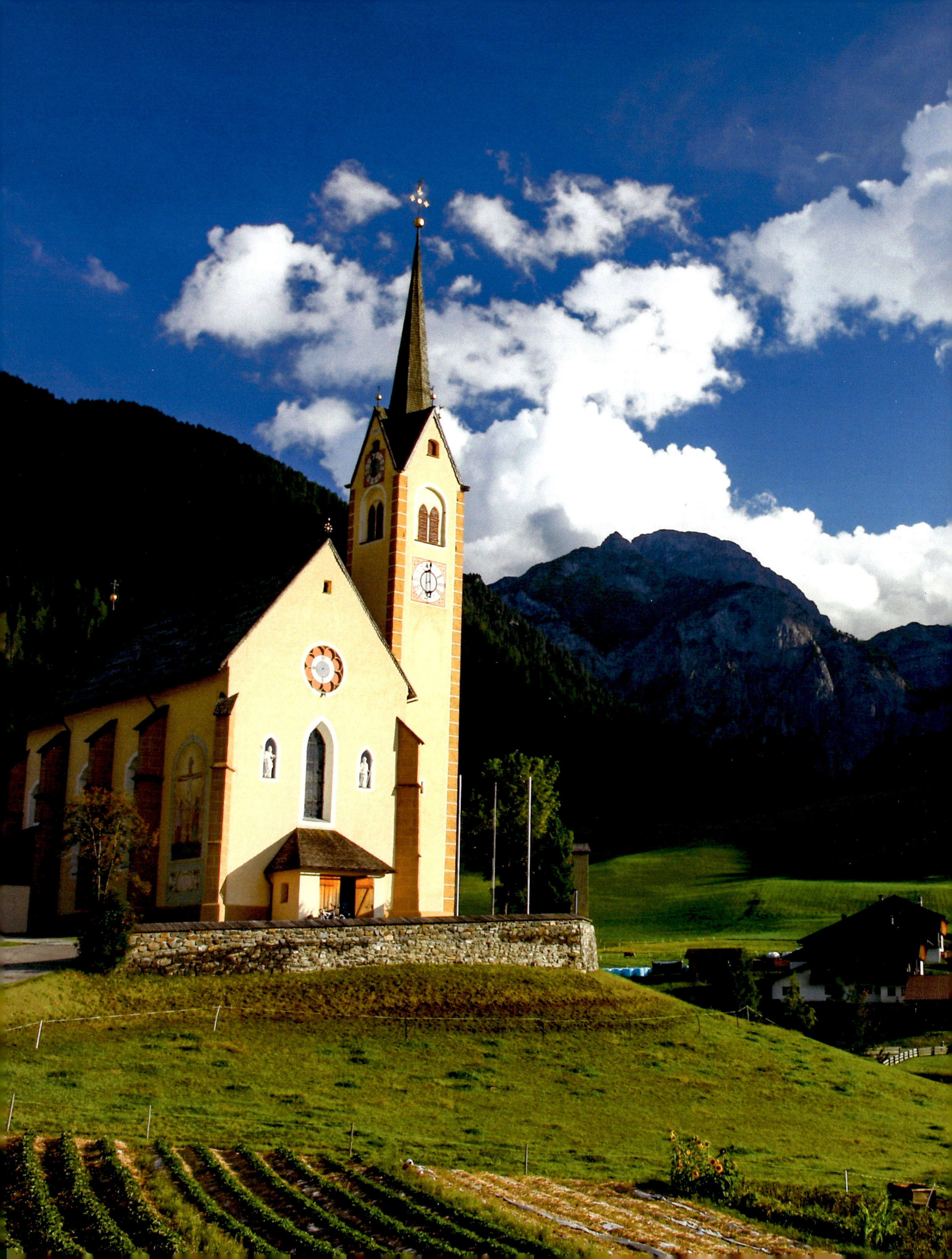

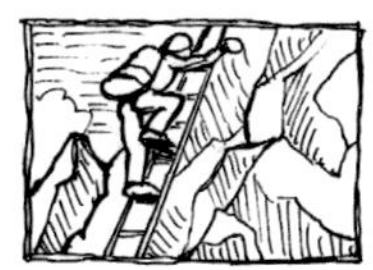

DAS TIROLER GAILTAL

Im äußersten Süden Osttirols erstreckt sich parallel zum Karnischen Hauptkamm das Tiroler Gailtal mit den Ortschaften Kartitsch, Obertilliach und Untertilliach, die sich in ein ausgesprochen heiteres Landschaftsbild einbetten. Auf massentouristische Erscheinungen wird man hier kaum treffen, stattdessen auf eine traditionell verwurzelte Kultur im harmonischen Gefüge mit der Natur. Erholsame Bergferien in gesunder Höhenluft sind garantiert.

Halb versunken stehen die Wanderer vor den Schautafeln. Hier oben am Golzentipp liegt der gesamte Westteil des Karnischen Hauptkamms wie auf dem Präsentierteller vor ihnen. Wer sich in der regionalen Topographie (noch) nicht so gut auskennt, für den wird sie im Abbild detailreich erklärt. Als Gipfelbestimmungsspiel getarnt, macht so eine Geographie-Lektion selbst den Kleinen Spaß. Und vielleicht erkennt man ja sogar den einen oder anderen Altbekannten, den Großglockner etwa, der am nördlichen Tauernhorizont steht, oder die Porze, die uns als Obertilliacher Hausberg vor Ort schon avisiert worden ist.

BILDERBUCHDÖRFER

Obertilliach: ein Haufendorf auf stattlichen 1450 Metern Seehöhe im Tiroler Gailtal, in traditioneller Holzbauweise praktisch ohne störende Elemente erhalten. Eng schmiegt sich das verschachtelte, historisch gewachsene Ortsbild an den riesigen Schwemmkegel des Rodarmgrabens. Eine Häuserreihe im Dorfkern steht sogar unter Denkmalschutz. Und die schräge Wiesenfläche der »Mösern« trägt mit ihren zahlreichen Schupfen sowie den beiden schmucken Kapellen St. Helena und St. Nikolaus ungemein zum idyllischen Ambiente bei. So ist das weite Tilliacher Feld niemals zersiedelt worden, sondern Ausdruck einer intakten bäuerlichen Kulturlandschaft geblieben. Ein Fleckchen Erde, wo man den Bergsommer im Angesicht der Heuharpfen, der sogenannten »Kös'n«, mit allen Sinnen aufsaugen kann …

Auch die Nachbardörfer offenbaren kaum architektonische Sünden: Östlich, kurz vor der Kärntner Grenze, liegt das kleine Untertilliach; westlich, jenseits eines seichten Geländesattels, Kartitsch mit seinen Fraktionen Hollbruck und St. Oswald sowie den weit verstreuten Höfen. Das wirkt alles so anheimelnd, dass einem schnell der Begriff vom »Bilderbuchdorf« durch den Kopf schießt. In der Tat kann sich Osttirol noch einer verbreiteten Ursprünglichkeit rühmen, das Tiroler Gailtal ist nur ein treffliches Beispiel dafür. Möglicherweise bietet die Lage fernab größerer Städte einen gewissen Schutz, nicht so schnell in den Sog eines zwiespältigen Massentourismus zu geraten. Doch genügt die schöne, intakte Natur als Basis für ein sicheres Auskommen? Verlockungen für weiter reichende Nutzungen liegen freilich schnell einmal auf dem Tisch. Kals am Großglockner etwa konnte sich ihnen nicht erwehren, die Gemeinden im Tiroler Gailtal bisher schon …

Eingerahmt werden Kartitsch, Obertilliach und Untertilliach im Norden von den Ausläufern der Lienzer Dolomiten (die alpingeographisch den Gailtaler Alpen angehören) und im Süden vom Karnischen Hauptkamm, der die Grenze zu Italien bildet. 100 Jahre ist es her, als diese periphere Lage den Bewohnern zum Verhängnis wurde. Im Ersten Weltkrieg verlief genau am Karnischen Kamm ent-

Kartitsch ist eines der »Bilderbuchdörfer« im Tiroler Gailtal.

lang die heftig umkämpfte Frontlinie. Alte Bunker und Kavernen, Schützengräben und Stacheldrahtverhaue künden als traurige Relikte von diesen Zeiten. Am Hochgräntenjoch mahnt ein kleiner Soldatenfriedhof Wanderer, die auf dem Karnischen Höhenweg vorbeikommen und heute buchstäblich grenzenlose Bergfreiheit genießen.

GEGENSÄTZE AM GAILTALER HÖHENWEG

Die Lienzer Dolomiten schwingen gen Westen weit und sanft aus. Man kann diesem Waldrücken vom äußersten Ende bei St. Oswald folgen und kommt nach einiger Zeit zu einer ersten freien Gipfelkuppe, dem Kartitscher Dorfberg. Weitläufiges Hochweidengelände prägt nun den Kammverlauf, der Richtung Osten zum bereits erwähnten Golzentipp aufschließt. Es handelt sich um den beliebtesten aller Obertilliacher Wanderberge, zumal die nahe Connyalm per Seilbahn erreicht werden kann und die Aufstiegsmühen damit gering sind. Das erwartungsgemäß schroffe Gepräge der Lienzer Dolomiten deutet sich freilich erst jenseits des Gontrunsattels an, wenn sich Tamerlanhöhe und Eggenkofel in Szene setzen. Die Tamerlanhöhe bietet eine wunderbar aussichtsreiche Überschreitung für trittsichere Wanderer, die auch einen längeren Anmarsch nicht scheuen. Da verläuft der Steig eine ganze Weile in unmittelbarer Kammnähe.

Als anderes Kaliber ist mir der felsige Eggenkofel in Erinnerung. Zwei getrennte Normalrouten leiten auf Haupt- und Westgipfel, was den passionierten Bergsteiger unweigerlich mit dem Gedanken spielen lässt, diese zu kombinieren und mit einer pfiffigen Gratkletterei zu krönen. Ein stabiler, farbenprächtiger Oktobertag sieht mich also beim Zustieg Richtung Kircher Almen, wo ich in völlig harmlosem Gelände noch ganz in Muße die traumhafte Stimmung genieße. Hinauf zum Eggenkofel-Hauptgipfel wird es zwischen grimmigen Schrofenrinnen erstmals etwas knifflig, dabei ist das erst das »Warm-up«. Nach einer obligatorischen Gipfelstunde beginnt das eigentliche Abenteuer, denn mit einer Markierung darf ich nun nicht mehr rechnen, was den eigenen Routeninstinkt herausfordert. Wegen des brüchigen Hauptdolomits, weiß der Kenner, sollte man so weit wie möglich der Schneide folgen. Trotzdem werden – wo diese sich allzu schmal und ausgesetzt präsentiert – einige geschickte Ausweichmanöver nötig, denn über einen »Zweier« soll die Angelegenheit für meinen Geschmack hier nicht hinausgehen. Nach einer anregenden Kraxelstunde, die im Nachhinein gern als »lustig-luftig« verklärt wird, aber tatsächlich ein Grundgefühl wie bei manch zünftiger Karwendeltour hervorzaubert, stehe ich glückselig am Westgipfel und lasse die Unternehmung über das Steinrastl Richtung Untertilliach zu einer geschlossenen Runde ausklingen. Reminiszenzen an einen perfekten Bergtag …

GRENZGÄNGE AM KARNISCHEN HAUPTKAMM

Verglichen mit der nördlichen Talseite bietet der Karnische Hauptkamm gegenüber insgesamt ein noch wesentlich umfangreicheres Tourenpotenzial. Zwischen dem Weiler Hollbruck und der Kärntner Grenze bei Untertilliach schlie-

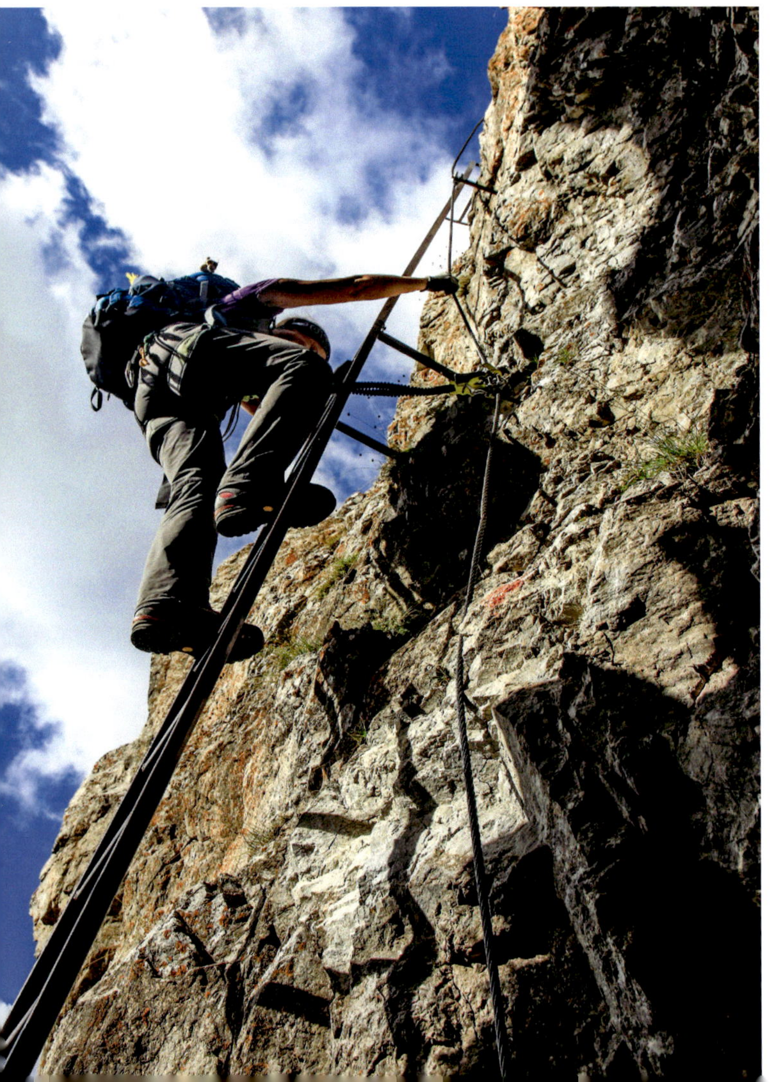

Alte Kriegspfade wie der Sentiero Corrado D'Ambros sind zu pfiffigen Klettersteigen umfunktioniert worden.

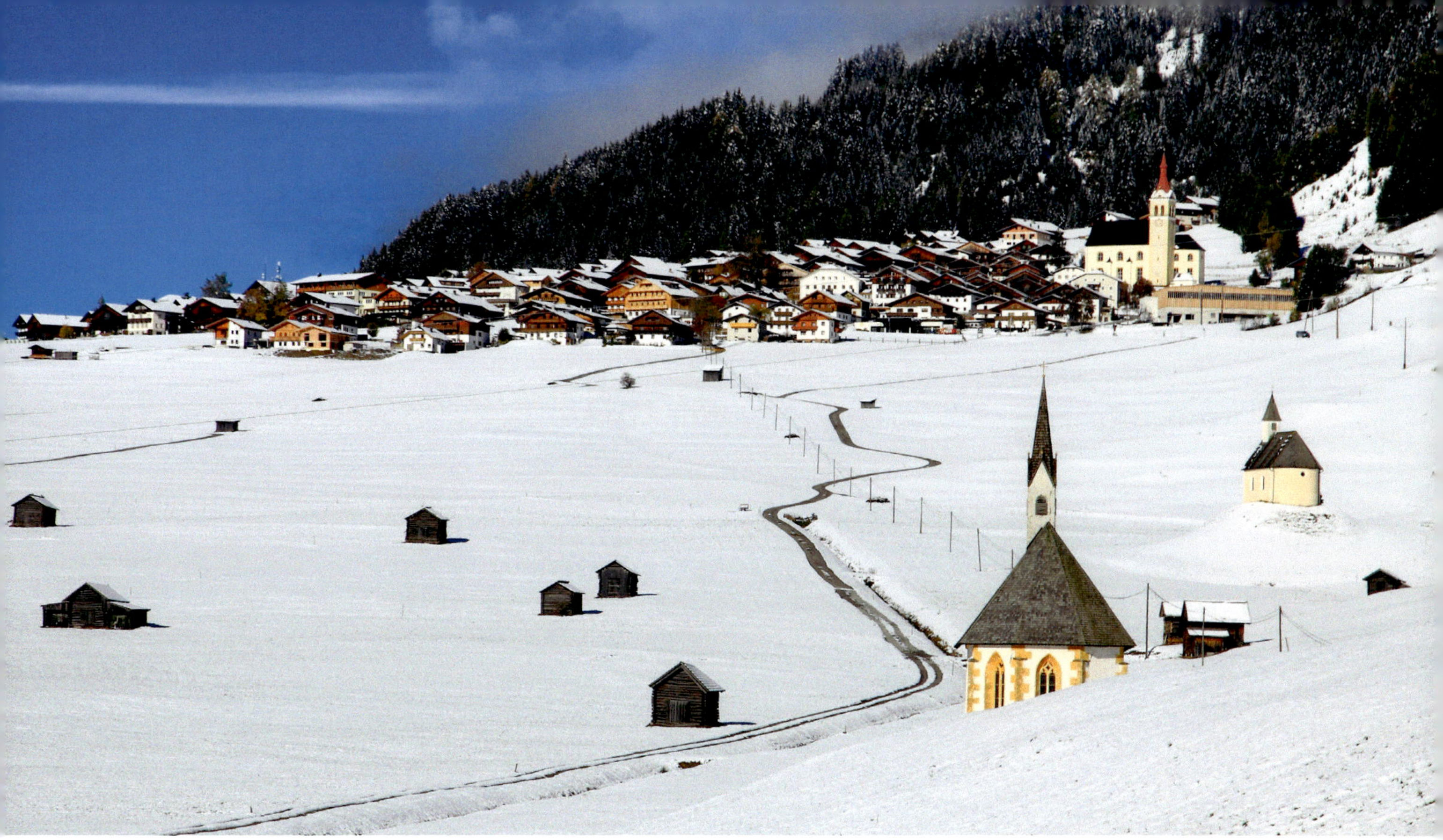

Die Wiesenlandschaft bei Obertilliach im Wandel der Jahreszeiten. Eng schmiegen sich die Häuser an den oberen Rand der Mösern, über die viele Stadel und zwei Kapellen verstreut liegen.

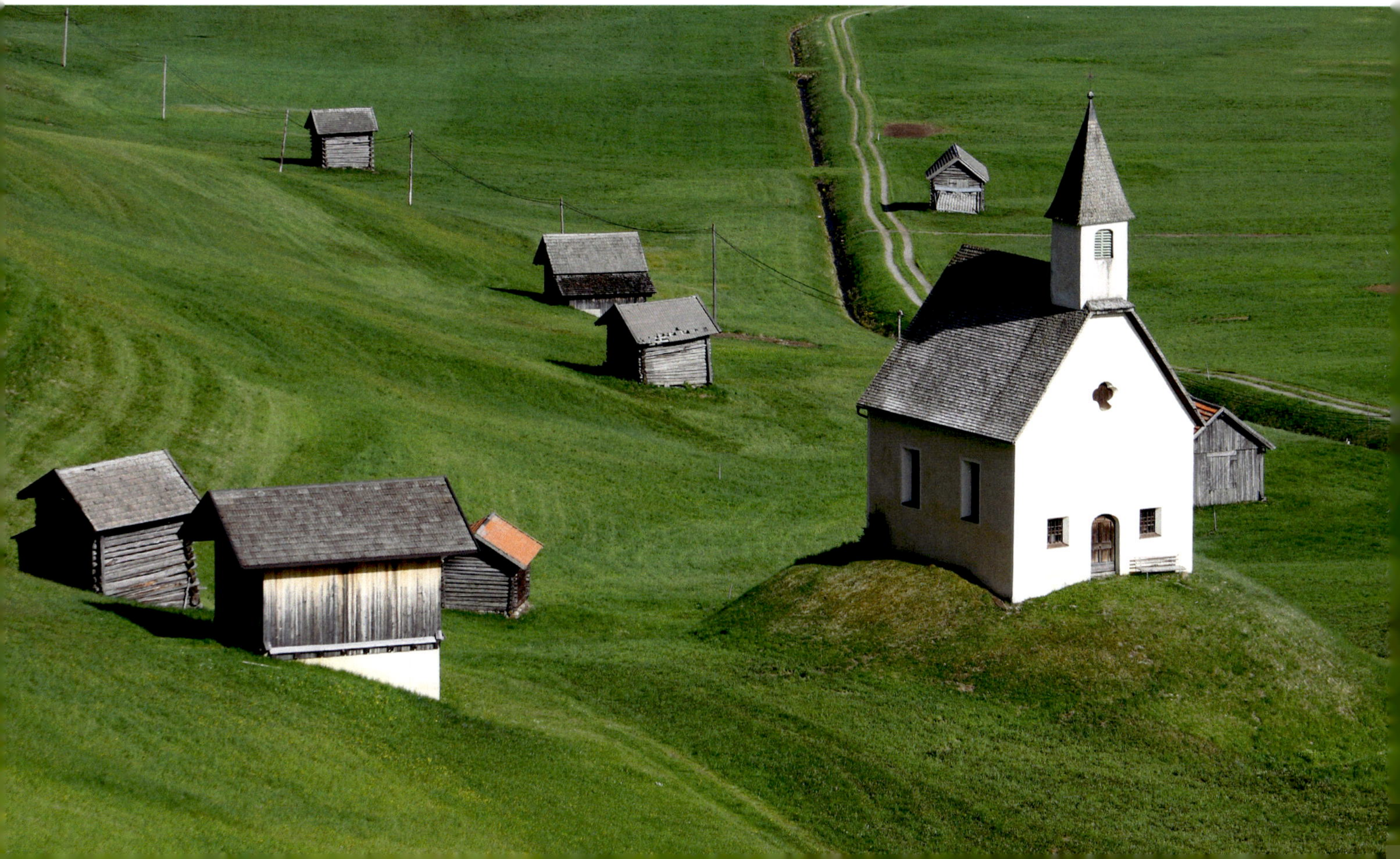

ßen nicht weniger als zehn Seitentäler dorthin auf, meist gesäumt von dichten, dunklen Wäldern. Den trennenden Rücken sitzen immer wieder lohnende Aussichtswarten auf. Ob man nun durchs Winkler Tal die Gatterspitze besteigt, vom Kartitscher Sattel Öfenspitze und Hochegg, vom Biathlonzentrum bei Obertilliach den Hohen Bösring aufs Programm setzt oder vielleicht das Spitzköfele aus dem Dorfertal – man wird stets in stiller Umgebung wandern und eher Begegnungen mit der heimischen Fauna haben als mit anderen Wanderern. Auch im Winter bleiben dies einsame Ziele, während im Hochtal selbst die Freunde des Langlaufsports auf den Plan treten. Die Grenzlandloipe beispielsweise zählt zu den beliebtesten Strecken weit und breit.

Direkt am Hauptkamm stehen einige Gipfel, die deutlich spektakulärer wirken respektive durch den Karnischen Höhenweg an Bedeutung gewonnen haben. Überaus reizvoll ist der Übergang zwischen Sillianer und Obstan-

Beim Aufstieg zum Eisenreich spannt sich ein großartiges Panorama auf. Quer durchs Bild zieht das grüne Pustertal; den Horizont bilden die Hohen Tauern.

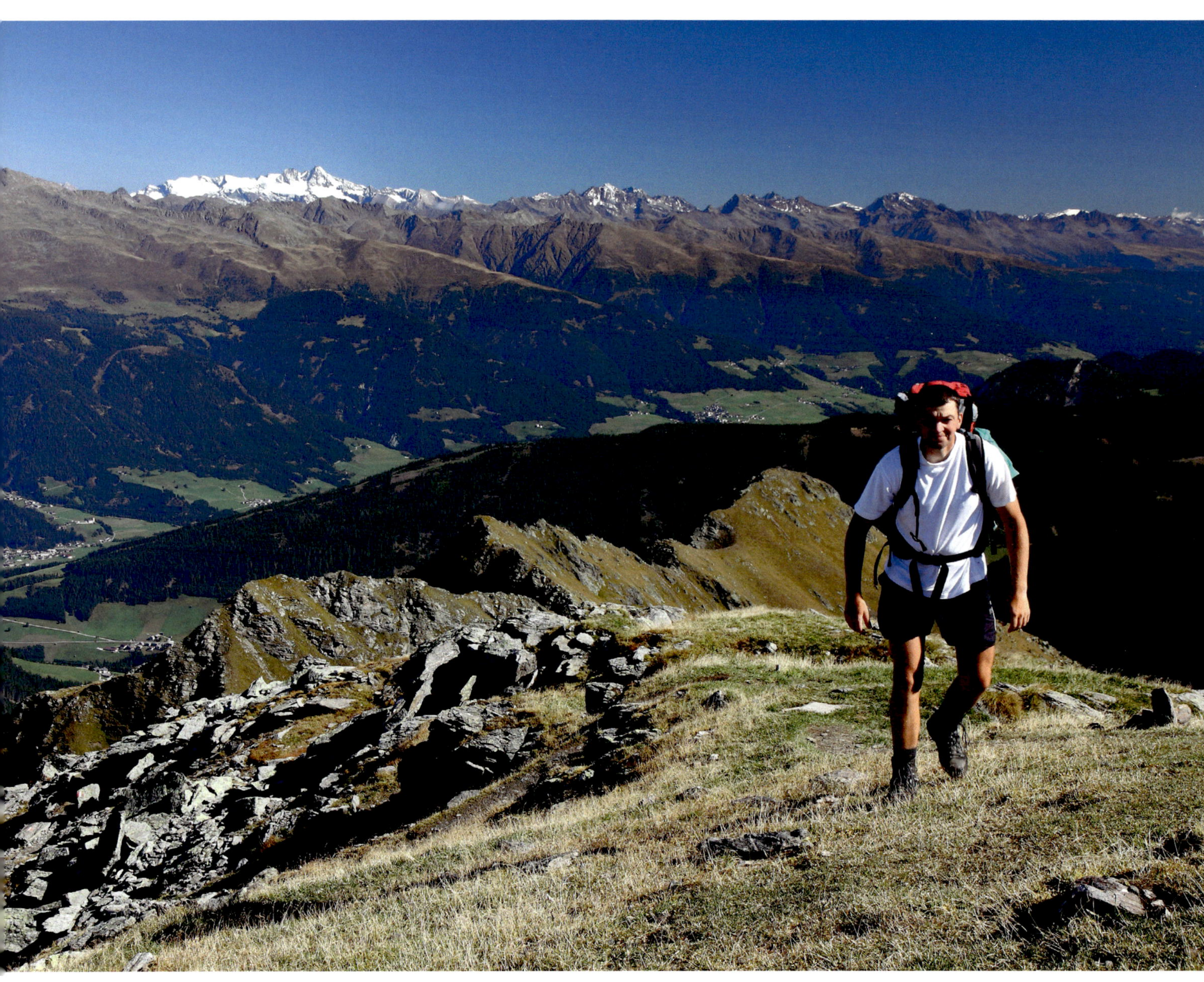

serseehütte, wo Hornischegg, Hollbrucker Spitze, Demut, Schöntalhöhe und Eisenreich quasi direkt am Weg liegen. Und im Süden beflügelt uns immer wieder die Traumkulisse der Sextener Dolomiten.

An der Pfannspitze erreicht der Karnische Höhenweg nominell seinen höchsten Punkt – ein Ziel, das sehr lohnend auch in einer Tagestour von Kartitsch aus erreicht werden kann. Zuerst folgt man dem üblichen Hüttenzugang durchs Winkler Tal zum Boden bei der Prinz-Heinrich-Kapelle, wo es sommers in allen erdenklichen Farben blüht und die Almwiesen noch mit der Sense gemäht werden. Eine Etage höher empfängt uns die Hütte am Obstansersee, ein bezauberndes Kleinod, das vielen Wanderern bereits als Ziel genügt. Nur die Tüchtigen treibt es noch weiter, um von der Pfannspitze am Grenzkamm weite Umschau zu halten: in die inneralpinen Regionen Osttirols und Kärntens einerseits sowie in die wilde »Terra incognita« des Friaul andererseits.

Auf der anderen Seite des Karnischen Hauptkamms regiert der schroffe Fels der Sextner Dolomiten – ein fantastischer Kontrast.

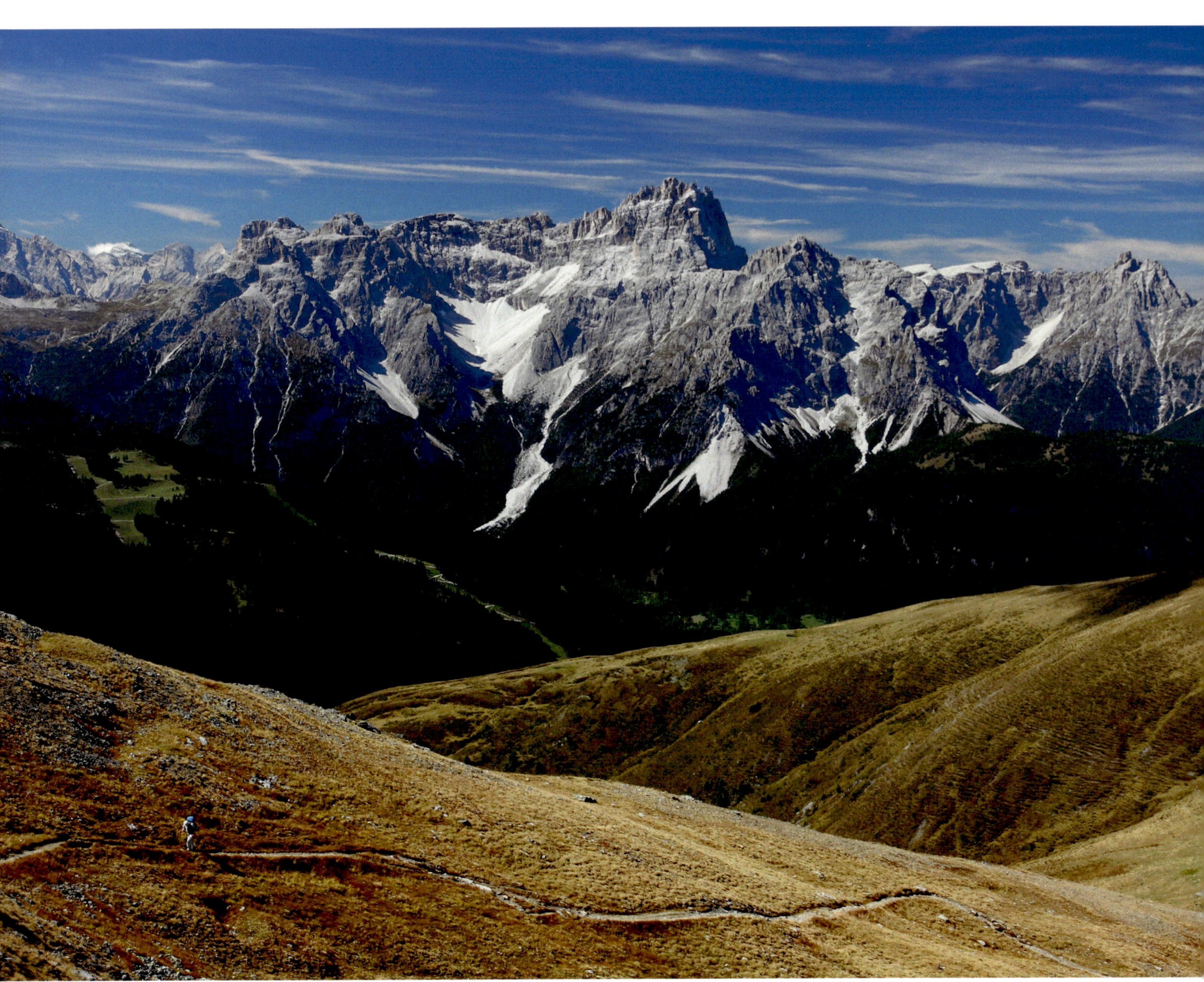

STACHELDRAHT UND EISENWEGE

Ein Stück weiter östlich baut sich recht mächtig die Große Kinigat im Verbund mit der aus manchen Perspektiven besonders kühn wirkenden Königswand auf. Als Symbol der Völkerverständigung sowie als Mahnmal für die Schrecken der Kriege trägt die Große Kinigat das sogenannte Europakreuz. Seit dem Bau eines Klettersteiges über die Nordseite ist sie bergsteigerisch noch interessanter. Diese Route muss allerdings als sehr knackig eingestuft werden, leitet sie doch mehrfach in die Vertikale, bei nicht gerade üppigen Tritten. Als normaler Schrofenkraxler kann man der Kinigat freilich auch über den Normalweg zu Leibe rücken – eine gesicherte Diagonalrampe bildet dabei den Schlüssel zum Erfolg.

Gleich zwei Klettersteige trägt jener massige Berg, der von Obertilliach aus gesehen über dem Dorfer Talschluss aufragt: die Porze. Hier kommt auch ein trittsicherer und schwindelfreier Bergwanderer in den Genuss einer Felstour, denn die gesicherten Passagen am Sentiero attrezzato Palombino sowie am Austriaweg sind nicht allzu schwierig. Jene Routen stammen noch aus dem Krieg, ebenso wie der Sentiero attrezzato Corrado D'Ambros, der als spannender Gratsteig die Porzescharte mit dem Filmoorsattel verbindet. Bei dieser Gelegenheit kehre ich immer besonders gern in der Filmoor-Standschützenhütte ein. Sie ist so ein kleines, bescheidenes Bergnest geblieben, trumpft aber kulinarisch ganz groß auf. Lassen Sie sich doch einfach mal davon verführen …

Mit ihrer Felsfront gilt die Porze als stattlichster Hausberg von Obertilliach. Hier spiegelt sie sich in einem kleinen See am Tilliacher Joch.

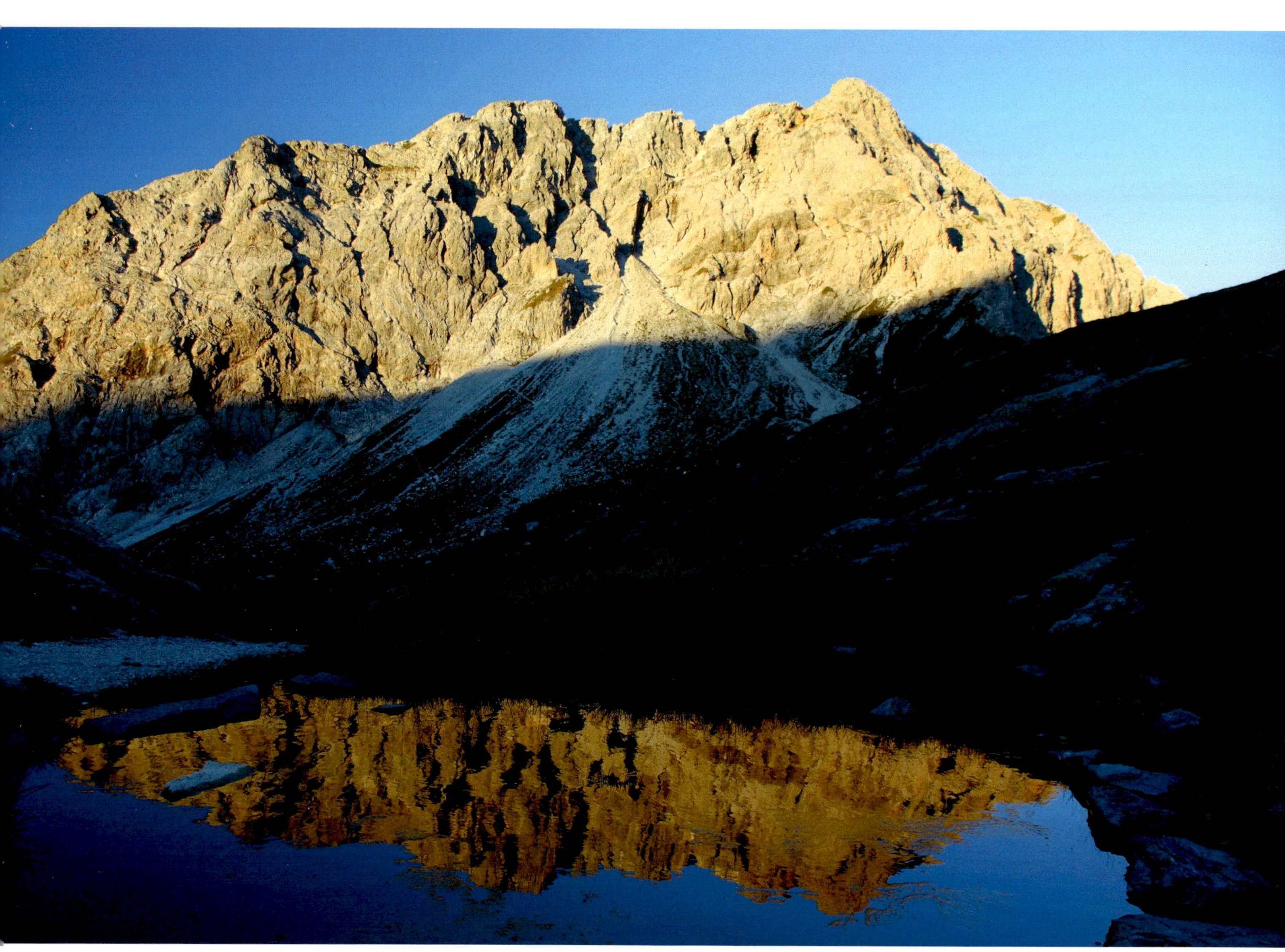

WEITWANDERWEGE

Das Tiroler Gailtal wird – wie auch das angrenzende Lesachtal – von zwei großen Höhenwegen begleitet. Einigen Ruhm und Bekanntheitsgrad hat in den vergangenen Jahren der auch als Friedensweg bezeichnete Karnische Höhenweg erlangt. Er folgt zwischen Sillian und Thörl-Maglern über mehr als 100 Kilometer dem Grenzkamm der Karnischen Alpen und profitiert von der Restaurierung ehemaliger Frontsteige, die hier während des Ersten Weltkriegs entstanden sind. In schroffen Bereichen wird auch durchaus mal auf die italienische Seite ausgewichen, was erst seit der politischen Entspannung in einem vereinten Europa möglich geworden ist. Landschaftlich gilt der Karnische Höhenweg als herausragend schöne Tour, vor allem die hochalpine Westhälfte zwischen Sillian und Plöcken. Auf Osttiroler Boden werden Sillianer Hütte, Obstanserseehütte, Filmoor-Standschützenhütte und Porzehütte miteinander verbunden, ehe es beim Übergang Richtung Hochweißsteinhaus bald auf Kärntner Boden und damit parallel zum Lesachtal weitergeht. Der Karnische Höhenweg ist übrigens in die alpenumspannende Via Alpina sowie in den Österreichischen Weitwanderweg 03 integriert.

Mit dem Gailtaler Höhenweg ist quasi das nördliche Pendant geschaffen worden. Vielfach bewegt man sich entlang alter Alm- und Hirtensteige; das mitunter zerschnittene Relief erlaubt jedoch nicht jene ideale Routenführung wie am Karnischen Höhenweg. Außerdem gibt es hier keine Abfolge von Berghütten, die sich wie an einer Perlenschnur aufreihen, weshalb die »Logistik« komplizierter erscheint. Für den Bereich des Tiroler Gailtals ist aber folgende zweitägige Unternehmung praktikabel: von St. Oswald über Dorfberg und Golzentipp bis zur Connyalm und nach einer Übernachtung weiter Richtung Kofelspitz und Tamerlanhöhe, mit finalem Abstieg nach Untertilliach.

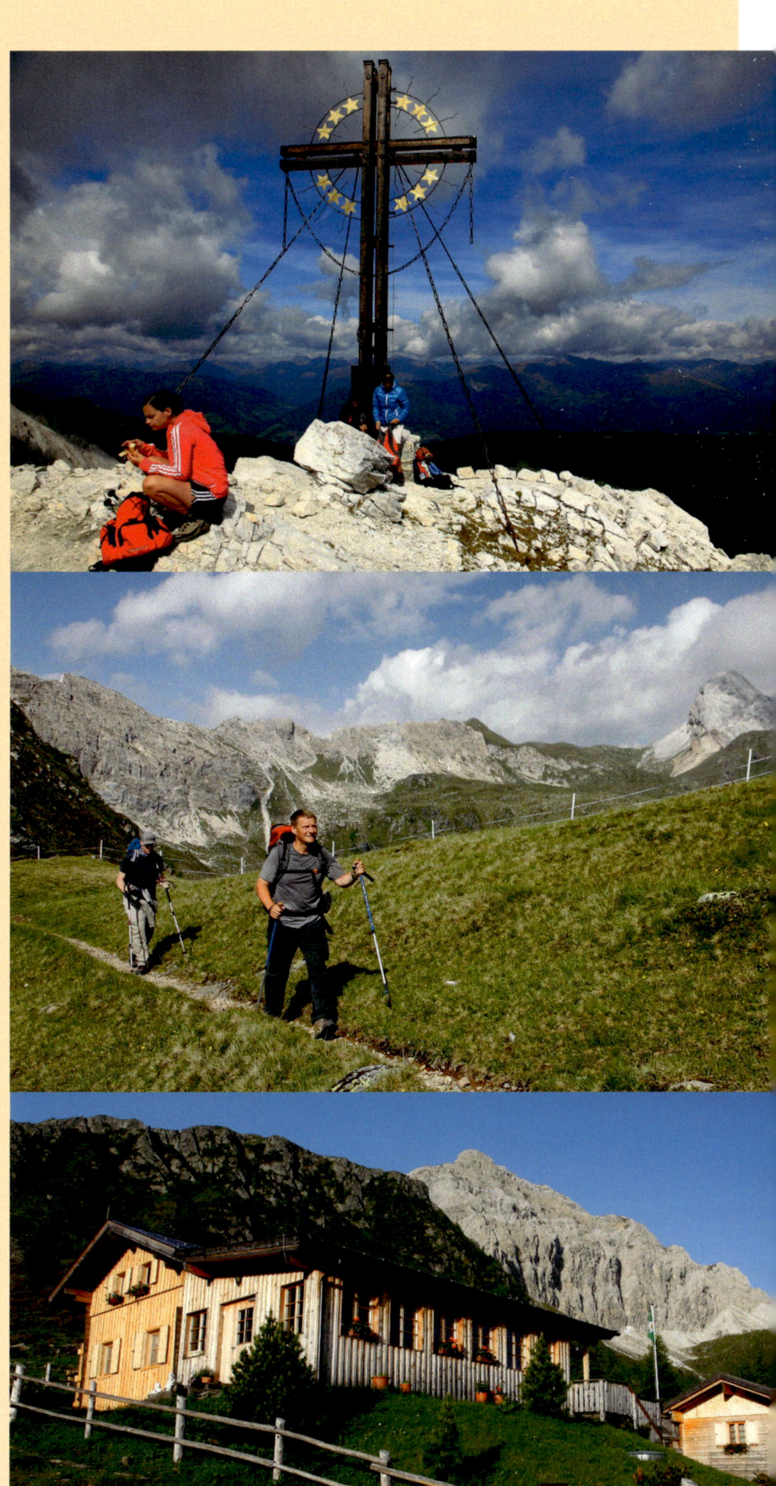

Eine Begehung des Karnischen Höhenweges ist zweifellos die ideale Möglichkeit, dieses Gebirge intensiv kennenzulernen. Unterwegs schläft man unter anderem in der Porzehütte (unten), wandert auf idyllischen Pfaden wie am Heretriegel (Mitte) und unternimmt je nach Lust und Laune auch einen Abstecher auf die Große Kinigat (oben), wo das große Europakreuz sowohl nach Osttirol als auch ins italienische Friaul grüßt.

TIROLER GAILTAL

Lage: Die Gemeinden Kartitsch (1353 m), Obertilliach (1450 m) und Untertilliach (1235 m) bilden gemeinsam die südlichste Talschaft Osttirols. Hinter der Barriere des Karnischen Hauptkamms liegt bereits Italien. Die Bevölkerung umfasst rund 1800 Menschen.

Anreise: Auf der Tauern-Autobahn (A10) bis Ausfahrt Spittal-Millstätter See, anschließend über die B100 via Lienz bis Tassenbach und von dort über die B111 ins Tiroler Gailtal. Aus westlicheren Bereichen kann man auch über den Felbertauern oder über den Brenner und das Südtiroler Pustertal nach Osttirol anreisen.

Öffentliche Verkehrsmittel: Nächstgelegener Bahnhof ist Tassenbach im Pustertal zwischen Lienz und Südtirol. Von dort verkehrt eine Postbuslinie ins Tiroler Gailtal.

Informationsbüro: Tourismusinformation Kartitsch, Nr. 80, A-9941 Kartitsch, Tel. +43/(0)50/212350. Tourismusinformation Obertilliach, Dorf 4, A-9942 Obertilliach, Tel. +43/(0)50/212360, www.osttirol.com/regionen/hochpustertal.

Hütten: Sillianer Hütte (2447 m), ÖAV, Mitte Juni bis Ende September/Anfang Oktober, 47 Schlafplätze, Tel. +43/(0)664/5323803. Obstanserseehütte (2304 m), ÖAV, Mitte/Ende Juni bis Ende September, 62 Schlafplätze, Tel. +43/(0)4848/5422. Filmoor-Standschützenhütte (2350 m), ÖAV, Mitte Juni bis Anfang Oktober, 14 Schlafplätze, Tel. +43/(0)664/1127153 (nur SMS). Porzehütte (1942 m), ÖAV, Mitte Juni bis Ende September, 64 Schlafplätze, Tel. +43/(0)664/3256452.

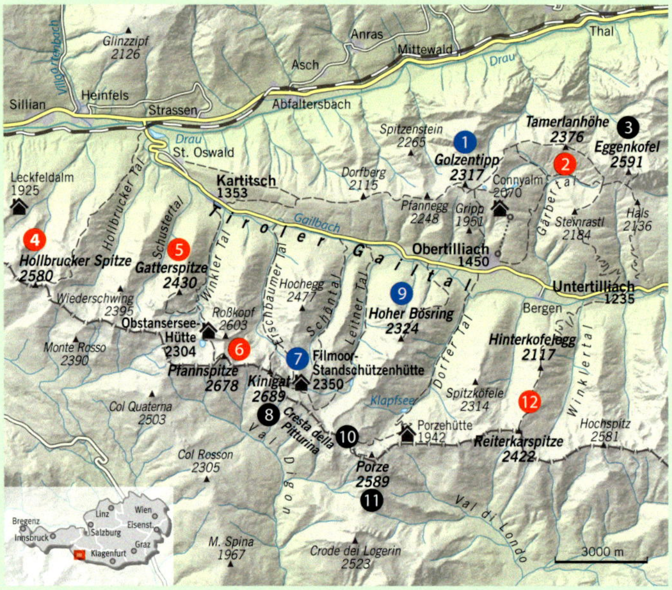

Karten: Freytag & Berndt, 1:50.000, Blatt 182. Kompass, 1:50.000, Blatt 47 oder 58. Österreichische Karte, 1:50.000, Blätter 3108 und 3109.

Touren-Highlights

1 Golzentipp (2317 m)
Obertilliacher Hausberg, der als leicht erreichbarer Logenplatz gilt. Mit Seilbahnunterstützung von der Connyalm nur 1 Std. Stillere Wege von Obertilliach über den Gripp oder in schöner Kammwanderung vom Dorfberg (2115 m) her.

2 Tamerlanhöhe (2376 m)
Variantenreiche Überschreitung, die man im Bergweiler Rals bei Obertilliach startet. Auf der Forststraße durchs Gärbertal bis zur Ochsengartenalm, dann rechts hinauf zum Gumpedall (hierher auch schöner von Bergen übers Steinrastl). Kernstück ist die Kammstrecke über den Gipfel bis zum Gontrunsattel, von wo man wieder ins Gärbertal absteigt. Aufstieg 4 Std., insgesamt 6½ Std.

3 Eggenkofel (2591 m)
Stattlicher Gipfel im Westteil der Lienzer Dolomiten mit zwei bezeichneten, aber schon recht anspruchsvollen Normalwegen (Zufahrt jeweils von Untertilliach): einerseits von Kirchberg über Kircher Almen und Hals auf den Hauptgipfel (Stellen I), andererseits von Klammberg via Steinrastl und Gumpedall auf den Westgipfel (2573 m); 3½ bis 4 Std. im Aufstieg. Für erfahrene Bergsteiger ist die Gratüberschreitung (Stellen II) nach freier Geländebeurteilung interessant.

4 Hollbrucker Spitze (2580 m)
Gipfeltour im westlichsten Abschnitt des Karnischen Hauptkammes. Von Hollbruck durchs gleichnamige Tal 3½ Std., reizvoller aber langwieriger auch über den Innerkofler-Höhenweg. Kann außerdem mit einem Besuch der Sillianer Hütte verbunden werden.

5 Gatterspitze (2430 m)

Schöner Aussichtsberg über dem Winkler Tal bei Kartitsch. Aufstieg über Prinz-Heinrich-Kapelle, Vorderalm und zuletzt von Südwesten recht steil gipfelwärts, 3 Std.

6 Obstanserseehütte (2304 m) – Pfannspitze (2678 m)

Ebenfalls von Kartitsch durchs Winkler Tal erreichbare beliebte Wanderziele. Bis zum Obstansersee moderate Anforderungen bei knapp 3 Std. Aufstieg; auf die Pfannspitze Trittsicherheit erforderlich, insgesamt 4 Std.

7 Filmoor-Standschützenhütte (2350 m)

Kleine, urige Hütte mit originellem Speisenangebot, wird am Karnischen Höhenweg meist als Durchgangsstation genutzt. Die Zugänge durch Leitertal, Schöntal und Erschbaumer Tal können beliebig kombiniert werden. Im Aufstieg jeweils 3 bis 4 Std., letztgenannter ist der längste.

8 Große Kinigat (2689 m)

Höchster Gipfel im Umkreis des Tiroler Gailtals, der sich als kompakter Kalkstock präsentiert. Die am Gipfelaufbau stellenweise gesicherte Normalroute setzt am Karnischen Höhenweg auf italienischer Seite an und wird am besten über die Filmoor-Standschützenhütte erreicht, von dort 1¼ Std. Wesentlich schwieriger ist der ausgesetzte Klettersteig auf der Nordostseite, wo es an einem steilen Pfeiler oft über plattigen Fels emporgeht. Einstufung Grad D, zudem ziemlich lang und bei Nässe heikel, daher nur für echte Klettersteigprofis.

9 Hoher Bösring (2324 m)

Lohnender Aussichtspunkt in einem Seitenkamm des Karnischen Hauptkamms südwestlich von Obertilliach. Vom Biathlonzentrum auf unschwierigen Wegen durch Wald und über den freien Nordostrücken in 2¾ Std. zu erreichen.

10 Sentiero attrezzato Corrado D'Ambros

Abwechslungsreicher Gratklettersteig an der Cresta della Pitturina, maximale Schwierigkeit B/C, dazwischen Gehgelände. Zustieg am besten vom Klapfsee (Zufahrt gestattet) über die Porzescharte, eventuell mit Abstecher zum Wildkarleck (2532 m). Rückweg über die Standschützenhütte und den Heretriegel, insgesamt 7 Std.

11 Porze (2589 m)

Beherrschender Berg über dem Dorfer Tal bei Obertilliach, kriegshistorisch bedeutsam, mit zwei gesicherten ehemaligen Frontsteigen (A/B), die eine ideale Überschreitung erlauben. Vom Klapfsee rasch zur Porzehütte, weiter über Tilliacher Joch und Sentiero Palombino in 3½ Std. zum Gipfel. Abstieg über den Austriaweg zur Porzescharte und weiter talwärts, 2½ Std.

12 Hinterkofelegg – Reiterkarspitze (2422 m)

Lange Kammwanderung zu einem Gipfel am Grenzkamm. Von Hopfgarten zwischen Ober- und Untertilliach über Sangeralm, Hinterkofelegg, Hütlahnerkogel und zuletzt am Nordostgrat zur Reiterkarspitze, 4 Std. Der Rückweg kann durchs Winklertal gewählt werden.

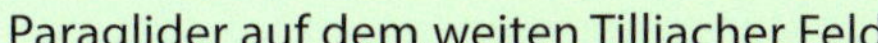

Paraglider auf dem weiten Tilliacher Feld

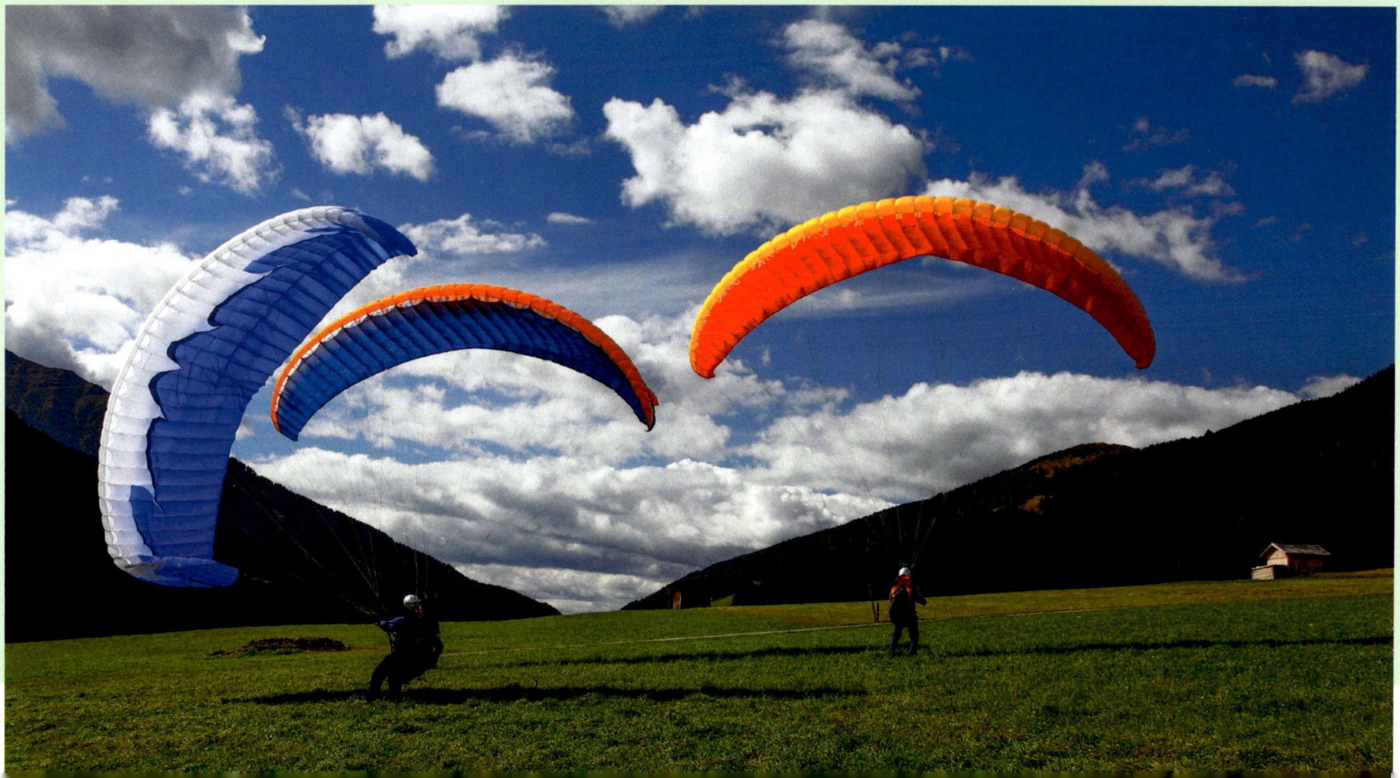

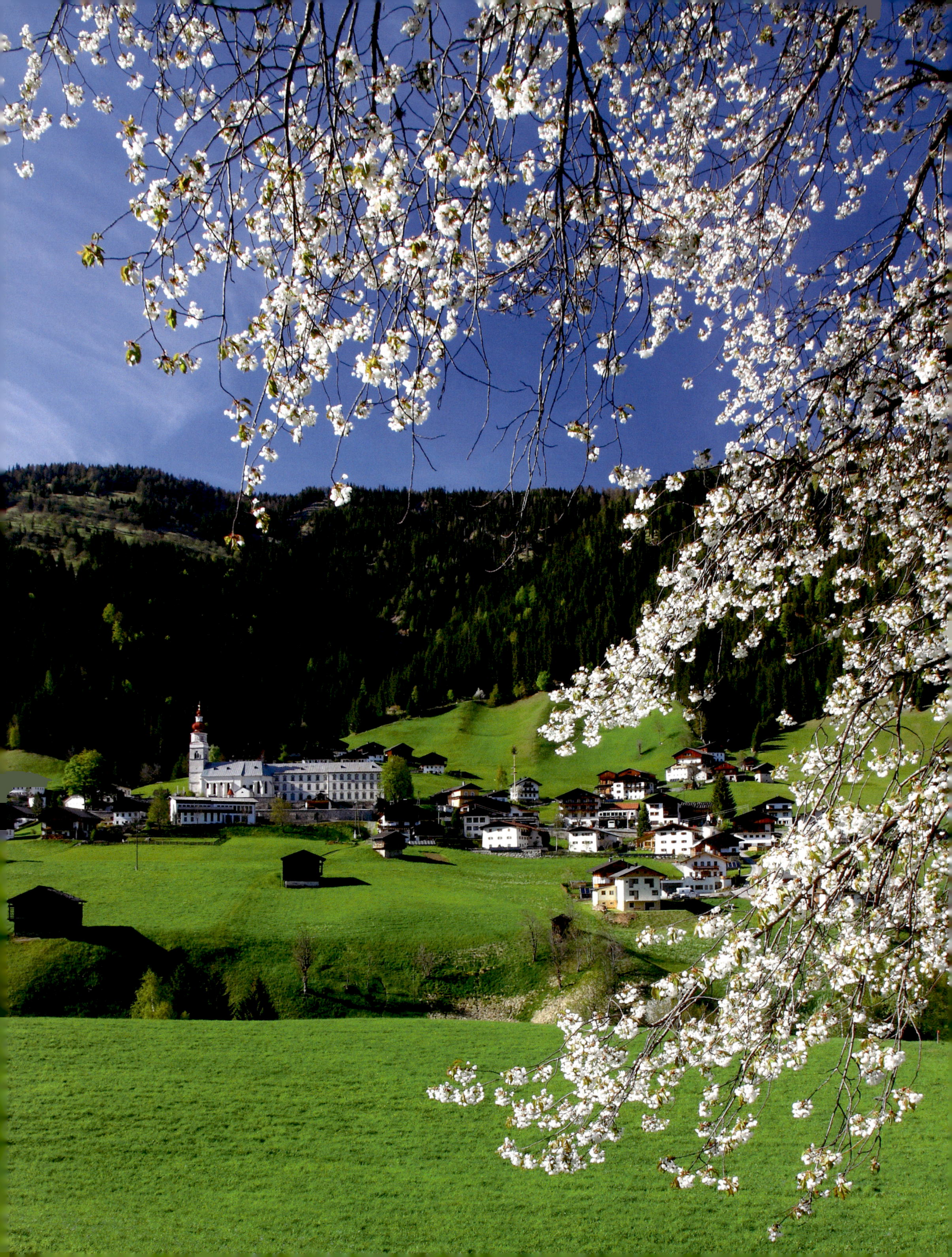

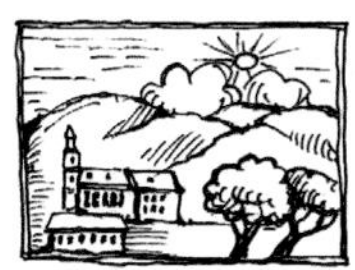

DAS LESACHTAL

Als natürliche Fortsetzung des Tiroler Gailtals auf Kärntner Boden begleitet das Lesachtal die tief eingefräste Gail vom Wallfahrtsort Maria Luggau bis gegen Kötschach-Mauthen hin. Es wirkt so urtümlich, dass es vom Magazin »Die Zeit« als das naturbelassenste Tal Europas bezeichnet und seitens der Naturfreunde zur »Landschaft des Jahres« gekürt wurde. Manche sprechen auch vom »Kärntner Extrastüberl«, das in schneereichen Wintern immer mal wieder von der Außenwelt abgeschnitten ist. Selbstbewusst eigenständig, aber nicht rückständig präsentiert sich das Lesachtal.

Vom Lesachtal darf man schon ein wenig schwärmen. Das war bereits des Öfteren zu vernehmen, wenn ich mit anderen Wanderern ins Gespräch gekommen bin und sich die Plauderei zu einer gedanklichen Reise landauf, landab entwickelt hat. Wer sich in diesen südlichen Winkel Österreichs »verirrt«, schwelgt in einem Gefüge, dem man zur Vollkommenheit nichts wegnehmen, vor allem aber nichts hinzufügen dürfte. Althergebrachtes Bergbauerntum und sanfter Tourismus bilden ein ausgewogenes Verhältnis und gehen im Idealfall sogar Hand in Hand, wenn dem Gast die veredelten regionalen Produkte – vom Bauernbrot über das Lammfleisch bis zum Schnaps-Sortiment – kredenzt werden. »Bio« ist hier weniger ein werbewirksames Schlagwort als eine bereits seit geraumer Zeit gelebte Tradition.

Wo sich die Sohle der wild schäumenden Gail tief in den Untergrund eingeschnitten hat, bleiben für die Dörfer nur die mehr oder weniger steilen, schmalen Hangterrassen. Bevorzugt kleben sie natürlich auf der Sonnseite, wo Maria Luggau, St. Lorenzen, Liesing und Birnbaum am meisten von der Milde in einem eigentlich eher rauen Gebirgsklima einfangen können. Dazwischen gesellen sich zahlreiche Weiler und Einschichten, einige wie Frohn, Ober- und Niedergail, Nostra und Wodmaier auch gegenüber an den Abhängen des Karnischen Hauptkamms, wo die Sonnenausbeute speziell zur Winterszeit wesentlich spärlicher ausfällt. Ziemlich schneesicher ist das Lesachtal sowieso, da normalerweise ein paarmal pro Saison ein Adriatief seine weiße Pracht in üppiger Form fallen lässt. Sommers kann es den Wanderer bei Südwindlagen allerdings mit heftigen Gewitterregen treffen, doch die Gegend gilt als ebenso sonnenschein- wie niederschlagsreich, was nur auf den ersten Blick widersprüchlich wirkt, tatsächlich aber mit der Verquickung von mediterranen, kontinentalen und alpinen Klimaeinflüssen zu tun hat.

Im oberen Lesachtal liegt der bekannte Wallfahrtsort Maria Luggau. Auch die Umgebung des Dorfes ist landschaftlich sehr reizvoll.

72 GRÄBEN, 100 MÜHLEN

Das ursprünglich slawisch besiedelte und im Mittelalter allmählich germanisierte Lesachtal bettet sich wie das Tiroler Gailtal also zwischen die Gebirgszüge der Karnischen und Gailtaler Alpen, die ihm als Schatt- und Sonnseite zwei unterschiedliche Gesichter verleihen. Auch die angeblich 72 Seitengräben (ich habe sie nicht nachgezählt, halte die Zahl im Angesicht der Topographie aber für glaubwürdig), die allesamt in die Gail münden, drücken dem Relief ihren Stempel auf. Sie erschwerten seit jeher die Bewirtschaftung, erlaubten andererseits aber auch den Betrieb zahlloser

Mühlen, weshalb man früher oft vom »Tal der 100 Mühlen« sprach. Heute klappern nur noch einige wenige zu historischen Schauzwecken. Ebenso überholt ist die mühevolle und gefährliche Holztrift in der Gail, die wegen des schwierigen Abtransports auf engen, windungsreichen Straßen bis 1967 gang und gäbe war. Da kamen manchmal bis zu 30.000 Festmeter jährlich zusammen; sogar Venedig bezog einst widerstandsfähiges Bauholz aus dem Lesachtal. Mittlerweile ist die Talstraße zwar wesentlich besser ausgebaut, dennoch durchfährt man eine endlose Abfolge von Kurven. Bevor einem schwindlig wird, sollte man besser aussteigen und die Wanderschuhe schnüren …

Auf der Seite der Gailtaler Alpen erheben sich eine Reihe wenig spektakulärer, meist stumpfer Berge, die jedoch allesamt vorzügliche Aussichtswarten darstellen. Beispielsweise der Riebenkofel oder der Lumkofel. Häufig schon im Mai, spätestens im Juni verschwindet der Schnee aus den sonnenzugewandten Flanken. Mich lockt heute eine Überschreitung des Lumkofels, die beim abgelegenen Parkplatz der Lesachtaler Abenteuer- und Walderlebniswelt beginnt. Die »spritzige« Begehung des Klettersteigs durch die Millnatzenklamm hebe ich mir für einen späteren Besuch mit leichterem Rucksack auf, stattdessen erfahre ich am Lehrpfad gleich einmal etwas über die Ökosysteme des Bergwalds und lande bald darauf in einem ziemlich verwachsenen Tobel. »Wilder Weg« wäre vielleicht zu viel gesagt, aber nachdem auch beim späteren Abstieg über den grasigen Südhang nur spärliche Pfadspuren auftauchen, bin ich doch überrascht, dass der Lumkofel offensichtlich nicht häufiger besucht wird. Immerhin bietet er eine wirklich klasse Aussicht auf den gesamten Karnischen Hauptkamm sowie nordwärts in das Felsenreich der Lienzer Dolomiten.

Vom Ambiente ganz ähnlich, wandertechnisch ein wenig moderater, läuft die Tour über den Schatzbichel ab. Dabei führt der Aufstieg über die ausgedehnten Bergwiesen der Mussen, die oberhalb der Waldgrenze das reinste Blumenparadies offenbaren. Momentan zeigen sich bloß die Krokusse – ich bin wohl die eine oder andere Woche zu früh dran. Botanikexperten können in diesem Naturschutzgebiet Hunderte verschiedener Pflanzenarten entdecken, unter anderem die Paradieslilie, die der Mussen das Prädikat »Blumenberg Kärntens« eingetragen hat. Wer indes eher das sportive Element beim Berggehen schätzt, der kann sich vom alten Tuffbad aus zur teilweise klettersteigartig ausgebauten Überschreitung der Weittalspitze aufmachen – oder natürlich in Richtung Karnischer Hauptkamm, wo ein paar besondere Berggesellen aufragen …

RUND UM DEN HOCHWEISSSTEIN

Wie schon im Kapitel über das Tiroler Gailtal dargelegt, folgt der Karnische Kamm trotz seines komplizierten geologischen Aufbaus einer ziemlich regelmäßigen Struktur, die ihn gen Norden immer wieder in kurzen Seitenkämmen abstreichen lässt. Diese tragen über dem Kärntner Lesachtal so reizvolle Aussichtspunkte wie Sonnstein, Gamskofel, Mittagskofel, Runseck und Plenge. Letztgenannte ist dabei schon ein ziemlich stattliches Massiv, das bergsteigerisch nicht auf die leichte Schulter genommen werden sollte. Der übliche Weg führt vom Weiler Wodmaier über die Herrenstiege, durch nordseitige Karflecken und schließlich in großem Bogen von Südwesten gipfelwärts. So eindrucksvoll die Plenge aus der Talperspektive erscheint, so stark ist auch die Aussicht von oben – der isolierten Lage sei Dank.

Die eigentlichen alpinen Aushängeschilder stehen freilich als Breitwandkulisse im Hintergrund. Eines von ihnen ist der massige Hochweißstein, italienisch Monte Peralba geheißen. Wer es bis obenhin schafft, wahlweise über den Normalweg vom Hochweißsteinhaus oder über die nicht allzu schwierige Via ferrata Sartor und am schönsten natürlich in Kombination beider Routen, darf die Friedensglocke läuten und eine kleine Marmor-Madonna berühren, wie es einst schon Papst Johannes Paul II. tat. Klettersteigfreaks werden bei diesem Antrittsbesuch gleich noch ein Auge auf den benachbarten Monte Chiadenis werfen. Nicht ganz so mächtig wirkt dieser, dafür aber profilierter und irgendwie »dolomitischer«, was sich durchaus auch im Anspruch einer Besteigung äußert. Am Chiadenis darf richtig hingelangt werden.

Das ist auch auf der abwechslungsreichen Kammtour über Raudenspitze und Steinwand der Fall – für meinen Geschmack der »Geheimtipp« im Umkreis des beliebten Hochweißsteinhauses! Kein Kalk oder Dolomit aus dem

Ein Wanderer im Abstieg vom Öfner Joch. In Kürze wird er das Hochweißsteinhaus erreicht haben und sich über eine deftige Jause freuen.

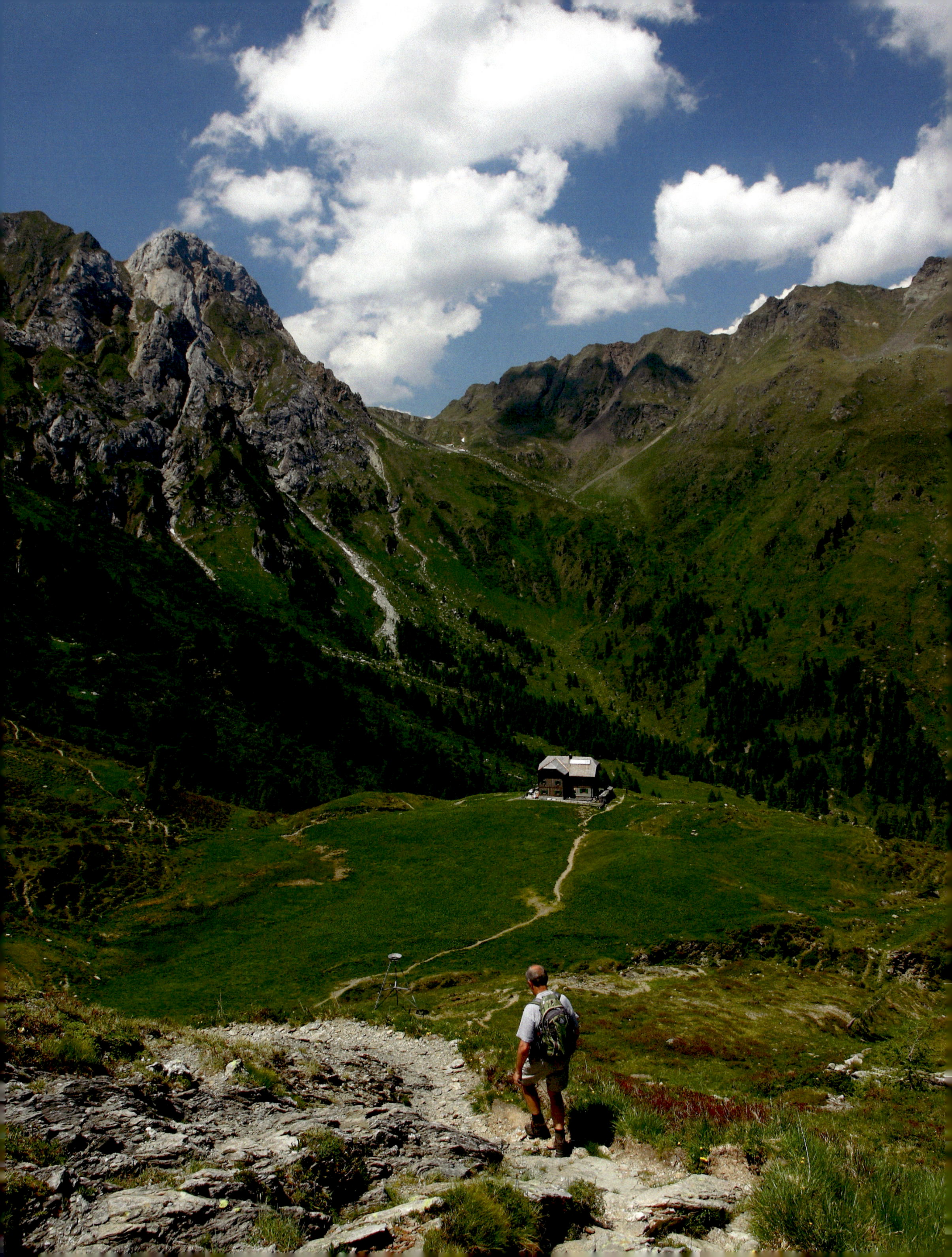

Mesozoikum (Erdmittelalter) bestimmt hier die geologische Situation, sondern über 400 Millionen Jahre alte paläozoische Gesteine, was man den Verwitterungsformen zuweilen ansieht. Da muss man schon ein ziemlich gewiefter Schrofenkraxler sein! Die Westliche Raudenspitze bietet sich entlang ihrem Südwestgrat als Schnupperexkurs an, zünftig wird's spätestens beim Weiterweg am Gratverlauf Richtung Edigon und Co.: ein »Grenzgang« in doppelter Bedeutung! Die meisten Wanderer kommen freilich während einer Begehung des Karnischen Höhenweges am Hochweißsteinhaus vorbei – jeweils auf langen Etappen von der Porze- bzw. Wolayerseehütte her.

DURCHS WOLAYER TAL ZUR HOHEN WARTE

Manchmal lässt sich kaum erahnen, welch malerische Kleinode sich in den Talschlüssen verbergen. Obwohl: Im Falle des Wolayer Tals weiß zumindest schon mal das

Das Lesachtal bietet hübsche Almdörfer wie beim Tuffbad, eine Vielzahl traditioneller Mühlen, urwüchsige Wandersteige und mitunter auch einen »Almtiger« auf der Pirsch.

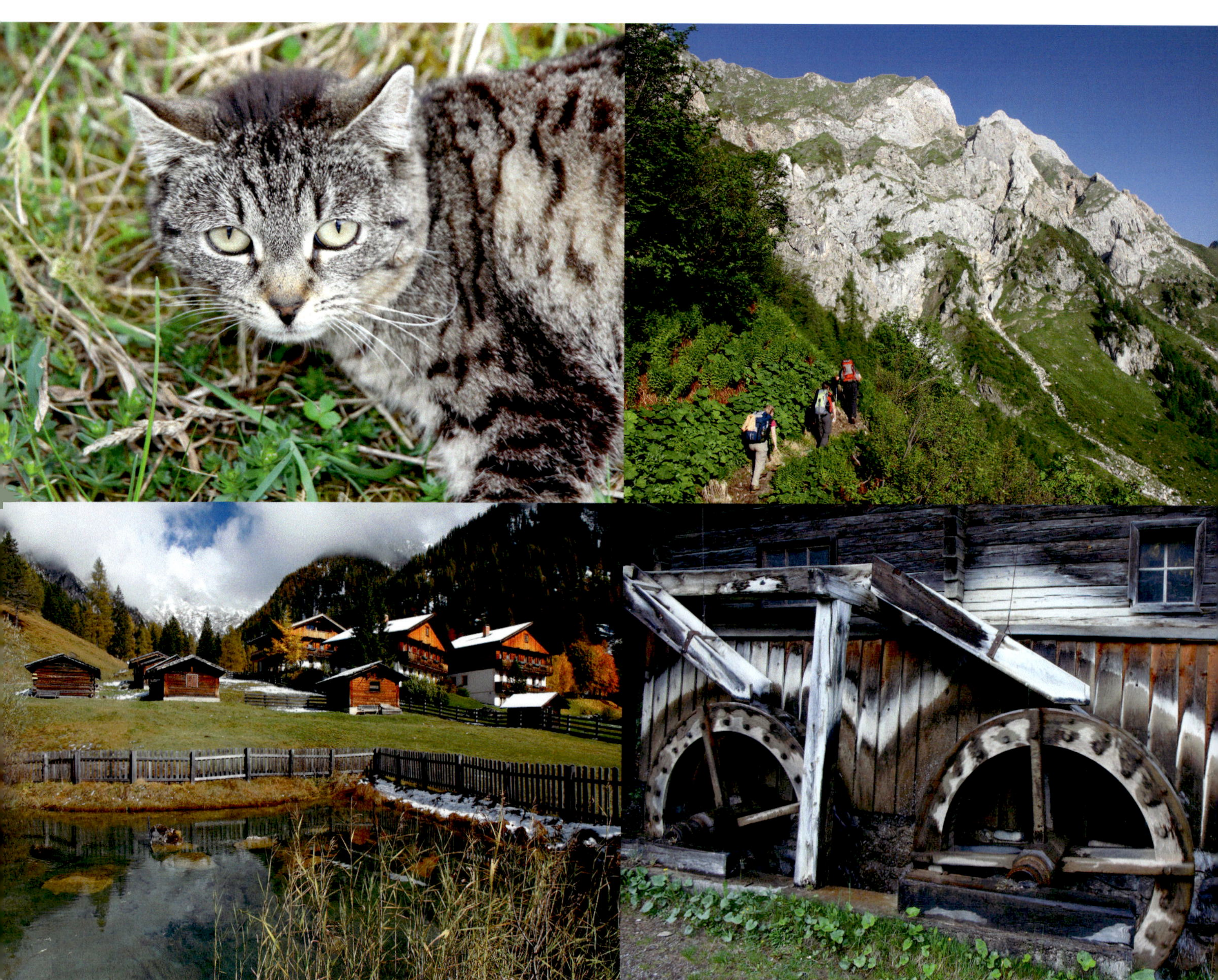

Biegengebirge auf Anhieb zu beeindrucken. Der Name kommt nicht von ungefähr, formiert der schroffe Gipfelzug vom Giramondopass bis zum Wolayerpass doch einen markanten Bogen und führt uns damit gleichsam naturgegeben an einen der schönsten Plätze der gesamten Karnischen Alpen: zum pittoresken Wolayersee. Die gleichnamige Hütte über dem Ufer ist das passende Ziel für alle gemächlichen Wandergenossen, während die ambitionierteren noch ein Zusatzprogramm in petto haben. Häufig ist dies der Rauchkofel als idealer Logenplatz vor den höchsten Gipfeln, die sich gegenüber zum Greifen nah mit ihren Nordwänden bedrohlich aufbauen.

Kaum zu glauben, dass durch diese Felsabbrüche für Normalbergsteiger (nicht für reine Wanderer!) taugliche Routen ziehen, namentlich an der Hohen Warte. Ich erinnere mich an eine Begehung des klassischen Koban-Prunner-Wegs vor einigen Jahren: Ziemlich respektvoll näherte ich mich dem Einstieg nahe dem Valentintörl, die

Die typische Landschaft im Lesachtal gibt sich weithin offen und heiter.
Vom Weiler Obergail blicken wir talauswärts.

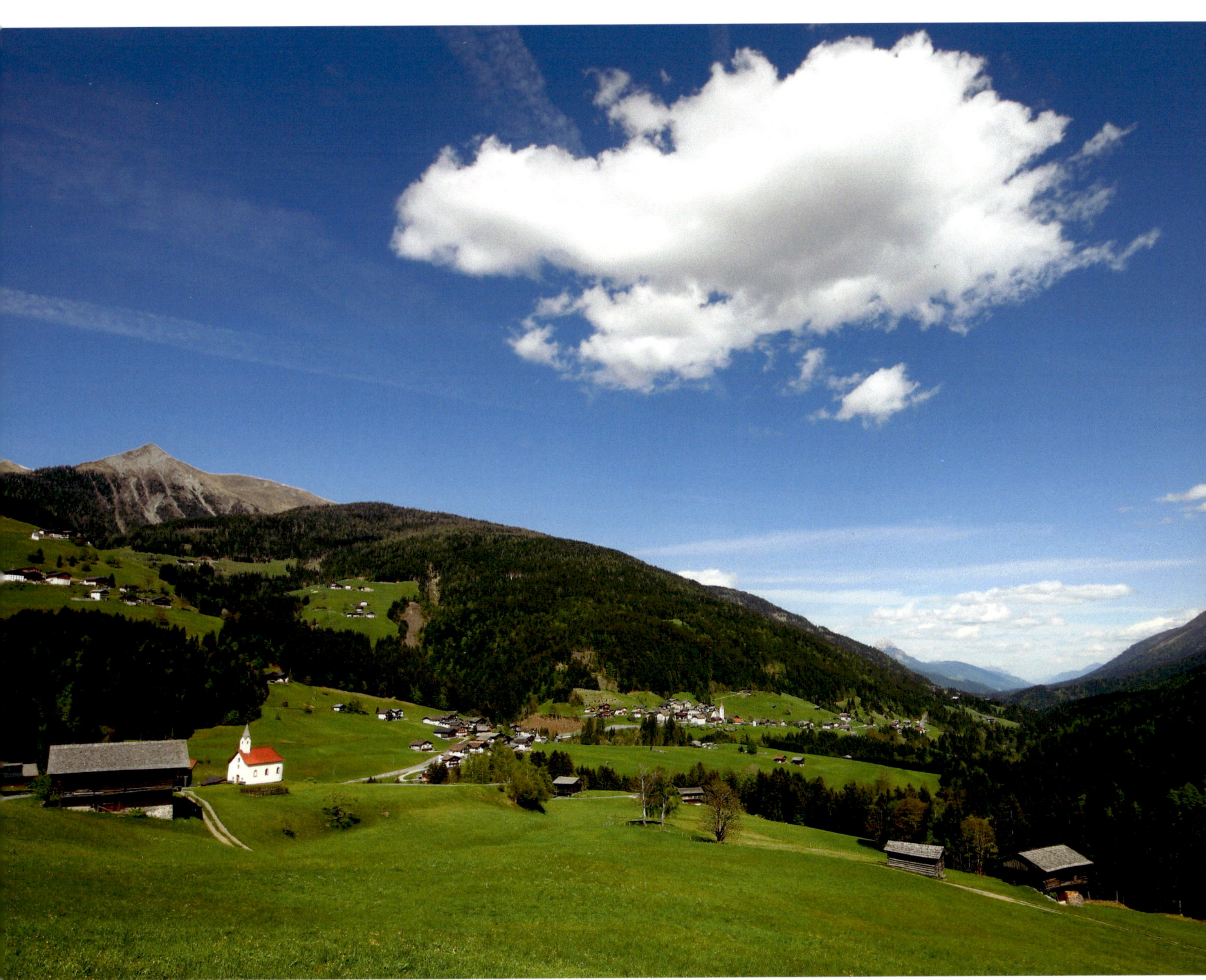

düsteren Mauern direkt über dem Kopf. Auf Markierung und Bauchgefühl vertrauend, kraxelte ich konzentriert höher, Schritt um Schritt, Stufe um Stufe, nur vereinzelt unterstützt von alten Drahtseilsicherungen. Hier wurde von den Pionieren nach klassischer Art ganz eindeutig der Weg des geringsten Widerstandes gefunden, was auf halber Höhe auch die Traverse eines Schuttfelds beinhaltet.

Zum Glück waren in meinem Fall keine bockharten Schneepassagen mehr anzutreffen, sonst könnte es gerade dort ziemlich prekär werden. Gipfelwärts gestalteten sich die Bewegungsabläufe dann immer flüssiger und routinierter, während sich die Anspannung allmählich auflöste und in das wohlbekannte, aber doch stets aufs Neue unwiderstehliche Freiheitsgefühl bei der Gipfelankunft mündete …

Während der Koban-Prunner-Weg zur alten Garnitur der Klettersteige zählt, verkörpert der im unteren Teil parallel laufende »Weg der 26er« sozusagen die moderne Stilrichtung: ohne Kompromisse in die Vertikale, weniger die Schwachstellen des Geländes aufspürend als die vermeintlich bärigsten Wandpartien und damit ganz klar den sportiven Aspekt in den Vordergrund stellend. Klar, dass die Anforderungen dort noch deutlich höher liegen, was bei einem nordwandtypisch ernsthaften Ambiente unter Umständen aber auch problematisch werden kann, wenn Begeher keine Allroundfähigkeiten mitbringen. Freilich könnte man die Hohe Warte auch verhältnismäßig leicht – obschon nicht unbeschwerlich – erreichen: über den Sentiero Spinotti und den südseitigen Karschlauch, der geröllreich zum höchsten Punkt leitet …

DIE WALLFAHRT NACH MARIA LUGGAU

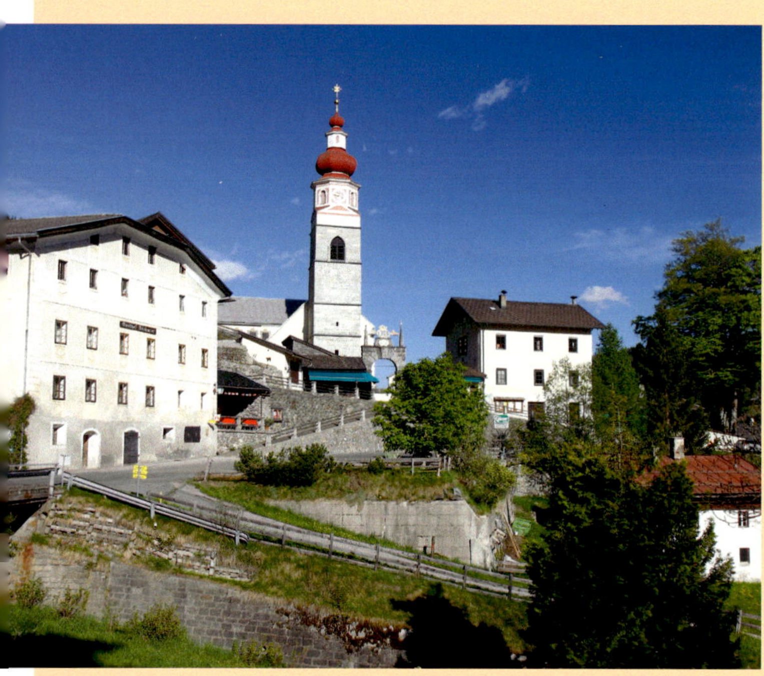

Dorfszene in Maria Luggau. Die Basilika Maria Schnee und das angeschlossene Servitenkloster sind eine kulturelle Sehenswürdigkeit von Rang.

Weit über die Grenzen des Lesachtals hinaus strahlt die barocke Basilika Maria Schnee mit dem angeschlossenen Servitenkloster in Maria Luggau als traditionsreiches Wallfahrtsziel, das sich seit dem 16. Jahrhundert aufgrund einer Marienerscheinung der Bäuerin Helena Unterluggauer entwickelt hat. 1514 wurde in freier Feldflur ein Bildstock errichtet, ein Jahr später der Grundstein für eine erste Kapelle gelegt, die bald immer mehr Pilger anlockte und nach und nach größer und prächtiger ausgebaut wurde. Auch die Gründung eines Klosters, damals durch den Franziskanerorden, fällt in diese Zeit. Seit 1635 wird das Kloster von den Serviten geführt. Über Jahrhunderte etablierten sich diverse Wallfahrten, unter anderem auch seitens der Bewohner des Comelico und der deutschen Sprachinsel Bladen (dem heutigen Sappada), die von der Südseite des Karnischen Hauptkamms über das Hochalpljoch hierher pilgern. Am dritten Sonntag im September bricht man dazu schon zu nachtschlafender Zeit auf, passiert die Stationen am Rifugio Calvi sowie am Hochweißsteinhaus und zelebriert bei der Frohnkapelle eine Mittagsmesse, bevor das eigentliche Ziel erreicht wird. Nach verschiedenen Exerzitien geht es tags darauf nach der Morgenmesse wieder den langen Weg zurück nach Sappada. 1986 wurde die Wallfahrtskirche durch Papst Johannes Paul II. ihrer überregionalen Bedeutung wegen zur Basilica minor erhoben.

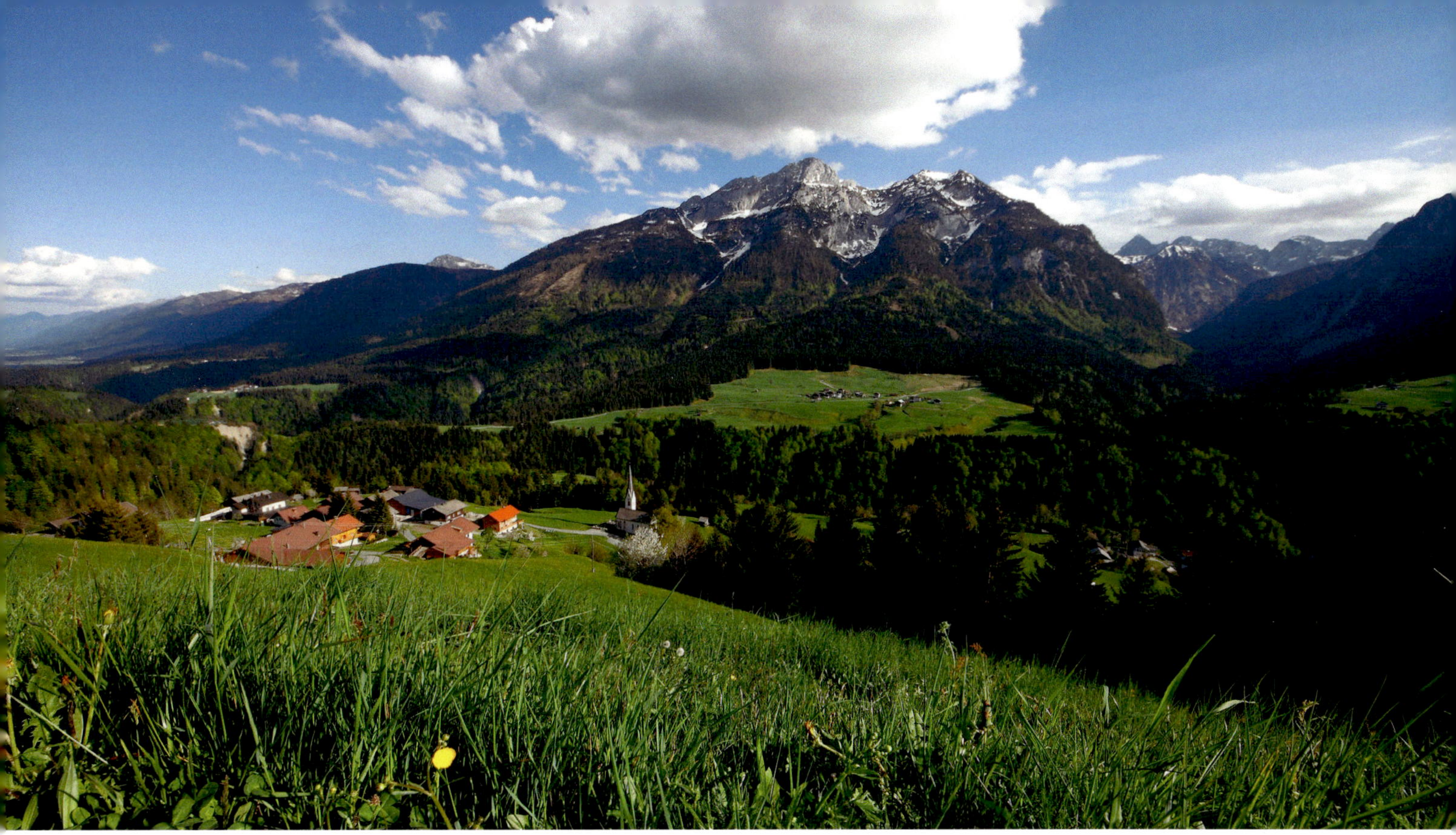

Im Frühjahr wird es wieder Zeit, die Wanderschuhe zu schnüren.
Die Talwiesen beim Weiler Komat gedeihen schon prächtig vor der Kulisse der Plenge (oben),
aber auch die Sonnseiten der Berge werden allmählich aper. Im Blick der Karnische Hauptkamm (unten).

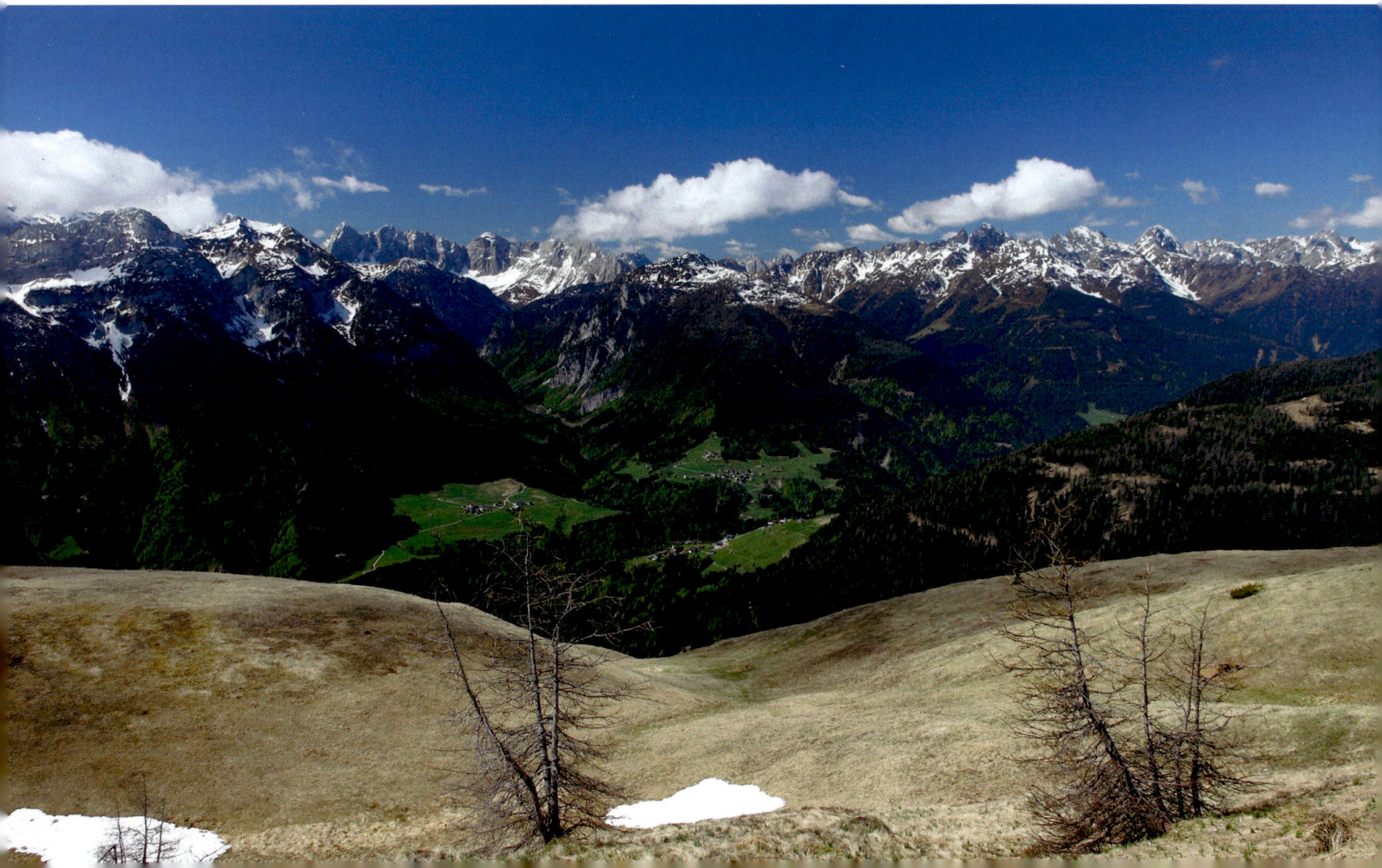

LESACHTAL

Lage: In den 1970er-Jahren haben sich die Ortschaften Maria Luggau (1173 m), St. Lorenzen (1127 m), Liesing (1044 m) und Birnbaum (947 m) samt zugehörigen Weilern zur Gemeinde Lesachtal zusammengeschlossen. Die Talschaft erstreckt sich in West-Ost-Richtung entlang der Gail in Oberkärnten zwischen den Lienzer Dolomiten im Norden und dem Karnischen Hauptkamm im Süden. Rund 1400 Einwohner leben hier.

Anreise: Auf der Tauern-Autobahn (A10) bis Ausfahrt Spittal-Millstätter See, dann weiter über Oberdrauburg und Kötschach-Mauthen (hierher aus Richtung Klagenfurt auch über die A2 und Hermagor) ins Lesachtal. Alternativ wie bei der Anreise ins Tiroler Gailtal.

Öffentliche Verkehrsmittel: Anreise per Bahn entweder wie beim Tiroler Gailtal beschrieben bis Tassenbach oder aber über Villach nach Kötschach-Mauthen. Von dort jeweils weiter mit dem Bus ins Lesachtal (Linien verkehren zwischen Sillian und St. Lorenzen sowie zwischen Kötschach-Mauthen und Maria Luggau).

Informationsbüro: Tourismusverband Lesachtal, A-9653 Liesing, Tel. +43/(0)4716/24212, www.lesachtal.com.

Hütten: Hochweißsteinhaus (1868 m), ÖAV, Mitte Juni bis Ende September, 56 Schlafplätze, Tel. +43/(0)676/7462886.

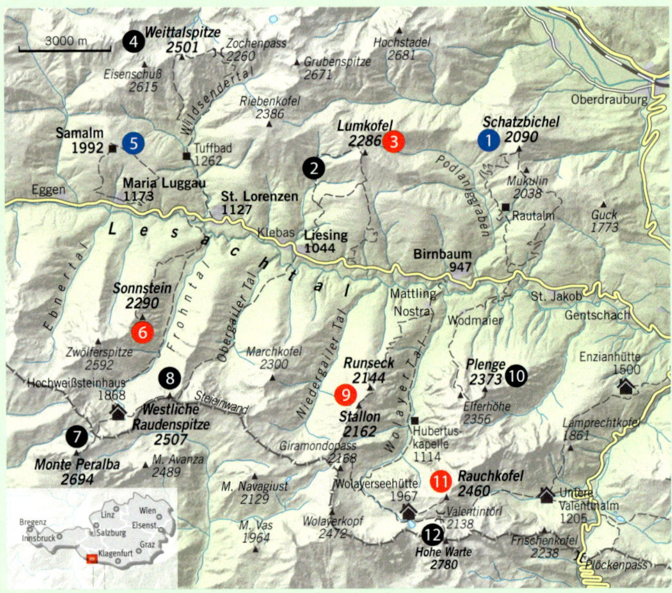

Wolayerseehütte (1960 m), ÖAV, Mitte Juni bis Ende September, 64 Schlafplätze, Tel. +43/(0)720/346141.

Karten: Freytag & Berndt, 1:50.000, Blatt 182. Kompass, 1:50.000, Blatt 47. Österreichische Karte, 1:50.000, Blatt 3109.

Touren-Highlights

1 Schatzbichel (2090 m)
Ausschweifende Wiesenwanderung über die Mussen, die für ihre reiche Flora bekannt ist. Vom Gasthof Strenge bei Podlanig über den Mukulin bis auf den Schatzbichel 3¾ Std., Abstieg via Rautalm 2¾ Std.

2 Klettersteig Millnatzenklamm (2591 m)
Relativ kurzer Schluchtklettersteig, der bei der Abenteuer- und Walderlebniswelt beginnt (Zufahrt von Klebas über Tscheltsch und Ladstatt). Spannendes Ambiente entlang der Wasserkaskaden, auch bei unsicherem Wetter eine Option. Schwierigkeit bis B/C, in der Steinbeißer-Variante C/D. Inklusive Rückweg maximal 2 Std.

3 Lumkofel (2286 m)
Einer der dominantesten Berge auf der Sonnseite des Lesachtals mit prächtiger Gesamtschau auf den Karnischen Hauptkamm. Von der Abenteuer- und Walderlebniswelt lassen sich zwei Routen kombinieren, teilweise aber nur dürftige Pfade, vor allem im Graben des Jochbachs. Am nordseitigen Gipfelaufbau steiles Schuttgelände (Trittsicherheit nötig); am grasigen Südhang verläuft der Normalweg. Über die Mahdalm (Motalm) und Assing zurück zum Parkplatz. Aufstieg 3 Std., Abstieg 2 Std.

4 Weittalspitze (2501 m)
Stattlicher Felsgipfel in den Lienzer Dolomiten, der eine Überschreitung auf teils gesicherten Steigen erlaubt. Vom Tuffbad ins Wildsendertal und auf kehrenreichem Weg zum Zochenpass, in dessen Nähe der Allmaier-Toni-Weg (B/C) über den Ostgrat ansetzt. Überschreitung des Gipfels Richtung Weittalsattel und durch den Weittalgraben wieder talwärts. Aufstieg 4 Std., Abstieg 2½ Std.

5 Samalm (1992 m)
Wiesenwanderung ähnlich der Mussen, besonders reizvoll während der Hauptblütezeit im Frühsommer oder im

Spätherbst, wenn die hohen Berge schon Schnee tragen. Rundtour von Maria Luggau, wo man auch den kurzen Mühlenweg besuchen sollte, ca. 4 Std.

6 Sonnstein (2290 m)
Aussichtspunkt in einem der vorgeschobenen Seitenkämme der Karnischen Alpen, vom Weiler Frohn über den lang gestreckten Nordostrücken, 3 Std.

7 Hochweißstein/Monte Peralba (2694 m)
Einer der mächtigsten und bekanntesten Berge der Karnischen Alpen, der sich zwar ganz auf italienischem Boden erhebt, aber auch vom Hochweißsteinhaus viel bestiegen wird. Nach Hüttenzustieg aus dem Frohntal (1 Std. ab Parkplatz) zum Hochalpljoch und entweder über die Nordostseite (Stellen I in der Schwarzen Rinne) oder über die Via ferrata Sartor (Grad B) in 2½ bis 3 Std. zum Gipfel.

8 Westliche Raudenspitze (2507 m)
Vom Hochweißsteinhaus ins Öfner Joch und über den Südwestgrat mit stellenweise leichter Kletterei (Sicherungen) auf den formschönen Gipfel, 2 Std. ab Hütte. Für Erfahrene Übergang zur Steinwand lohnend, auch als Rundtour aus dem Obergailer Tal möglich.

9 Runseck (2144 m) und Stallon (2162 m)
Überschreitung am Bergkamm zwischen Niedergailer und Wolayer Tal, ausgehend vom Weiler Nostra, ca. 3½ Std. bis zum Stallon. Kürzeste Rückkehr entlang der Westflanke, für Ausdauernde auch Weiterweg Richtung Giramondopass und Abstieg durchs Wolayer Tal möglich, insgesamt 7½ Std.

10 Plenge (2373 m)
Gegen das Lesachtal vorgeschobenes Bergmassiv der Karnischen Alpen mit recht anspruchsvollem Normalweg. Von Wodmaier durch Wald in eine markante Talkerbe, über die sogenannte Herrenstiege höher auf den Verbindungskamm zwischen Plenge und Elferhöhe und zuletzt von Südwesten zum Gipfel, 4 Std.

11 Rauchkofel (2460 m)
Er ist einer der schönsten Aussichtspunkte der Karnier, unmittelbar vor den wuchtigsten Wänden und in einem geologisch hochinteressanten Bereich. Von der Hubertuskapelle im Wolayer Tal leicht in 3 Std. bis zur Wolayerseehütte (1960 m); für Gelegenheitswanderer lohnend! Der Gipfelanstieg erfolgt über die Südwestseite (ab Parkplatz 4½ Std.), mit einer Abstiegsvariante über das Valentintörl und den Geo-Trail.

12 Hohe Warte (2780 m)
Der höchste Berg der Karnischen Alpen kann ebenfalls über die Wolayerseehütte bestiegen werden. Alpinistisch herausfordernd sind die nordseitigen Routen, der alte Koban-Prunner-Weg (Stellen I bis II und gesichert bis B) sowie der moderne »Weg der 26er« (mindestens Grad D im unteren Wandteil!), die am Valentintörl ihre Einstiege haben. Ab Hütte 3 Std. Aufstieg; fürs Bergab wird der südseitige Normalweg (vereinzelt I und viel Geröll) mit dem anschließenden Sentiero Spinotti gewählt.

In den Karnischen Alpen begeben wir uns immer wieder auf Tuchfühlung mit eindrucksvollen Bergkulissen.

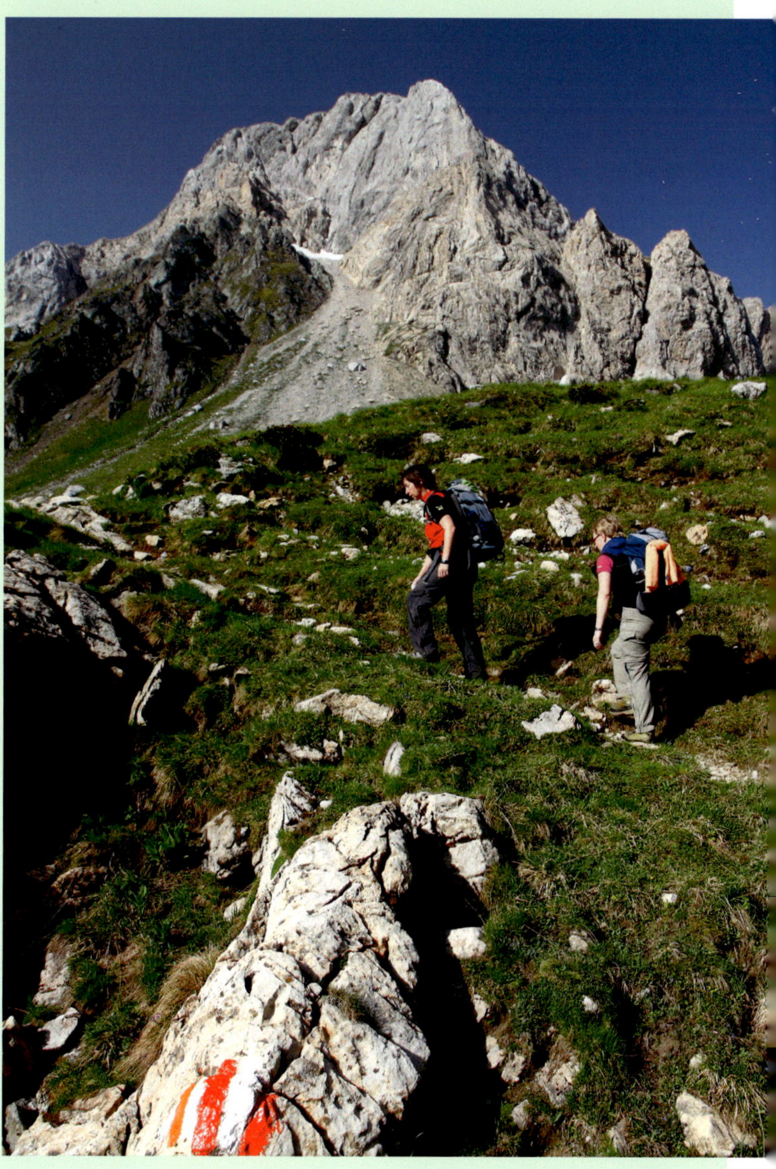

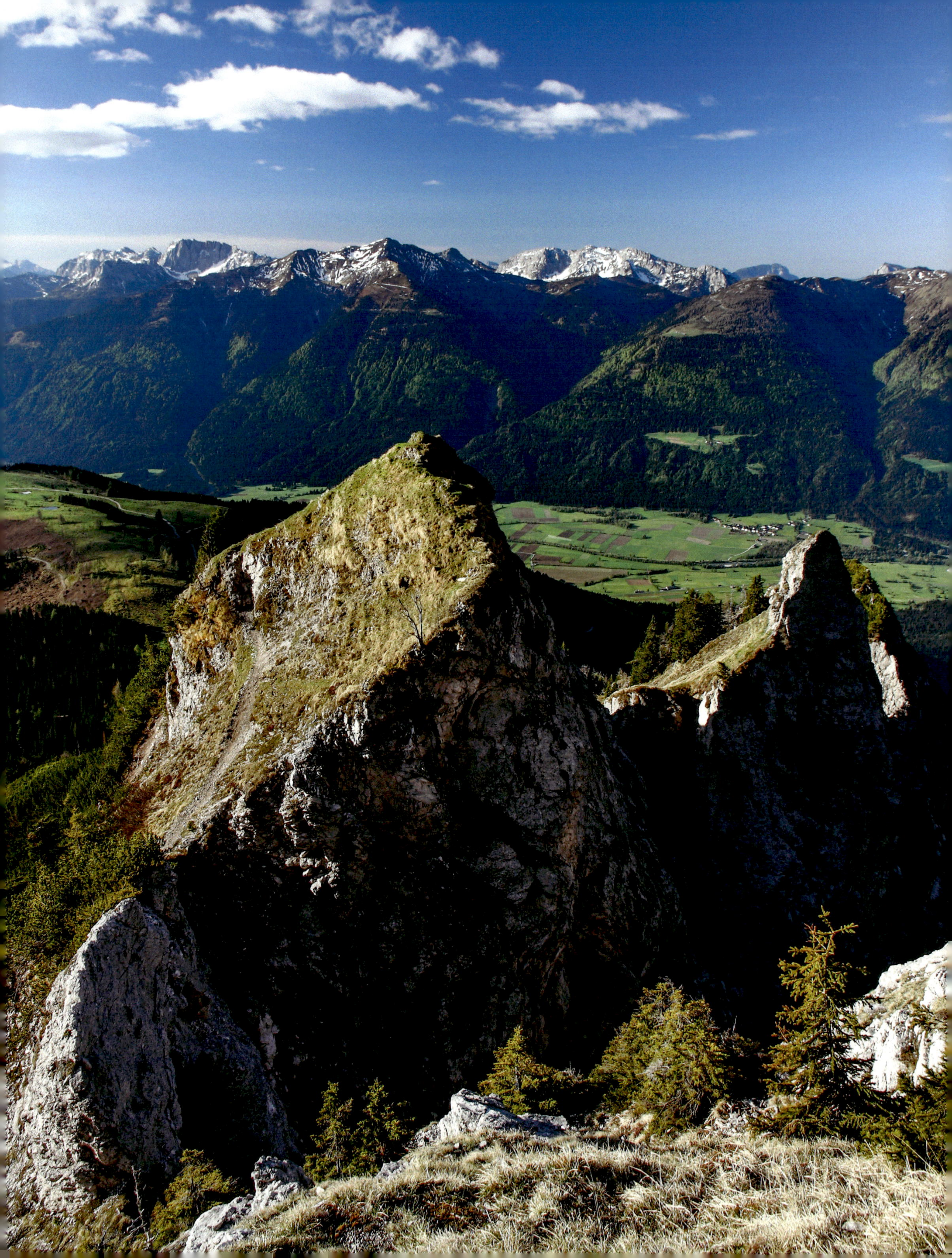

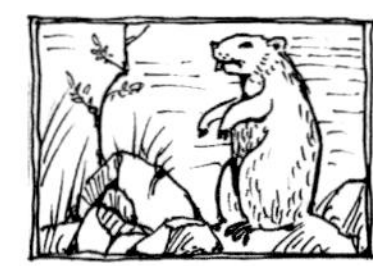

MAUTHEN IM GAILTAL

An der Kreuzung der Gailtalfurche mit der historisch bedeutsamen Handelsroute über den Plöckenpass nach Italien gelegen, präsentiert sich Mauthen als weiteres Bergsteigerdorf zu Füßen des Karnischen Hauptkamms. Mit Kötschach zu einer Marktgemeinde vereinigt, wirkt es in seiner Talweitung großzügiger und etwas quirliger als etwa die kleinen Hangdörfer des Lesachtals. Das alpine Spielfeld ist indessen ganz ähnlich und hängt praktisch sogar zusammen.

Es braucht wohl nicht viel Fantasie, den Namen Mauthen zu deuten. Das oft gezeichnete Bild von einem abgeschiedenen Bergdorf, das irgendwann vom Tourismus zum Leben erweckt und aus bitterer Armut erlöst worden ist, besitzt in diesem Fall also kaum Gültigkeit. Über den Plöcken, der im Mittelalter noch Kreuzberg respektive Monte Crucis hieß, zogen schon die Römer und höchstwahrscheinlich sogar Menschen in prähistorischer Zeit. In der Nähe soll sich im zweiten vorchristlichen Jahrtausend die Siedlung »Loncium« befunden haben. »Nur einem Wagen und einem Maultiergespann gestatten die schroffen Felswände den Übergang zu erzwingen«, verlautbart eine römische Felsinschrift an der Via Julia Augusta aus dem Jahr 373. Als im Mittelalter der Handelsverkehr zunahm, trat Mauthen als Zollstation erstmals urkundlich in Erscheinung (1276). Die Grafen von Görz profitierten darüber hinaus von den Erzfunden, die eine wirtschaftliche Blüte begründeten (leicht zu erkennen etwa an den Halden tauben Gesteins aus dem Bleiabbau am Jauken).

Dieser geschichtliche Abriss liest sich nun vielleicht eher wie das Aufstreben einer Stadt an einem Brennpunkt wirtschaftlichen Lebens. Tatsächlich aber hat Mauthen, 1958 mit Kötschach auch politisch zu einem Doppelort zusammengewachsen, einen dörflichen Charakter bewahrt und stets in Eintracht mit der umgebenden Natur sein Auskommen gefunden. Abgesehen von den Jägern, Hirten und Schmugglern, die sicher schon vorher ihren Fuß auf den einen oder anderen Gipfel setzten, ohne davon besonderes Aufheben zu machen, traten Mitte des 19. Jahrhunderts die ersten Bergsteiger auf den Plan. 1849 erfuhr der Reißkofel seine »touristische« Erstbesteigung, 1855 die Hohe Warte. 1894 konstituierte sich in Mauthen eine Sektion des Österreichischen Alpenvereins, die am Wolayersee eine Hütte errichtete.

Beim Aufstieg zum Reißkofel entfaltet sich ein großartiges Gailtal-Panorama. Im Vordergrund der südlich vorgelagerte Alpspitz.

KRIEGSBERGE

Mit dem furchtbaren Stellungskrieg am Karnischen Hauptkamm kam zwischen 1915 und 1918 jedoch alles zum Erliegen. Dieses einschneidende Drama der Geschichte ist bis heute zu greifen. So hat der Verein der Dolomitenfreunde den heftig umkämpften Kleinen Pal, der an strategisch wichtiger Position unmittelbar den Plöckenpass flankiert, mit vielen freiwilligen Helfern seit über 30 Jahren zu einem Freilichtmuseum ausgebaut. Diverse Frontsteige führen von beiden Seiten hinauf, etwa über die sogenannte MG-Nase, den Landsturm- oder den Alpiniweg. Oben ist der ganze Berg von unzähligen Schützengräben und Stollen, Baracken und anderen Befestigungen zernarbt. Beklommen schleichen wir über das unübersichtliche Plateau, können uns kaum ausmalen, wie hart die Bedingungen damals gewesen sein müssen – nicht nur durch feindlichen Beschuss, sondern auch aufgrund von Hunger, Kälte und Lawinen. Einen umfassenden Einblick in den Gebirgskrieg vermittelt zudem das Museum »1915–1918. Vom Ortler bis zur Adria« im Rathaus von Kötschach-Mauthen, das man sich in Verbindung mit einer Tour auf den Kleinen Pal unbedingt ansehen sollte.

Relikten aus dieser Zeit begegnet man auf Schritt und Tritt, nicht nur am Kleinen Pal. Auch der Cellon (Frischenkofel) auf der anderen Seite des Plöckenpasses hat im Krieg reichlich »Infrastruktur« erhalten, die heute ins bergtouristische Angebot eingegliedert ist. Der Klettersteiggeher findet an dem kühn aufragenden Gipfel gleich mehrere interessante Routen. Durch den düsteren Cellonstollen, der einst als beschusssicherer Nachschubweg in den Berg gesprengt wurde, erreicht man die sogenannte Cellonschulter, ebenso über den recht knackigen Oberst-Gressel-Gedenkweg, der wie auf einer Riesentreppe hinaufzieht. Gipfelwärts hat der

Was wäre die Welt ohne Blumen? Rund um das Gailtal gedeiht eine üppige, artenreiche Flora. Hier hat der Alpen-Wundklee Fuß gefasst.

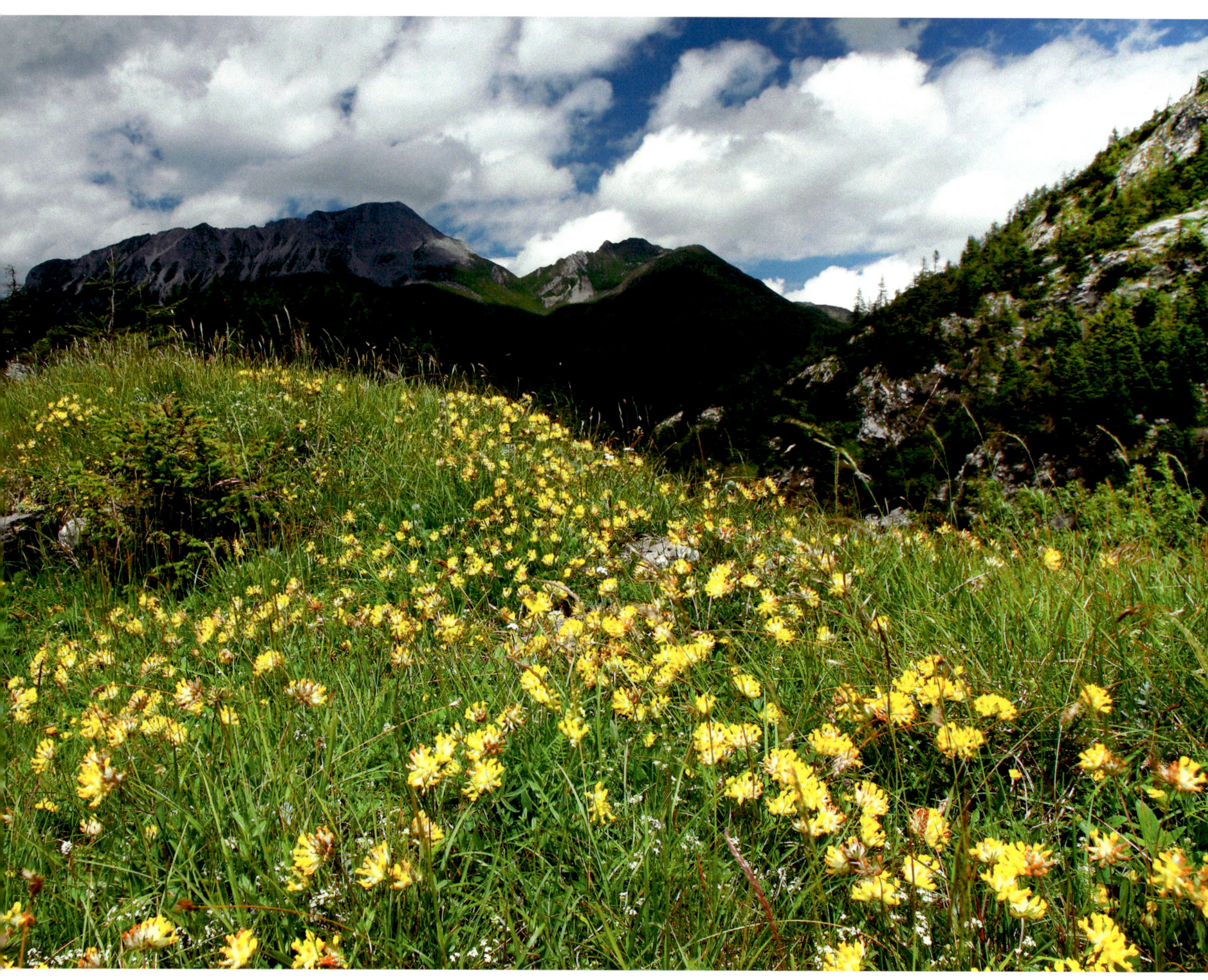

nicht minder anspruchsvolle »Weg ohne Grenzen« (Via senza confini) bei Kennern Zuspruch gewonnen, zumal die exponierten Passagen hier ja im Wortsinn auf die Spitze führen. Ich erinnere mich noch genau an das euphorische Finale dieser Tour. Als Alternative – natürlich auch für den Abstieg – bietet sich der technisch moderatere, leider etwas steinschlaggefährdete Steinbergerweg im Bereich der markanten Schluchtrinne an. Und die Reihe der Möglichkeiten wäre nicht komplett ohne den ebenfalls kriegshistorisch bedingten Normalweg über die Grüne Schneid, womit der außergewöhnlich variantenreiche Cellon auch für den Bergwanderer in Reichweite ist.

Über die kaum weniger vielfältigen Routen an der Hohen Warte, dem höchsten Gipfel der Karnischen Alpen, wurde bereits im Kapitel über das Lesachtal berichtet – der Zugang erfolgt von Mauthner Seite aus über die Valentinalmen Richtung Valentintörl, wo dann die nordseitigen Klettersteige ansetzen. Ergänzt sei an dieser Stelle die Option,

Noch mehr Hingucker am Wegesrand: Wildes Silberblatt (oben links), Alpenrosen (oben rechts), Feuerlilie (unten links) und Lupinen im Bergwald (unten rechts).

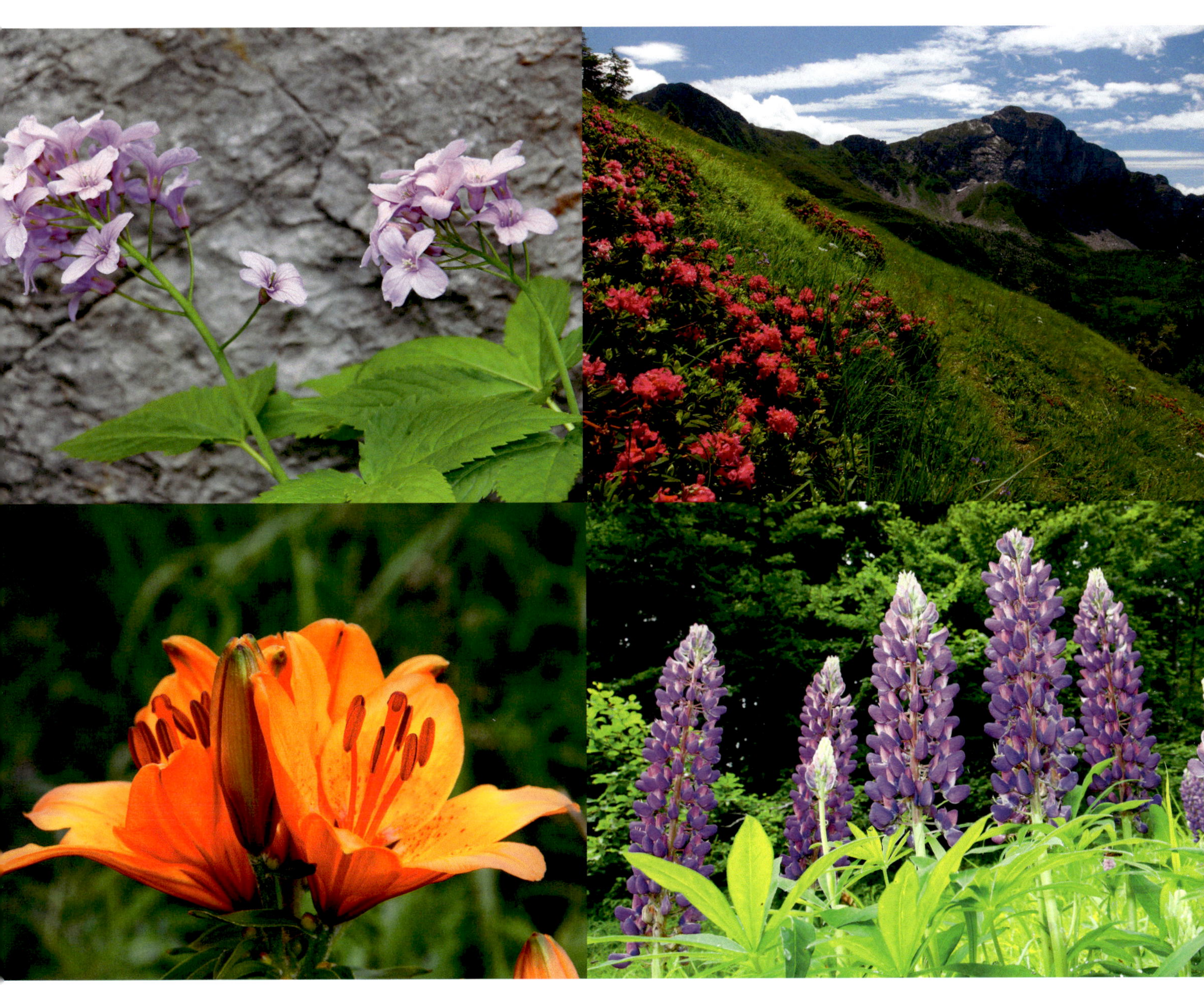

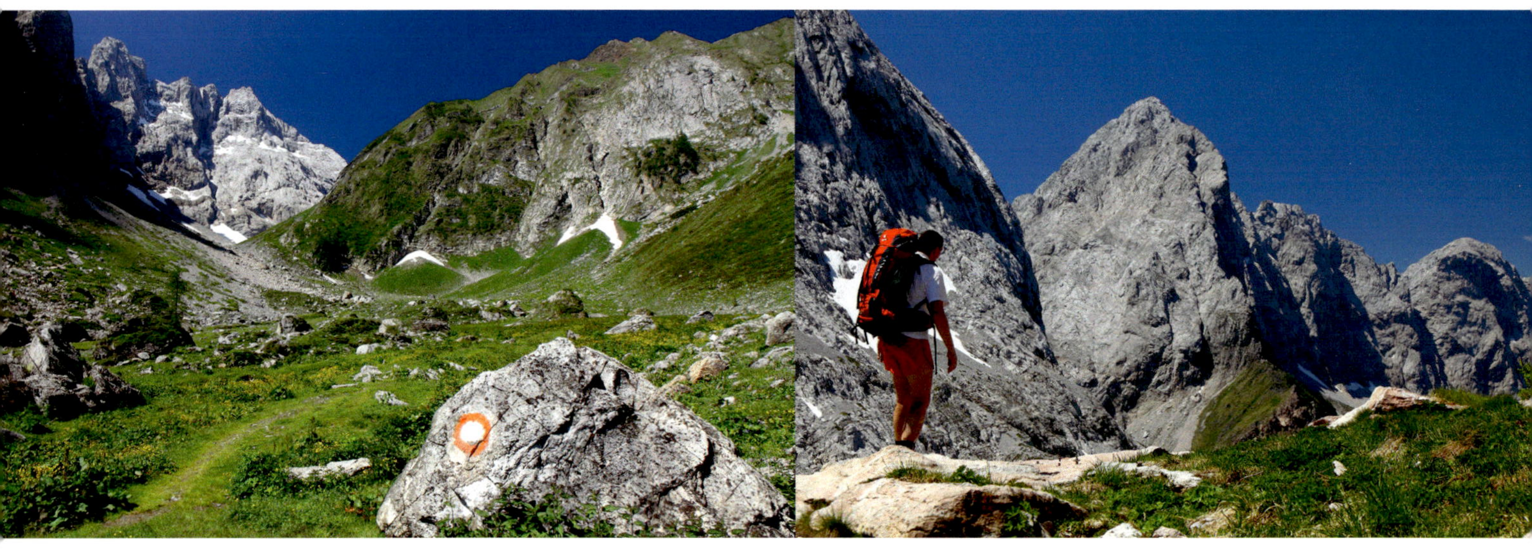

Der Reiz dieses Hochtals begeistert jedes Mal aufs Neue. Nach drei Stunden erreicht man das großartige Valentintörl unterhalb der Hohen Warte.

vom Plöckenpass über italienisches Gebiet zur südseitigen Normalroute zu gelangen, landschaftlich ebenfalls sehr reizvoll mit weitem Blick in die Bergwelt des Friaul.

Wo immer die Grenze nah ist, wandelt man heute also auf den Spuren des Ersten Weltkriegs, so auch am phasenweise sanfteren, begrünten Kammverlauf östlich des Plöckens. Hinter dem Kleinen Pal bilden Freikofel, Großer Pal, Blaustein, Hoher Trieb und Findenigkofel die Kammlinie. Wenn hier im Frühsommer die Trollblumen ihre gelben Köpfe im Wind wiegen, mag es richtig idyllisch wirken. Die Natur kennt keine Schrecknisse, sie fasst selbst auf verbranntem Boden alsbald und unbeugsam wieder Fuß. Die Freude daran wollen auch wir uns nicht verdüstern lassen und erklimmen den Hohen Trieb, der unweit der Zollnerseehütte ein besonders lohnendes Tourenziel abgibt. Aus ehemaligen Kriegspfaden sind inzwischen Friedenswege geworden – wie gut, dass wir 100 Jahre nach den grausamsten Kämpfen eine solche Freiheit genießen dürfen …

HAUSBERGE

Ein Unikum ist der Polinik. Von allen größeren Bergen steht er der Ortschaft Mauthen am nächsten und darf zu Recht als erster Hausberg gelten. Dem Karnischen Grenzkamm nördlich vorgelagert, überragt er diesen in gerader Linie sogar, sodass die Rundschau vom Polinik außerordentlich vielseitig ausfällt. Wer den Aufstieg direkt von Mauthen aus anpackt, hat stattliche 1600 Höhenmeter zu absolvieren; etwas weniger sind es vom Plöckenhaus über die Untere und Obere Spielbodenalm. Während das Weidevieh hier noch in üppigem Grün schwelgt, wird es gipfelwärts zunehmend felsiger, jedoch nirgends so schwierig, dass ein routinierter Bergwanderer in die Bredouille käme. Wenn schlussendlich der Blick über das Gailtal bis zu den Hohen Tauern am fernen Horizont schweift, weiß sich jeder seiner Mühen belohnt.

Im Panorama steht natürlich auch der gesamte Kammverlauf der Gailtaler Alpen, die mit dem Jaukenstock und vor allem mit dem dominanten Reißkofel die Aufmerksamkeit auf sich lenken. Diese Berge zählen zu den lohnendsten im oberen Gailtal und bieten sogar ein gewisses Variationspotenzial. Zum Glück können die langen, eintönigen Zustiege über Forst- bzw. Almerschließungsstraßen abgekürzt werden, sodass man bald einmal in die aussichtsreichen Lagen oberhalb der Waldgrenze gelangt. Während der mehrgipflige Jauken zumindest an Torkofel und Jaukenstöckl kaum Hindernisse in den Weg legt, gebärdet sich der Reißkofel – nomen est omen – merklich wilder. Abschüssiges Fels- und Schrofengelände lässt echtes Bergsteigergefühl aufkommen und so man-

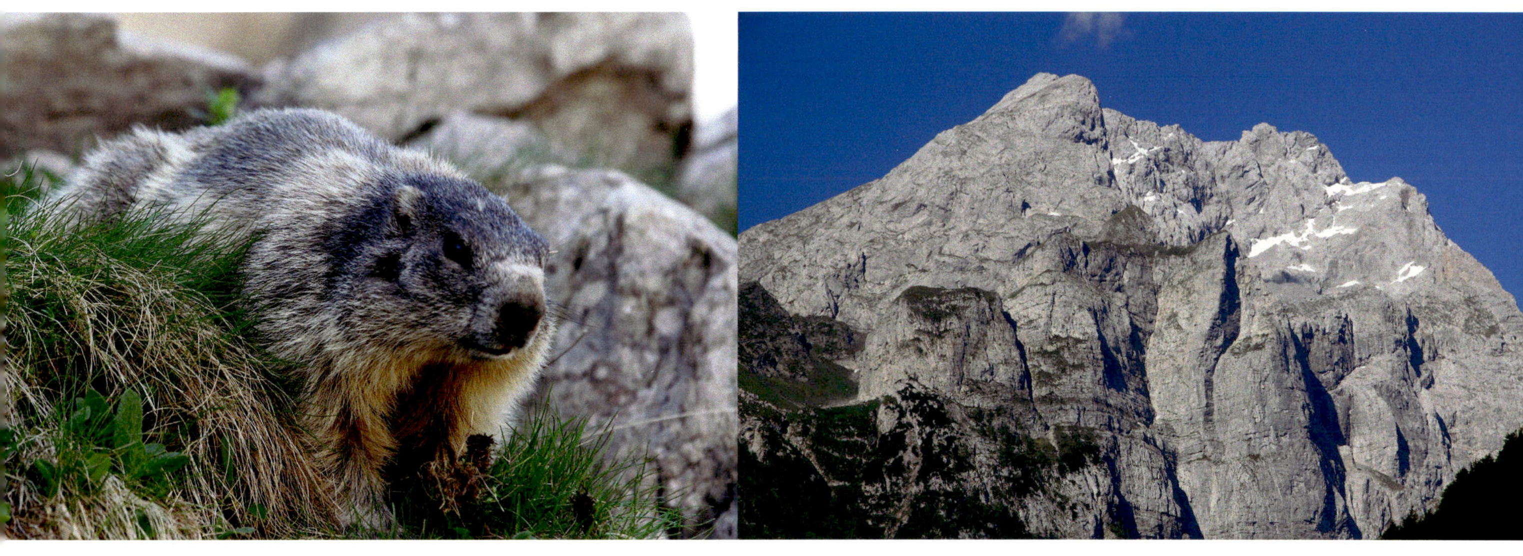

Zwischen Graspolstern und Felsblöcken tummeln sich die Murmeltiere.
Mit 1000-Meter-Wänden bauen sich Kollinkofel und Kellerspitzen festungsgleich über dem Plöcken auf.

chen Wanderer in bisher ungeahnte Bereiche vorstoßen. Wobei: Wirkliche Kletterei ist nicht erforderlich, weder auf der Direktroute via Hochfleck noch am Ostgrat via Köfeletörl, die ab Jagdhütte Wurzen unweit der Jochalm prima kombiniert werden können. Der Plattachsteig vom Reißkofelbiwak her ist indessen ein eigenständiger Aufstieg.

Wer hingegen lieber alles im »grünen Bereich« belässt, den werden rund um Kötschach-Mauthen wohl in erster Linie die Almen und die bekannten Blumenberge locken. Mit dem schmackhaften Gailtaler Almkäse, der von gut einem Dutzend Sennereien nach bestimmten Spezifikationen produziert wird, besitzt die Region heute ein ursprungsgeschütztes Label. Der durch den allgemeinen Strukturwandel bedingte Rückgang der Almwirtschaft konnte dadurch wohl ein wenig gemildert werden.

Botanikfreunde wandern gern im Weidegebiet »Auf der Mussen«, das im Schatzbichl kulminiert, oder auf der Mauthner Alm. Ingrid Pilz berichtet in ihrer Gebirgsmonographie über die Karnischen Alpen: »Die Mauthner Alm, ein landschaftliches Kleinod, ist ein breiter, grasiger Bergrücken, der im Hintergrund von den hellen Felswänden des Mooskofels begrenzt wird. Legendär ist ihr Blumenreichtum; direkt am Wegesrand blühen der Punktierte Enzian und die Siegwurz, und vor allem im Juni wandert man durch ein farbenfrohes Blütenmeer«. Man kann übrigens eine Überschreitung Richtung Untere Valentinalm planen, wo es auch ein paar gute Köstlichkeiten gibt …

AM KARNISCHEN HÖHENWEG

Der Rucksack drückt noch ungewohnt schwer, als ich am alten Römerweg Richtung Valentinalm hinaufwandere: Auftakt zu einer Begehung des Karnischen Höhenwegs, nicht der ersten meinerseits, doch immer wieder von neuer Spannung begleitet. Vorgenommen habe ich mir die westliche Hälfte dieses mittlerweile recht populären Hüttentreks, habe also den Seiteneinstieg von Mauthen gewählt und befinde mich nun auf Strecke. Großartig das wuchtige Gemäuer der Kellerspitzen! Am Valentintörl flitzen die Murmeltiere umher. Ich nehme gleich noch den Rauchkofel mit, um die mächtigste Felsenfront der Karnier in Gänze zu überblicken, und treffe nach der ersten Etappe bei der Wolayerseehütte ein. Da sie just renoviert wird, muss ich zum nur wenige Minuten entfernten italienischen Rifugio Lambertenghi ausweichen. Dort schließen Wanderer bei Pasta und Vino rosso Bekanntschaft. Und somit sind wir auf den folgenden Etappen gen Westen plötzlich zu fünft: die sympathischen Oberösterreicherinnen Susi und Magdi, die jährlich eine Woche am großen Südalpen-Weitwanderweg verbringen, Douglas aus Minnesota, der sich einfach nach

Laune durch die Alpen treiben lässt, Florian aus Lausanne, den die überwältigenden Walliser Alpen vor der Haustür nicht von einem Besuch der Karnier im fernen Kärnten abhalten können, und meine Wenigkeit. Es wird ein recht lustiger Trip …

Der Karnische Höhenweg beschäftigt mich wie gesagt schon geraume Zeit, auf Begehungen im Hin oder Her, auf Varianten oder auf Gipfeln an seinem Saum. Als ich ihn vor rund 20 Jahren kennenlernte, wurde er noch als Geheimtipp gehandelt. Zahlreiche Publikationen, von denen ein Teil auch aus eigener Feder stammt, haben den Bekanntheitsgrad inzwischen deutlich gesteigert. Ist das gut oder wird das Idyll dadurch gestört? Nun, zu dieser Frage vertritt wohl jeder seine eigene Auffassung, sie ist nicht zuletzt auch philosophischer Natur. Ich meine, solange kein unnatürlicher »Hype« erzeugt wird und die Dinge naturverträglich ablaufen – wobei Weitwandern wohl eine der schonendsten Tourismusformen überhaupt ist –, kann man den Erlebnishunger aller Aktiven nur begrüßen. Immerhin hat sich der Karnische Höhenweg bisher einer Kommerzialisierung à la E5 entzogen. Die Hütten stehen als praktikable Infrastruktur zur Verfügung, befinden sich allerdings manchmal so weit auseinander, dass ein Gelegenheitswanderer mit unerwarteten konditionellen Anforderungen konfrontiert wird. Als Verfechter der Individualität am Berg bin ich hier immer wieder Menschen begegnet, die genau dieses Motto leben …

BUNTE ERDGESCHICHTE AM GEO-TRAIL

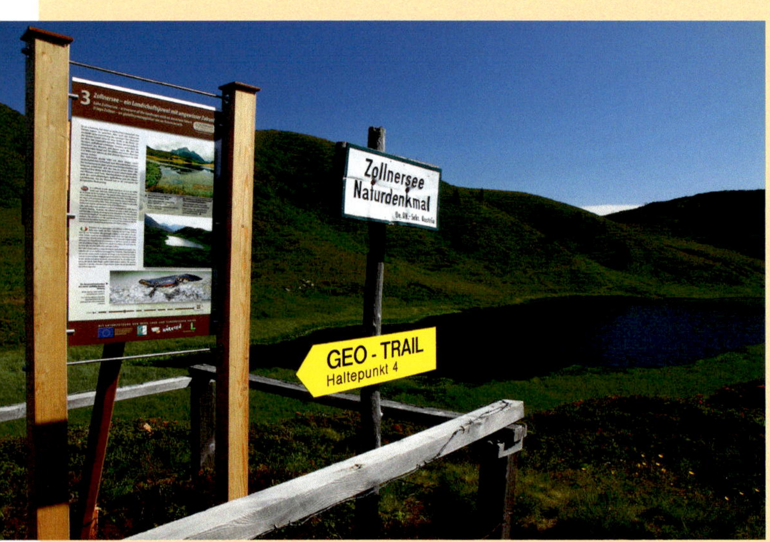

Am Zollnersee, der sich in eine malerische Wiesenwanne bettet, ist ein Geo-Trail ausgewiesen.

Entscheidend ist die Periadriatische Naht. Als bedeutendste tektonische Störungslinie im Alpenraum trennt sie – geologisch betrachtet – Europa von Afrika und zieht genau durchs Tal der Gail, parallel zum Karnischen Hauptkamm. Geologen sehen in diesem Gebirge daher ein ideales Anschauungsobjekt, gleichsam ein Dorado ihrer Forschung, wie es weltweit nur wenige gibt. 500 Millionen Jahre Erdgeschichte spiegeln sich hier wider, haben wir es doch mit einem Sammelsurium von Gesteinen ganz unterschiedlicher Epochen zu tun. Während das alte paläozoische Grundgebirge etwa im Bereich des Zollnersees beobachtet werden kann, bauen sich andernorts mächtige Kalkberge auf, welche die zweite Phase der Gebirgsbildung im Erdmittelalter verkörpern. Das wiederholte Heben und Senken der Erdkruste liegt gleichsam in den Schichten verborgen; sogenannte Leitfossilien geben Aufschluss über die zeitliche Einordnung. Bestimmte Stellen wie beispielsweise die Cellonetta-Rinne mit ihrer Gesteinsabfolge aus den Zeitaltern Ordovizium und Silur definieren sogar geologische Standards. Der morphologische Feinschliff, also die Gestaltung des Reliefs, wie wir es heute kennen, vollzog sich hauptsächlich erst während der Eiszeiten – quasi in den letzten Minuten der Erdgeschichte, wenn man diese bildlich auf einen einzigen Tag zusammenschrumpfen lässt.

In der Landschaft lässt sich oft wie in einem Geschichtsbuch lesen. Weil dem normalen Wanderer meist das Hintergrundwissen dafür fehlt, sind an verschiedenen Stellen sogenannte Geo-Trails angelegt worden. Sie führen an geologisch besonders interessanten und aufschlussreichen Punkten vorbei, wo die komplexen Phänomene auf Tafeln erklärt werden. Geo-Trails gibt es etwa am Wolayersee und Plöckenpass, am Zollnersee, bei der Watschiger Alm sowie in der Garnitzenklamm. Ausgiebige Erkundungen dieser Strecken dauern jeweils bis zu einem halben Tag. Erstaunlich, was uns das Gelände selbst über seine Entstehung erzählen kann und wie spannend vermeintlich »trockene« Wissenschaft im Angesicht der realen Gegebenheiten ist!

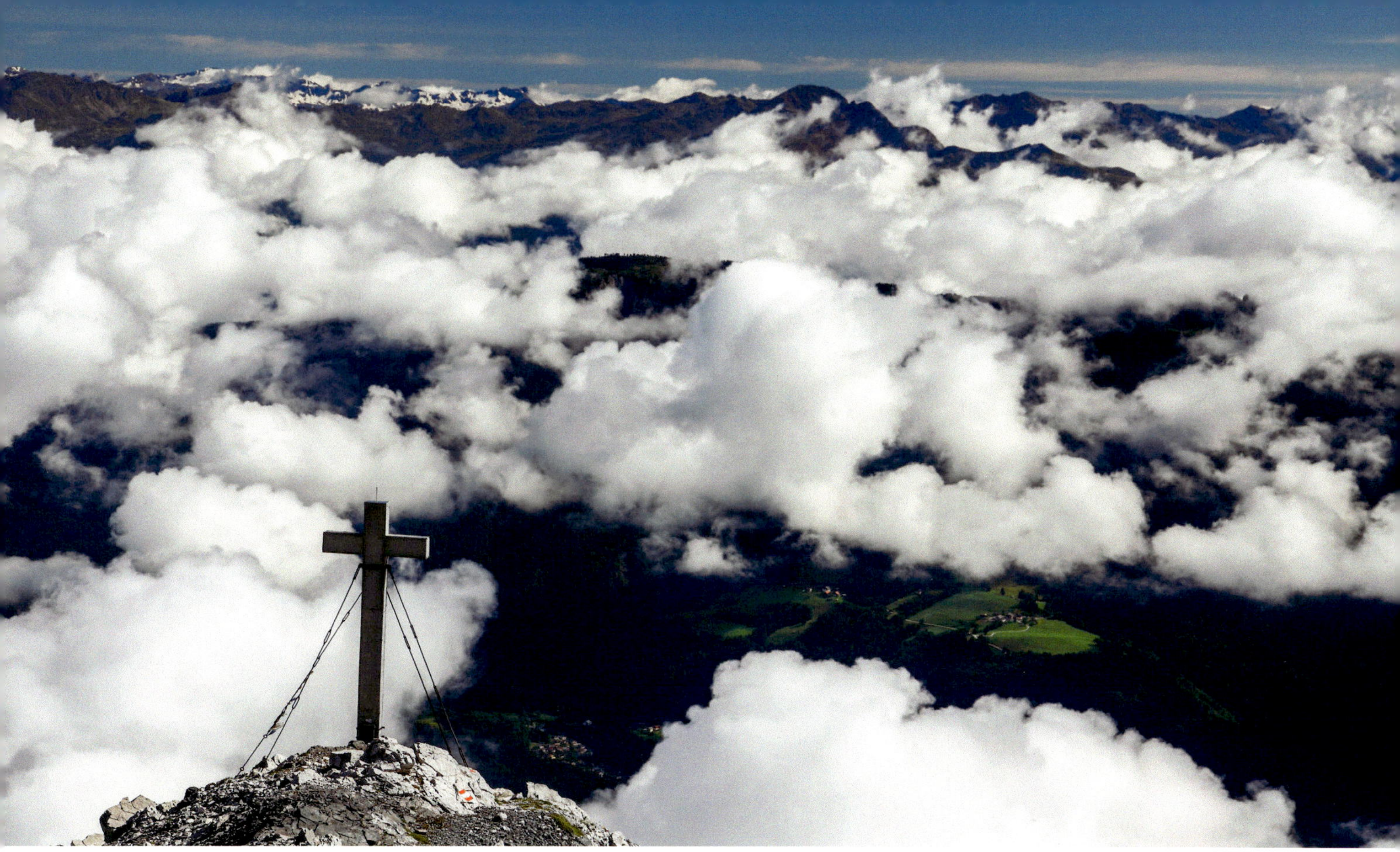

Das wahre Fernsehen – einmal vom Polinik auf die Wolkenballen über dem Kärntnerland (oben) und einmal vom Jauken über Kötschach-Mauthen auf den Karnischen Hauptkamm (unten).

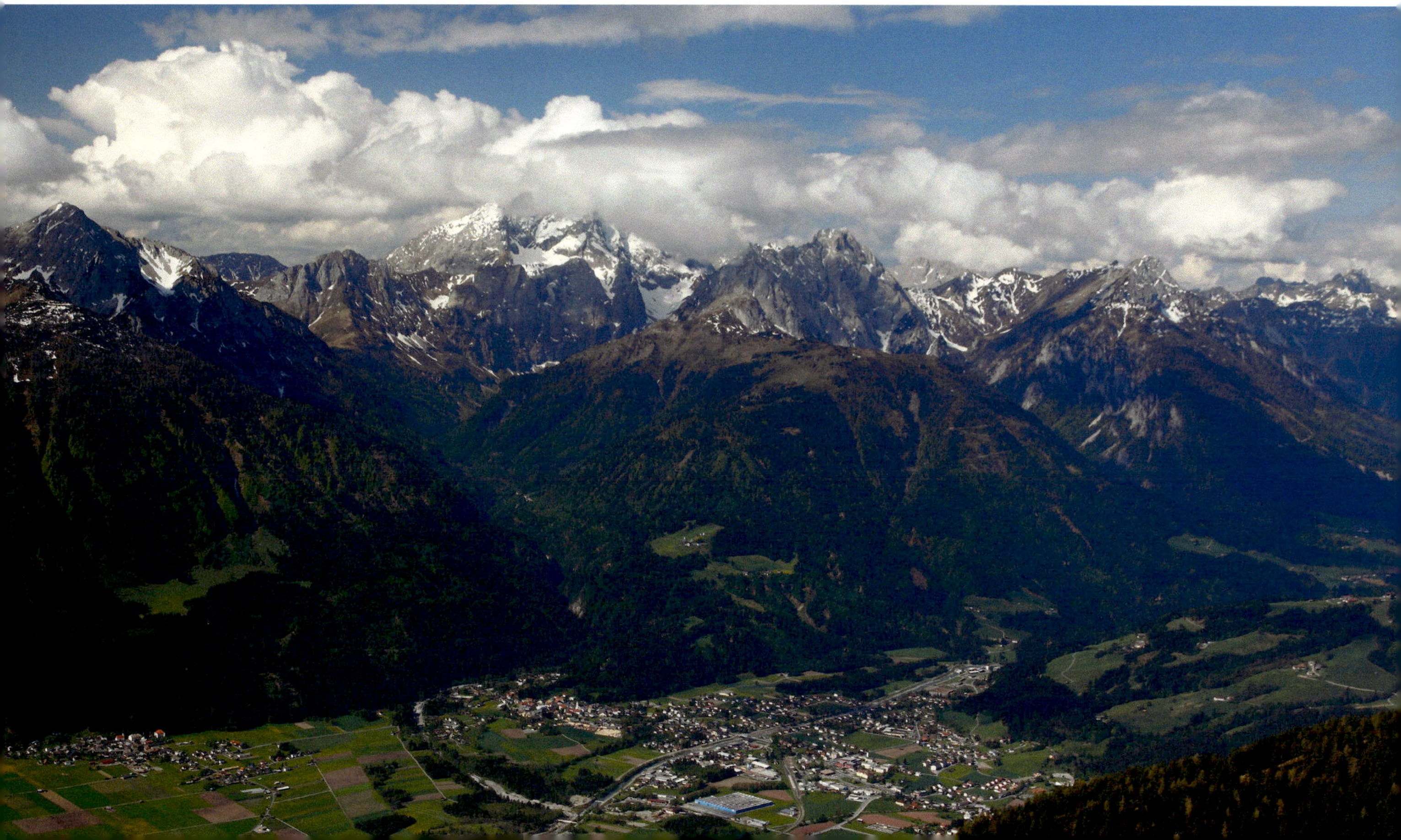

MAUTHEN IM GAILTAL

Lage: Mauthen (707 m) gehört zur Oberkärntner Marktgemeinde Kötschach-Mauthen, die mitsamt aller Ortsteile – einige wie St. Jakob liegen schon im vorderen Lesachtal – rund 3500 Einwohner beheimatet, davon etwa 750 in Mauthen selbst. Eingerahmt von den Karnischen und den Gailtaler Alpen kreuzen sich hier die Straßen durchs Gailtal bzw. über Gailbergsattel und Plöckenpass. Kötschach-Mauthen ist heilklimatischer Luftkurort.

Anreise: Über die Tauern-Autobahn (A10) bis Ausfahrt Spittal-Millstätter See, weiter auf der B100 nach Oberdrauburg (aus Richtung Westen via Lienz) und schließlich auf der B110 über den Gailbergsattel nach Kötschach-Mauthen. Aus Richtung Klagenfurt auch über die A2, Hermagor und die B111.

Öffentliche Verkehrsmittel: Kötschach-Mauthen besitzt Bahnanschluss, und zwar von Villach her mit der Gailtalbahn (Endhaltepunkt). Aus anderen Richtungen empfiehlt es sich jedoch eher, per Zug bis Oberdrauburg zu fahren und anschließend mit dem Bus nach Kötschach-Mauthen.

Wandertaxi: Für Transfers zu abgelegenen Ausgangspunkten kontaktiere man Tel. +49/(0)4715/355, www.pruenster.at, zwischen Hütten am Karnischen Höhenweg auch die Valentinalm (siehe unten).

Informationsbüro: Tourismusinfo Kötschach-Mauthen, Rathaus Kötschach 390, A-9640 Kötschach-Mauthen, Tel. +43/(0)4715/8516, www.koemau.com. GeoPark Karnische Alpen, Besucherzentrum, A-9635 Dellach/Gail 65, Tel. +43/(0)4718/301-17, www.geopark-karnische-alpen.at.

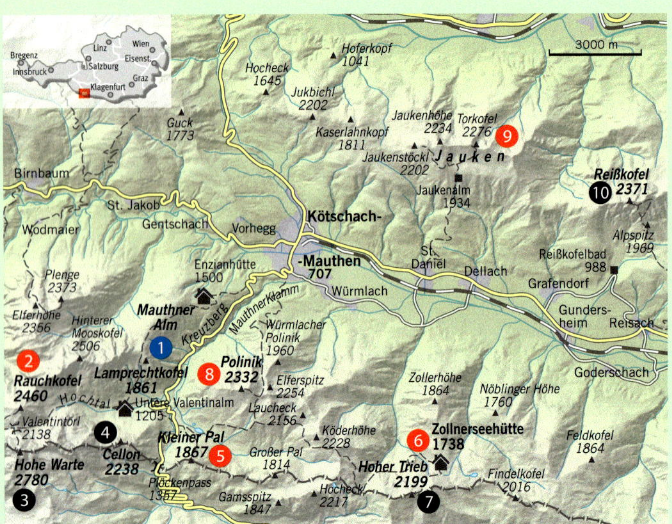

Hütten: Zollnerseehütte (1738 m), ÖAV, Anfang/Mitte Juni bis Anfang Oktober, 30 Schlafplätze, Tel. +43/(0)676/9602209. Gasthof Valentinalm (1205 m), privat, ganzjährig, 44 Schlafplätze, Tel. +43/(0)4715/92215. Wolayerseehütte (1960 m), ÖAV, Mitte Juni bis Ende September, 64 Schlafplätze, Tel. +43/(0)720/346141.

Karten: Freytag & Berndt, 1:50.000, Blatt 223. Kompass, 1:50.000, Blatt 60. Österreichische Karte, 1:50.000, Blätter 3109 und 3110.

Touren-Highlights

1 Mauthner Alm – Lamprechtkofel (1861 m)

Ausgedehntes Weidegebiet an den Abhängen des Mooskofels. Ein Besuch lohnt besonders im Juni und Juli, wenn die Mauthner Alm zum vielgepriesenen Blumenparadies wird. Von Mauthen über Gasthof Lamprecht (bis hierher Zufahrt möglich) und Enzianhütte 3½ Std., Abstieg südwärts zum Gasthof Valentinalm möglich (steiler) und von der Plöckenstraße per Wanderbus oder über den Römerweg zurück nach Mauthen.

2 Rauchkofel (2460 m)

Beliebter Logenplatz vor den Nordwänden von Hoher Warte und Kellerspitzen. Von der Unteren Valentinalm (Zufahrt über die Plöckenstraße) auf der Trasse des Karnischen Höhenwegs durch das wunderschöne Hochtal zum Valentintörl, wo die Gipfelroute abzweigt. Aufstieg 3½ Std., Abstiegsmöglichkeit auch zur Wolayerseehütte, mit einem interessanten Geo-Trail in der Nähe.

3 Hohe Warte (2780 m)

Höchster Gipfel am gesamten Karnischen Hauptkamm, für Wanderer nur mit Umweg über italienisches Gebiet ersteigbar, entweder vom Plöckenpass Richtung Forcella Monumenz oder von der Wolayerseehütte über den Sentiero Spinotti und dann gemeinsam durch das Südkar. Vom Valentintörl ziehen der alte Koban-Prunner-Weg (Stellen I und II plus Sicherungen) sowie der knackige »Weg der 26er« (Klettersteiggrad D) durch die Nordwand hinauf.

4 Cellon/Frischenkofel (2240 m)
Vielseitiger Klettersteigberg direkt westlich über dem Plöckenpass. Von dort bieten sich für den Aufstieg der Oberst-Gressel-Gedenkweg (C/D) oder der düstere Cellonstollen (B) in Kombination mit dem »Weg ohne Grenzen« (D) an, alternativ auch der Steinbergerweg (B/C). All diese Routen verlangen Klettersteig-Erfahrung und entsprechende Ausrüstung. Aufstiegszeit etwa 3 Std. Unschwierig ist nur der südseitige Normalweg über die Grüne Schneid.

5 Kleiner Pal (1867 m)
Der plateauartige Berg war im Ersten Weltkrieg ein Schlachtfeld und ist mittlerweile zum großen Freilichtmuseum hergerichtet. Zugänge vom Plöckenpass über die MG-Nase oder den stark befestigten italienischen Militärweg in 1½ Std., alternativ vom Plöckenhaus über den Landsturmweg in 2 Std. Für die Besichtigung des Freilichtmuseums entsprechende Zeit einplanen und ggf. Info-Material besorgen.

6 Zollnerseehütte (1738 m)
Die ehemalige Dr.-Steinwender-Hütte liegt als Etappenstützpunkt am Karnischen Höhenweg. Dieser führt als langwierige, aber landschaftlich schöne Strecke vom Plöckenhaus über die Spielbodenalm, den Sattel am Köderkopf und die Bischofalm, ca. 6½ Std. Von Weidenburg öffentlicher Fahrweg durch den Kronhofgraben bis kurz vor die Hütte. In der Nähe gibt es einen Geo-Trail sowie natürlich den malerisch in die Matten gebetteten Zollnersee.

7 Hoher Trieb (2199 m)
Relativ kurze Gipfeltour von der Zollnerseehütte, auf gesichertem Steig zwischen Kleinem und Hohem Trieb allerdings recht anspruchsvoll, Aufstieg 1½ Std.

8 Polinik (2332 m)
Mächtiger, dem Karnischen Hauptkamm vorgelagerter Gipfel direkt über Mauthen, dementsprechend überwältigende Aussicht. Die Zugänge von Mauthen sowie – mit weniger Aufstiegsmetern – vom Plöckenhaus treffen sich am Spielbodentörl, zuletzt gemeinsam auf einem Schrofensteig zum Gipfel. Je nach Ausgangspunkt 3¼ oder 4½ Std.

9 Jauken (2276 m)
Breitgelagerter Gipfelstock mit mehreren Erhebungen über dem Gailtal bei Dellach. Vom Weiler Goldberg (1101 m) über die Schleifen einer Forststraße zur Jaukenalm (wo der Gailtaler Almkäse serviert wird) und dann wahlweise zum Torkofel (2276 m) als höchstem Punkt oder leichter nach links zum Jaukenstöckl (2202 m), jeweils gut 3 Std.

10 Reißkofel (2371 m)
Höchster Gipfel der Gailtaler Alpen abseits der Lienzer Dolomiten. Zufahrt von Grafendorf oder Reisach ins Gebiet der Jochalm, von dort in direktem Aufstieg am Alplspitz vorbei und via Hochfleck zum Gipfelgrat, 2½ Std. Abstiegsvariante: am Ostgrat weiter gegen den Kleinen Reißkofel ausholend (kurzer Kraxelabstecher vom Köfelejoch möglich) und mit einer Diagonaltraverse zurück auf die Aufstiegsroute, 2 Std. Trittsicherheit und Schwindelfreiheit erforderlich.

Historisch interessanter Erkundungsstreifzug im Freilichtmuseum am Kleinen Pal (links).
Der Torkofel markiert den höchsten Punkt des Jaukenstocks (rechts).

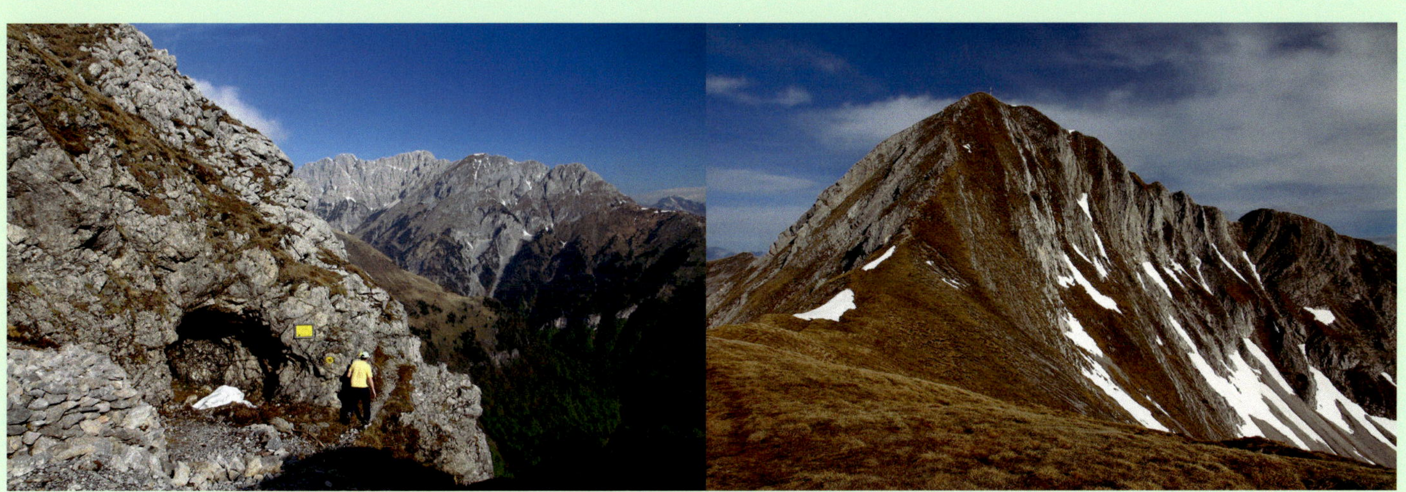

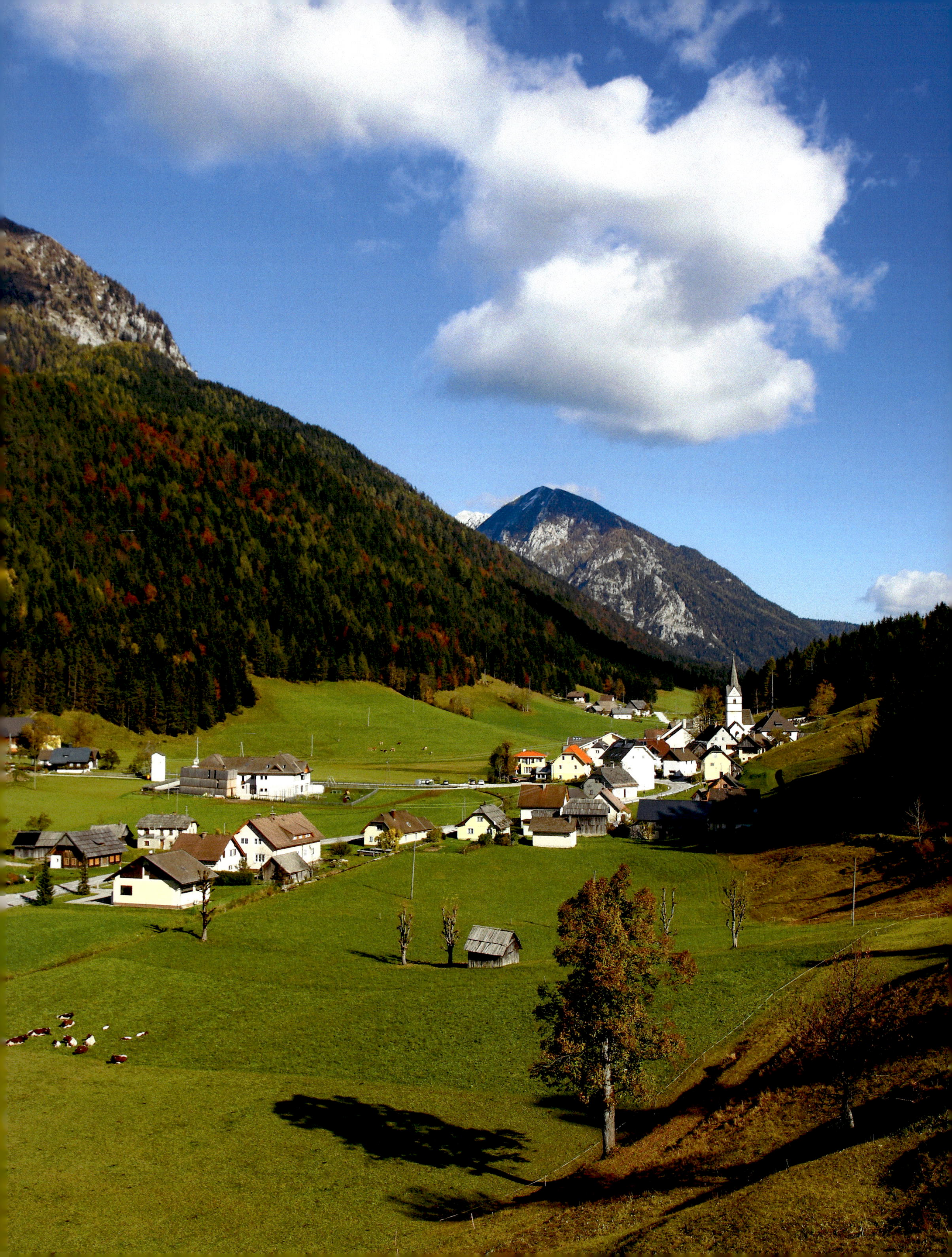

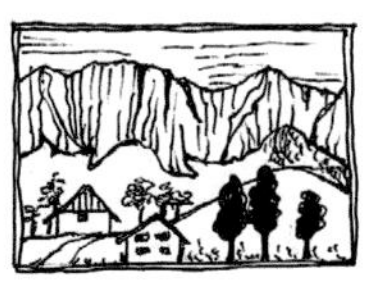

ZELL (SELE)

An der Südgrenze Kärntens erstreckt sich ein mit hellen Felsgipfeln gespickter und von waldreichen, teils schluchtartigen Tälern durchbrochener Gebirgszug: die Karawanken. Von einer geheimnisvollen Aura umwoben, lässt sich ihre sprichwörtliche Ursprünglichkeit nur zu Fuß entdecken. Im vereinten Europa von heute kommt den Karawanken eine Bedeutung als Bindeglied zwischen Völkern zu. Das idyllische Hochtal von Zell, slowenisch Sele, steht dafür gleichsam stellvertretend.

Denn in Zell, das zu den südlichsten Gemeinden Österreichs zählt, ist die kulturelle Vielfalt gelebte Tradition. Der slowenische Einfluss wird bereits auf den ersten Blick offenkundig, etwa im Stil der Architektur. Die Mehrheit der Bevölkerung fühlt sich sogar der slowenischen Sprachgruppe zugehörig – selbst in Südkärnten eine Ausnahmesituation. Wahrscheinlich fanden die ersten mittelalterlichen Rodungen einst im Bereich von Zell-Mitterwinkel statt. Im 13. und 14. Jahrhundert nahm die Urbarmachung dann Fahrt auf, als Dutzende Gehöfte in dem durchschnittlich knapp 1000 Meter hoch gelegenen, wiesengrünen Gebirgstal entstanden. Die bäuerlichen Streusiedlungen, die sich mit ihren Weilern, Rotten und Einschichthöfen auf rund 15 Kilometern ausdehnen, sind bis heute das charakteristische Merkmal, wobei Zell-Pfarre etwas geschlossener wirkt und als Mittelpunkt fungiert.

GESCHICHTE ZUM ANFASSEN

Unweigerlich schießt mir der Begriff der »Nahtstelle« durch den Kopf, wenn ich an die Karawanken denke. Lange Zeit grenzten hier zwei ganz verschiedene politische Systeme aneinander, was den »Eisernen Vorhang« quasi greifbar scheinen ließ. Als Hintergrundkulisse der Kärntner Seen mag das alpine Breitwandprofil irgendwie immer dazugehört haben, aber als Wanderparadies? Nun, die Geschichte hat ihre Wendungen genommen, die grüne Grenze zwischen Österreich und Slowenien ist heute keine politische Barriere mehr, allenfalls eine topographische, die man als Bergsteiger freilich nach Herzenslust überwinden kann. Falls man's denn mag, falls man sich bezüglich touristischer Infrastruktur bescheidet, auf große Namen mit Renommee getrost verzichten kann und vielmehr stille Entdeckungsstreifzüge in einer unverfälschten Natur- und Kulturlandschaft liebt. Ein gewisser Gleichmut gegenüber rauen Begleiterscheinungen wäre auch von Vorteil – und damit bin ich beim zweiten Punkt, der mich an die »Nahtstelle« denken lässt.

Auch dieser Ansatz hat mit Geschichte zu tun, einer viel älteren jedoch: der Erdgeschichte. Geologisch ist rund um die Karawanken nämlich recht viel los. Brüchiger Fels darf als Wesensmerkmal der Berge gelten, schon die gewaltigen Geröllreisen, in denen beispielsweise die Koschuta wurzelt, deuten unmissverständlich darauf hin. Unentwegt ist hier die Erosion am Werk, und zwar als Gegenspieler der tektonischen Kräfte, die das Gebirge seit Urzeiten auftürmten und im Grunde immer noch dabei sind, es emporzuheben. Die Karawanken und speziell das Hochtal von Zell richten sich an der Periadriatischen Naht, einer der wichtigsten alpinen Störungslinien, aus. Vereinfacht gesprochen

Im Hochtal von Zell herrscht eine ländliche Idylle, fernab des Massentourismus.

stößt hier die Afrikanische Kontinentalplatte mit Schub von Süden auf die Europäische Platte. Im Kessel der Mela, am Osteck des Koschutazugs, sind fantastische Strukturen freigelegt, eine farblich fein differenzierte Folge von Gesteinsschichten, die oft bizarr zu Erdpyramiden, Steintischen und seltsam durchlöcherten Gebilden ausgewittert sind.

IM BANNE DER KOSCHUTA

Ich bin ganz gespannt, diese Baustelle der Erdgeschichte aus der Nähe zu bewundern und breche im Koschutniktal Richtung Potoksattel auf. Etwas höher, noch im Buchenwald, lotst mich ein Wegweiser vom Kärntner Grenzweg nach links zu einer Traverse, die unvermittelt in einen wirklich wild zerriebenen Kessel mündet. Das ist sie also, die Mela! In den 1930er-Jahren wurde mitten hindurch der Rudolf-Drechsler-Steig trassiert. Nachdem dieser zwischenzeitlich verfallen war (kein Wunder in diesem extremen Erosionsgelände!), kann man sich heute wieder auf die Spuren wagen und zum sogenannten Adlersattel an der Grenze zu Slowenien hinaufschleichen.

Gesagt, getan! Unweigerlich stellt sich anfangs ein wenig Beklommenheit ein, doch fühle ich mich mit alpinem Bröselgelände ja einigermaßen vertraut. Entlang einer Gesteinsgrenze zwischen Konglomeraten und einer Schichtfolge aus schwarzen Tonschiefern, braunen Mergellagen und dunklen Bankkalken geht es hinüber zu einer Rinne, die von oberhalb befindlichen Quellen durchnässt wird. Eher mühsam denn schwierig gestaltet sich die Fortbewegung über den sandigen Untergrund des mürben Dolomitsplitts. Weiter oben legt sich eine fragile Felsrippe in den Weg, die mit Drahtseilhilfe jedoch ebenfalls kein wirkliches Hindernis bedeutet. Und schneller als erwartet stehe ich am Adlersattel, wo sich jenseits eine weite Wiesenwanne auftut und die Dicke Koschuta noch zu einem Abstecher lockt. Zwar pfeift der Wind recht grimmig um den Gratabbruch, doch wer wollte sich davon jetzt ausbremsen lassen. Eine stimmungsvolle Schau in die Bergwelten Sloweniens und Kärntens ist Verlockung genug.

Kommen wir vom Detail wieder auf das große Ganze zurück, so erkennen wir die Koschuta eindeutig als die alpine Visitenkarte von Zell. Das Massiv erstreckt sich als Teil des Karawanken-Hauptkamms über mehr als zehn Kilometer zwischen Loiblpass und Potoksattel und wendet dem Hochtal seine Schokoladenseite, die steilfelsig abfallende Nordfront, zu. Einst war es der Klettersteig auf den Koschutnikturm, der mich zu einer ersten Stippvisite in dieser Gegend (ver)führte. An einem warmen Juni-Nachmittag, grad aus den Juliern kommend, flugs zum Koschutahaus hinaufgefahren, die Siebensachen zusammengepackt und los! In Erinnerung ist mir die Tour als ziemlich ruppiges Unterfangen, mühsam das Schuttfeld zum Einstieg, steinschlaggefährdet der relativ kurze Klettersteig, der inzwischen generalüberholt wurde. Abgestiegen bin ich damals noch durch die äußerst brüchige Ostschlucht, von der heutzutage dringend abgeraten wird. Der mittelschwere Eisenweg kann auch retour begangen werden.

Dies ist auch Usus bei der exklusiven Längsüberschreitung der Koschuta, deren Gesamtanforderung weit über

Die Ribnitza durchfließt das waldreiche Seitental von Zell-Oberwinkel.

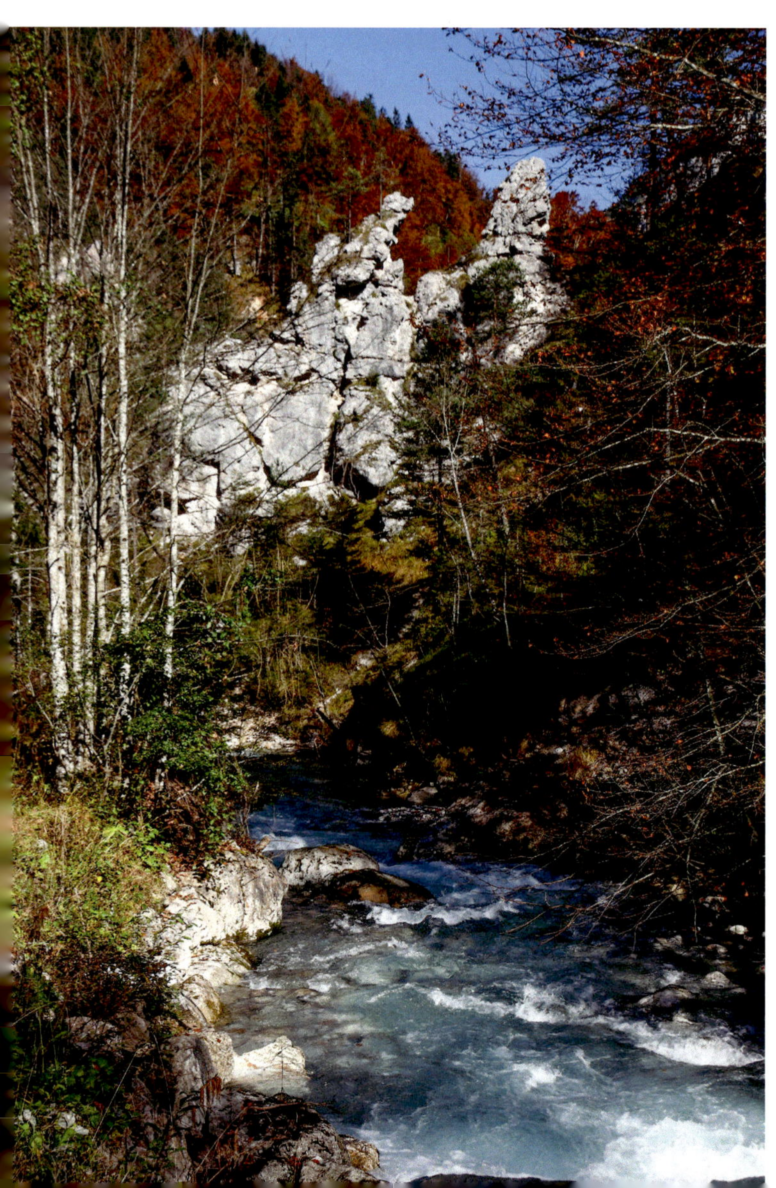

das Bewältigen einzelner leichter Kletterstellen hinausgeht. Hier braucht man vor allem Durchhaltevermögen und ausgiebige Konzentrationsfähigkeit. Bereits der Anmarsch durch den Hainschgraben zieht sich, allerdings in einem urwüchsigen Hochtal, in dem ein Wasser-Erlebnisweg auch gemütliche Wandergenossen anzieht. Einst drehten sich hier 22 Mühlräder; bei der Gornik-Schaumühle kann man sich in vergangene Zeiten zurückversetzen lassen. Am Hainschsattel beginnt dann der alpine Teil mit dem Hochturm-Klettersteig. Es folgen fast ein Dutzend mehr oder weniger eigenständiger Erhebungen entlang der Kammlinie – ein stundenlanger »Grenzgang« der Extraklasse. Am Koschutnikturm schließlich empfiehlt sich der Ausstieg gen Norden, denn die Überschreitung bis zur Dicken Koschuta wäre nun deutlich schwieriger. Wer indes Herausforderungen nicht scheut, wird womöglich auch einmal den schwierigen, 2006 eingerichteten Klettersteig am Lärchenturm ins Auge fassen.

DIE NÖRDLICHEN VORPOSTEN

Die schönsten Ausblicke auf den Hauptzug der Karawanken erhält man naturgemäß von den nördlich vorgelagerten Bergen, unter denen Ferlacher Horn, Hochobir und Freiberg besonders gewürdigt werden sollen. Wenn im Spätherbst das Nebelmeer über dem Klagenfurter Becken oft zäh liegt, ist der richtige Zeitpunkt, um ins begünstigte Hochtal von Zell zu kommen und diese Logenplätze zu besuchen. Die südseitigen Routen dürften meist noch bis in den November hinein schneefrei sein, vorbehaltlich eines allfälligen

Massig steht der Freiberg über dem Hochtal von Zell, wo der Herbst just seine Farbtöpfe ausgeschüttet hat. Als Aussichtspunkt ist er aller Ehren wert.

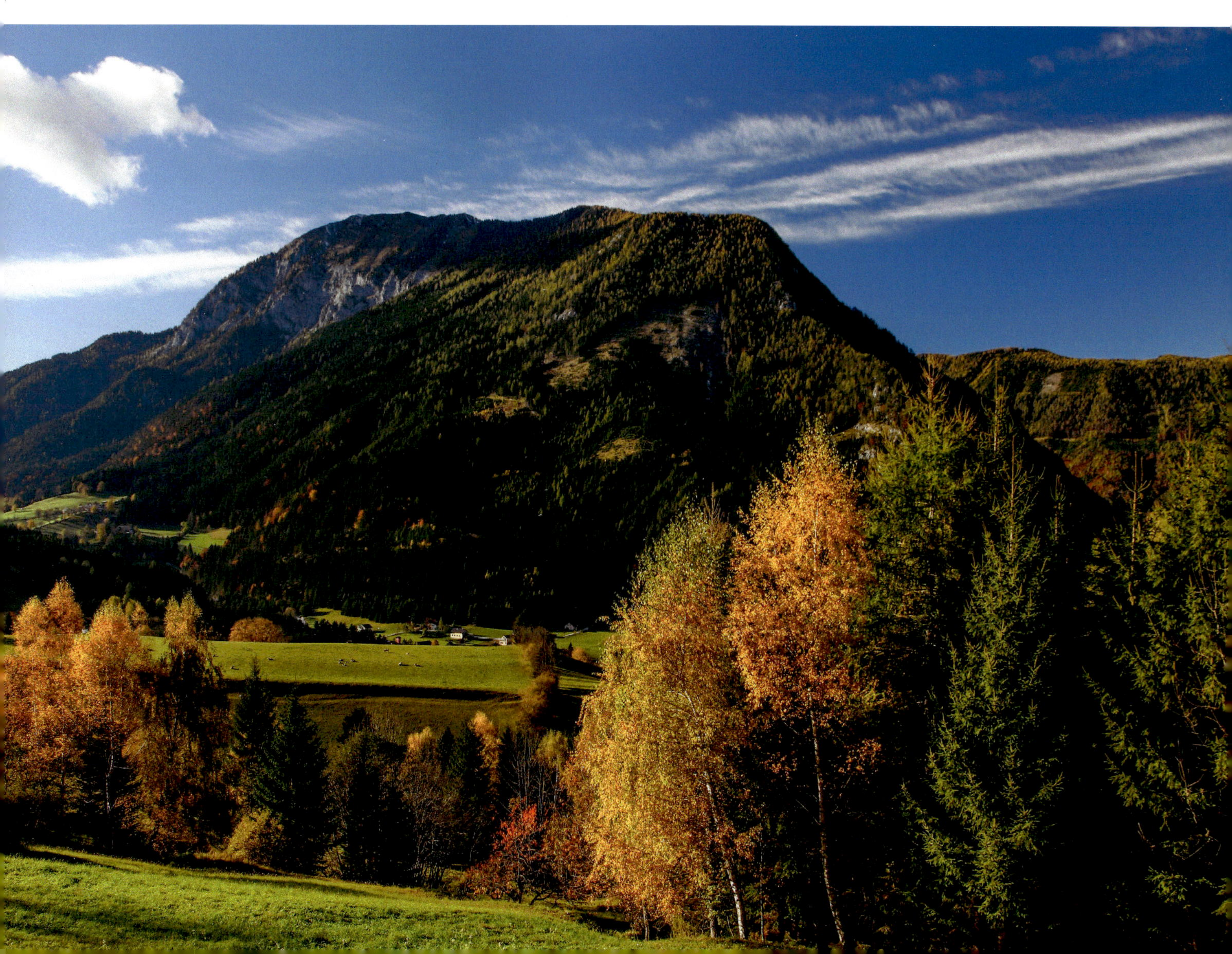

Wettersturzes, den ein Mittelmeertief freilich schon mal bringen könnte. Das ist just geschehen, als ich mich von Zell-Oberwinkel im Graben der Ribnitza zum Ferlacher Horn aufmache. Beim Streifen der Lärchenzweige rieselt zunächst noch der Pulverschnee herab, wandelt mit den wärmenden Sonnenstrahlen jedoch bald seine Phase und tropft zu Boden. Erst zuletzt wird der Westrücken freier, um schließlich in einem famosen Aussichtspunkt zu kulminieren. Wie in Watte gehüllt wirken die Niederungen heute, während das Gebirge glasklar im weißen, frühwinterlichen Gewand posiert.

Zu den bekanntesten Bergen Südkärntens zählt der Hochobir. Ziemlich isoliert ragt er zwischen den tiefen Taleinschnitten von Vellach und Freibach auf. »Gebrummt« hat es dort oben wohl bereits im Mittelalter, als damit begonnen wurde, die reichen Bleivorkommen auszubeuten. Zeitweilig förderten einige hundert Knappen in knochenharter Arbeit den begehrten Rohstoff zutage. Und

GRENZWEGE

Heutzutage sollen Grenzen in Europa keine trennenden Barrieren mehr darstellen. Gerade als Bergsteiger in den Karawanken kann man sich ja öfters von hüben und drüben gegenseitig zum Gipfelerfolg gratulieren.
Ein gemeinsames Projekt Österreichs und Sloweniens stellt der »Weg der Alpenkonvention« rund um die Koschuta dar – ein gelungenes Beispiel zur Umsetzung des Alpenkonventionsprotokolls, das beide Staaten unterzeichnet haben und das auch der gesamten Initiative der Bergsteigerdörfer mit zu Grunde liegt. Auf der zweitägigen Tour lernt man nicht nur das Massiv von allen Seiten kennen, sondern auch einige unterschiedliche kulturelle Facetten. Als Stützpunkte dienen Koschutahaus sowie Dom na Kofcah, sprich die Unterkunft auf der slowenischen Kofce-Alm.
Eine interessante Option für Weitwanderer sind zudem Strecken auf dem Kärntner Grenzweg sowie dem Karawanken-Wanderweg 603, der wiederum in den großen Südalpen-Weitwanderweg 03 und die Via Alpina integriert ist (teilweise gleichlaufend). Auch diese Fernroutenentwürfe kann man im Sinne der Alpenkonvention und der Förderung eines sanften Tourismus verstehen. Der 603er traversiert, von Bad Eisenkappel kommend, die Südseite des Obirs, führt anschließend von Zell-Schaida ins Koschutniktal hinein und überschreitet den Mejniksattel zum Koschutahaus. Nach Abstieg Richtung Zell-Pfarre geht es am Freiberg vorbei und über den Jauernik ins Waidischtal, von wo die Überschreitung des Ferlacher Horns in Angriff genommen wird. Mit dem Abstieg ins Loibltal entfernt man sich aus dem Einzugsgebiet von Zell und kann die Tour nach Belieben Richtung Klagenfurter Hütte fortsetzen. Sind die Anforderungen hierbei relativ moderat, weist der Kärntner Grenzweg insbesondere am Sockel der Koschuta anspruchsvollere Traversen auf.

Am Kärntner Grenzweg: die Felsabbrüche der Dicken Koschuta, umringt von goldgelben Lärchen. Wer den vorderhand schroffen Gipfel auf der Normalroute besteigen möchte, muss über die Mela ein Stück auf slowenisches Gebiet ausholen.

nebenbei entdeckte man 1870 auf Eisenkappler Seite die Obir-Tropfsteinhöhlen, die sich zu einem Touristenmagneten entwickelten. Als Wanderlustige den aussichtsreichen Berg mittlerweile für sich entdeckt hatten, funktionierte der Österreichische Touristenklub (ÖTK)) eines der Knappenhäuser in eine erste touristische Unterkunft um. Das Rainer-Schutzhaus überstand allerdings den Zweiten Weltkrieg nicht und ist heute nur noch als Ruine 20 Minuten unterhalb des Gipfels zu erkennen. Auch die 1846 (!) eingerichtete Wetterstation zuoberst wurde damals leider zerstört. Was alle Zeiten freilich überdauert, ist das großartige Panorama, das oft Scharen von Wanderern auf den Hochobir lockt. Begünstigt wird dies durch die Mautstraße zur Eisenkappler Hütte, mit der sich der Gipfelaufstieg auf nur zwei Stunden reduzieren lässt. Da hat man es am alten Simon-Rieger-Steig vom Schaidasattel zwar etwas weiter, aber bedeutend ruhiger. Und spätestens wenn sich der Bergwald irgendwann lichtet und sich das Kulissenbild von Koschuta, Steiner Alpen und Co. immer prächtiger entfaltet, wird man den Obir auch schätzen gelernt haben.

Den Freiberg, slowenisch Setiče, besteige ich bei einem stimmungsvollen Wolkenhimmel. Na ja, um ehrlich zu sein, schaut zunächst alles recht verhangen aus. Aber der Hausberg von Zell-Pfarre ist weder eine komplizierte noch eine lange Tour – ich kann mir also Zeit lassen. Erste Flecken von Himmelsblau schimmern durch, als ich den Wald allmählich hinter mir lasse und die windzerzausten Lärchen am weitläufigen Gipfelrücken passiere. Sie muten fast wie Gespenster an. Gleichsam unschlüssig ziehen die Wolken heute hin und her. Doch gegen das Klagenfurter Becken hin zeigen sich allmählich größere Lücken, richtige Wolkenfenster, die den Blick auf ein weites Land freigeben. Nur das Schaustück schlechthin, die Koschuta, verbirgt sich nach wie vor hartnäckig, womit ich mich fast schon abfinde, bis nach fast drei Stunden Gipfelrast der Vorhang doch noch aufgezogen wird. Manchmal zahlt sich Geduld eben aus …

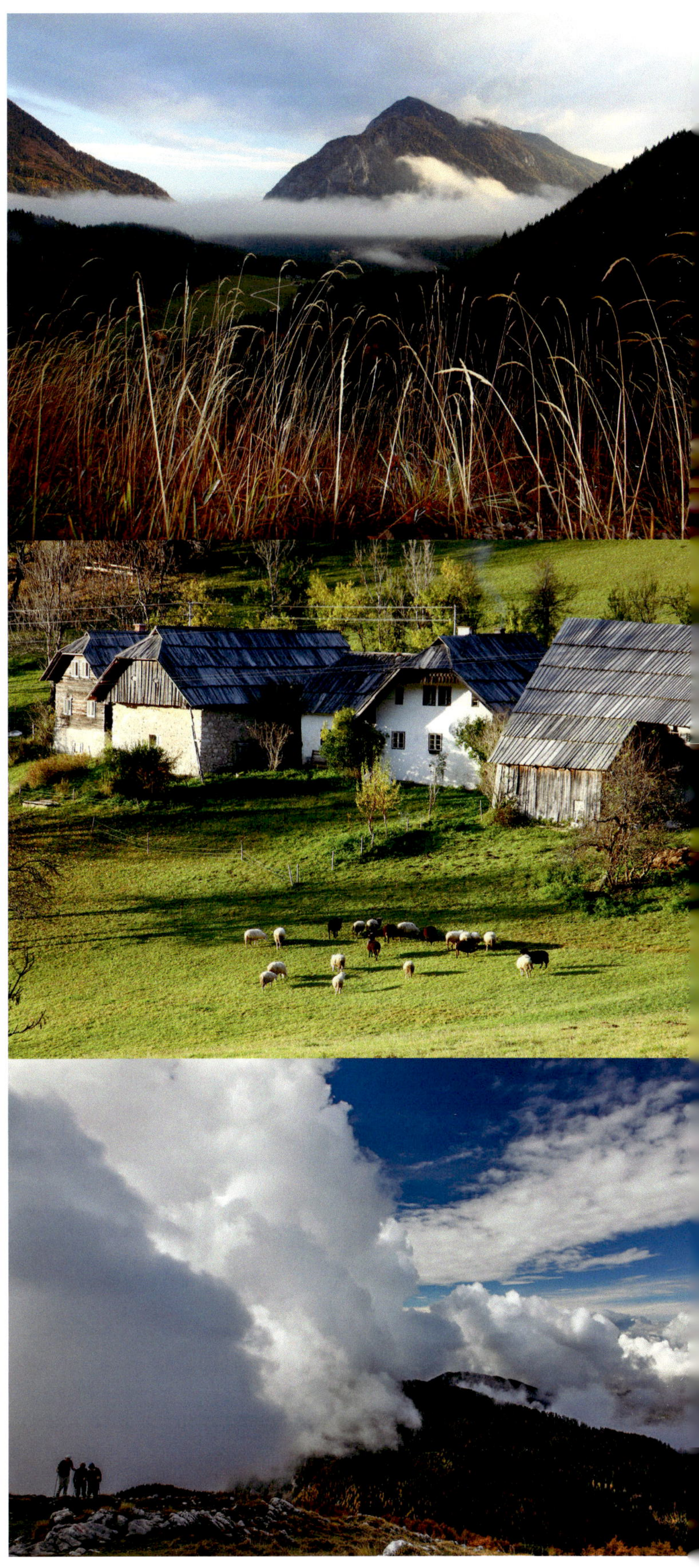

Oben: Der Hochobir gehört zu den bekanntesten und meistbestiegenen Bergen der Karawanken.
Mitte: Malerisches Gehöft in Zell-Schaida, wie es typisch für die slowenisch geprägte Gegend ist.
Unten: Wolkenwalzen am Freiberg – ob der Vorhang noch aufreißt?

ZELL (SELE)

Lage: Die Streusiedlung Zell, slowenisch Sele, erstreckt sich in einem heiteren, West-Ost-gerichteten Hochtal in den Karawanken, abseits größerer Durchgangsrouten. Der Hauptort mit Kirche und Schule heißt Zell-Pfarre (948 m). Nur rund 600 Einwohner leben in der kleinen Kärntner Gemeinde, wovon sich die Mehrheit zur slowenischen Volksgruppe bekennt.

Anreise: Über A10 und A11 bis Ausfahrt St. Jakob im Rosental, auf der B85 nach Ferlach und weiter über die Landesstraße nach Zell. Von Klagenfurt ebenfalls über Ferlach, aus Richtung Graz hingegen über die A2 und etwas verwinkelte Routen, z. B. ab Ausfahrt Grafenstein über Gallizien.

Öffentliche Verkehrsmittel: Bahnverkehr über Klagenfurt bis Ferlach, von dort mit dem Bus der Kärntner Linien nach Zell.

Informationsbüro: Tourismusinfo, Gemeindeamt +Zell-Pfarre 75, A-9170 Zell – Sele, Tel. +43/(0)4227/7210, www.zell-sele.at.

Hütten: Koschutahaus (1280 m), TVN, Ende Mai bis Ende Oktober, 50 Schlafplätze, Tel. +43/(0)4227/7110. Eisenkappler Hütte (1553 m), ÖTK, Anfang Mai bis Ende Oktober, 29 Schlafplätze, Tel. +43/(0)4238/8170 oder +43/(0)664/2824203.

Karten: Freytag & Berndt, 1:40.000, Blatt 234. Kompass, 1:50.000, Blatt 65. Österreichische Karte, 1:50.000, Blätter 4113 und 4114.

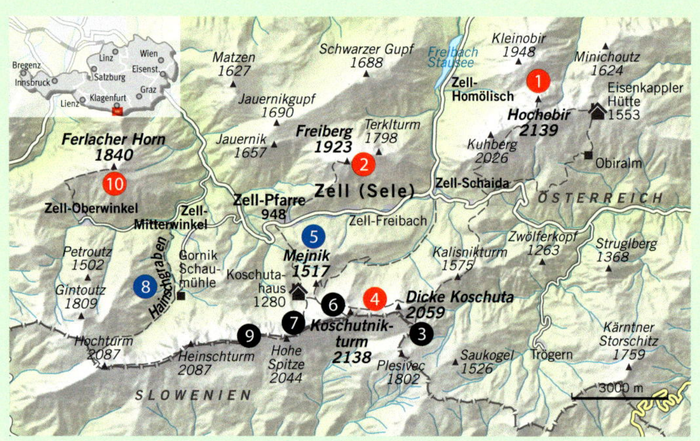

Touren-Highlights

1 Hochobir (2139 m)
Einer der Paradegipfel der Karawanken, gilt seit Langem als Aussichtsloge von Rang. Vom Schaidasattel über den Simon-Rieger-Steig (ab 1800 Meter freies Gelände) gut 3 Std. Abstiegsvariante über die Eisenkappler Hütte, von dort zur Obiralm und in etwas langwieriger, aber durchaus reizvoller Traverse zurück zum Schaidasattel, insgesamt 6½ Std.

2 Freiberg (1923 m)
Logenplatz vor dem Karawanken-Hauptkamm mit Traumblick über das Zeller Hochtal zur Koschuta. Üblicher Anstieg von Zell-Pfarre über das Užnik-Kreuz, über weite Strecken bewaldet mit viel Wurzelwerk, aber meist nur mäßig steil, 2¾ Std.

3 Mela – Dicke Koschuta (2059 m)
Geologisch interessante Exkursion in einen wildzerklüfteten Kessel (dort Trittsicherheit wichtig, nicht bei Schlechtwetter begehen!) und weiter relativ leicht auf den östlichsten Gipfel der Koschuta. Aus dem Koschutniktal via Potoksattel bis an den Rand der Mela 1¾ Std., zum Gipfel 3½ Std.

4 Koschuta-Höhenweg
Landschaftlich eindrucksvolle Traverse am Nordsockel der Koschuta entlang, weithin durch Geröllhalden, ab und zu auch bewachsen. Start in Zell-Schaida bzw. günstiger im Koschutniktal, dann Zustieg zum Potoksattel. Das Kernstück der Tour führt zum Mejniksattel, von wo man wieder ins Koschutniktal zurückkehren oder den Weiterweg bis zum Pischenzasattel einschlagen kann (ebenfalls recht ruppig, anschließend aber etwas umständliche Rückkehr zum Ausgangspunkt). Normalprogramm gut 4½ Std.

5 Mejnik (1517 m)
Bewaldeter Bergrücken vor dem zentralen Koschutazug mit interessanten Einblicken in die Wandfluchten. Spritztour vom Koschutahaus aus, über den Mejniksattel 45 Min., ab Zell-Pfarre 2 Std. Oder durchs Koschutniktal (weithin Forststraße) in 2 Std.

6 Koschutnikturm (2186 m)
Hauptgipfel der langen Koschutakette mit einigen Kletteranstiegen. Als Normalroute ist der gesicherte ÖTK-Steig

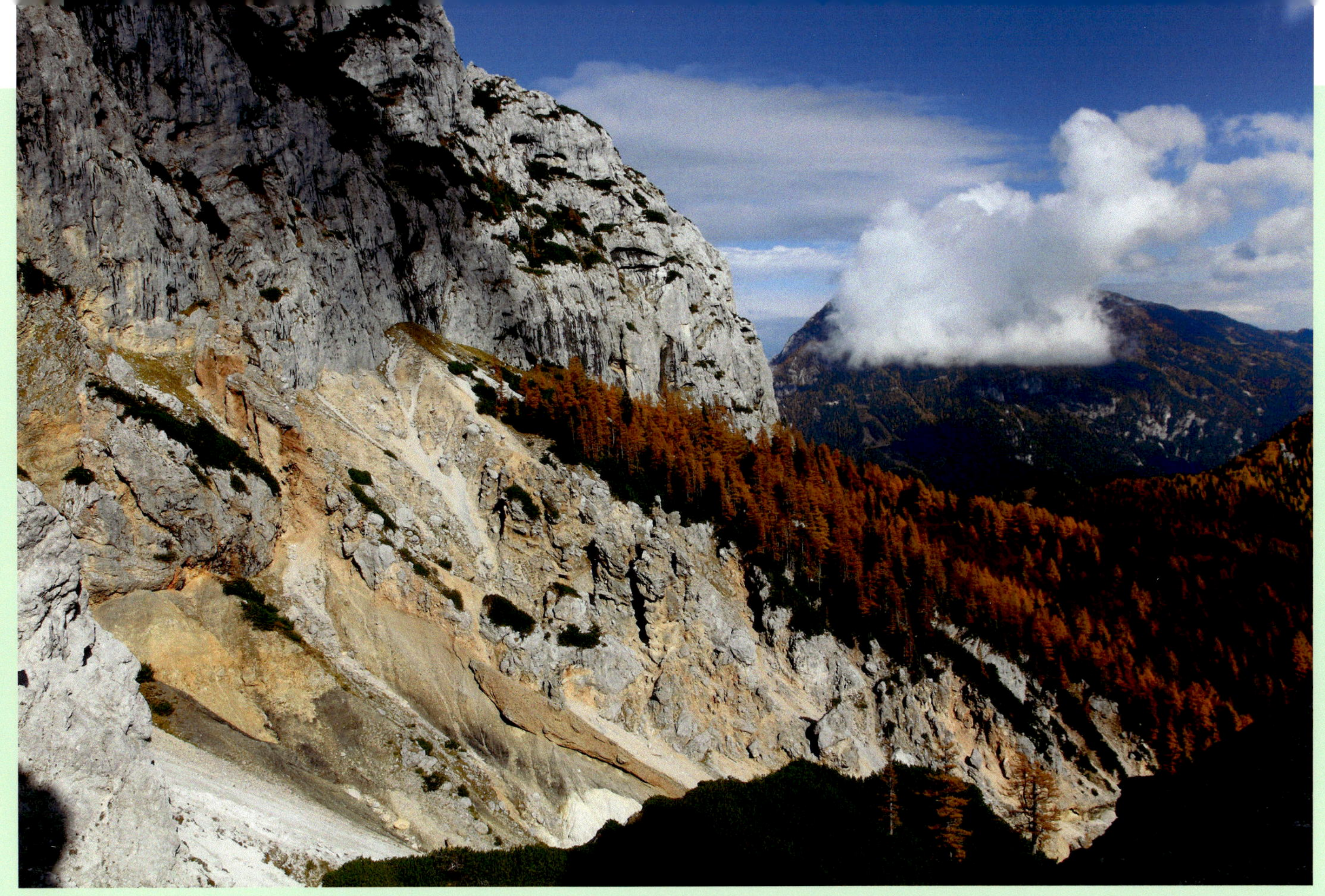

Eine der spannendsten Karawanken-Touren führt in die Mela, wo der Baumeister Natur einen wilden Erosionskessel hinterlassen hat. Hier »begreift« man Erdgeschichte gleichsam hautnah.

in Gebrauch, vom Koschutahaus über Mejniksattel und steile Geröllfelder, dann klettersteigartig (maximal B/C) zur Westschluchtscharte und zum höchsten Punkt, 3 Std. Abstieg auf gleicher Route; die Ostschlucht erscheint wegen extremer Steinschlaggefahr nicht ratsam.

7 Lärchenturm-Klettersteig (1965 m)
Der ehedem schwierigste Karawanken-Gipfel – vom Koschuta-Hauptzug geringfügig nach Norden abgesetzt – ist nun mit einem knackigen Klettersteig (Grad D) erschlossen. Nur für Erfahrene geeignet! Vom Koschutahaus auf den Gipfel ca. 2½ Std. Ebenfalls anspruchsvoll ist der Abstieg über Lärchenberg, Breitwand und Kainradlturm zum ÖTK-Steig am Koschutnikturm (I und B/C), alternativ auch über den Lärchenrücken (bis II).

8 Hainschgraben
Urtümliches Seitental der Ribnitza (Zell-Oberwinkel), das mit einem Wasser-Erlebnisweg aufwartet. An Gumpen, Klammen und Wasserfällen vorbei einwärts bis zur Gornik-Schaumühle, ca. 1 Std. Rückweg gleich oder über das Anwesen Žiher und den Weiler Travnik (Zell-Mitterwinkel).

9 Koschuta-Längsüberschreitung
Sehr ausschweifende Grattour über den größten Teil der Koschuta, ausgehend vom Hainschgraben (siehe oben), ab Hainschsattel dann stets im Kammbereich über Hochturm, Hainschturm, Hohe Spitze, Lärchenberg und Breitwand zum Koschutnikturm. Gehgelände, Kletterstellen im I. Grad und gesicherte Passagen wechseln. Abstieg über den ÖTK-Steig oder Fortsetzung über die Dolga njiva und die Mela. Unterbrochen werden kann die Tour mit Zwischenabstieg zur slowenischen Planina Kofce (1488 m), wo sich eine Unterkunft befindet.

10 Ferlacher Horn (1840 m)
Gipfel im vorderen Teil der Karawanken, der auf zwei Wegen erreicht werden kann (allerdings umständlich kombinierbar). Am besten von Zell-Oberwinkel Richtung Franzlbauer und auf Waldsteig zum Westkamm, der gipfelwärts leitet. Etwas Trittsicherheit vorteilhaft, im Aufstieg 3 Std.

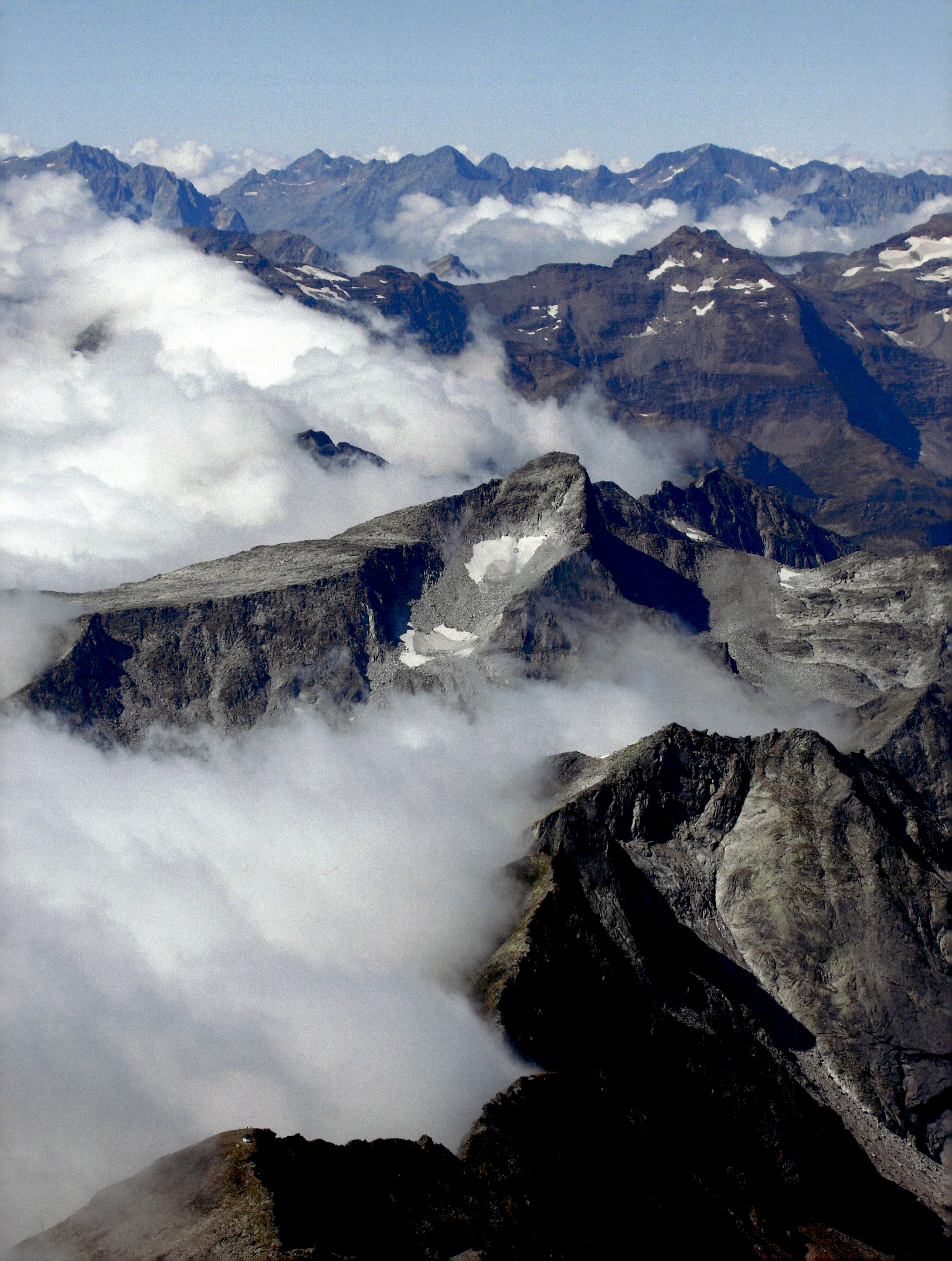

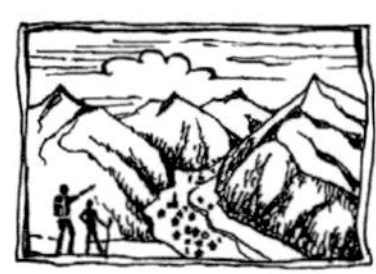

MALLNITZ

Mallnitz, das Dorf am Südportal der Tauernschleuse: Hier hat der mächtige Wall des Alpenhauptkamms ein Loch. Binnen eindreiviertel Stunden ist man von Salzburg-City vor Ort und kann in Kärnten bergsteigen. Im herrlichsten Urgestein! Denn Mallnitz ist auch ein Tor zum Nationalpark Hohe Tauern, der den größten Teil des Gemeindegebiets umfasst. Es besitzt den Status eines heilklimatischen Kurorts, gehört zu den »Alpine Pearls«, einer Kooperation zur Förderung der Mobilität unabhängig vom eigenen Auto, und nicht zuletzt zu den Bergsteigerdörfern. Allerhand Auszeichnungen also!

Oberhalb der Häusleralm lädt eine Terrasse zum Panoramaschauen ein. Drei Tafeln befinden sich hier – ausgerichtet auf die drei Hochtäler, die von Mallnitz aus in die Bergwelt der Hohen Tauern hineingreifen. Noch in der Dämmerung bin ich heute aufgebrochen, hab zunächst vom Margarethen-Pavillon einen Rückblick auf die Dachlandschaft des Orts geworfen und bin dann flotten Schrittes Richtung Waldgrenze weiter. Am Hauptkamm krallen sich ein paar Wolken fest, doch der lebhafte Tauernwind sorgt für einen traumhaft blanken Himmel über Kärnten. Wieder einmal bestätigt sich die klassische alpine Wetterscheide, die schon manchen Reisenden nach der Fahrt durch den Eisenbahntunnel verblüfft hat.

Nun blicke ich ins große, prächtig aufgeschlossene Halbrund – angefangen beim Tauerntal ganz links. Die Augen schweifen über die Skyline des Hauptkamms und bleiben unweigerlich am Ankogel hängen. Den Mallnitzer Paradeberg, stolzer Wächter über dem Seebachtal, führen wir uns später noch zu Gemüte! Genau in östlicher Richtung – jetzt im morgendlichen Gegenlicht – befindet sich mit dem Dösener Tal die dritte, nicht minder reizvolle Geländekammer. Man kann es kaum erwarten, dies alles kennenzulernen! Heute allerdings geht es zunächst zum Lonzaköpfl hinauf, um eine Etage höher noch schönere Ausblicke zu erhaschen. Bereits in wenigen Stunden soll die nächste Kaltfront eintreffen – die fast schüchternen Wolkengebilde an den Spitzen zwischen Gesselkopf und Ankogel versteht der Kenner bereits zu lesen …

Die Wetterküche am Tauern-Hauptkamm erzeugt eine urweltliche Szenerie.

VON DER RÖMERSTRASSE ZUR TAUERNBAHN

Dass die Tauern – das Wort bedeutet ursprünglich so viel wie Pass und bezieht sich auf ebendiese Übergänge – schon in vorchristlicher Zeit als Handelsrouten genutzt worden sind, gilt durch archäologische Fundstücke als belegt. Die Römer bauten die Strecken über den Korntauern und Mallnitzer Tauern sogar richtiggehend aus. Heute erinnert der Kulturwanderweg Römerstraßen daran. Doch die eigentliche Geschichte unseres Orts beginnt wohl mit den Slawen, die sich ab dem 6. oder 7. Jahrhundert im Mölal niederließen. Denn der Name Mallnitz ist slawischen Ursprungs. Bedingt durch den wachsenden Säumerverkehr und die Goldfunde in den Hohen Tauern erlebte die Region im Mittelalter einen wirtschaftlichen Aufschwung. Freilich ist dies ein allgemein beobachtbares Phänomen im Alpenraum, einhergehend mit einer günstigen Klimaphase. Die verschlechterte sich allerdings im Zuge der Kleinen Eiszeit von Anfang des 15. Jahrhunderts bis ins 19. Jahrhundert hinein, wodurch sich die Lebensbedingungen speziell in höher gelegenen Alpentälern wieder verschärften. Entscheidend für die neuzeitliche Entwicklung von Mallnitz war dann der Bau der Tauernbahn Anfang des 20. Jahrhunderts. Mit ihr kam der Tourismus und gleichsam eine neue Zeitrechnung! Immerhin ist diese Linie nach wie vor die einzige, die zwischen Brenner und Semmering den Alpenhauptkamm quert.

»Bahnhofsberge« hat sie mal jemand genannt, das bereits erwähnte Lonzaköpfl sowie den Auernig auf der anderen Seite. Denn diese Gipfel sind – bei nur zwei bis drei Kilometern Horizontaldistanz und rund 1000 Metern in der Vertikalen – ohne weitere Umschweife direkt von der Bahnsteigkante aus zu besteigen. Zum Auernig lässt sich gleichwohl die Bergstraße bis zur Wolliggerhütte nutzen und somit die ersten 400 Höhenmeter am Waldsockel einsparen. Das geht schon in Ordnung, schließlich ist der Auernig heute gar nicht mein eigentliches Ziel, sondern lediglich eine Durchgangsstation. So würdige ich die Vogelperspektive auf Mallnitz nur kurz und orientiere mich bald weiter Richtung Maresenspitze. Sie war mir in ihrer ausladenden, ebenmäßigen Gestalt schon öfters ins Auge gestochen und damit unweigerlich auf der imaginären Wunschliste gelandet.

Man hat nun einen weit abstreichenden Gratrücken vor sich, dessen äußerste Kanzel eben der bei Wanderern beliebte Auernig ist. Zur Maresenspitze wird das Feld der Anwärter deutlich ausgedünnt, immerhin braucht man nicht nur eine Portion mehr Trittsicherheit, sondern auch Luft für drei weitere Aufstiegsstunden. Felsigen Hindernissen weicht der Steig teilweise seitlich aus, vor allem am Törlkopf, nicht jedoch im Bereich der Kleinen Maresen, wo die Hände ein wenig helfen müssen. In der breiten Gipfelflanke lavieren Markierung und Steigspuren dann etwas unübersichtlich durchs Blockschuttgelände, leiten hinaus zur Kante und über einen Vorgipfel auf den schmalen Schlussgrat: buchstäblich ein krönendes Finale!

Natürlich kommt auch aus dieser Perspektive die ganze Mallnitzer Gebirgsumrahmung mit den drei Talkesseln bestens zur Geltung. Wanderer, die sich drüben ins Tauerntal begeben, haben meist die Hagener Hütte zum Ziel. Einen Stützpunkt an der historisch bedeutsamen Stelle des Mallnitzer (Niederen) Tauern zu erschaffen, war der alpenfernen Sektion Anfang des 20. Jahrhunderts ein Anliegen. So konnte man mit Zulauf von Nord und Süd rechnen, hatte ein wichtiges Etappenziel auf der Tauern-Durchquerung und gleichzeitig einen landschaftlich attraktiven Standort. Freilich ist es auch ein ziemlich zugiges Eck dort oben auf der Kammhöhe …

DREI GEBIRGSKAMMERN

Manch einer fasst vielleicht noch einen Gipfel ins Auge, vornehmlich den Vorderen Gesselkopf, der die magische 3000-Meter-Marke knapp verfehlt und somit – leider oder vielleicht sogar zum Glück! – wenig Renommee besitzt. Eine Markierung trägt auch der gesamte Kammverlauf von der Feldseescharte über das Böseck bis hinüber zum Lonzaköpfl. Was in der Karte als Westerfrölkeweg aufscheint, verheißt einen spannungsvollen Gang auf der Höhe, wird allerdings tatsächlich eher selten unter die Sohlen genommen: zu lang und zu knifflig für den Durchschnittswanderer, der sich nicht auf die mickrige Böseckhütte als Notunterschlupf einlassen möchte. Ich muss gestehen, dass ich mich dort auch noch nicht umgetan habe, womit freilich noch eine Rechnung offen ist …

Die Fraktion der Gemütlichen ist wohl lieber im Seebachtal unterwegs. Ein kleiner Spaziergang nur, und man hat dort bereits sein Wunschidyll gefunden. Mit dem Stappitzer See vermag Mallnitz sicher jeden Werbeprospekt reizvoll aufzumachen. Eine Gehstunde weiter – am Ende des Naturlehrwegs und am letzten lieblichen Fleck – lockt die Schwussnerhütte zur Jause. Dahinter wird das Seebachtal wild, bietet bis hinein in den Lassacher Winkel, der von der mächtigen Hochalmspitze abgeriegelt wird, gar keinen offiziellen Weg mehr, zumindest nicht im Taltrog. Hier gibt's keine Kompromisse; die Devise kann nur lauten: aufwärts oder retour!

Da gestaltet sich eine Wanderung im Dösener Tal ausgewogener. In mehreren Geländestufen steigt es gegen den Dösener See an, bilderbuchmäßig eingefasst von typischen Tauernbergen. Das Arthur-von-Schmid-Haus an der Schwelle ist somit ein Ziel ganz nach dem Geschmack der meisten Aktivurlauber – Ambitioniertere lassen sich darüber hinaus vom Säuleck gern zu einem Seitensprung ins Dreitausenderniveau verführen. Und man höre und staune:

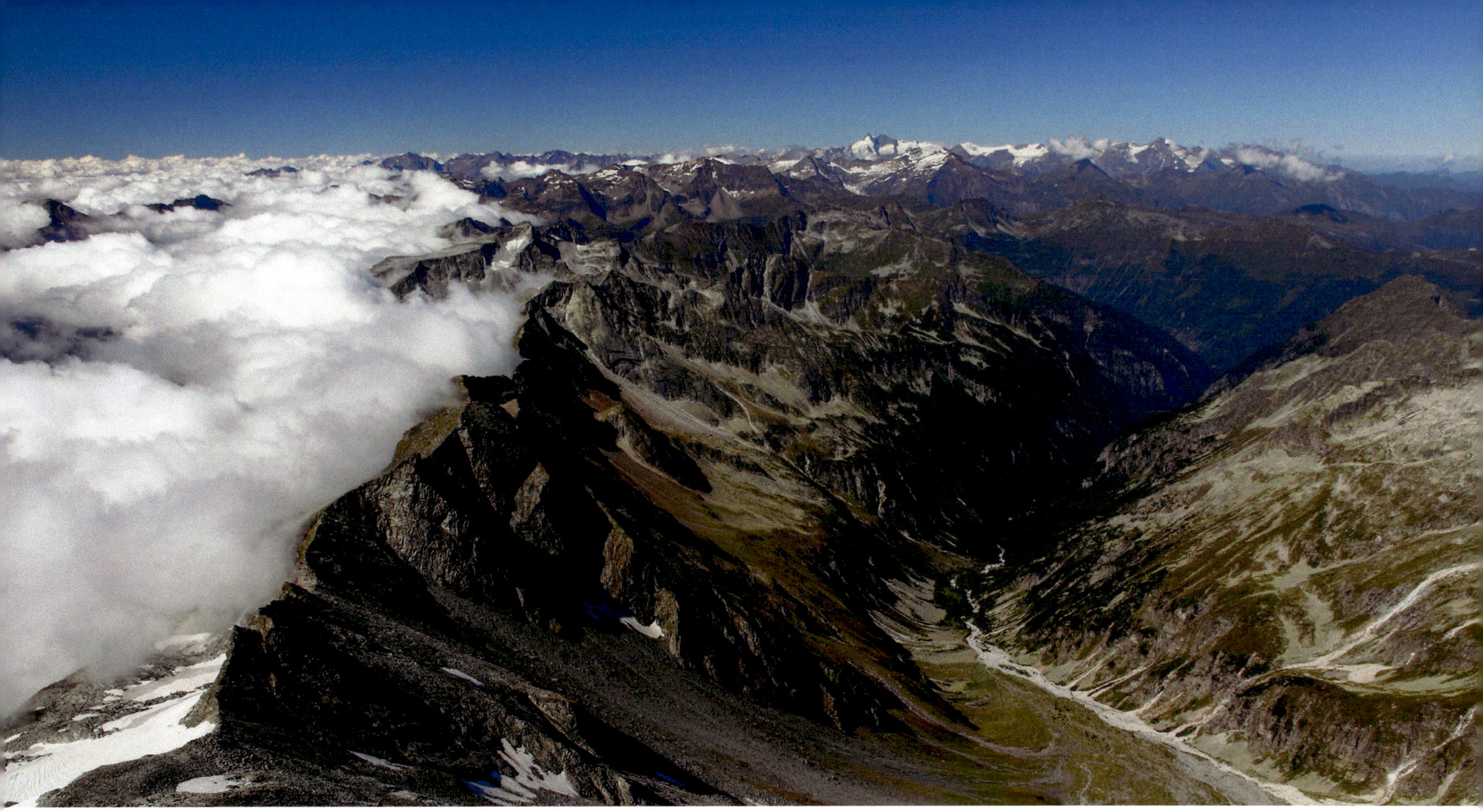

Bergsteiger, die nach Mallnitz kommen, haben häufig den Ankogel im Sinn. Vom Gipfel blickt man entlang der Tauernkette ins Anlauftal (oben) sowie hinüber zur formschönen Maresenspitze (unten).

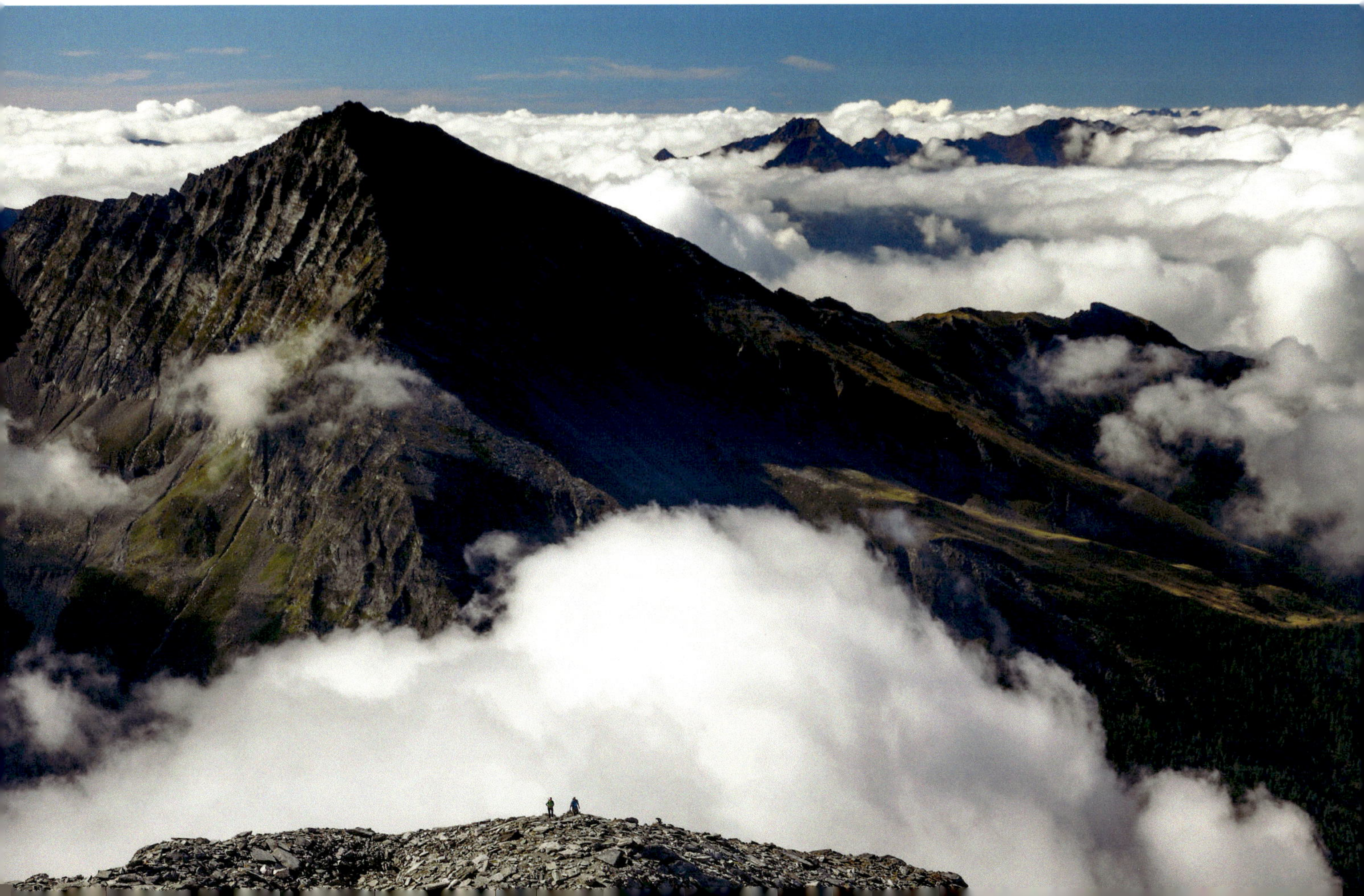

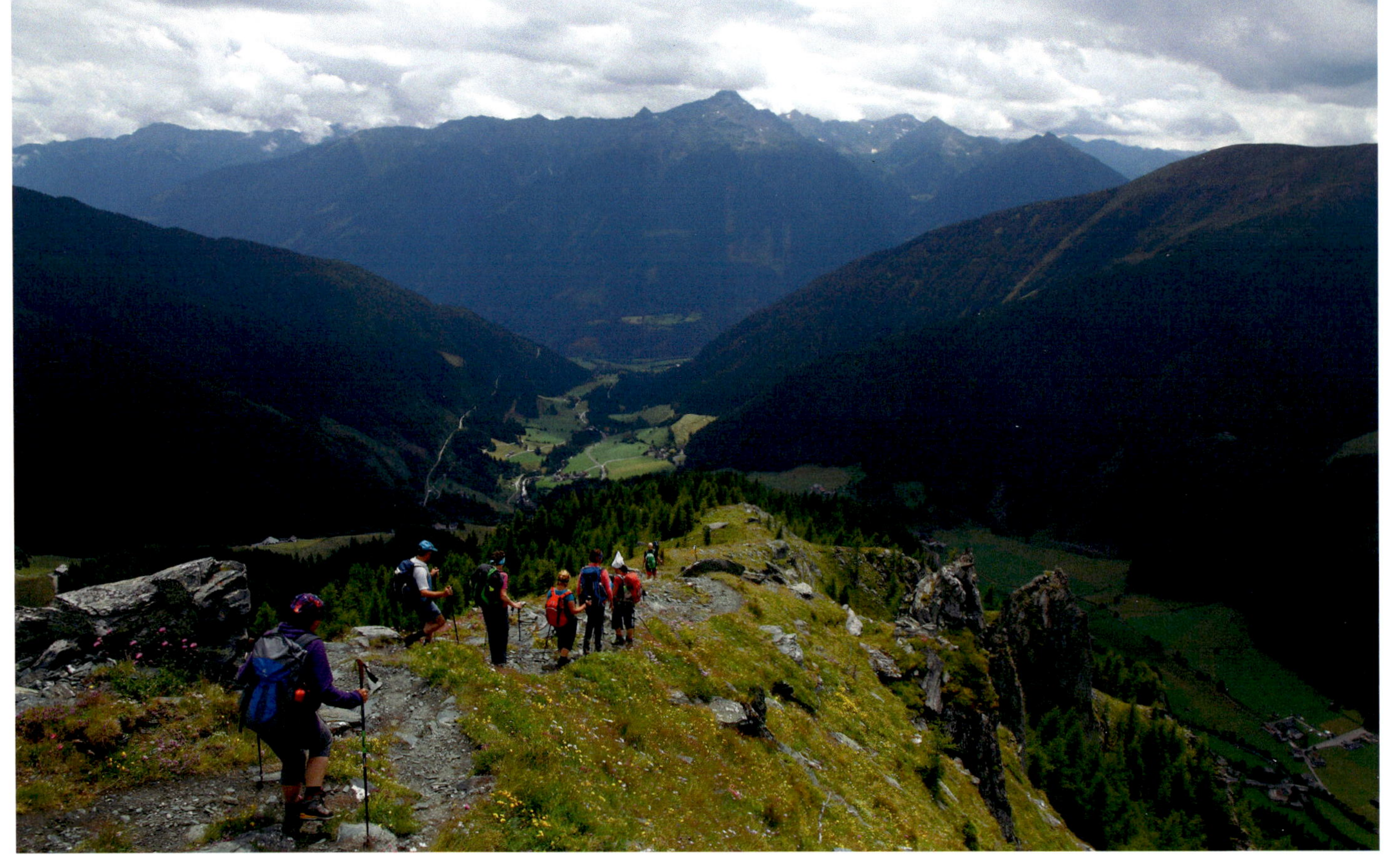

Erster Hausberg: Der Auernig gehört zu den viel besuchten Wanderbergen im näheren Umkreis von Mallnitz. Im Hintergrund erscheint die Kreuzeckgruppe.

Der ehedem despektierlich »Damendreitausender« genannte Hausberg lockt seit rund zehn Jahren sogar Ferrata-Fans ins hintere Dösener Tal, nachdem Wolfi Schupfer eine steile Linie in der Südwand eingebohrt hat. Die anfangs etwas heruntergespielten Anforderungen lauten mittlerweile unmissverständlich: E – und damit der höchste Grad der Skala (sofern man das mancherorts betriebene, höchst fragwürdige »Pushing the Limits« geflissentlich außer Acht lässt).

STEINIGE TAUERNWEGE

Ein Klettersteig von rechtem Maß macht schon Spaß – doch, ehrlich gesagt, vergnüge ich mich meistens noch lieber auf irgendwelchen Höhensteigen, um die Landschaft gleichsam entschleunigt vorbeiziehen zu lassen. Das müssen keineswegs gemütliche Jochbummeleien sein, wie einem gerade in den Hohen Tauern auf Schritt und Tritt bewusst wird! Wer die Karte entlang des Tauern-Höhenwegs studiert, stößt kurioserweise zuhauf auf Städtenamen wie Duisburg, Hagen, Minden, Göttingen, Hannover, Goslar oder Osnabrück. Einfache Erklärung: Bei der Erschließung der östlichen Hohen Tauern taten sich vor allem norddeutsche Alpenvereinssektionen hervor. Mehr dazu auf Seite 131.

Die Verbindung zwischen Hagener Hütte und Hannoverhaus stellt dabei die Kernetappe in der Mallnitzer Gegend dar. An einem heißen Sommertag sind wir hier unterwegs, blicken landschaftstrunken über Höhen und Täler und verlieren viel Schweiß zwischen den allgegenwärtigen Blöcken. Man kann sich ausmalen, was es bedeuten muss, in solch steinigem Gelände Wegebau zu betreiben. Das gilt für die idealistischen Pioniere beim Alpenverein und erst recht für die Römer, deren Trasse wir unterhalb des Korntauerns ansichtig werden.

Ganz neu und modern steht das Hannoverhaus seit wenigen Jahren am Etschlsattel, weithin sichtbar an der Geländekante. Den bescheidenen Urbau hatten die Niedersachsen 1888 noch etwas unterhalb errichtet. Mit der steigenden Popularität der Hochtouristik insbesondere am

Ankogel zog man gut zwei Jahrzehnte später um, hinauf auf die sogenannte Arnoldhöhe, die dem rührigen Sektionsgründer und Chemiker Professor Carl Arnold gewidmet war: ein außergewöhnlicher Standort, spektakulärer noch als jener der Hagener Hütte. Arnold selbst fand seine letzte Ruhestätte übrigens in dem kleinen Mausoleum nebenan. Doch wir können uns vorstellen, dass in solchen Gefilden kaum für die Ewigkeit gebaut werden kann. So nagte am Hannoverhaus fast 100 Jahre lang die Unbill der hochalpinen Witterung, sodass sich die Sektion nach der Jahrtausendwende schließlich zu einem Neubau veranlasst sah. Man verließ die Arnoldhöhe nun wieder und fand einen Platz direkt am Tauern-Höhenweg – ohne Gipfelfeeling zwar, aber gleichwohl mit weiter Aussicht in den südlichen Halbkreis. Als wichtiger Etappenstützpunkt besitzt das Hannoverhaus zweifellos Existenzberechtigung – dass die unmittelbare Nähe zur Ankogelbahn Stil und Publikum jedoch maßgeblich beeinflusst, ist ein anderer Aspekt. Bescheidenheit war offenbar nicht die Intention der Bauherren; die Zeiten einer urigen Bergsteigerhütte scheinen damit vorbei.

Richtung Osnabrücker Hütte stellt der klassische Tauern-Höhenweg die Verbindung ins Revier des benachbarten Bergsteigerdorfs Malta her. Wer hingegen einen Bogen zurück nach Mallnitz schlagen möchte, kann dies in weit ausholendem Stil über den Celler Weg und die Lassacher Winkelscharte zur Gießener Hütte sowie anderntags via Mallnitzer Scharte zum Arthur-von-Schmid-Haus im Dösener Tal tun. Doch Obacht: Namentlich beim Aufstieg zur Lassacher Winkelscharte braucht man Biss und hochalpine Allround-Erfahrung. Griffiger Trittfirn oder blankes Eis geben den Ausschlag für die nötige Ausrüstung; durch die grimmige Rinne hinauf zur Scharte führt ein ernstzunehmender Klettersteig! Und im Umkreis der Gießener Hütte kann so mancher Schmelzwasserbach noch zur unverhofften Hürde werden.

DER TAUERN-HÖHENWEG

Faszination Hüttentrekking: den Niederungen des Alltags entfliehen, sich tagelang – vielleicht gar wochenlang – auf hohen Routen dahintreiben lassen und den Horizont sprichwörtlich erweitern … Der Tauern-Höhenweg durchquert der Länge nach alle unmittelbar am Alpenhauptkamm gelegenen Gebirgsgruppen der Hohen und Niederen Tauern und ist in den noch überregionaler gefassten Zentralalpenweg (Nummer 02) integriert. Damit zählt er zu den anspruchsvollsten Fernwanderrouten alpenweit, zumal man immer wieder mit hochalpinen Elementen hautnah in Berührung kommt. Gleichwohl treffen viele Etappen das normale Maß, wie man es von Touren von Hütte zu Hütte her kennt. Eine Eigenart der Tauern ist das besonders steinige, blockreiche Gelände. Es verlangt Trittsicherheit und gutes Koordinationsvermögen. In unserem Gebiet trifft der Tauern-Höhenweg aus Richtung Westen von der Duisburger Hütte über die Feldseescharte ein. Die Traverse leitet weiter durch die Ostflanke des Vorderen Gesselkopfs zur Hagener Hütte. Eine lange Etappe quer durch mehrere Karbuchten bis zum neuen Hannoverhaus wird durch die unbewirtschaftete Mindener Hütte auf halbem Wege etwas entschärft. Unterhalb des Ankogels entlang führt die Fortsetzung zur Großelendscharte, dem Übergang zur Osnabrücker Hütte, die sich schon im Einzugsbereich des Maltaltals befindet.

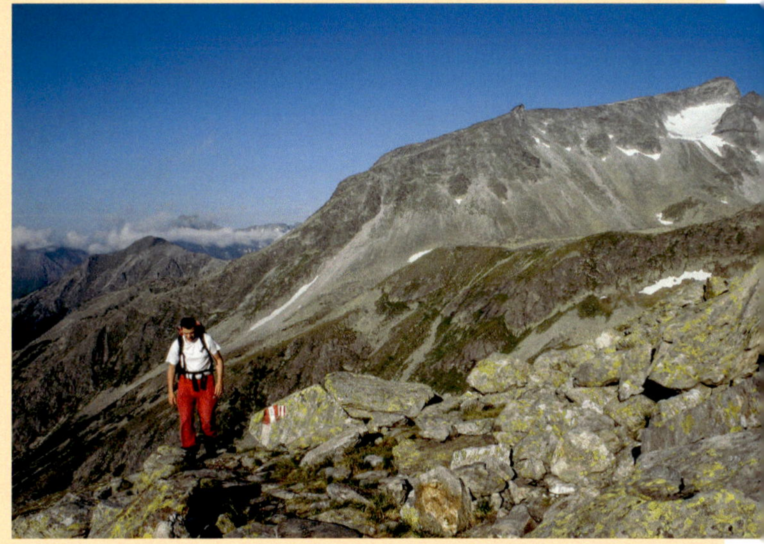

Passionierte Bergwanderer zieht es auf den aussichtsreichen Tauern-Höhenweg. Hier kann man sich tagelang durch eine steinreiche Urlandschaft treiben lassen. Diese Aufnahme entstand zwischen Mindener Hütte und Hannoverhaus.

MODE-DREITAUSENDER ANKOGEL

Von den vorgelagerten Bergen haben wir ihn bewundert, am Tauern-Höhenweg haben wir seine Südflanke gequert – nun soll der Ankogel als alpines Aushängeschild von Mallnitz auch erklommen werden! Ein Böcksteiner Almbauer war laut Überlieferung der Erste. Genaueres verbirgt sich im Dunkeln, doch die Zeit der kühnen Tat lässt aufhorchen. Als sich nämlich Peter Carl Thurwieser 1822 als Protagonist am Ankogel wähnte, wurde ihm verlautbart, dass der alte Patschg den Gipfel schon 60 Jahre früher aus dem Anlauftal erreicht und von großen Mühen und Gefahren berichtet hatte. Die offizielle Geschichtsschreibung blieb dabei, womit der Ankogel als erster von Menschen betretener Gletschergipfel der Alpen gilt. Thurwieser hielt indes das Finale am Gipfelaufbau fest: »Sein Anblick vermöchte auch den Muthigen zu erschrecken. Wir stärkten uns mit Wein und Brot und stiegen dann oder kletterten vielmehr den steilen Grat hinan, rechts und links in die ungeheure Tiefe hinabsehend«. Die allerhöchste Spitze brach übrigens 1932

Eine Tour auf das Lonzaköpfl zählt zu meinen schönsten Erinnerungen um Mallnitz. Auf Höhe der Häusleralm erhascht man erste tolle Ausblicke auf die stattlichen Berge am Hauptkamm.

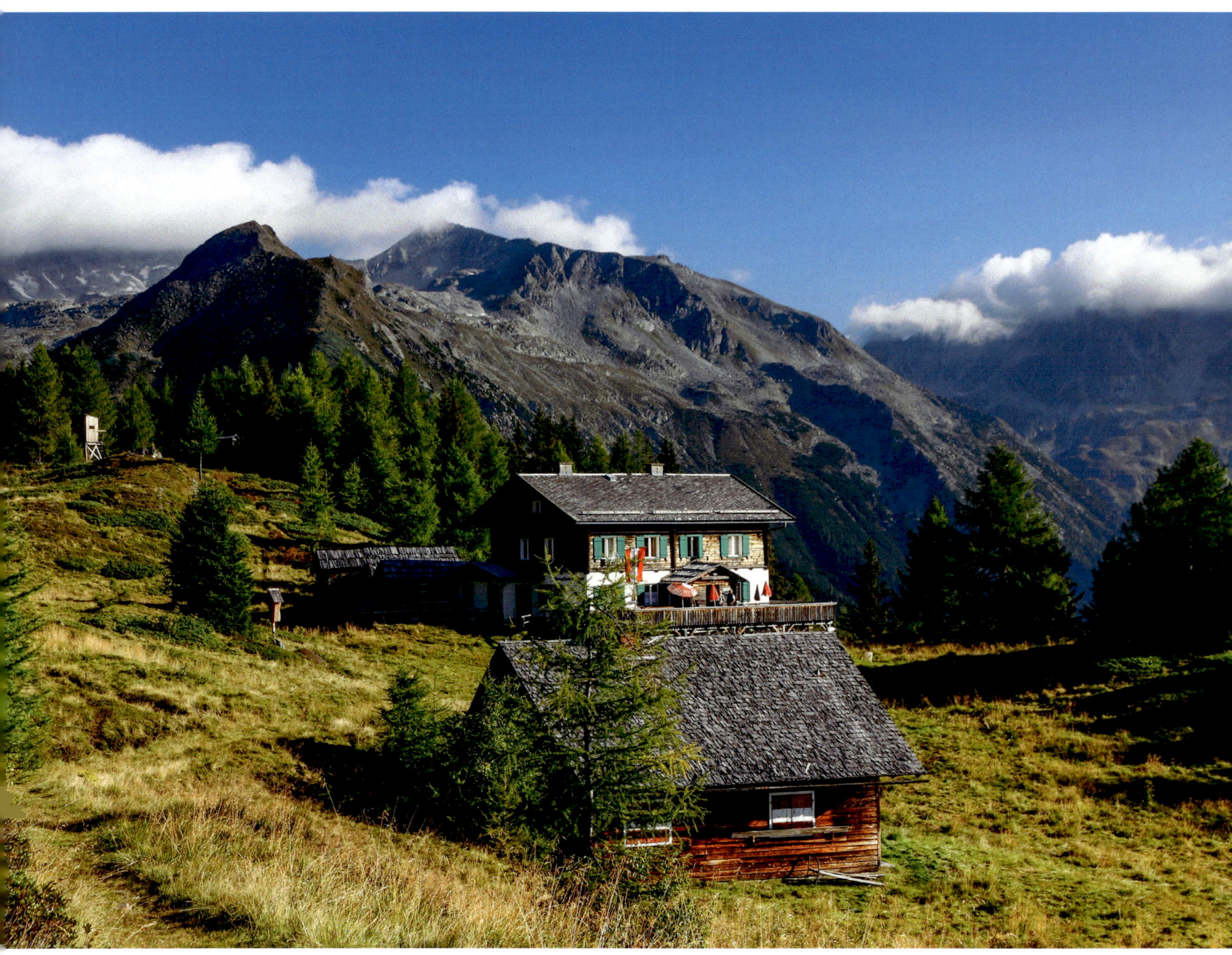

in Stücke und erniedrigte sich selbst um rund 16 Meter. Und das Verbliebene weckt ein wenig die Befürchtung, als könne sich solch ein Vorgang jederzeit wiederholen …

Ist man heutzutage am Ankogel unterwegs, kann man sich kaum noch in die Zeit der Pioniere zurückversetzen. Von den ersten zwei, drei Gondeln schwärmen bei Schönwetter meist zahlreiche Aspiranten aus – kaum zwei Stunden später stehen die Flotteren bereits am Gipfelkreuz. Zeiteffektivität ist Trumpf in unserer schnelllebigen Welt! Auf der Route des alten Patschg ist ohnehin schon lange niemand mehr unterwegs und auch die 2000 Höhenmeter aus dem Mallnitzer Seebachtal erlegen sich wohl nur wenige Puristen auf. Wem will man's verdenken? Jeder ist Erfüllungsgehilfe für sein eigenes, ganz persönliches Erlebnis. Ich kann das Meinige heute genießen, auch ohne schlechtes Gewissen ob des Startpunkts auf 2630 Metern Höhe. Das Nebelmeer reicht an diesem Septembertag ziemlich genau bis in diese Höhe herauf – darüber der reinste Sonnenglast und eine Stimmung gemäß Reinhard Meys Klassiker: »Über den Wolken …«

Oben am Kammrücken spannt sich das Panorama der Ankogelgruppe schließlich in ganzer Größe auf. Man erkennt die Lage von Mallnitz und die markante Biegung ins Seebachtal am Fuß des Ankogels.

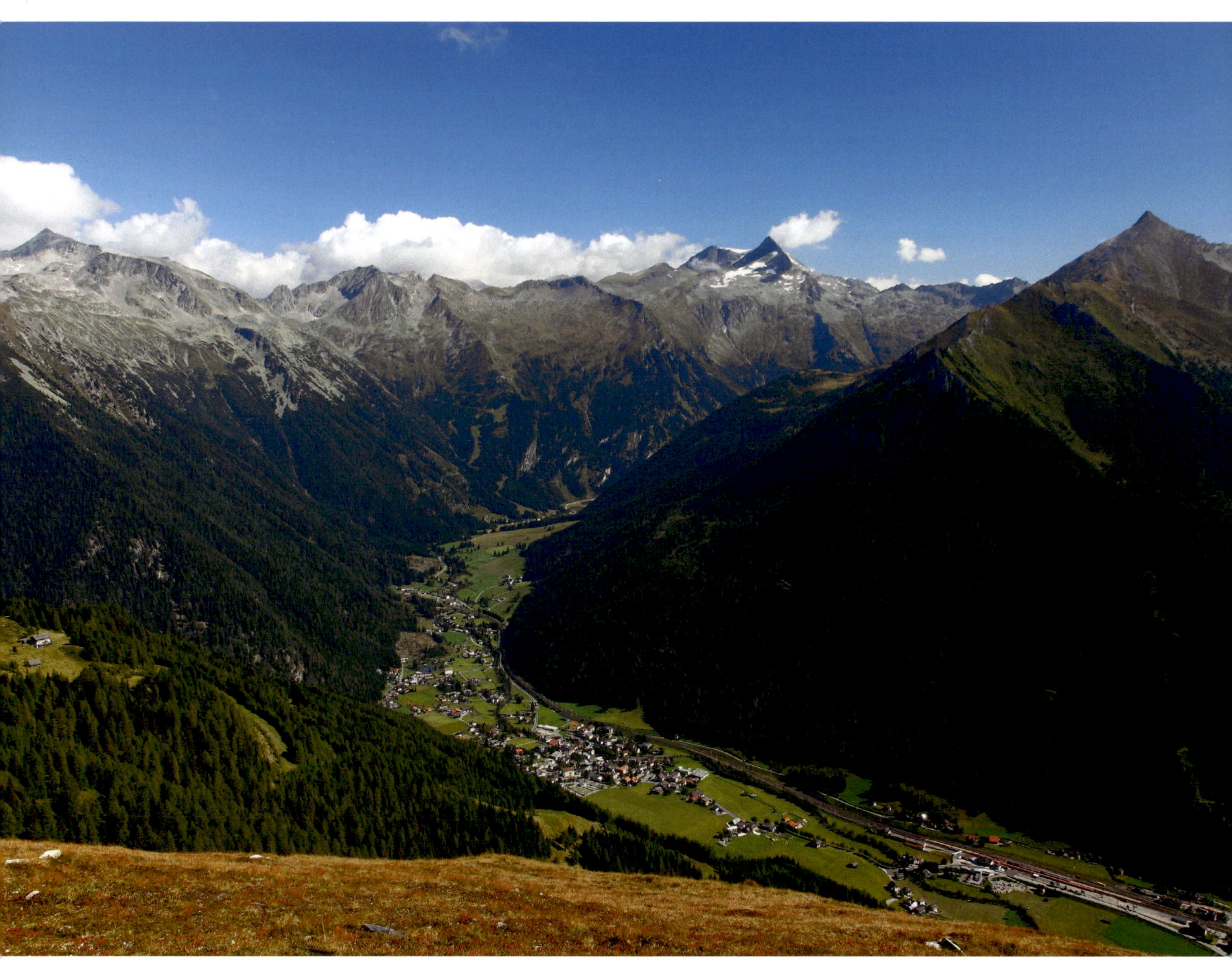

MALLNITZ

Lage: Mallnitz (1191 m) liegt in einem Seitental des Kärntner Mölltals am unmittelbaren Südabfall der Hohen Tauern (Ankogel- und Goldberggruppe). Hier findet die Autoverladung durch den Tauern-Eisenbahn-Tunnel statt. In der Gemeinde leben gut 800 Einwohner.

Anreise: Aus den Gebieten nördlich des Hauptkamms am besten über die A10 und die B311 ins Gasteinertal und durch dieses auf der B167 bis zur Autoverladung in Böckstein. Wenige Minuten später ist man auf der Südseite des Tunnels in Mallnitz. Alternativ bzw. speziell von Süden geht es über die A10 Richtung Lendorf, weiter via B100 und B106 ins Mölltal und ab Obervellach schließlich über die B105 zum Ziel.

Öffentliche Verkehrsmittel: Mallnitz ist direkt ans Bahnnetz der ÖBB angeschlossen (Strecke zwischen Schwarzach-St. Veit und Villach).

Wanderbus: Der Nationalpark-Wanderbus fährt diverse Ausgangspunkte in der Umgebung an, Infos unter Tel. +43/(0)664/12178579.

Informationsbüro: Info- und Buchungscenter Mallnitz, Nr. 11, A-9822 Mallnitz, Tel. +43/(0)4824/2700-40, www.mallnitz.at.

Hütten: Hagener Hütte (2448 m), DAV, Anfang Juli bis Ende September, 42 Schlafplätze, Tel. +43/(0)664/4036697. Mindener Hütte (2428 m), DAV, Mitte Juni bis Ende September für Selbstversorger, 12 Schlafplätze. Hannoverhaus (2565 m), DAV, Anfang Juli bis Ende September, 60 Schlafplätze, Tel. +43/(0)4784/21345. Celler Hütte (2237 m), DAV, Ende Juni bis Anfang Oktober für Selbstversorger, 10 Schlafplätze. Arthur-von-Schmid-Haus (2275 m), ÖAV, Anfang Juni bis Anfang Oktober, 91 Schlafplätze, Tel. +43/(0)664/1122827.

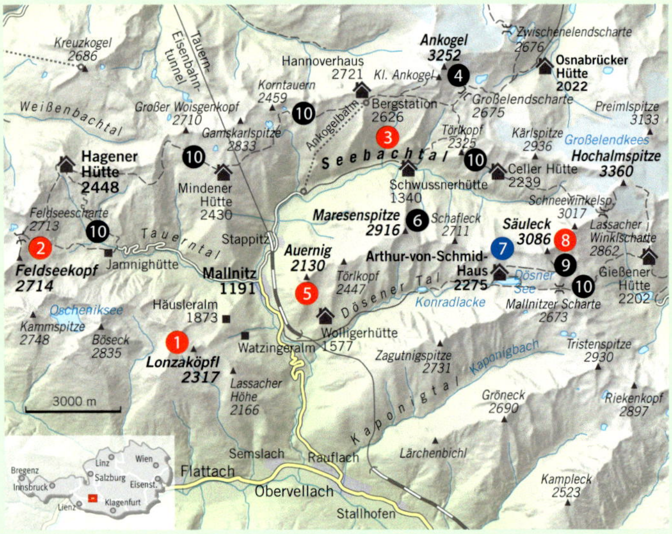

Karten: Alpenvereinskarte, 1:25.000, Blätter 42 »Sonnblick« und 44 »Ankogel – Hochalmspitze«. Freytag & Berndt, 1:50.000, Blätter 191 und 225. Kompass, 1:50.000, Blatt 49. Österreichische Karte, 1:50.000, Blatt 3228.

Touren-Highlights

1 Lonzaköpfl (2317 m)

Einer der näheren Hausberge von Mallnitz mit umfassendem Panorama. Normale Bergwege in Wald und Mattengelände, phasenweise recht steil, aber ohne größere Hindernisse. Von Mallnitz über die bewirtschaftete Häusleralm 3½ Std. Abstiegsvariante via Lassacher Höhe (schöner Kammrücken) und ggf. über die Watzingeralm.

2 Feldseekopf (2714 m) – Hagener Hütte (2448 m)

Tagfüllende Runde über dem Tauerntal, ausgehend vom Parkplatz bei der Jamnighütte. Zunächst auf dem Böningerweg zunehmend steil zur Feldseescharte, wo man auf den Tauern-Höhenweg (Abschnitt Hagener Weg) trifft. Nach Abstecher zum Gipfel geht es mit diesem zur Hagener Hütte und auf bequemem Weg zurück zur Jamnighütte. Insgesamt gut 7 Std.

3 Seebachtal – Pleschischg

Von der Talstation der Ankogelbahn bis zur Schwussnerhütte gemütliche Talwanderung auf einem Naturlehrweg (ca. 1½ Std.); Fortsetzung ins Pleschischg phasenweise steilerer Bergweg. Im Kar verzweigen sich die Routen Richtung Celler Hütte (lohnend bereits bis zur Kanzel am Törlkopf; bis hierher insgesamt gut 4 Std.), über die Großelendscharte und zum Hannoverhaus.

4 Ankogel (3252 m)

Bedeutendstes alpines Ziel rund um Mallnitz und wohl einer der meistbestiegenen Dreitausender Österreichs, zumal mit

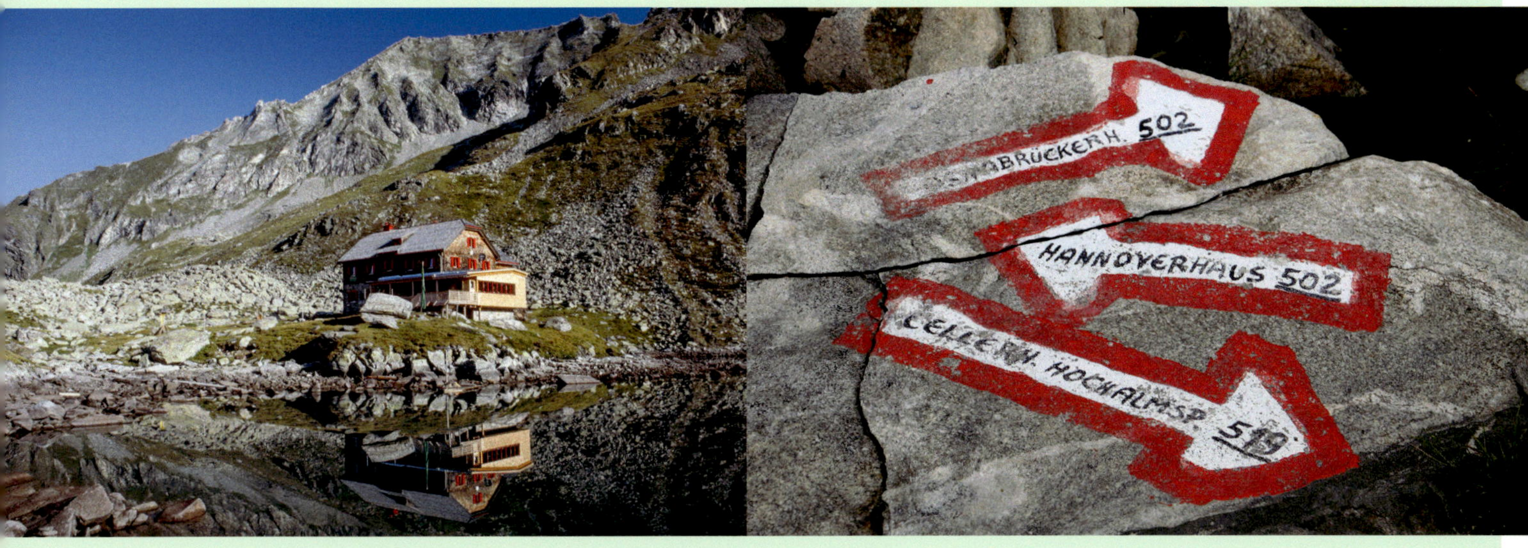

Am Dösener See empfängt uns das Arthur-von-Schmid-Haus, Stützpunkt unter anderem für das Säuleck. Im Pleschischg verzweigen sich die Höhenwege zu verschiedenen Hütten. Wer die Wahl hat …

der Ankogelbahn als relativ lockere Tagestour machbar. Von der Bergstation auf den Goslarer Weg, dann links in die Südwestflanke und über das Eisfeld des Lassacher Keeses auf den Grat zum Kleinen Ankogel. Am schwierigsten ist der finale Gipfelaufbau. Weithin steigähnliche Verhältnisse, aber hochalpin, 2½ Std. Aufstieg.

5 Auernig (2130 m)
Der letzte Ausläufer des Säuleckkamms erhebt sich direkt über Mallnitz und gewährt einen packenden Tiefblick. Steile Direktroute vom Ort aus, kürzer und angenehmer hingegen von der Wolliggerhütte (auch per Nationalpark-Wanderbus erreichbar) über den Herzogsteig in 1½ Std.

6 Maresenspitze (2916 m)
Formschöner Berg zwischen Dösener Tal und Seebachtal mit weit ausladenden Graten. Die Verbindung vom Auernig führt die meiste Zeit kammnah, dem Törlkopf südseitig ausweichend, teils nur spärlich ausgetreten, zum Gipfel. Trittsicherheit wichtig, aber kaum Kletterei, 4½ Std. ab Wolliggerhütte.

7 Arthur-von-Schmid-Haus (2275 m)
Besonders malerisch gelegene Hütte am Dösener See, inmitten eines Kessels mit Blockgletschern. Vom Parkplatz im Dösener Tal (wird auch vom Wanderbus angefahren) via Konradlacke und Dösener Hütte 2½ Std.

8 Säuleck (3086 m)
Standardgipfel vom Arthur-von-Schmid-Haus, beliebter Dreitausender für tüchtige Bergwanderer. Etwas mühsamer alpiner Steig über Blockschuttgelände, 2½ Std. Die Fortsetzung auf dem Detmolder Steig über die Schneewinkelspitze zur Lassacher Winkelscharte und vor allem weiter bis zur Hochalmspitze (3360 m) ist deutlich anspruchsvoller (Stellen II, teils klettersteigartig).

9 Säuleck-Klettersteig
Am Säuleck gibt es auch einen Urgesteins-Klettersteig, der sich im Bereich des Südgrats bewegt (zuoberst am Westgrat). Man klettert häufig auf Reibung; die Schwierigkeiten erreichen den Grad E und oft C bis D!

10 Große Mallnitzer Runde
Mehrtägige Durchquerung des Mallnitzer Tauerngebiets, die über weite Strecken dem klassischen Tauern-Höhenweg folgt. Bester Einstieg im Tauerntal Richtung Hagener Hütte. Großartige, aber anstrengende zweite Etappe über die unbewirtschaftete Mindener Hütte bis zum Hannoverhaus. Am dritten Tag könnte man aus dem Pleschischg ins Seebachtal absteigen und die Runde schließen – ansonsten weiter über die schwierige Lassacher Winkelscharte (evtl. Steigeisen nötig) zur Gießener Hütte. Finaler Abschnitt über die Mallnitzer Scharte zum Arthur-von-Schmid-Haus und durchs Dösener Tal nach Mallnitz.

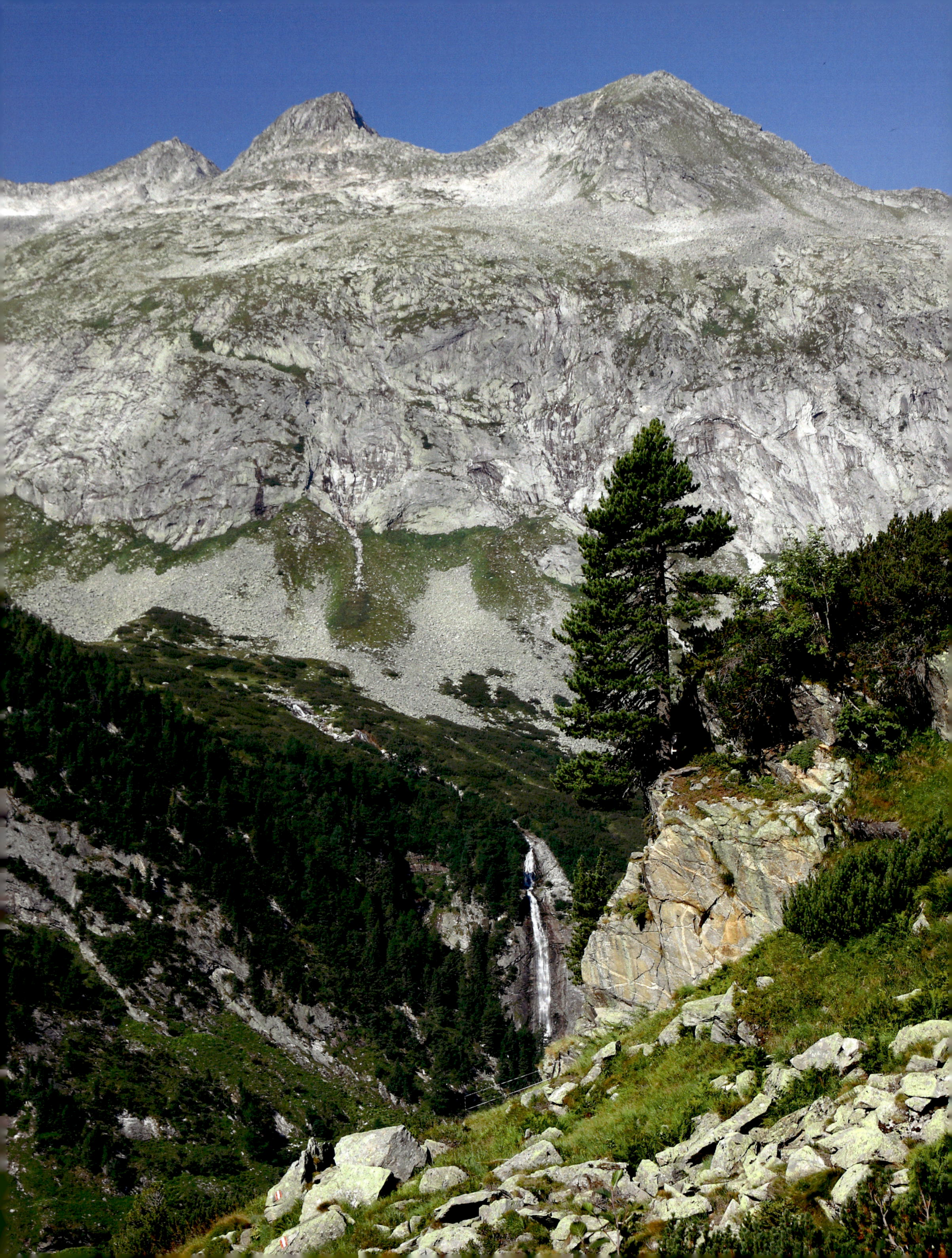

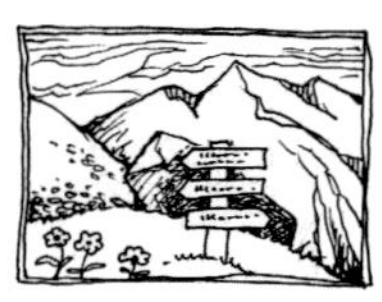

MALTA

Manche sprechen vom schönsten Kärntner Tauerntal. Die bäuerliche Kulturlandschaft, die steilen Berglehnen, in denen zahlreiche Wasserfälle die Blicke auf sich ziehen, sowie die stolzen Gipfel der Hafner-, Reißeck- und Ankogelgruppe geben den Schwärmern womöglich Recht. Touristisch ist Malta fraglos auf der sanften Schiene geblieben. Für die Energiewirtschaft ist es allerdings ein Schlüsseltal: Zuhinterst schwingt sich mit der Kölnbreinsperre der größte Staudamm Österreichs auf – umschlungen vom Nationalpark Hohe Tauern.

Einst grünte und gedieh die »Hochalm« so üppig, gaben Kühe und Schafe Milch im Überfluss, dass die Bauern ihre Kinderstube vergaßen und in hemmungslose Prasserei verfielen. Sie spielten mit Butterkugeln, badeten ungeniert in Milch und schwänzten sonntags sogar den Gottesdienst. Irgendwann aber hatte der Allmächtige genug von dem frevelhaften Treiben. Er ließ den Himmel verdunkeln und fürchterliche Schneestürme aufziehen. Als das Wetter wieder aufklarte, war die ganze »Hochalm« unter Eis erstarrt. Und als Mahnmal steht das sündige Almvolk noch heute als »Steinerne Mandln« am Südostgrat der Hochalmspitze.

Die alte Sage benutzt ein häufig wiederkehrendes Motiv im Alpenraum. Ganz gleich, ob sie nun von gottesfürchtigen Berglern selbst ersonnen oder von einer »Obrigkeit« zu erzieherischen Zwecken verbreitet wurde – eine Frage bleibt: Warum empfinden wir eine derartig »verwüstete« Landschaft heute als erhaben? Nicht umsonst gilt die formvollendete Hochalmspitze als einer der schönsten Berge der österreichischen Zentralalpen. Als »Tauernkönigin« wird sie gemeinhin tituliert und damit verbal neben den Glockner gestellt, auch wenn ihr bis zu seinem Haupt noch 438 Meter fehlen. Doch die Hochalmspitze gibt sich geheimnisvoller, ist aus den umliegenden Tälern nicht mal zu sehen, weil sie sich mit einer Schar stattlicher Vorbauten umgibt. Wenn man sie dann aber von einem der Höhenwege aus erblickt, etwa von der Kattowitzer Hütte im ersten Morgenlicht, laufen die Emotionen Sturm …

Charakteristisches Bild einer urtümlichen Tauern-Landschaft im Maltatal, eingefangen am Salzgittersteig.

FIRNGLÄNZENDE HOCHALMSPITZE

Glockner und Venediger waren längst bestiegen, da haftete dem höchsten Berg über dem Maltatal noch der Nimbus der Unberührtheit an. Erst 1855 ermutigten sich vier wackere Gmünder zu einem ernsthaften Versuch, der allerdings im Spaltengewirr des Hochalmkeeses zum Erliegen kam. Die nächste Partie um den Malteiner Pfarrer näherte sich schon ziemlich vielversprechend dem hehren Ziel. Zwei Männer drangen immerhin bis auf den Großelendkopf vor, den sie irrtümlich für die (nebelumhüllte) Hochalmspitze hielten. Den sogenannten Schneegipfel erreichte 1859 Anton von Ruthner mit zwei einheimischen Führern, doch zagten sie vor dem letzten Übergang zur Aperen Hochalmspitze, die den absolut höchsten Punkt markiert. Diese Trophäe holte sich kurz darauf schließlich der Wiener Paul Grohmann, kein Unbekannter in den Pionierzeiten des Alpinismus (er zeichnete beispielsweise auch für etliche kühne Erstbesteigungen in den Dolomiten verantwortlich).

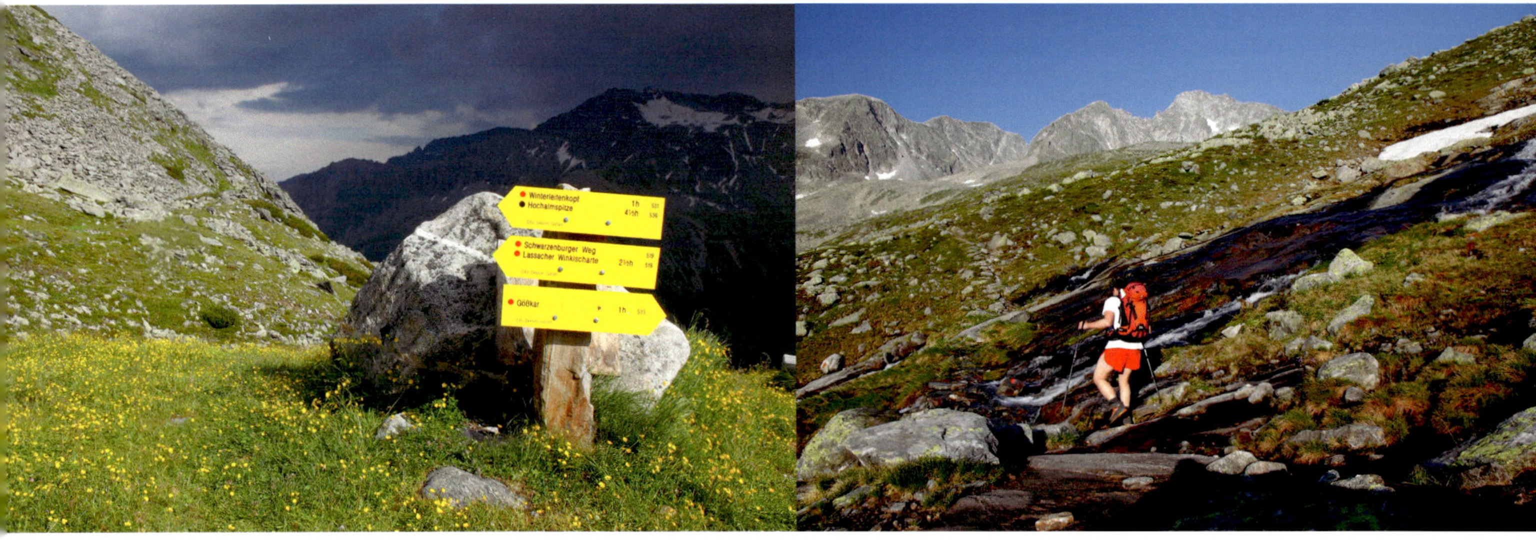

Höhenwandern – eine alpine Spielart, die eine ungebrochene Faszination ausübt. Impressionen aus dem Gebiet der Gießener Hütte.

Im Laufe der Zeit avancierte die Tauernkönigin zum Objekt zahlloser Bergsteigerträume. Auf vier verschiedenen Routen rückt man ihr heutzutage auf den Pelz. Als Normalweg gilt der Aufstieg aus dem Gößgraben, wo zunächst einmal die Gießener Hütte angelaufen wird. Sie erweist sich als heimeliges Quartier in einem weiten Urgesteinskessel. Tags darauf steigt man auf dem Rudolstädter Weg dem Trippkees entgegen – und hat sich neuerdings beim Übertritt in den Fels immer öfter mit einer heiklen Randkluft auseinanderzusetzen. Eine Freundin erzählte mir neulich, ihre Seilschaft musste an diesem Hindernis beim Rückweg sogar abseilen! Der Schlussanstieg führt über den grobblockigen Südostgrat, dem die legendären, eingangs bereits erwähnten Steinernen Mandln aufsitzen.

Weil die Normalroute speziell zum Spätsommer hin zunehmende Tücken besitzt, wird von der Gießener Hütte häufig auch auf den Detmolder Grat (Südwestgrat) ausgewichen. Man erreicht ihn an der Lassacher Winkelscharte und gibt sich dann beherzt der Kletterei entlang der kantigen Schneide hin – da und dort von Eisenteilen unterstützt. Einen Klettersteig im landläufigen Sinn sollte jedoch niemand erwarten, eher eine hochalpine Tour, der an den Schlüsselstellen etwas die Schärfe genommen wurde. Ideal ist und bleibt die Kombination mit dem Rudolstädter Weg – sofern die Verhältnisse stimmen …

Ein gänzlich anderer Zugang, der sommers ein wenig in Vergessenheit geraten ist, kommt über die Ostseite, wo seinerzeit die Pioniere ihr Glück versucht hatten. 1882 wurde hier zudem mit der Villacher Hütte der erste Stützpunkt der Gegend eingeweiht. Doch eine Bewirtschaftung hat sich bis heute nie gelohnt, sodass man nach vollen 1000 Zustiegsmetern mit einem primitiven Komfort Vorlieb nehmen muss. Durchs Moränengeschiebe schleicht man am nächsten Morgen weiter Richtung Hochalmkees, laviert durch dessen Spaltenzonen und schließt zu den Steinernen Mandln und der Gipfellinie am Südostgrat auf. Wer hingegen in der Osnabrücker Hütte Quartier bezieht, kann die Hochalmspitze recht anspruchsvoll über die Preimlscharte und das obere Hochalmkees anpeilen – eine Hochtour, die beinahe alle Register zieht.

IM TAL DER STÜRZENDEN WASSER

Die Osnabrücker Hütte: Noch zwischen den Weltkriegen musste man einen wahren Mammutmarsch von sieben bis acht Stunden absolvieren, um vom Malteiner Pflüglhof in diesen abgeschiedenen Winkel zu gelangen. Mit dem Bau der Malta-Hochalmstraße hat sich das Pensum auf einen flachen, zweistündigen Höhenspaziergang reduziert. Doch bleiben wir zunächst im Talgrund. Da gewahren wir bei

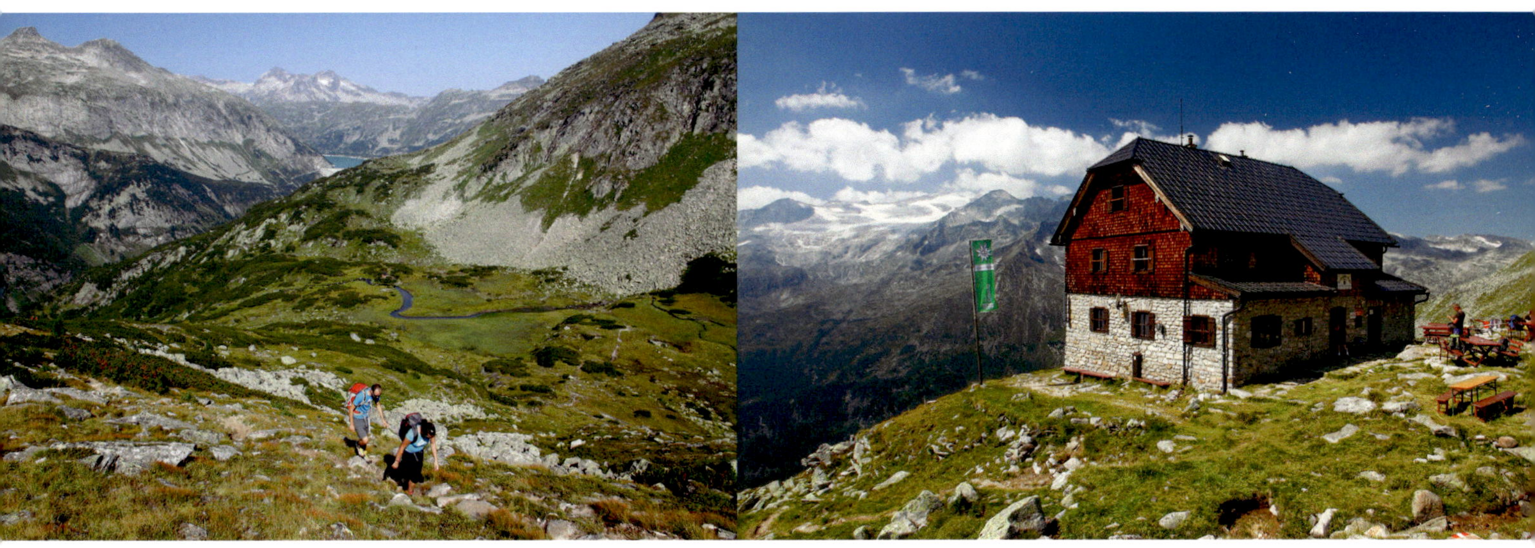

Über einen wunderbaren Höhenweg kann man auch die Kattowitzer Hütte ansteuern. Sie liegt an den Flanken des Hafners vis-à-vis der Hochalmspitze.

der Fahrt taleinwärts auf der rechten Seite die freundliche Streusiedlung am Maltaberg. Oberhalb erstreckt sich ein prima Wanderrevier mit aussichtsreichen Kammrücken und Zielen wie dem Stubeck, dem Faschaunereck oder dem Reitereck. Gegenüber die hohe Flanke der Reißeckgruppe, die nur bei morgendlicher Ausleuchtung halbwegs einladend wirkt. Alle Wege dort hinauf sind weit. Auf Höhe von Koschach schießt der Fallbach über eine Felswand. Den höchsten Wasserfall Kärntens sollte man sich unbedingt aus der Nähe ansehen, wozu es zwei Möglichkeiten gibt: für alle »Normalos« die reguläre Aussichtskanzel, für die Akrobaten hingegen eine knackige Felsführe, die zu den schwierigsten Sportklettersteigen Österreichs zählt. Adrenalin pur!

Einmal vom Fallbach in Bann gezogen und ohnehin vom Lockruf der »stürzenden Wasser« vereinnahmt, wird man als Nächstes dem Naturlehrweg Malteiner Wasserspiele entgegenfiebern. Die mit 18 Haltepunkten gespickte, rund fünf Kilometer lange Wanderung führt von der Mautstelle bei der Falleralm über die Fallertümpfe zum Hochsteg, weiter an Melnikfall und Veidbaueralm vorbei, durch einen urwüchsigen Blockwald zum Gasthaus Hochbrücke und schließlich zum Blauen Tumpf hinter der Gmünder Hütte. Auch wenn die Wasser aufgrund der Energiegewinnung längst nicht mehr so ungestüm und ungezügelt zu Tal stürzen wie anno dazumal – das Maltatal hat von naturbegeisterten Schreibern seinen poetischen Beinamen längst verliehen bekommen und schenkt ihn nun als werbewirksamen Slogan nicht mehr her. Sepp Schnürer beschrieb in seinem Tauernbuch »den Sturz der Wildwasser über senkrechte Urgesteinsschwellen, ihren Schuß durch glatte Felskanäle und ihr Kreiseln in den rundgeschliffenen Steinwannen der Tümpfe. Wohl dem, der die Stille des grünen, lärchen- und zirbenbestandenen Samerbodens und den stürmischen, urweltlichen Fluß des Großelendbaches in seiner ganzen Länge bis zur Entlegenheit der Osnabrücker Hütte damals noch erleben durfte«.

Wenige Jahre bevor diese Zeilen verfasst worden sind, ist das Hochtal in einem riesigen Stausee ersoffen. Ich persönlich kenne es nicht anders, bin schlichtweg eine Generation zu jung dafür. Und die meisten Touristen machen sich wohl wenig Gedanken darüber, wie die Landschaft ursprünglich ausgesehen hat. Heutzutage wird die Malta-Hochalmstraße hinauf zum Speicher Kölnbrein als selbstverständliches »Natur-Erlebnis« vermarktet – und auch eifrig angenommen. Logisch, so kommt man vollkommen erschwernislos auf eine Höhe von 2000 Metern und sieht sich inmitten eindrucksvoller Berge. Wer wandern und bergsteigen möchte, findet hier die ideale Startrampe.

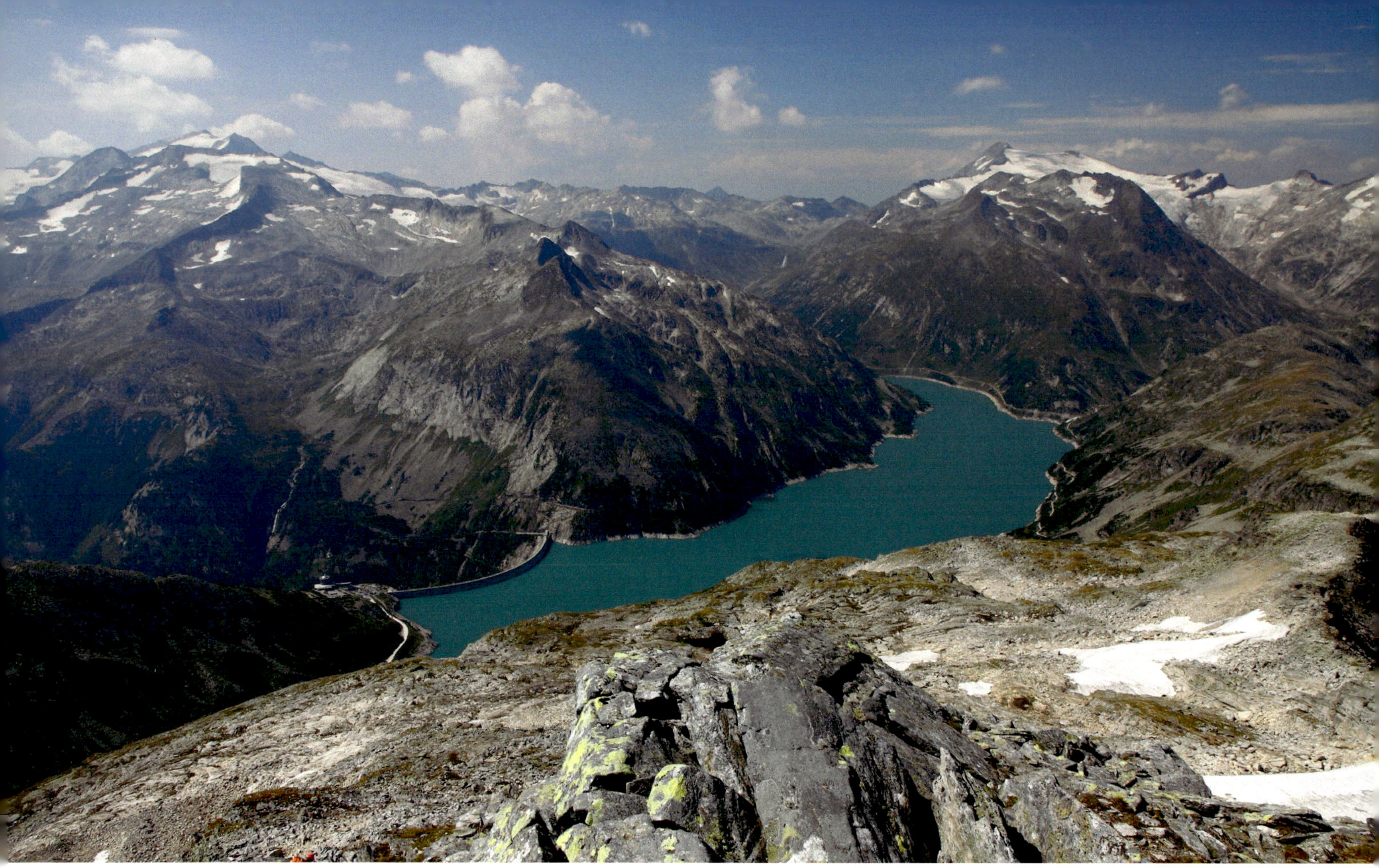

Oben: Vom Weinschnabel sieht der riesige Kölnbreinspeicher zwischen Hochalm und Ankogel fast anmutig aus.
Unten: Archetypische Kulturlandschaft mit bäuerlichen Streusiedlungen am Maltaberg.

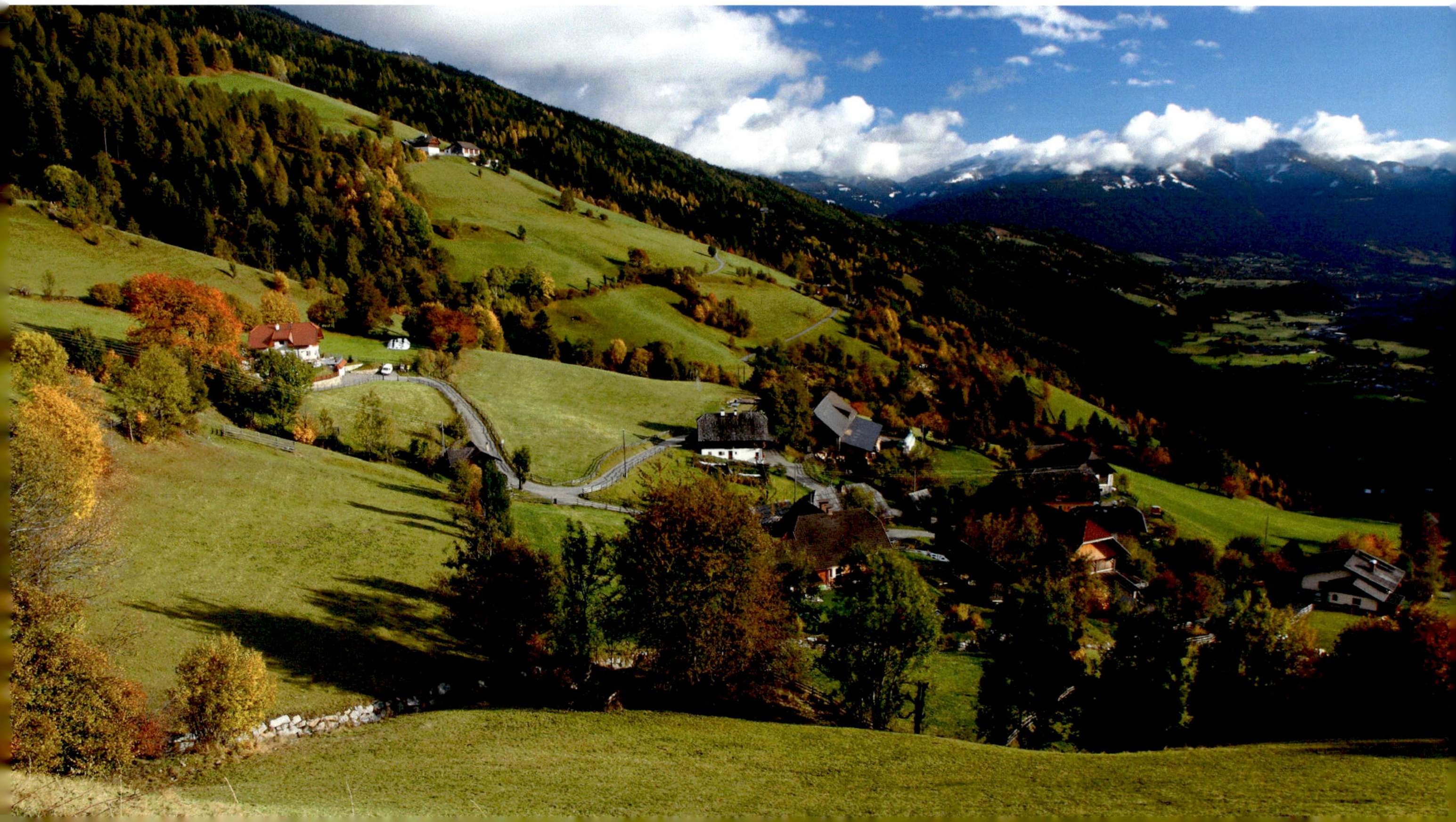

DIE »WEISSE KOHLE« – ENERGIE AUS DEN BERGEN

Naturschutz und Naturnutz liegen im Maltatal eng beisammen. Der Wasserreichtum am Tauern-Hauptkamm und die idealen topographischen Gegebenheiten führten in den 1970er-Jahren zum Bau der gewaltigen, 200 Meter hohen Kölnbreinsperre, obwohl sie in einem Naturschutzgebiet zu liegen kommen sollte. Bei der Ausweisung desselben anno 1943 hieß es seitens der Kärntner Landesregierung noch: »Das bedeutet einen sehr schwerwiegenden Verzicht von Seiten der Energiegewinnung, folgt aber der Einsicht, dass die Maltastrecke ohne Gegenstück dasteht und daher in höherem Maß des Naturschutzes bedarf als andere Schönheiten unserer Alpen.« Im Zuge des Wirtschaftsbooms sah man dies dann wiederum ganz anders, annullierte kurzerhand das Schutzgebiet und verschob die Prioritäten in eine ganz andere Richtung. Damit entstand das Herzstück der Maltakraftwerke, die mit einer Gesamtleistung von 1297 Megawatt zu den wichtigsten in Österreich zählen. Insbesondere die Anpassungsfähigkeit an kurz- oder längerfristige Bedarfsschwankungen im Verbundnetz zeichnet sie aus. Durch sogenannten Wälzbetrieb (als Pumpspeicherkraftwerk) lassen sich Spitzen abfangen. Die Kapazität des Speichers ermöglicht es, das hohe Wasseraufkommen im Sommer hauptsächlich in den energetisch höherlastigen Wintermonaten abzuarbeiten. So weit der wirtschaftliche Nutzwert.

Dass man ganz allgemein und bei Naturschutzthemen im Speziellen immer wieder mal mit politischen Windwechseln rechnen muss, veranlasste den Alpenverein zu einer besonderen Maßnahme. Eigentlich war die Hochalmspitze seit 1986 schon Teil des Nationalparks Hohe Tauern und damit mutmaßlich ausreichend geschützt. Doch bevor vielleicht doch noch irgendwelche Lobbyisten kommen, um dem Berg ein »wirtschaftlich existenzielles« Gletscherskigebiet zu verpassen (Planungen dafür lagen eh schon in der Schublade), ergriff der Alpenverein eine günstige Gelegenheit und kaufte ein 7,5 Quadratkilometer großes Stück Ödland für den Schnäppchenpreis von damals 1,1 Millionen Schilling.

ZWISCHEN ANKOGEL UND HAFNER

Die meisten Besucher sind am breiten Uferweg unterwegs. Mit etwas Ausdauer schafft man es locker bis zur Osnabrücker Hütte: 8,2 Kilometer immerhin, bei nur 100 Metern Höhenunterschied. Sieht so bergsteigen aus? Ich begebe mich auf die Rundtour Elendtäler, hinein in eine versteckte Seitenkammer. Großelend, Kleinelend – die Namen muten schon ein wenig befremdlich, nachgerade abweisend an. Wer möchte schon freiwillig ins Elend eintreten? Keine Angst, es lohnt sich! Denn hier lernt man auf jeden Fall ein Stück urtümlicher Tauernnatur kennen: die flankierenden Berge vom Keeskogel über den Tischlerkarkogel bis hin zur ausladenden Firndecke des Kleinelendkeeses, über dem man den Ankogel ahnt, die Moränenpfade und Blockschuttfluren sowie jenseits der Zwischenelendscharte dann die zauberhaften Schwarzhornseen. Vor Jahren waren wir von der Osnabrücker Hütte heraufgekommen, um den Ankogel zu besteigen. Es war eine feierliche Tour an einem stimmungsvollen Morgen, gemessenen Schrittes über das Kleinelendkees und noch vor all den Seilbahnbergsteigern, die üblicherweise von der Mallnitzer Seite hinaufkraxeln, am höchsten Punkt angelangt …

Wer vom Staudamm in die andere Richtung ausrückt, findet sich alsbald am Salzgittersteig wieder, jenem Zugang zur Kattowitzer Hütte, der als Höhenweg besonders attraktiv erscheint, sich aber langwieriger gestaltet als zunächst erwartet. Oft holprig geht es eine Weile quer durch verwachsene Flanken, ehe man endlich spürbar an Höhe gewinnt. Oberhalb des liebreizenden Krumpenkars will die Rippe am Gamsleitenkopf überstiegen werden, ein schöner Aussichtspunkt, nur mehr eine gute halbe Stunde vom erfrischenden Bier entfernt. Im Jahr 1930 hatte die oberschlesische Sektion ihre Kattowitzer Hütte als Stützpunkt in der einsamen Hafnergruppe eröffnet. Zwei Zugänge, der erwähnte Salzgittersteig und der Weg über die Maralm, bescheren ihr ein sicheres Publikum, doch niemals einen überbordenden Touristenverkehr. Der Stützpunkt ist vor allem auf den Großen Hafner ausgerichtet – alle anderen umliegenden Gipfel werden selten bis nie bestiegen, zumal sie in der Regel weglos sind. Freilich ist der Große Hafner ein Ziel, das niemand bereuen wird: ein Dreitausender mit großartiger Aussicht, durchaus alpin gewürzt, aber nicht ausnehmend schwierig, und mit einer Aufstiegszeit von gut zwei Stunden ab Hütte ein für viele erstrebenswertes Pensum. Wenn Wanderer im Maltatal einen Dreitausender ins Auge fassen, dann ist es wohl am ehesten der Hafner!

Es geht auf Mittag zu, an einem jener heißen Hundstage, die den Schweiß ordentlich rinnen lassen. Mehr als vier Stunden lang bin ich von der Kattowitzer Hütte aus durch die Hochkare gestolpert – das Kölnbreinkar noch ausgedehnter und unwegsamer als das vorhergehende Wastlkar – und sitze nun am Weinschnabel zur ersehnten Gipfelrast. Auch die Gletscher schwitzen in flirrender,

Die Höhenwege in den Hohen Tauern sind oft steinig und anspruchsvoll. Vor einer Kulisse wie der ebenmäßigen Hochalmspitze kommt der Genuss freilich nicht zu kurz. Am höchsten Berg um Malta sind der Südostgrat rechts und der Detmolder Grat links zu erkennen.

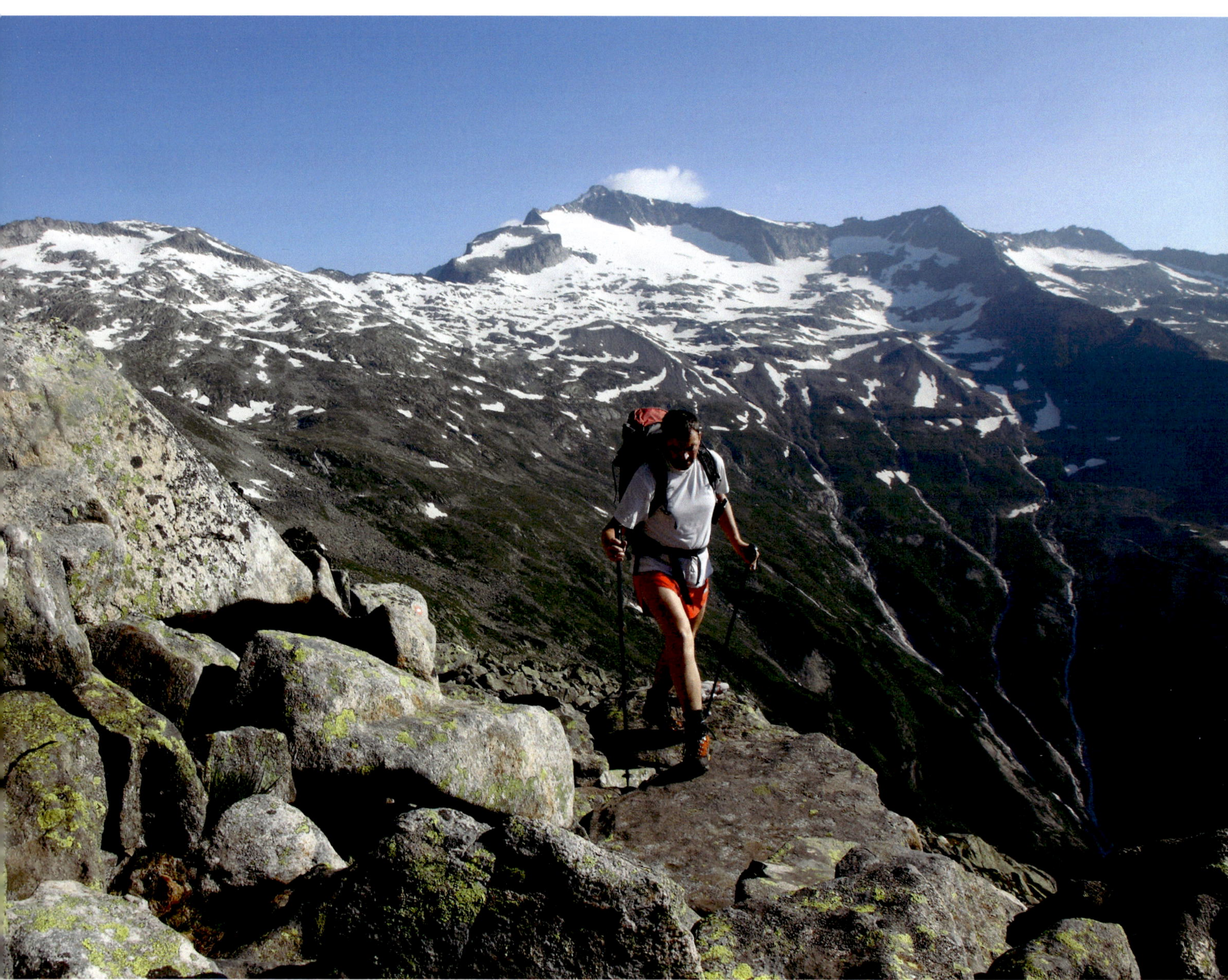

etwas diesiger Sommerluft – drüben die Hochalmspitze und rechts davon der Ankogel. Dahinter, ganz im Westen, tauchen allmählich ein paar Wolken auf. Und während ich so ins weite Rund blinzele, auf die großartige Bergwelt sowie auf einige menschliche Errungenschaften mittendrin, schweifen die Gedanken ab zu jener alten Sage. Was, wenn mit den Wolken am Horizont nun ein Mega-Unwetter käme und die ganze Gegend unter einer dicken Eisschicht begraben würde? Hat der Mensch mit dem Bau der Stauseen und dem Ableiten der wilden Wasser nicht auch irgendwie gesündigt? Ich wische den albernen Gedanken weg, schultere den Rucksack und steige auf der Nordseite des Bergs über herrlich griffige Platten ab: hinein ins Salzburgische. Fünf oder sechs Stunden habe ich noch vor mir, auf dem Weg nach Hüttschlag, ins nächste Bergsteigerdorf …

Diese harmonische Szenerie mit dem Unteren Schwarzhornsee und der Hochalmspitze im Hintergrund präsentiert sich uns bei der Überschreitung der Zwischenelendscharte. Dabei tauchen wir tief ins Gefüge der Ankogelgruppe ein.

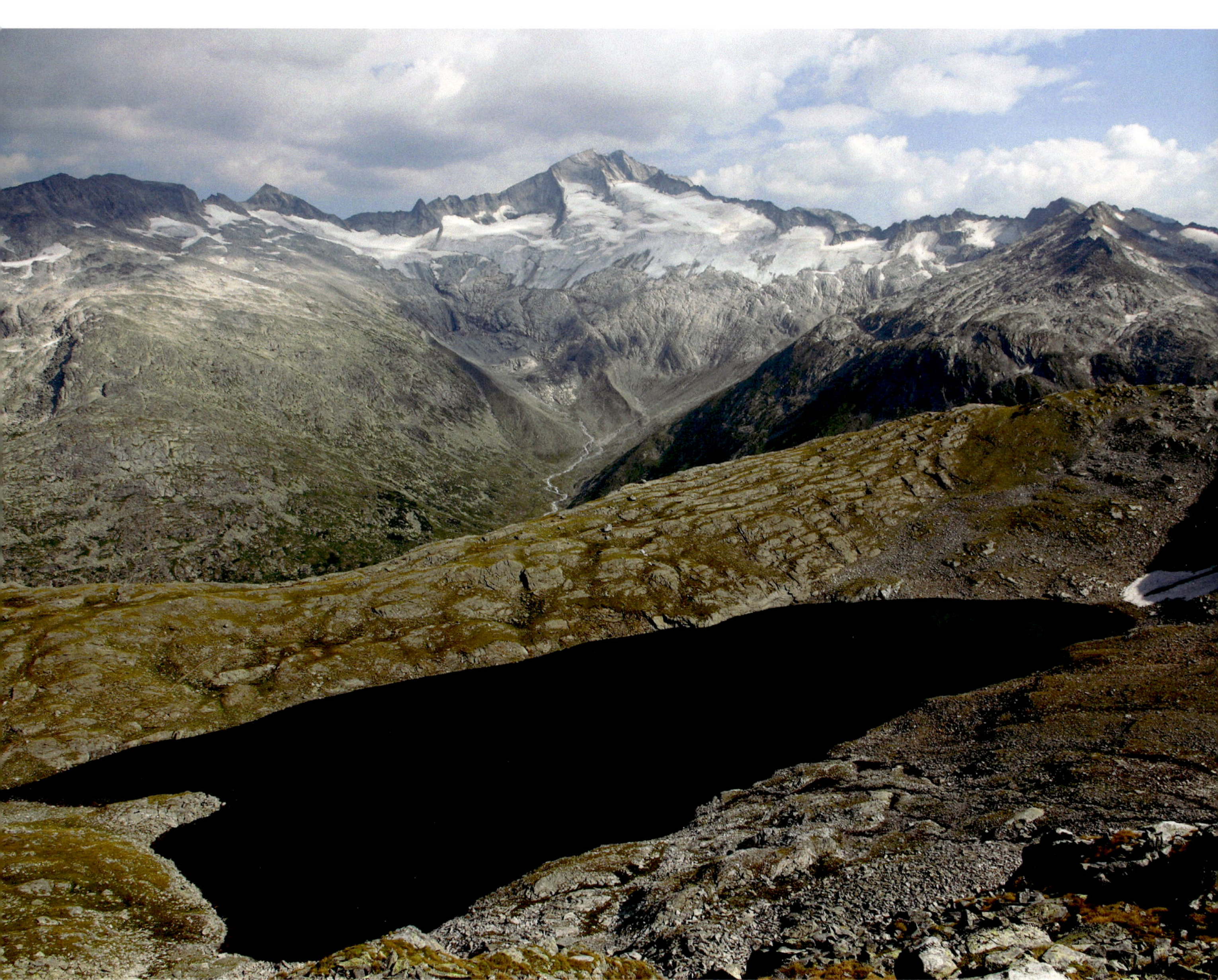

MALTA

Lage: Das Maltatal mit dem gleichnamigen Hauptort (843 m) erstreckt sich im Norden Kärntens zwischen Reißeck-, Ankogel- und Hafnergruppe, also im östlichen Teil der Hohen Tauern. Bei Gmünd mündet es in das Liesertal. Die Gemeinde Malta – bestehend aus insgesamt 16 einzelnen Ortschaften – ist die zweitgrößte Flächengemeinde Kärntens; gut 2000 Menschen leben hier.

Anreise: Auf der Tauern-Autobahn (A10) bis zur Ausfahrt Gmünd-Maltatal und von dort unmittelbar taleinwärts. Öffentliche Straßen führen bis zu den Speicherseen Kölnbrein (mautpflichtig) und Gößkar.

Öffentliche Verkehrsmittel: Der nächstgelegene Bahnhof befindet sich in Spittal an der Drau. Von dort mit dem Postbus ins Maltatal (fährt in der Hauptsaison bis zur Kölnbreinsperre).

Informationsbüro: Tourismusbüro Malta, Haus Nr. 13, A-9854 Malta, Tel. +43/(0)4733/220-15, www.malta.com.

Hütten: Frido-Kordon-Hütte (1649 m), ÖAV, Anfang Mai bis Ende Oktober, 25 Schlafplätze, Tel. +43/(0)4733/528 oder +43/(0)664/3257530. Gießener Hütte (2202 m), DAV, Mitte Juni bis Ende September, 51 Schlafplätze, Tel. +43/(0)676/9439142. Gmünder Hütte (1186 m), ÖAV, Anfang Mai bis Ende Oktober und im Winter am Wochenende, 15 Schlafplätze, Tel. +43/(0)664/2019028. Villacher Hütte (2194 m), ÖAV, ganzjährig zugänglich für Selbstversorger, 16 Schlafplätze, Tel. +43/(0)4242/289584. Kattowitzer Hütte (2321 m), ÖAV, Mitte Juni bis Ende September, 48 Schlafplätze, Tel. +43/(0)676/3230100 oder +43/(0)664/9148021. Osnabrücker Hütte (2026 m), DAV, Anfang Juli bis Ende September, 47 Schlafplätze, Tel. +43/(0)650/4461202.

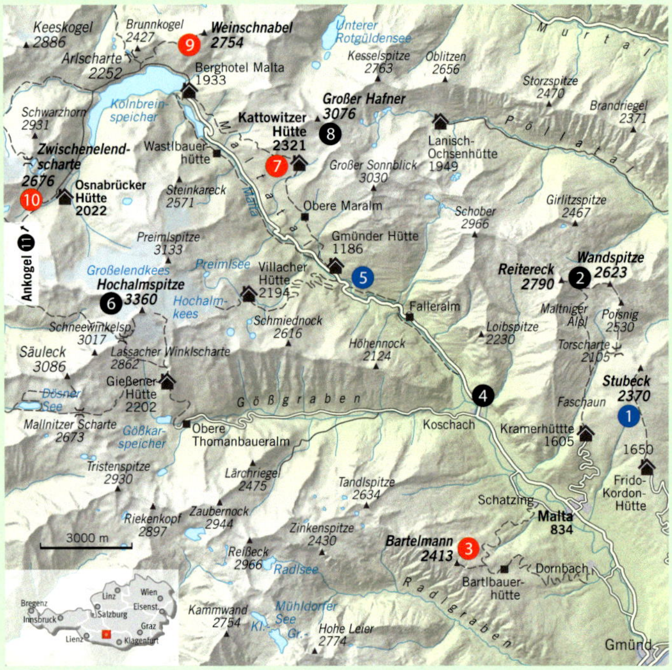

Karten: Alpenvereinskarte, 1:25.000, Blatt 44 »Hochalmspitze – Ankogel«. Kompass, 1:50.000, Blätter 49 und 66. Österreichische Karte, 1:50.000, Blätter 3104, 3105, 3228 und 3229.

Touren-Highlights

1 Stubeck (2370 m)
Sanfter Gipfel an den südlichen Ausläufern der Hafnergruppe; weitläufiges Hochweidengelände mit tollen Fernblicken. Anstiege von der Kramerhütte (Bergstraße von Malta) über die Südwestseite oder von der Frido-Kordon-Hütte (Zufahrt von Gmünd über Forststraßen) entlang dem gesamten Südrücken, jeweils 2 bis 2½ Std.

2 Wandspitze (2623 m) – Reitereck (2790 m)
Recht anspruchsvolle Bergwanderung mit Klettersteigelementen am Maurilius-Mayer-Steig. Ausgangspunkt ist wiederum die Kramerhütte, dann durch die Faschaun Richtung Torscharte und über den Gratrücken des Poisnigs auf die Wandspitze, gut 3 Std. Die schwierigsten Stellen liegen am Übergang zum Reitereck. Abstieg über das Maltinger Alpl in die Faschaun; insgesamt 6 Std.

3 Bartelmann (2413 m)
Äußerster Gipfelpunkt im Ostkamm der Reißeckgruppe mit schönem Panorama bis in die Nockberge und Gailtaler Alpen. Die Zugänge von den Weilern Schlatzing und Dornbach kommen bei der Bartlbauerhütte zusammen. Weiter über die steile Ostflanke auf den Kamm und zum Gipfel, 4 Std. Aufstieg.

4 Fallbach-Klettersteig
Äußerst schwieriger Sportklettersteig (Grad E) neben dem höchsten Wasserfall Kärntens. Parkplatz beim Wasserspiele Er-

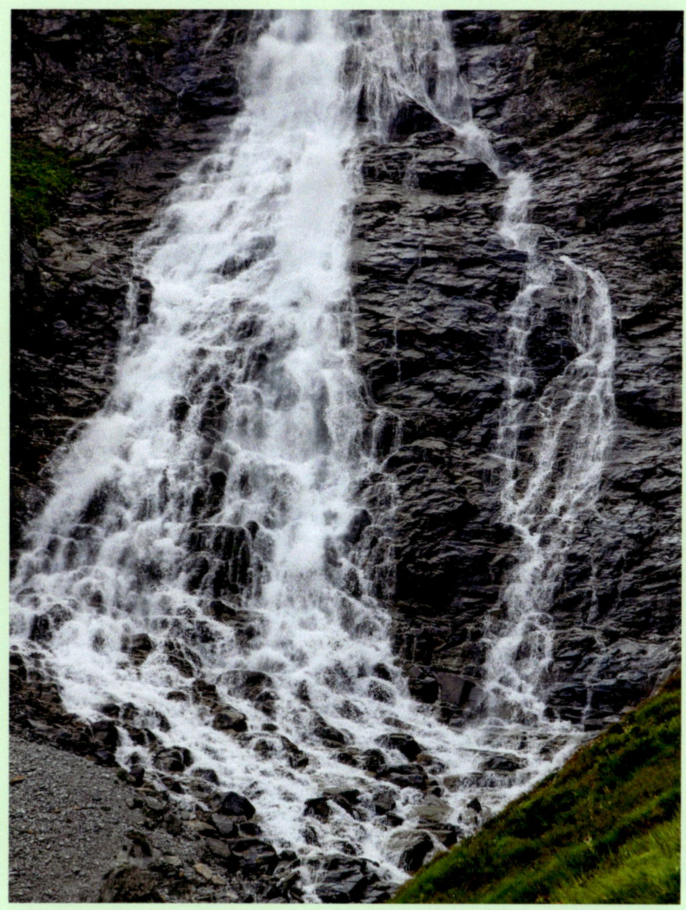

Die »stürzenden Wasser« gelten als Markenzeichen des Maltaltals. Dieser Wasserfall rauscht oberhalb der Osnabrücker Hütte.

lebnispark 4 km hinter Malta. Wanderer können dem Pfad zur Aussichtskanzel folgen oder sogar die Fallbach-Umrundung über die Schlüsselhütte unternehmen, ca. 3 Std.

5 Naturlehrweg Malteiner Wasserspiele
Abwechslungsreiche Talwanderung entlang der teilweise schluchtartigen Strecke zwischen Falleralm und Gmünder Hütte bzw. Blauem Tumpf, versehen mit vielen Lehrtafeln. Besonders eindrucksvoll ist der Melnikfall. Gehzeit etwa 2 Std. für die einfache Strecke.

6 Hochalmspitze (3360 m)
Höchster Gipfel der östlichen Hohen Tauern und eine besonders harmonische Berggestalt mit vier Graten, die vier Gletscherbecken einfassen. Sämtliche Anstiege sind ernstzunehmende Hochtouren! Am wenigsten den Eisverhältnissen ausgesetzt ist der Detmolder Grat, jedoch mit Kletterstellen bis II und gesichert bis C, 4 Std. ab Gießener Hütte über die Lassacher Winkelscharte. Der Rudolstädter Weg über das Trippkees und die Steinernen Mandln (Südostgrat) ist nur bei günstigen Bedingungen der leichtere Normalweg. Den Südostgrat erreicht man auch von der Malta-Hochalmstraße über die Villacher Hütte sowie von der Osnabrücker Hütte über die Preimlscharte, oben jeweils über das Hochalmkees (viele Spalten).

7 Kattowitzer Hütte (2321 m)
Traditionelle Bergsteigerunterkunft in der Hafnergruppe und prächtiger Logenplatz für die Hochalmspitze samt Trabanten. Von der Malta-Hochalmstraße (ca. 1500 m) über die Obere Maralm 2½ Std., vom Berghotel Malta über den Salzgittersteig 3 Std.

8 Großer Hafner (3076 m)
Hausberg der Kattowitzer Hütte und anspruchsvoller »Wegeberg«, einer der lohnendsten überhaupt in den Hohen Tauern. Von der Hütte durchs Ochsenkar zum Südwestgrat, dort mit etwas Kraxelei (I, teils gesichert) und in wechselnder Steilheit durch Blockgelände zum Gipfel, 2¼ Std. Trittsicherheit und Schwindelfreiheit wichtig.

9 Weinschnabel (2754 m)
Gipfelpunkt unmittelbar am Alpenhauptkamm (Grenze Kärnten/Salzburg), wird vom Tauern-Höhenweg überschritten. Als Tagestour vom Kölnbrein-Speicher zunächst am Uferweg entlang, dann gegen die Marchkarscharte hinauf und an der Südwestflanke gipfelwärts. Aufstieg ca. 3 Std.

10 Zwischenelendscharte (2676 m)
Auch »Rundtour Elendtäler« genannte stillere Wanderung im Kölnbreingebiet, sobald man sich vom Uferweg ins Kleinelend verabschiedet hat. Nach Flachpassagen zunehmend alpines Gelände bis zur Scharte (Trittsicherheit), jenseits über die Schwarzhornseen und den Fallboden zur Osnabrücker Hütte und zurück zum Stausee. Insgesamt 8 Std.

11 Ankogel (3252 m)
Vergletscherter Hochgipfel am Tauern-Hauptkamm, der von Mallnitzer Seite deutlich häufiger Besuch erhält (siehe Karte Seite 134). Ab Osnabrücker Hütte längere Hochtour über den Fallboden, oberhalb der Schwarzhornseen vorbei auf das Kleinelendkees, das im linken Bereich begangen wird (Neigung und Spaltengefahr moderat, aber nur in Seilschaft ratsam), ca. 4 Std. Abstiegsmöglichkeit zum Goslarer Weg und gegebenenfalls über die Großelendscharte zurück zur Osnabrücker Hütte (etwas umständlich).

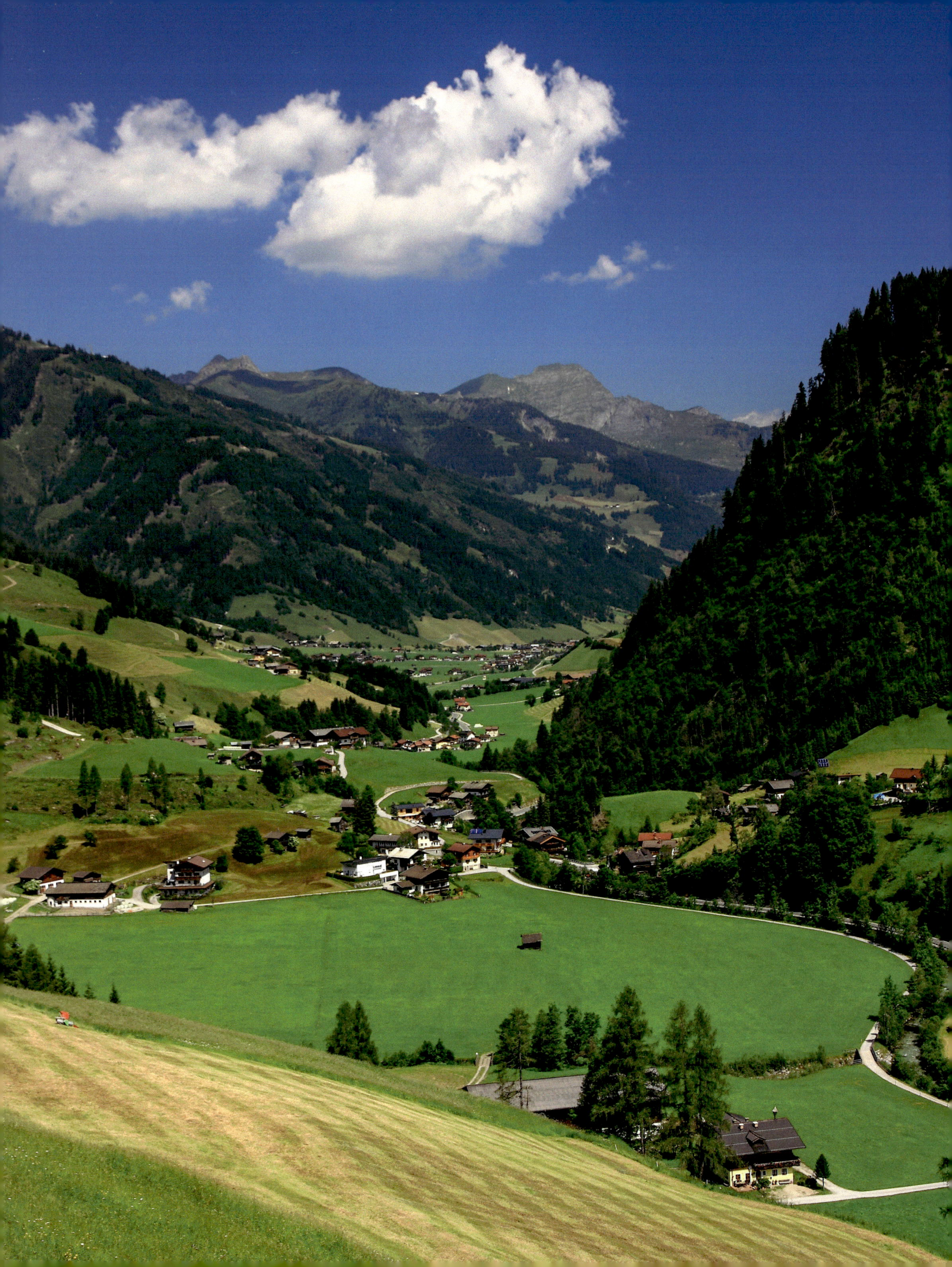

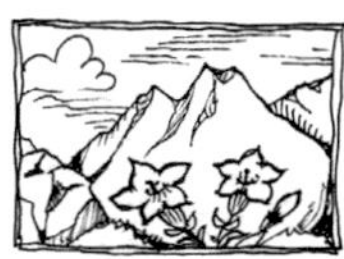

HÜTTSCHLAG

In einem der hintersten Winkel des Pongaus, genau an der Schwelle von den Niederen zu den Hohen Tauern, liegt die alte Bergknappensiedlung Hüttschlag. Das Tourenrevier am Ende des Großarltals ist ungeheuer weitläufig, es reicht bis zum Alpenhauptkamm und damit bis an die Kärntner Grenze. Massentourismus gibt es hier keinen – in einer auffallend grünen Bergwelt lebt man von einer produktiven Almwirtschaft, die auch den Wandergästen buchstäblich Gusto macht. Hüttschlag lädt ein als Bergsteigerdorf im »Tal der Almen«!

Über den westlichen Horizont legt sich ein tieforangener Schimmer. Darüber noch das helle Himmelsgewölbe, während die Täler bereits von vornächtlichen Schatten eingehüllt werden. Ein heißer Sommertag neigt sich dem Ende zu – ein schöner war's, und auf 2467 Metern Höhe dauert er ein wenig länger als drunten: das Geschenk an alle, die sich stundenlang hier heraufgemüht haben. Viele sind es nicht heute, ganz zu meinem Erstaunen. Nur zwei Dänen und meine Wenigkeit haben sich bei Gottfried auf der Gamskarkogelhütte zur Nacht eingefunden. Zwei junge Einheimische halten noch einen Plausch mit uns und steigen im Finstern wieder talwärts – sie kennen den Weg. Feierabendtour nennt man das wohl, eine ziemlich ausschweifende fürwahr, wenn man die Höhe des Bergs ins Kalkül zieht …

ERZHERZOG JOHANNS GIPFELHÜTTE

Dass man am Gamskarkogel ein unvergessliches Erlebnis mit besonderen Stimmungen unter Komfortbedingungen erleben kann, ist einem blaublütigen Prinzen zu verdanken. Bereits im Jahr 1829 – also zu einer Zeit, als es den Alpenverein noch gar nicht gab – wurde auf Geheiß von Erzherzog Johann hier oben eine Hütte errichtet. Es war die erste ausschließlich zum Zwecke vergnüglicher Bergsteigerei vorgesehene Unterkunft in den Ostalpen! Keine Frage, der passionierte Alpinist aus dem Hause Habsburg hatte buchstäblich Weitblick bewiesen. Die mächtige Graspyramide zwischen Gasteiner- und Großarltal wurde auf den Schlag bekannt und steht seitdem bei Wanderern hoch im Kurs. Zum Glück konnten alle Seilbahnprojekte verhindert und auch das »Hütterl« selbst konnte in urig-spartanischer Art bewahrt werden. Nachdem der Urbau wohl kaum viel mehr als ein Bretterverschlag war, schläft man heute in einem Schutzhaus, das die Alpenvereinssektion Bad Gastein 1932 errichtet hat. Mitunter kann es dort schon mal eng werden, aber das ist selten, erzählt Gottfried, der sich keinen schöneren Arbeitsplatz wünschen könnte.

Am nächsten Morgen krieche ich zeitig aus den Decken. Kurz nach fünf geht Ende Juni die Sonne auf – ein Schauspiel so alt wie die Welt, das ich an diesem erlesenen Fleck nicht versäumen will. Zunächst in alter Routine der prüfende Blick aus dem Fenster: Wolken sind nur wenige zu sehen. Dann nichts wie hinaus! Ein schwülheißer Tag ist von den Wetterfröschen angekündigt. Die fünfte Stunde am Gamskarkogel kennt andere Gesetze. Über die Tauern weht ein frischer Wind. Doch als die Sonne über dem Ennstal hervorkommt, wird mir unvermittelt ganz warm – zumindest rund ums Herz …

Das almenreiche Großarltal gehört zu den reizvollsten Tälern im Salzburger Land.

DREI DUTZEND ALMEN

Recht lange hat's gedauert, ehe ich das erste Mal den Weg ins Großarltal gefunden habe. Unten an der Salzach gewahrt man ja kaum etwas von dessen Schätzen. Großarl riegelt sich mit einer hohen Geländestufe ab, in der sich bloß ein schmaler, teilweise auf wenige Meter verengter Spalt eingefräst hat: die imposante Liechtensteinklamm. Fuhrwerke mussten diesem Hindernis auf einst abenteuerlicher Strecke über die Alte Wacht ausweichen. Die ehemalige Mautstelle diente dabei zur Eindämmung des Schmuggels und dürfte speziell zur Blüte des Kupferbergbaus ab dem 15. Jahrhundert einträglich gewesen sein. In Hüttschlag stand damals eine fortschrittliche Schmelzhütte. Für den heutigen Verkehr ist die Straße großzügig ausgebaut, doch ein Gefühl vom Eintritt in eine eigene Welt bekommt man immer noch. Und diese Welt steckt voller Liebreiz!

Denn Großarl präsentiert sich auf den ersten Blick als grünes Tal. Kein Wunder, dass die Almwirtschaft hier eine große Rolle spielt. Oder vielleicht doch ein Wunder, wenn man angesichts einer allgemeinen Rückläufigkeit die Fülle der bewirtschafteten Almen sieht. Rund drei Dutzend breiten sich über die beidseitigen Hänge aus, meist in Höhen zwischen 1500 und 1800 Metern gelegen und damit gut zu erwandern für ein gemäßigtes Publikum. Zum bekanntesten Produkt aus dem Großarltal avanciert der regionsty-

Die Gegend um Hüttschlag ist ein grünes Wanderparadies mit hinreißenden Ausblicken und urigen Hütten. Oben rechts die Tappenkarseehütte, unten links die Draugsteinalm.

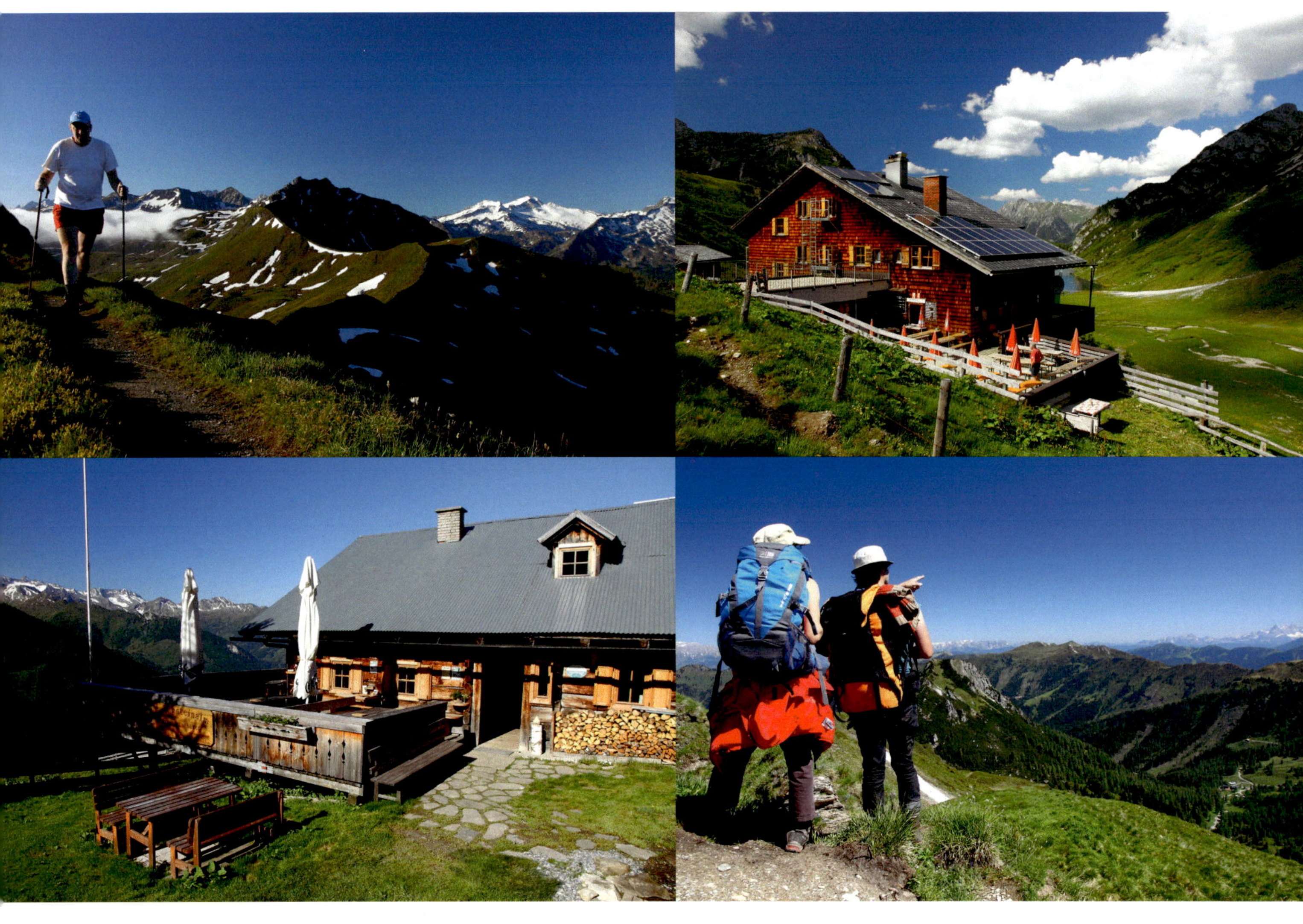

pische Sauerkas, den man – neben anderen Spezialitäten – überall verköstigen kann.

HÖHER HINAUS

Wenn die Bauern die Wiesen mähen, bleibt das Wetter sicher gut. Woher er das denn wisse, fragen wir einen, der im Takt eines Uhrwerks die Sense schwingt. Er habe es im Radio gehört, meint er lapidar und wünscht uns einen guten Weg. Wir wollen nun über die Almhorizonte hinausschauen, wollen Gipfelhöhen erreichen und Kämme überschreiten. Eine der schönsten Touren, die ich rund um Hüttschlag kennengelernt habe, beginnt im Kartelsgraben bei der Halmoosalm. Drüben erkennt man schon die Schlöglalm, das erste Zwischenziel. Kuhglockengebimmel ist zu vernehmen und das Summen der Insekten, von ferner ein Bachrauschen. Der Bergsommer hat Einzug gehalten!

Oberhalb verliert sich der Weg ein wenig in freien Matten. Doch wo das Vieh herumspaziert (momentan liegt es eher auf der faulen Haut ...), da kommen auch wir ohne Probleme weiter. Eine Pflöckemarkierung hilft bei der Orientierung. Mit Erreichen einer Kammschulter weitet sich das Panorama immens. Über dem Hüttschlager Talschluss laufen grüne Rücken auf die Hauptkamm-Bastionen zu. Vor allem der Keeskogel hat schon beizeiten Eindruck gemacht, jetzt spannt sich die gesamte Ankogelgruppe wunderbar

Beim Aufstieg zum Hundeck spannt sich hinter dem Hüttschlager Talschluss in voller Pracht die vergletscherte Ankogelgruppe auf. Von diesem Anblick kann man sich kaum losreißen.

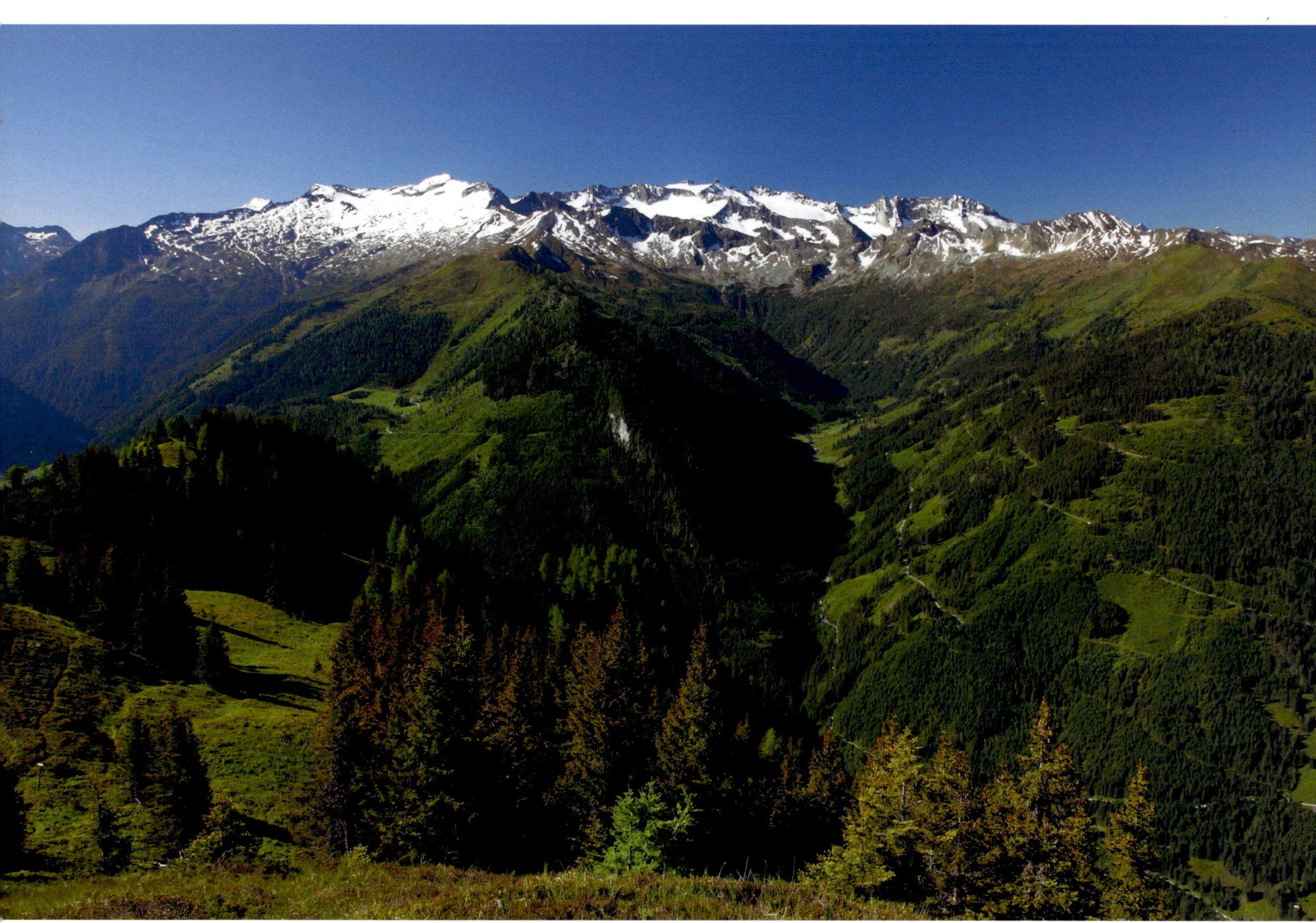

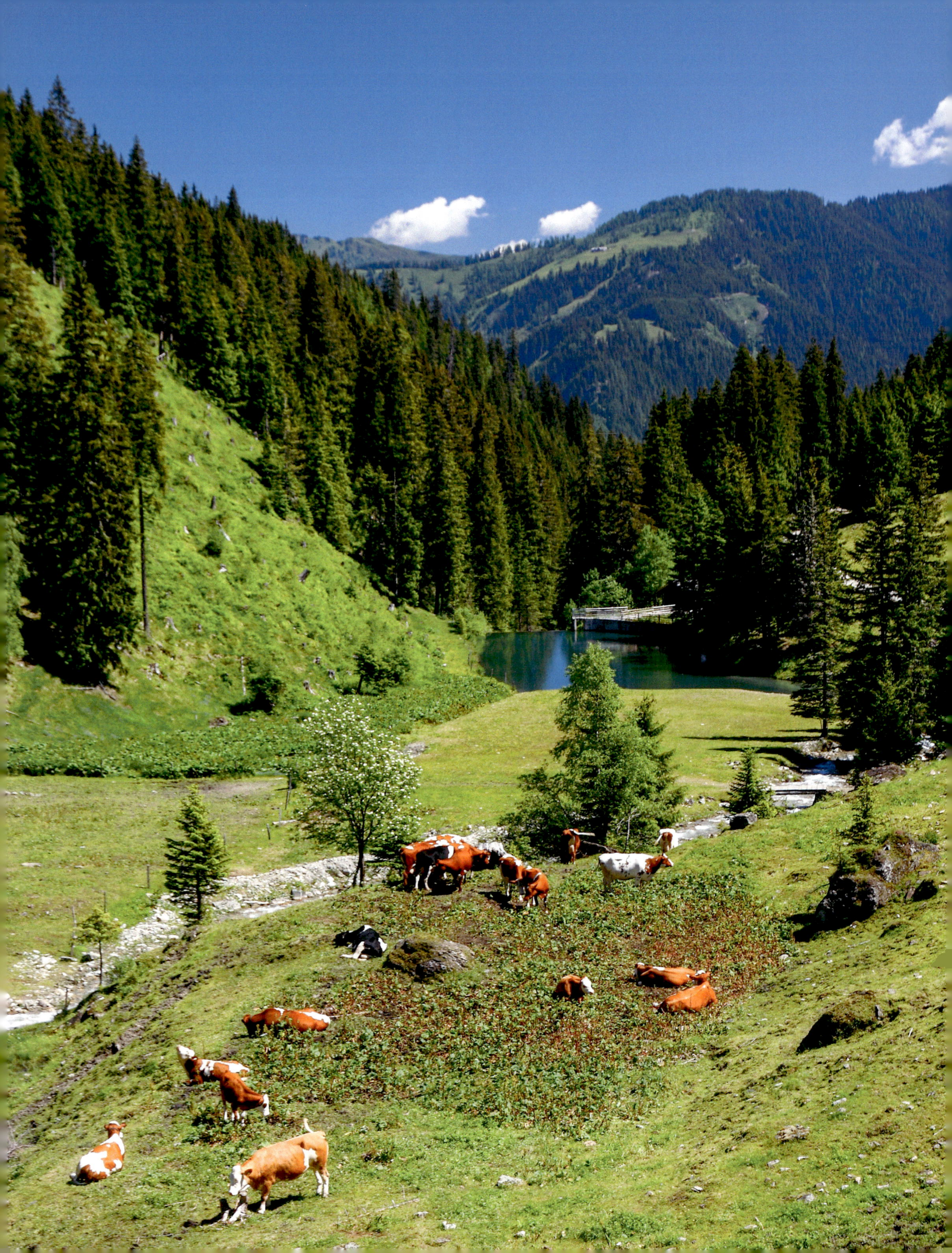

auf und am Gupf des Hundecks tauchen auch noch Goldberg- und Glocknergruppe hinter dem Grenzkamm zum Gasteinertal auf. Und ostwärts? Dahin führt unser Weiterweg, hinein ins Gebiet der Radstädter Tauern …

Der Draugstein ist dort ein unverkennbarer Markstein. Bevor wir auf seinem felsigen Haupt anlangen, wartet freilich der unbeschwerte Genuss eines Höhenweges auf freien Wiesenkämmen. Das kecke Filzmooshörndl wird kurzerhand mitgenommen. Am Draugstein entwickelt sich der Wanderer dann zum echten Gipfelstürmer. Steil und schrofig wird das Gelände. Doch der Pfad ist geschickt geführt und an den entscheidenden Stellen mit ein paar Seilversicherungen versehen, sodass ein geübter Kraxler kaum in Verlegenheit gerät. Das wäre erst der Fall, wenn man meinte, auf der anderen Seite des Bergs genauso weitermachen zu können. Grimmig ist gar kein Ausdruck für die Abgründe, die man dort mustert! Also wieder zurück zum Filzmoossattel und auf den Draugsteinalmen noch eine Jause genießen – der Tag war lang und die Energiespeicher wollen für morgen wieder aufgefüllt werden!

IN DEN NATIONALPARK

Es gibt ja noch eine Menge von Möglichkeiten, wie man sich auf aussichtsreichen Kämmen vom Panorama berauschen lassen kann. Zum Beispiel auf Gurenstein und Kreuzeck, auf der höheren Klingspitze oder für gute Pfadsucher vom Haseneckkopf zum Großen und Kleinen Mureck. Die andere Talseite bietet die weit ausgreifenden Kammtouren vom bzw. zum Gamskarkogel, deren Nachbarn auch irgendwie überschritten werden können, oder aber zwei abwechslungsreiche Almrundtouren über die Roßkar- und die Hühnerkarscharte. Oje, da hocken wir doch schon wieder beim unwiderstehlichen Kasbrettl …

Sechs Kilometer hinter Hüttschlag, beim Talwirt und den Anwesen von Stockham, endet die öffentliche Straße. Wer nun (zu Fuß) weiter ins Schödertal eintaucht, entdeckt

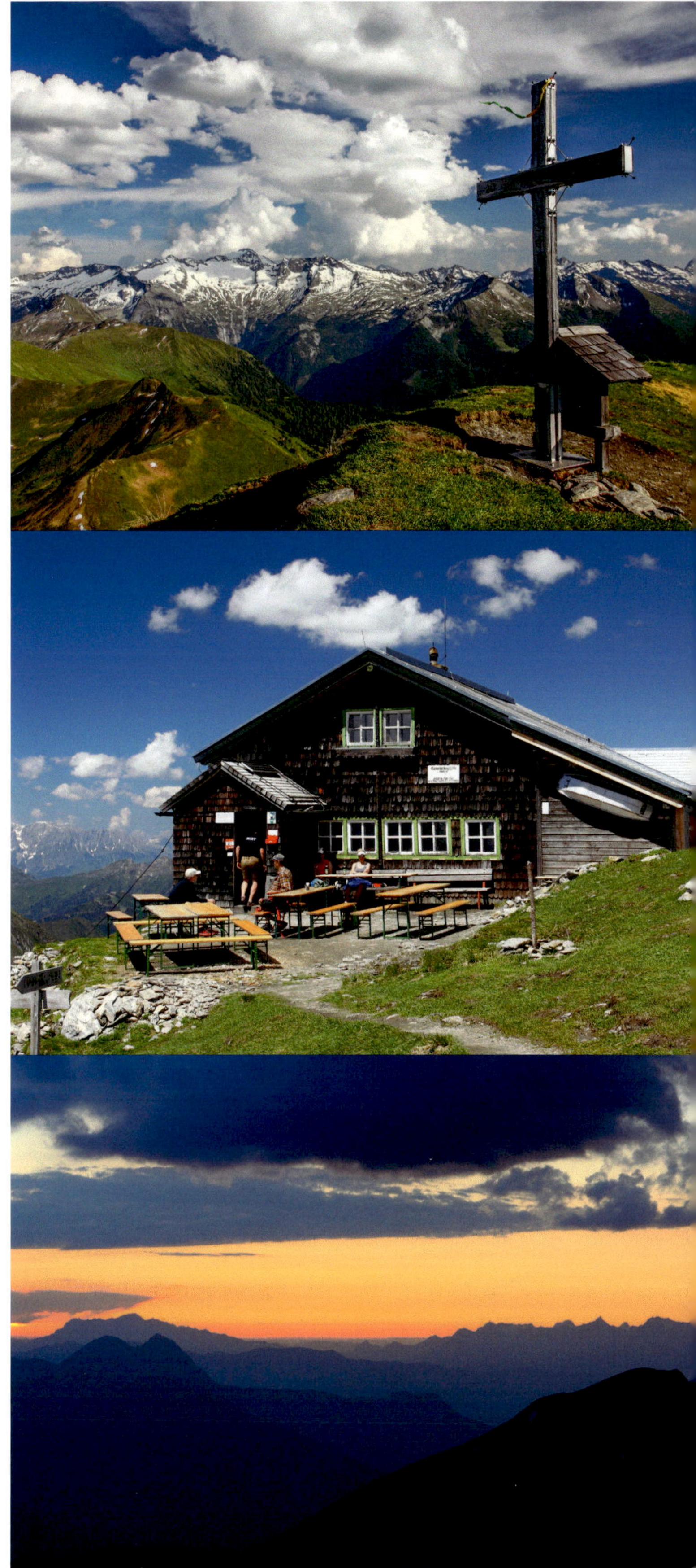

Durchs idyllische Toferntal steigen wir zum Gamskarkogel auf (linke Seite). Am Gipfel erwartet uns nicht nur eine tolle Schau zum Tauern-Hauptkamm (oben), sondern auch eine behagliche Hütte, in der man über Nacht bleiben kann (Mitte). Unvergessliche Stimmungen, vor allem in den Abend- und den frühen Morgenstunden, sind garantiert (unten).

DER SALZBURGER ALMENWEG

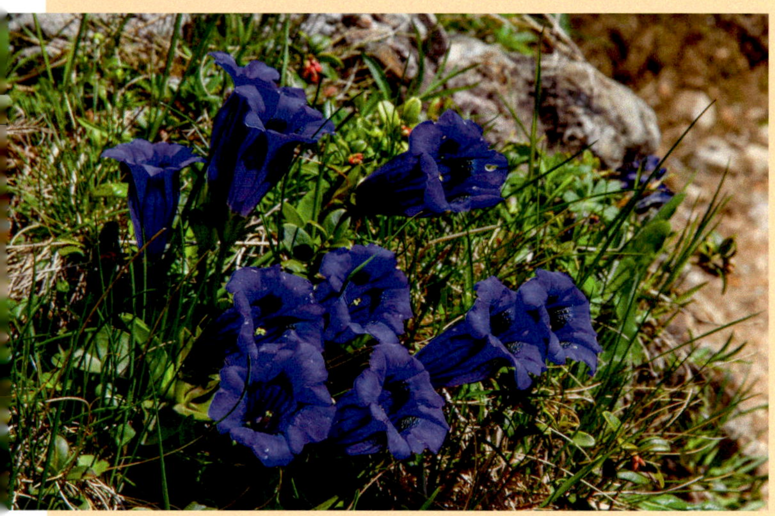

Symbolpflanze des Salzburger Almenweges: der Stängellose Enzian in natura.

Jeder Bergfreund kennt den Blauen Enzian. Er wächst auf den Almen bzw. oberhalb und stellt geradezu eine Charakterpflanze unserer Alpen dar. Auch wenn der mehr oder minder beliebte Enzianschnaps – ungeachtet anders lautender Vermutungen – nicht von ihm stammt, sondern aus der Wurzel des Gelben. Wer jedenfalls im Pongau dem Enziansymbol folgt, der bewegt sich auf dem Salzburger Almenweg: 350 Kilometer weit im großen Bogen vom Hochkönigstock über die Dientner Schieferberge in die nördliche Ankogelgruppe, nach einer Stippvisite in unserem Dörfchen Hüttschlag dann auf weiten Schleifen durch die Radstädter Tauern, hinüber an die Dachstein-Südseite und über das Tennengebirge zurück zum Ausgangspunkt in Pfarrwerfen. Rund 120 urige Almhütten liegen auf dieser Strecke, viele mit Übernachtungsmöglichkeit, was zu einer offiziellen Gliederung in 31 Tagesetappen geführt hat. Obschon diese Zahlen beachtlich anmuten: Große bergsteigerische Herausforderungen sind nicht das Motto des Salzburger Almenwegs. Im Vordergrund stehen ganz eindeutig der Genuss und das hautnahe Entdecken einer traditionellen bäuerlichen Kulturlandschaft. So bekommt man auch Einblick in das Leben der Senner, die heute mit dem sanften Wandertourismus auf ein zweites wirtschaftliches Standbein bauen können. Insofern ergänzen sich die beiden Initiativen »Salzburger Almenweg« und »Bergsteigerdörfer« ideal. Kein Problem übrigens, falls man nicht einen ganzen Monat Zeit hat. Der Weitwanderweg lässt sich in beliebig große Häppchen zerlegen, genauso wie ein schmackhafter Almkäse …

eine wirklich urtümliche Landschaft, die vom Menschen nur noch punktuell vereinnahmt worden ist. Für die Almwirtschaft sind die Gegebenheiten am unmittelbaren Hauptkamm einfach suboptimal, das Gelände zeigt sich oft zu rau und steinig. Ideal erscheint es hingegen für einen Nationalpark, den man im salzburgischen Teil der Ankogelgruppe 1991 ausgewiesen hat. Gemeinsam mit anderen Arealen quer durch die Hohen Tauern ist da ein ansehnliches Schutzgebiet zustandegekommen!

Bis zum Schödersee folgen wir einem Naturlehrweg vorbei an Moosböden, gurgelnden Wassern und Blockgassen. Nach der Schneeschmelze oder ergiebigem Regenwetter schwillt der See an, besitzt allerdings unterirdische Abflüsse und ist daher periodischer Natur. Also nicht wundern, wenn vielleicht nur eine Pfütze zu sehen ist! Doch wo verläuft der Ausweg aus diesem wildromantischen Kessel? Wir orientieren uns rechts in einen Grabeneinschnitt, wo es ziemlich »zach« aufwärts geht. Überraschend die Schwelle zu einem Hochboden, der von der nächsten steilen Geländestufe abgelöst wird. Oberhalb kommen bald die Kolmseen ins Blickfeld. Und ein Stück weiter treffen wir auf den Pfringersee, nur noch wenige Meter von der blockumkränzten Arlscharte entfernt. Dort tut sich der Blick nach Kärnten auf, in einen lichtdurchfluteten Süden! Wir erblicken sogar noch einen See: den riesigen Speicher Kölnbrein. Blättern Sie doch mal zurück zum Kapitel Malta …

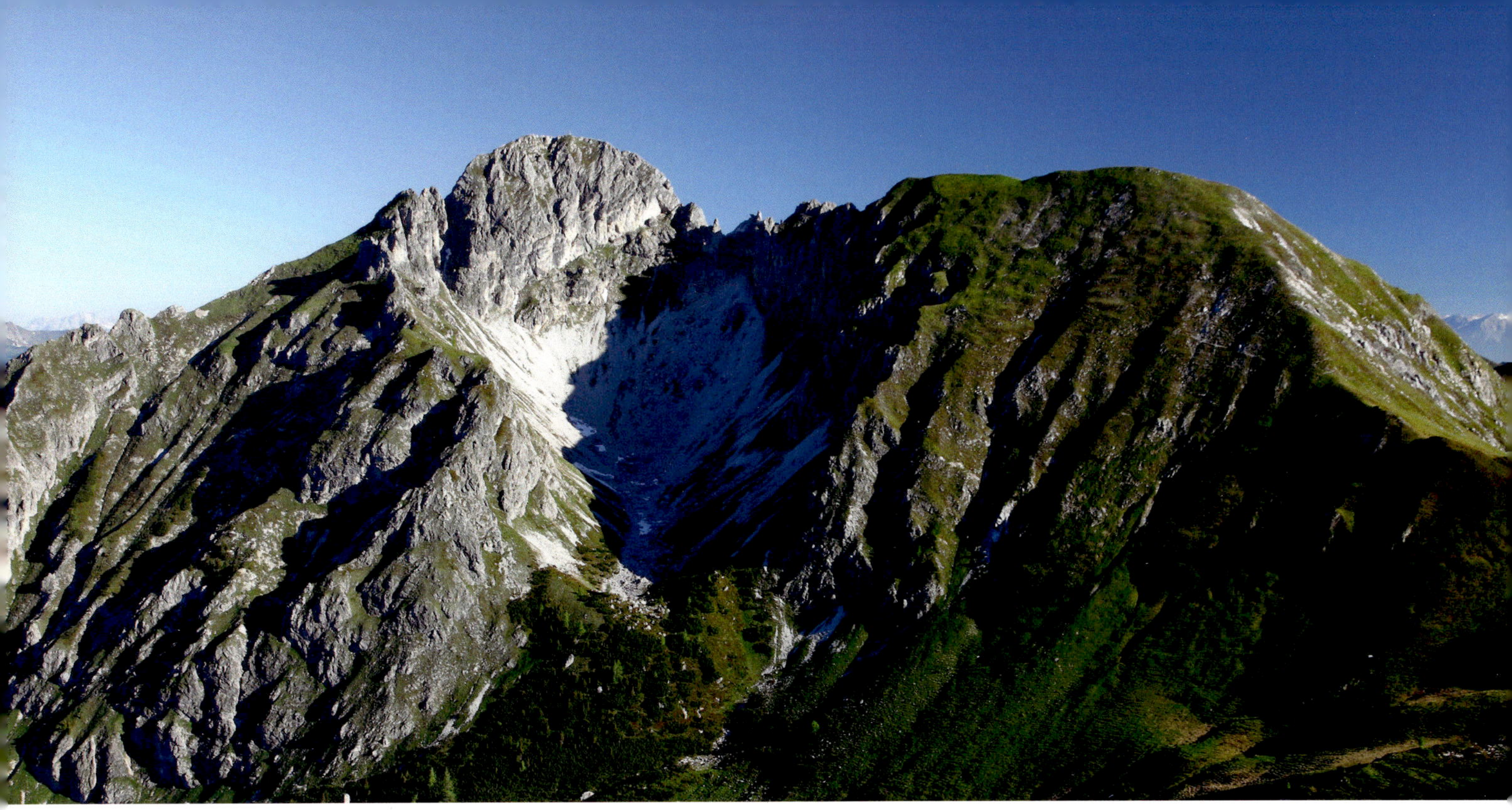

Oben: Zwischen vielen grünen Almmugeln zeigt sich der Draugstein ziemlich profiliert.
Unten: Eine Tour zur Arlscharte führt an den Kolmseen vorbei.

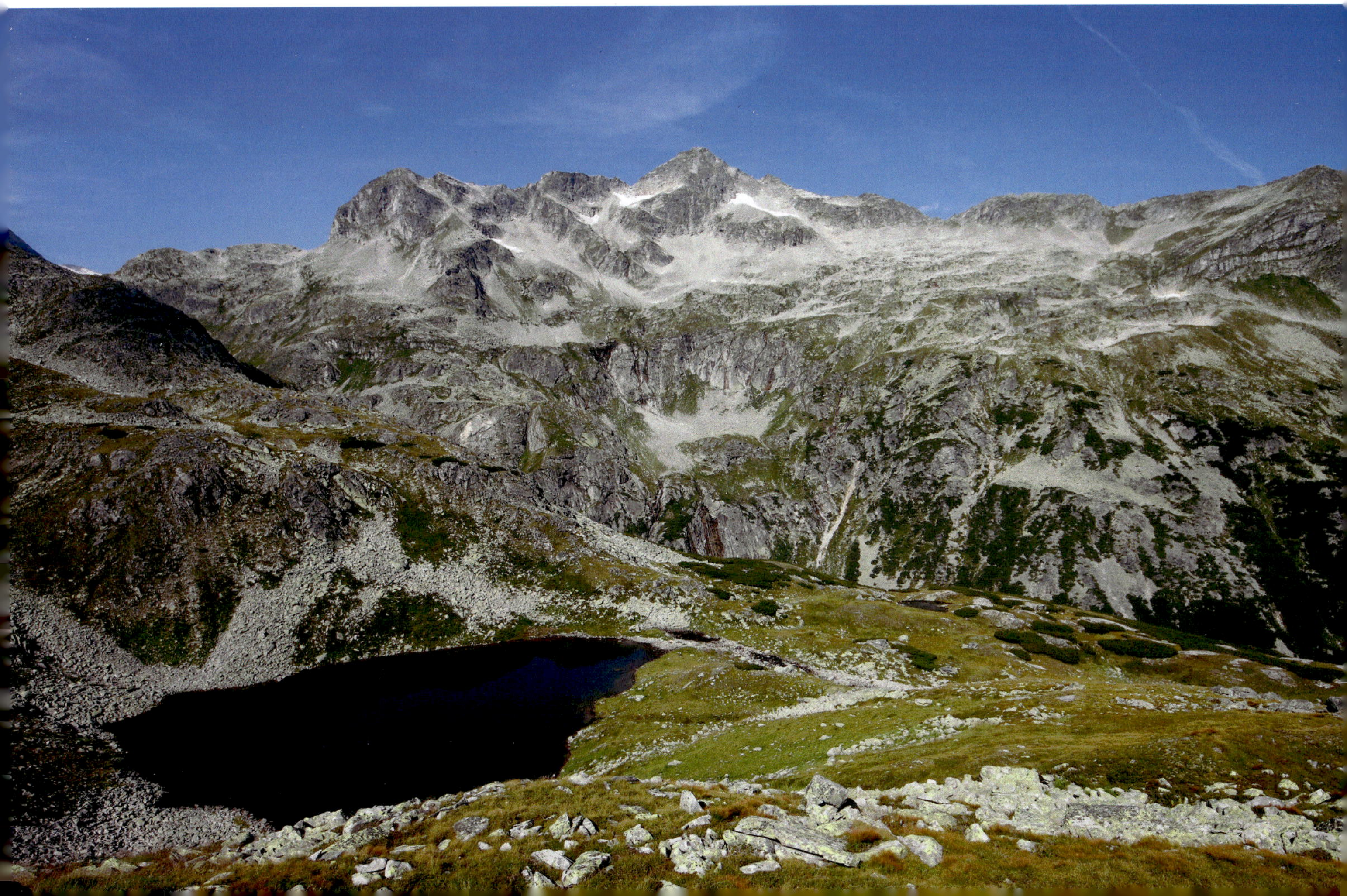

HÜTTSCHLAG

Lage: Hüttschlag (1030 m) liegt mit seinen Ortsteilen Karteis und See im Talschluss des Großarltals, das zum Salzburger Pongau gehört. Durch das Tal und weiter über das Murtörl wird alpingeographisch die Grenze zwischen den Hohen Tauern (Ankogelgruppe) und den Niederen Tauern (Radstädter Tauern) gezogen. Rund 900 Menschen sind in der Gemeinde Hüttschlag beheimatet.

Anreise: Auf der A10 bis Ausfahrt Bischofshofen und weiter über die großzügig ausgebaute B311 bis St. Johann, wo bei der südlichen Ausfahrt die Straße ins Großarltal abzweigt (hierher auch von Westen via Kitzbühel, Mittersill und Bruck an der Glocknerstraße). Im Großarltal kann man bis zum Parkplatz beim Talwirt im Weiler Stockham fahren.

Öffentliche Verkehrsmittel: Postbus von St. Johann im Pongau, und zwar ebenfalls bis zum Talschluss in Hüttschlag-Stockham.

Wandertaxi: Verschiedene Almen im Großarltal werden nach Fahrplan oder auf Anfrage angefahren, Infos beim Tourismusverband.

Informationsbüro: Tourismusverband Großarltal, A-5611 Großarl, Tel. +43/(0)6414/281, www.grossarltal.info.

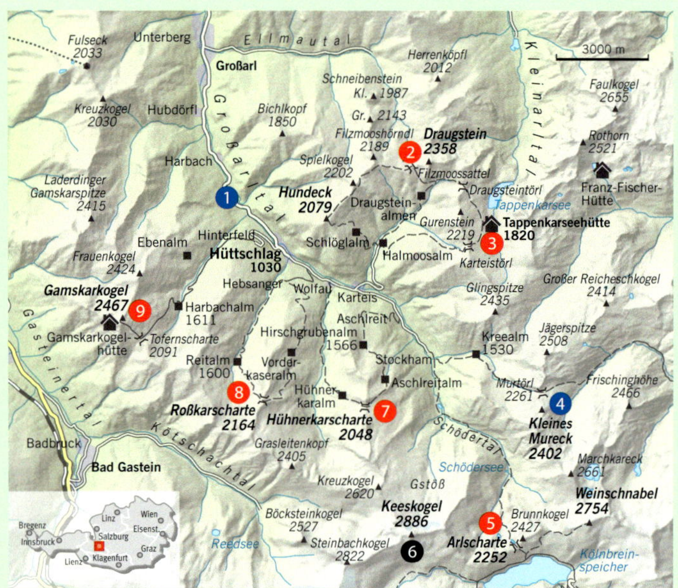

Hütten: Gamskarkogelhütte (Badgasteiner Hütte, 2465 m), ÖAV, Ende Juni bis Ende September, 25 Schlafplätze, Tel. +43/(0)664/9203679. Tappenkarseehütte (1820 m), ÖTK, Anfang Juni bis Ende September, 73 Schlafplätze, Tel. +43/(0)664/5793178. Außerdem bieten zahlreiche Almen ebenfalls Übernachtungsmöglichkeit an (Infos beim Tourismusverband).

Karten: Alpenvereinskarte, 1:50.000, Blatt 45/1 »Niedere Tauern I« und 1:25.000, Blatt 44 »Hochalmspitze – Ankogel«. Freytag & Berndt, 1:50.000, Blatt 191. Kompass, 1:50.000, Blatt 80. Österreichische Karte, 1:50.000, Blätter 3222, 3228 und 3229.

Touren-Highlights

1 Kapellen-Wanderweg

Leichte Talwanderung von der Pfarrkirche in Großarl über zahlreiche sehenswerte Kapellen nach Hüttschlag und weiter in den Talschluss. Auch bei unsicherem Wetter geeignet, aber für die ganze Strecke Marschtüchtigkeit erforderlich, ca. 5 Std.

2 Hundeck (2079 m) – Draugstein (2358 m)

Variantenreiche Tour über zwei Grasberge bis auf den felsigen Herrscher zwischen Groß- und Kleinarltal. Stundenlang bemerkenswerte Ausblicke! Von der Halmoosalm (Zufahrt von Karteis) über die Schlöglalm und steile Wiesen in 2¾ Std. aufs Hundeck. Beim Weiterweg zum Filmoossattel können das Filzmooshörndl sowie später der Draugstein »mitgenommen« werden (am Gipfelaufbau kurze Stellen I, Trittsicherheit unerlässlich). Anschließend Abstieg über die Draugsteinalmen; insgesamt 8 Std.

3 Tappenkarseehütte (1820 m)

Nettes Hüttenziel in einem weiten, grünen Hochtal auf Kleinarler Seite. Schöne Rundtour von der Halmoosalm über Karteisalm und Karteistörl zur Hütte mit Rückweg über das Draugsteintörl und die Draugsteinalmen. Gehzeit ca. 6 Std. Zwischen beiden Törln kann man auch sehr lohnend der Kammlinie über den Gurenstein folgen (etwas kürzer).

4 Kleines Mureck (2402 m)

Das Murtörl ist ein wichtiger Übergang zwischen Großarltal und dem Lungau. Unschwierige Steiganlage in typischem

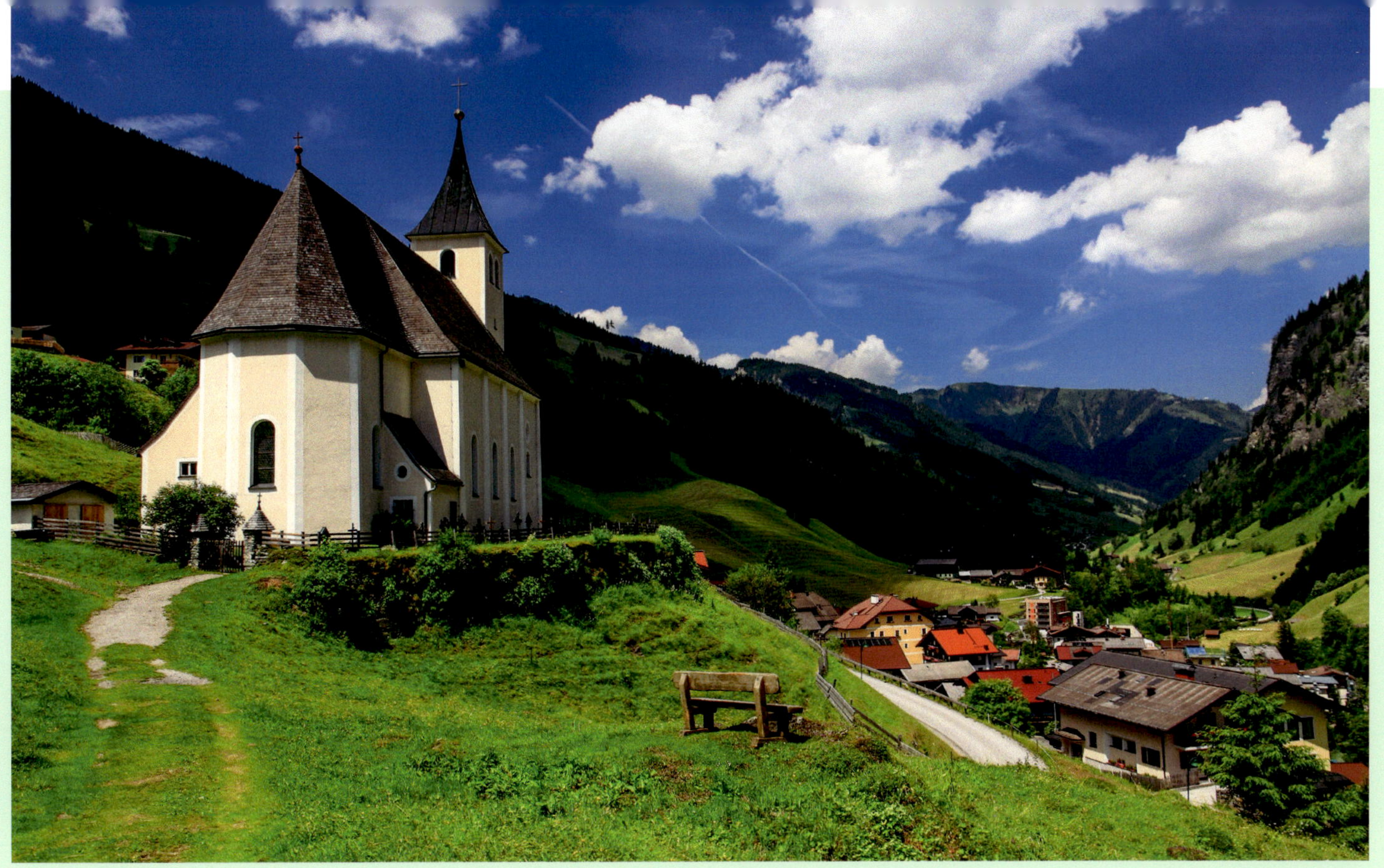

In Hüttschlag steht die Kirche noch im Dorf. Das heißt, eigentlich steht sie sehr malerisch am Hang oberhalb des Dorfkerns …

Mattengelände, auch auf den Gipfel oberhalb des Sattels. Aufstieg vom Parkplatz in Stockham über die Kreealm, 3¾ Std.

5 Arlscharte (2252 m)
Klassischer Übergang aus dem inneren Großarltal über eine Senke am Alpenhauptkamm ins kärntnerische Maltatal. Ziemlich langer, durchaus anstrengender Aufstieg, von Stockham über den Schödersee (bis dorthin Naturlehrweg) und mehrere Geländestufen zur Arlscharte 4½ Std.

6 Keeskogel (2886 m)
Höchster Gipfel der Hüttschlager Bergumrahmung mit nordseitiger Vergletscherung. Anspruchsvolle Bergtour mit weglosen Strecken, ohne Stützpunkt sehr lang über mehr als 1800 Höhenmeter. Aus dem Talschluss zuerst Richtung Hühnerkarscharte, dann ostseitig unterhalb des Kamms ins Gstöß queren und zuletzt über das Gstößkees (evtl. Steigeisen und Seilgebrauch) auf den Gipfel. Aufstieg ca. 6 Std.

7 Hühnerkarscharte (2048 m)
Abwechslungsreiche Rundtour, auf der man an mehreren bewirtschafteten Almen vorbeikommt. Ausgangspunkt am besten beim Parkplatz Aschlreit (an der Talstraße alternativ in Wolfau). Routenverlauf über Hirschgruben- und Aschlreitalm zur Hühnerkarscharte, jenseits via Hühnerkaralm und Hubgrundalm im Bogen zurück. Insgesamt gut 5 Std.

8 Roßkarscharte (2164 m)
Vergleichbar angelegte Runde wie Tour 7 an einem sekundären Kammausläufer der nördlichen Ankogelgruppe. Der Aufstieg vollzieht sich vom Parkplatz Hebsanger über die Reitalm, der Abstieg ab Roßkarscharte über die Vorderkaseralm (beide bewirtschaftet, ebenso gut umgekehrt möglich). Insgesamt 5½ Std.

9 Gamskarkogel (2467 m)
Der wuchtige Grasberg zwischen Gasteiner- und Großarltal ist durch seine Gipfelhütte berühmt geworden und wird viel bestiegen, mehrheitlich jedoch von Gasteiner Seite. Vom Parkplatz Hinterfeld (Zufahrt kurz vor Hüttschlag) durchs Toferntal zur bewirtschafteten Harbachalm, im Schräganstieg weiter über die Tofernalm zur Tofernscharte und am steileren Gipfelaufbau empor zum Gipfelplateau, gut 4 Std. Für Geübte bietet sich der Abstieg über den Frauenkogel zur Ebenalm an, streckenweise jedoch pfadlos (nur bei Sicht und gutem Orientierungsvermögen).

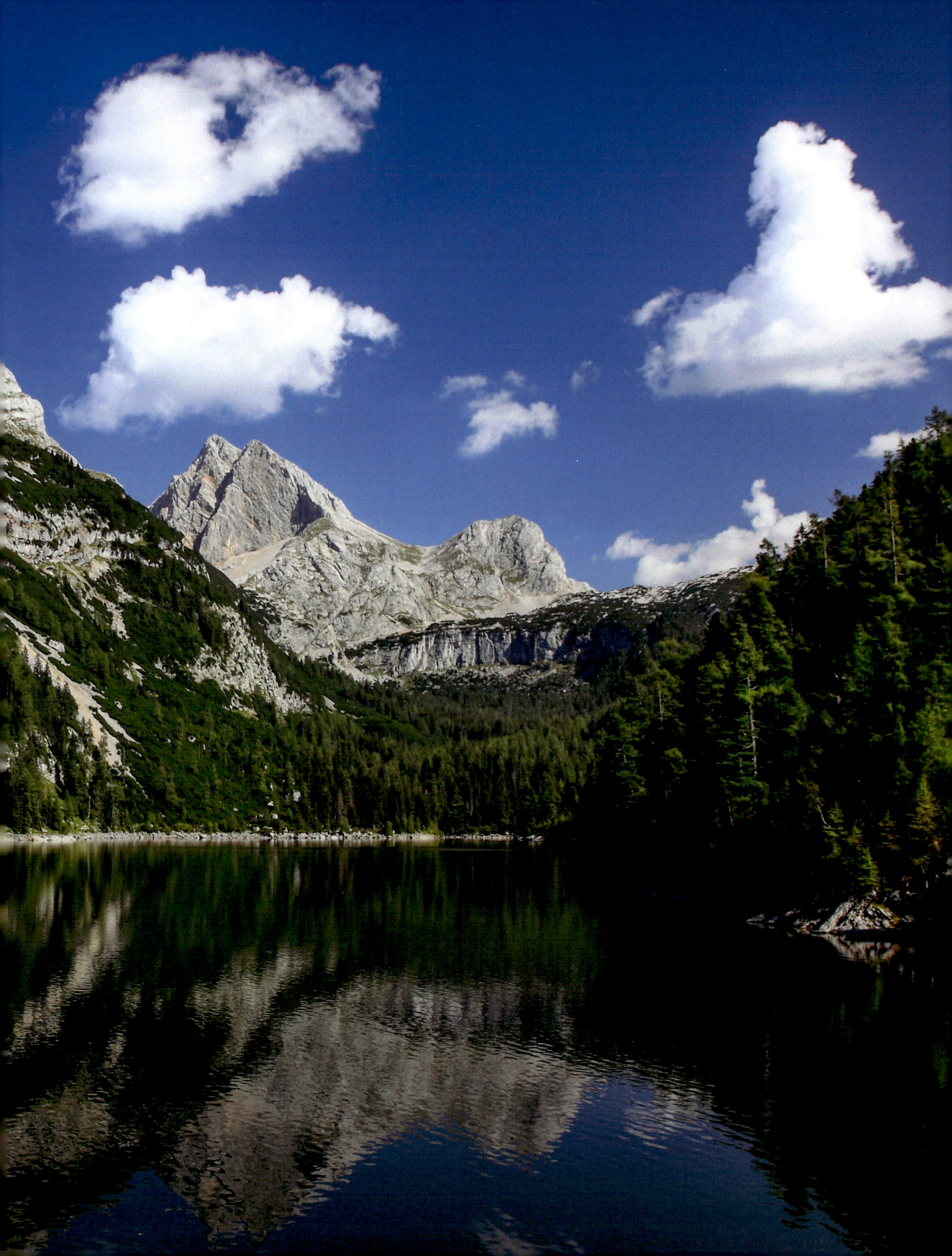

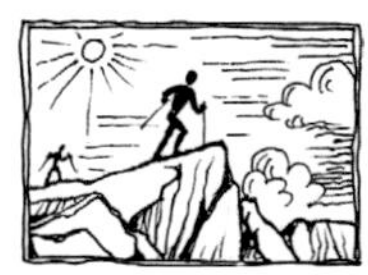

WEISSBACH BEI LOFER

Eingezwängt zwischen den Loferer und Leoganger Steinbergen einerseits sowie den westlichen Berchtesgadener Alpen andererseits liegt das Pinzgauer Dorf Weißbach inmitten einer beeindruckenden Kalkalpenwelt. Für die Pistenlobby erscheinen diese rauen Gefilde wenig rentabel, womit das Feld den Wanderern und Bergsteigern überlassen bleibt. Im Jahr 2007 wurde der Naturpark Weißbach ausgerufen, der direkt an das Naturschutzgebiet Kalkhochalpen sowie den bayerischen Nationalpark Berchtesgaden grenzt.

»Das Birnhorn hat, ich glaube mich nicht zu täuschen, unter allen Kalkgipfeln Salzburgs, den Hochkönig und Dachstein nicht ausgenommen, die umfassendste und schönste Aussicht«. Diese Worte sind sicher kein voreilig getroffener Superlativ, stammen sie doch von keinem Geringeren als dem Bergpionier Ludwig Purtscheller (1849–1900), der sich in der Gegend bestens auskannte und der Nachwelt profundes Wissen über das damals noch kaum erschlossene Gebirge hinterließ.

PARADEBERG BIRNHORN

An einem traumhaften Septembertag beschließe ich, die Probe aufs Exempel zu machen. Und während ich noch darüber sinniere, wie man Schönheit überhaupt messen könnte, nimmt mich die Landschaft der Leoganger Steinberge bereits unweigerlich gefangen. Das Birnhorn ist die herausstechende Bergpersönlichkeit in diesem Gebirgsstock, ein konkurrenzloser Herrscher über die Schar seiner Vasallen. Schlichtweg gewaltig wirkt der 1400 Meter hohe Felsabbruch nach Süden, weltabgeschieden hingegen die Nordseite über der weitläufigen Karstödnis des Ebersbergkars und der Hochgrub.

Der Dießbach-Stausee lenkt die Blicke auf den formschönen Großen Hundstod im Hintergrund.

Bevor man sich dem viel gepriesenen Gipfelpanorama widmen kann, setzt zunächst die Route selbst Akzente, gemäß dem Motto: »Der Weg ist das Ziel«. Da taugt schon die tolle Lage der Passauer Hütte zu beinahe wunschlosem Bergglück. Evelyn und Michi Faber sind durch eine aufreibende Phase von notwendigen Umbauten gegangen und bewirtschaften jetzt eine Berghütte, die moderne Zweckmäßigkeit mit uriger Gemütlichkeit vereint. Sie bildet gleichsam den Nabelpunkt der Leoganger Steinberge, und manch einer tut sich nicht gerade leicht, der sonnenverwöhnten Terrasse oder der behaglichen Stube zu entfliehen und noch forschen Schrittes gipfelwärts zu schreiten.

Freilich lockt bereits eine halbe Stunde weiter die vortreffliche Aussichtskanzel namens Hochzint, wo sich in Schrägperspektive das gebänderte Riesengemäuer der Birnwand-Südwand samt Tiefblick entfaltet, dann folgt der unvergleichliche Durchschlupf des Melkerlochs als Clou und schließlich der verwinkelte Verlauf durch den oberen Wandteil, dessen vermeintliche Felshürden sich nahezu in Wohlgefallen auflösen. Wer es schafft, vor den Quellwolken oben zu sein, wird dem alten Ludwig Purtscheller womöglich nicht widersprechen wollen. Und wer das Glück hat, hoch über den Dunst- und Nebelschleiern der Niederungen vom Birnhorn aus ein gestochen scharfes Tauernpanorama zu schauen, wird eh alle Vergleiche vergessen und einfach in Glückseligkeit schwelgen: ein Augenblick für die Ewigkeit …

URWELTLICHE STOABERG'

Die »Stoaberg« sind mir im Laufe meiner Bergsteigerjahre irgendwie ans Herz gewachsen. Spröde geben sich diese grauen Kolosse, nicht bereitwillig zugänglich und somit auch wenig massentauglich. Aber gerade diese Attribute üben einen unwiderstehlichen Reiz aus. Bevor sich unser Herz erobern lässt, müssen die Füße gehen, und zwar meistens ganz schön weit. Beispielsweise beim Weißbacher Zustieg zur Passauer Hütte, der übrigens viel stiller ist als die Hauptroute von Leogang herauf: Drunten im Saalachtal macht man sich noch kein Bild davon, wie es in den oberen Stockwerken ausschaut, und wird zunächst eher vom Betrieb eines Steinbruchs irritiert. Aber das ist am schmalen Pfannsteig bald vergessen. Mit Eintritt in die Hochgrub entblättern die Leoganger Steinberge nach und nach ihr geheimnisvolles Wesen. Rechts stechen die Schoßhörner in den Himmel, links prangt das Brandhorn und im Hintergrund zieht bereits das überragende Birnhorn mit seinem Ostgrat – übrigens eine rassige Klettertour im IV. Grad – die Blicke auf sich. Seit dem Bau des Leoganger Klettersteigs hat die Passauer Hütte an Zulauf gewonnen, haben auch moderne Spielformen des Bergsports ein wenig Raum ergriffen. Davon abgesehen bestimmt hier aber wie eh und je die Bergsteigerei alter Schule das Geschehen und das Birnhorn bleibt Tourenziel Nummer eins, insbesondere in der klassischen Kombination via Melkerloch und Kuchelnieder. Peter Carl Thurwieser betrat dieses Revier seinerzeit als Protagonist – ihm gelang 1831 auch die Erstbesteigung.

NATURGEWALTEN IM INNERGEBIRG

»Das Thal von Lofer hat einen ernsten Charakter. Berge steigen rings umher aus der Erde empor, größtenteils rauh und wild und mit Schwarzwäldern bewachsen. Alles trägt dazu bei, die Seele des einsamen Wanderers mit düsteren Bildern zu füllen«. Die Schilderungen des Salzburger Gelehrten Franz Michael Vierthaler um 1800 lassen erahnen, wie respekteinflößend und unheimlich die kaum erschlossene Region des Saalachtals früher erschien. Aus traditionell Salzburger Sicht gehört der Pinzgau zum »Innergebirg«, eine Anrede, die man heute nur noch selten hört, zumal sich Perspektiven inzwischen verschoben haben, und was einst als Düsternis in den Köpfen und Herzen der Reisenden herumgeisterte, heute wohl eher als wohltuende Ursprünglichkeit empfunden wird.

Rund um Weißbach lässt sich diese Ursprünglichkeit auf Schritt und Tritt entdecken. Als touristisches Zugmittel wird die Trilogie der »Saalachtaler Naturgewalten« propagiert. Eine davon heißt Lamprechtshöhle und gilt als weltweit größte Durchgangshöhle. 51 Kilometer Gangsysteme mit einem Höhenunterschied von über 1500 Metern bis ins

Die »Königstour« um Weißbach führt auf das Birnhorn, den Hauptgipfel der Leoganger Steinberge. Links die Passauer Hütte als Stützpunkt, rechts eine Passage am Gipfelgrat.

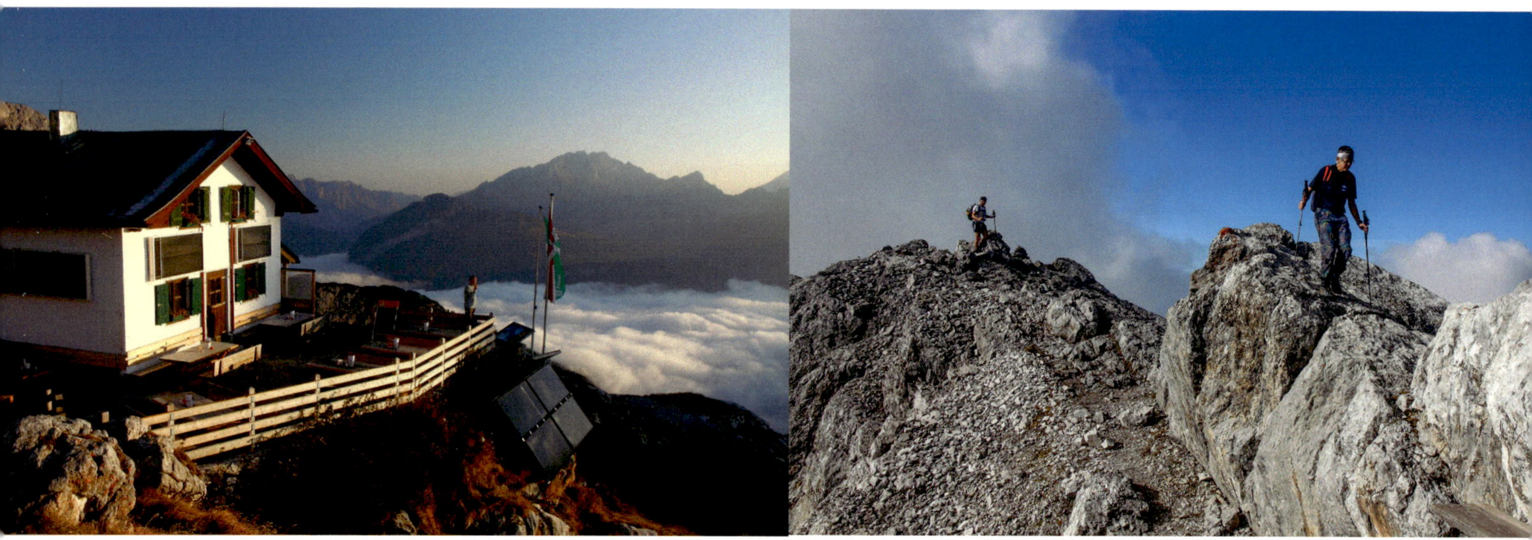

Obere Ebersbergkar (!) sind mittlerweile erforscht. Einst war der Lamprechtsofen von Sagen umwittert und manch einer, der glaubte, dort einen wertvollen Schatz heben zu können, bezahlte das Eindringen mit seinem Leben. Versierten Speläologen muss diese Unterwelt indes wie ein Abenteuerparadies erscheinen, für Touristen ist zumindest ein Bruchteil als Schauhöhle erschlossen. Bereits diese kleine Stippvisite bis hinein in die Steinerhalle reicht, um gefesselt zu sein. Bizarr schöne Felsformationen und Sinterbildungen, mächtige Gewölbe und ein unterirdischer Bach vermitteln Eindrücke aus einer sonst verborgenen Welt.

Nicht minder sehenswert sind die beiden ausgebauten Klammen rund um Weißbach. Sie entstanden gegen Ende der letzten Eiszeit vor rund 12.000 Jahren, als sich die wasserreichen Gerinne tief in den Fels einzuschneiden begannen. Die Seisenbergklamm verblüfft mit einer echten Dramaturgie. Eine nette Schlucht, aber nicht ausnehmend spektakulär, denke ich noch, als ich das erste Stück hineinwandere. Es folgen ein paar Ecken und Kurven, die Flanken werden enger, und plötzlich steht man in der sogenannten Dunkelklamm, die ihrem Namen alle Ehre macht. Nur durch einen kleinen Spalt dringt noch spärliches Licht, von allen Seiten trieft es und unter den (sicheren) Stegen braust ungestüm das Wasser. Ein wenig Beklemmung kommt auf, aber auch eine ungeheure Faszination, hier mittendrin im Kraftraum der Natur zu wandeln. Kaum vorstellbar, wie hart und gefährlich die Arbeit der Holzknechte gewesen sein muss, die 1831 einen Triftsteig durch die Seisenbergklamm gelegt haben.

Ein ähnlich dramatisches, feucht-erfrischendes Naturschauspiel bietet auch die Vorderkaserklamm. 51 Stege und 35 Stiegen mit insgesamt 373 Stufen sind dort verbaut. Im engsten Teil, wo die Felsen auf weniger als einen Meter zusammenrücken und Wasserfälle bedrohlich durch Kolke und Gumpen schießen, fühlt man sich wie in einem höllenhaften Schlund. Emotionalen Ausgleich findet das Gemüt schließlich wieder beim Rückweg über den lehrreichen Orchideenweg.

SPORTIV UND GENUSSVOLL

Sowohl Action als auch Beschaulichkeit haben in und um Weißbach also ihren Platz. Für alle, die sich im steilen Fels erproben wollen, sind einige talnahe Klettersteige und Klettergärten eingerichtet worden. Im Zuge des aktuellen Sportklettersteig-Booms erfreuen sich »Zahme, Weiße und Wilde Gams«, die in den Jahren 2009 bis 2012 entstanden, zunehmender Beliebtheit. Bei Einhaltung der Reihenfolge kann man sich von der einsteigertauglichen Route bis zur Extrem-Ferrata hochkatapultieren. Die »Wilde Gams« sollten sich freilich nur ausgebuffte Spezialisten mit reichlich Armkraft gönnen – alle anderen hätten kaum eine Chance!

An einem stabilen Herbsttag lassen sich auf dieser Tour wunderbare Impressionen hoch über dem Nebelmeer einfangen (links). Die Wanderer befinden sich vor der Westlichen Mitterspitze (rechts).

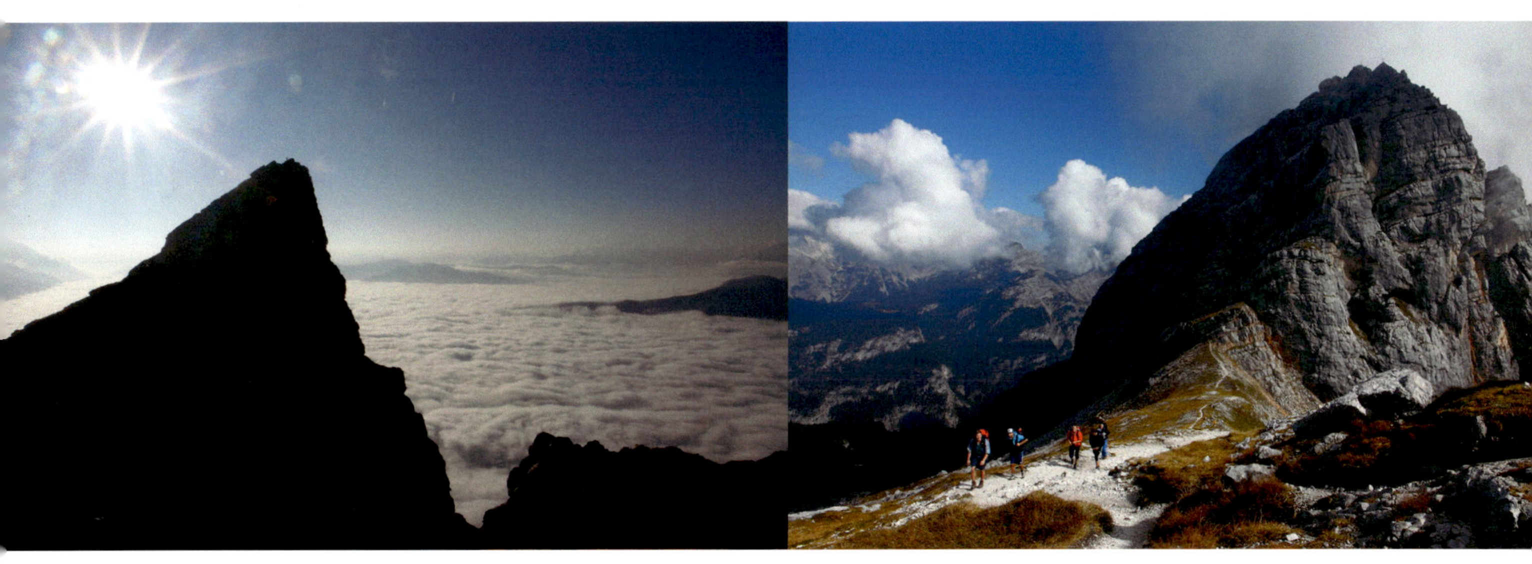

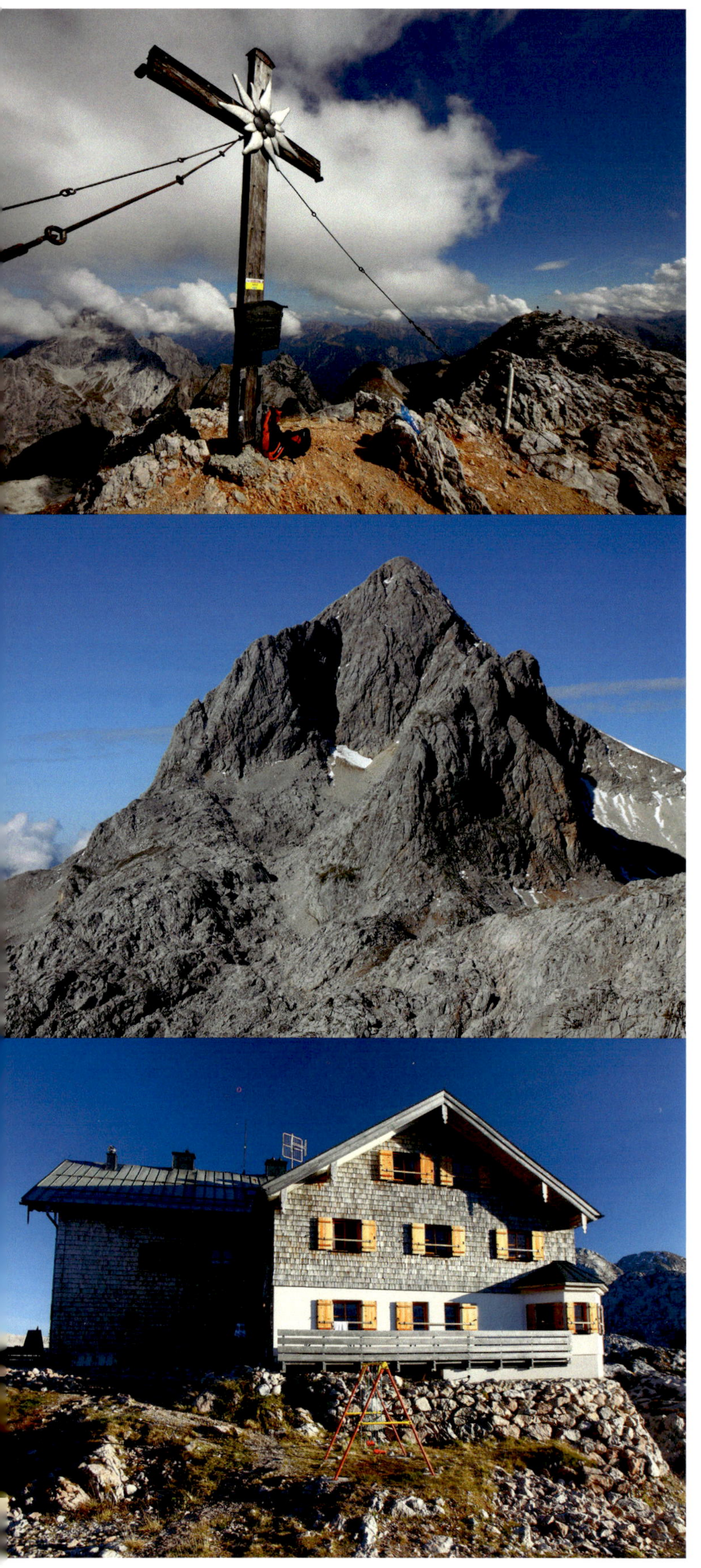

Anspruchsvoll sind im Übrigen auch die Alpinklettersteige der Region: der Leoganger an der Westlichen Mitterspitze sowie der »Nackte Hund« an einem Gratableger des Großen Hinterhorns in den Loferer Steinbergen. Wer hingegen lieber ohne Drahtseil Hand anlegt, kann sich in drei Klettergärten austoben.

Einen totalen Kontrast dazu bieten Ausflüge in die lieblichen Almgebiete. Stilvoll und romantisch erscheinen die alten Kaser mit ihren steinbeschwerten Schindeldächern, etwa auf der Kallbrunn-, der Kammerling- oder der Litzlalm, die einfach wunschgemäße Idylle ausstrahlen. Die Kallbrunnalm zählt zu den größten Hochweidegebieten weit und breit; im Bereich der Berchtesgadener Alpen hält sie flächenmäßig die Spitzenposition inne. Rund 350 Rinder sömmern hier oben, zum großen Teil auch von Bauern aus der bayerischen Ramsau, denn die Alm gehörte einst zum Stift Berchtesgaden, und Nutzungsrechte nach den alten Saalforstverträgen sind heute noch gültig. Die Almgemeinschaft betreibt eine eigene Käserei und auch eine Jausenstation, in der man die Produkte gleich einmal kosten sollte. Absolut verheißungsvoll, zur Zeit des Almauftriebs durch die lieblichen Gefilde rund um den Hirschbichl zu stromern, wenn die Natur zum Leben erwacht, es allenthalben anfängt zu blühen und man selbst voller Tatendrang in den Startlöchern zu einer neuen Wandersaison steckt.

VOM HIRSCHBICHL INS STEINERNE MEER

Zu Sommerbeginn ist vor allem der Hochkranz ein ideales Ziel. Der Weißbacher Hausberg erreicht zwar nicht einmal die 2000-Meter-Marke, sticht in seiner isolierten Position aber markant heraus und garantiert damit eine uneingeschränkte Rundumsicht auf all die großen Hörner und Spitzen ringsum. Man geht den Hochkranz üblicherweise von Pürzlbach über die Kallbrunnalm an, wobei Felsgewandten mit Hang zum Besonderen der Ostgrat ans Herz

Wer zum Ingolstädter Haus (unten) ins Steinerne Meer aufsteigt, sollte auch den Hausberg mit dem ulkigen Namen Großer Hundstod erklimmen (in der Mitte die markante Ostansicht). Die Aussicht vom Gipfelkreuz über die Berchtesgadener Alpen ist fantastisch (oben)!

gelegt sei. Die Kraxelei gestaltet sich zwar etwas kniffliger als der Normalweg, gewinnt jedoch an Pep und eignet sich der Kürze wegen gut für erste Versuche im unpräparierten Gelände.

Zwei der attraktivsten Wandergipfel der Umgebung sind das Kammerlinghorn und das Seehorn. Während man gemächlich über den langen, stumpfen Westrücken zum Kammerlinghorn ansteigt, entfaltet sich das Panorama zu immer größerer Pracht, Richtung Pinzgau in bald unfassbare Weiten. Auf der anderen Seite hingegen wird man gepackt von den Felsszenerien der Hochkaltergruppe sowie der »Ramsauer Dolomiten«, wie die Abstürze der Reiteralm in die Grundübelau respektvoll genannt werden. Und auch das Seehorn steht natürlich im Blickfeld. Dort gibt es sogar eine ideale Überschreitungsmöglichkeit und damit einen besonders abwechslungsreichen Tourenverlauf, der im Aufstieg den kleinen Seehornsee berührt und im Abstieg die zauberhafte Hochwies. Dieser friedliche, abgeschiedene Erdenfleck! Man muss einfach mal zur rechten Zeit dort sein, den Zauber erleben und begreifen, dass es nicht unbedingt einen Prestigegipfel oder einen populären Klettersteig braucht, um innere Erfüllung zu erlangen. Und wer es gleichwohl zünftig

Der geschwungene Verlauf des Saalachtals bei Weißbach. Es trennt die Loferer und Leoganger Steinberge von den westlichen Berchtesgadener Alpen.

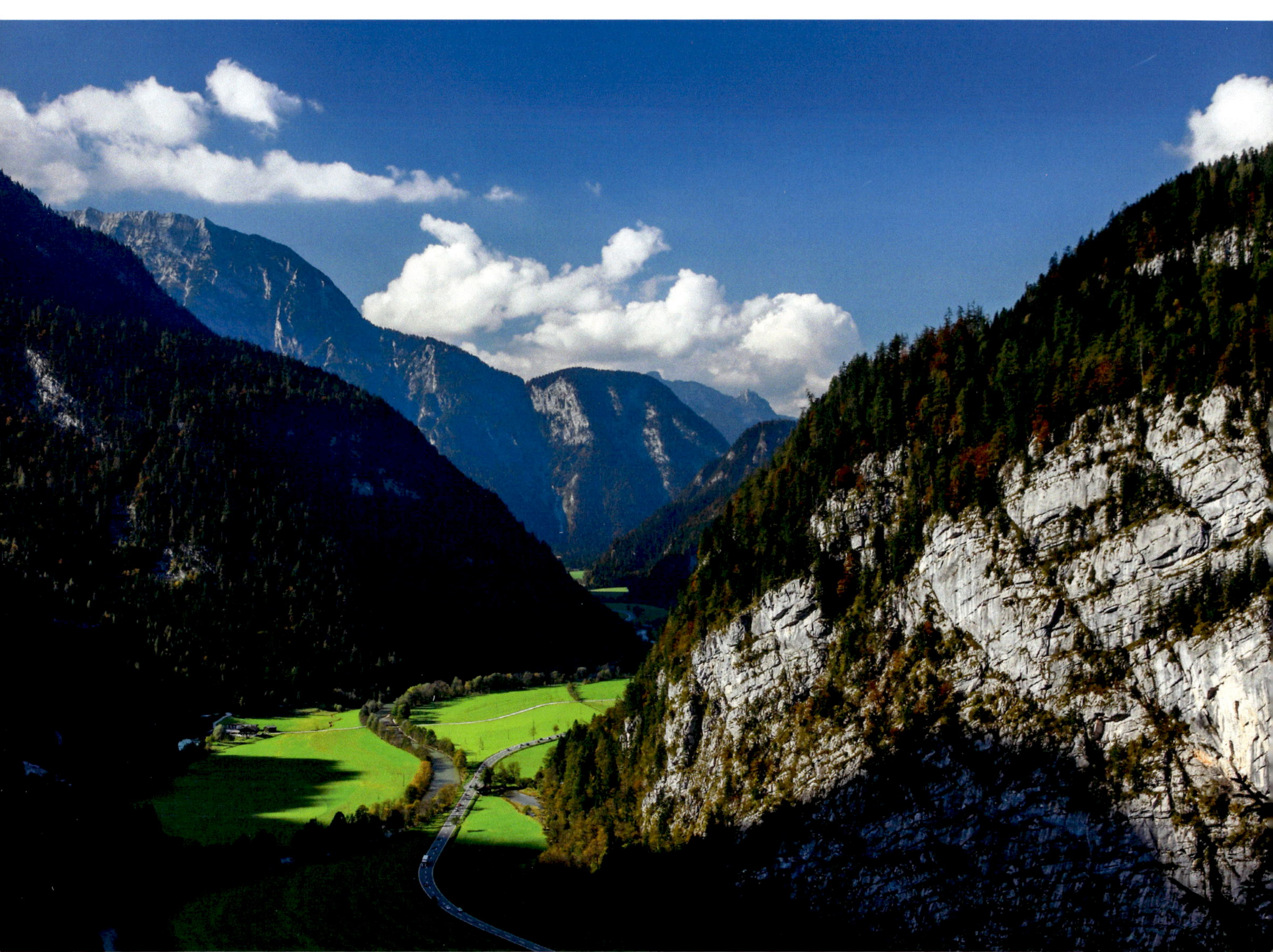

NATURPARK WEISSBACH

Im Jahr 2007 wurde – angrenzend an den Nationalpark Berchtesgaden und das Naturschutzgebiet Kalkhochalpen – der 2778 Hektar umfassende Naturpark Weißbach gegründet. 2013 erhielt er die Auszeichnung als »Naturpark des Jahres«. Morphologisch bestimmend ist das wald- und almenreiche Mittelgebirge am Auslauf der Berchtesgadener Bergstöcke Reiteralm, Hochkalter und Steinernes Meer mit dem Hochkranz als höchster Erhebung. Der vom Menschen traditionell gestalteten Kulturlandschaft kommt ein großer Stellenwert zu. Vor allem die Almweiden tragen zu einer Erhöhung der Artenvielfalt bei, ebenso die Bandbreite der Geländeformen und Höhenstufen von der tiefmontanen im Saalachtal bis zur alpinen am Hochkranz. Schon die Abfolge der Waldtypen ist dafür kennzeichnend. Als besonders wertvoll gilt eine ganze Palette von Kleinbiotopen, die etwa 14 Prozent der Naturparkfläche ausmachen. Laut Experten ist die Schaffung eines Naturparks ein gutes Instrument zur Bewusstseinsbildung, dass eine Landschaft überhaupt schützenswert ist. Dabei spielt auch die Erholungsfunktion mit Aktivitäten wie Wandern und Mountainbiken eine tragende Rolle. Themenwege und erschlossene Naturschauspiele wie die Seisenbergklamm schärfen das Interesse der Besucher und vermitteln Hintergrundwissen, nach dem Motto: »Nur was wir schätzen, werden wir auch schützen«. Für ein tieferes Verständnis werden Exkursionen und Wanderungen mit Naturparkführern, Schulprogramme sowie Umweltbaustellen angeboten. Nicht zuletzt ist auch die regionale Wirtschaft mit ihren naturnahen Produkten, die sich marketingmäßig durch das Label »Naturpark« quasi veredeln lassen, integriert. Ein passendes Beispiel dafür ist der Kallbrunner Almkäse. Insofern bilden die beiden eng miteinander verzahnten Initiativen »Naturpark« und »Bergsteigerdorf« für Weißbach eine perfekte Symbiose!

Die Kallbrunnalm gilt als das reizvollste Ziel für beschauliche Wanderausflüge. Mit über 250 Hektar Weideland ist sie die größte Alm in den Berchtesgadener Alpen und wird sowohl von Bauern aus dem Pinzgau als auch aus der bayerischen Ramsau bestoßen. Im Hintergrund das Birnhorn samt Trabanten.

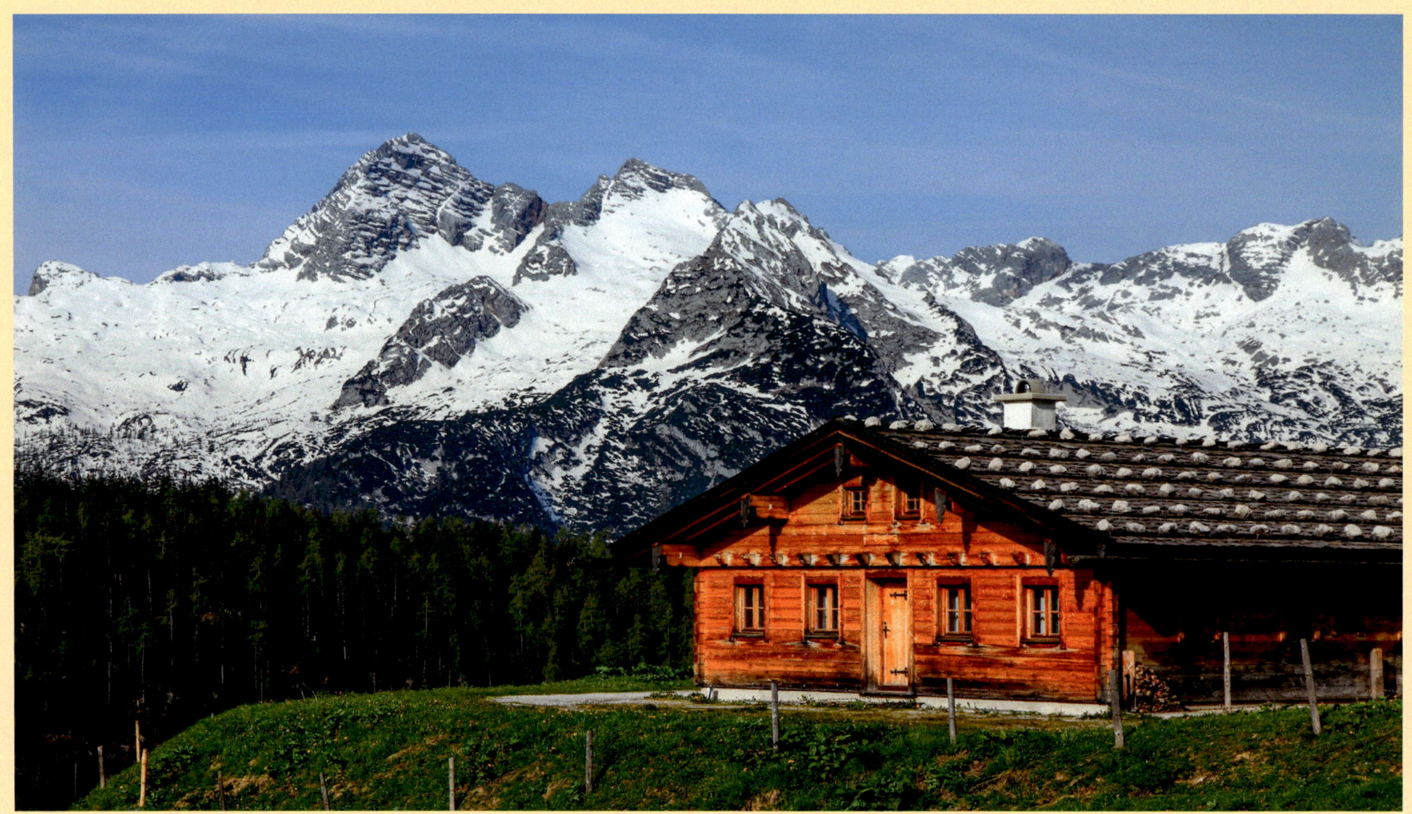

bevorzugt, kann ja mal den Talzustieg über den Diesbachsteig ausprobieren. Ganz abenteuerlich wild und nachgerade dschungelartig verzwickt hat er mich Ahnungslosen vor Jahren empfangen – auch das gibt's hier im Pinzgau!

RUND UM DAS INGOLSTÄDTER HAUS

Vom Seehorn erhascht man übrigens die wohl eindrücklichste Perspektive auf den Großen Hundstod, der als elegantes Schmalprofil zur Geltung kommt und alpingeographisch schon das Steinerne Meer vertritt. Damit stößt der größte Bergstock der Berchtesgadener Alpen mit seinen Karstwellen in unser Weißbacher Tourengebiet vor und offeriert das Ingolstädter Haus als wertvollen Stützpunkt. Während der letzten gut 20 Jahre, in denen ich hier zu Gast war, hat sich technologisch und im Baubestand einiges getan. Seit 2013 widmen sich Resi und Rudi Senninger mit viel Herzblut der Bewirtschaftung und haben oft alle Hände voll zu tun, denn das Ingolstädter Haus wird auch über die Höhenwege im Steinernen Meer, sprich von den Nachbarhütten, häufig angesteuert. Es ist ein tolles Tourengebiet, intensiv in seinen Stimmungen, oft herb-melancholisch und praktisch vollkommen naturbelassen!

Als Hausberg lockt natürlich der Große Hundstod, wo ich neben dem altbekannten Normalweg neulich fast zufällig eine pfiffige Zweier-Kletterei am Südostgrat entdeckt habe. Die Tour ist bislang kaum irgendwo beschrieben, nicht einmal im »allwissenden« Internet. Zur anderen Seite stehen die Schindlköpfe etwas im Schatten, und wer unter ziemlicher Garantie einen Berg für sich allein haben möchte, kann vom Hundstodgatterl einen Seitensprung auf den Schneiber unternehmen. An einem sonnigen Herbstmorgen sitze ich oben, blicke halb versunken gleichzeitig in die Runde und in meine Schatzkiste der Erinnerungen, auf den stolzen Watzmann, den nahen Hundstod sowie über die weiten Wogen des Steinernen Meeres und denke einfach: Was für eine charismatische Landschaft!

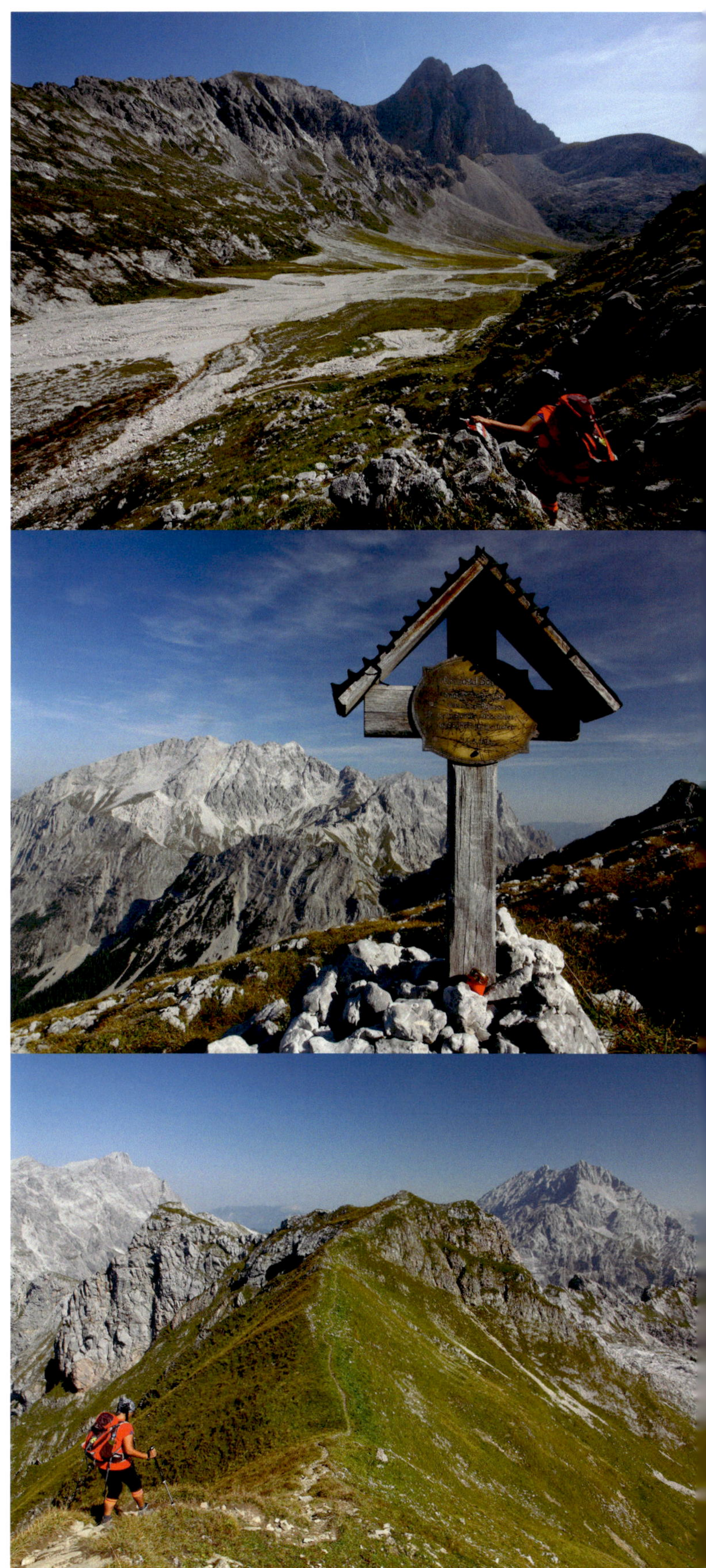

Zu meinen Lieblingstouren zählt die Überschreitung des Seehorns. Highlights sind die aussichtsreiche Strecke am Kamm (oben) sowie die weltabgeschiedene Hochwies (unten), in die man später absteigt. Vom Sennerinkreuz, das eine tragische Geschichte erzählt, blickt man Richtung Kammerlinghorn und Hocheisspitze.

WEISSBACH BEI LOFER

Lage: Weißbach (665 m) im Salzburger Mitterpinzgau liegt im Saalachtal zwischen Saalfelden und Lofer, flankiert von den Leoganger Steinbergen und dem Komplex der Berchtesgadener Alpen. In den fünf Ortsteilen leben ungefähr 400 Bewohner.

Anreise: Von der Autobahn-Ausfahrt Bad Reichenhall über den Steinpass sowie die B312 nach Lofer, dann weiter auf der B311 Richtung Saalfelden bis Weißbach. Von Westen auch auf der Inntal-Autobahn (A12) bis Ausfahrt Wörgl-Ost und auf der B178 via Lofer nach Weißbach.

Öffentliche Verkehrsmittel: Die Busverbindung zwischen Zell am See und Salzburg-Flughafen führt über Saalfelden, Weißbach, Lofer und Bad Reichenhall.

Wanderbus/-taxi: Ein Almerlebnisbus verkehrt von Anfang Juni bis Anfang Oktober täglich zwischen Weißbach und Ramsau über den Hirschbichl. Taxitransfer von Weißbach zur Kallbrunnalm sowie zur Niedergrub (Weg zur Passauer Hütte), aktueller Fahrplan über Tourismusbüro erhältlich.

Informationsbüro: Tourismusverband Salzburger Saalachtal, Ortsstelle Weißbach, Unterweißbach 36, A-5093 Weißbach bei Lofer, Tel. +43/(0)6582/8351, www.weissbach.at. Zentrale Lofer, Nr. 310, A-5090 Lofer, Tel. +43/(0)6588/8321, www.lofer.com.

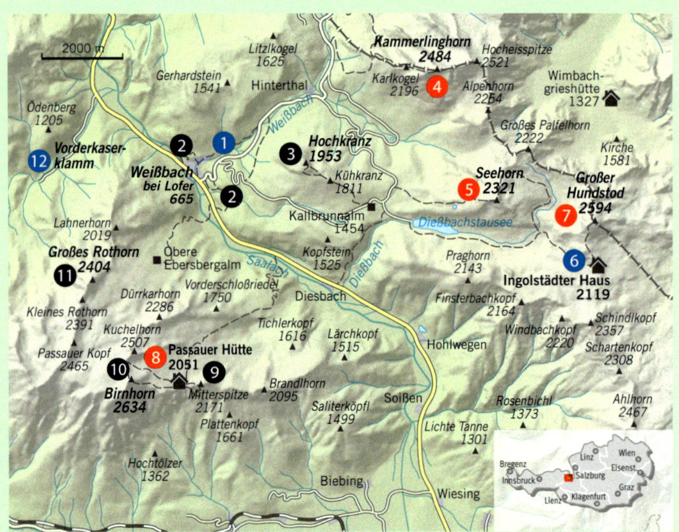

Hütten: Passauer Hütte (2051 m), DAV, Anfang Juni bis Anfang Oktober, 38 Schlafplätze, Tel. +43/(0)680/5072624. Ingolstädter Haus (2119 m), DAV, Mitte Juni bis Anfang Oktober, 115 Schlafplätze, Tel. +43/(0)6582/8353.

Karten: Alpenvereinskarte, 1:25.000, Blätter 9 »Loferer und Leoganger Steinberge« und 10 »Steinernes Meer«. Freytag & Berndt, 1:50.000, Blatt 104. Kompass, 1:50.000, Blätter 14 und 30. Österreichische Karte, 1:50.000, Blatt 3215.

Touren-Highlights

1 Seisenbergklamm
Mit dem Bus zum Hirschbichl und von dort über den Erlebnisweg mit seinen elf Stationen abwärts zum Gasthof Lofeyer. Anschließend geht's durch die Seisenbergklamm (Gebühr) hinunter nach Weißbach. Gehzeit ca. 2 Std., umgekehrt etwas länger.

2 Klettersteige Zahme, Weiße und Wilde Gams
Teils sehr anspruchsvolle Sportklettersteige in Ortsnähe, die rund 130 Höhenmeter überwinden und in der genannten Reihenfolge ein steigendes Schwierigkeitsniveau aufweisen. Die Zahme Gams (B/C) eignet sich auch für (sportliche) Einsteiger, die Weiße Gams (D) verlangt schon einschlägige Erfahrung, Kraft und Technik, die Wilde Gams (E/F) gilt als Kick für Könner.

3 Hochkranz (1953 m)
Inselberg über der Kallbrunnalm, dorthin per Wandertaxi oder zu Fuß ab Pürzlbach bzw. Waltlmühlsäge. Die Normalroute führt über den Kühkranz und zuletzt durch die Südflanke (gesicherte Passagen), eine Alternative über den Ostgrat (Stellen II); ab Kallbrunnalm 1¾ Std.

4 Kammerlinghorn (2484 m)
Exzellenter Aussichtsgipfel über dem Hirschbichl, auf markierter Route ohne Kletterei ersteigbar. Von Hintertal Richtung Kammerlingalm und steil auf den langen Westrücken, der über den Karlkopf bis zum Gipfel begangen wird. Aufstieg etwa 4 Std.

5 Seehorn (2321 m)
Reizvolle Überschreitung auf markierten Steigen. Von der Kallbrunnalm (ggf. Taxi) via Seehornsee und Westrücken zum

Gipfel, 3 Std. Abstieg zuerst nach Norden, dann rechts in den Kessel der Hochwies und via Mitterkaseralm und Dießbach-Stausee zurück zur Kallbrunnalm, 3 Std.

6 Ingolstädter Haus (2119 m)
Leichte Hüttenwanderung an den Rand des Steinernen Meeres. Am besten mit dem Almwandertaxi zur Kallbrunnalm, von dort am Dießbach-Stausee vorbei zur Materialseilbahn auf der ehemaligen Mitterkaseralm und mäßig steil zur Hütte. Aufstieg ca. 3 Std., ab Parkplatz Pürzlbach 4½ Std. Alternativer Zustieg über den Dießbachsteig nur für Geübte!

7 Großer Hundstod (2592 m)
Eine der markantesten Gipfelgestalten im Steinernen Meer. Markierter Normalweg vom Ingolstädter Haus über die Südflanke (Schutt- und Schrofengelände, etwas Händeunterstützung), 1½ Std. Außerdem lohnende Kletterrouten am Südostgrat (II–III) und Südwestgrat (IV–).

8 Passauer Hütte (2051 m)
Relativ selten gewählter Hüttenzugang in urwüchsigem Gelände. Vom Parkplatz an der B311 (Ausfahrt Steinbruch) zum Beginn des etwas ausgesetzten Pfannsteiges und Richtung Niedergrub (dorthin auch per Taxi-Zubringer möglich). Anschließend auf gutem Steig weiter in die Hochgrub und schräg hinauf zur Hütte. Je nach Startpunkt 2½ oder 4½ Std.

9 Leoganger Klettersteig
Zweiteiliger Sportklettersteig auf die Westliche Mitterspitze (2160 m) im Umfeld der Passauer Hütte. Aufstieg über die sehr schwierige und exponierte Südroute (D/E) oder über die moderatere Nordroute (C); Abstieg nur über letztere. Hin und zurück 2 Std. ab Hütte.

10 Birnhorn (2634 m)
Höchster Gipfel der Leoganger Steinberge, der von der Passauer Hütte aus überschritten werden kann. Zuerst auf den Hochzint (kurzer Abstecher), dann auf dem Hofersteig weiter durchs Melkerloch und über eine Rampe in die gebänderte Südostflanke, die bis zum Gipfelgrat durchstiegen wird (Stellen I), ca. 2¼ Std. Abstieg über ein gesichertes Band zur Kuchelnieder (unschwieriger Abstecher zum Kuchelhorn möglich), über einen Klettersteig (A/B) in die oberste Hochgrub und zurück zur Hütte, ca. 2 Std.

11 Großes Rothorn (2442 m)
Stille Individualistentour auf einen Gipfel über dem Ebersbergkar. Von Frohnwies auf einem Jagdsteig bis zur Oberen Ebersbergalm und allmählich pfadlos ins Haitzmannschartl. Schließlich am Nordostgrat in leichter Kletterei (I–II) zum Kreuz am Vorgipfel und weiter zum höchsten Punkt. Aufstiegszeit gut 5 Std. bei fast 1800 Hm.

12 Vorderkaserklamm
Spritztour durch eine sehenswerte, aufwendig erschlossene Felsklamm (Gebühr). Vom Parkplatz Vorderkaser im Schiedergraben ca. 1 Std.

Dieser Wasserfall entwässert die zauberhafte Hochwies.

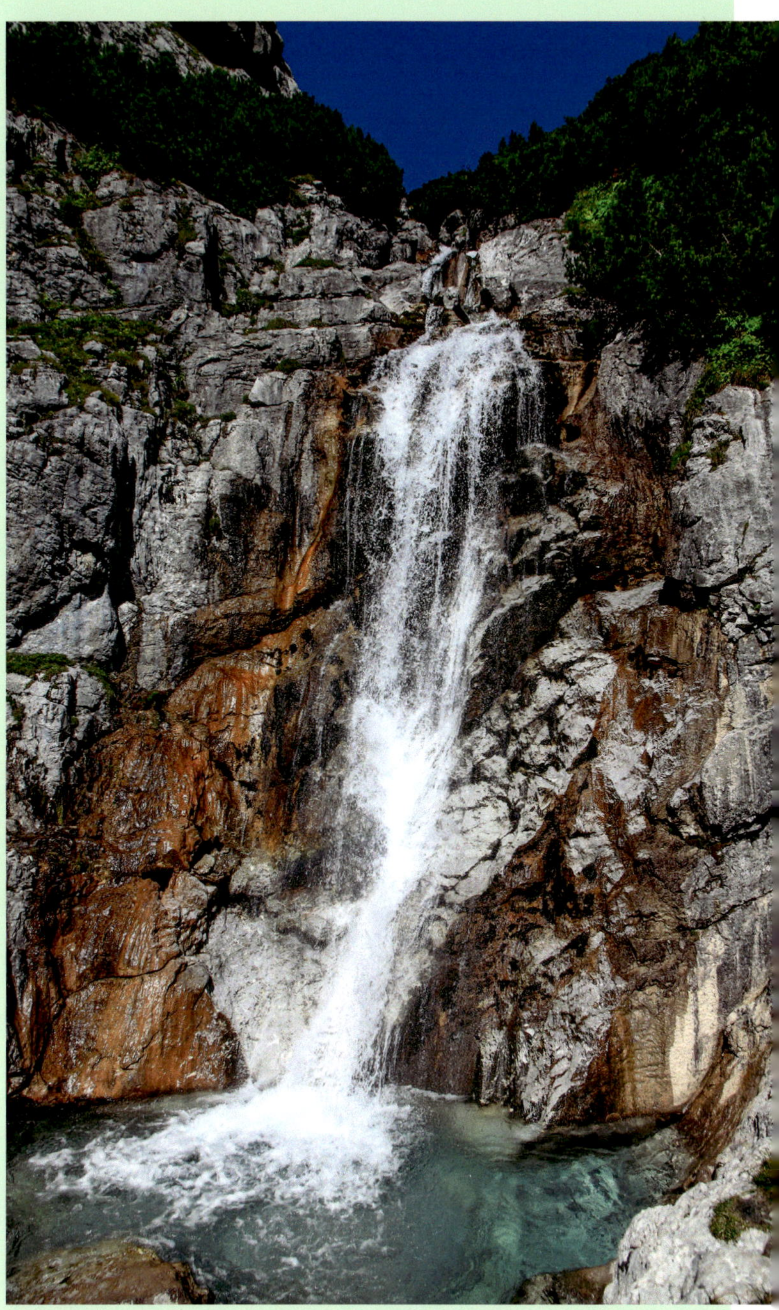

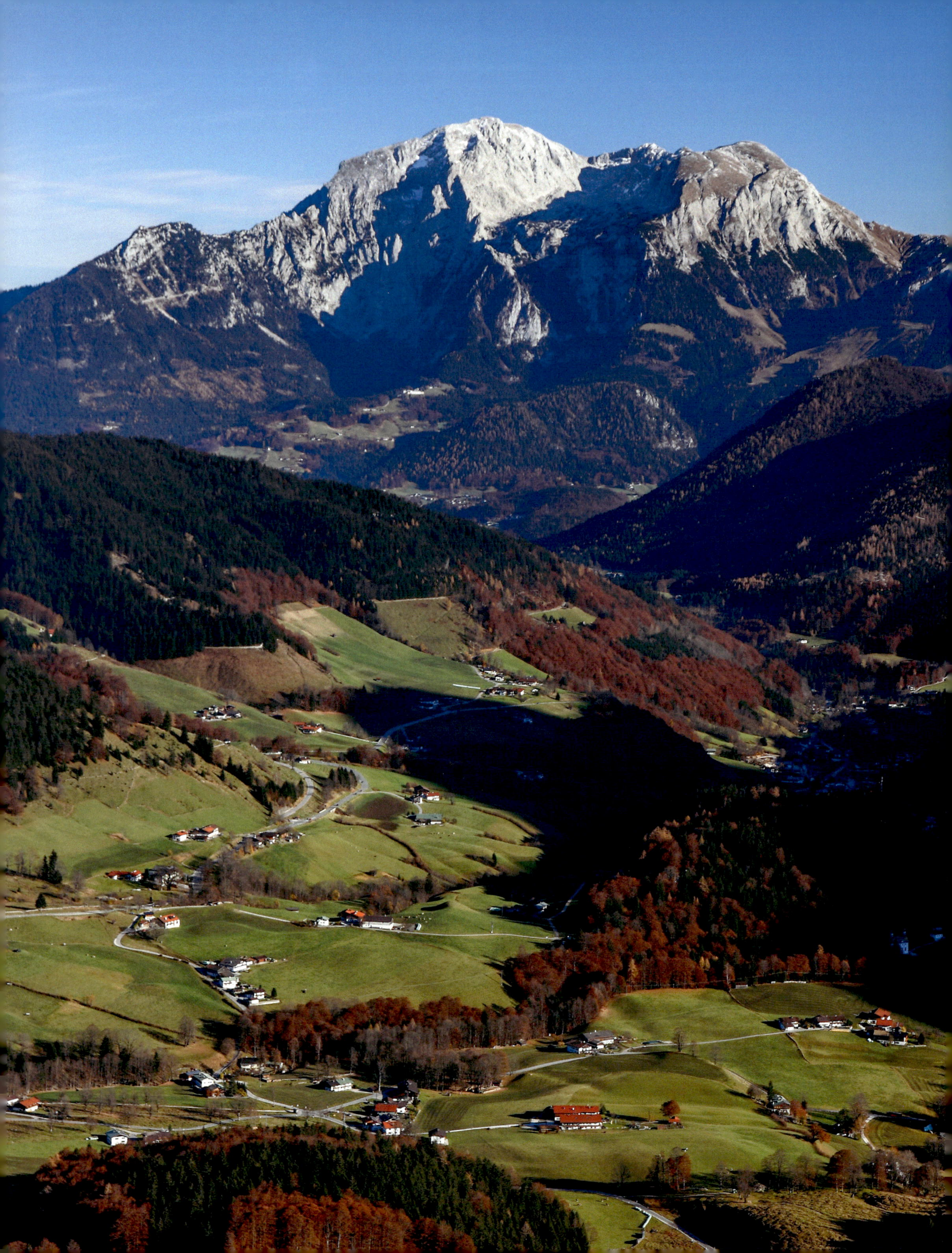

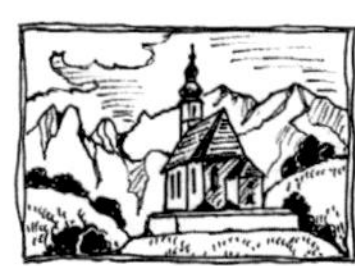

RAMSAU BEI BERCHTESGADEN

Fast jeder Alpenfreund kennt das Bild der Ramsauer Pfarrkirche mit der Bachbrücke im Vorder- und dem »Gugelhupf« des Wagendrischlhorns im Hintergrund. Wie sonst nur die Ansicht der siebenköpfigen Watzmannfamilie sowie des Malerwinkels am Königssee ist dieses romantische Aquarell- und Kalendermotiv zu einer Visitenkarte des Berchtesgadener Lands geworden. Seit 2015 besitzt Deutschland mit der Ramsau sein erstes offizielles Bergsteigerdorf. Umgeben von den Felsrecken eines Watzmann oder Hochkalter bieten sich allerhand Gelegenheiten für alpine Sternstunden. Und der Nationalpark Berchtesgaden ist Garant für eine intakte Bergnatur.

Lissi wartet schon am Parkplatz auf mich. Ich war grad noch »spazieren«, zu früher Stunde über die Halsalm – so ein herrliches Fleckerl vor den Abbrüchen der Reiteralm (das Knittelhorn drängt sich ganz mächtig in den Vordergrund!) – und dann am Hintersee vorbei, wo morgens wirklich noch echte Idylle herrscht: Fotografenglück an einem Lieblingsplatz früherer Alpenmaler. Nebenan liegt der verwunschene Zauberwald und bis zur Aussichtskanzel des Wartsteins ist es auch nicht weit. Bevor ich Lissi nun in die raue Welt des Hochkalter-Massivs entführe, genießen wir noch ihren selbstgebackenen Kuchen – dann geht's bergwärts! Unser Ziel ist heute die Blaueishütte. Auf Höhe der Schärtenalm scheren wir allerdings links aus und folgen einer kaum bezeichneten Fährte, die uns schließlich bis auf den Steinberg führen wird. Ein guter Tipp, falls man die breit ausgetretenen Routen mal verlassen möchte, ohne sich gleich in waghalsige Abenteuer zu begeben. Als nördlich vorgeschobener Eckposten des charakteristischen Blaueiskar-Hufeisens erweist sich der Steinberg als vorzüglicher Aussichtspunkt. So machen wir es uns auf den Gipfelfelsen bequem zur großen Schau …

Bei einer Tour auf Edelweißlahner und Eisberg ergeben sich wunderbare Blicke in die Talachse der Ramsau und zum Göllstock.

Gen Norden erstrecken sich voller Anmut die Wiesenwellen der Ramsau gegen das Lattengebirge hin, aufgelockert besiedelt durch die Ortsteile Antenbichl, Taubensee, Schwarz-eck und Au, hier im Berchtesgadener Land als Gnotschaften bezeichnet. Die wohl schönste Annäherung in diesen Landstrich führt über die Schwarzbachwacht. Da öffnet sich in der Nähe des verträumten Taubensees plötzlich eine wahre Prachtszenerie, liegen Watzmann und Hochkalter steilfelsig auf dem Präsentierteller. Warum nicht gleich den Rucksack schultern und Richtung Mordaualm aufsteigen? Im Frühsommer blüht es hier herzerfrischend!

DIE SANFTEN VORBERGE

Beim Übergang zur Moosenalm auf der anderen Seite des Lattengebirges lernt man eine Menge über die Almwirtschaft, deren größte Verbreitung allerdings lange überschritten ist. Man erfährt zum Beispiel etwas über Standortbedingungen, über die Bedeutung von Tagweide, Nachtweide und Schneeflucht oder über das periodische Wechseln zwischen Nieder-, Mitter- und Hochalm (die eigentlichen Hochalmen von einst sind wegen schwieriger Bewirtschaftung und Wasserknappheit inzwischen zu zwei Dritteln aufgelassen), weiters über die Bauformen der Kaser (die früheste Form ist der sogenannte Rundumkaser, bei dem die Wohnstätte der Sennen vom Stall umgeben ist) sowie über die Funktionen

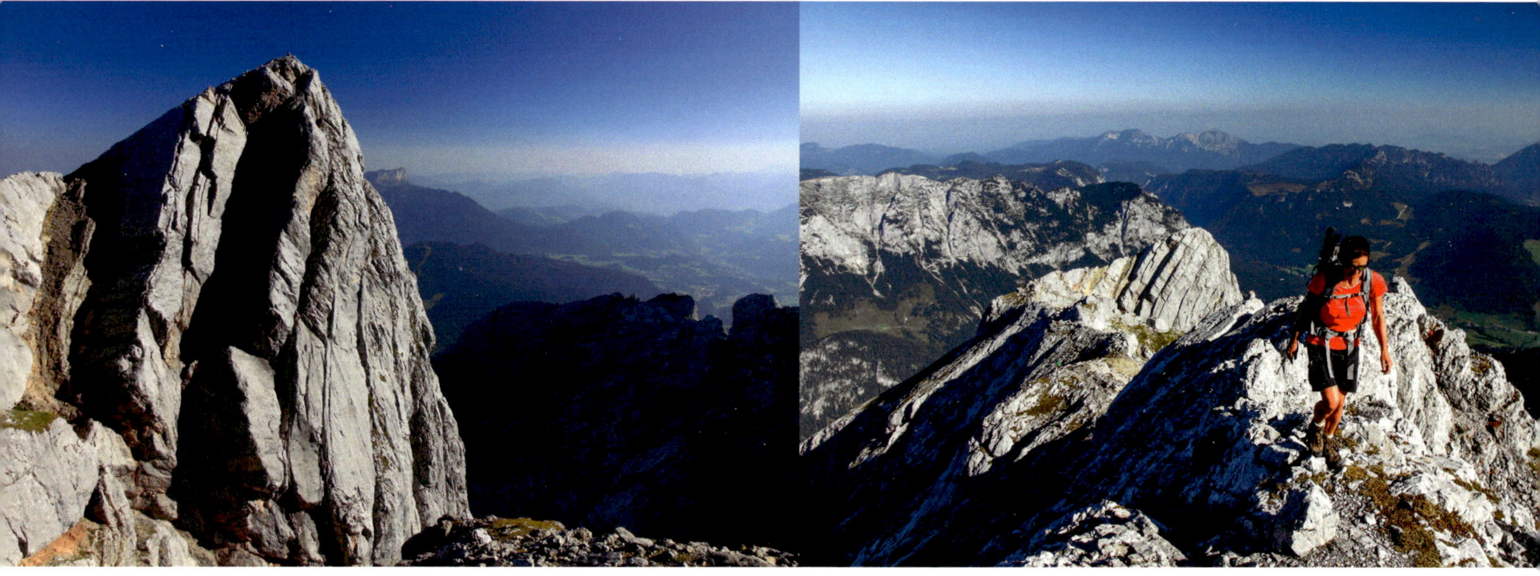

Am Hochkalter ist klassisches Bergsteigen angesagt. Der Aufstieg über den Nordgrat (rechts) gilt als genussvolle Tour im II. Grad, nebenbei kann auch der Rotpalfen (links) mitgenommen werden.

des Walds. Aufgepeppt werden kann die Runde am Alm-Erlebnisweg mit einem kleinen Gipfelabstecher, wobei der Feuerspitz die einfachere Alternative ist, während sich der Karspitz kurzfristig mit ein paar schmalen Stellen wehrt. Das Rastbankerl dort oben ist wirklich ein feiner Logenplatz …

Ich deute auf den Toten Mann, der sich, von unserem Steinberg aus betrachtet, gänzlich unscheinbar ausnimmt. Aber auch diesen isolierten Waldbuckel muss man unter den schönsten Aussichtspunkten der Ramsau einreihen. Am kleinen Bezoldhüttchen, das bei einem überraschenden Regenschauer Unterschlupf gewährt, lässt sich lange hocken, ganz ohne Hektik oder alpinistische Ambitionen, einfach in die eigenen Gedanken versunken. Einmal harrte ich hier bis zum Sonnenuntergang aus. Ein Stück unterhalb quert der bekannte Soleleitungsweg die teils bewaldeten, teils aufgelockerten Flanken – eine Wanderpromenade par excellence, die man auch »Balkon des lieben Gottes« nennt. Die Trasse geht auf den Bau der 29 Kilometer langen Soleleitung zwischen Berchtesgaden und der Saline in Bad Reichenhall zurück, einer frühen »Pipeline«, gefertigt aus unzähligen Holzdeicheln. Sie war von 1817 bis 1961 in Betrieb. Die Überwindung der 350 Höhenmeter von Ilsank zum Söldenköpfl wurde übrigens mit der genialen hydraulischen Wassersäulenmaschine von Georg Reichenbach bewerkstelligt, damals als technisches Meisterwerk gefeiert, heute zu bestaunen im Salzbergwerk Berchtesgaden. Einige unbeschwerte Wanderstunden am Soleleitungsweg sollte niemand verpassen!

AUF DIE REITERALM

Im Panorama vom Steinberg kommt auch die Reiteralm, der westlichste Plateaustock der Berchtesgadener Alpen, zur Geltung. Wie bei den meisten Tafelgebirgen gibt sich die Außenwirkung zunächst ziemlich unnahbar: Hohe Fels- und Schrofenflanken vermitteln den Eindruck eines Bollwerks, und tatsächlich verlangt jede Tour dort hinauf einen ausdauernden und meist auch trittsicheren Geher. Drunten am Hintersee ahnt man freilich nichts von der Lieblichkeit der inneren Hochmulde, des sogenannten Reitertretts, wo die Neue Traunsteiner Hütte ihren Platz hat.

In ihrem Gipfelportfolio stehen Großer Weitschartenkopf und Großer Bruder, die Häuselhörner sowie die gesamte Kammlinie vom Edelweißlahner bis hinüber zum Wagendrischlhorn und Stadelhorn, mit den höchsten Erhebungen im Süden. Besonders schneidig werden Touren auf die Reiteralm aber, wenn man sie direkt über die steilen Randabstürze anpackt. Zu meinen absoluten Favoriten zählt die Kombination zweier gefinkelter Pfade

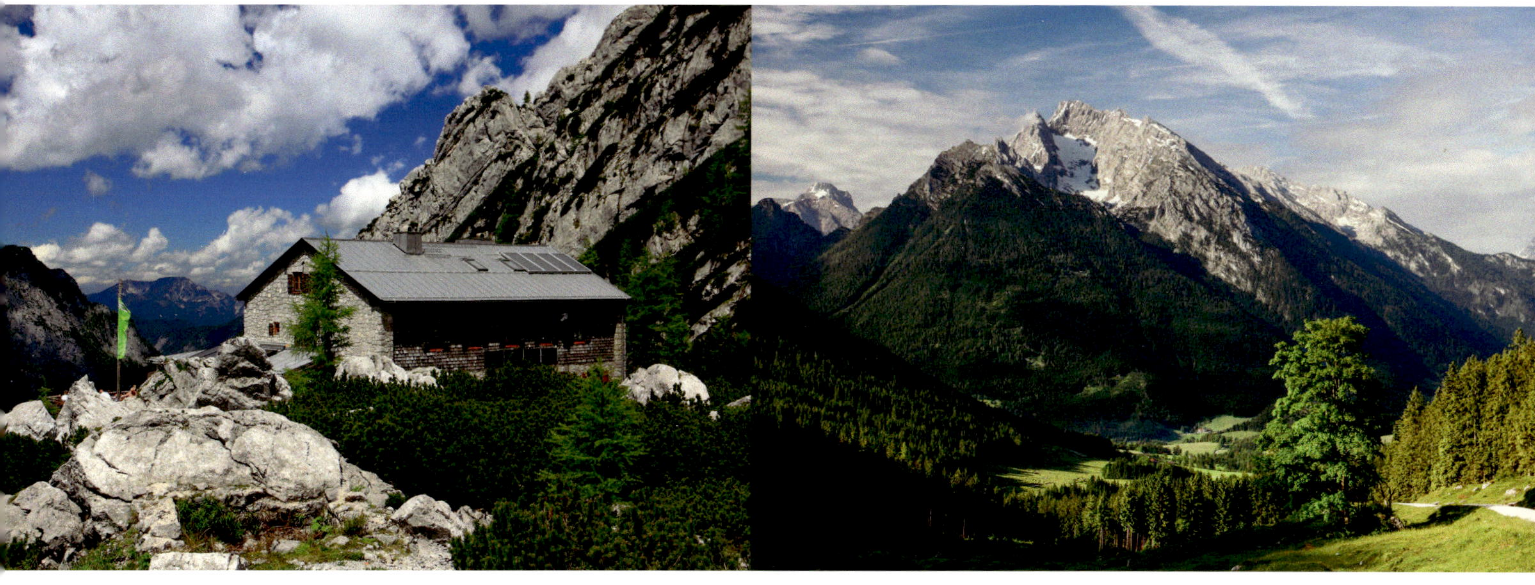

Der mächtige Hochkalterstock aus dem Gebiet der Mordaualm gesehen (rechts).
Für viele Touren an diesem Massiv fungiert die Blaueishütte (links) als Basislager.

auf Edelweißlahner und Eisberg. Kaum zu glauben, dass man dort beinahe ohne Kletterei durchkommt, was die Sache aber keineswegs trivial macht. Man braucht schon ein gutes Näschen, um die spärlich ausgetretenen Routen aufzuspüren, die sprichwörtliche Trittsicherheit in Steilschrofen und nicht zuletzt eine gute Verträglichkeit mit der Tiefe. So atemberaubend die Vogelperspektive auf das blaue Auge des Hintersees, so ausgesetzt ist manche Passage wie beispielsweise die Traverse an der Fernsebnerplatte.

Offiziell markiert, deshalb jedoch keineswegs lockerer gestaltet sich die Zwei-Gipfel-Tour über Schafl- und Böslsteig. Das Wagendrischlhorn kennt man ja als nachgerade weltberühmte Silhouette, weil es immer wieder als Hintergrundkulisse der Ramsauer Kirche verewigt wird. Aber auch das Stadelhorn kann sich sehen lassen, nämlich als Teil jener zackigen Felsenkulisse über der Grundübelau, die man am schönsten von der Bindalm aus sieht und die gern als »Ramsauer Dolomiten« tituliert wird. Wer sich zeitig am Morgen ins Klausbachtal einwärts begibt, um hinter der Engert-Holzstube auf den Schaflsteig abzuzweigen, hat sich einiges vorgenommen. Auf steilen Waldpfaden und krummholzbewachsenen Rippen, in sandigen Furchen und rutschigen Geröllfeldern gilt es Zähigkeit zu beweisen. Der Schaflsteig will schier kein Ende nehmen, unterhalb der Mayrbergscharte muss gar noch am Drahtseil gekraxelt werden, und der Abstecher zum Kulminationspunkt der Reiteralm kostet schließlich eine Dreiviertelstunde extra. Klettersteigpassagen warten auch beim Übergang zum Wagendrischlhorn, nur mehr einzelne Drahtseile dann am Böslsteig, der sich bis hinunter ins Tal freilich ebenfalls gehörig zieht. Mit rund zehn Stunden ist man auf dieser Tour dabei!

DER STEINGEWORDENE KÖNIG

Doch zurück zum Steinberg: Nach der Westperspektive blicken wir nun ostseitig hinunter und entdecken den Steig, der sich über die Hochalm Richtung Eisbodenscharte hinaufschlängelt. Von dort gelangt man quasi hinten herum auf die Schärtenspitze, die unseren Steinberg gleich nebenan um gut 100 Meter überragt. Erst vor ein paar Wochen bin ich oben gewesen – lebendige Erinnerung! Was gegenüber zu sehen ist, muss ich Lissi nicht lang erklären. Der sagenverklärte Watzmann zeigt uns sein westseitiges Breitwandprofil, eine ziemlich ungeschlachte Masse über dem abgründigen Wimbachtal. Wir mustern den Gratverlauf über Hocheck, Mittel- und Südspitze – jene »Pflichttour«, die sich für uns beide schon erfüllt hat.

Für die Postkarten- und Souvenir-Industrie gehört der Berg ja zum klassischen Landschaftsinventar: Ließe sich überhaupt ein harmonischeres Felsensemble erdenken als Familie Watzmann, wie man sie von Norden erblickt? Da stehen sie wie ein überdimensionales Kunstwerk auf einem Sockel, (beinahe) für die Ewigkeit in Stein gemeißelt: rechts der »König« selbst, links die Watzfrau und dazwischen – gut behütet – die fünf Kinder. Doch der Watzmann ist noch weit mehr als dieses weltberühmte Bild über dem Talkessel von Berchtesgaden. Er hat auch andere Gesichter, seine Ostwand zum Beispiel, die an die zwei Kilometer über dem Königssee in den Himmel schießt und für Kletterer zum wahren Mythos geworden ist. Oder die Einsamkeit im sommerlichen Watzmannkar, wenn man über eine Riesenplatte zum Dritten Kind hinaufschleicht. Wer die lohnende Umrundung des gesamten Bergstocks unternimmt, bummelt im schutterfüllten Wimbachtal unter der zerschlissenen Westflanke entlang, gewahrt den Berg von Süden als profiliertes Horn und steht nach langem Abstieg vom Trischübel schlussendlich am Königssee unter der besagten Zyklopenmauer der Ostwand. Man kann den Watzmann drehen und wenden, wie man will, nie erscheint er kleiner als riesig. Den wohl attraktivsten Berg in deutschen Landen, jedenfalls den populärsten und am meisten glorifizierten, umgibt

Auf Höhe von Gerstreit blickt man genau ins Wimbachtal, das sich tief zwischen die Massive von Watzmann und Hochkalter eingeschnitten hat.

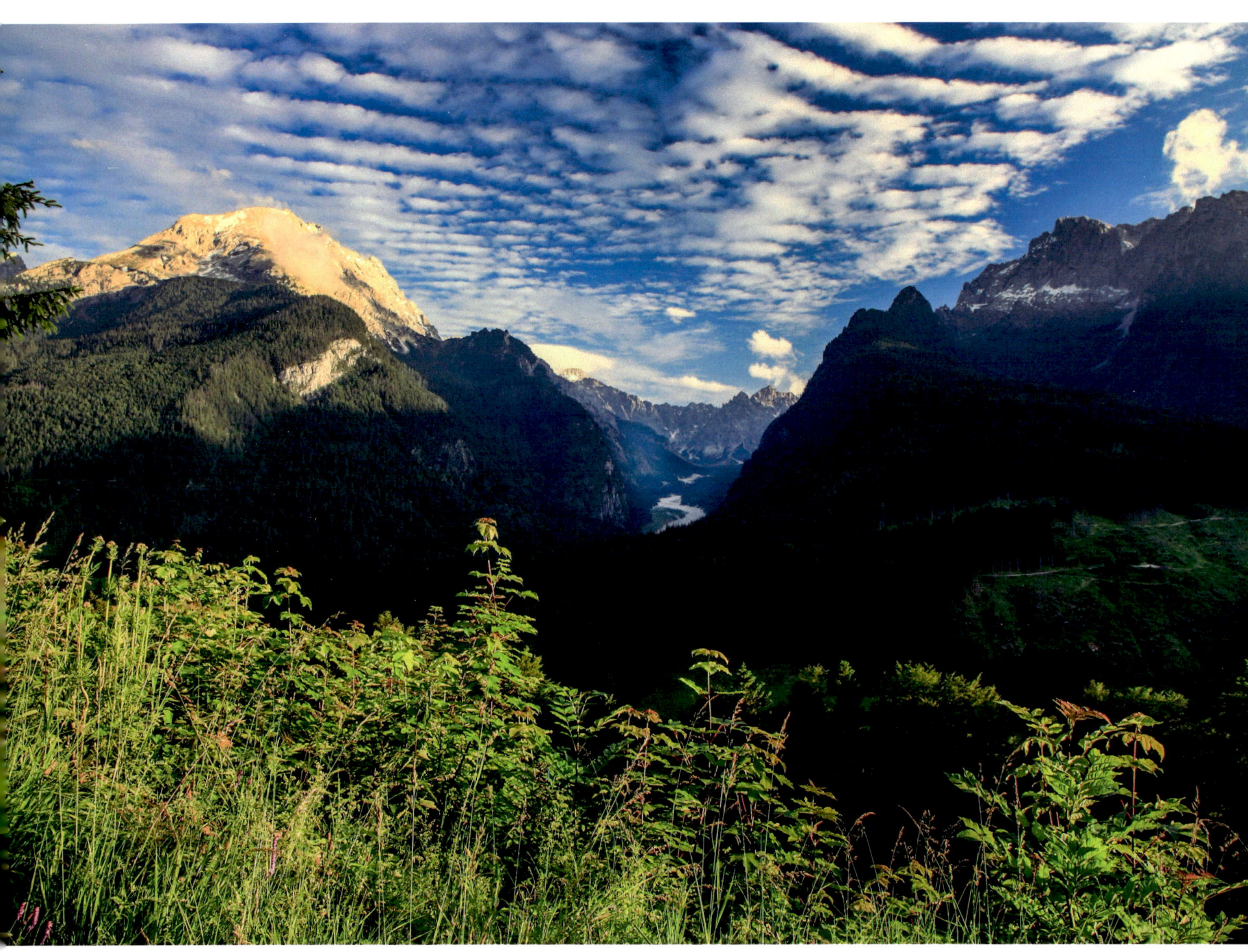

einfach eine besondere Aura, der sich niemand entziehen kann. Und irgendwann hört man ihn tatsächlich rufen …

EIN TAG AM WATZMANNGRAT

Das Watzmannhaus, das ich just verlassen habe, liegt noch im Grau der ausklingenden Nacht, im Tal verglimmen langsam die Lichter. Den Hochkalter erfasst indes schon die Morgensonne und verpasst ihm für ein paar Augenblicke einen eigenartig schimmernden Teint. Ein neuer Tag bricht an, ein prächtiger ganz zweifellos! Gleich wird der gelbe Feuerball über dem Hohen Göll erscheinen und auch die Steine, über die ich gerade steige, aus ihrem Schattendasein erlösen. Die gut 700 Höhenmeter hinauf zum Hocheck werden zum Warmlaufprogramm erklärt und gehen zügig vonstatten. Dort oben, am Watzmann-Gipfel der Wanderer, fällt die Rast nur kurz aus. Denn der Herausforderungen warten noch viele …

Eine halbe Stunde später stehe ich auf der Mittelspitze, dem höchsten Punkt des Massivs. Gipfelgefühl? In topographischer Hinsicht gewiss, doch emotional wird sich dies wie jedes Mal erst so richtig auf der Südspitze einstellen.

Logenplatz Steinberg: Wir überschauen die grüne Ramsau Richtung Lattengebirge; ganz im Hintergrund der Staufenzug am nördlichen Alpenrand.

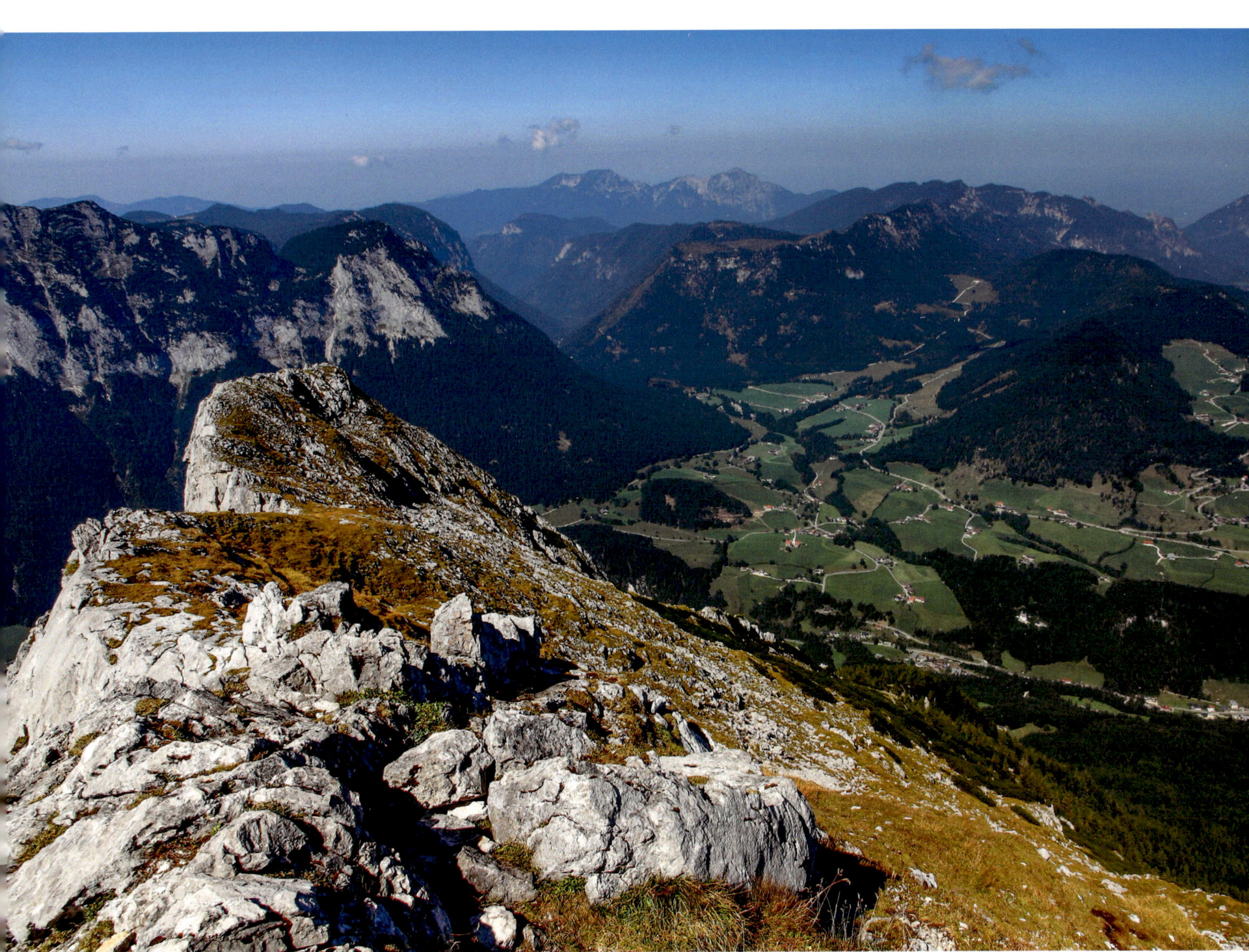

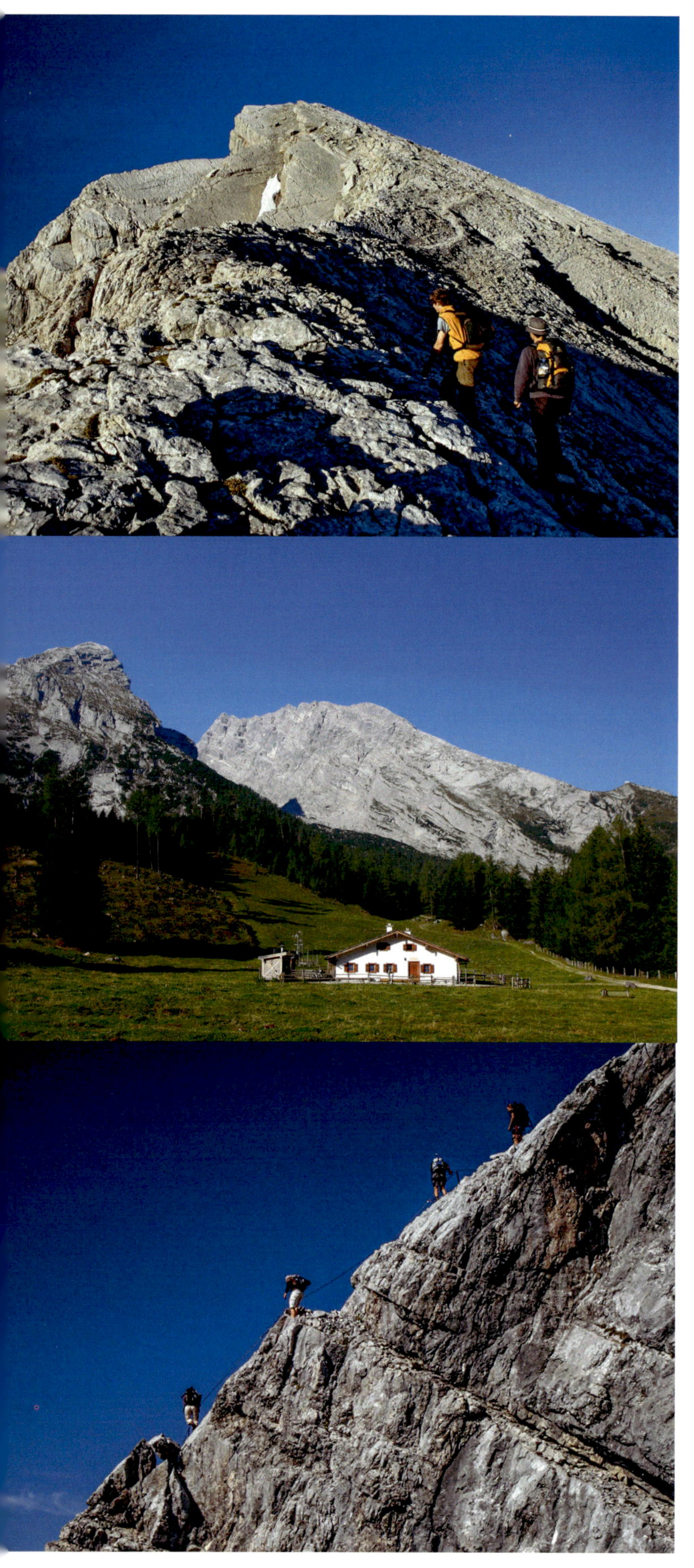

Trotzdem erst einmal ausgiebig Eindrücke aufsaugen! Zum Beispiel die unfassbare Tiefe zum Königssee, 2100 Vertikalmeter sagt die Karte. Die »Spielzeugboote« mit ihren lustigen Bugwellen sind noch nicht da – Bootstouristen sind halt keine Frühaufsteher. Hinter der Furche bauen sich die Gotzenberge auf, das Steinerne Meer und der Hochkönig. Diametral der Hochkalterstock jenseits der kaum weniger gewaltigen Kluft des Wimbachtals. In der Ferne sind der Dachstein, die Tauern und – tatsächlich – sogar der Bayerische Wald auszumachen! Ein einziger Mensch sitzt derweil mit mir auf der Gipfelplatte beim kleinen Kreuz. Von »ganz unten« sei er heute schon heraufgekommen, erzählt er, um 3 Uhr in der Nacht ging's an der Wimbachbrücke los. Respekt! Ich deute auf den Kleinen Watzmann schräg unter uns, den ich tags zuvor beim Zustieg über den Rinnkendlsteig mitgenommen habe. Eine interessante, durchaus anspruchsvolle Tour, von der viele gar nichts wissen. Und dann der Grat! Wieder und wieder tasten meine Augen die lange Schneide ab, die Scharten und Bänder über der schaurig-schönen Ostwand bis zum Gipfelaufschwung der Südspitze. Auf geht's!

Unterwegs am Watzmanngrat, das ist wie eine eigene Sphäre: Links und rechts die bodenlose Tiefe, während mit flüssigen Bewegungsabläufen im Fels und routiniertem Handling am Drahtseil respektvoll, aber (hoffentlich) ohne Angst der Balanceakt vollführt wird. Viel Luftraum ringsum – ein Gefühl wie im siebten (Bergsteiger-)Himmel! Manche haben freilich schon von einer Tort(o)ur berichtet: zu viele Leute, Staus an kniffligen Passagen, vielleicht mit drohendem Wetterumschwung im Nacken. Für mich war es hier noch jedes Mal ein Hochgenuss. Auch heute empfinde ich den Ausstieg auf die Südspitze und damit das Ende der spannungsreichsten Strecke eigentlich als zu früh. Doch man hat ja noch das »Vergnügen« des langen Abstiegs bis ins Wimbachgries, für viele »das Schlimmste« überhaupt. Keine Frage, auch das gehört am Watzmann einfach dazu, denn was wäre dieser Berg ohne seine ganz charakteristischen Merkmale?

Ein Tag am Watzmanngrat: Der Aufstieg zum Hocheck ist noch relativ moderat (oben), doch danach wartet ein exponierter Gang am Saum des Himmels (unten)! Von Kühroint sieht man Watzfrau und Watzmann in reizvoller Staffelung (Mitte).

GEOLOGISCHE SPEZIALITÄTEN IM NATIONALPARK

Eine Wanderung ins Wimbachtal macht einfach Spaß. Sie wird allerdings noch spannender, wenn man etwas über die erdgeschichtlichen Hintergründe weiß und damit eine Reise in die Vergangenheit unternimmt. Einst bildeten Watzmann und Hochkalter ein riesiges, zusammenhängendes Gewölbe, das gen Norden abtaucht. Man kann es sich veranschaulichen, wenn man die Schichtfolgen an beiden Massiven im Querschnitt verbindet. Unten steht der sogenannte Ramsaudolomit an – ein sehr bröseliges Gestein, das zur Hauptsache für den gewaltigen Schuttstrom im Wimbachtal verantwortlich zeichnet. Abgegrenzt durch die Raibler Schichten baut sich darüber der kompaktere, gebankte Dachsteinkalk auf. Nachdem das Gewölbe im Zuge der gebirgsbildenden Hebungsprozesse eingebrochen war, griff die Erosion zur Eintiefung des Grabens an. Während der Eiszeiten entstand so ein typisches Trogtal, das sich durch fortwährende Verwitterung mit bis zu 300 Meter mächtigen Schuttpaketen anfüllte. Das Geröll gerät bei starken Niederschlägen in Bewegung, was an Fließstrukturen auch für den Wanderer offenkundig wird. Besonders eindrucksvoll zeigt sich das hintere Wimbachgries, etwa wo die bizarr zerklüfteten Palfelhörner neben dem Loferer Seilergraben aufragen. Dort ist der Zerfall gleichsam mit den Händen zu greifen. Nur anspruchslose Pionierpflanzen sind in der Lage, unter solchen Bedingungen Fuß zu fassen und sich zu behaupten. Als botanische Besonderheit gilt hier die Spirke, die mit den Latschenkiefern verwandt ist, jedoch aufrechter wächst. Sie legt Zeugnis ab für Anpassungsfähigkeit an extreme Bedingungen.

Mit der Wimbachklamm, die sich nacheiszeitlich in den Untergrund eingeschnitten hat, nimmt die Wanderung einen furiosen Auftakt und führt in etwa drei Stunden über ausgedehnte Schotterströme bis zur Wimbachgrieshütte. Man stößt damit quasi ins Herz des 1978 nach langem Ringen ins Leben gerufenen Nationalparks Berchtesgaden vor und kann seinen Weg je nach Ambition bis ins stark verkarstete Steinerne Meer fortsetzen. Auf 210 Quadratkilometern erstreckt sich das Schutzgebiet über beinahe die gesamten Kalkhochalpen von der Reiteralm über Hochkalter und Watzmann bis hin zu Steinernem Meer, Hagengebirge und Göllstock, topographisch gegliedert durch die drei großen Einschnitte des Klausbachtals, Wimbachtals und Königssees. Die Gemeinden Ramsau und Schönau am Königssee liegen unmittelbar vor den Toren des Nationalparks. Naturschutz und sanfter Tourismus gehen dort Hand in Hand. In der Kernzone soll die Natur weitgehend sich selbst überlassen bleiben und zu echter Wildnis zurückfinden.

Im Wimbachgries umgibt uns eine wahre Urlandschaft, geprägt durch den zerklüfteten Ramsaudolomit (links). Die schroffen Felsabstürze am Knittelhorn bewundert man bei einer Wanderung über die Halsalm (rechts).

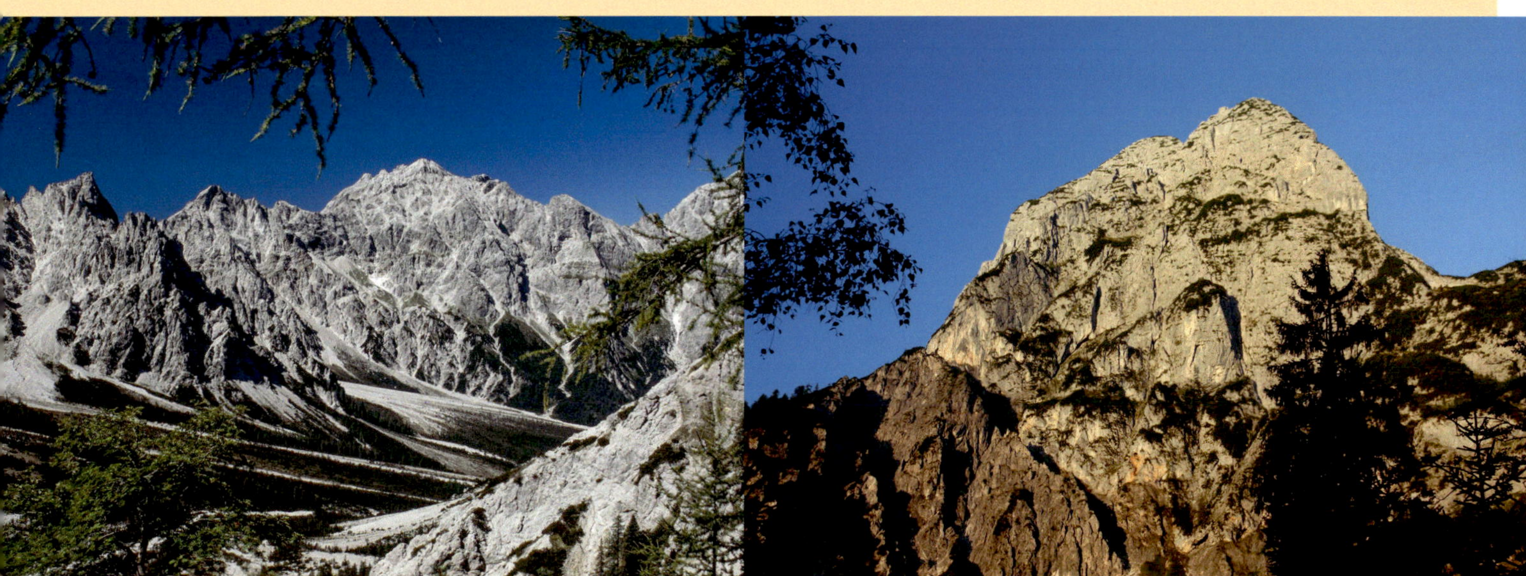

HEIMLICHE LIEBE

Lissi erzählt gerade noch, wie ihre persönliche Watzmann-Überschreitung abgelaufen ist, nämlich als veritabler Tagesmarathon – da nimmt uns unweigerlich der »Chef im Ring« (sprich: der Herrscher unseres Blaueis-Amphitheaters) gefangen. Der mächtige Hochkalter soll morgen unser Hauptziel sein! Mein heimlicher Liebling in den Berchtesgadenern ist er schon lange, eigentlich seit dem ersten Besuch in diesem Winkel, als die großen Felsberge nach einem Wettersturz neuschneeverkrustet wie Himalaya-Riesen vor uns lagen, spätestens aber seit meiner »Erstbegehung« anno 1996. Diese fand unter suboptimalen frühwinterlichen Bedingungen statt, von manchen Zweifeln begleitet, aber schlussendlich doch erfolgreich. Nach vielen Jahren will ich heuer unbedingt mal wieder hinauf und habe Lissi mit meinem Hochkalter-Enthusiasmus bereits unheilbar angesteckt …

Wir reißen uns vom Steinberg los und steigen zur Blaueishütte ab, um dort Quartier zu beziehen. Nicht zuletzt lockt uns jetzt Brigittes legendärer Kuchen, diesmal ein ansehnliches Stück fruchtiger Käsetorte. Derweil beäugen wir die gewaltige Blaueiskulisse, die nicht bloß ewiglich erhaben anmutet, sondern auch Zerstörungswerk offenbart. Im Sommer 1908 ist der Hochkalter-Gipfel abgebrochen – oder, wie Augenzeugen berichteten, regelrecht »explodiert«. Die Sonne verfinsterte sich, alles war unter donnerndem Getöse in Staubwolken gehüllt. Von Titanenhand geschleuderte Trümmer liegen verstreut im Kar und bis vor dem Haus, das später im Schutze derselben gebaut worden ist. Denn am letzten Tag des Jahres 1955 wurde die etwas oberhalb gelegene alte Blaueishütte von einer Lawine weggefegt – kein Stein blieb auf dem anderen. Das Blaueis, einst unverwechselbarer Schmuck des Hochkalters, wird übrigens ebenfalls sukzessive dezimiert. Es ficht seinen Todeskampf gegen die Klimaerwärmung aus und wird diesen in absehbarer Zeit wohl verloren haben …

Morgendliches Alpenglühen an den Gipfelfelsen – Signal zum Aufbruch! Wir trippeln kareinwärts, arbeiten uns die steile Schutthalde hinan und sind froh, unterhalb des »Schönen Flecks« erstmals Hand anlegen zu dürfen: Ein mit Rissen und kleinen Absätzen durchzogener Plattenschuss will gemeistert sein. Am Grat empfängt uns augenblicklich ein neues Blickfeld – die Reiteralm steht Parade. Beeindruckend schaut der Weiterweg aus, schwieriger als es die pfiffigen Durchschlupfe dann tatsächlich vermitteln. Nach einer Weile stellt sich dennoch ein Felsriegel sperrend entgegen: die klettertechnische Schlüsselstelle. Kaum, dass ich meine Kamera schussbereit habe, ist Lissi schon hochgeturnt. Gleichwohl, wir lassen uns Zeit, nehmen auch den Rotpalfen mit, obwohl die Pfadspur unterhalb quert. Mit seinen anregenden, jedoch nie nervenstrapazierenden Kletterpassagen, die – im Gegensatz zum Watzmann – ungezähmt und frei von eisernen Korsetts geblieben sind, erweist sich der Nordgrat auf den Hochkalter als Ideal einer alpinen Felstour. Jedenfalls für unseren Geschmack. Stufe um Stufe kraxelt man wie auf einer Himmelsleiter dem Gipfel entgegen. Lissi strahlt mit der Sonne um die Wette. Ihr steht die Freude ins Gesicht geschrieben, was die meinige gleich dupliziert …

KEIN SCHÖNER LAND

Die besondere Topographie des Berchtesgadener Lands begeisterte vor uns ja schon viele Menschen, vor allem auch frühe Reisende: Alexander von Humboldt bezeichnete die Gegend als »göttlich«, Heinrich Noé sprach vom »Yellowstone der deutschen Alpen« (vielleicht in weiser Voraussicht auf den späteren Nationalpark?) und Ludwig Ganghofer schließlich formulierte ganz pathetisch: »Wen Gott liebhat, den lässt er fallen in dieses Land«. Überzogene Schwärmereien unverbesserlicher Romantiker? Ich würde glatt behaupten, dass selbst der rationalste Mensch in dieser Bergwelt seine verborgene romantische Ader freizulegen vermag. Wenn ich in meinen Erinnerungen schwelge, wäre da noch viel zu erzählen: von beschaulichen Herbststunden am Soleleitungsweg zum Beispiel, von kleinen Abenteuern auf alten Jagdsteigen oder abseits aller Pfade, von zünftigen Hüttenabenden und einsamen Biwaknächten … Frei nach Ganghofer darf es wohl heißen: Wer die Berge liebhat, der lässt sich fallen in dieses Land!

Nach einem langen, geröllreichen, aber doch auch lustigen Abstieg vom Hochkalter kommen Lissi und ich mit müden Füßen unten im Klausbachtal an. Zum Abschluss kehren wir noch beim traditionsreichen Auzinger ein. Eine solche Traumtour soll schließlich stilvoll abgerundet werden mit einem deftigen Mahl … und einem leckeren Käsekuchen.

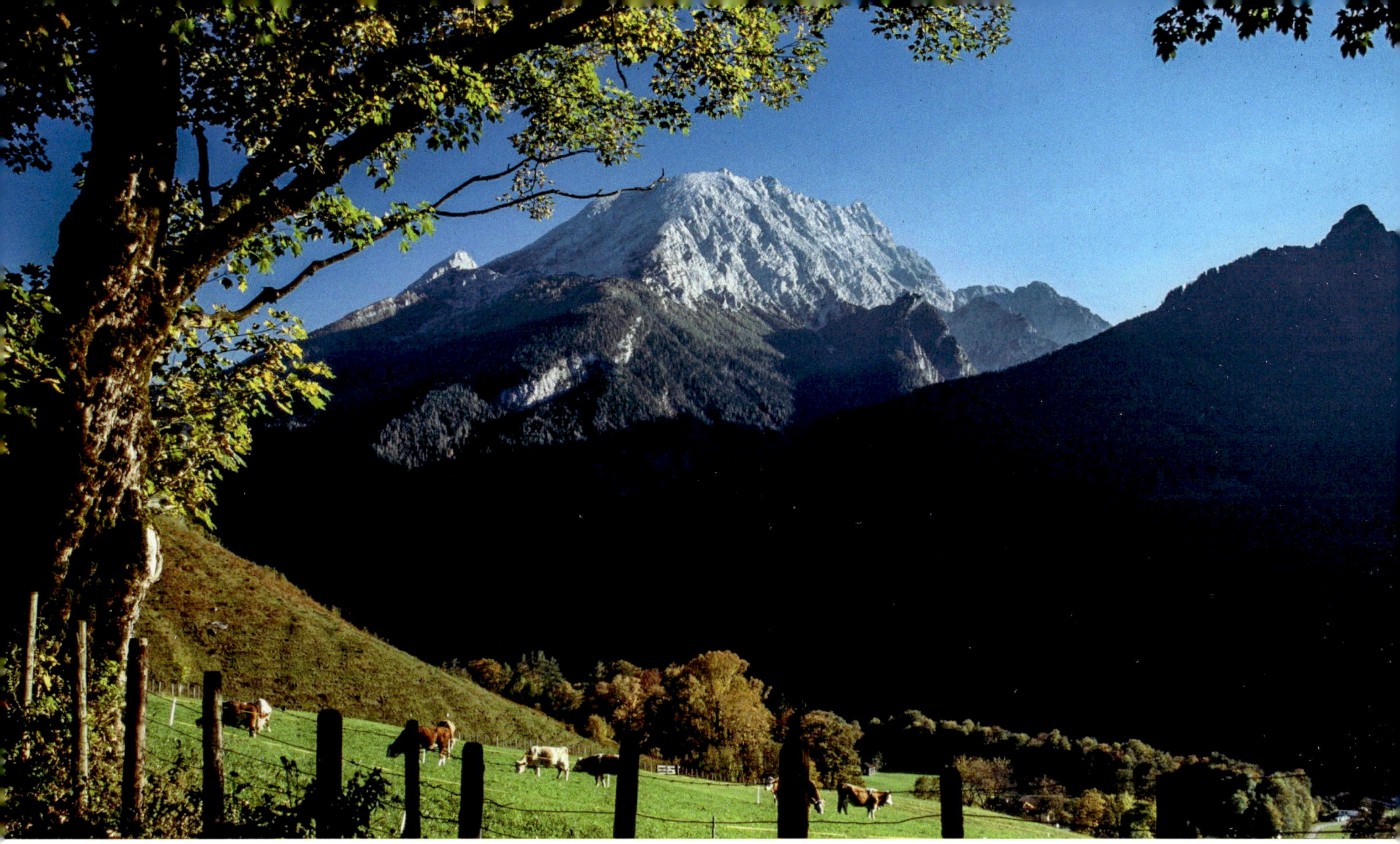

Oben: Der Soleleitungsweg verbandelt die liebliche Kulturlandschaft der Ramsau mit Ausblicken auf Watzmann und Co.
Unten: Der Hintersee, einst durch einen gewaltigen Bergsturz entstanden, avancierte in der Romantik zum Malertreff.

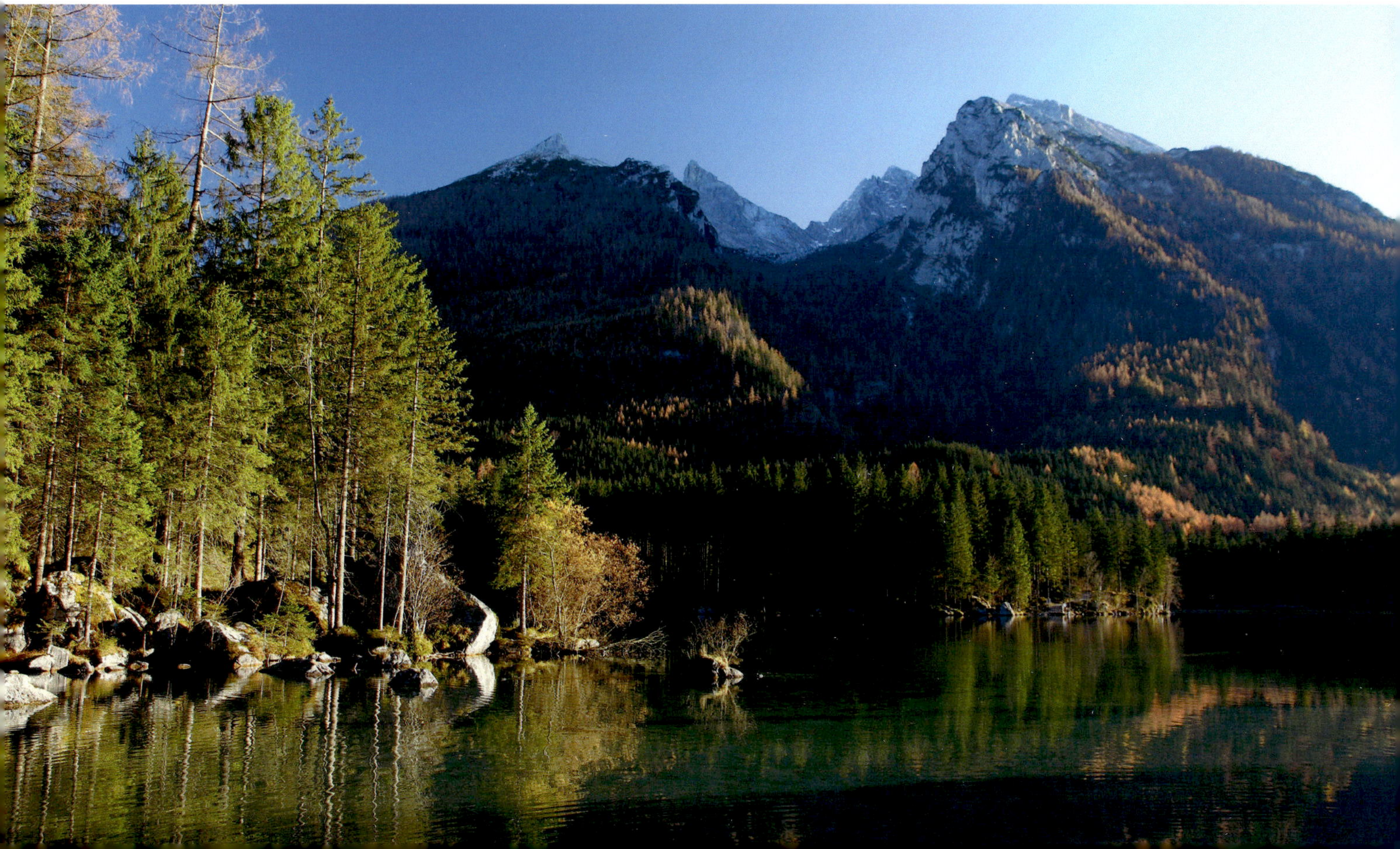

RAMSAU BEI BERCHTESGADEN

Lage: Ramsau (670 m) liegt im südöstlichsten Eck der Bayerischen Alpen, im Berchtesgadener Land, das auf drei Seiten vom österreichischen Bundesland Salzburg umgeben ist. Der größte Teil der Gemeindefläche befindet sich im Nationalpark Berchtesgaden und ist dem hochalpinen Raum zuzuordnen. In Ramsau und den umliegenden Streusiedlungen leben etwa 1800 Menschen.

Anreise: Aus Richtung München auf der deutschen A8 bis zur Ausfahrt Traunstein/Siegsdorf und weiter auf der B305 über Inzell und Weißbach nach Ramsau. Von Österreich wählt man entweder die Ausfahrt Salzburg-Süd auf der A10 und fährt weiter über Berchtesgaden oder die Ausfahrt Bad Reichenhall kurz hinter dem Grenzübergang Walserberg und gelangt dann via Bad Reichenhall in die Ramsau.

Öffentliche Verkehrsmittel: Entweder über das deutsche Bahnnetz via Freilassing oder auch vom Hauptbahnhof Salzburg per Bus zum Bahnhof Berchtesgaden. Dort besteht Busanschluss nach Ramsau/Hintersee. Eine Wanderbuslinie verkehrt zudem zum Hirschbichl (und weiter ins Pinzgauer Bergsteigerdorf Weißbach).

Informationsbüro: Tourist Information Ramsau, Im Tal 2, Haus des Gastes, D-83486 Ramsau, Tel. +49/(0)8657/988920, www.ramsau.de.

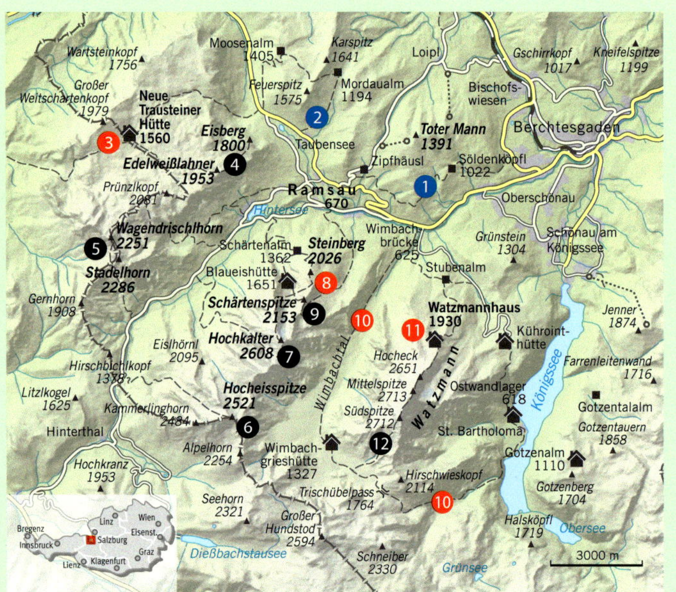

Hütten: Blaueishütte (1651 m), DAV, Mitte Mai bis Mitte Oktober, 84 Schlafplätze, Tel. +49/(0)8657/271. Neue Traunsteiner Hütte (1560 m), DAV, Mitte Mai bis Ende Oktober, 108 Schlafplätze, Tel. +49/(0)171/4378919. Watzmannhaus (1930 m), DAV, Mitte/Ende Mai bis Mitte Oktober, 200 Schlafplätze, Tel. +49/(0)8652/964222. Wimbachgrieshütte (1327 m), TVN, Anfang Mai bis Mitte Oktober, 72 Schlafplätze, Tel. +49/(0)8657/344.

Karten: Alpenvereinskarte, 1:25.000, Blätter BY20 »Lattengebirge – Reiteralm«, BY21 »Nationalpark Berchtesgaden – Watzmann« und BY22 »Berchtesgaden – Untersberg«. Freytag & Berndt, 1:50.000, Blatt D5. Kompass, 1:25.000, Blatt 794.

Touren-Highlights

1 Soleleitungsweg
Beliebter Genusswanderweg, nahezu ohne Höhenunterschiede entlang der historischen Soleleitung quer durch die Südflanke des Toten Manns. Schöne Blicke über die Ramsau auf die Hochgipfel der Berchtesgadener Alpen. Für die Kernstrecke zwischen den Gasthäusern Söldenköpfl und Zipfhäusl 2 Std. Auch der Tote Mann (1391 m) kann eingebunden werden, damit rund 4 Std. für eine Rundtour.

2 Alm-Erlebnisweg
Interessante Rundwanderung im südlichsten Teil des Lattengebirges über Mordaualm und Moosenalm. Von der Kammhöhe leichter Abstecher zum Feuerspitz (1575 m) oder etwas kniffliger zum Karspitz (1641 m) möglich. Ab Schwarzbachwacht bzw. Parkplatz Taubensee ca. 4½ Std.

3 Neue Traunsteiner Hütte (1560 m)
Auf dem Hochplateau der Reiteralm gelegenes Hüttenziel, Stützpunkt für fast alle Gipfeltouren auf diesem Gebirgsstock. Zugänge entweder von der Schwarzbachwacht über den Wachterlsteig oder (etwas leichter) von Oberjettenberg über den Schrecksteig, jeweils 3½ Std.

4 Edelweißlahner (1953 m) – Eisberg (1800 m)
Wilde, inoffizielle Pfade am östlichen Eck der Reiteralm; sehr eindrucksvolle Tour für Individualisten! Nur wenig Kletterei (kurze Stellen I. Grad), aber perfekte Trittsicherheit und Orientierungsvermögen erforderlich. Vom Triebenbachlehen über den Antonigraben 7¼ Std. (Abstecher zum Eisberg optional).

5 Stadelhorn (2286 m) – Wagendrischlhorn (2251 m)
Die »Königstour« auf der Reiteralm, Kombination des Schaflsteigs im Aufstieg mit dem Böslsteig im Abstieg (bzw. umgekehrt). Lange, anstrengende Bergtour, die ausgeprägte Trittsicherheit verlangt (Stellen I, teilweise gesichert); die Gipfelpunkte können ggf. ausgelassen werden. Bis zum Einstieg bei der Engertalm evtl. per Bus, ansonsten etwa 10 Std. ab Hintersee.

6 Hocheisspitze (2521 m)
Beschwerliches Gipfelziel am Südrand der Hochkaltergruppe mit sehr ursprünglichem Charakter. Stellenweise I. Grad, vor allem jedoch viel Steilgeröll und evtl. auch Schneefelder im Hintereis, dafür garantiert einsam. Von der Wanderbus-Haltestelle Bindalm über die Mittereisalm 4 Std. im Aufstieg. Anspruchsvolle Gratkletterei (II bis III) zum Kammerlinghorn.

7 Hochkalter (2608 m)
Der Hochkalter ragt mit seinen Vasallen unmittelbar über der Ramsau auf. Hochalpine Felstour mit Stellen II auf der Normalroute von der Blaueishütte über den Schönen Fleck, Rotpalfen und Kleinkalter (3½ Std. ab Hütte). Ideale Überschreitung mit Abstieg durchs geröllreiche Ofental (Stellen I, ebenfalls markiert), nochmals 4 Std. bis Hintersee.

8 Steinberg (2065 m)
Nebengipfel im Hochkalter-Massiv, der mit einer stimmungsvollen Aussicht und einer reizvollen Überschreitungsmöglichkeit auf Schrofensteigen aufwartet. Spärlich bezeichneter »wilder Weg« von der Schärtenalm über die Nordseite, 3½ Std. Abstieg auf der Normalroute über die Blaueishütte (etwas Händeunterstützung).

9 Schärtenspitze (2153 m)
Der »Wandergipfel« schlechthin in der anspruchsvollen Hochkaltergruppe, kann ebenfalls überschritten werden, allerdings ausschweifender als am benachbarten Steinberg. Stiller Aufstieg von der Pfeifenmacherbrücke in Ramsau via Eckaualm, Hochalm und Eisbodenscharte, zuletzt am Südgrat entlang zum Gipfel, 4½ Std. Abstieg ins Blaueiskar und über die Hütte zurück nach Ramsau, nochmals 3 Std.

10 Rund um den Watzmann
Leichte Wanderung in das urwüchsige, zwischen Watzmann und Hochkalter eingeschnittene Wimbachtal, bis zur Wimbachgrieshütte knapp 3 Std. Der Übergang via Trischübl verlangt etwas Trittsicherheit, speziell an der Sigeretplatte. Bis St. Bartholomä am Königssee insgesamt 7 Std., von dort per Schiff zurück.

11 Watzmannhaus (1930 m)
Aussichtsreich auf dem Falzköpfl thronendes Basislager für alle Watzmann-Aspiranten; reizvolle Tagestour auf ordentlichen Bergwegen. Von der Wimbachbrücke über Stuben-, Mitterkaser- und Falzalm 3½ Std.

12 Watzmann-Überschreitung (2713 m)
Der Klassiker am berühmtesten Berg der Berchtesgadener Alpen, eine hochalpine Grattour mit Klettersteigcharakter (maximal B). Im Fokus stehen eher die Gesamtanforderungen hinsichtlich Kondition und Ausgesetztheit als die rein klettertechnischen Schwierigkeiten. Gehzeit zwischen Watzmannhaus und Wimbachgrieshütte ca. 7 Std., Gesamtzeit ab Wimbachbrücke 12½ Std. bei über 2200 Hm!

Ramsaus Parademotiv: die schmucke Pfarrkirche an der Ache und die wirkungsvolle Kulisse der Reiteralm.

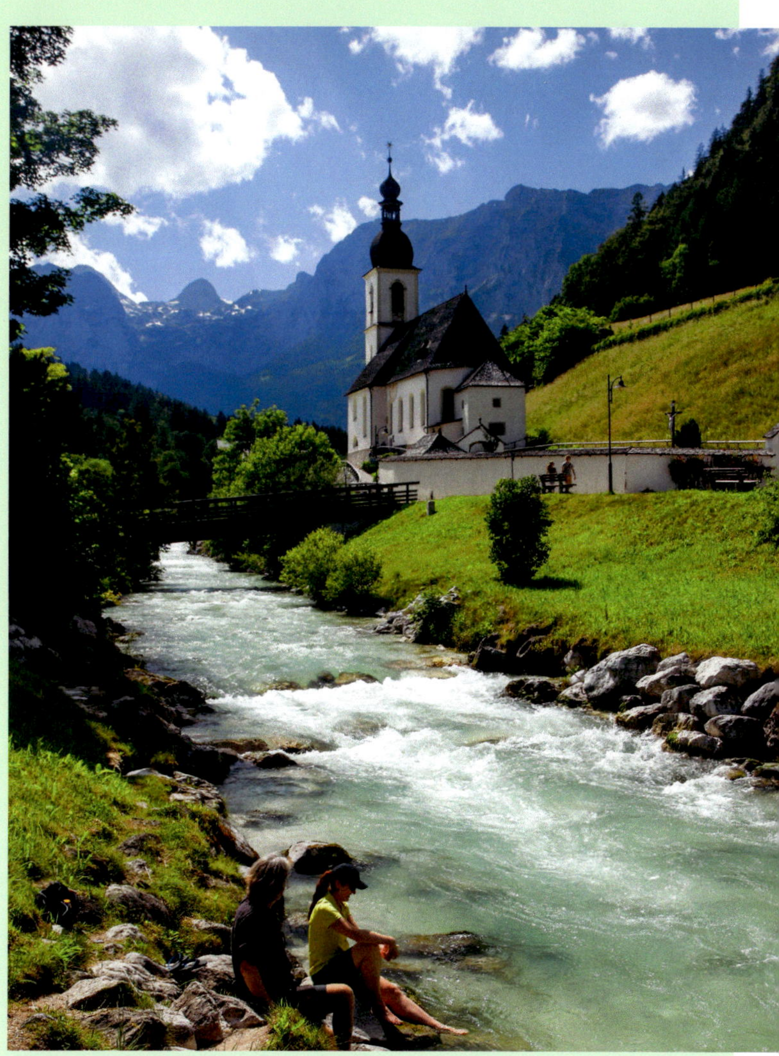

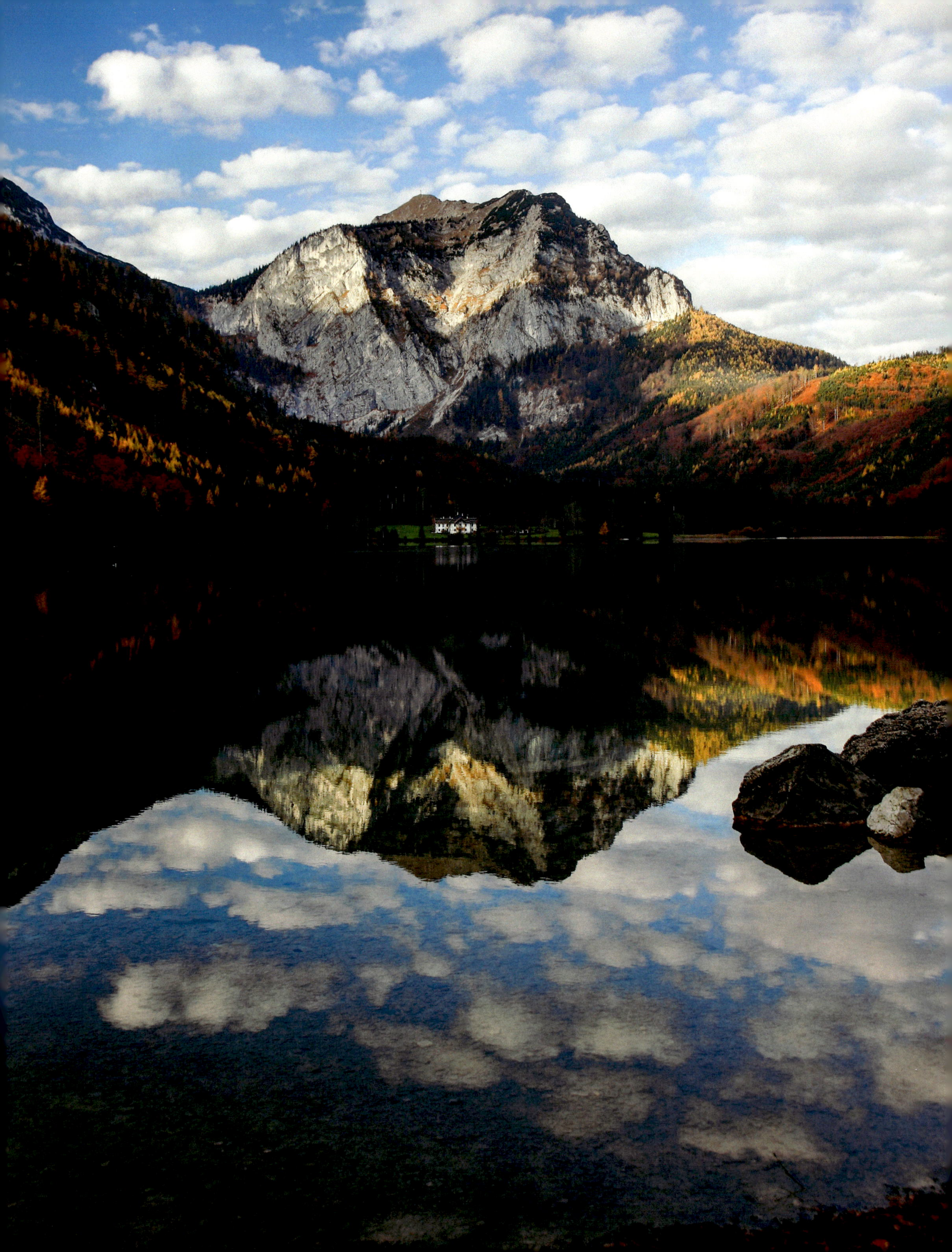

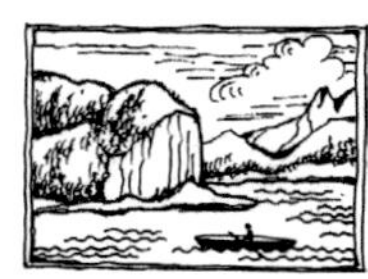

STEINBACH AM ATTERSEE

Der Name klingt ja ziemlich unheimlich: Höllengebirge. Treibt da etwa der Leibhaftige sein Unwesen? Oder hat einfach die raue Unwirtlichkeit zu dieser Assoziation geführt? Drunten am Westfuß des mächtigen Karststocks schwelgt man hingegen in der Lieblichkeit des Attersees, der auch immer wieder Künstler angezogen hat. So besitzt das Bergsteigerdorf Steinbach am Attersee zwei Landschaftsfacetten, wie sie unterschiedlicher nicht sein können und im Zusammenspiel einen ganz besonderen Charme verströmen.

Nun stecken wir voll drin in der Latschenmacchia. Die grau und grün gescheckte Hochfläche nimmt uns buchstäblich gefangen und das unwegsame, karstig zerklüftete Gelände sorgt obendrein für ein beschwerliches Vorankommen. »Unbedingt an die Markierung halten« lautete die Warnung, die uns vor der Überschreitung des Höllengebirges mitgegeben worden ist. Aus gutem Grund, wie sich jetzt herausstellt, denn die Tücken liegen hier ganz gut versteckt, beinahe getarnt, und offenbaren sich erst demjenigen, der sich mit diesem »höllischen«, von Dolinen und Karrenfeldern übersäten Bergstock auf Tuchfühlung begibt.

Aufgrund seiner voralpin anmutenden Gipfelhöhen, welche die 2000-Meter-Marke doch recht deutlich verfehlen, mag man das Höllengebirge leicht unterschätzen. Tatsächlich steht es in einer Reihe mit den großen, respektablen Karstmassiven der Ostalpen, nicht nur geographisch, sondern auch vom Wesen her. Sicher, die Steinwüste ist hier oben selten nackt, wie etwa am Dachstein oder im zentralen Bereich des Toten Gebirges (noch so ein furchterregender Name!). Doch der dichte Latschenbewuchs macht die Sache nicht unbedingt leichter. Als »eintönig« beschrieb ein einheimischer Gebietskenner einmal die Plateau-Überschreitung vom Feuerkogel zum Hochleckenhaus: »Für das schweißtreibende Auf und Ab zwischen mannshohen Latschen konnte ich weder Begeisterung noch Energie aufbringen«. Schade, denn im Karst gibt es so viel zu entdecken! Allein schon die Weltverlorenheit wird hier zum eindringlichen Gefühl, auf das man sich freilich einlassen können muss. Einen ernsten Anstrich besitzt die Unternehmung immer, auch bei schönem, sonnigem Wetter. Lasten aber düstere Wolken auf diesen unüberschaubaren, labyrinthischen Karstwogen, so wähnt man sich womöglich auf irgendeinem gottverlassenen Planeten und wird ganz sensibel für die Erscheinungen der Natur.

Der idyllische Vordere Langbathsee ist Ausgangspunkt für eine Besteigung des Brunnkogels.

HIMMLISCHES AM HOCHLECKENHAUS

Nach langem Tagesmarsch haben wir das Hochleckenhaus erreicht und können endlich die Reserven wieder auffüllen. Vielleicht mit einem deftigen Blunzengröstl oder gar einem Rehbraten? Der Kaiserschmarrn soll auch sehr gut sein, wurde uns schon avisiert. Später hätten wir gern einen feuerroten Sonnenuntergang fürs Gemüt … und werden ebenfalls nicht enttäuscht. Das Hochleckenhaus ist für solcherlei Schauspiele nämlich sehr günstig positioniert: auf einer freien Plateaufläche mit ungehinderter Fernsicht zum westlichen und nördlichen Horizont. Ich mustere noch die Silhouetten der Berchtesgadener Alpen, entdecke mit Watzmann, Göll und Untersberg alte Bekannte aus eher selten geschauter Perspektive – dann verschwindet auch das letzte Glimmen am Traunstein und die Nacht bricht herein.

Am nächsten Tag wird das Hochleckenhaus sicher wieder von zahlreichen Wanderern in Beschlag genommen. Sie kommen meist von der Taferlklause herauf oder von Oberfeichten an den kecken Adlerspitzen vorbei. Besonders reizvoll finde ich persönlich den Schafluckensteig. Da beginnt die Tour bereits mit einer Bilderbuchkulisse, wenn man das Höllengebirge als Spiegelbild im Vorderen Langbathsee vor sich hat. Der Hintere Langbathsee ist zu früher Morgenstunde ein gar verwunschener Fleck, und es tut einem fast leid, ihn unterhalb zurücklassen zu müssen. Am pfiffig angelegten Schafluckensteig wird eine Felsbarriere überwunden. Dabei braucht es auf den exponierten Diagonalbändern die obligatorische Schwindelfreiheit und Trittsicherheit; klettern muss man aber nicht. Mit Erreichen des Plateaus bei der ehemaligen Schafalm ist das Bergauf freilich noch nicht beendet. Der Gipfel des Brunnkogels erscheint zwar schon nah, was sich jedoch als optische Täuschung erweist und wohl der überdimensionalen Größe des Kreuzes geschuldet ist. Stattliche 14 Meter misst es – angeblich das größte im gesamten Alpenraum. Interessant und künstlerisch wertvoll erscheint darin die Darstellung der acht Berufsgruppen, die im Aurachtal Fuß gefasst haben. Nur den Pfarrer wird man vielleicht vermissen. »Der gehört doch auf die Kanzel, nicht auf den Berg«, bekommt man da zu hören …

VOM TRAUNSEE ZUM ATTERSEE

Bevor also die Tageswanderer auf den diversen Wegen heraufgelangen, sind wir in absoluter Stille auf der Schlussetappe der zweieinhalbtägigen Höllengebirgs-Längsüberschreitung unterwegs. Sie verliert nun allmählich an Strenge. Zwar bleibt das karstige Gepräge erhalten, doch mit dem Abstecher auf die Brennerin erhaschen wir erstmals einen Tiefblick auf den großen, blauen Attersee. Wundervoll, welch eine Erquickung für das Auge! Und diese Ausblicke kosten wir aus, wo immer sich die Chance bietet: am Mahdlgupf, der seit Kurzem auch ein eigenständiges Klettersteigziel bildet, sowie am Schoberstein, dem letzten gipfelartigen Punkt am Südwestausläufer des Höllengebirges und jener mit dem wohl harmonischsten Gesamtbild. Das mag natürlich Geschmackssache sein, denn vielleicht sind wir mittlerweile auch schon zu sehr euphorisiert von den vielfältigen Eindrücken dieser Tour. Ausklingen wird sie in Kürze drunten in Weißenbach, das zur Gemeinde Steinbach am Attersee gehört und uns damit als Bergsteigerdorf willkommen heißt. Vom Traunsee zum Attersee: ein toller Spannungsbogen auf Wanderfüßen …

KUNST IN DER SEE(LE)NLANDSCHAFT

Mit Spannungsbögen kannten sich auch einige Menschen aus, die an den Gestaden des Attersees ihr Domizil bezogen, für einen kurzen oder längeren Aufenthalt, manche sogar für einen gediegenen Lebensabend in unverfälschter Natur. Gustav Mahler zum Beispiel, der bedeutende Komponist der Spätromantik, ließ sich hier inspirieren, schuf im Laufe von vier Sommern zwei große Sinfonien und ein halbes Dutzend Lieder. Die Natur ringsum war ihm sehr ans Herz gewachsen, was laut Musikexperten in seinen Werken auch deutlich zum Ausdruck kommt. In Seefeld hatte man extra ein kleines Komponierhäuschen errichten lassen. Ebenfalls stark verbunden mit der Gegend waren der weltweit renommierte Pianist Friedrich Gulda, der in Weißenbach begraben liegt, sowie der Maler Gustav Klimt, der hier in seinen letzten Lebensjahren Ruhe und Abgeschiedenheit suchte.

Weißenbach und Steinbach haben also zahlreiche Künstler angezogen, wie überhaupt die »Seelenlandschaft« des Salzkammerguts, die – spätestens seitdem die kaiserliche Familie hier ihre Sommerfrische verbrachte – »en vogue« und ein Brennpunkt der Kulturschaffenden war. Diese Beliebtheit setzt sich übrigens bis in unsere Tage fort, denn das Salzkammergut nimmt in touristischen Rankings österreichweit einen Spitzenplatz ein, obschon es nicht überall den gleichen Rummel gibt. Steinbach am Attersee ist in dieser Hinsicht ganz echt und relativ ruhig geblieben, man vermisst die touristischen Hotspots (oder vermisst sie gerade nicht …) und darf sich als Bergfex die Erlebnisse selbst erarbeiten.

Mit ortsnahen Spaziergängen wie dem Künstlerweg in Weißenbach oder dem lehrreich gestalteten Nikoloweg zwischen Steinbach und Weißenbach könnte man ja mal locker anfangen. Auch der waldreiche Bramhosenberg, keine 1000 Meter hoch, ist eher ein bescheidenes Ziel,

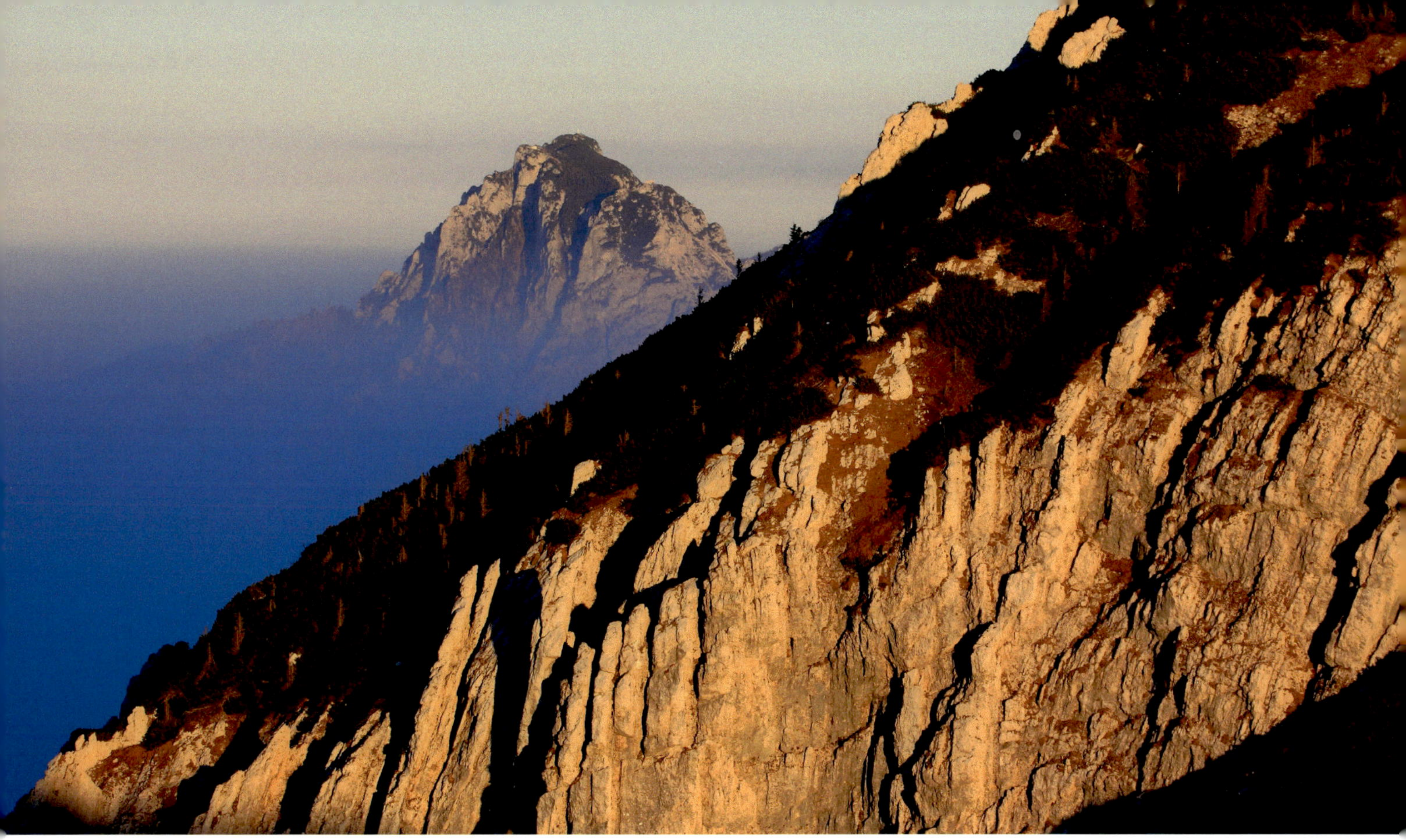

Oben: Stimmungsvolle Abendstunde am Hochleckenhaus, im Hintergrund unverwechselbar der Traunstein.
Unten: Am Ufer des Attersees genießen wir die letzten milden Tage des Herbstes.

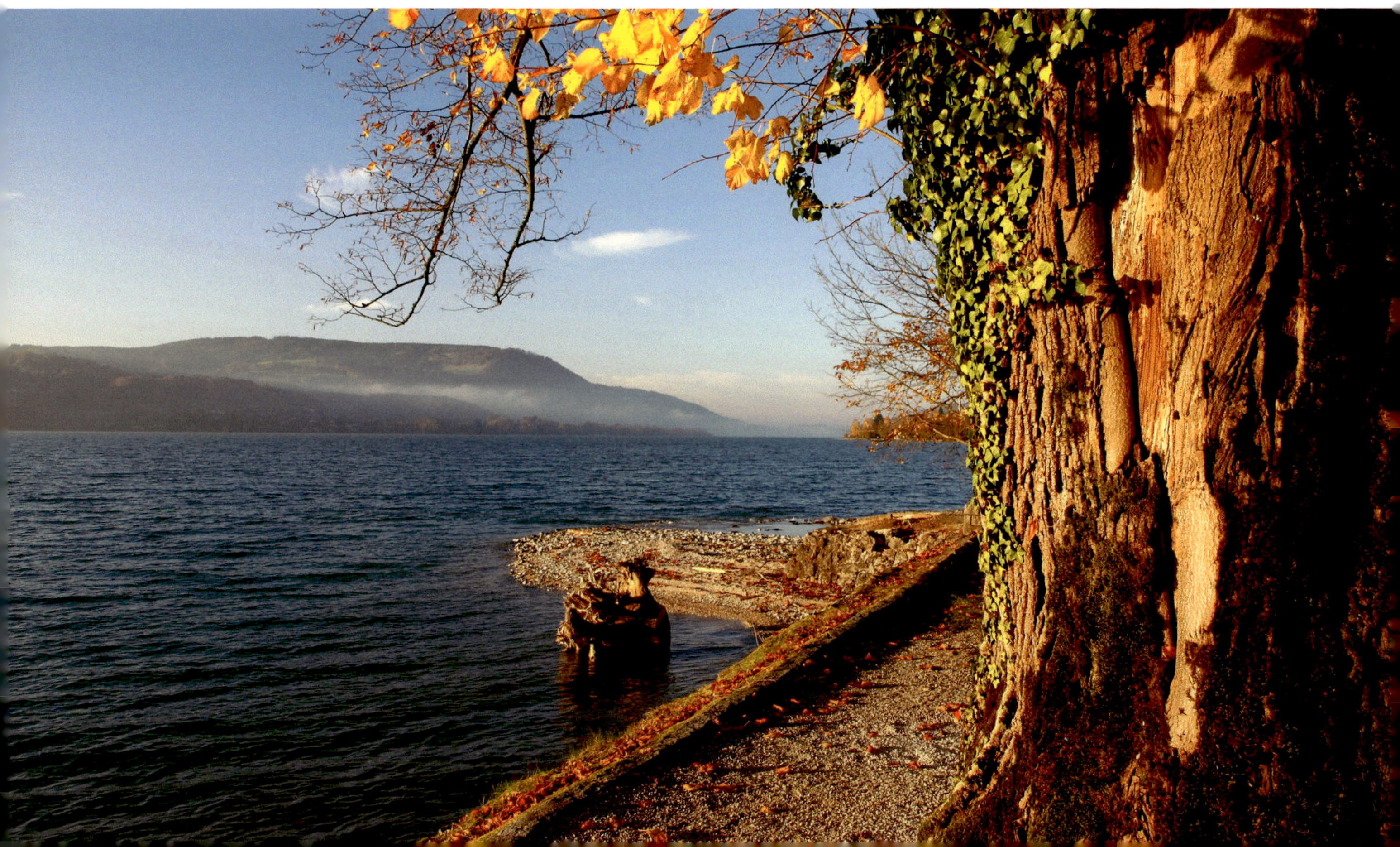

ATTERSEE UND HÖLLENGEBIRGE IN ZAHLEN

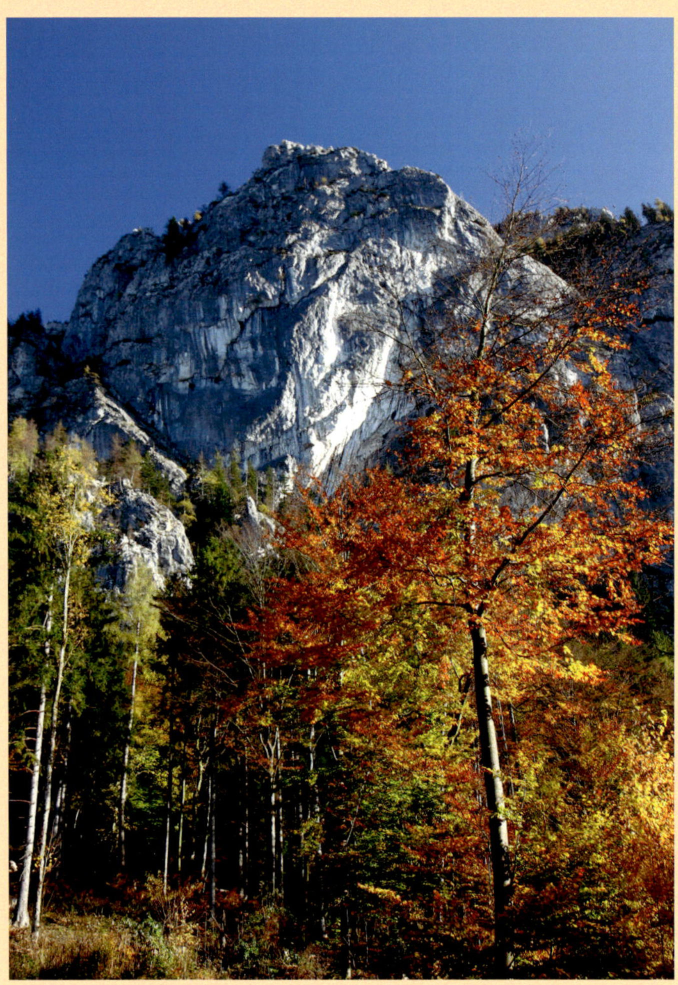

Direkt über dem Steinbacher Bergwald baut sich die Felsenwucht des Höllengebirges auf – eine wilde Szenerie, die nicht zuletzt auch den alpinen Status unseres Bergsteigerdorfes begründet.

Mit einer Fläche von gut 46 Quadratkilometern ist der Attersee der größte rein österreichische See. Entstanden ist er als Gletscherrandsee während der letzten Eiszeit, was auch seine beachtliche durchschnittliche Tiefe erklärt (85 Meter, bei einem Maximalwert von 169 Metern). Nur in extremen Kältewintern friert der Attersee zu, zuletzt im Jahr 1963. Besiedlungsspuren reichen bis in die Jungsteinzeit zurück. Die ältesten Reste von Pfahlbauten wurden auf die Zeit um 4000 bis 3000 v. Chr. datiert. Der Seespiegel liegt auf 469 Metern Meereshöhe. Während die Waldmugel auf der Westseite nur bis auf rund 1100 Meter ansteigen, erreichen Schafberg und Leonsberg über dem Südende mehr als 1700 Meter Höhe. Ostseitig wird der Attersee vom mächtigen Höllengebirge flankiert, dessen Kulmination der Große Höllkogel (1862 m) ist. Als Charakteristikum tritt die starke Verkarstung mit entsprechender Hochflächenbildung in Erscheinung. Zwischen dem Attersee und dem östlich gelegenen Traunsee erstreckt sich das Höllengebirge über 17 Kilometer bei einer Gesamtausdehnung von rund 127 Quadratkilometern. Sein Aufbau besteht vorwiegend aus Wettersteinkalk, der im Erdmittelalter, in der Zeitspanne vor ca. 247 bis 235 Millionen Jahren, in Flachmeeren sedimentiert und später verfestigt worden ist. Diese Gesteinslagen haben eine Mächtigkeit von über 1000 Meter. Durch die Verkarstung erfolgt die Entwässerung nahezu ausschließlich unterirdisch durch umfangreiche Höhlensysteme. Die längste ist die Hochlecken-Großhöhle mit 5500 Metern vermessenen Gangsystemen auf einer Vertikaldistanz von 900 Metern. Im österreichischen Höhlenverzeichnis finden sich für das Höllengebirge über 100 Einträge. Auf der weithin mit Latschen bewachsenen Hochfläche existieren keine Bäche, dafür treten vor allem am Südfuß des Massivs teils ergiebige Karstquellen zutage. Deren Schüttung kann einige tausend Liter pro Sekunde erreichen.

vielleicht für einen Tag im zeitigen Frühjahr oder falls das Wetter mal nicht ganz so gute Laune hat. Im Fokus steht freilich zur Hauptsache das Höllengebirge, genauer gesagt der westliche Bereich, der auch für Kletterer ein paar Optionen bereithält. So sind die zackigen Adlerspitzen mit ihren vier Türmen das klassische Betätigungsfeld der vertikalen Zunft. Die Normalanstiege auf das Hochplateau – etwa über den sogenannten Stieg oder durch die urwüchsige Brennerriese – sind auf jeden Fall anstrengend, denn das Höllengebirge wehrt sich allenthalben mit steilen Riegeln. Und vor dem Ersten Weltkrieg standen sogar noch ganz andere Hindernisse im Weg: Da es sich um ein kaiserliches Jagdgebiet handelte, waren Touren im Höllengebirge bei der Forstbehörde »genehmigungspflichtig«. Tatsächlich führte dies dazu, dass die alpintouristische Erschließung erst in den 1920er-Jahren in Gang kam.

IM HERZEN DES SALZKAMMERGUTS

Weiter gen Süden leiten Schafberg und Leonsberg (respektive Zimnitz) ins zentrale Salzkammergut über. Von St. Wolfgang und Bad Ischl her sind dies beliebte Ziele; den Schafberg hat die Zahnradbahn sogar zu einem jener »Hotspots« erhoben, von denen eben die Rede war. Die Nordrouten sind hingegen wesentlich stiller geblieben und für uns Attersee-Besucher eine interessante Erweiterung des Tourenspektrums. Das werden dann allerdings keine kurzen Exkursionen. Richtung Leonsberg muss man von Weißenbach aus bald die erste Waldstufe überwinden, bevor es über die Fachbergalm gemäßigter weitergeht. Der nächste Zickzackkurs führt gegen die Steinernen Mandln empor, hinter denen sich die Leonsbergalm fein eingerichtet hat. Zum Gipfel wartet schließlich noch ein dritter Geländeaufschwung …

Der Aufstieg zum Schafberg beginnt indes fulminant mit dem Valerieweg durch die Burggrabenklamm. Man erreicht die Wiesenareale der Unter- und Oberackeralm, später dann die ausgedehnte Eisenaueralm, wo die Buchberghütte zur Einkehr lädt. Zu lange sollten wir freilich nicht hängen bleiben, denn zwei Stunden stehen gipfelwärts noch bevor. Dabei schraubt sich unser Steig neben einer Waldrippe in die Höhe, lässt den kleinen Suissensee in seiner Mulde links liegen und zieht unter der Gipfelwand weit hinüber zum Durchschlupf der Himmelspforte. Wahrlich himmlisch der Ausblick, auch wenn es im Gipfelbereich nun ziemlich wuselt. Die Seen im Dutzend haben das Salzkammergut halt so berühmt gemacht. Und von oben sieht man sie doch allemal am schönsten, oder?

Wanderungen über dem Attersee, hier beim Abstieg von der Brennerin, sind stets von besonderen Emotionen begleitet. Malerisch schmiegt sich der Ort Steinbach ans Seeufer.

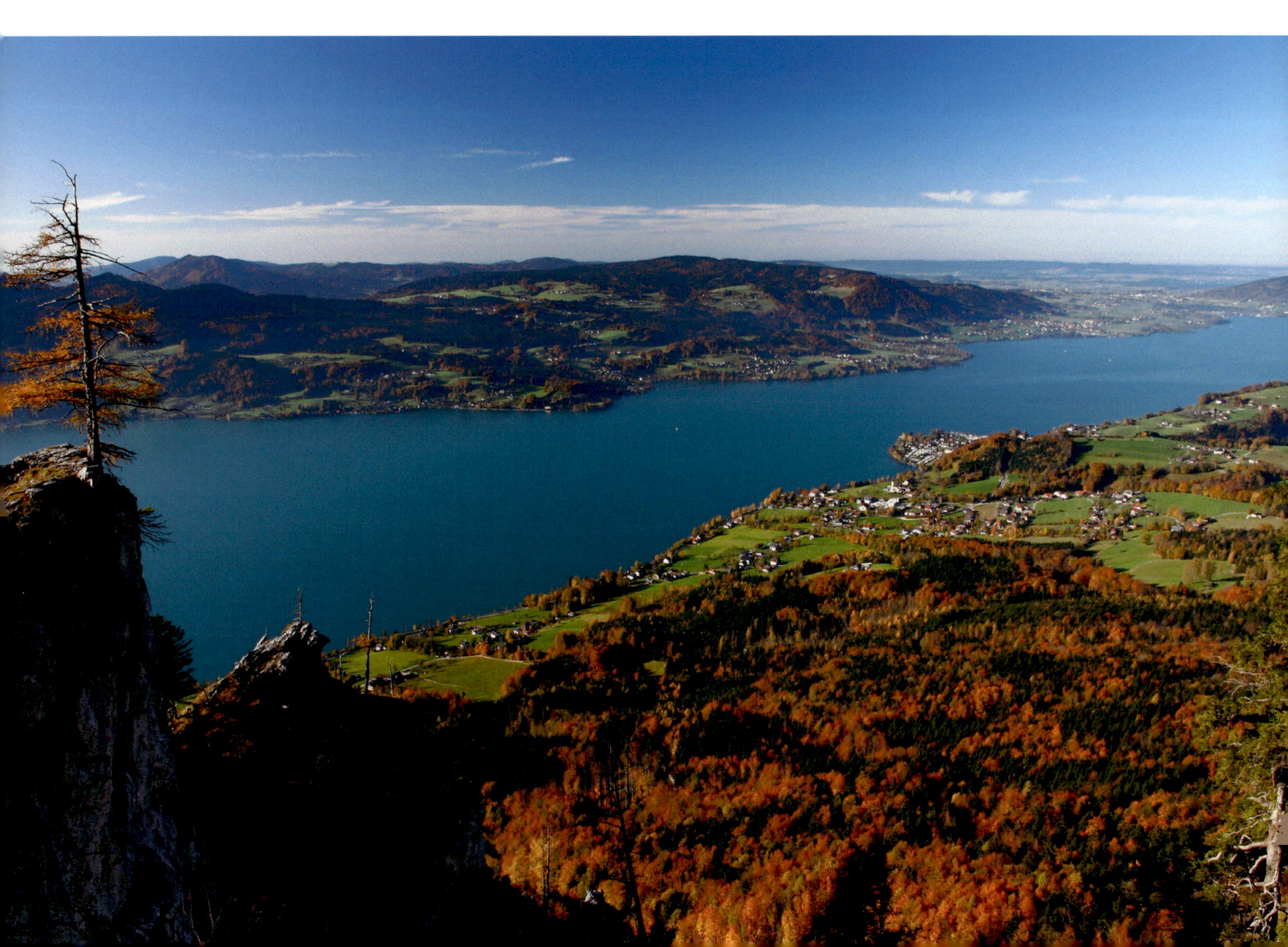

STEINBACH AM ATTERSEE

Lage: Steinbach (509 m) sowie die Ortsteile Weißenbach, Forstamt und Seefeld liegen am Ostufer des Attersees im oberösterreichischen Salzkammergut, ein paar Weiler auch oberhalb an den Flanken des Höllengebirges, das die alpine Kulisse dominiert. Die Einwohnerzahl bewegt sich zwischen 800 und 900.

Anreise: Über die A1 von Norden und Osten bis Ausfahrt Schörfling und weiter auf der B152, von Westen hingegen bis Ausfahrt Mondsee, auf der B151 nach Unterach und weiter auf der B152 Richtung Steinbach.

Öffentliche Verkehrsmittel: Mit der Bahn bis Vöcklabruck und anschließend mit dem Postbus nach Steinbach. Für Touren relevant sind die ÖBB-Rufbusse Weißenbach – Bad Ischl sowie Steinbach – Taferlklause – Großalm.

Attersee-Schifffahrt: Auf dem Attersee verkehren in der Sommersaison Ausflugs- und Linienschiffe. Anlegestellen befinden sich u. a. in Steinbach und Weißenbach. Tel. +43/(0)7666/7806, www.atterseeschifffahrt.at.

Informationsbüro: Ferienregion Attersee, Steinbach Nr. 5, A-4853 Steinbach am Attersee, Tel. +43/(0)7663/401, www.attersee.at.

Hütten: Hochleckenhaus (1572 m), ÖAV, Ende März bis Ende Oktober, 94 Schlafplätze, Tel. +43/(0)7666/7588. Riederhütte (1765 m), ÖAV, Ende Mai bis Ende Oktober und Silvester bis Ostern, 45 Schlafplätze, Tel. +43/(0)676/7360535.

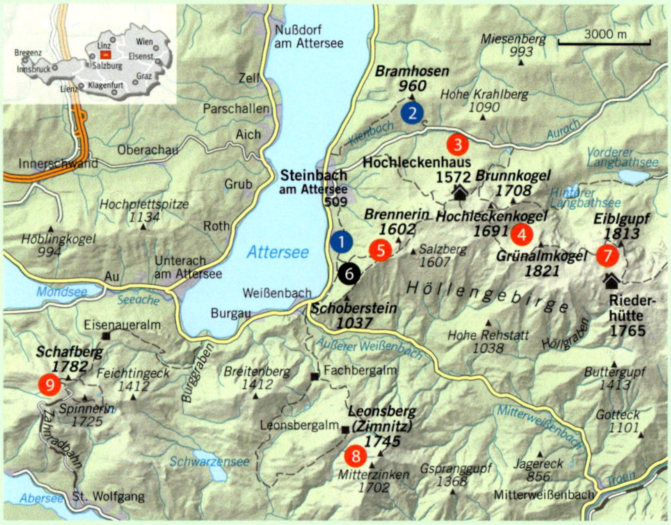

Karten: Freytag & Berndt, 1:50.000, Blatt 282. Kompass, 1:50.000, Blatt 18. Österreichische Karte, 1:50.000, Blätter 3205, 3206 und 3211.

Touren-Highlights

1 Nikoloweg
Talnahe Verbindung zwischen Steinbach und Weißenbach, die auch einen naturkundlichen Lehrweg integriert.
Man bewegt sich ohne größere Höhenunterschiede in den Wäldern über dem Attersee, am Fuße des Höllengebirges. Gehzeit ca. 2 Std.

2 Bramhosen (960 m)
Leichte Waldwanderung auf Forststraßen und Pfaden, meist eingeschränkte Aussicht. Aufstieg von der Kienklause nur 1 Std., von Seefeld hingegen 2 Std.

3 Hochleckenhaus (1572 m)
Herrlich gelegene Berghütte auf der freien Hochfläche im nordwestlichen Teil des Höllengebirges, wichtiger Stützpunkt für Überschreitungen. Verschiedene Zugänge, z. B. von der Taferlklause über Weg Nr. 826 oder von Feichten über Weg Nr. 823 (mithilfe des Busses auch kombinierbar). Aufstiegszeit 2 bis 3 Std.

4 Brunnkogel (1708 m) – Hochleckenkogel (1691 m)
Zwei Gipfel im Einzugsbereich des Hochleckenhauses, besonders der Brunnkogel mit seinem Riesenkreuz ist wegen der famosen Aussicht ein beliebtes Ausflugsziel. Von der Hütte aus über das Latschenplateau 1 bis 1½ Std. Spannender ist allerdings der Aufstieg von den Langbathseen über den teilweise gesicherten Schafluckensteig, 4 Std.

5 Schoberstein (1037 m) – Brennerin (1602 m)
Die Aussichtspunkte schlechthin über dem Ostufer des Attersees! Solide Bergsteige, Trittsicherheit wichtig. Von Weißenbach auf den Schoberstein gut 1½ Std., bis Brennerin 3¾ Std. Von dort steilerer Abstieg durch die Brennerriese (Trittsicherheit erforderlich) und am Nikoloweg zurück nach Weißenbach, 2¾ Std.

6 Attersee-Klettersteig
Neuer, luftiger Sportklettersteig in den westexponierten Wandfluchten am Mahdlgupf (1261 m), Schlüsselpassagen bis D, meist B/C. Entsprechende Erfahrung und Ausrüstung unerlässlich. Zustieg von Weißenbach über den Nikoloweg, Durchstieg bis zum Gipfel ca. 3 Std. Abstieg am besten über den Schoberstein. Achtung: Der Klettersteig ist von November bis einschließlich März gesperrt.

7 Überschreitung des Höllengebirges
Für die Längsüberschreitung des Plateaus von Ost nach West sind normalerweise 2½ Tage zu veranschlagen, wenn man in der Riederhütte und im Hochleckenhaus übernachtet. Zwar ausreichend markiert und ohne besonders schwierige Einzelstellen, aber aufgrund des oft ruppigen, unwegsamen Karstterrains ziemlich fordernd. Einstieg von Ebensee mit der Seilbahn zum Feuerkogel, von dort relativ moderat in 2 Std. bis zur Riederhütte. Die Kernetappe führt in ständigem, verschlungenem Auf und Ab via Eiblgrube, Grünalmkogel und Pfaffengraben zum Hochleckenhaus, 5 Std. Weiter geht es via Geißalm an die Westseite des Massivs, wo man während des allmählichen Abstiegs Richtung Weißenbach kurze Abstecher auf Brennerin, Mahdlgupf und Schoberstein einflechten wird (siehe oben).

8 Leonsberg/Zimnitz (1745 m)
Weit ausladender Bergstock mit verzweigtem Wegenetz zwischen dem Attersee im Norden und dem Talbecken von Bad Ischl im Süden. Langer Aufstieg von Weißenbach über Fachbergalm und Leonsbergalm, zuletzt am Nordostkamm zum Gipfel. Aufstieg ca. 4 Std.

9 Schafberg (1782 m)
Vielleicht der bekannteste Berg im Salzkammergut, zumindest der am meisten besuchte, da von St. Wolfgang eine Zahnradbahn hinaufführt. Vom Attersee her hingegen lange, relativ stille Wanderung, die vom Jagerwirt mit der Burggrabenklamm beginnt. Über die große Lichtung der Eisenaueralm auf die Nordostseite des Bergs, vorbei am Suissensee und schließlich über die Himmelspforte zum höchsten Punkt. Trittsicherheit und Ausdauer nötig, Aufstieg ca. 4 Std.

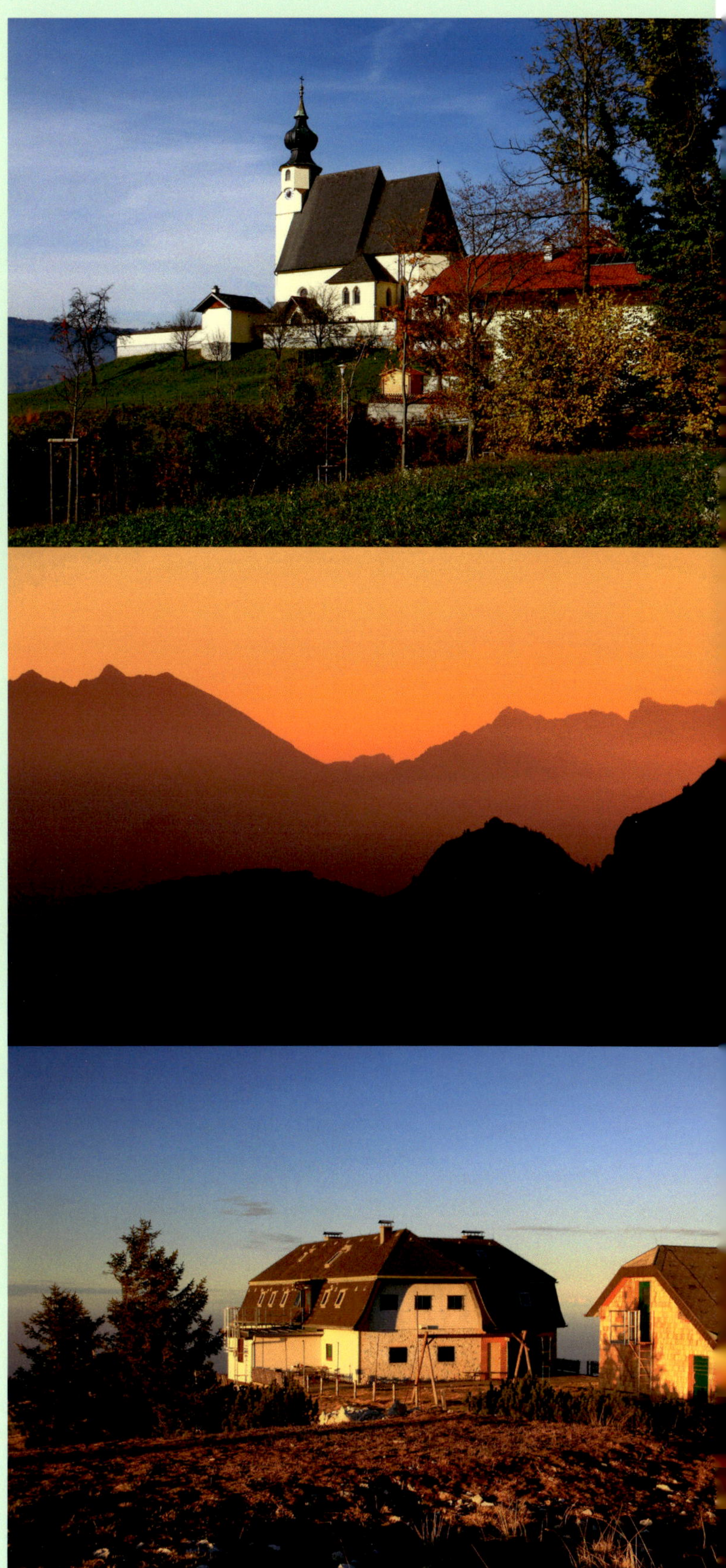

Oben: Etwas erhöht posiert die Kirche von Steinbach. Mitte/unten: Das Hochleckenhaus dient als Stützpunkt auf der Überschreitung des Höllengebirges. Kurz nach Sonnenuntergang leuchtet der Himmel tieforange über den Scherenschnitten der Gebirge.

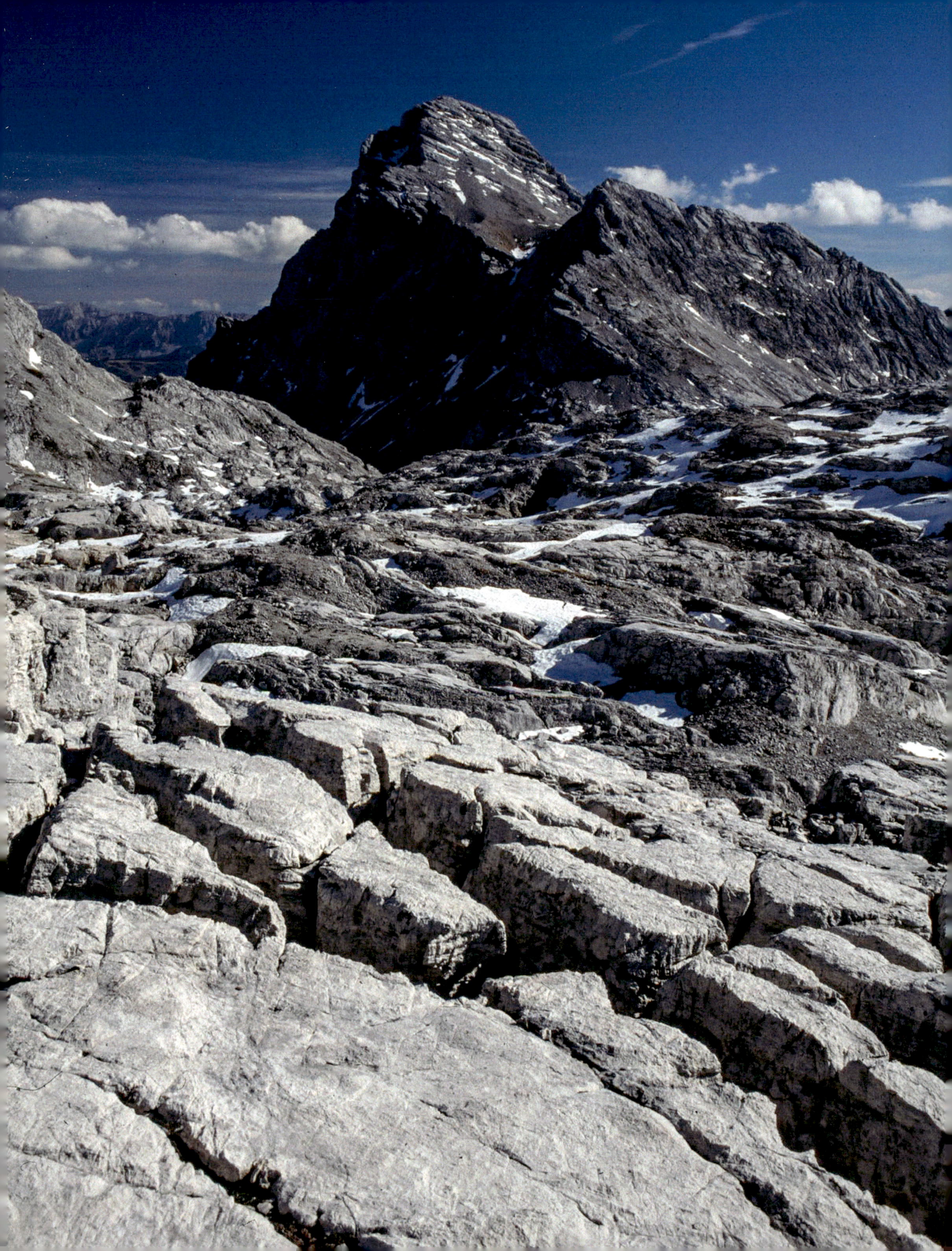

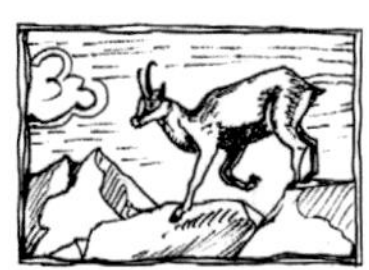

GRÜNAU IM ALMTAL

In einem der schönsten Winkel Oberösterreichs, eingebettet zwischen den waldreichen Hügelwellen im Vorfeld des bollwerkartigen Toten Gebirges, liegt die freundliche Ortschaft Grünau im Almtal. Die schroffen Kalkfluchten im Süden sind zweifellos das alpine Inventar, um im erlauchten Kreis der Bergsteigerdörfer dabei zu sein. Denn wer das Tote Gebirge, diese 400 Quadratkilometer messende Einöde, kennt, der weiß: Die Natur selbst hat hier allzu harten Nutzungsinteressen einiges entgegenzusetzen.

Anno 1868 pflegte man mitunter wortreiche Beschreibungen, um seiner Bergbegeisterung Ausdruck zu verleihen, etwa bei Anton von Ruthners Rundumblick vom Großen Priel, »welcher sich über Oesterreichs Gauen dies- und jenseits der Donau, fast über das ganze Gebirge Oesterreichs unter und ob der Enns und von Obersteiermark, vom Wiener Becken bis hinab nach Kärnten, und gegen West und Südwest weit darüber hinaus über die Marken von Baiern und Tirol, inbegriffen die Hohen Tauern, deren eisige Kette, die Glockner- und Venedigergruppe entlang bis zu den Zillerthaler Fernern aufgeschlossen ist, erstreckt, während als nicht geringeren Schmuck eine hochinteressante nahe Umgebung, die lachenden Täler der Steyrling, von Windischgarsten und Stoder, die ernste Hetzau mit den blauen Oedenseen und das seines Namens würdigen Hochplateau des Todten Gebirges umfasst.« Wer je bei klarem Wetter am höchsten Punkt des Toten Gebirges stand, wird dem beipflichten: Man überblickt tatsächlich die halbe Alpenrepublik!

Dabei war zu Zeiten von Ruthners speziell über die Nordseite des Toten Gebirges allgemein noch gar nicht viel bekannt. Die schwere Zugänglichkeit und vor allem der Status als streng abgeschottetes Jagdgebiet ließen das hintere Almtal und die Hetzau lange Zeit in alpinistischer Bedeutungslosigkeit verharren. Die Pioniere erkundeten das Gebiet bis zum Ende des 19. Jahrhunderts fast ausschließlich von den anderen Seiten. Obgleich Jäger und Wilderer wohl schon früh auf den einen oder anderen Gipfel gelangten, kam erst mit der Gründung der Alpenvereinssektion Wels und den ausdauernden Bemühungen des – im verhandlungstechnischen Sinn ebenso wie im bergsteigerischen – umtriebigen Sepp Huber in den Talschlüssen von Grünau einiges in Gang. Es wurden Steige über die steilen Außenflanken auf das Hochplateau ausgebaut und 1920 bzw. 1927 die Welser und Pühringerhütte eröffnet: die entscheidende Infrastruktur, um nun auch wandertüchtige Gäste in diese Bergwelt zu locken.

Die Karstöde des Hochplateaus mit ihren zerklüfteten Karrenfeldern. Der Blick bleibt an der Spitzmauer hängen.

LOCKRUF FÜR (WANDER)VÖGEL

Heutzutage genießt die Gegend um Grünau bei Ausflüglern und Bergsteigern einen hervorragenden Ruf, nicht zuletzt aufgrund einer maßvollen Erschließung und großflächig erhaltenen Ursprünglichkeit. Man stelle sich einmal vor, am märchenhaft schönen Almsee würde irgendein Halligalli aufgezogen – das wäre doch ein arg verstörender Gedanke! Das durch einen nacheiszeitlichen Bergsturz entstandene Idyll ist glücklicherweise zum Naturschutzgebiet erklärt worden und bietet optimalen Lebensraum für eine artenreiche Vogelwelt. Im Almtal befindet sich auch die Konrad-Lorenz-Forschungsstelle, in der das Verhalten von Graugans, Waldrapp, Dohle und Kolkrabe intensiv studiert wird. Ganz passé sind die alteingesessenen Jagdinteressen aber nach wie vor nicht. So müssen die Hütten in der Hetzau Mitte September für einige Wochen schließen, womit die Saison für Wanderer zumindest in diesem Winkel leider viel zu früh endet.

ALLMÄHLICHE ANNÄHERUNG

Bevor wir uns dem hochalpinen Bereich des Toten Gebirges widmen, lohnt eine Betrachtung des Vorlands, das ja die unmittelbare Umgebung des Dorfs Grünau darstellt. Schroffer Fels tritt hier höchstens in homöopathischen Dosen auf – es handelt sich um ein weithin waldbestandenes Hügelland, wie es typisch ist für den nördlichen Alpenrand. Als erste nennenswerte Gipfel(chen) schwingen sich Zwillingskogel, Windhagkogel und Hochsalm auf, von Grünau aus auf liebevoll markierten Waldsteigen in jeweils zwei bis drei Stunden zu erreichen. Freiere Ausblicke öffnen sich meist erst oben, und das Tote Gebirge selbst geht noch ziemlich auf Distanz.

Da steht der Grünauer Kasberg schon eine Reihe näher dran. Ob das kleine Skigebiet die künftigen Auswirkungen des Klimawandels überleben wird, darf vielleicht bezweifelt werden – in jedem Fall offenbart sich hier sommers ein nettes Almwandergelände, das besonders Familien zu Streifzügen einlädt. Je nach Lust und Laune wird man schon bei der Sepp-Huber-Hütte hängen bleiben oder mit Spitzplaneck respektive Kasberg den Kindern ein echtes – vielleicht initiales – Gipfelerlebnis bescheren. Die wuchtige Alpenkulisse dürfte Jung und Alt gleichermaßen begeistern, und am Weg selbst gibt es immer etwas zu entdecken, sei es ein farbenfroher Schmetterling oder das stoische Almvieh, das hier oben den Bergsommer verbringt. Fragt sich nur, welche Wirkung das Tote Gebirge tatsächlich individuell hinterlässt, wenn man diesem vom Kasberg, vom Almsee oder vom Almtalerhaus in der Hetzau ansichtig wird. Abschreckend vielleicht? Oder siegen doch Neugier und Entdeckungslust?

Als wir uns an einem Septembertag in den Kessel der Röll begeben, wabern noch dichte, hochnebelartige Wolken wie ein Vorhang vor dem massigen Felsgeschröf, das zunächst gar keinen leichten Ausweg offenbart. Die Karte verzeichnet freilich zwei Steige, die hier in die Höhe ziehen. Unser Vorhaben lautet: Pühringerhütte, angereichert mit ein paar Gipfeln ringsum. Der erste lockt als pfadloser Abstecher vom Grieskarsteig. Vorderhand kaum zu ahnen, dass der talseitig wild abbrechende Zwölferkogel – seines Zeichens Mittagszeiger der »Almtaler Sonnenuhr« – vom Plateau aus zugänglich sein wird. Einen sicheren Tritt auf zerschründeten Karren und guten Instinkt für die günstigsten Durchschlupfe braucht's trotzdem. Viereinhalb Stunden nach unserem Aufbruch am Almsee erblicken wir das malerische Seeauge nun aus dem oberen Stockwerk und damit wie aus der Vogelperspektive: wow!

Die Weite des Panoramas entschwindet allerdings in den Karstgassen und Hochmulden, die den Weiterweg Richtung Pühringerhütte vorzeichnen. Dabei durchwandert man die Elmgrube, wo weiland Kaiserin Sissi die Nacht in einer Jagdhütte verbracht hat. Hinter einer seichten Anhöhe kommt dann der Elmsee mit der Hütte und dem Rotgschirr als Hintergrundkulisse ins Blickfeld – eine der harmonischsten Landschaftskompositionen, die mir vom Toten Gebirge bekannt sind, und zwar wirklich mittendrin, fernab aller besiedelten Täler. Da wirkt die Pühringerhütte als warmes Nest umso heimeliger und uriger. Dass wir am nächsten Tag – bevor es über den pfiffigen Sepp-Huber-Steig wieder talwärts geht – weder Elm noch Rotgschirr versäumen, ist Ehrensache. Bei stimmungsvollem Föhnhimmel setzt sich im Panorama vor allem der firnglänzende Dachsteinstock in Szene, aber auch die Hochfläche des Toten Gebirges selbst, dieser Fleckerlteppich zahlloser Kuppen und Mulden. Mit ihrem wirren grau-grünen Mosaik aus nackten Karrenfeldern und Latschendecken erscheinen die weiten Wogen wie ein seltsames Kunstwerk der Natur.

WILDE WÄNDE

Auf andere Weise urgewaltig wirkt auch der Talschluss der Hetzau, die vom Schermberg regelrecht abgeriegelt wird: 1400 Meter hoch und an die zwei Kilometer breit. Ein Bollwerk! Die zweithöchste Felsflucht der Nördlichen Kalkalpen, nach der Watzmann-Ostwand, sagt die Alpingeographie! Der Bekanntheitsgrad hält sich indes vergleichsweise

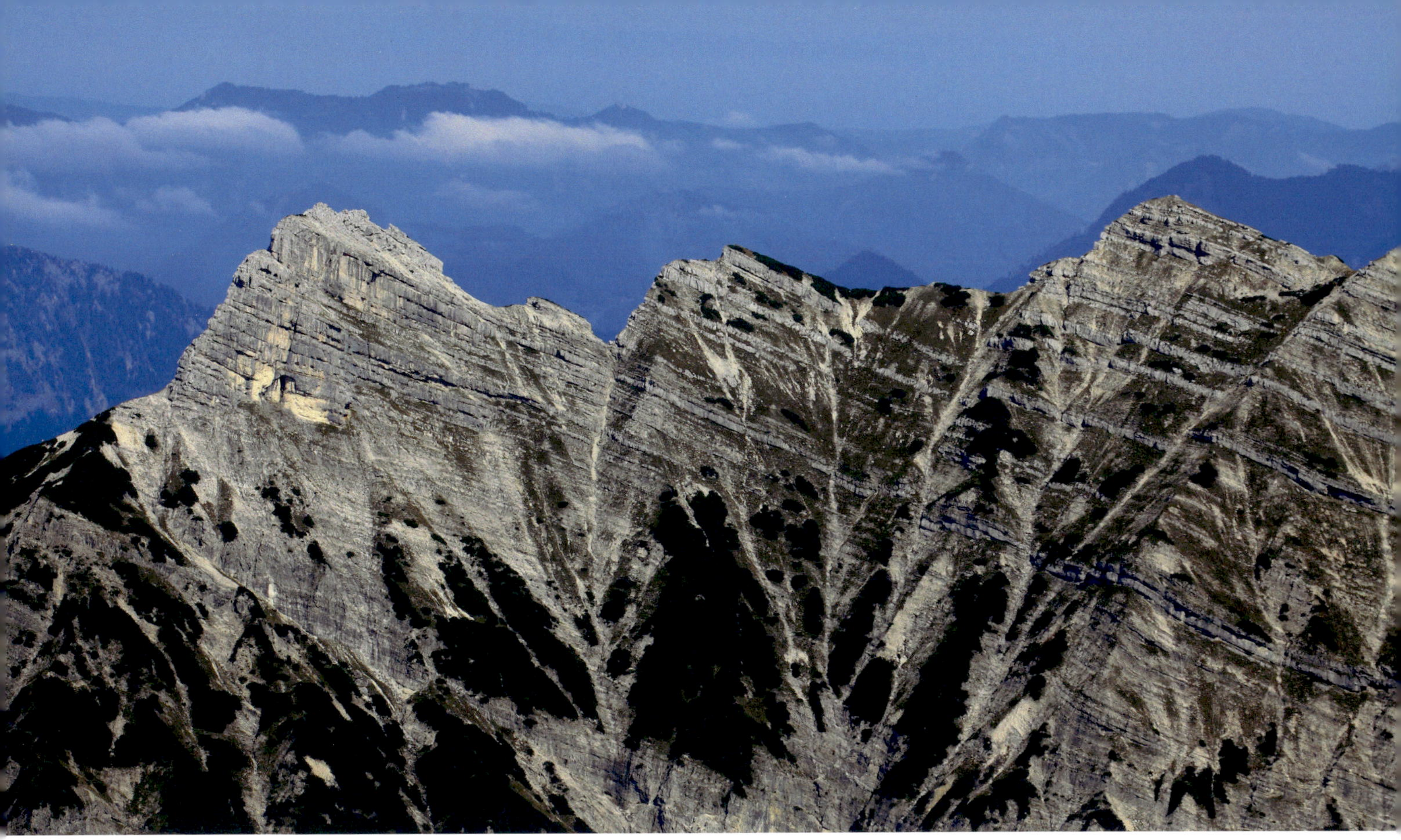

Die Natur hat sich als Künstlerin in Gesteinsschichten und Erosionsformen verewigt (oben).
Keine Seltenheit: Föhnhimmel über dem Toten Gebirge (unten).

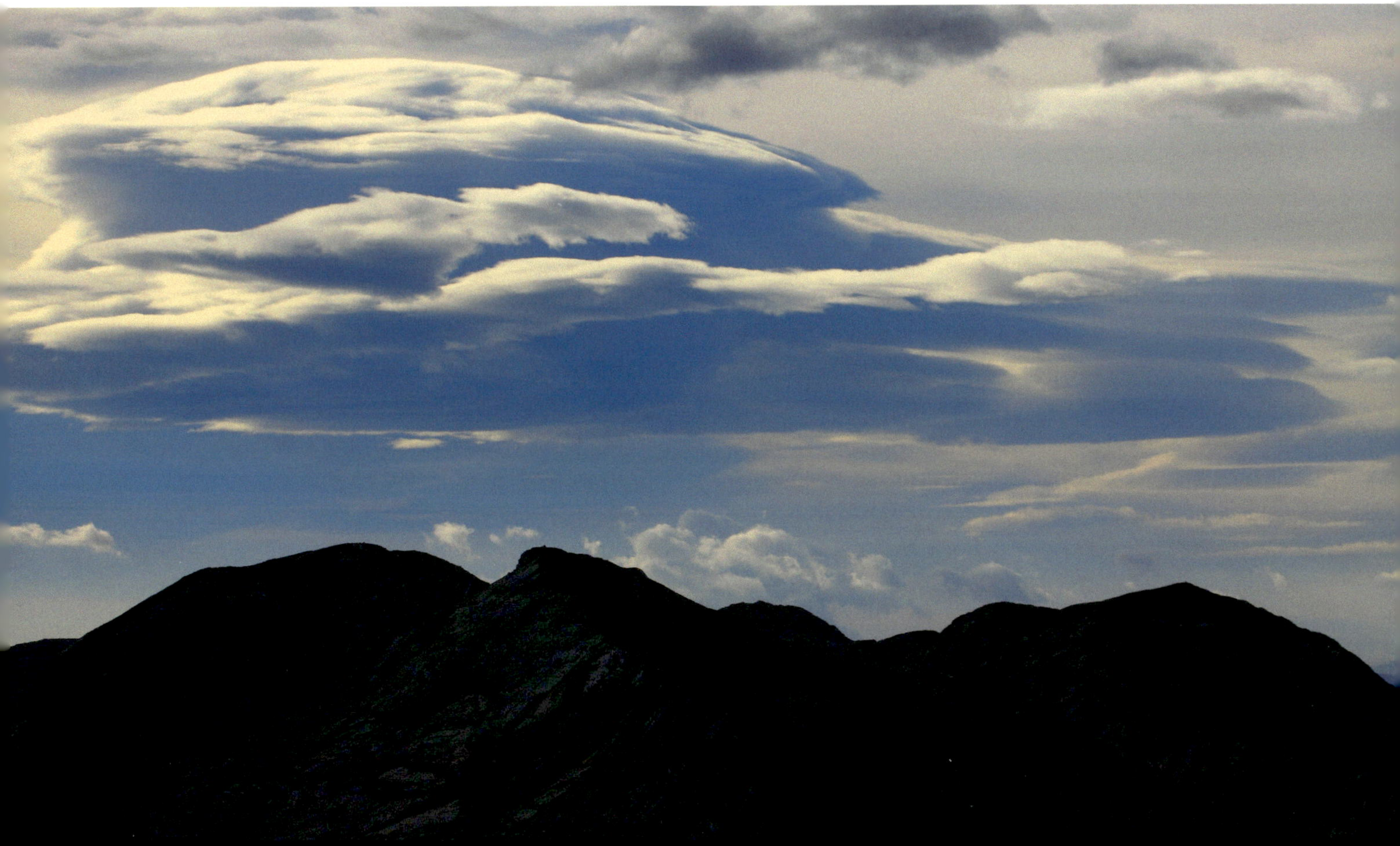

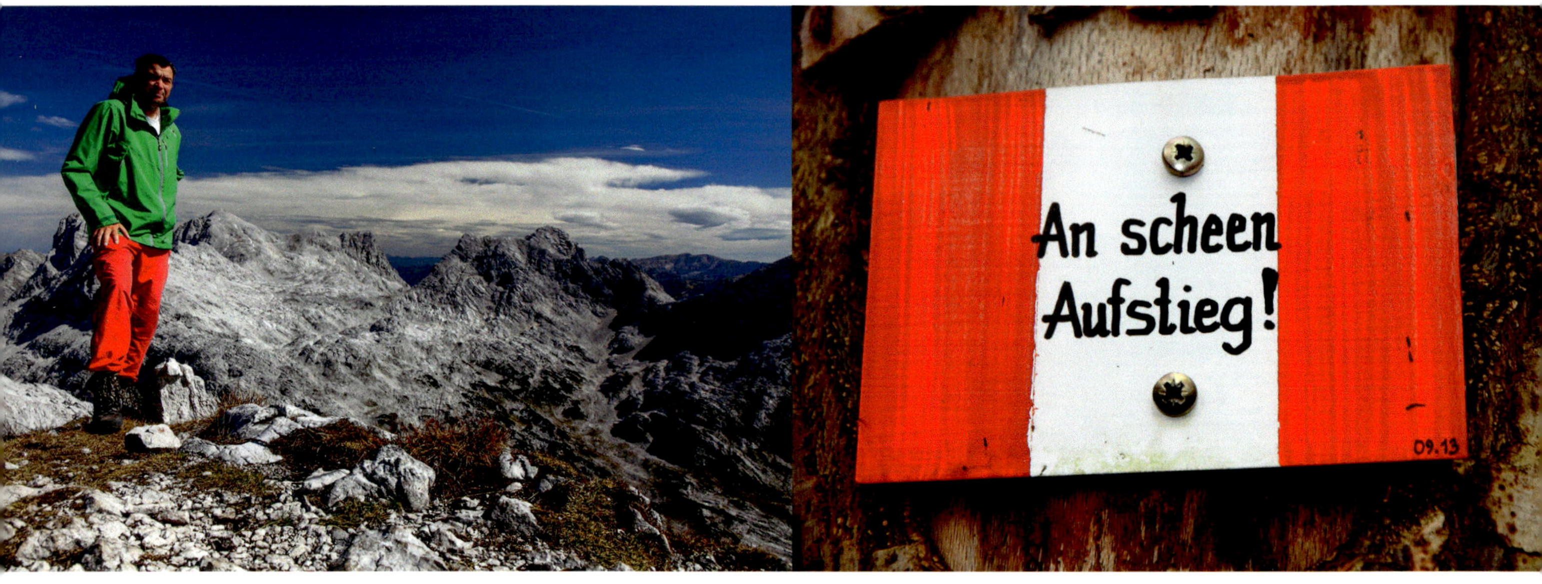

Am Rotgschirr überblicken wir wunderbar die zentrale Prielgruppe, den höchsten Bereich des Toten Gebirges (links). Viele Wegweiser rund um Grünau sind pfiffig gestaltet. Diesen entdeckte ich am Zwillingskogel (rechts).

in Grenzen. Als »Schutz und Schirm« titulierte man den Schermberg einst und spielte damit auf seinen Namen an. An diesem friedvoll-sonnigen Nachmittag mag man das nachempfinden, aber was ist, wenn das Donnergrollen eines Hochgewitters in den Mauern widerhallt und sich über der Landschaft ein Weltuntergangsszenario zusammenbraut? Ganz zu schweigen von den Ereignissen gegen Ende der letzten Eiszeit, als die Hetzau zu einem der größten Bergsturztäler der Alpen wurde, also einem solchen Szenario wohl real entsprochen hat …

Hromatka und Moser waren die ersten, denen 1919 eine Durchsteigung der Schermberg-Nordwand gelang. Kaum zu glauben: Auf der leichtesten Route soll dies lediglich ein »Zweier« sein, angesichts der Dimensionen jedoch allemal ein abenteuerliches Unterfangen mit großen Unwägbarkeiten. Kletterer tummeln sich dort mittlerweile weniger als früher, alpine Klassiker wie der Welser Weg oder der Linzer Weg passen halt nicht mehr zum heutigen Zeitgeist. Dafür sind Klettersteige wie der »Tassilo«, der erst 2009 am Nordostgrat über das Almtaler Köpfl eingebohrt worden ist, populärer denn je. Der Zustieg aus dem Tal ist lang, von der Welser Hütte aus hingegen bloß noch zehn Minuten. Man kommt also zügig zur Sache und sieht sich hinauf zum Almtaler Köpfl mit einigen Steilstufen konfrontiert, die schon beherzten Einsatz fordern. Manche Stelle kratzt beinahe am Schwierigkeitsgrad D, doch sind die kraftintensiveren Einlagen nie anhaltend. Hier wurde nicht dem Wettrüsten in Extremschwierigkeiten gehuldigt, sondern ein Steig geschaffen, der einem Ferrata-Meister Genuss und einem willigen Lehrling realisierbare Ambition sein wird. Nach zweieinhalb Stunden anregender Kletterei haben sich meine Erwartungen mehr als erfüllt: ein neuer Klettersteig mit wohldosierter Sportlichkeit, aber vor allem im Stile einer großen Bergtour!

FASZINIERENDE WÜSTENEI

Letztgenannte gibt es in eher klassischer Manier auch am Großen Priel. Über die Fleischbänke windet sich der Steig aufwärts, schwenkt dann Richtung Westgrat ein und leitet ohne besondere Hürden zum höchsten Punkt des Toten Gebirges, wo man die eingangs zitierte Fernschau ausgiebig würdigt, aber nochmals auch das zentrale Karstplateau mustert. Der Geograph August Böhm erkannte 1886 in dem festungsgleichen Gebirgsstock einen Prototyp aller Kalkmassive der Nordalpen. »An Unwirthlichkeit und Öde hat das Todte Gebirge keine Rivalen, in ihm gelangt die Hochplateauausbildung zur vollständigsten, aber auch wildesten und trostlosesten Entfaltung«. Eindringlicher noch beschrieb es der bekannte Alpenforscher Friedrich

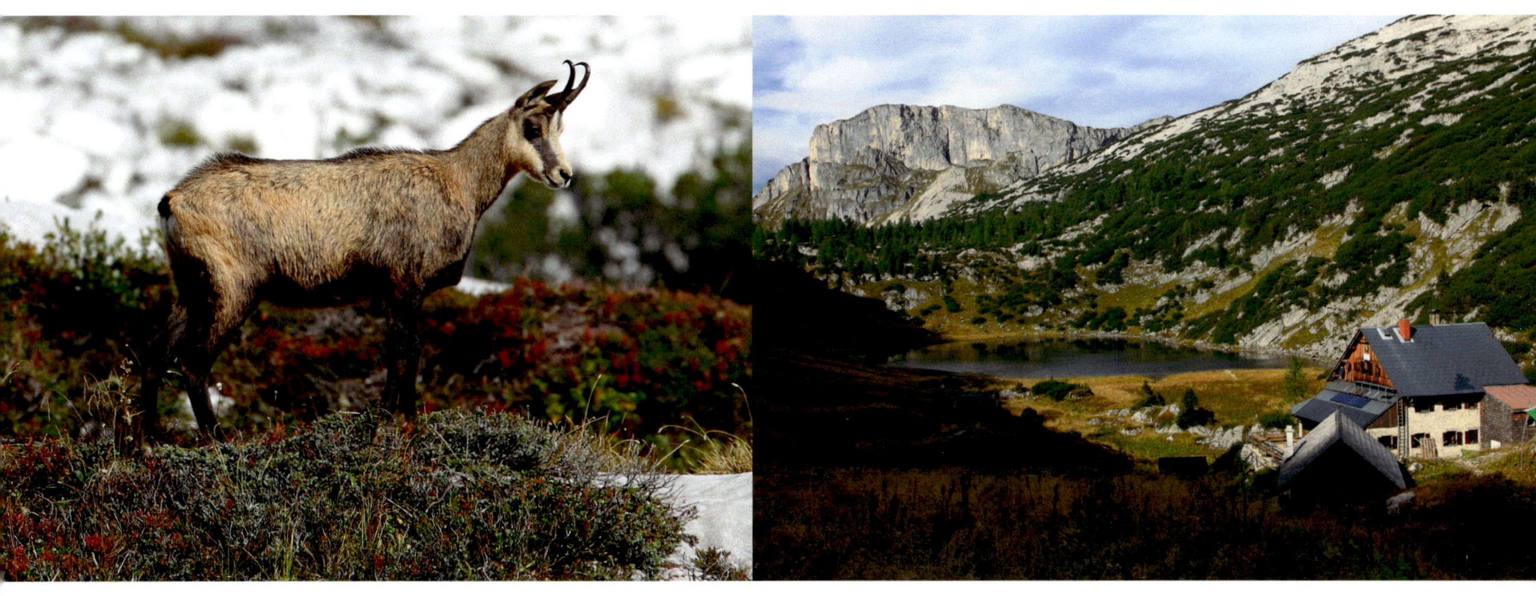

Im Toten Gebirge hat man gute Chancen, das scheue Gamswild zu beobachten (links).
Abgeschieden im Herzen des Massivs empfängt uns die gemütliche Pühringerhütte (rechts).

DER KARST – EINE WELT FÜR SICH

Das Phänomen Karst bezieht sich auf morphologische Formen, die in der Lösungsverwitterung von Kalkgesteinen begründet liegen. Praktisch das gesamte Oberflächenwasser verschwindet augenblicklich in kleinen Spalten, Löchern und Schichtfugen, die sich im Untergrund zu Höhlen und ganzen Höhlensystemen erweitern, und tritt erst viel weiter unten in manchmal ergiebigen Karstquellen wieder zu Tage. Die oberirdisch sichtbaren Resultate dieser chemischen Erosion manifestieren sich in den charakteristischen Detailformen, angefangen bei kleinen Rillen und Klüften über weiträumig modellierte Karrenfelder bis zu tiefen Schächten und Dolinen. Die Vielfalt der morphologischen Ausprägungen kennt praktisch keine Grenzen! Eine derartig modellierte steinige Einöde wird gern mit dem Begriff »Mondlandschaft« beschrieben – freilich eher emotional, nicht wissenschaftlich. Dabei tragen Karstgebirge durchaus verbreitet auch eine mehr oder weniger ausgeprägte Vegetation: Erscheinungsformen, die man unter dem Sammelbegriff »bedeckter Karst« zusammenfasst. Wer etwa im Toten Gebirge zum Elmsee kommt, wird verblüfft sein vom Liebreiz dieses Fleckchens, das seine Existenz natürlich auch einer wasserstauenden Schicht verdankt. Die Hochfläche des Toten Gebirges besitzt übrigens die größte Ausdehnung aller alpinen Karststöcke, die sich hauptsächlich von den Salzburger Kalkalpen bis gegen das Wiener Becken hin erstrecken. Insofern ist es ein Mustertyp, wie schon der Name versinnbildlicht.

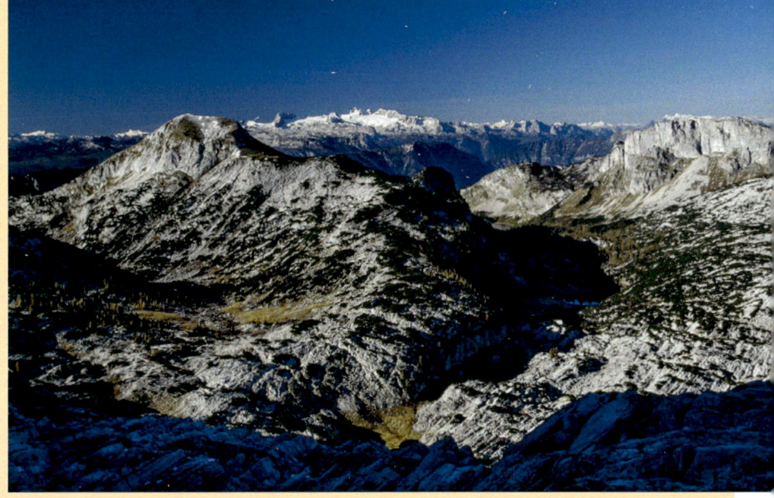

Erst von erhöhter Warte offenbaren sich die Strukturen des Karststocks. Rechts vom Elm leuchtet der Dachstein.

Simony (1813–1896), wenn er von einer »Wüste grausigster Art« sprach: »Das ganze Terrain ringsum zeigt ein Aussehen, als hätte es durch Jahrhunderte lang ätzende Säuren auf das Gestein herab geregnet«. Die beiden Pioniere, die sich trotz derartig abweisender Eindrücke nicht scheuten, bis in die entlegensten Winkel vorzudringen, lenken den Fokus damit wohl hauptsächlich auf die zentrale Prielgruppe, den höchsten Teil des Massivs. Dort wähnt man sich tatsächlich in einer Felswüstenei, wenn man bei sengender Sonne oder schwer lastendem Gewölk über die zerrissenen Karrenfelder stolpert, scheinbar nichts als nackten Stein um sich herum.

ENTSCHLEUNIGTE ZEIT

Doch sind es nicht solche Urlandschaften, die den Wanderer im Innersten berühren? Hier findet er Abgeschiedenheit, so viel er nur ertragen kann, und eine seltsame Melancholie

Beim Aufstieg zur Welser Hütte begeistert uns die gebänderte Felskulisse nebenan. Der Weg zu den Gipfeln Großer Priel und Schermberg ist noch weit.

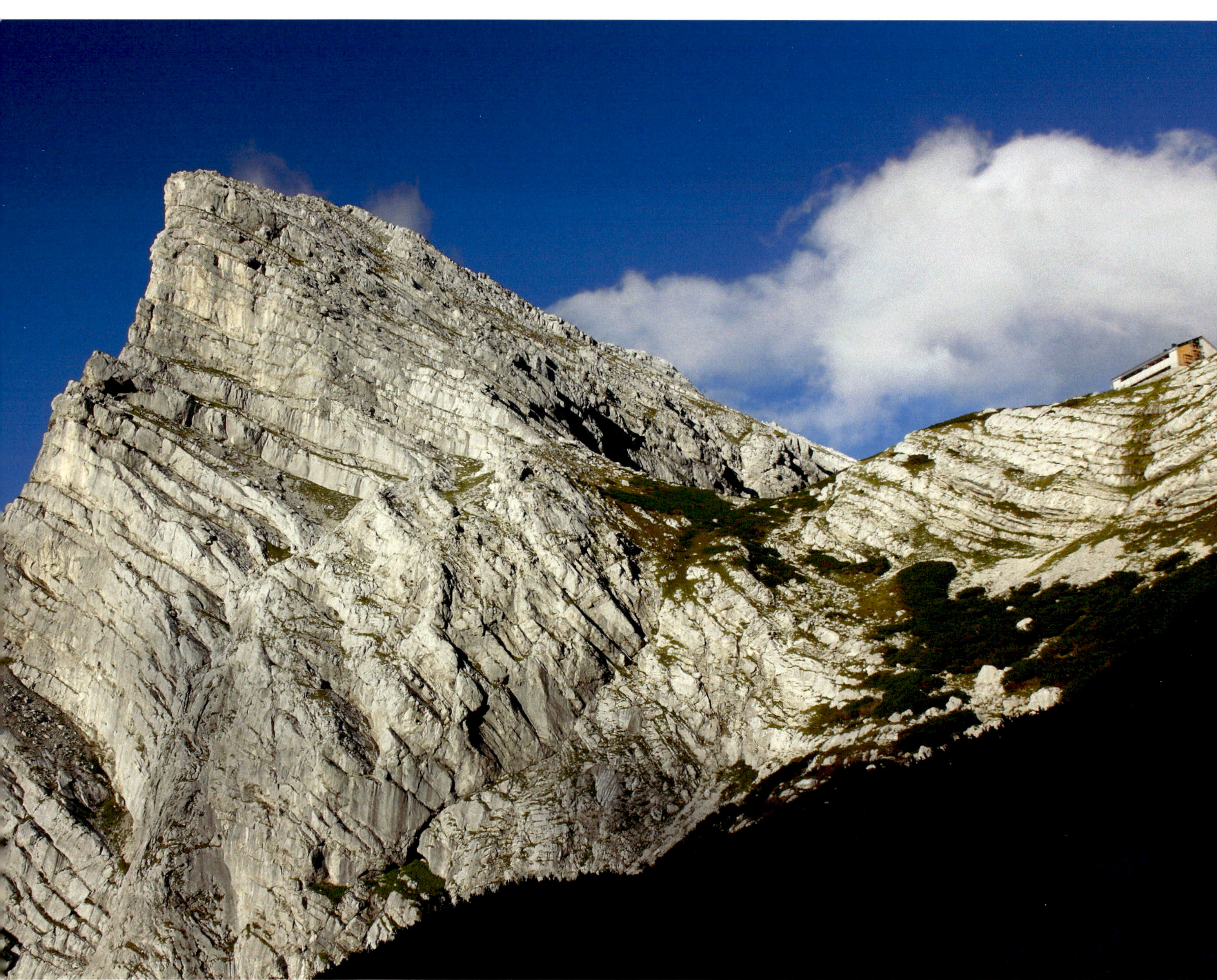

in steinerner Weltverlorenheit. Eine kleine Blume, die sich an ein paar Körnchen Humus in einer Felsspalte krallt, kann zum großen Hingucker werden, zum wahren Wunder des Lebens. Das gibt sich sparsam und genügsam und nutzt doch jede Chance, die ihm das oft unbarmherzige Zusammenwirken der Elemente in diesen Höhen offen lässt. Ambitionierte Bergsteiger suchen ihre Ziele gern in dieser Welt, wo der Zeitbegriff einfach anderen Maßstäben unterliegt. Ab und zu brauchen sie halt die Loslösung vom Üppigen, von der Hektik in den Niederungen des Alltags, um in der Stille des Toten Gebirges denselbigen gleichsam zu entschleunigen. »S'Aufg'hackert« heißt ein Bereich des zentralen Hochplateaus im Volksmund – könnte man es mit tausend Worten plastischer darstellen? Und wenn man später – nach dem Erleben dieser eindringlichen Kargheit – wieder in die grüne Welt der Grünau zurückkehrt, dann erscheint sie einem womöglich noch viel grüner als zuvor …

Verblüfft erreichen wir mitten in der Karstödnis den liebreizenden Elmsee, in dem sich das Rotgschirr spiegelt. Er verdankt seine Existenz einer wasserstauenden Schicht.

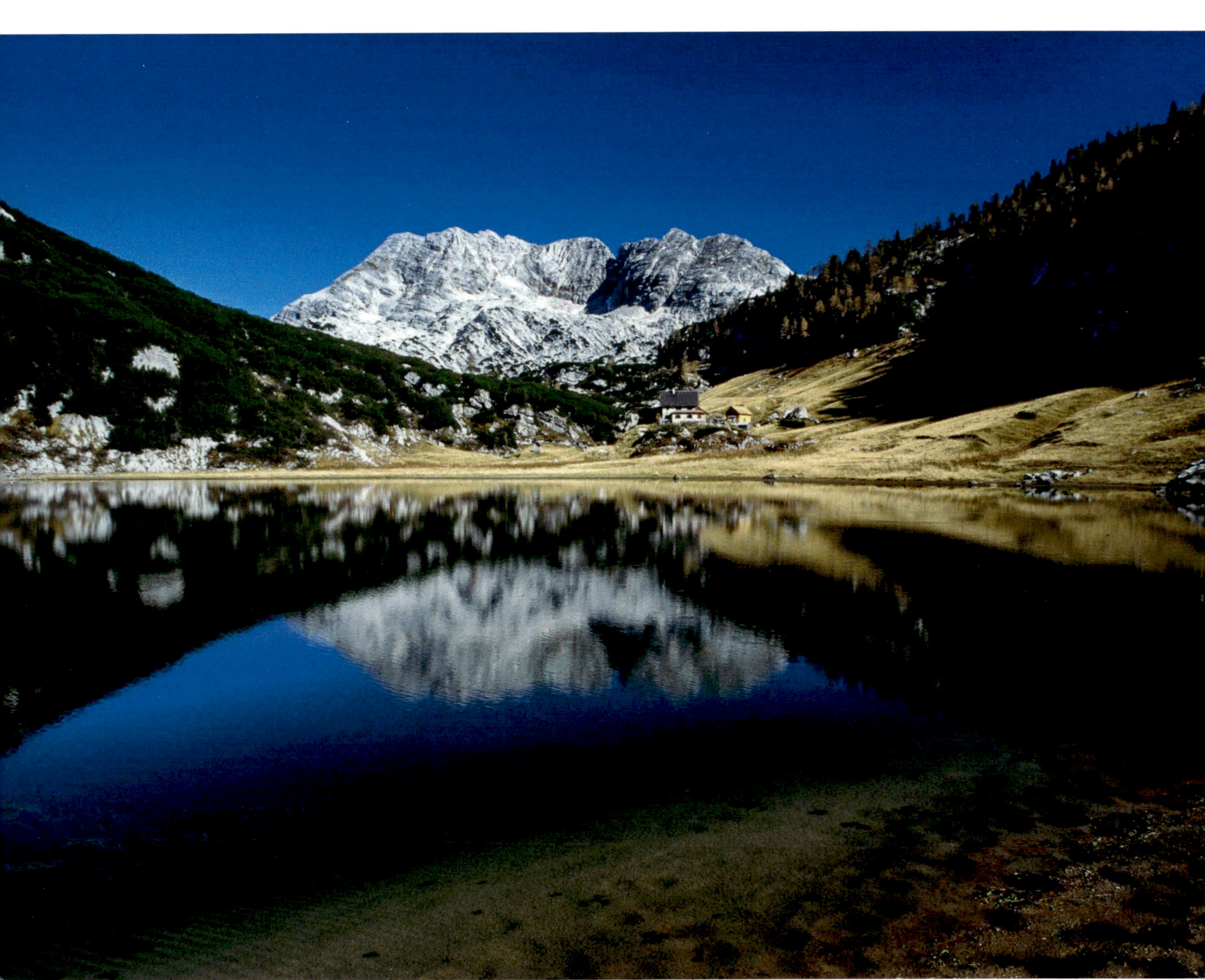

GRÜNAU IM ALMTAL

Lage: Grünau (528 m) liegt im Almtal auf der Nordseite des Toten Gebirges und damit im Übergangsbereich der Voralpen zu den Kalkhochalpen. Obwohl es sich mit einer Fläche von 230 Quadratkilometern um die größte Gemeinde Oberösterreichs handelt, leben hier nur gut 2000 Menschen. Der Anteil an Wald und ursprünglicher Hochgebirgsnatur ist also besonders hoch.

Anreise: Von Norden und Osten kommend über die A1 bis Ausfahrt Vorchdorf und weiter über Pettenbach und Scharnstein nach Grünau. Aus Richtung Westen wählt man die Ausfahrt Regau und fährt über Gmunden und Mühldorf (B145 und B120). Von Süden über die A9 bis Ausfahrt Inzersdorf und via B120 nach Pettendorf und Scharnstein.

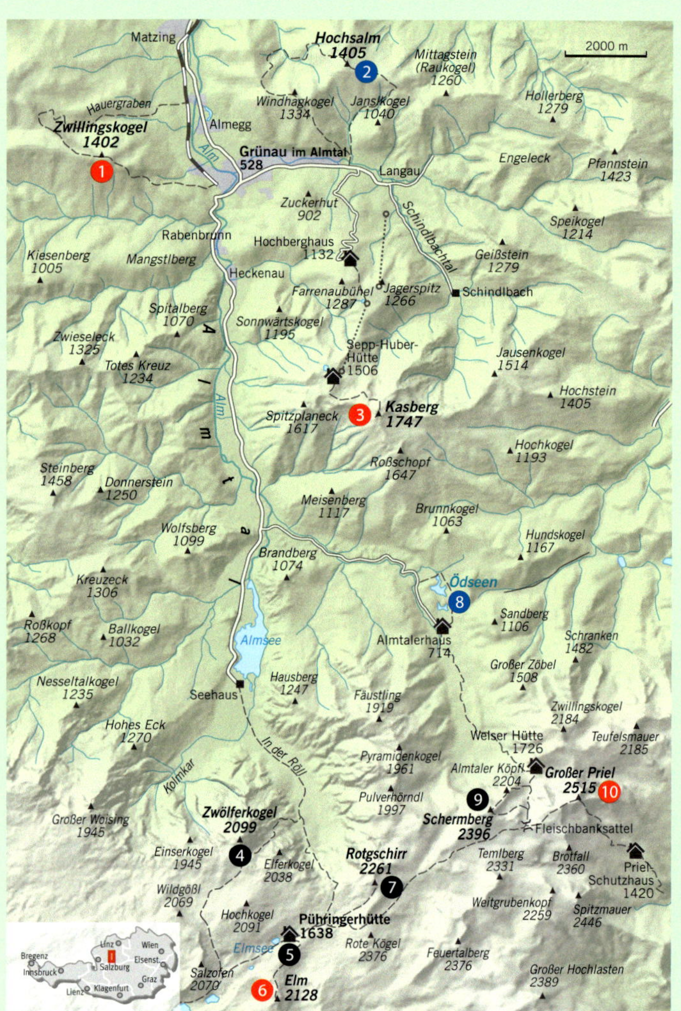

Öffentliche Verkehrsmittel: Von Wels verkehrt eine Regionalbahn nach Grünau im Almtal. Postbusverbindung ebenfalls mit Wels sowie mit Gmunden.

Wanderbus: Im Sommer gelangt man per Wanderbus zum Almsee und in die Hetzau.

Informationsbüro: Tourismusverband Almtal, Im Dorf 17, A-4645 Grünau im Almtal, Tel. +43/(0)7616/8268, www.gruenau.at.

Hütten: Pühringerhütte (1638 m), ÖAV, Anfang Juni bis Mitte Oktober, 78 Schlafplätze, Tel. +43/(0)720/920442. Welser Hütte (1740 m), ÖAV, Anfang Juni bis Mitte September, im Mai und Oktober evtl. an Wochenenden, 120 Schlafplätze, Tel. +43/(0)7616/8088. Almtalerhaus (760 m), ÖAV, Anfang Mai bis Mitte September, 76 Schlafplätze, Tel. +43/(0)664/4109665. Sepp-Huber-Hütte (1506 m), ÖAV-Vertragshaus, Anfang Juni bis Oktober und Dezember bis März bei Skibetrieb, 30 Schlafplätze, Tel. +43/(0)7616/8228 oder +43/(0)664/9266057.

Karten: Alpenvereinskarte, 1:25.000, Blätter 15/1 und 15/2 »Totes Gebirge West und Mitte«. Freytag & Berndt, 1:50.000, Blatt 081. Kompass, 1:50.000, Blatt 19. Österreichische Karte, 1:50.000, Blätter 3206, 3212, 4201 und 4207.

Touren-Highlights

1 Zwillingskogel (1402 m)

Alpenrandberg westlich von Grünau, der auf kleineren Steigen überschritten werden kann. Überwiegend bewaldetes Gelände, phasenweise recht steiler Verlauf, kurze Stellen gesichert, am Durchgang bei Nässe unangenehm. Vom Bahnhof Grünau über die Ostroute 2¾ Std., Abstieg via Durchgang und Hausgraben 3 Std.

2 Hochsalm (1405 m)

Voralpines Pendant zum Zwillingskogel auf der anderen Talseite, jedoch auf gutmütigen Waldsteigen etwas leichter zu besteigen. Vom Gasthaus Enzenbachmühle zum Südostkamm und über diesen zum Gipfel, 2½ Std.

3 Kasberg (1747 m)

Höchster Punkt des weit ausladenden Voralpenmassivs zwischen Almtal und Schindlbachtal, erschlossen mit einer Mautstraße (bis zum Hochberghaus, 1132 m) und einem Skigebiet. Großartiges Panorama des Toten Gebirges. Aufstieg über die Sepp-Huber-Hütte 2 Std.

4 Zwölferkogel (2102 m)
Nach Norden vorspringender Randgipfel des Toten Gebirges mit tollem Tiefblick auf den Almsee. Der Zugang erfolgt von dort in die Röll und über den teilweise gesicherten Grieskarsteig. Im Bereich der Grieskarscharte zweigt man weglos ab und folgt den Steinmännchen durch unwegsames Karstgelände gipfelwärts (nur für Erfahrene und bei guter Sicht!). Aufstieg 5 Std.

5 Pühringerhütte (1638 m)
Wundervoll im Herzen des Toten Gebirges gelegene urige Hütte. Grieskarsteig und Sepp-Huber-Steig können zu einer zweitägigen Runde zusammengelegt werden; sie verzweigen sich in der Röll, dem Talschluss südlich des Almsees. Trittsicherheit auf steilen Steigen unbedingt notwendig, einzelne Passagen gesichert. Über Grieskarsteig und Elmgrube zur Hütte 6½ Std. (umgekehrt 5½ Std.), über Röllsattel und Sepp-Huber-Steig zurück zum Almsee 3¾ Std. (im Aufstiegssinn 4¾ Std.), also in Summe gut 10 Std.

6 Elm (2129 m)
Erster Hausberg der Pühringerhütte, der gut in Tour 5 einbezogen werden kann. Großartiges Panorama, z. B. Richtung Dachstein und Steiermark. Karstiger, aber nicht besonders schwieriger Aufstieg über die Nordseite, 1¾ Std.

7 Rotgschirr (2261 m)
Zweiter Hausberg der Pühringerhütte, ebenfalls verkarstet, aber deutlich felsiger und steiler. Besonders instruktiver Blick über die zentrale Hochfläche in die Prielgruppe. Ab Hütte knapp 2½ Std.

8 Rund um die Ödseen
Waldspaziergang in der Hetzau zu zwei idyllischen Seen. Vom Almtalerhaus aus 1 Std.

9 Schermberg (2396 m)
Gewaltiger Berg im Talschluss der Hetzau mit 1400 Meter hoher Nordwand, durch die einige klassische Kletterrouten ziehen, etwa der Welser Weg (II, komplizierte Routenführung). Normalbergsteiger begeben sich zunächst kehrenreich zur Welser Hütte hinauf (3 Std. vom Almtalerhaus) und können dann zwischen dem anspruchsvollen Tassilo-Klettersteig (Grad C/D) über das Almtaler Köpfl und der karstig verschlungenen Normalroute wählen, ca. 2½ Std. Alpine Erfahrung unerlässlich!

10 Großer Priel (2515 m)
Höchster Gipfel des gesamten Toten Gebirges, ebenfalls über die Welser Hütte zu besteigen. Strenges Ambiente, aber bergsteigerisch nicht besonders schwierig. Über zwei gesicherte Karstufen zum Fleischbanksattel und an der Südwestabdachung, zuletzt am schmaleren Westgrat, in 2½ Std. Richtung Gipfel.

Der 2,3 Kilometer lange und 700 Meter breite Almsee ist ein Kleinod im Gebiet von Grünau und steht unter Naturschutz. Gleich dahinter beginnt die alpine Fußgängerzone. Im Talschluss der Röll baut sich das Tote Gebirge geradezu bollwerkartig auf.

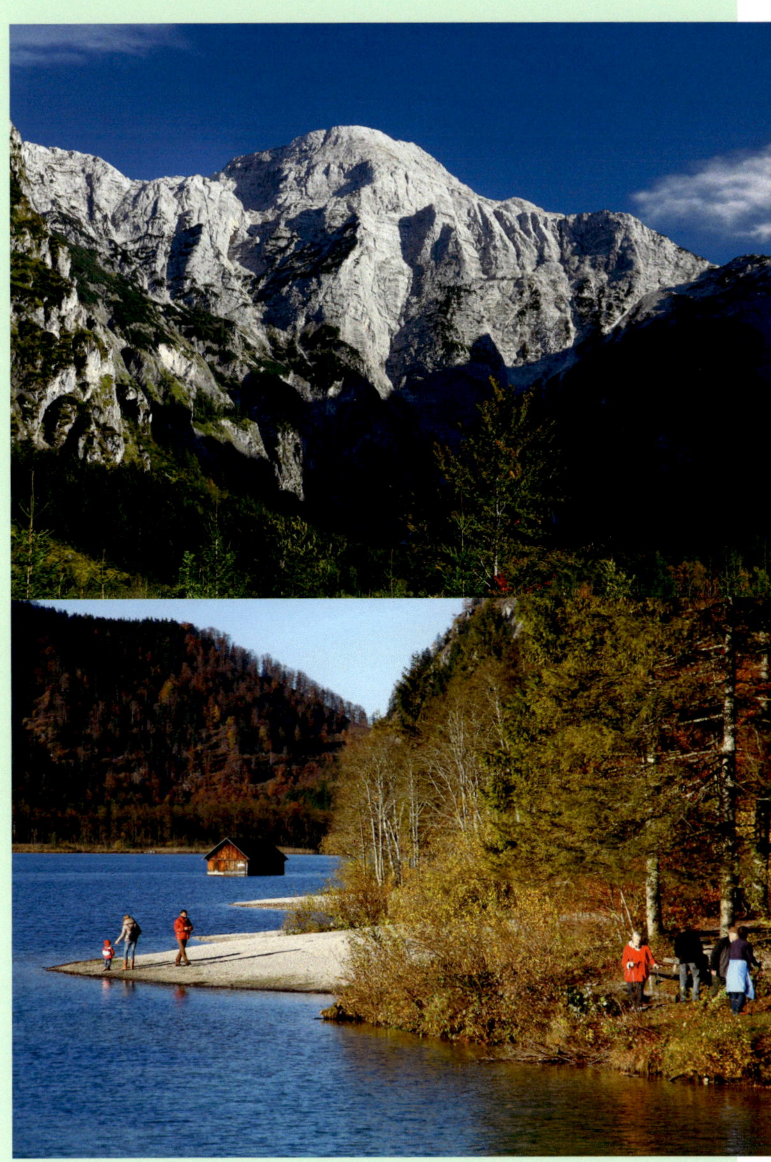

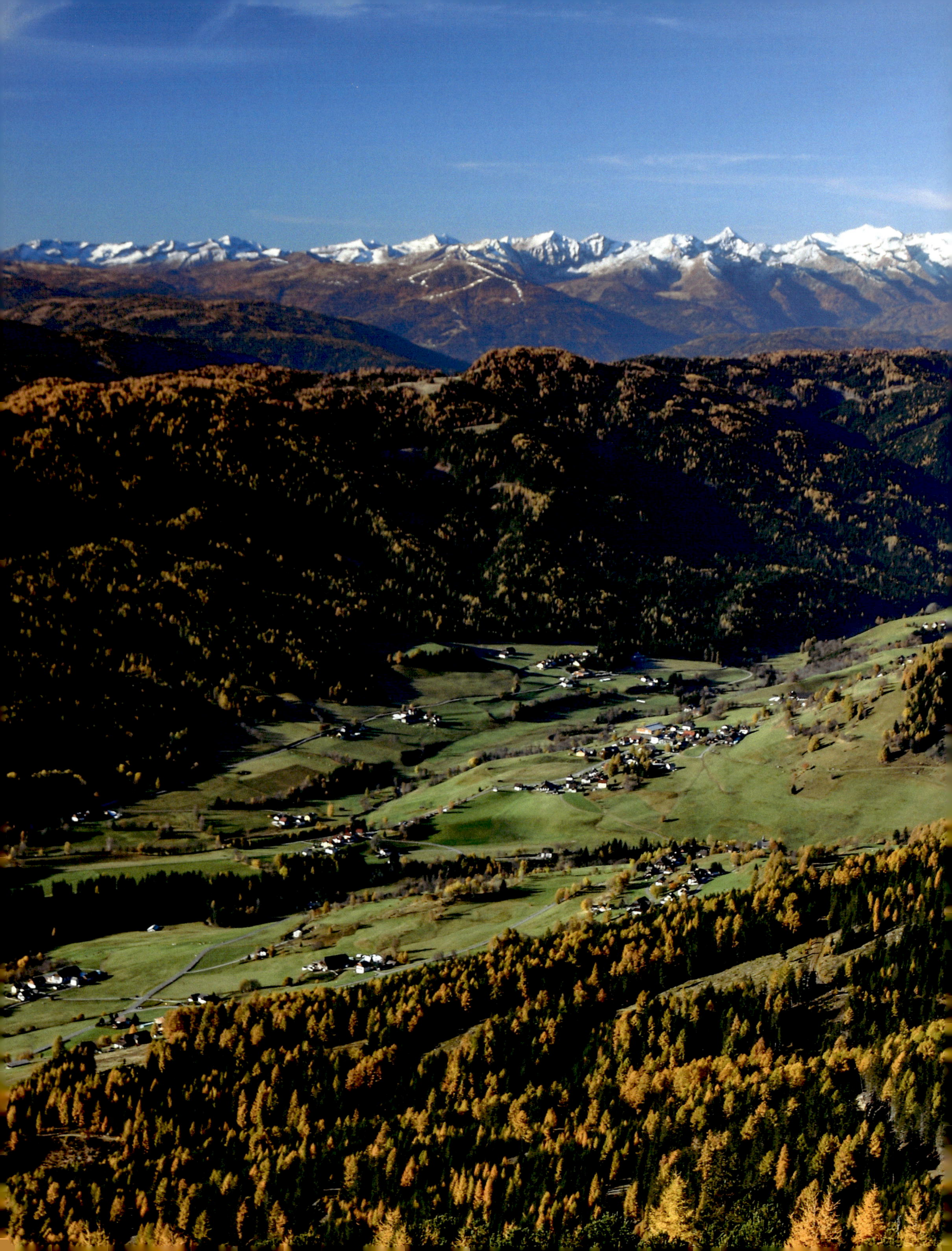

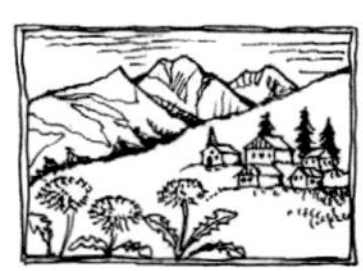

DIE STEIRISCHE KRAKAU

Im äußersten Südwesten der Obersteiermark, unmittelbar an den Salzburger Lungau grenzend, erstreckt sich das Hochtal der Krakau auf der Südseite der Niederen Tauern. Die Höhenlage von durchschnittlich 1200 Metern trägt das Übrige zu einem buchstäblich »reizvollen« Klima bei: Nebelarmut, hohe Sonnenscheindauer, aber auch Schneesicherheit im Winter zeichnen das Gebiet im Herzen Österreichs aus. Während der Sommer- und Herbstmonate kommen vor allem gemäßigte, genussorientierte Wanderer auf ihre Kosten.

Die Krakau empfängt uns heiter und offen: wiesengrün der sanft gewellte Talboden, weitläufig ansteigend die Flanken und Hangrücken der Niederen Tauern. Natürlich ist dies auch ein Hochgebirgsambiente, allein schon aufgrund der stattlichen Höhen bis gut 2700 Metern. Aber die Strenge bleibt eindeutig im Hintergrund, umgibt meist nur die felsigen Gipfelregionen. Der Horizont ist selten eng in der Krakau, die gemeinsam mit dem Lungau gern als Sonnenbalkon auf der Tauern-Südseite tituliert wird. Das trifft wohl ganz gut den Charakter, denn die Region profitiert sowohl von der Abschirmung der nördlich gelegenen Bergketten und den damit einhergehenden Föhneffekten als auch von den gesunden klimatischen Merkmalen deutlich erhöhter Tallagen. Insbesondere bei bestimmten Wetterkonstellationen im Winterhalbjahr zeitigt dies freilich auch die Wirkung, dass im Lungau regelmäßig der Kältepol Österreichs verzeichnet wird. Als Wanderer darf man sich also schon im Oktober auf Nachtfröste mit Raureif auf den Wiesen gefasst machen …

An solch einem erfrischenden Morgen bin ich unterwegs von Krakaudorf in Richtung Trübeck. Über der Landschaft liegt ein zauberhaftes Licht, eine Stimmung, die so richtig den Bewegungsdrang fördert: Bergwärts lautet das Motto! Rein praktisch gesehen soll natürlich auch das Frösteln aus den Gliedern vertrieben werden … Nach einer Dreiviertelstunde ist die liebreizende Lichtung der Dorfer Hütten erreicht. Wettergegerbtes Schindelholz, leuchtend gelbe Lärchen, leicht angezuckerte Bergeshöhen im Hintergrund und über allem ein stahlblauer Himmel – welch intensive Kontraste!

Aus der Perspektive vom Berg offenbart sich die ganze Anmut der Steirischen Krakau. Am Horizont grüßen die schneebedeckten Hohen Tauern.

STEIRISCHER HERBST

Überhaupt die Lärchen! Von allen Bäumen mag ich sie wohl am liebsten, sind sie für mich doch zum Inbegriff des »goldenen Herbstes«, der allerschönsten Wanderzeit im Jahr, geworden. Wo sich die Ausblicke weiten, traut man seinen Augen kaum: Man gewahrt nicht nur verstreute gelbe Einsprengsel – ganze Waldflanken erscheinen gleichsam wie ein Flammenmeer! Ich denke noch an das frische, zarte Grün des Frühsommers zurück – fraglos auch ein unvergleichliches Flair –, aber die verschwenderische Fülle dieses Spätherbsttages übertrifft wohl alles. Ein Schwelgen im Farbenrausch, vor einem scheinbar endlosen Horizont, den erst die fernen Gipfel an der Grenze zu Italien und Slowenien erahnen lassen. Geradezu mild ist es derweil in der Sonne geworden, jedenfalls dort, wo man windgeschützt in Muße verweilen kann. Welch ein Geschenk solch ein sonnendurchfluteter Tag sein kann, wird mir umso mehr am darauffolgenden bewusst: Kalter Nordwind treibt graue Wolken über den Alpenhauptkamm, zerreißt sie ein wenig im Lee, ohne jedoch mehr als kleine, flüchtige Sonnenspots auf den Hängen zu erwirken. Kaum hat man einen erspäht, verschwindet er schon wieder – der große Rest versinkt in fahlen, konturarmen Grauschattierungen: das andere Gesicht des Herbstes …

KLEINE ERKUNDUNGEN

Zwischen den weit verzweigten Schladminger Tauern im Norden und einem bescheidenen, mittelgebirgsartigen Geländeriegel im Süden mutet die Steirische Krakau vorderhand etwas abgeschieden an, wie eine kleine Welt für sich. Tatsächlich liegen jedoch historisch bedeutsame Handelsverbindungen – namentlich jene über Radstädter Tauern und Katschberg – gar nicht weit entfernt, weshalb erste Besiedlungsspuren schon sehr lange zurückreichen. Der Name Krakau ist übrigens slawischen Ursprungs und wird schlicht mit Bergbewohnern in Verbindung gebracht. Ab dem Mittelalter wurde die vornehmliche Weidenutzung wie in vielen alpinen Gegenden unter wachsender

Ein friedvoller Fleck zum Verweilen: Der Untere Wildenkarsee liegt eine knappe Gehstunde oberhalb der Rudolf-Schober-Hütte.

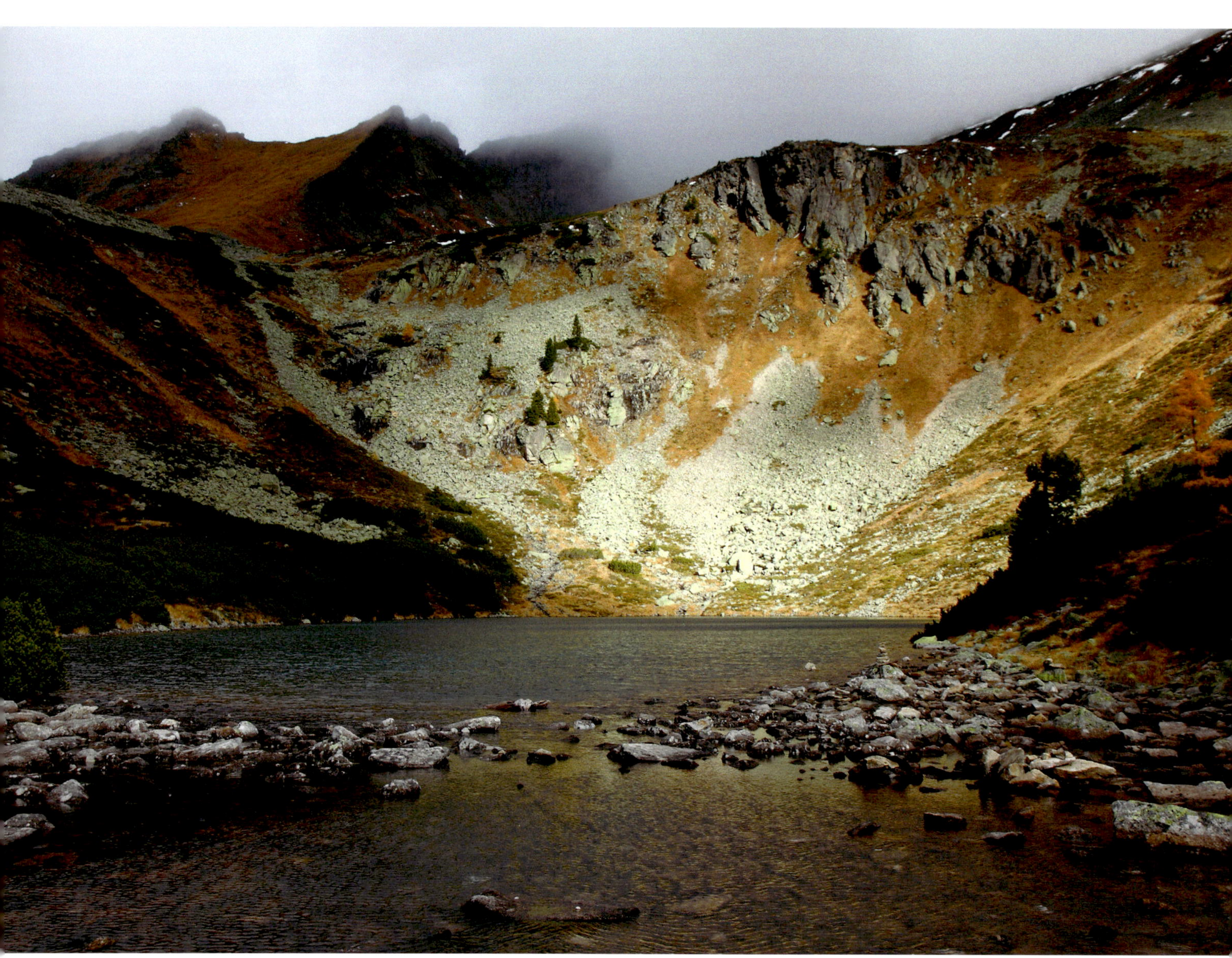

Bevölkerung von einer Dauerbesiedlung abgelöst. Krakaudorf bildet eigentlich das einzige ziemlich geschlossene Ortsbild, ansonsten herrschen verstreute Weiler und Höfe vor. Während sich jene von Krakauhintermühlen an den Sonnenhang schmiegen, besetzt Krakauschatten – nomen est omen – den Sockel des walddunklen Schattnerbergs. Die damit umrissene engere Talschaft lässt sich mit kleinen Spritztouren relativ schnell erkunden.

Als Naturjuwele locken vor allem der idyllische Etrachsee in einem abzweigenden Gebirgstal, der Prebersee an der Passstraße nach Tamsweg sowie der Schattensee an der Nordflanke des Weidschobers, dessen Gipfel gleich in eine moderate Wanderung mit einbezogen werden kann. Von dort ergibt sich ein instruktiver Blick über die gesamte Südseite der Tauernberge, die auf der gegenüberliegenden Seite Spalier stehen. Man mag sich dabei gern schon das eine oder andere Ziel herauspicken. Bei Krakaudorf findet man einen weiteren Badesee sowie den kapellengeschmückten Kalvarienberg mit seiner reizvollen Perspektive talaufwärts. Kreuz und quer können immer wieder Stippvisiten in bäu-

Herbstimpressionen bei der Kirche St. Ulrich (oben links), beim Aufstieg zum Preber (oben rechts), am Rücken der Hühnertratte (unten links) sowie in der Talsohle bei Brandstatt (unten rechts).

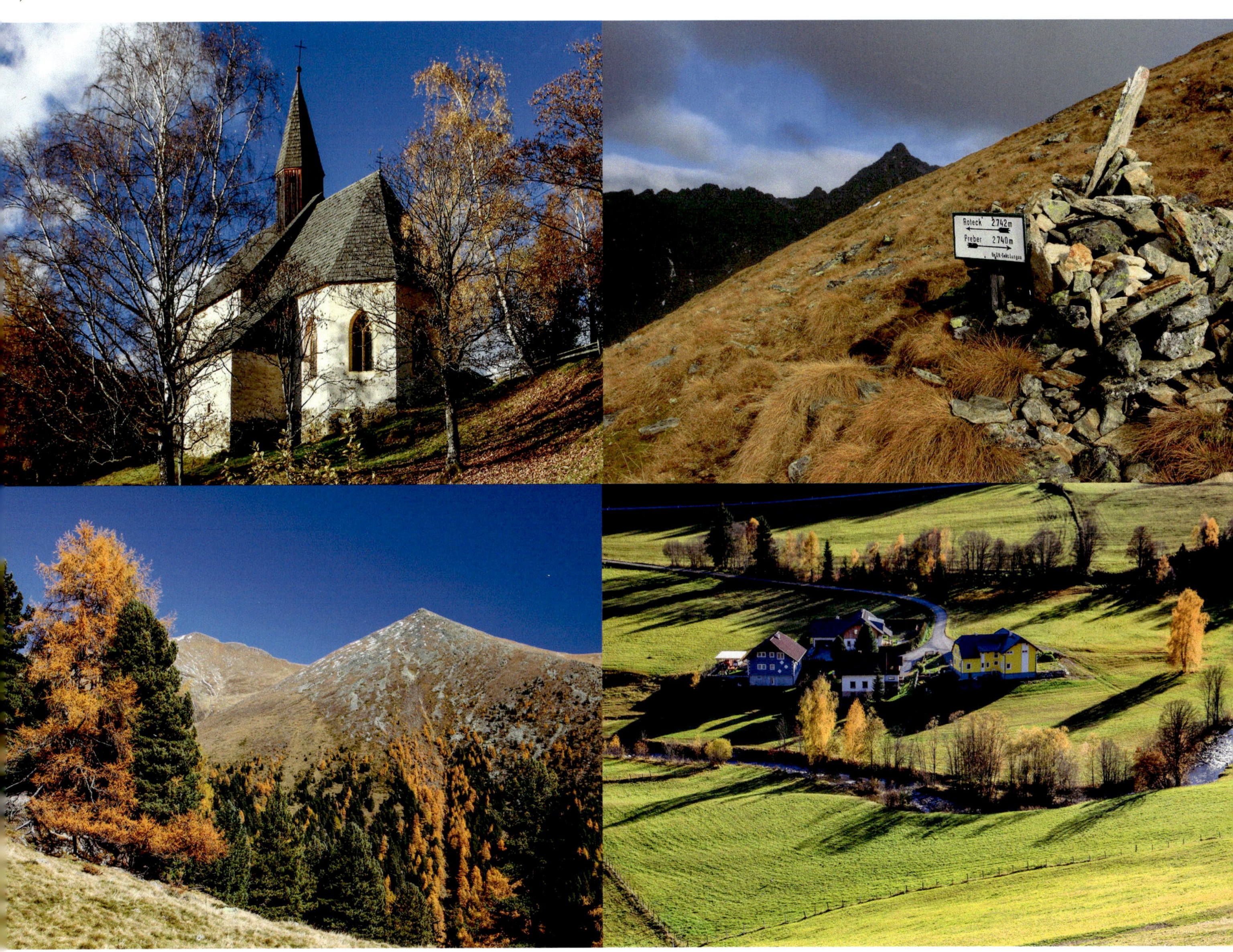

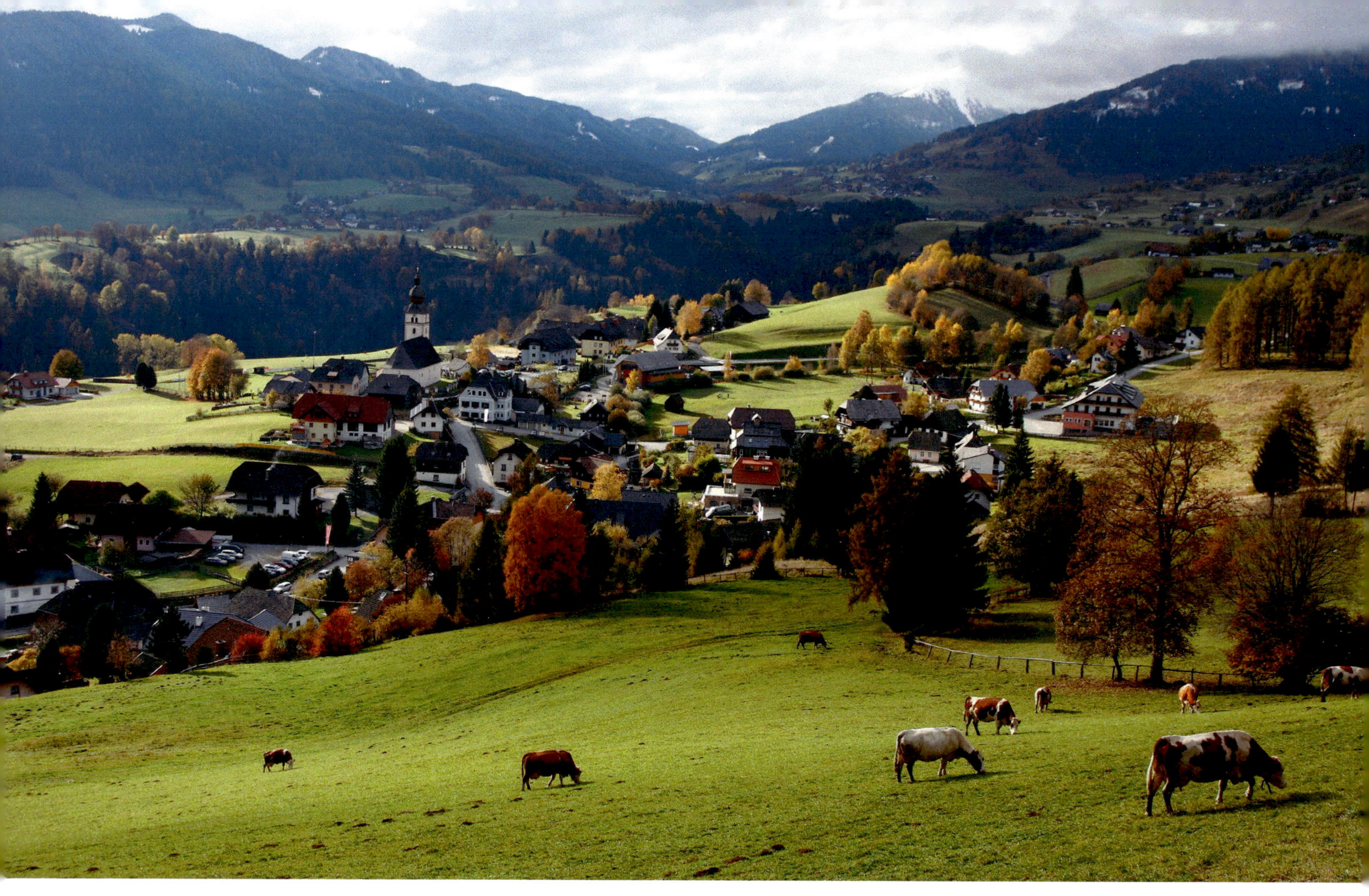

Krakaudorf bettet sich als geschlossenes Ortsbild in eine ansonsten eher verstreute Siedlungsstruktur inmitten grüner Wiesen.

erlicher Kulturlandschaft eingestreut werden. Besonders hervorheben möchte ich die kleine Runde über den Naturlehrweg beim Weiler Oberetrach.

Zwei Alpenvereinshütten im Einzugsbereich wurden bereits in den Jahren 1894 und 1895 errichtet. Am langen Südostgrat-Ausläufer des Prebers steht die Grazer Hütte hübsch aussichtsreich, während sich die Rudolf-Schober-Hütte in den Lärchenwäldern des inneren Etrachtals etwas versteckt. Beide sind traditionsreiche Schutzhäuser, die sich ihren urigen Charme bewahren konnten. Obgleich als Stützpunkte für alpine Touren vielleicht nicht wirklich essenziell, lassen sich einige Gipfelanstiege damit entzerren. Die rund anderthalb Stunden Hüttenaufstieg stellen andererseits für die beschaulichen Wanderer genau das rechte Maß dar. Insofern profitieren Grazer und Rudolf-Schober-Hütte sogar mehr von den Tagesausflüglern, die hier eine deftige Jause genießen. Lassen Sie sich überraschen, was der passionierte Koch Christian Dengg auf der Grazer Hütte kredenzt …

IN DEN SCHLADMINGER TAUERN

Wenden wir uns nun den höheren Zielen zu, so sind wir zwangsläufig an der Südabdachung der Schladminger Tauern unterwegs. Ziemlich verwinkelt verläuft der Alpenhauptkamm von West nach Ost durch dieses Gebiet und trennt dabei die Region des Oberen Ennstals von unserer Steirischen Krakau bzw. dem salzburgischen Lungau. Speziell aus der Krakau schließen zwei Einschnitte dorthin auf: Rantental und Etrachtal sind umgeben von einer stattlichen Zahl durchschnittlicher Ostalpengipfel im (mitunter gehobenen) Zweitausender-Niveau. Ein paar von ihnen tragen markierte Routen und werden von Bergwanderern damit naturgemäß bevorzugt.

Als besonders ergiebig erweist sich der Kammverlauf zwischen Etrachtal und Schödergraben. In dreieinhalb Stunden hat man mit dem Trübeck den ersten benannten Gipfel erklommen, und zwar über die gebietstypisch freien Hänge der Dorfer Alm. Bis zum Rupprechtseck schieben sich noch Feldeck, Brennerfeldeck und Arfeld dazwischen; Unermüdliche stoßen gar bis zum Dachleiteck vor und machen damit das halbe Dutzend voll! Freilich muss man auch an den Rückweg denken, weshalb die Angelegenheit in mehreren kleineren Portionen eventuell sogar verträglicher erscheint. Immerhin gibt es ja auch zwei Zugänge aus dem Etrachtal.

Im Talschluss desselbigen befindet sich das Tourengebiet der Rudolf-Schober-Hütte. Wer keine Gipfelambitionen hegt, erklärt die pittoresken Wildenkarseen zum Ziel, ansonsten wird meistens das Bauleiteck ins Visier genommen. Unmittelbar am Hauptkamm gelegen, verspricht dieser Gipfel eine vielseitige Aussicht gen Norden und Süden. Dabei offenbart sich auch der legendäre Seenreichtum der Schladminger Tauern, wo es in jedem zweiten Kar ein oder mitunter gar mehrere schmucke Augen zu entdecken gibt. Die benachbarte Normalroute aufs Süßleiteck greift über die Schimpelscharte sogar ein Stück auf die Nordseite aus. Sowohl aus dem Etrachtal als auch aus dem Rantental kann der Predigtstuhl angegangen werden, was eine schöne Kombinationsmöglichkeit ergibt – praktikabel aber nur mithilfe der Tälerbusse, weil sonst die Hatscherei kein Ende nehmen würde. Kurz sind sie halt selten, die Zustiege in die Niederen Tauern.

AUSKLANG AM PREBER

Beinahe unmerklich ist es spät geworden im Jahr, wieder neigt sich eine Wandersaison unaufhaltbar ihrem Ende. Und mit dem Preber steht der bekannteste Berg der Krakau noch unerfüllt auf meiner Wunschliste! Zum Glück hat der Föhn den bereits gefallenen Oktoberschnee wieder (fast) weggeputzt, sodass ich gleichsam auf den letzten Drücker die Chance ergreife. Ich wähle den Aufstieg vom Prebersee über die – zugegeben etwas monotone – Südflanke und möchte beim Rückweg über den Südostrücken in der Grazer Hütte einkehren. Christian hat nämlich nochmals für ein paar Tage aufgesperrt …

Der Preber ist kein anspruchsvoller Berg, gemessen an seiner stattlichen Höhe sogar erstaunlich leicht zu erklimmen, sofern man eine solide Grundkondition mitbringt. Allerdings weht mir heute ein so schneidiger Wind um die Ohren, dass ich verpassten Gelegenheiten während lauschig warmer Sommerwochen beinahe nachtrauere. Oder wäre es dann womöglich eine Hitzeschlacht in der freien Südflanke? Jetzt bläst es zuoberst jedenfalls so eisig, dass die obligatorische Gipfelstunde auf eine halbe reduziert und der Übergang zum zwei Meter höheren Roteck auf ein andermal vertagt wird. Das Panorama deutet Größe und Weite an, begrenzt jedoch durch Wolkenbänke, die sich immer wieder von Norden herüberschieben, mitunter auch in leichtem Schneegestöber ausflocken. Der Winter naht wohl unaufhaltsam, doch bis es so weit ist, wird es für ein paar Wochen richtig still in der Steirischen Krakau: die »stade Zeit« zwischen Allerheiligen und Weihnachten …

WINTER IN DER KRAKAU

Die Topographie an der Südabdachung der Niederen Tauern eröffnet für den Winteraktiven ein weites Betätigungsfeld. Das Krakauer Hochtal selbst eignet sich bestens zum Langlaufen, wobei dort oft noch gute Bedingungen anzutreffen sind, wenn die tiefer gelegenen Täler bereits unter Schneemangel leiden. Standortvorteil nennt man das wohl! Darüber hinaus finden natürlich vor allem Skibergsteiger zahlreiche Ziele, denn die weit ausladenden, nicht sonderlich steilen Bergrücken bieten häufig ideales Gelände. Nicht umsonst gilt der Preber als Skitouren-Klassiker par excellence. Weniger namhaft, aber kaum minder reizvoll geben sich Tockneralm, Trübeck oder einige Gipfel im Umkreis der Rudolf-Schober-Hütte, nicht zu vergessen der isoliert aufragende Gstoder im Übergangsbereich zum oberen Murtal. Von einsteigertauglich bis zünftig werden hier alle Ambitionen bedient.

DIE STEIRISCHE KRAKAU

Lage: Die Gemeinde Krakau, 2015 zusammengefasst aus den früher eigenständigen Gemeinden Krakaudorf (1173 m), Krakauschatten und Krakauhintermühlen, liegt im Bezirk Murau in der Obersteiermark. Im Norden flankieren die Schladminger Tauern das von Osten nach Westen ausgerichtete Hochtal, in dem knapp 1500 Menschen leben.

Anreise: Von Osten über Judenburg und die B96 nach Murau, von Süden über die B83 und B96 dorthin, dann weiter über Ranten und Seebach in die Krakau. Bei Anfahrt über die Tauern-Autobahn (A10) von der Ausfahrt St. Michael im Lungau auf der B96 nach Tamsweg und entweder über die Preberstraße oder via Seebach in die Krakau.

Öffentliche Verkehrsmittel: Mit der gewöhnlichen Bahn bis Unzmarkt, wo es Anschluss per Schmalspurbahn nach Murau gibt (alternativ per Bus). Von dort verkehrt wiederum ein Bus in die Krakau.

Wanderbus: Im Sommer gibt es spezielle Tälerbusse, z. B. zum Etrachsee oder ins Rantental. Infos unter www.taelerbus.at. Informationsbüro: Tourismusverband Krakau, A-8854 Krakauebene 34b, Tel. +43/(0)3535/8606, www.krakau.at.

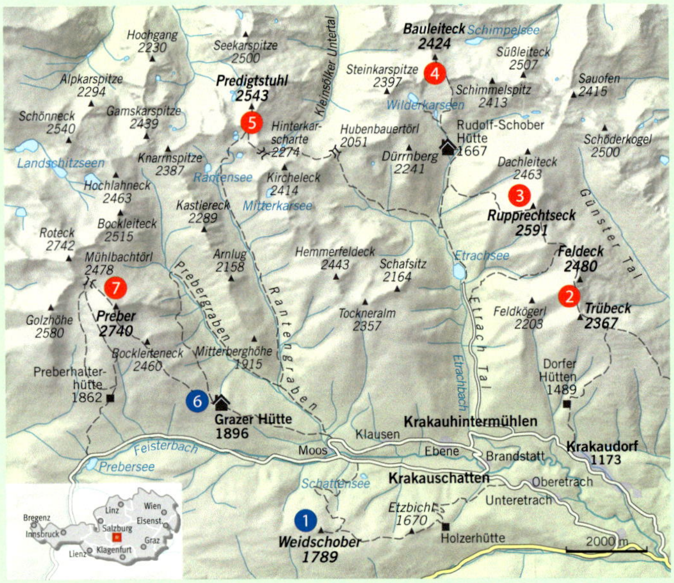

Hütten: Grazer Hütte (1896 m), ÖAV, Ende Mai/Anfang Juni bis Mitte Oktober, 14 Schlafplätze, Tel. +43/(0)664/8901944. Rudolf-Schober-Hütte (1667 m), ÖAV, Ende Mai/Anfang Juni bis Ende September, 32 Schlafplätze, Tel. +43/(0)720/513907.

Karten: Alpenvereinskarte, 1:50.000, Blatt 45/3 »Niedere Tauern III«. Freytag & Berndt, 1:50.000, Blatt 211. Kompass, 1:50.000, Blätter 67 und 222. Österreichische Karte, 1:50.000, Blätter 3224, 3230, 4219 und 4225.

Touren-Highlights

1 Weidschober (1789 m)
Höchster Punkt des Bergrückens südlich der Krakau, der – weithin bewaldet und von Hochmooren durchsetzt – typischen Mittelgebirgscharakter aufweist. Von Krakauschatten über den Schattensee 2 Std., Rundwandermöglichkeit über die Holzerhütte insgesamt 4 Std.

2 Trübeck (2367 m) – Feldeck (2480 m)
Südliche Ausläufer des Bergzugs zwischen Etrachtal und Schödergraben mit vorzüglicher Aussicht insbesondere über das Krakauer Hochtal. Von Krakaudorf via Dorfer Hütten und Dorfer Alm in 3½ Std. aufs Trübeck, weitere gut 30 Min. zum Feldeck. Einen alternativen Anstieg gibt es auch vom Günster Wasserfall. Mit gutem Orientierungssinn reizvoller Abstieg über das Feldkögerl (2203 m) und die Hühnertratte zurück nach Krakaudorf.

3 Rupprechtseck (2591 m)
Höchster Punkt des besagten Kamms, im Übergang vom Feldeck her ca. 1¼ Std. (gut 5 Std. ab Krakaudorf). Außerdem gibt es zwei markierte Routen aus dem Etrachtal, die sich gut verbinden lassen, jeweils 3½ Std. im Bergauf bzw. 2½ Std. im Bergab.

4 Bauleiteck (2424 m)
Viel bestiegener Gipfel im Hauptkamm der Schladminger Tauern. Üblicher Anstieg vom Etrachsee über die Rudolf-Schober-Hütte und den lang gezogenen Südostgrat in 3½ Std. Lohnender Mini-Abstecher zum Unteren Wildenkarsee (1891 m) und gegebenenfalls auch weiter zum Oberen Wildenkarsee (2053 m).

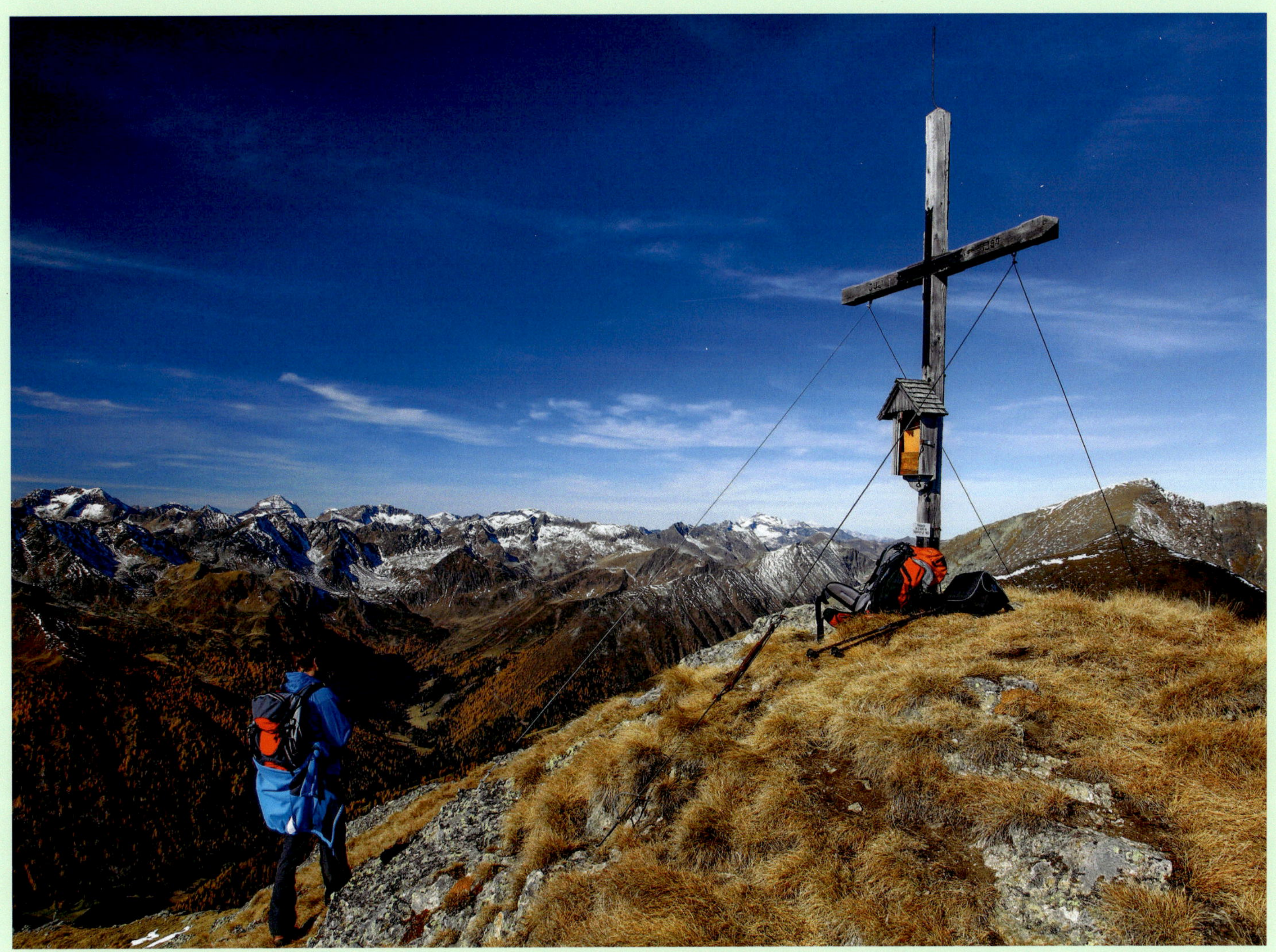

Mit dem Feldeck erreichen wir ein typisches Gipfelziel auf der Südseite der Niederen Tauern. Höhen um die »zwei-fünf« sind hier normal.

5 Predigtstuhl (2543 m)
Ebenfalls im Hauptkamm der Gruppe aufragender felsiger Gipfel mit weitem Panorama. Aufstieg aus dem Rantental (am besten mit Nutzung des Tälerbusses), zuoberst gesichert, ca. 3 Std. Lohnend ist der Rückweg über die Hinterkarscharte und das Hubenbauertörl zum Etrachsee, wo wiederum ein Tälerbus zur Verfügung steht.

6 Grazer Hütte (1896 m)
Reizvoll am Sattelkogel gelegenes Schutzhaus, das traditionell die Preber-Tour unterstützt, aber auch Ziel einer gemütlichen Halbtageswanderung ist. Kürzester Zustieg vom Parkplatz an der Preberstraße über Weg Nr. 787 in 1¼ Std., ab Krakauhintermühlen über Weg Nr. 786 in 2 Std.

7 Preber (2740 m)
Bekanntester Berg der Krakau, obwohl nicht ganz der höchste (das benachbarte Roteck misst 2 Meter mehr). Markierte Routen an der leichteren Süd- und Westseite, während die Ostflanke respektabel steil abbricht. Von der Grazer Hütte über den weit abstreichenden Südostrücken 2¾ Std., vom Prebersee über die Halterhütte und die freie Südflanke ca. 3½ Std. Auch Übergang zum Roteck möglich (via Nordwestgrat ins Mühlbachtörl, ab dort anspruchsvoller).

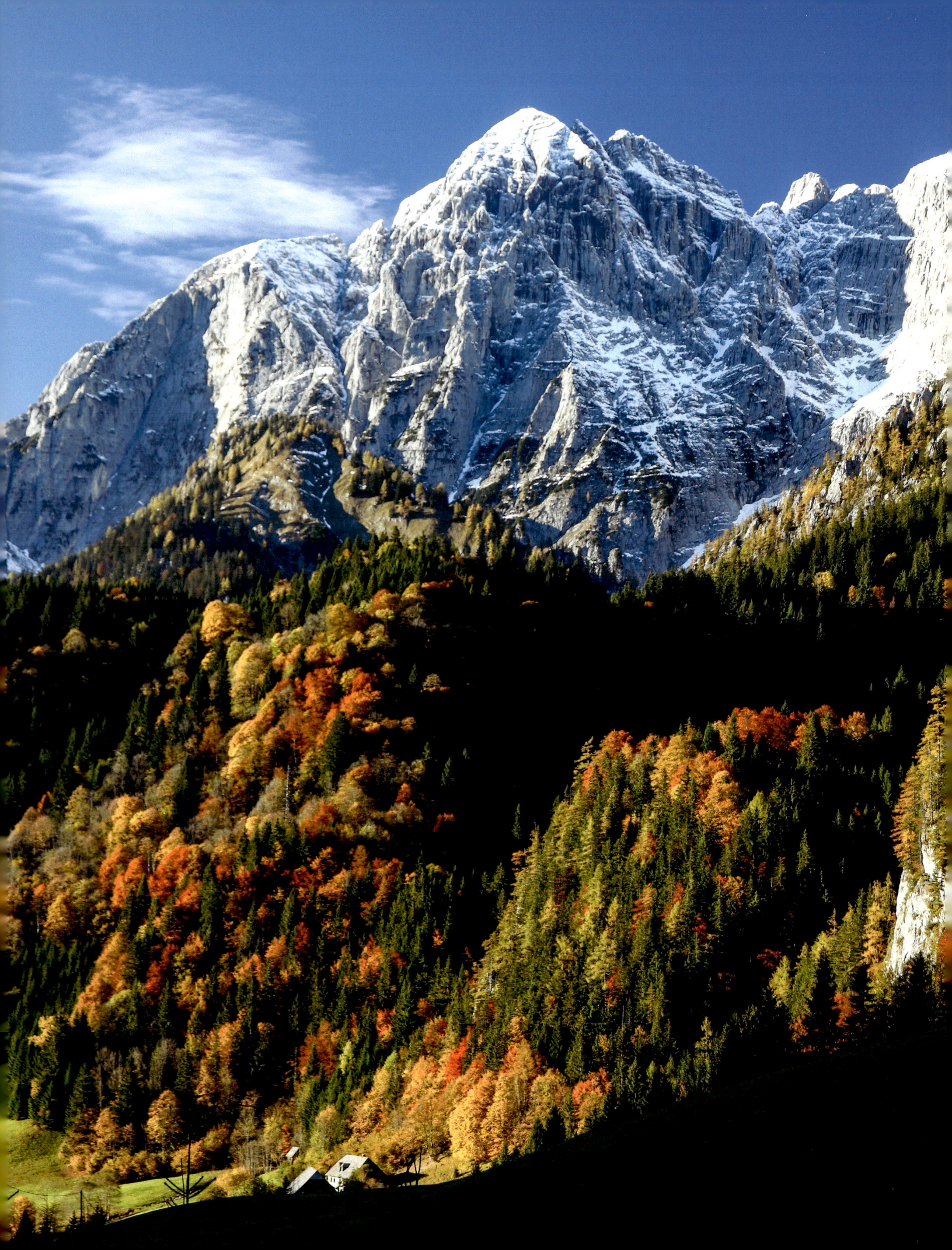

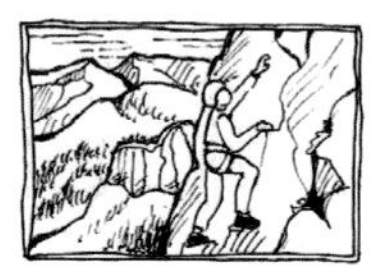

JOHNSBACH IM GESÄUSE

Gesäuse – das klingt wild und dramatisch. Tatsächlich stammt der Name vom tosenden Wasser der Enns, die zwischen den mächtig emporschießenden Gipfeln der Hochtor- und Buchsteingruppe eine der tiefsten Talschluchten Österreichs gleichsam in Saus und Braus durcheilt. Keine Frage, hier läuft quasi die Hauptschlagader der Ennstaler Alpen! In einem Seitental, nur einen Katzensprung entfernt, öffnet sich nach einer Biegung der liebliche Wiesenboden von Johnsbach: eine bäuerliche Idylle auf der Sonnenseite der charismatischen Gesäuseberge.

»Ich habe nirgends die schreckliche Zerstörung, das gräßliche Umherliegen der Felsentrümmer, die zackigen, ausgewaschenen, nackten und starrenden Felsengipfel, die Pyramiden und Säulen und Schäfte, die zertrümmerten Trophäen und Statuen der Natur gesehen, wie ich sie in diesem Thale sah.« Die Notiz eines weit herumgekommenen Reiseschriftstellers aus dem Jahre 1811 lässt aufhorchen. Wo mag diese zerbröselnde Wildnis, die da so wortgewaltig veranschaulicht wird, zu finden sein? Franz Sartori sprach vom vorderen Johnsbachtal in der Obersteiermark, das tatsächlich den Eindruck einer Baustelle der Erdgeschichte erweckt. Was in jener Zeit trostlos und regelrecht bedrohlich gewirkt hat, wird heute gern mit anderen Vokabeln umschrieben: wildromantisch etwa oder urweltlich, eindrucksvoll ohnehin. Die alpine Weltanschauung hat sich binnen 200 Jahren wohl ein wenig gewandelt …

Doch wer einmal bei mystischem Nebeltreiben durch den erosionsgezeichneten Gsenggraben aufgestiegen ist und den Übertritt in den düsteren Kessel des Haindlkars gewagt hat, der dürfte zumindest eine Ahnung von den Gefühlsregungen der Altvorderen bekommen haben. Er wird hier von allerhand Sagengestalten umgeben, von versteinerten Jägern und Sennerinnen, Schulmeistern und Totenwächtern, sogar Schneewittchen ist dabei. Kein Zweifel: Die skurrilen Felsformationen können die Fantasie schon anregen. In jedem Fall tragen die Berge links und rechts der Gesäuseschlucht alle Merkmale, die ein mustergültiges Felsgebirge gemeinhin auszeichnen: senkrechte Wände und kühn geschnittene Grate, öde, blockgefüllte Kare und grimmige Geröllreisen … Da war es nur eine Frage der Zeit – bzw. der infrastrukturellen Erschließung –, bis nach den Pioniertaten einzelner eine ganze Welle Bergbegeisterter anrückte. Vor allem aus der Wiener Gegend. Die Eröffnung der Kronprinz-Rudolf-Bahn im Jahr 1872 war der Startschuss dafür.

Wuchtige Felsgipfel sind das beherrschende Merkmal der Gesäuseberge. Hier der Große Ödstein über dem Johnsbachtal.

VOM BERGSTEIGERMEKKA ZUM NATIONALPARK

Im Zuge meiner persönlichen Alpenstreifzüge stieß ich irgendwann auch in östlichere Gefilde vor und kam so fast zwangsläufig ins Gesäuse. Von der Landschaft – eben: der wildromantischen! –, die hier Tal und Berg gleichsam als Gesamtkunstwerk in Szene setzt, war ich auf Anhieb gefesselt. Doch es wurden auch sofort Grenzen aufgezeigt. Denn für das Hochtor, das ich mir als höchsten Gipfel der Ennstaler Alpen vorgenommen hatte, war es noch viel zu früh in jenem Jahr. Vom Aufstieg über den Wasserfallweg sind mir einige steile Leitern in Erinnerung, vor allem aber der glitschig-feuchte Untergrund und das intensive, frische Grün, von dem man sich schier umschlungen fühlte. Der

Frühling war gerade im Begriff, die Berge hinaufzukriechen, aber als schlechter Kletterer war er noch nicht allzu weit gekommen. Oberhalb der Hesshütte ging's bald ans Eingemachte, sprich zurück in den Winter. Als mir die Sache am überwechteten Gugelgrat zu heikel wurde, trat ich lieber den Rückzug an – mit der Erkenntnis, dass die Gesäuseberge trotz ihrer nicht gerade großen absoluten Höhe durchaus einiges abverlangen.

In österreichischen Bergsteigerkreisen besitzen sie also seit langer Zeit enormen Stellenwert. Mit der Bahnlinie mitten durch die 18 Kilometer lange Gesäuseschlucht kam reges Leben in die vormals ziemlich unzugängliche Gebirgswelt. Man denke nur an die legendären Bergsteigerzüge, mit denen die Wiener Alpinisten in Scharen anreisten: Samstags nach der Arbeit fuhr man ins »Xeis«, um am Sonntag eine zünftige Kletterpartie zu unternehmen und mit dem Abendzug wieder heimzufahren. So sind die Gesäuseberge, obwohl sie in der Obersteiermark nicht unbedingt »um die Ecke« stehen, durchaus zu echten Wiener Hausbergen avanciert.

Und trotz moderner Zeiten, die solch ein Freizeitverhalten beinahe anachronistisch erscheinen lassen, hat sich vor Ort gar nicht allzu viel verändert. Die Enns braust ungestüm wie eh und je dahin. Johnsbach, das Dorf hinter der großen Felsphalanx, ist eine Oase der Ruhe geblieben. Schon um 1300 sollen hier 15 Höfe gestanden haben. Heute sind es kaum viel mehr. Hotelburgen? Fehlanzeige. Es gibt drei gemütliche Gasthäuser im Dorf, das eigentlich nicht mal ein richtiges Dorf ist, sondern eine Ansammlung von verstreuten Rotten und Einzelgehöften. Aber eine neue Errungenschaft sei doch herausgestellt: Seit dem Jahr 2002 hat man hier einen 110 Quadratkilometer umfassenden Nationalpark vor der Haustür!

VOM BESCHAULICHEN ALMWEG …

Auch weniger felserprobte Bergfexe finden in der Gegend ihr Glück, denn rund um Johnsbach dominiert nicht allein das Schroffe und Jähe. Die Almrunde im Talschluss könnte beschaulicher kaum sein. Friedlich sömmert das Vieh auf den Weiden, kein Anflug von Hektik herrscht irgendwo. Gemäß diesem Gemütsbild komme auch ich unweigerlich der Entschleunigung auf die Spur und kehre in der Huberalm ein: innehalten und ein Weilchen die Seele baumeln lassen. Zur Jause kredenzt mir der Wirt beinahe verschmitzt einen selbstgebrannten Enzian: Es sei Medizin …

Eine herrliche Tour für gemäßigte Wanderer verspricht auch der Johnsbacher Höhenweg, den man vom Donnerwirt aus bei der Mödlinger Hütte erreicht. Das Kalenderbild mit dem Admonter Reichenstein im Hintergrund werde ich gleich

Wolkenstimmungen beim Aufstieg durch den Gsenggraben. Während sich das Ennstal mit Nebel gefüllt hat, erwartet uns auf den Bergen ein herrlicher Herbsttag!

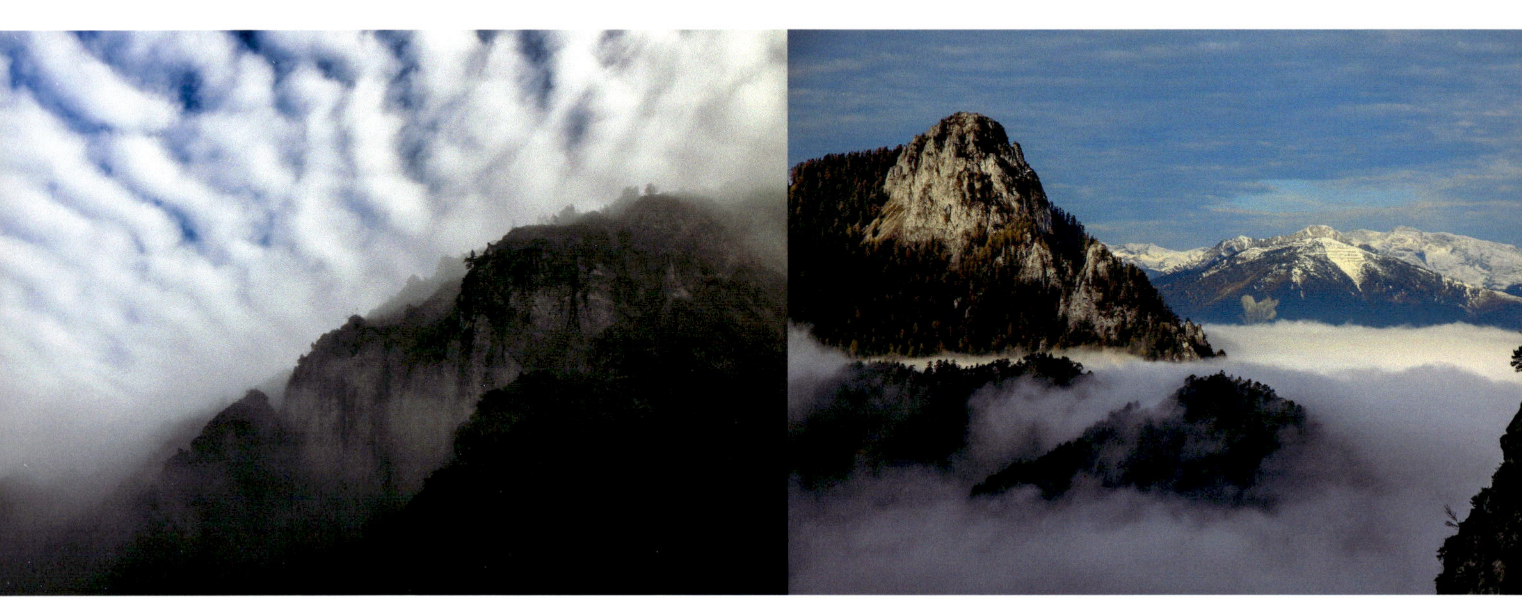

noch näher würdigen! Doch in diesem Fall wendet man sich in die andere Richtung, überschreitet nacheinander den Spielkogel, eine namenlose Kuppe sowie den Anhartskogel, um am Niederberg vor einer Entscheidung zu stehen. Nur alpinen Marathonläufern sei es angeraten, den Kammweg zum Blaseneck, Sonnleitenkogel und Leobner fortzusetzen. Das wäre zwar nicht schwer, aber halt ungemein langwierig. Die klassische Runde wendet sich hingegen durch den Sebringgraben talwärts und stößt drunten auf den Johnsbacher Schattseitenweg.

Dort erblicken wir auch wieder den stolzen Admonter Reichenstein, eine Gestalt, die dem Gesäuse zur Ehre gereicht: gewaltig, profiliert, herausfordernd. Neben dem Kirchengrat auf den Großen Ödstein und dem Dachl-Roßkuppen-Grat (mit Zustieg über den legendären Peternpfad aus dem Haindlkar) auf das Hochtor zählt der Reichenstein-Normalweg zu den drei großen Gesäuse-Anstiegen – sofern man sich auf das Tummelfeld der Normalbergsteiger, die mit Seil und Haken nicht allzu viel am Hut haben, beschränkt.

… ZUR ZÜNFTIGEN FELSTOUR

Ein makelloser Novembertag ist angebrochen, als ich mich abermals auf den Zustieg zur Mödlinger Hütte begebe. Der mächtige Felsaufbau grüßt schon ebenso einschüchternd wie unwiderstehlich herüber. Doch am Treffnerriedl geht's bis zum Heldenkreuz vorerst bequem weiter. Erst danach wird es in Latschengassen ruppiger. Ein Schrofenhang leitet in eine abschüssige Linkstraverse über, die hinter einer Kante eine verblüffend knifflige Passage in petto hat: die sogenannte Herzmann-Kupfer-Platte. Die Chronik berichtet von den ersten Bergtoten am Reichenstein – über 80, die im Gesäuse-Umfeld ihr meist junges Leben verloren haben, liegen drunten in Johnsbach auf dem berühmten Bergsteigerfriedhof begraben.

Inzwischen bin ich in die Südwestflanke vorgedrungen, wo es typisches Felsschrofengelände zu bewältigen gilt: Kaum jemals wirklich schwierig, aber jeder Schritt muss sitzen. Die Ausgesetztheit ist nicht zu unterschätzen, doch gewinnt man Zug um Zug Vertrauen und schließlich auch die Gewissheit, den begehrten Gipfel zu erreichen. Zwei Stunden oben, glückbeseelt über schaurig-schönen Abgründen, dann muss ich an den Abstieg denken. Dabei wird sich der Große Ödstein vis-à-vis im glühenden Abendlicht präsentieren …

An einem Föhntag bin ich dort unterwegs, etwas aufgeregt, mit dem Wissen um eine große Tour. Nach dem anfänglichen guten Waldpfad zeigt der Berg schon im unteren Teil Zähne, namentlich in einer bröseligen Rinne, in

Ein klarer Morgen beflügelt die Motivation für die große Tour auf den Admonter Reichenstein. Die Mödlinger Hütte auf der Treffneralm dient als Startrampe.

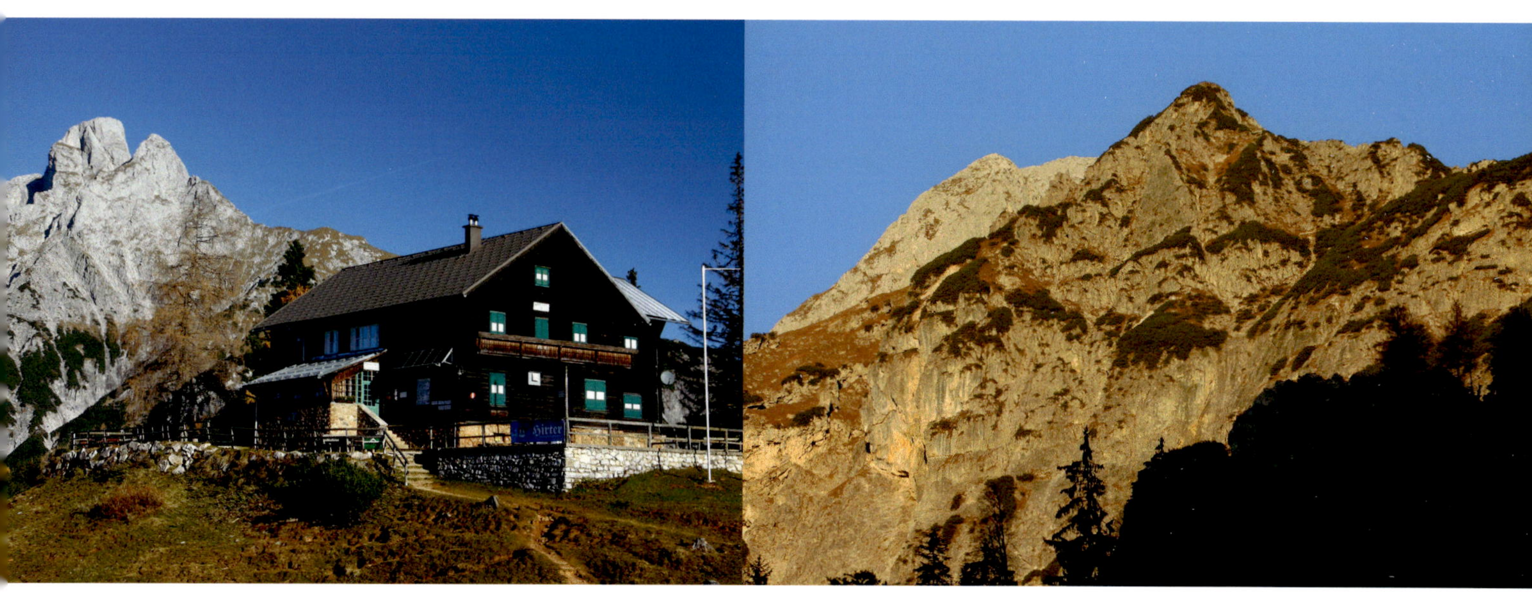

der man sich vor fallenden Steinen nicht unbedingt sicher wähnt. Die zweite, nach links versetzte geht sich schon besser aus, zumal der ausgewaschene Fels hier kletterfreundlicher ist. Noch vor dem Johnsbacher Schartl überholt mich ein flotter Einheimischer, der meinen Auftrieb mit den Worten, der Ödstein sei der schönste Berg im Gesäuse, nochmals beflügelt. Und meistens sei man dort sogar allein. Einer ist heute ganz sicher mit von der Partie, nämlich der Föhn. Nachdem ich die erste Schlüsselstelle, den Klemmblock am Ausstieg zu einer Schulter am Kirchengrat, ein wenig ausgetrickst habe, erwischt er mich mit voller Wucht. Das zieht und zerrt nun ganz ordentlich! Sollte der Sturm zum ernsthaften Gegenspieler werden? Die Konzentration auf das Gelände lässt mich eher mit anderen Dingen kämpfen, etwa wie wohl die zweite Schlüsselpassage unterhalb des Teufelszahns am besten zu überlisten ist. Diabolisches Szenario und Höllenwind: kein wirklicher Traumtag am Ödstein, aber ein unvergessliches Erlebnis allemal …

Ob gemütliche Wanderungen zu urigen Almen oder zünftiges Bergsteigen auf stolze Gipfel – rund um Johnsbach wird für Bergfreunde jeder Couleur etwas geboten.

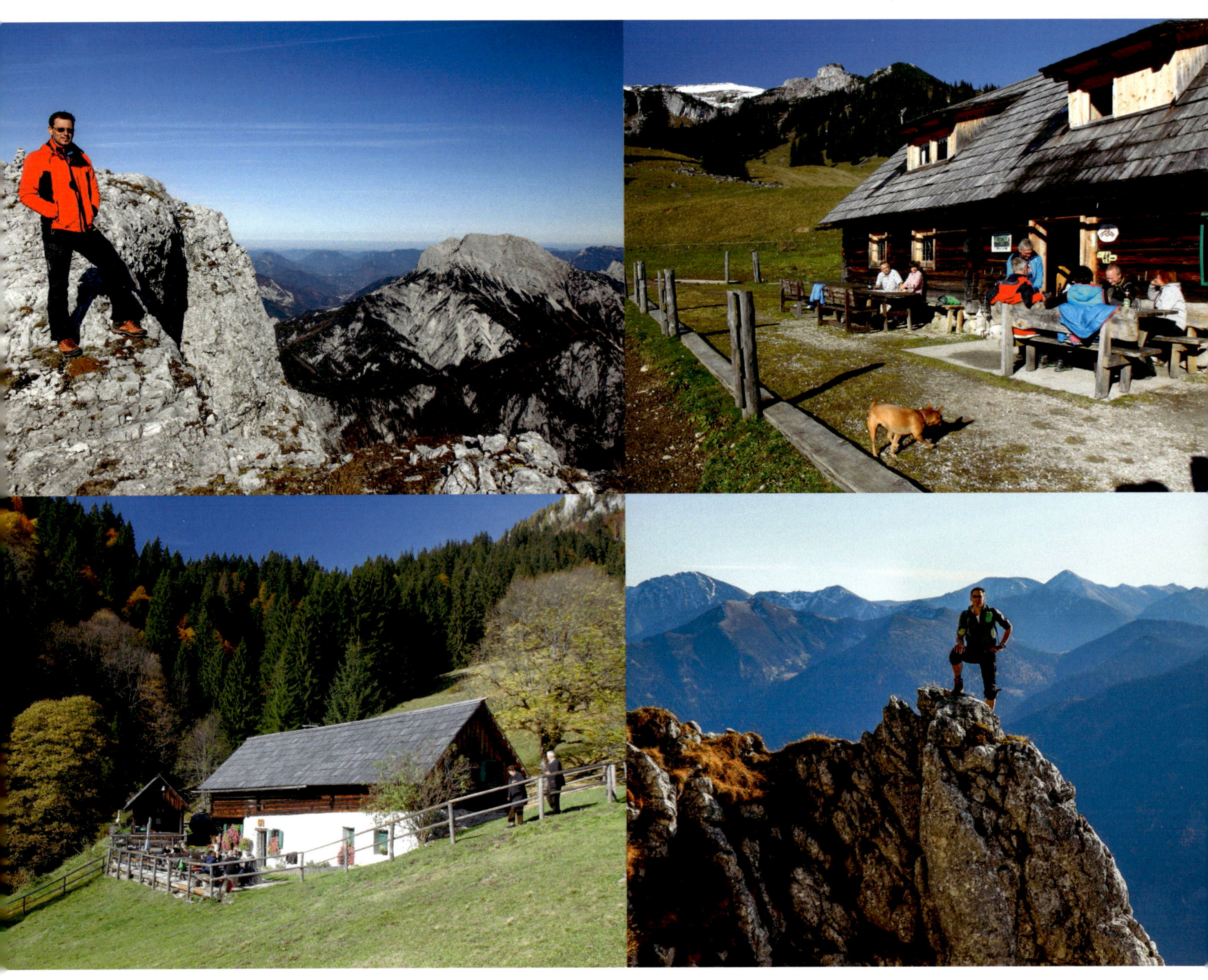

IM HERZEN DES GESÄUSES

Am Ennseck, einem Sattel, der die Gesäuseschlucht vom Johnsbachtal sowie das Hochtor vom Zinödl trennt, steht seit 1893 die traditionsreiche Hesshütte als wichtigster Stützpunkt im Gebiet. Rund drei Stunden wird man vom Johnsbacher Kölblwirt über den Unteren und Oberen Koderboden unterwegs sein, bis man zu Füßen des markanten, von Gugelgrat und Roßschweif eingefassten Tellersacks angelangt ist. Dieser Zustieg erweist sich als der praktischste, wenn man eine Hochtor-Überschreitung mit Abstieg durchs Schneeloch ausführen möchte. Erinnert sei aber auch an den bereits 1891/92 mit Drahtseilen und Leitern versicherten Wasserfallweg, der direkt von der Enns über eine Steilstufe heraufkommt. Der eifrige Gesäuse-Erschließer Heinrich Heß und der als »Schwarzer Peter« berühmt-berüchtigt gewordene Andreas Rodlauer durchstiegen diese Führe einst noch im Urzustand als »botanischen

Die mächtige Hochtorgruppe über dem Johnsbachtal. Großer Ödstein, Festkogel und Hochtor (von links nach rechts) stechen aus der Skyline heraus.

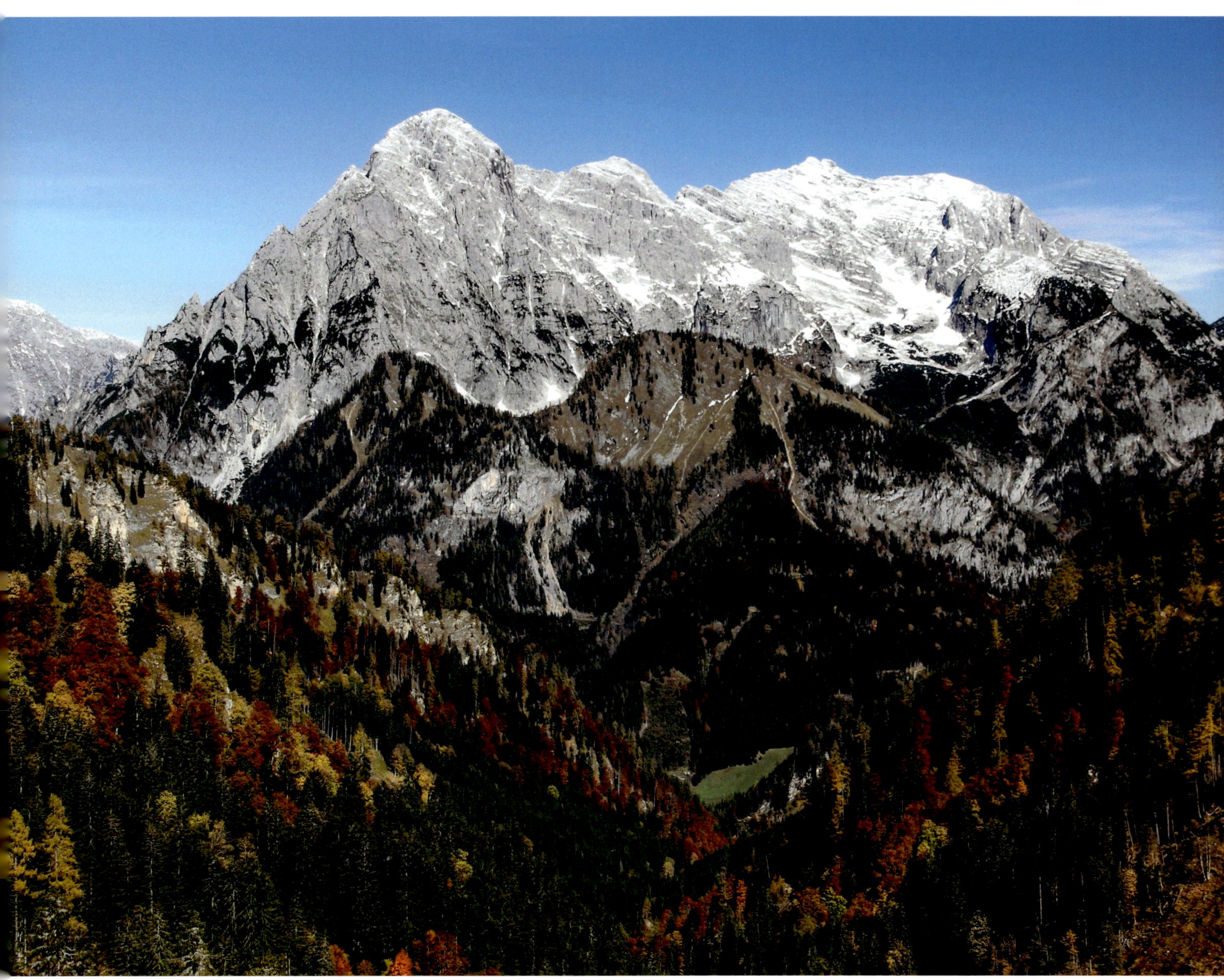

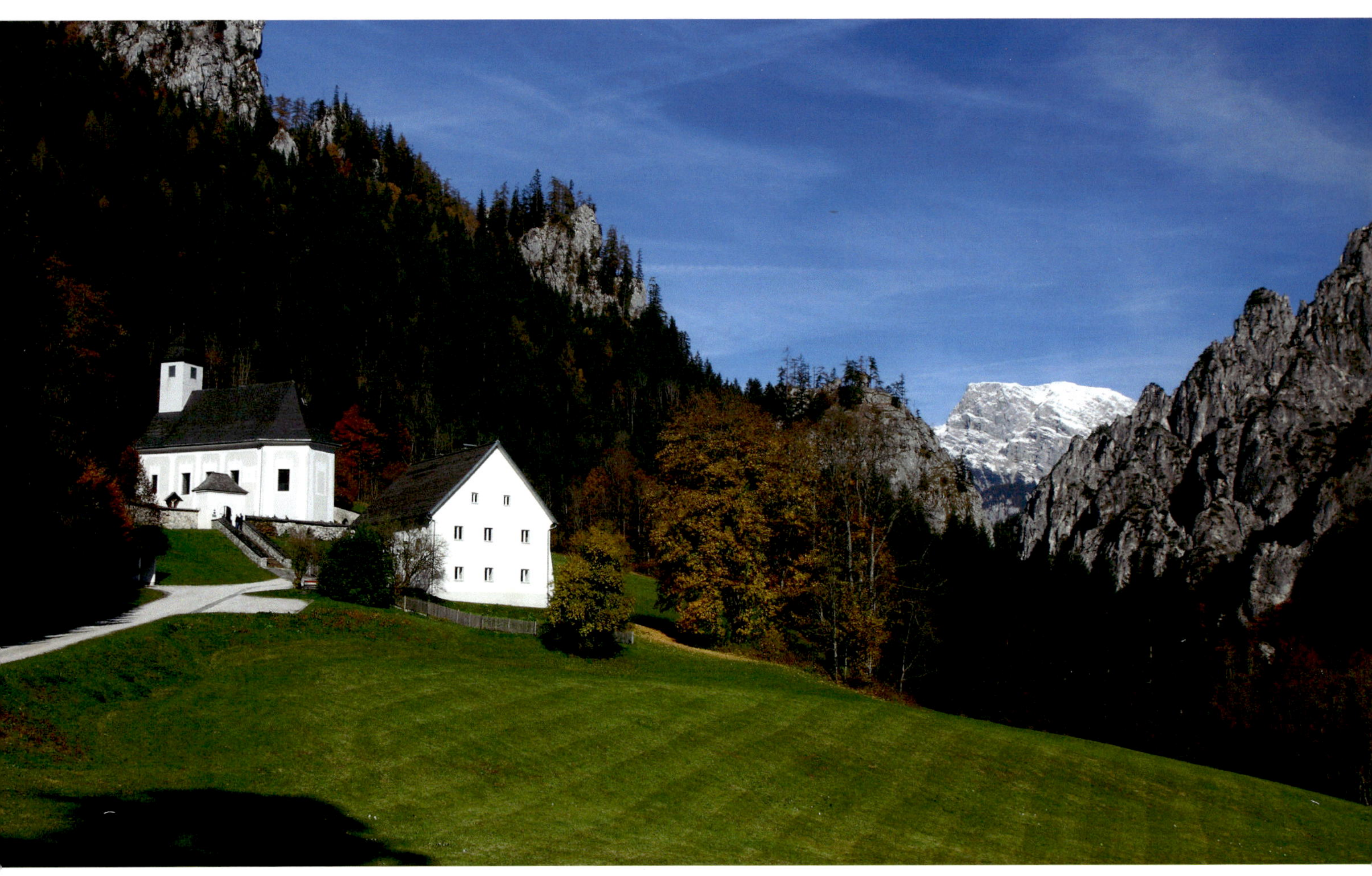

Bekannt ist das Dörfchen Johnsbach für seinen Bergsteigerfriedhof: Gedenken an die Verunglückten und Mahnung für alle Aktiven, die nötige Vorsicht walten zu lassen …

Dreier«, was Heß ganz anschaulich vermittelte: »Die Wandkletterei, welche alle möglichen gymnastischen Fertigkeiten erfordert, weist unter anderem zwei sehr schwierige, in ihrer Art gewiss einzige Platten auf, die rittlings aufwärts erklettert werden müssen, wobei die eine Körperhälfte ganz frei über der überhängenden Wand hängt.« Heute bugsiert man sich, wie gesagt, über eine Reihe von Leitern hinauf.

Und dann stehen reizvolle Gipfelziele offen: Die Planspitze, mit ihrer Nordwestwand 700 Meter jäh abbrechend, offeriert auf der Rückseite zwei richtige Bergwege und damit eine feine Überschreitungsmöglichkeit. Ebenso das Hochzinödl: für alpine Normalverbraucher einer der lohnendsten Aussichtspunkte überhaupt. Besonders fotogen zeigt sich von hier die Umgebung des höchsten Gesäusebergs …

ZURÜCK AM HOCHTOR

Wiedersehen im Spätherbst: Die Natur hat all ihre Farbtöpfe ausgeschüttet und den Bergwald in die reinste Farbenorgie verwandelt. Wie lodernde Flammen ragen die Lärchen in einen makellos blauen Himmel, effektvoll kontrastierend mit der kalkhellen Felskulisse. So lässt es sich geradezu euphorisch hinaufsteigen zum Ennseck, wo der »Reini« gerade feuchtfröhlichen Saisonabschluss feiert. Bei manchen Haudegen gerät das Hochtor allerdings bedenklich ins Wanken …

Am nächsten Morgen kündigt sich wieder ein verheißungsvoller Tag an. Mit den ersten Sonnenstrahlen bin ich unterwegs, auf dem sogenannten Josefinensteig durch die Ostflanke, die in wunderbar warmes Licht getaucht ist. Schrofenhänge, Bänder und felsige Absätze – das reich gegliederte Gelände nötigt dem Routinierten keinen außergewöhnlichen Einsatz ab. So kraxelt man auf unterhaltsame Weise höher bis zu einer Gratkanzel, die den Blick über das Schneeloch auf den Großen Ödstein und die angrenzenden Türme freigibt. Zum Hochtor-Gipfel zieht nun der Gugelgrat hinüber, der damals, bei meinem ersten Besuch, so fies verwechtet war, dass ich es vorzog, zu kneifen. Heute gibt es dafür freilich nicht den geringsten Anlass, und kaum eine halbe Stunde später stehe ich am höchsten Punkt, um den weiten Horizont zu ermessen. Geradezu dramatisch dräut die Tiefe ins Haindlkar, wo zu dieser Jahreszeit kein Sonnenstrahl mehr eindringt. Noch weiter unten rauschen die Wasser der Enns.

Schwer fällt der Abschied von dieser luftigen Warte, hinunter ins Schneeloch, das mitunter als Schuttschinder verschrien ist und sich bei hochsommerlicher Hitze gern in einen Backofen verwandelt. Doch nichts von dem ist mein Empfinden an diesem Spätherbsttag, vielmehr ist es der begeisternde Ausklang einer großartigen Überschreitung, die vorteilhafterweise direkt zum Ausgangspunkt in Johnsbach zurückführt. Der abschließende Besuch beim Bergsteigerfriedhof hat keine besondere Bewandtnis und dient allein dem alpinhistorischen Interesse …

KLETTERDORADO GESÄUSE

Es braucht wohl nicht viel Fantasie, um in den Gesäusebergen ein Paradies für Freunde der extremeren alpinen Spielarten zu erkennen. Tatsächlich hat sich die Gegend in der zweiten Hälfte des 19. Jahrhunderts zu einem der bedeutendsten Alpinklettergebiete entwickelt. Beginnend mit dem »Vater des Gesäuses«, Heinrich Heß, der verschiedene Erstbegehungen durchführte und 1884 den ersten alpinen Gebietsführer überhaupt veröffentlichte, gaben sich hier im Laufe der Jahrzehnte zahlreiche Vertreter der Kletterelite ein Stelldichein, etwa Emil und Otto Zsigmondy, Heinrich Pfannl, Paul Preuß, Karl Prusik, Fritz Kasparek und Raimund Schinko, nicht zuletzt auch Willi End und Hubert Peterka, die sich den Ruf als wohl beste Gesäusekenner verdienten.
Vor allem Wiener Kletterer stürmten scharenweise hierher, werteten Gesäusetouren gleichsam als höchste Weihe ihrer alpinen Laufbahn, die vielleicht irgendwo an der Hohen Wand begonnen und in der »Mittelschule« der Rax Fahrt aufgenommen hatte, ehe es an die »Universität«, sprich ins Gesäuse, ging. Bergsteigen besaß dereinst ja häufig einen akademischen Anstrich, wie uns die Alpinhistorie lehrt. So verwundert es nicht, dass von einer »Wiener Schule« des Bergsteigens die Rede ist, die sich auf stilistisch reine Klettermethoden gründete und im Kern schon Ideale der Freikletterbewegung der 1970er-Jahre vorwegnahm. Ob der Begriff allerdings bereits in der klassischen Ära geprägt wurde oder erst später in einer Art Rivalität zu den Münchnern, darüber sind sich die Gelehrten nicht ganz einig. Wie dem auch sei, die steile Zunft findet im Gesäuse Möglichkeiten beinahe ohne Ende, darunter zahlreiche Klassiker wie Hochtor-Ostgrat »Roßschweif« (III), Festkogel-Südwestwand (IV), Planspitze-Nordwestwand (IV), Hochtor-Nordwand (IV+), Roßkuppenkante (V), Ödstein-Nordwestkante (V), Dachl-Nordwand (VI–) oder Roßkuppen-Dachl-Verschneidung (VI+/A3) …

Am Großen Ödstein finden versierte Kletterfexe mit der Nordwestkante – gut zu erkennen im Profil – ein absolutes Glanzstück.

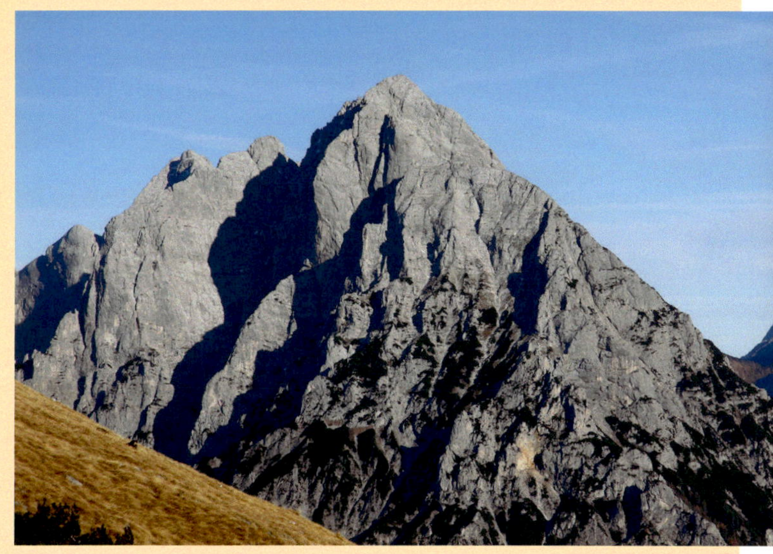

JOHNSBACH IM GESÄUSE

Lage: Der kleine Ort Johnsbach (753 m) liegt ruhig und abgeschieden in einem sackgassenartigen Seitental der Enns in der Obersteiermark. Die umgebenden Berge sind Teil der Ennstaler Alpen (die Bezeichnung »Gesäuseberge«, die man häufig liest, taucht in der offiziellen Gebirgsgruppeneinteilung nicht näher auf). Johnsbach war bis 2014 eine eigenständige Gemeinde, gehört nach der Strukturreform nun aber zu Admont. Mit nur rund 150 Einwohnern zählt es zu den kleinsten unter den Bergsteigerdörfern.

Anreise: Über das Autobahnnetz bis zur Ausfahrt Ardning/Admont/Gesäuse auf der Pyhrn-Autobahn (A9). Dann folgt man der B146 über Admont in die Gesäuseschlucht, wo beim Gasthaus Bachbrücke die Landesstraße nach Johnsbach abzweigt.

Öffentliche Verkehrsmittel: Der Bahnhaltepunkt Johnsbach liegt im Gesäuse-Haupttal an der Regionalbahnstrecke zwischen Selzthal und Hieflau. In den Ort selbst gelangt man nur per Rufbus (fährt ab Admont). Infos unter www.xeismobil.at.

Informationsbüro: Tourismusverband Johnsbach, Gemeindeamt, A-8912 Johnsbach, Tel. +43/(0)3611/217, www.johnsbach.at. Tourismusverband Alpenregion Nationalpark Gesäuse, Hauptstraße 35, A-8911 Admont, Tel. +43/(0)3613/2116010, www.gesaeuse.at.

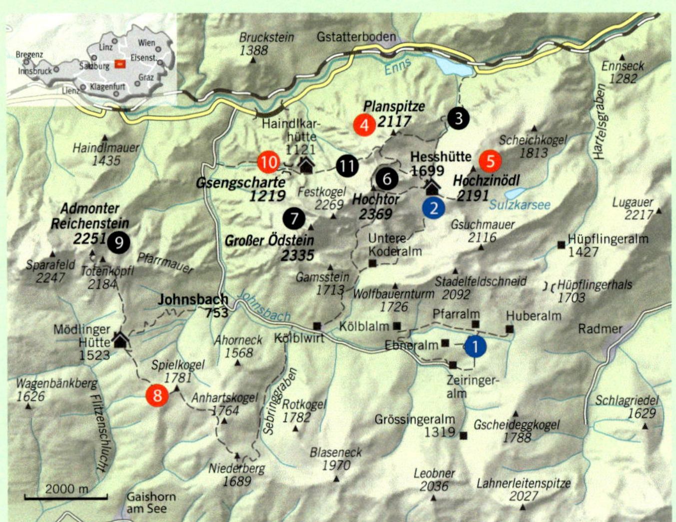

Hütten: Hesshütte (1699 m), ÖAV, Ende Mai bis Ende Oktober, 128 Schlafplätze, Tel. +43/(0)664//4308060. Mödlinger Hütte (1523 m), ÖAV, Mitte Mai bis Anfang November, 74 Schlafplätze, Tel. +43/(0)680/2057139. Haindlkarhütte (1121 m), ÖAV, Anfang Mai bis Anfang/Mitte Oktober, 51 Schlafplätze, Tel. +43/(0)664/1140046.

Karten: Alpenvereinskarte, 1:25.000, Blatt 16 »Ennstaler Alpen«. Freytag & Berndt, 1:50.000, Blatt 062 oder 1:35.000, Blatt 5062. Kompass, 1:25.000, Blatt 206 oder 1:50.000, Blatt 69. Österreichische Karte, 1:50.000, Blätter 4214 und 4215.

Touren-Highlights

1 Johnsbacher Almrunde
Ganz leichte Bergwanderung durch verschiedene Almgebiete im hinteren Johnsbachtal. Teils Forststraßen, teils Fußwege, Einkehrmöglichkeit bieten Kölblalm, Huberalm (am Umkehrpunkt), Ebneralm und Zeiringeralm. Gehzeit ca. 3 Std.

2 Hesshütte (1699 m)
Beliebtes Wanderziel und wichtiger Bergsteigerstützpunkt im Osten der Hochtorgruppe. Der landschaftlich sehr reizvolle Normalzugang kommt vom Kölblwirt über die Untere und Obere Koderalm, zuletzt vorbei am Gamsbrunn, 3 Std.

3 Wasserfallweg zur Hesshütte
Zünftiger Zugang über die steile Nordseite, ausgehend von der Kummerbrücke, 3 km östlich von Gstatterboden. Eine der ältesten gesicherten Steiganlagen in den Alpen (Drahtseile und etliche Leitern), technisch nicht sonderlich schwierig (maximal B), aber Trittsicherheit und Schwindelfreiheit unerlässlich. Aufstieg bis zur Hütte gut 3½ Std.

4 Planspitze (2117 m)
Häufig besuchter Gipfel der Hochtorgruppe mit zwei unterschiedlichen Gesichtern. Von der Hesshütte um die Sporne von Roßschweif und Roßkuppe herum Richtung Peternscharte (hier mündet der sehr anspruchsvolle Peternpfad aus dem Haindlkar mit Stellen I und II), schließlich von Südwesten zum höchsten Punkt, 2 Std. Kombination mit der Nordostroute vom Ebnesanger (oberer Teil des Wasserfallwegs) möglich.

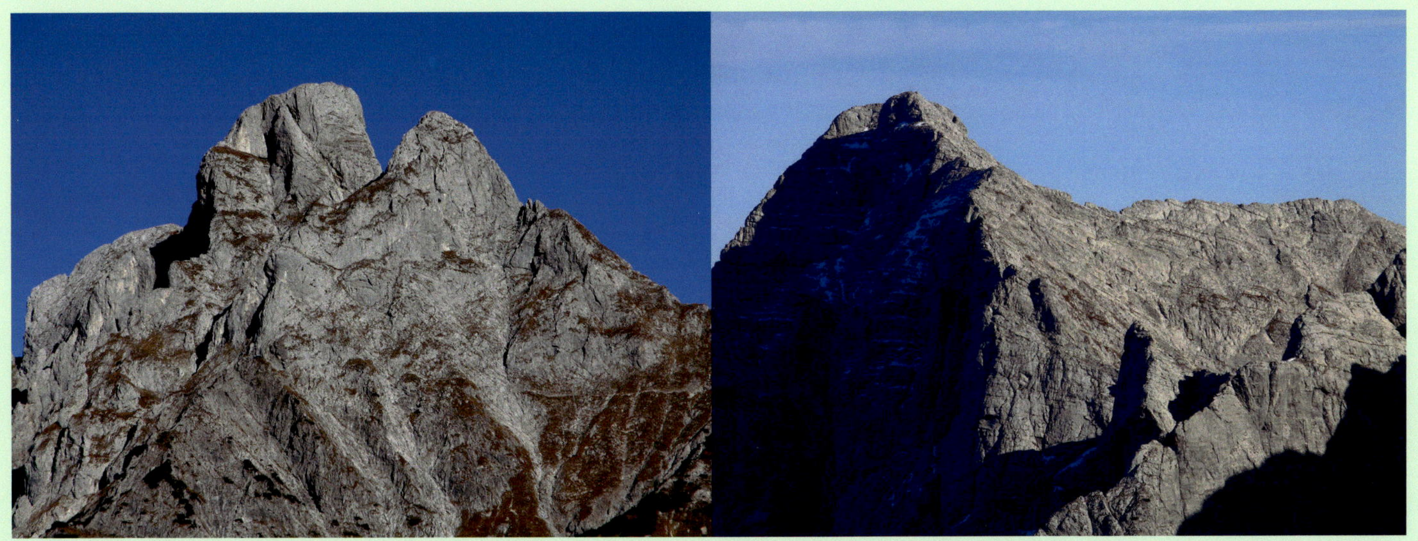

Links: Trotz einer markierten Normalroute sind am Admonter Reichenstein Kletterstellen bis II zu bewältigen.
Rechts: Der höchste Gesäusegipfel, das Hochtor, wird meist über den Gugelgrat bestiegen.

5 Hochzinödl (2191 m)
Aussichtsmäßig sehr lohnender Hausberg der Hesshütte mit zwei markierten Wegen, die sich gut verbinden lassen. Kürzester Anstieg über die Südwestseite 1½ Std., Fortsetzung am Nordostkamm und auf dem Panoramaweg zurück zur Hütte, insgesamt 3 Std.

6 Hochtor (2369 m)
Der höchste Gipfel im Gesäuse bzw. der gesamten Ennstaler Alpen ist ein klassisches Tourenziel für Normalbergsteiger und Kletterer. Als Normalweg gilt der teilweise gesicherte Josefinensteig von der Hesshütte über den Gugelgrat (Stellen I), 2½ Std. Wer von Johnsbach gekommen ist, kann durchs Schneeloch zum Hüttenweg absteigen (leichte Kletterei am Pfeiler, sonst viel Schotter). Gesamtgehzeit für die Überschreitung ab Kölblwirt ca. 8½ Std.

7 Großer Ödstein (2335 m)
Einer der Paradeberge im Gesäuse schlechthin, ausschließlich Kletteranstiege. Markierte Normalroute über das Johnsbacher Schartl und den Kirchengrat, wobei sich die Route meist neben der Schneide bewegt. Große Tour alpinen Charakters mit langen Kletterabschnitten (Schlüsselstellen II–III), 4½ Std. vom Hof Oberkainz.

8 Johnsbacher Höhenweg
Überschreitung von Spielkogel (1731 m) und Anhartskogel (1764 m) von der Mödlinger Hütte aus. Abwechselnd leichte Bergwege und kleinere, mitunter etwas verschlungene Pfade in lichtem Wald. Gesamte Runde mit Abstieg durch den Sebringgraben zurück zum Donnerwirt 6½ Std.

9 Admonter Reichenstein (2251 m)
Hauptgipfel der Reichenspitzgruppe, die von der Hochtorgruppe durch das Johnsbachtal getrennt ist, und einer der unverwechselbaren Charakterberge des Gesäuses. Nur mit Kletterei zu erreichen. Bezeichneter Normalweg (Stellen II) von der Mödlinger Hütte (hierher in 2 Std. vom Donnerwirt) über den Treffnerriedl bis unter das Totenköpfl, Querung in die Südwestseite und in steilem Fels- und Schrofengelände zum Gipfel, 3 Std.

10 Gsengscharte (1219 m) – Haindlkar
Seitenzustieg zur Haindlkarhütte, die direkt unter den Nordwänden der Hochtorgruppe liegt. Abschnittsweise gute Bergwege, vor allem im wilden Gsenggraben aber auch mal anspruchsvoller (Trittsicherheit nötig). Gesamtgehzeit ab Parkplatz Weidendom 4 Std.

11 Peternpfad – Hochtor (2369 m)
Der Nordanstieg auf das Hochtor gilt als sehr anspruchsvolle Tour für klettergewandte Normalbergsteiger. Von der Haindlkarhütte bereits am Peternpfad Stellen I und II (dieser war 2016 durch Felssturz beeinträchtigt, ist inzwischen aber wieder begehbar), anschließend sehr luftig über den Dachl-Roßkuppen-Grat (II–III) zum höchsten Punkt, ca. 5 Std. Gewaltige Landschaftseindrücke!

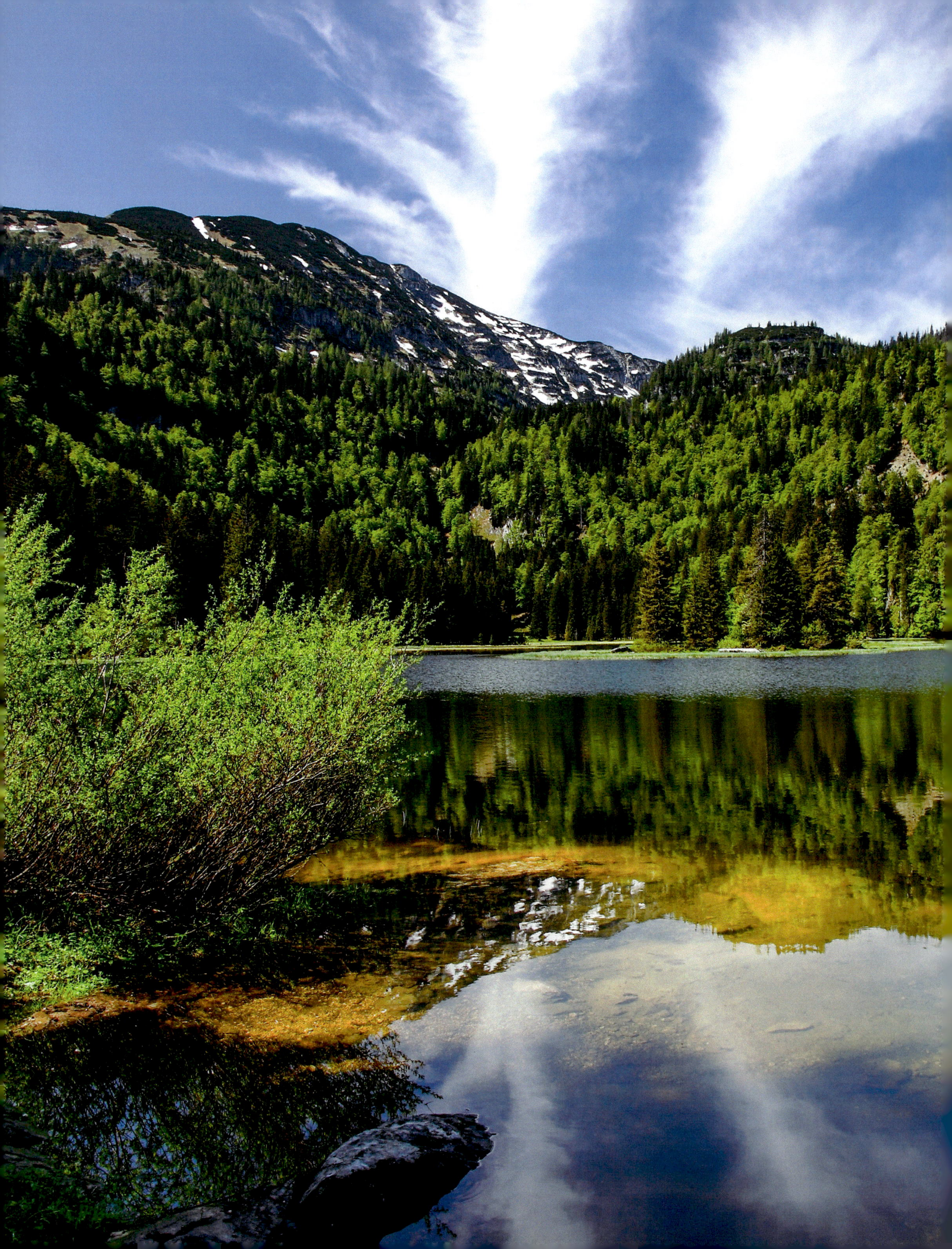

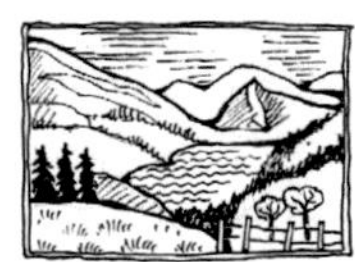

LUNZ AM SEE

Als Perle im Ötscherland kann man das schmucke Dorf an den Ufern des Lunzer Sees mit Fug und Recht bezeichnen. Hier, im alpineren Teil des Mostviertels, geht es ruhig und beschaulich zu. Die waldreiche Gegend, geographisch den Ybbstaler Alpen zugehörig, ist bäuerlich geprägt und frei von großflächigen Erschließungen. Im Gegenteil: Es gibt noch wertvolle Rückzugsräume der Natur, sogar einen echten Urwald! Eingeladen fühlen dürfen sich vor allem Wanderer, die weniger das Spektakuläre denn das Unverfälschte schätzen.

»Die Kalkstöcke von Ötscher, Dürrenstein und Hochkar im Norden, die windungsreichen Schluchten der Erlauf im Osten und der tief eingesägte Bogen des Salzatals im Süden, von der Barriere des Hochschwabs um bis zu 1600 Meter überragt, umschließen ein dünn besiedeltes Gebiet von rund 300 Quadratkilometer Fläche abseits bedeutender Verkehrswege und Städte – ein Gebiet, welches seine frühere Abgeschiedenheit teilweise bis heute bewahrt hat«, referiert Adi Mokrejs in einem Aufsatz über die Ybbstaler Alpen, den er mit dem Slogan »Im Reich des Ötscherbären« überschrieb. Was es damit auf sich hat, lesen Sie auf Seite 218.

WILDE WELTEN AM DÜRRENSTEIN

Mehr als die voralpinen Gipfelhöhen prägen die oft unzugänglichen Gräben und Schluchten den weitläufigen, von dichten Waldteppichen geprägten Landstrich. Sie formieren nicht nur ein spannendes Relief, sondern hüten auch wertvolle Ökosysteme mit einer ganz spezifischen, mikroklimatisch bedingten Flora. Durch den wildromantischen Lechnergraben, der zur Freude der Bergwanderer immerhin einen schmalen Steig trägt, bin ich auf die Ybbstaler Hütte gekommen. Vorbei am Grünloch, das mit dem außergewöhnlichen Rekord als kältester Fleck Österreichs aufwartet: gemessen im Winter 1932 mit unglaublichen minus 52,6 Grad Celsius. Ich begreife sofort, als ich der Topographie ansichtig werde: eine abflusslose Hochmulde, wo sich bei windschwachen Verhältnissen ein perfekter Kältesee ausbilden kann …

An diesem schwülwarmen Maitag ist davon freilich nichts zu spüren. Im Gegenteil: Nach einer Besteigung des Hausbergs namens Noten, wo mein Blick über die Gipfelwogen der Steirisch-Niederösterreichischen Voralpen schweift und sich eine Kreuzotter flugs in den Latschen verkriecht, entlädt sich die aufgeheizte Luft in kräftigem Gewitterregen. Glücklicherweise habe ich rechtzeitig Unterschlupf gefunden und glücklicherweise ist die Luft am Morgen darauf wieder klar, sodass meinem Hauptziel, dem Dürrenstein, nichts im Wege steht.

Der Dürrenstein ist der Berg schlechthin um Lunz. Keine 2000 Meter hoch und damit nach alpinen Maßstäben bescheiden, aber doch ein ziemlicher Brocken, wenn man die mindestens vier-, eher fünfstündigen Anstiege aus dem Tal ins Kalkül zieht. Umso willkommener erscheint die behagliche Ybbstaler Hütte als Stützpunkt. Nach Durchstreifen einer karstigen Landschaft, in der sich Latschenfelder und grüne Böden, Karren und Dolinen abwechseln, gibt der Gipfel endlich den Blick in alle Richtungen frei: Im Süden

Der Obersee im Seetal gehört zu meinen Lieblingsplätzen um Lunz. Eine botanische Besonderheit sind die Schwingrasen, die auf die Wasseroberfläche hinauswachsen.

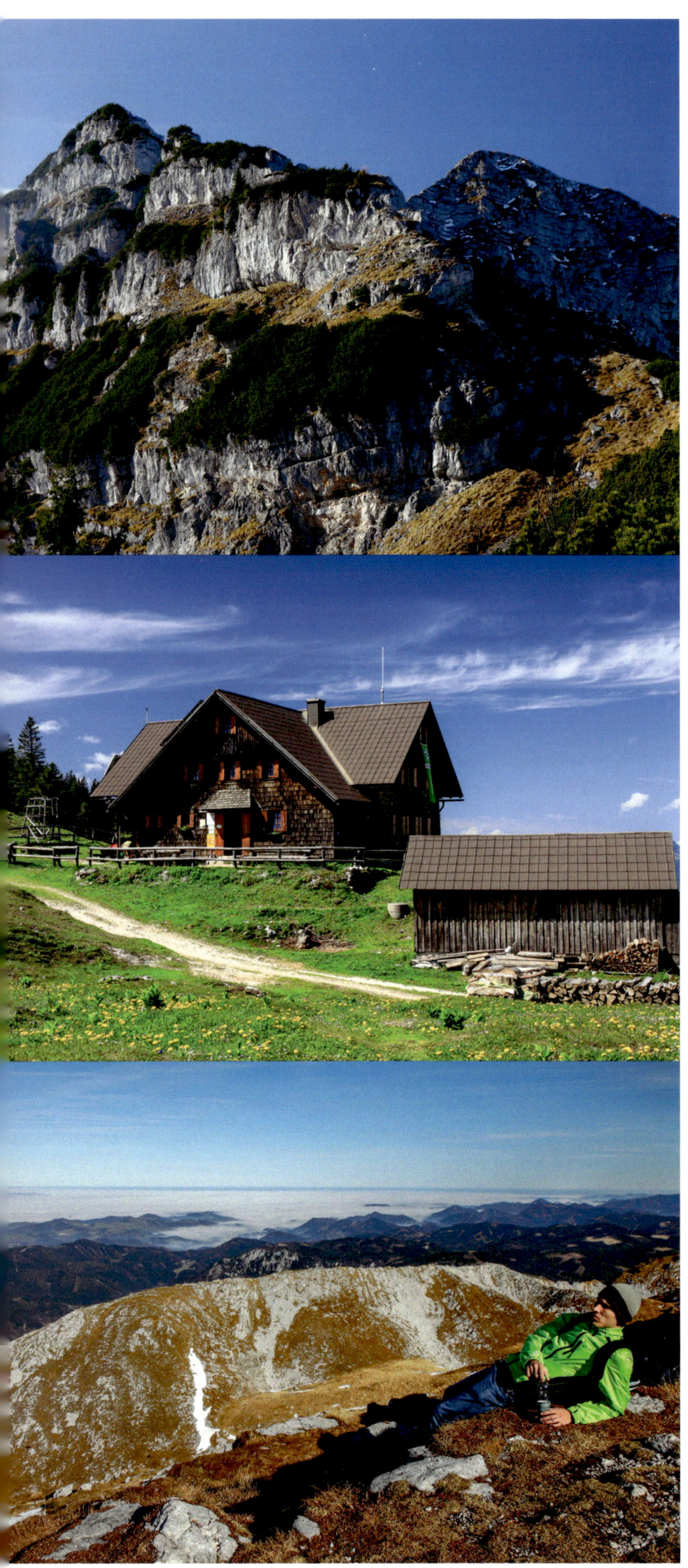

beeindruckt hinter der Kräuterin die gesamte Nordfront des Hochschwabs, im Westen stehen die obersteirischen Kalkmassive der Ennstaler Alpen und des Toten Gebirges gestaffelt, letzteres schon ins Oberösterreichische übergehend. Vom Gebiet der Eisenwurzen schwingen dunkelgrüne Hügelwellen ins nördliche Alpenvorland aus, in der Ferne lässt sich der Böhmerwald erahnen und ein gutes Stück im Osten schon die Wiener Hausberge. Vor allem ist es aber der Ötscher, der in dieser Richtung die Blicke auf sich zieht – ich werde noch auf ihn zurückkommen.

Kaum minder interessant als das große Panorama vom Dürrenstein ist auch die Landschaft, die seinen Sockel umgibt, vor allem auf der Südostseite. Inmitten eines weitläufigen grünen Pelzes liegt dort nämlich mit dem Rothwald der letzte faktische Urwald nennenswerten Ausmaßes in Österreich, vollkommen unbehelligt von Axt und Motorsäge und auch nicht allgemein zugänglich. Als Teil des Wildnisgebiets Dürrenstein, das um die Jahrtausendwende ins Leben gerufen und mittlerweile auf 35 Quadratkilometer vergrößert wurde (Tendenz bzw. Zielrichtung steigend), ist es streng geschützt und soll sich ohne besondere Einflussnahme frei entwickeln. Ein Ansatz, den man beispielsweise auch aus dem Schweizerischen Nationalpark im Engadin kennt.

UM DEN LUNZER SEE

Der schönste Abstieg vom Dürrenstein führt am Nordostausläufer entlang und dann durchs Seetal zurück nach Lunz. Dabei gibt es weitere Kleinode zu entdecken, etwa die herrliche Bergwiese beim Leonhardikreuz, vor allem aber den märchenhaften Obersee mit seinen Schwingrasen. Etwas unterhalb rauscht der Ludwigfall in die Tiefe, ehe man, am Mittersee vorbei, allmählich wieder aus der Wildnis hervortritt und am Lunzer See das gediegene Flair eines hübschen, touristisch genutzten Gewässers mit Badebetrieb, Bootsverleih und Seebühne auf sich wirken lassen kann. Für den Ort

Der Raue Kamm am Ötscher (oben) ist die spannendste Tour im Umkreis. Die felsigen Aufschwünge verlangen etwas Kletterei.
Mitte: Basislager für den Dürrenstein: die Ybbstaler Hütte verströmt urtümlichen Charme.
Zuoberst am Ötscher (unten) breitet sich ein sanftes Gipfelplateau aus. Zeit für eine Siesta mit toller Fernschau, die besonders an klaren Föhntagen zur Geltung kommt.

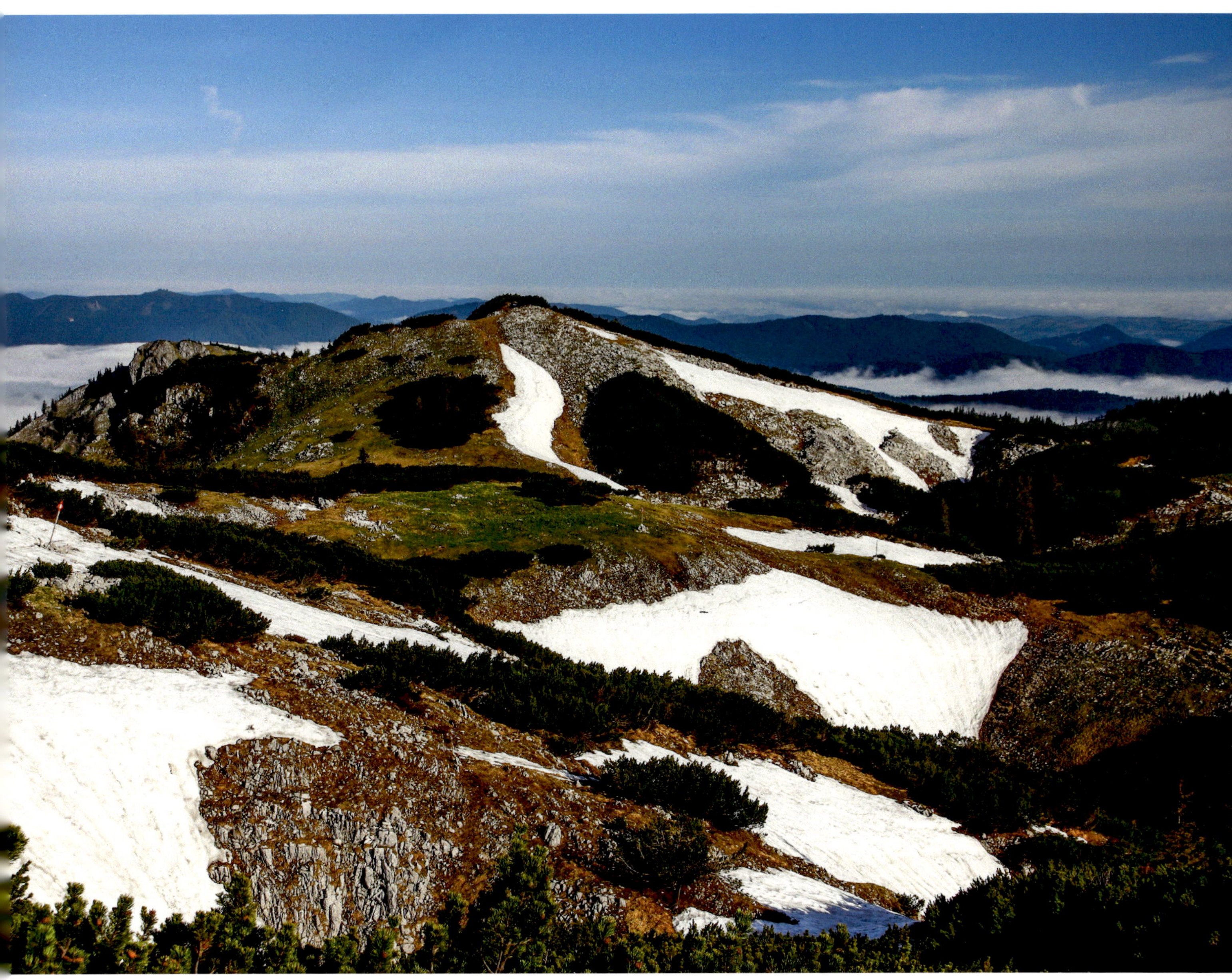

Der Aufstieg zum Dürrenstein verläuft über welliges, teilweise verkarstetes Gelände. Im Frühsommer sind noch letzte Schneefelder zu traversieren.

Lunz ist sein See natürlich ein Glücksfall. Er dient aber auch der modernen limnologischen Forschung, basierend auf einer langen wissenschaftlichen Tradition, die schon gegen 1900 ihren Anfang nahm.

Was gibt es sonst noch rundherum? Die Tourenmöglichkeiten sind sicher nicht so üppig wie in Bergsteigerdörfern mit hochalpiner Umgebung. Als recht zünftig darf die verhältnismäßig selten ausgeführte Tour auf den Kulissenberg Scheiblingstein gelten, wobei man allerdings besser über die »Rückseite« hinaufgelangt und zuoberst mit der wohl reizvollsten Perspektive auf den Lunzer See belohnt wird. Wer vom Parkplatz hinter Langau ins Tal des Taglesbachs eintritt, muss freilich schon nach ein paar Schritten achtgeben und einen kleinen, unscheinbaren Pfad aufspüren. Beschilderung und Markierung: Fehlanzeige. Das verleiht der Tour einen etwas exklusiven Anstrich. Tatsächlich ist der Steig im weiteren Verlauf aber gut zu verfolgen. Erst ab rund 1300 Meter Höhe lichtet sich der Wald und

DIE KURZE GESCHICHTE VOM ÖTSCHERBÄREN

Im Jahr 1972 verbreitete sich die Kunde, im Ötschergebiet sei Meister Petz wieder aufgetaucht. Das fortan »Ötscherbär« genannte Tier goutierte offenbar den Lebensraum mit seinen tiefen Wäldern und blieb, ohne allerdings auf ungeteiltes Willkommensgeheiß zu stoßen. Der Bär war hierzulande ja seit dem 19. Jahrhundert ausgerottet, mit ihm aber nicht das verzerrte Bild von der Bestie, die Schrecken über die Bevölkerung bringt. Als manch einer noch den Abschuss forderte, kümmerten sich Wissenschaftler schon um ein Wiederansiedelungsprogramm, sodass sich eine kleine, aber vorübergehend stabile Population in den Steirisch-Niederösterreichischen Kalkalpen entwickelte. Seit dem Jahr 2011 sind hier jedoch keine Tiere mehr nachweisbar. Die Ursachen dafür konnten nicht restlos geklärt werden, doch dürfte Wilderei eine nicht unwesentliche Rolle gespielt haben … Wie formulierte noch Adi Mokrejs in ehedem optimistischer Haltung: »Brauchen wir den Bären? Wir brauchen ihn genausoviel oder -sowenig wie den Schutz der Antarktis, das Besteigungsverbot für den heiligen Berg Kailas, wie einen stimmungsvollen Sonnenuntergang, einen alten Cognac, eine Holbein-Madonna oder ein Beethoven-Trio. Viele Menschen kommen ganz gut ohne all dies aus. Aber insgesamt wäre man doch etwas ärmer«.

gibt die Ausblicke frei. Allerdings sollte man sich in der aufsteilenden Grasrinne nicht zu sehr ablenken lassen und die Konzentration lieber auf die eigenen Füße richten. Besonders bei Nässe ist der Durchstieg zur Kammhöhe auf erdigen Tritten etwas heikel. Zuletzt steigt man aus der Scharte rasch nach rechts auf die Aussichtskanzel der Scheibe oder nach links zum höchsten Punkt am Scheiblingstein. Der Entdeckungslustige tut selbstverständlich beides.

Im Nahbereich des Orts offerieren Steinbauernberg und Lunzberg kleine Wanderungen für Kurzentschlossene, Letztgenannter am besten kombinierbar mit dem Bahnerlebnisweg, der sich zwischen Lunz und dem Weiler Pfaffenschlag an der Trasse des Ötscherland-Express, einer Museumsbahn, entlangschlängelt. Diese Strecke wurde 1898 als Teil der Ybbsbahn eingeweiht und gilt ihrer aufwendigen Konstruktion wegen auch als »kleine Semmeringbahn«. Ansonsten will einfach eine bäuerlich geprägte Landschaft entdeckt werden, wie sie etwa im Kothbachtal noch in Reinkultur anzutreffen ist.

DER RAUHE KAMM AM ÖTSCHER

Schon ein Stück weit entfernt von Lunz, aber immer noch im Einzugsgebiet, zählt der Ötscher zu den auffälligsten Landmarken der Niederösterreichischen Voralpen. Sagen und Legenden ranken sich um den isoliert zwischen Erlauf und Ois (Ybbs) aufragenden Berg, der einem ganzen Landstrich den Namen verliehen hat: dem Ötscherland. Als Bergsteiger kommt man an ihm sicher nicht vorbei. So mache ich mich an einem jener milden Spätherbsttage, wie sie für die voralpinen Ziele von Rang schon immer ideal waren, vom Forsthaus Raneck bei Lackenhof auf den Weg. Anfangs erwartet mich ein Forststraßenhatscher Richtung Bärenlacken. Das muss so sein, denn mich lockt nicht die naheliegende Normalroute, sondern der Rauhe Kamm, jener berüchtigte, zuweilen recht streng dargestellte Nordostgratausläufer des Bergs. Der Name genügt ja, um schon mal Respekt zu zollen, und tatsächlich muss man im Verlauf der Tour die Hände aus den Hosentaschen nehmen. Doch die Kletterei behält für Routinierte etwas Spielerisches und ist auch immer wieder – ich würde sogar sagen: mehrheitlich – durch Gehgelände unterbrochen. Im Gipfelbereich verblüfft dann ein ausgedehntes Plateau. Nicht zuletzt weil eine extreme Inversionswetterlage mit Föhnunterstützung diesen Tag am Ötscher zu etwas Besonderem macht, wird mir die Tour unvergesslich bleiben: Anfang November herrscht hier oben praktisch Sommer! Bei solchen Bedingungen wäre doch auch die mehrtägige Alpintour vom Hochkar über den Dürrenstein bis zum Ötscher eine Verlockung, denke ich. Vielleicht im nächsten Jahr, wenn die »Perle im Ötscherland« wieder zu einem Besuch lockt …

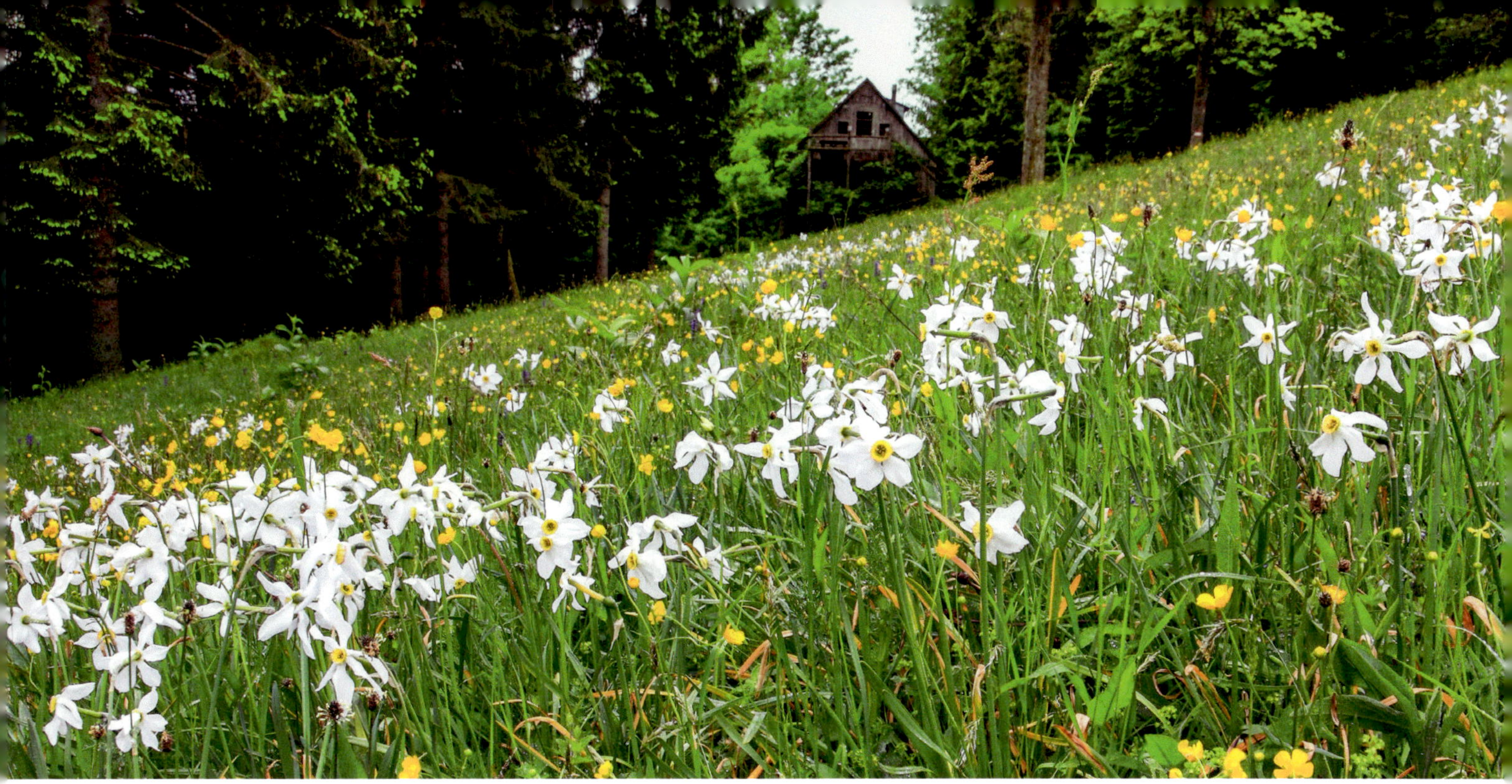

Zeitig im Frühjahr blühen die Narzissenwiesen am Lunzberg (oben).
Im Herzen des Ötscherlandes: beim Forsthaus Raneck hinter Lackenhof (unten).

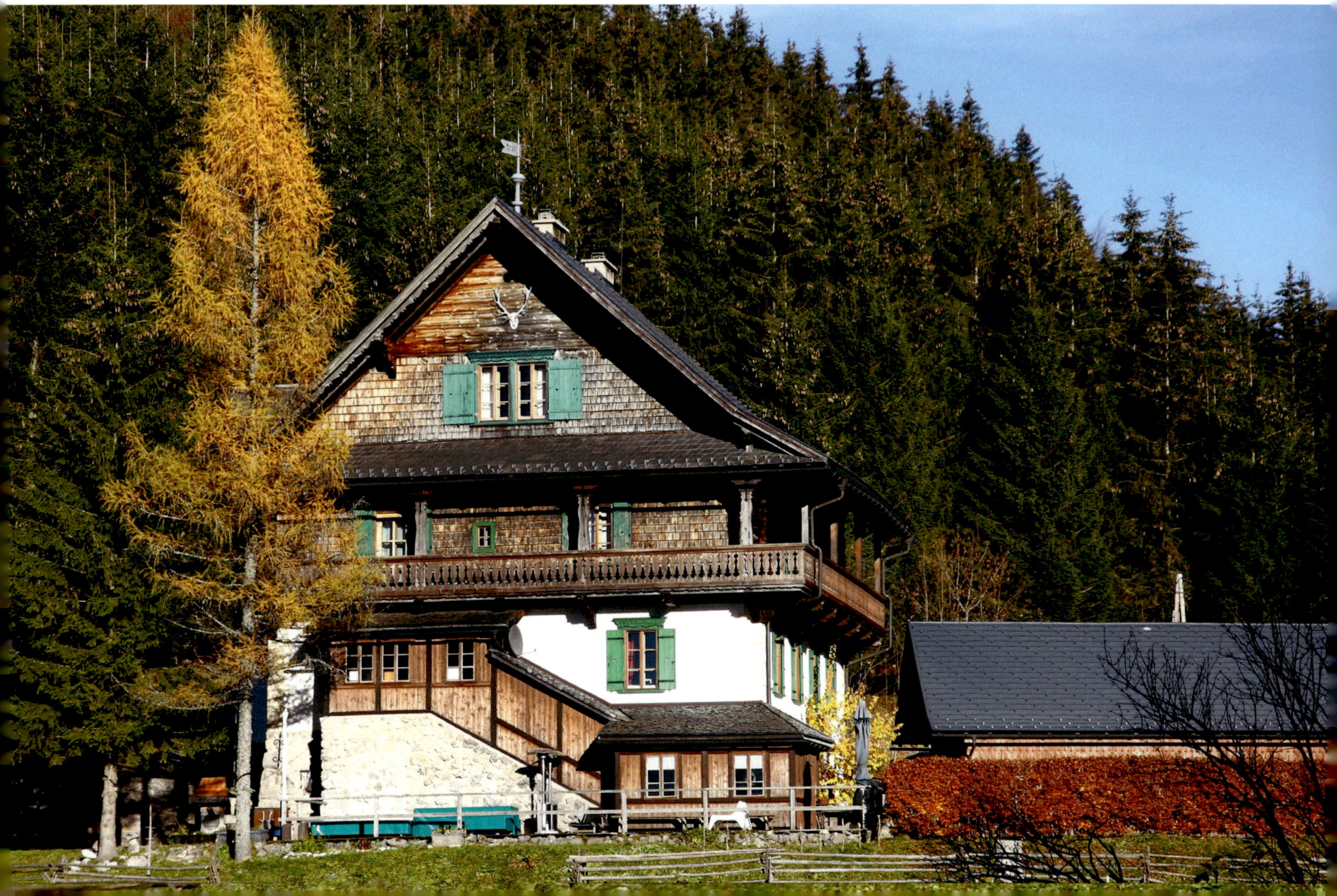

LUNZ AM SEE

Lage: Lunz (601 m) liegt nahe dem gleichnamigen See im Tal der Ybbs im südwestlichen Niederösterreich (Mostviertel), das auch zur Region der Eisenwurzen bzw. nach der Alpenvereinskategorisierung zu den Ybbstaler Alpen gehört. Abseits des Dorfes gibt es bäuerliche Streusiedlungen, die Bevölkerung umfasst rund 1800 Einwohner.

Anreise: Von der Ausfahrt Ybbs an der Westautobahn (A1) geht es auf der B25 über Scheibbs nach Lunz am See. Aus Süden kommt man via Kapfenberg und Mariazell (B20 und B71) ans Ziel.

Öffentliche Verkehrsmittel: Mit der Bahn nach Waidhofen a. d. Ybbs oder nach Scheibbs. Von Waidhofen fährt auch ein Bus nach Scheibbs, dort Anschluss an den Bus nach Lunz.

Informationsbüro: Tourismusverein Lunz am See, Amonstraße 16, A-3293 Lunz am See, Tel. +43/(0)7486/8081-15, www.lunz.at/tourismus.

Hütten: Ybbstaler Hütte (1344 m), ÖAV, Anfang Juni bis Ende Oktober, ab Mai an Wochenenden, 47 Schlafplätze, Tel. +43/(0)664/9886801. Ötscher-Schutzhaus (1418 m), ÖTK, Anfang Mai bis Ende Oktober, 47 Schlafplätze, Tel. +43/(0)7480/5249.

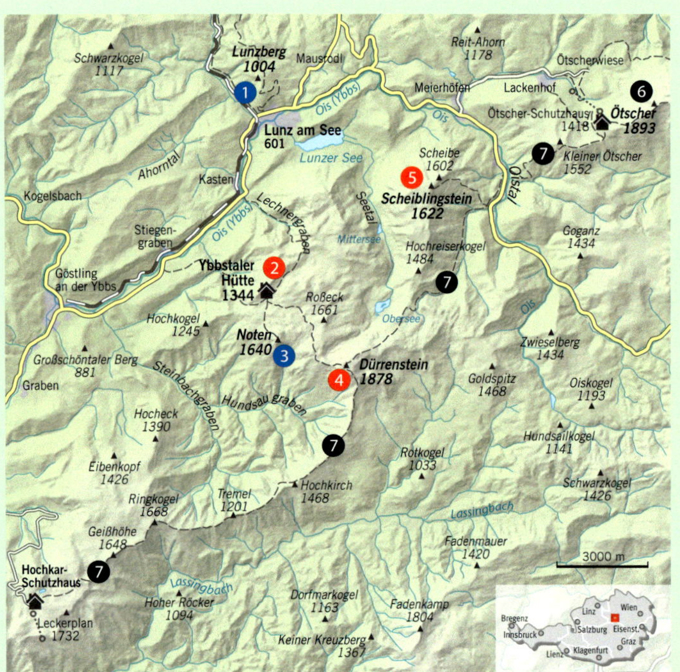

Karten: Freytag & Berndt, 1:50.000, Blatt 031. Kompass, 1:50.000, Blatt 212. Österreichische Karte, 1:50.000, Blätter 4204 und 4210.

Touren-Highlights

1 Bahnerlebnisweg – Lunzberg (1004 m)

Von Lunz meist direkt entlang der Trasse des Ötscherland-Express (verkehrt sonn- und feiertags nach Fahrplan) über Neidfleck und Bodingbach nach Pfaffenschlag, anschließend mit Nr. 11 (meist breite Forstwege) über den Lunzberg zurück nach Lunz. Gehzeit insgesamt 4 Std.

2 Lechnergraben – Ybbstaler Hütte (1344 m)

Reizvollster Hüttenzustieg durch einen tiefen, urwüchsigen Geländeeinschnitt (schmaler, aber ordentlicher Steig), später am Grünloch vorbei auf der Hochfläche bis zur Wiesenalm. Ab Parkplatz bei der Töpperbrücke 3½ Std. Alternative Routen durch den Höllgraben oder von Steinbach.

3 Noten (1640 m)

Gipfelziel im Nahbereich der Ybbstaler Hütte, auf markierter, leicht karstiger Route über die Nordwestseite leicht in 1 Std. zu erreichen. Tolle Aussicht zum Dürrenstein und weit in die Steiermark hinein.

4 Dürrenstein (1878 m)

Höchster Punkt eines ausladenden Massivs zwischen Ybbs und Lasingbach, das zu den topographisch wichtigsten in Niederösterreich gehört. Von der Ybbstaler Hütte über karstige Böden und durch Latschengassen 2½ Std. Besonders reizvoll als Überschreitung mit Abstieg via Leonhardikreuz (in der Nähe der bewirtschafteten Herrenalm), Obersee und Seetal zum Lunzer See; bis dorthin nochmals gut 4 Std.

5 Scheiblingstein (1622 m)

Kulissenberg des Lunzer Sees mit toller Aussicht auf diesen. Bester Anstieg aus dem Oistal hinter Langau auf nicht markiertem Bergpfad. Zwei Drittel durch Wald, im oberen Teil sehr steile Grashalden, die Trittsicherheit verlangen. 2½ Std. vom Parkplatz; Abstecher auf die Scheibe (1602 m) nicht verpassen. Gute Pfadsucher können eine Fortsetzung über Bärenleitenkogel und Hochreisekogel zum Weg durchs Taglesbachtal erwägen.

6 Ötscher (1893 m)
Großartige Überschreitung des prägnanten Voralpenberges, bergsteigerisch spannend vor allem am Rauhen Kamm mit seinen leichten Kletterstellen, die kaum über den I. Grad hinausgehen. Der Normalweg über das Ötscher-Schutzhaus ist wandertechnisch nur mittelschwer und wird durch einen Lift sogar erleichtert. Rundtour ab Ötscherwiese oder Forsthaus Raneck (Zufahrt über Lackenhof) insgesamt 6½ Std. Interessant sind im Übrigen auch die Ötschergräben auf der Südseite des Massivs.

7 Alpintour Hochkar – Dürrenstein – Ötscher
Ausschweifende, mehrtägige Unternehmung, die hauptsächlich den Kämmen folgt und neben alpiner Erfahrung auch viel Ausdauer verlangt. Sie sollte logistisch gut geplant sein, denn die möglichen Nächtigungsorte liegen weit auseinander und nicht optimal. Vom Hochkar-Schutzhaus über Geißhöhe und Ringkogel zum Tremmlsattel, weiter über Hochkirch auf den Dürrenstein mit der Option des Abstiegs zur Ybbstaler Hütte. Vom Dürrenstein langer Abstieg ins tiefe Oistal und im Anschluss Richtung Ötscher.

Das Bergsteigerdorf Lunz liegt an der Ybbs im niederösterreichischen Mostviertel. Bei einem Dorfspaziergang lernen wir das Amonhaus und die hölzerne Brücke kennen und stimmen uns auf die voralpine Umgebung ein.

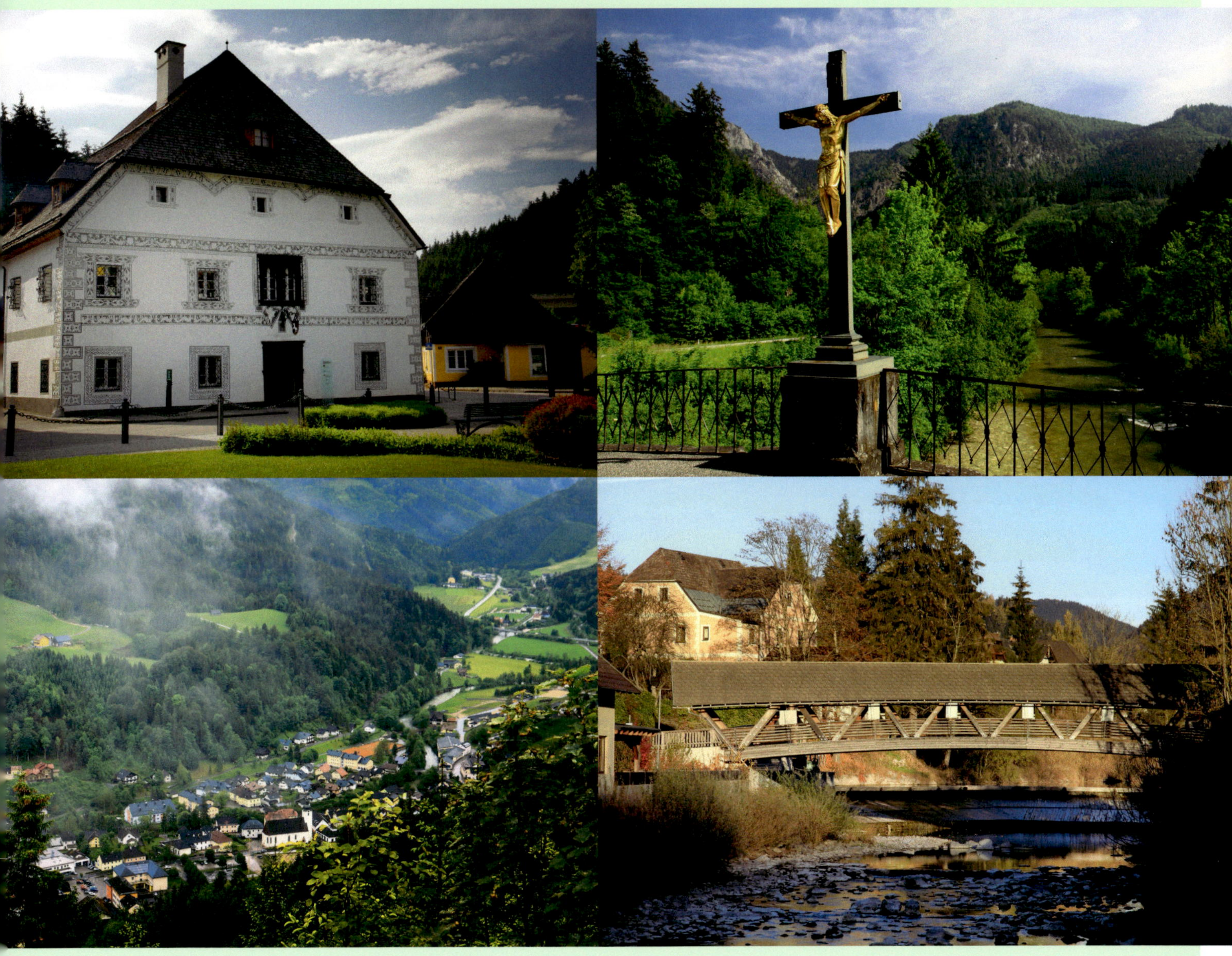

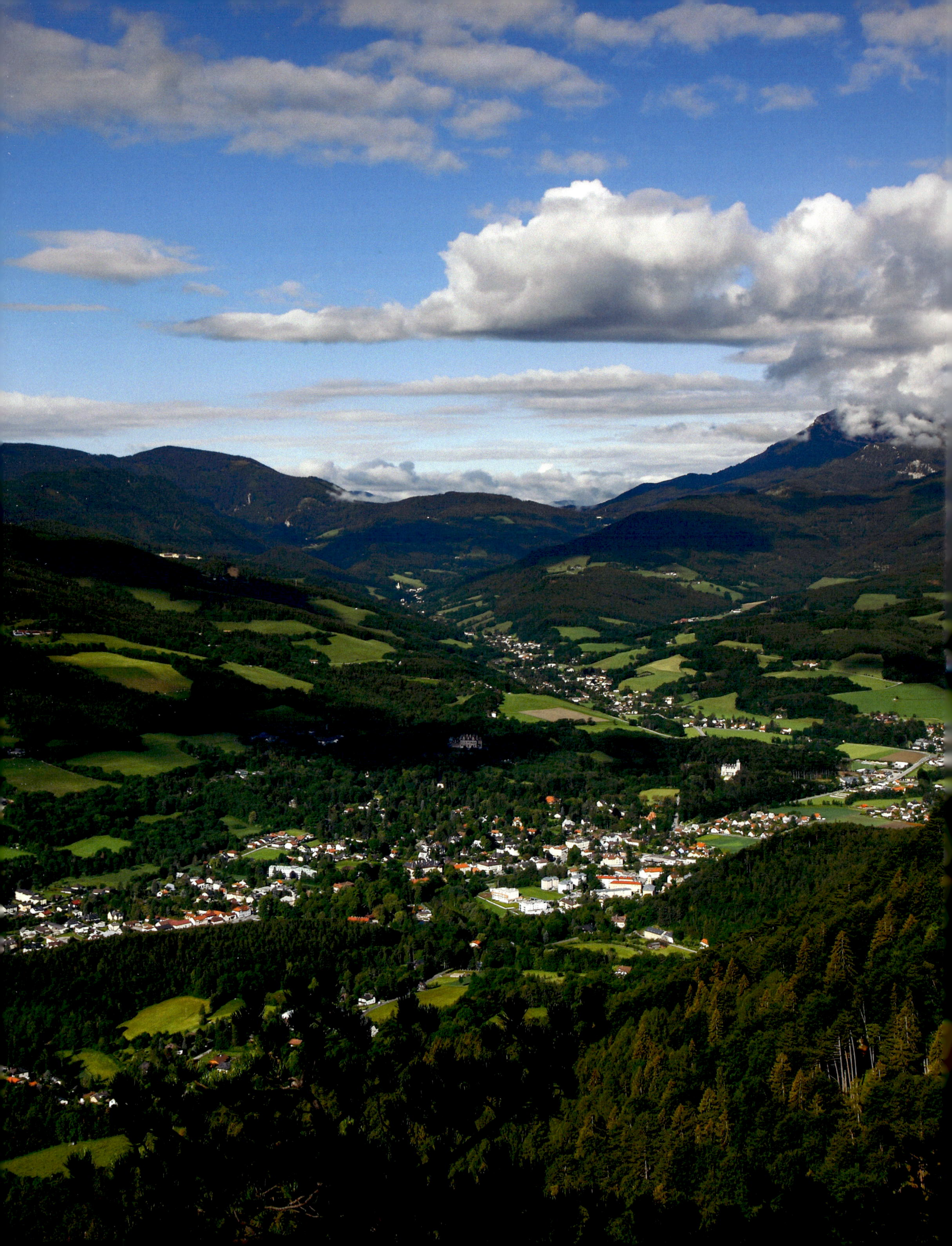

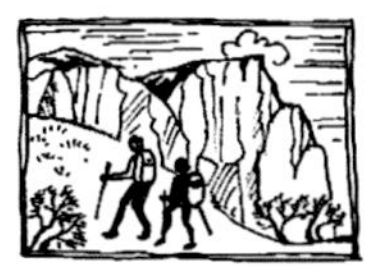

REICHENAU AN DER RAX

Das östlichste Bergsteigerdorf liegt schon im erweiterten Einzugsgebiet der Bundeshauptstadt, in den sogenannten Wiener Alpen, wo Rax und Schneeberg die erste echte alpine Gebirgskulisse aufwerfen. Reichenau kann auf eine mehr als 150-jährige Tradition als stilvoller Fremdenverkehrsort zurückblicken und hat neben Sommerfrischlern schon früh Wanderer und Kletterer angezogen. Somit nimmt es auch einen festen Platz in der Alpingeschichte ein.

Richtig in Schwung kam der Tourismus hier um die Mitte des 19. Jahrhunderts, als zunächst die Südbahn von Wien nach Gloggnitz erbaut wurde und in weiterer Folge die spektakuläre Semmeringbahn, die heute zum Weltkulturerbe der UNESCO gehört. Reichenau avancierte zur beliebten Sommerfrische der wohlhabenden Wiener Gesellschaft und etablierte sich als Kurort mit Noblesse. Villen und Parks gehören ebenso zum Ortsbild wie die alpine Umrahmung, die vor allem den Plateaustock der Rax ins Blickfeld rückt. Nebenan erheben sich die Ausläufer des Schneebergs, seines Zeichens östlichster Alpenzweitausender und zugleich höchster Berg Niederösterreichs.

RAXLANDSCHAFT

Was den Wienern ihre wohlvertrauten Hausberge am Beginn der Alpen sind, lag für mich stets weit entfernt quasi an deren Ende – schlicht eine Sache der Perspektive … Irgendwann verschafften sich freilich Neugier und Entdeckungslust Raum, auch die letzten Berge vor der Pannonischen Tiefebene kennenzulernen, Perspektiven buchstäblich zu verschieben, Horizonte zu erweitern. Eine der ersten Erkenntnisse: Wanderungen über die Hochfläche der Rax bezeugen unweigerlich die Verwandtschaft zu Gebirgen wie Hochschwab, Dachstein oder dem Steinernen Meer. Die typische, wellige »Raxlandschaft« hat als geomorphologischer Fachbegriff sogar Eingang in die Wissenschaft gefunden und kennzeichnet hoch über jüngeren Kerbtälern gelegene Reste alter Verebnungsflächen, wie sie in den Nördlichen Kalkalpen zwischen Salzburg und Wien ja weithin in Erscheinung treten.

An warmen Frühsommertagen bot sich mir ein friedvolles, heiteres Bild der Rax, ein nachgerade unbeschwertes Unterwegssein auf vorbildlich ausgebauten Wegen. Kommen Schönwetter und Wochenende zeitlich zusammen, tummelt sich dort oben gewöhnlich viel Volk, sprichwörtlich sogar »halb Wien«, sodass es für die Städter nicht unwahrscheinlich wäre, zufällig Bekannte zu treffen, die man daheim in der Metropole schon lange nicht mehr gesehen hat. Doch der Kenner weiß: Die Rax kann auch anders! Eine Kostprobe von den Launen des Wetters mag ein herbstlicher Föhnsturm vermitteln, wenn trotz stahlblauen Himmels die unermessliche Fernsicht mangels Deckung kaum angemessen zu würdigen ist. Oder weitaus prekärer noch die alle Konturen verwischende Nebelsuppe, die den arglosen Wanderer wenige Schritte abseits des markierten Wegs bereits in einen karstigen Irrgarten entgleiten lässt. Schon der legendäre Rax-Erschließer Fritz Benesch, dessen Denkmal übrigens beim Ottohaus betrachtet werden kann, nannte sein Lieblingsgebirge »feierlich ernst an sonnigen Tagen, aber düster und dämonisch, wenn trübe Wolkenschleier am Himmel hängen«.

Vom Geyerstein genießen wir die sogenannte »Jubiläumsaussicht« über die Gegend um Reichenau.

SANFTE ANNÄHERUNG

Eine Reise nach Reichenau: Wem der erste Besuch der Gegend überhaupt noch bevorsteht, der sollte sich vielleicht gar nicht unbedingt schnurstracks den oberen Stockwerken zuwenden. Wo die Schwarza die schluchtartige Verengung zwischen Rax und Schneeberg verlässt, betten sich die Ortschaften Hirschwang, Reichenau und Payerbach sowie Edlach und Prein in ein anmutig walddurchsetztes Landschaftsgefüge – wunderbar zu überblicken etwa von der sogenannten Jubiläumsaussicht am Geyerstein. Das ist mal ein Anfang! Wandert man von dort weiter über die Waldburgangerhütte auf die abgeschiedene, rund 1100 Meter hoch gelegene Bodenwiese, wähnt man sich am Gahnsplateau in absolut mittelgebirgsaffinen Gefilden. Die Runde ließe sich prima durch die Eng, eine jener versteckten Waldschluchten, schließen, als längere Variante auch über das Naturfreundehaus auf Knofeleben Richtung Kaiserbrunn,

Die Rax habe ich wegen ihrer Vielseitigkeit schätzen gelernt. Am weitläufigen Hochplateau gibt es herrliche Wanderwege, wie hier über die Heukuppe zum Karl-Ludwig-Haus.

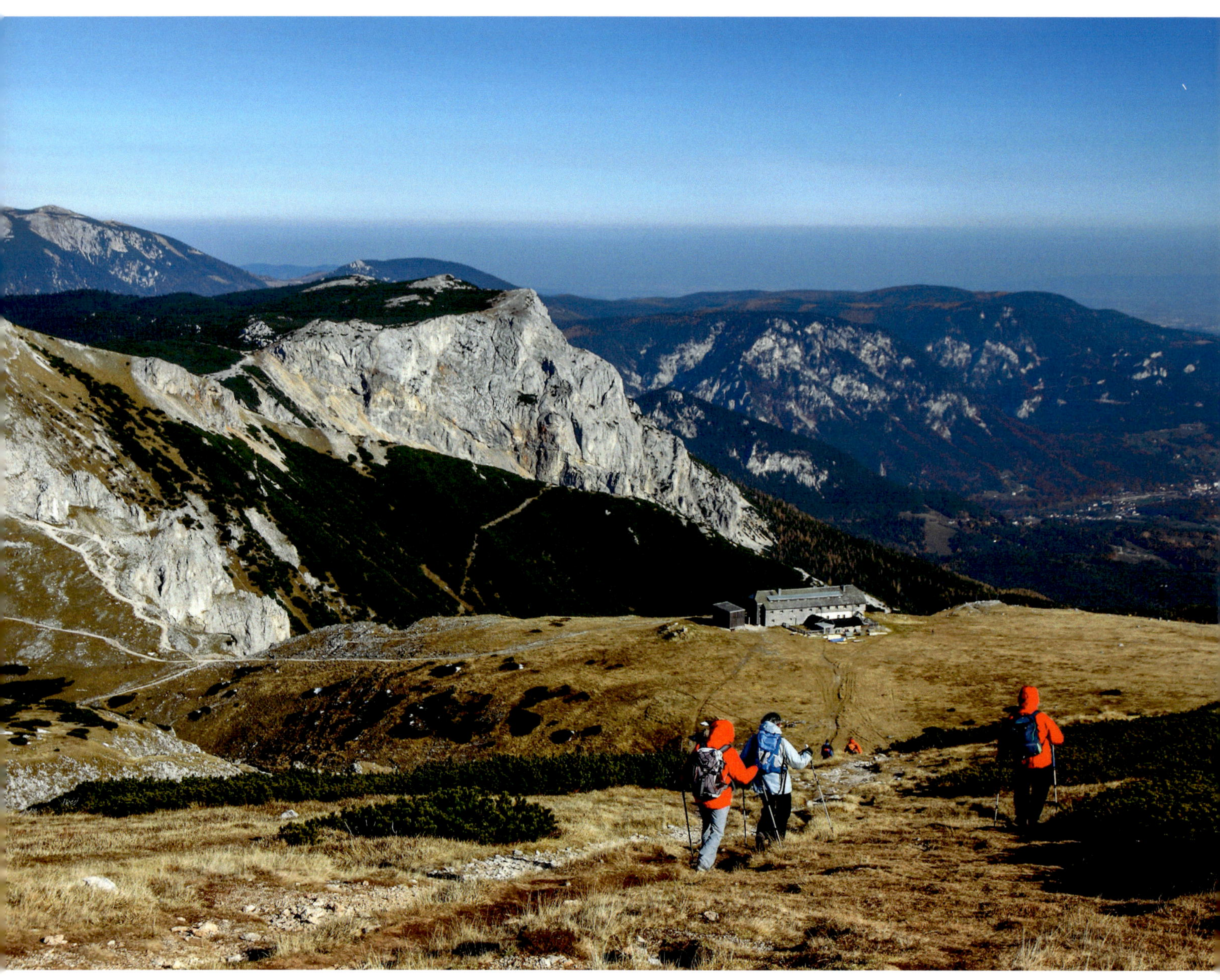

wo die bedeutende Erste Wiener Hochquellenleitung zur Wasserversorgung der Hauptstadt gefasst wurde. Von Knofeleben verspricht der Krummbachstein bereits veritables Gipfelgefühl – dem Schneeberg südöstlich vorgelagert und daher mit besonders schöner Aussicht gesegnet. Südlich der Talschaft modelliert indes der Kreuzberg einen sanften Riegel gegen den Semmering hin und bietet sich ebenso gut an für eine erste Stippvisite ohne nennenswert alpinen Anstrich.

Alsbald wird dann aber doch die Rax locken. Der ausladende Tafelberg macht sich halt ziemlich breit im Gesichtsfeld und lässt vielfältige Möglichkeiten erahnen. Und tatsächlich sind die relativ steilen, da und dort sogar beachtlich schroffen Außenflanken gespickt mit interessanten Anstiegsmöglichkeiten. Prinzipiell kann man zigmal auf die Rax gehen, ohne sich wiederholen zu müssen. Da stehen mit Schlangenweg und Törlweg eher großzügig angelegte Routen zur Auswahl, mit Waxriegel- und Holzknechtsteig

An den Rändern des Massivs zeigen sich aber auch respektable Felsabbrüche. So ist beispielsweise die Preiner Wand zu einem begehrten Ziel für Kletterer und Klettersteiggeher avanciert.

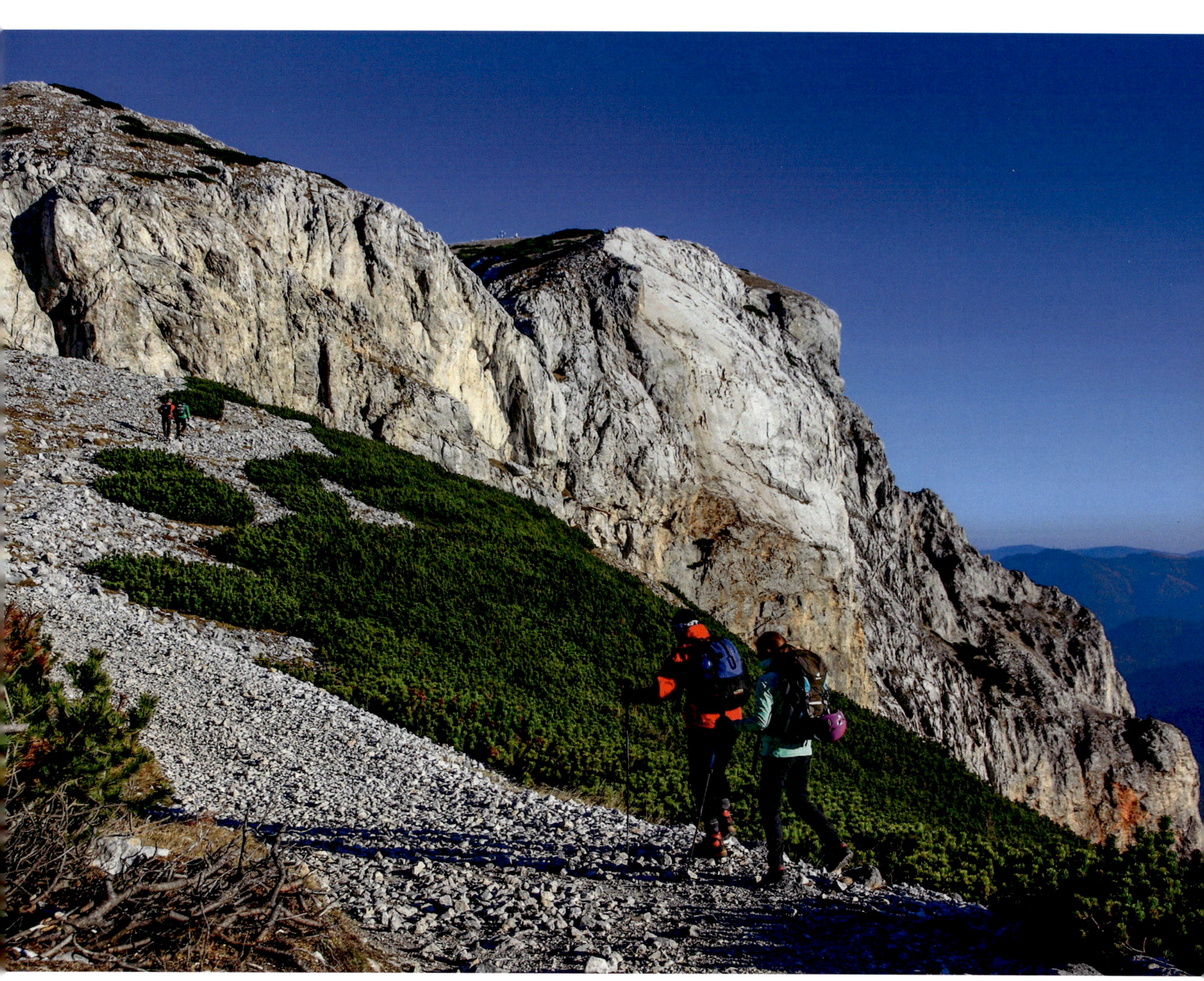

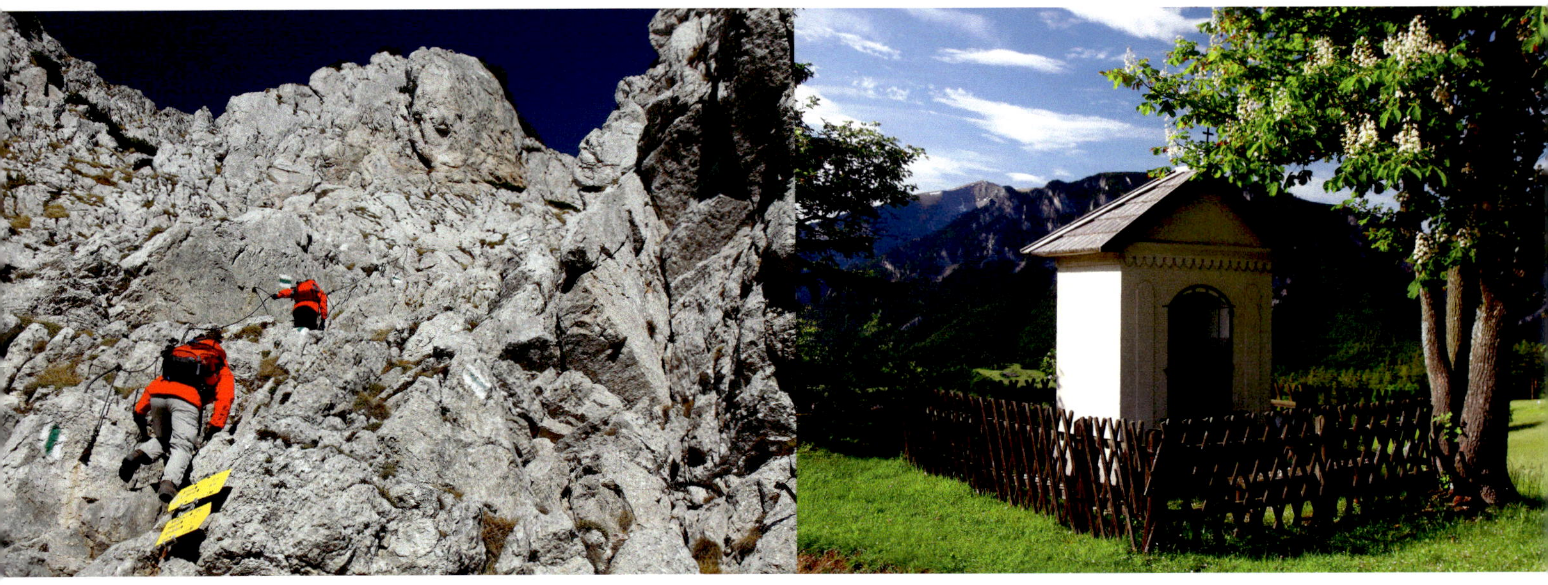

Gesicherte Felsensteige wie der Reißtalersteig verleihen mancher Raxtour die alpine Würze (links). Rund um Reichenau gibt es malerische Idyllen zu entdecken, hier am Weg zum Kreuzberg (rechts).

etwas rauere Varianten, mit Preinerwand-, Gretchen- oder Reißtalersteig auch solche inklusive eisenhaltig entschärfter Kraxeleinlagen. Bequeme Ausflügler ersparen sich gern alle Mühen und nehmen die im Jahre 1925 als erste Personenseilschwebebahn Österreichs eingeweihte Raxbahn, um sich hernach am weitläufigen Plateau zu verlustieren. Ohne die Barriere der Außenmauern vor der Nase genießt man hier plötzlich ziemlichen Auslauf, wird aber doch inmitten häufig latschenbedeckter Kuppen und Mulden von einer eigenwilligen Topographie gefangen genommen.

HÜTTENHÜPFEN UND EIN FRÜHER KLETTERSTEIGBOOM

Wo echte Gipfel fehlen (die Heukuppe als Kulminationspunkt mal ausgenommen), fungieren die locker über das Raxplateau verstreuten Hütten gleichsam konkurrenzlos als beliebteste Anlaufpunkte. Damit kommt man zwangsläufig auf die geschichtliche Entwicklung zurück, die im Zuge einer sprießenden Reiselust in der zweiten Hälfte des 19. Jahrhunderts auch die alpine Erschließung voranbrachte. In Wien konstituierten sich zu dieser Zeit gleich mehrere alpine Vereine, die mit der Errichtung von Schutzhütten und Wegen den Tourismus nach und nach auch auf den Bergeshöhen etablierten. 1877 entstand, angeregt durch Erzherzog Karl Ludwig und vollzogen durch den Österreichischen Touristenklub, die nach dem Adeligen benannte erste vollwertige Unterkunft auf der Rax. Der Österreichische Alpenverein errichtete 1893 das Ottohaus, der Österreichische Gebirgsverein 1899 das Habsburghaus, um einmal die wichtigsten »Hotspots« in einer Reihe zu nennen. Wo alle ein bis zwei Stunden eine Labungsstation zur Verfügung steht – die Neue Seehütte (ohne Nächtigungsmöglichkeit) sowie das etwas tiefer gelegene, ganzjährig bewirtschaftete Waxriegelhaus sollen aus Reichenauer Sicht keinesfalls unterschlagen werden –, stellen sich Wanderungen von Hütte zu Hütte natürlich recht kommod dar und können zum ausgiebigen Erkunden der Rax nur jedem ans Herz gelegt werden.

Als ambitionierterer Berggänger mag man darüber hinaus sein Augenmerk auch auf die zahlreichen gesicherten Steige lenken und kommt in dieser Hinsicht keinesfalls am Großen Höllental vorbei. Tief eingefurcht zwischen Los- und Klobenwand, durchschlägt es den Nordosten des Rax-Massivs und birgt in seinen Steilflanken eine ganze Handvoll gefinkelter Routen aus der Pionierepoche des Klettersteigbaus. Sie lassen sich teilweise geschickt kombinieren, doch zwei Ansätze braucht es mindestens, um Teufelsbadstuben-, Alpenvereins-, Gustav-Jahn-, Gaislochund Graf-Hoyos-Steig allesamt auszuprobieren. Es war mir

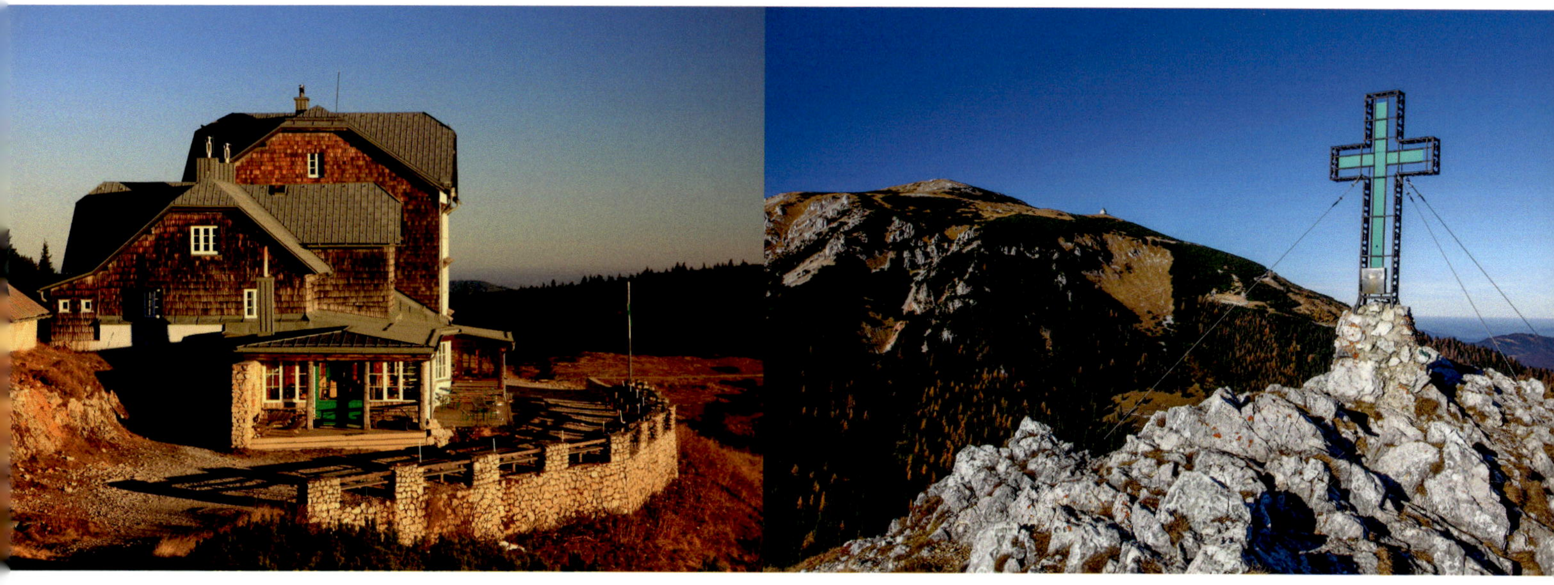

Das Ottohaus steht seit 1893 auf dem Raxplateau. Die meisten Besucher kommen von der nahen Seilbahn (links). Vorposten des massigen Schneebergs: Der Krummbachstein lohnt einen Besuch (rechts).

AUF KULTOUR IN REICHENAU

Ist das Konzept der Bergsteigerdörfer zwar in erster Linie auf das Erleben von Bergen und Natur ausgerichtet, so lohnt sich gerade in Reichenau auch ein Seitenblick auf das kulturelle Leben, das hier durch den Aufenthalt namhafter Künstler und Mäzene, nicht zuletzt von Mitgliedern der einstigen k.-u.-k.-Monarchie, seit jeher hohen Stellenwert besitzt und traditionsgemäß sehr gefördert wird. Im Mittelpunkt stehen dabei die im Sommer stattfindenden Festspiele mit über 100 Aufführungen. Ebenfalls hervorzuheben sind das Musikfestival KultURsprung sowie die Internationale Sommerakademie, die gemeinsam mit mehreren Hochschulen veranstaltet wird. Als Fixpunkt im Angebot lädt das Schloss Reichenau zu seiner Dauerausstellung zum Kulturerbe sowie zu thematisch wechselnden Sonderausstellungen ein. Im Wasserleitungsmuseum Kaiserbrunn wird die Geschichte der zwischen 1869 und 1873 eingerichteten Ersten Wiener Hochquellenleitung dargestellt, die für die Wasserversorgung der Millionenstadt existenziell war und ist. Einen beschaulichen Ausflug verspricht die historische Höllentalbahn, deren Betrieb zu touristischen Zwecken an Sonn- und Feiertagen in der Hauptsaison aufgenommen wird. So können Interessierte ihren Horizont rund um Reichenau nicht nur am Berg, sondern auch in verschiedensten kulturellen Aspekten erweitern.

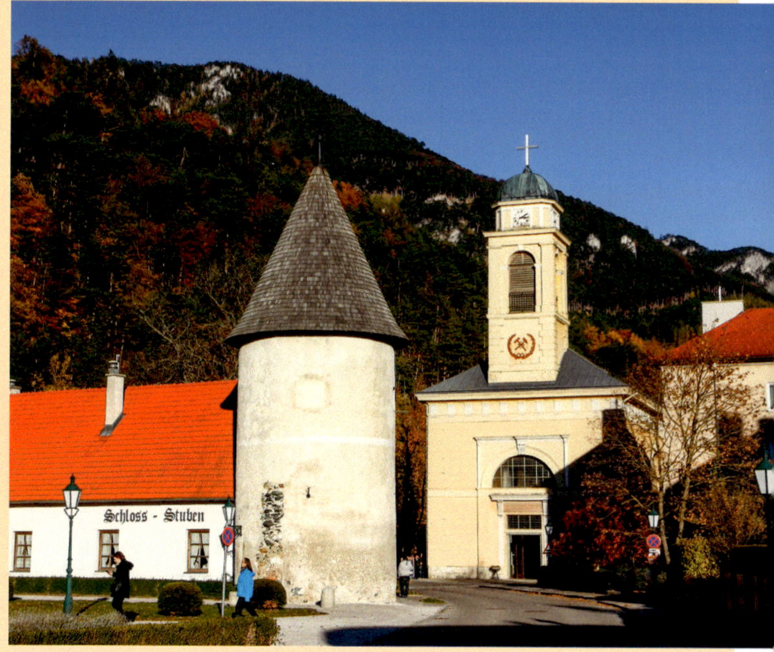

Reichenau ist für sein reichhaltiges Kulturprogramm bekannt. Nicht zuletzt spielt dabei auch das Schloss eine wichtige Rolle.

seinerzeit ein Vergnügen, ganz im Sinne altehrwürdiger Bergfahrten mit leicht abenteuerlichem Anstrich, ohne dabei das Nervenkostüm überzustrapazieren. Schon der Eintritt über die 160-stufige Schönbrunner Stiege in den Canyon des Großen Höllentals entfaltet eine gewisse Dramatik, ein aufregendes Gefühl, wie es sich bei derartigen Touren stets aufs Neue einstellt. Am Alpenvereinssteig, meinem heimlichen Favoriten, beeindruckt sogleich eine Serie von fünf steilen Leitern, mit denen die sogenannte Ceplwand überwunden wird. Nach Abzweig des Jahnsteigs, der eine Querverbindung zum oft feuchten Gaisllochsteig herstellt, präsentieren sich die Abschnitte oberhalb der „Elsa-Rast" bis zum Ausstieg wunderbar spannend und verwinkelt. Schwierigkeitsmäßig bleibt es nach heutigen Maßstäben moderat beim Grad B, was »Eisen-Junkies« vielleicht müde lächeln lässt. Aber eine Raxtour besteht ja stets aus mehr als nur der sportlichen Komponente, weshalb man auch die prächtige Höllentalaussicht nicht auslassen wird, um von dieser Kanzel einen herzergreifenden Rückblick in die titanenhafte, von Schrofenwänden eingefasste grüne Kerbe zu werfen.

Im Übrigen gibt es auf der Süd- und Westseite des Bergstocks noch weitere, meist schon sehr alte Eisenwege, darunter auch den Hans-von-Haid-Steig, der immerhin mit Stellen bis D aufwartet und auf seinen ebenso kuriosen wie berüchtigten Steigbäumen schon manch einem das Herz in die Hose rutschen ließ. Kaum zu glauben, dass diese zünftige, beinahe sportklettersteigartige Route an der Preiner Wand schon über 100 Jahre auf dem Buckel hat. Doch die Altvorderen besaßen wohl ebenso viel Schneid wie Raffinesse, wie nicht nur dieses Beispiel beweist …

Die Rax ist freilich nicht nur ein Dorado der gesicherten Steige, sondern auch ein klassisches Kletterrevier. Absolventen der »Wiener Schule« lernten ihre ersten Schritte in der Vertikalen gewöhnlich an der Hohen Wand, bevor sie die »Mittelschule« an der Rax durchliefen. Die besonders Befähigten zog es nachher noch an die »Universität«, sprich ins Gesäuse. Namhafte Protagonisten wie die legendären Zsigmondy-Brüder, der durch seinen Knoten bekannt gewordene Karl Prusik, der wagemutige Eugen Guido Lammer, der Alpenmaler Gustav Jahn oder der in der Zeit des Nationalsozialismus politisch unheilvoll verstrickte Eduard Pichl trugen maßgeblich zu dieser Entwicklung bei. Zwar mag die Rax mit ihren gerade einmal 2000 Metern Höhe keine überragenden alpinen Effekte hervorrufen – ein Platz in der Geschichte des Alpinismus gebührt ihr dennoch zweifelsohne.

NIEDERÖSTERREICHS KRONE

Geklettert oder am Drahtseil gekraxelt werden kann auch gegenüber am Schneeberg. Doch in erster Linie ist der massige Koloss das allgemeingültige Aushängeschild der Wiener Hausberge. Er konturiert sich deutlicher als die Rax, bildet die höchste Landmarke in dieser östlichsten Alpenecke und trägt bis zum Sommerbeginn eben noch weithin sichtbar Schnee auf seiner Haube, womit er sich – von Wien aus betrachtet – verheißungsvoll am südlichen Horizont abzeichnet. Seit einer Besteigung durch Kaiser Franz I. im Jahre 1805 gilt der Schneeberg als touristisches Pilgerziel. Beinahe undenkbar, als Bergfex aus dem Wiener Umland noch nicht oben gewesen zu sein …

Aus Reichenauer Perspektive ist der Gipfel aufgrund der nahen Vorbauten indes gar nicht zu sehen. Aber man kann sich natürlich auf den Weg machen, üblicherweise ab dem Weichtalhaus mit einem spritzigen Auftakt in der leidlich gezähmten gleichnamigen Klamm (oder leichter über den Ferdinand-Mayr-Weg), weiter über die ulkig wie ein Hexenhäuschen am Turmstein klebende Kienthalerhütte und schließlich über die offene Westflanke hinauf zum Klosterwappen, wo die Radarstation des Bundesheers den höchsten Punkt markiert. Nicht weniger als 1500 Höhenmeter hat man dort absolviert – respektabel für einen Alpenrandberg! Einen Katzensprung entfernt, am fast gleich hohen Kaiserstein unweit der Fischerhütte, schweift der Blick auf die andere Seite, beispielsweise ins Tal von Puchberg, von wo eine Zahnradbahn (»Alpensalamander« genannt) bergwärts zuckelt.

Jüngst, an einem Montag im November, hatte ich mal wieder ein Rendezvous mit dem Schneeberg, hab mir das laue Föhnlüfterl um die Nase wehen lassen und die erstaunliche Stille genossen. Wien war nach dem Wochenende wieder auf Arbeit getrimmt, nur ein paar Glückliche mit freien Stunden am Berg. Die meinigen führten mich auf einer großen Überschreitung via Damböckhaus schließlich noch über den Krummbachstein und mit dem letzten Licht durch die Eng talwärts – ins nostalgische, nun fast verschlafen wirkende Reichenau …

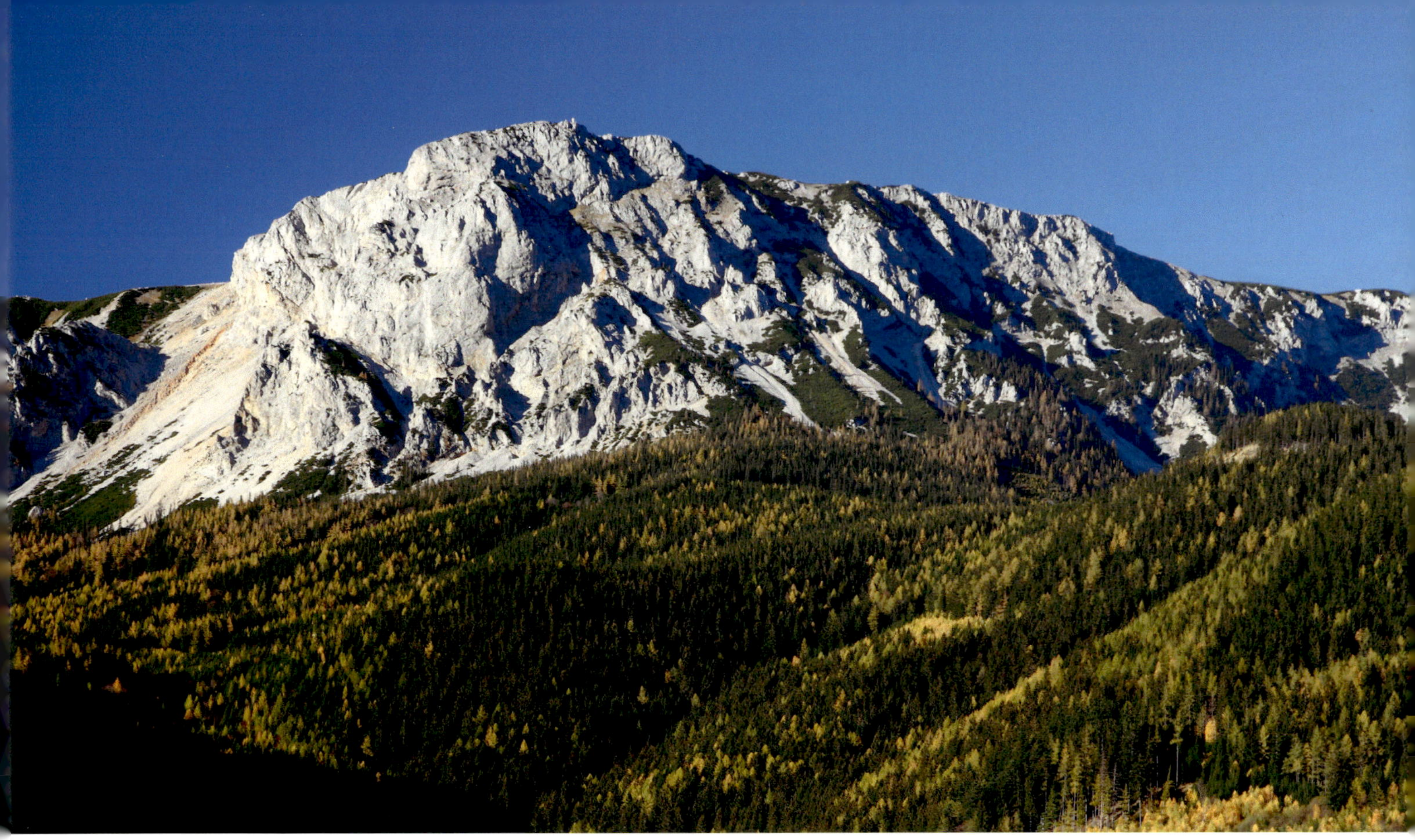

Das Raxmassiv über dem Preiner Gscheid (oben).
In der Hochmulde des Schneebergs steuern wir das Damböckhaus an (unten).

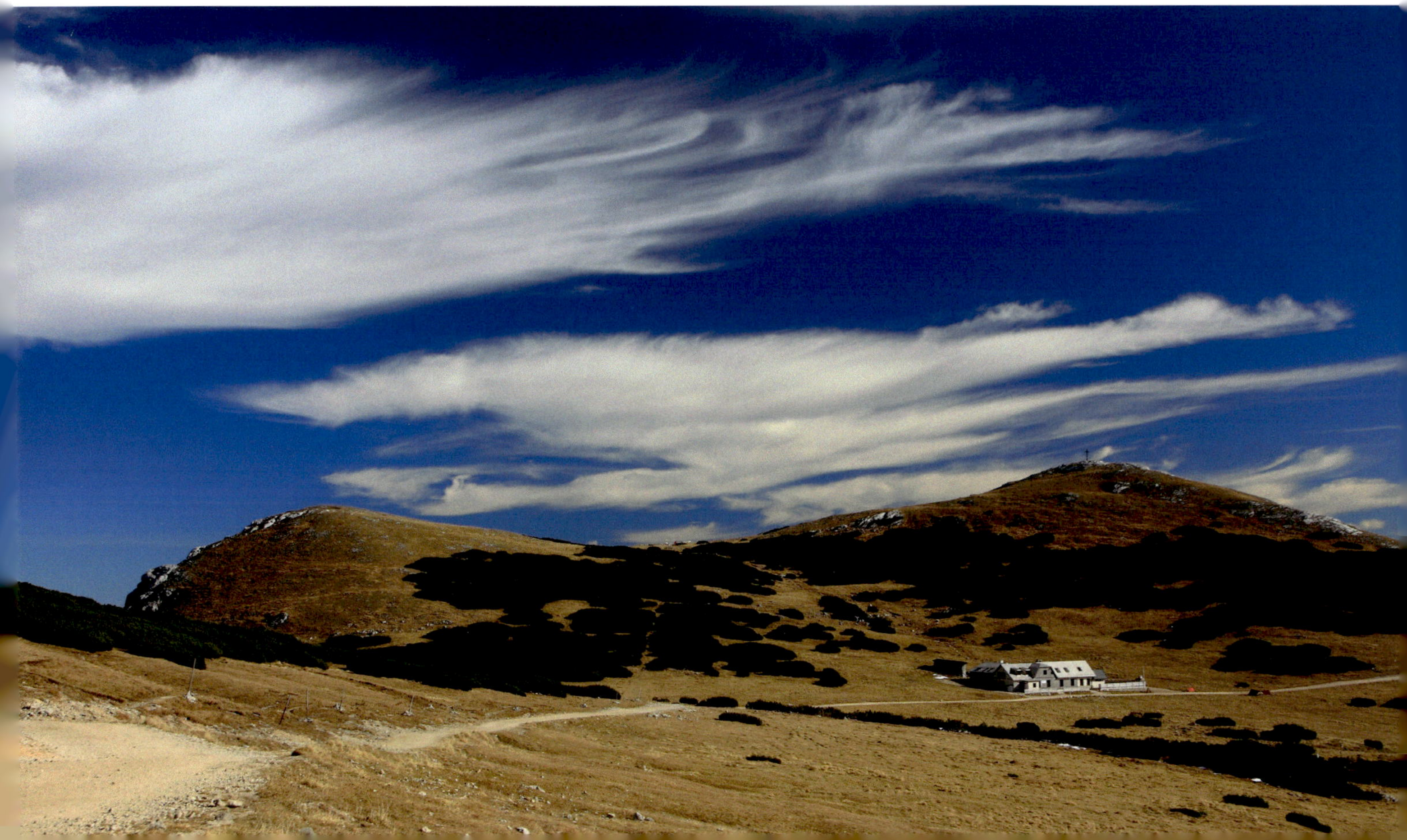

REICHENAU AN DER RAX

Lage: Die Marktgemeinde Reichenau (484 m), als heilklimatischer Kurort anerkannt, liegt im Rax-Schneeberg-Gebiet am Fluss Schwarza. Einschließlich ihrer Ortsteile Hirschwang, Edlach und Prein sowie einiger Weiler leben knapp 3000 Menschen hier.

Anreise: Von der Anschlussstelle Gloggnitz der S6 über die B27 nach Payerbach und Reichenau. Von der Westautobahn (A1) her fährt man am besten schon in St. Pölten ab und gelangt über Traisen, Kleinzell und Schwarzau im Gebirge zum Ziel.

Öffentliche Verkehrsmittel: Es besteht Bahnverkehr bis Payerbach-Reichenau (Strecke zwischen Wiener Neustadt und Bruck an der Mur). In die umliegenden Dörfer und auch zum Preiner Gscheid weiter per Bus.

Informationsbüro: Tourismusbüro, Schloss Reichenau, Schlossplatz 9, A-2651 Reichenau an der Rax, Tel. +43/(0)2666/52865. Marktgemeinde Reichenau an der Rax, Hauptstraße 63, A-2651 Reichenau an der Rax, Tel. +43(0)2666/52206, www.reichenau.at.

Hütten: Waxriegelhaus (1361 m), TVN, ganzjährig, 67 Schlafplätze, Tel. +43/(0)2665/237. Karl-Ludwig-Haus (1804 m), ÖTK, Anfang April bis Mitte November, 118 Schlafplätze, Tel. +43/(0)2665/380 oder +43/(0)676/4613883. Habsburghaus (1785 m), ÖAV-ÖGV, Anfang Mai bis Anfang November, 153 Schlafplätze, Tel. +43/(0)2665/219 oder +43/(0)699/11954704. Gloggnitzer Hütte (1550 m), ÖAV-ÖGV, an Wochenenden und Feiertagen (fast ganzjährig), 24 Schlafplätze, Tel. +43/(0)2662/42511. Ottohaus (1644 m), ÖAV, Anfang Mai bis Anfang November, 62 Schlafplätze, Tel. +43/(0)2666/52402. Raxalpen-Berggasthof (1547 m), privat, ganzjährig, 62 Schlafplätze, Tel. +43/(0)2666/52450. Weichtalhaus (563 m), TVN, Ende März bis Mitte November (Vor- und Nachsaison Mo/Di Ruhetag), 71 Schlafplätze, Tel. +43/(0)2666/53620. Kienthalerhütte (1380 m), ÖTK, Ostern bis Allerheiligen an Wochenenden, 30 Schlafplätze, Tel. +43/(0)660/7117110. Fischerhütte (2049 m), ÖTK, Anfang Mai bis Anfang November, 52 Schlafplätze, Tel. +43/(0)2636/2313 oder +43/(0)676/5893037. Damböckhaus (1810 m), ÖTK, Anfang Mai bis Ende Oktober, 65 Schlafplätze, Tel. +43/(0)2636/2259. Naturfreundehaus Knofeleben (1250 m), TVN, Ende April bis Mitte November (Mo Ruhetag), 70 Schlafplätze, Tel. +43/(0)664/2262802. Waldburgangerhütte (1182 m), privat, Mai bis Oktober an Wochenenden und Feiertagen, 24 Schlafplätze, Tel. +43/(0)2630/36328.

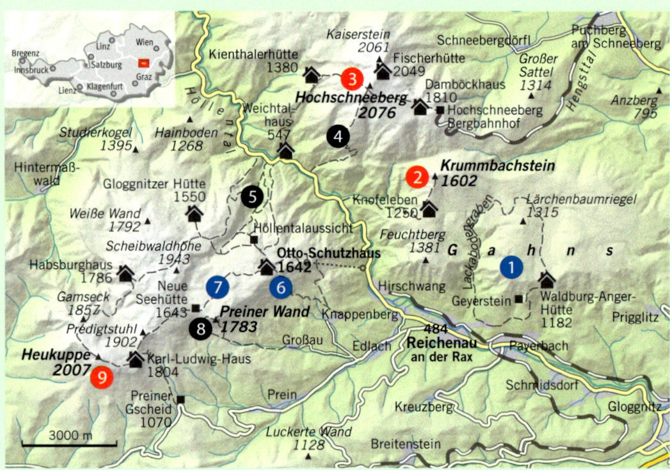

Karten: Freytag & Berndt, 1:50.000, Blatt 022. Kompass, 1:50.000, Blatt 210. Österreichische Karte, 1:50.000, Blätter 4211 und 4212.

Touren-Highlights

1 Gahns

Abwechslungsreiche Mittelgebirgswanderung über die Jubiläumsaussicht am Geyerstein zur Waldburgangerhütte, weiter über die Bodenwiese und im großen Bogen durch Lackabodengraben und Eng wieder talwärts. Ab Schneedörfl insgesamt 5 Std.

2 Krummbachstein (1602 m)

Dem Schneeberg vorgelagertes Gipfelchen mit tollem Ausblick. Von Kaiserbrunn über Knofeleben und die Südseite 3 Std., Varianten für den Abstieg möglich.

3 Hochschneeberg (2076 m)

Der große Berg am äußersten Ostrand der Alpen, ein ausladendes Massiv, das mit einem dichten Wegenetz überzogen ist und viel besucht wird. Ab Puchberg verkehrt eine Zahnradbahn bis auf 1800 Meter Höhe. Vom Weichtalhaus über den Ferdinand-Mayr-Weg (Weichtalklamm als schwierigere Variante) und die Kienthalerhütte, schließlich über die Westflanke 4½ Std. Besonders lohnend mit der Überschreitung via Damböckhaus Richtung Knofeleben.

❹ Stadelwandgrat

Ein Klassiker im III. Grad für gemäßigte Kletterer an der Südseite des Schneebergmassivs. Zustieg durch den Stadelwandgraben 2 Std., Kletterei ca. 2½ Std., Abstieg 1½ Std.

❺ Klettersteige im Großen Höllental

Mehrere gesicherte Steige (überwiegend im Schwierigkeitsgrad B) leiten durch die Steilriegel im Großen Höllental, durch das man vom Weichtalhaus an der B27 über die Schönbrunner Stiege eintritt. Im Einzelnen sind dies Teufelsbadstubensteig, Alpenvereinssteig und Gaislochsteig, dazwischen die Traverse am Gustav-Jahn-Steig sowie auf der anderen Seite der Graf-Hoyos-Steig. Diverse Kombinationen realisierbar, Abstiege auch über den Wachthüttlkamm (A) oder den Rudolfsteig.

❻ Törlweg zum Ottohaus (1644 m)

Gut angelegter Bergweg vom Hotel Knappenhof auf die Rax-Hochfläche beim Ottohaus, 2½ Std. Lohnender Abstecher zur Höllentalaussicht (Schaukanzel) und am besten von der Bergstation der Raxbahn über den Gsolhirnsteig zurück.

❼ Hüttenrunde auf der Rax

Das dicht geknüpfte Wegenetz auf dem Raxplateau eröffnet einigen Spielraum. Folgender Routenverlauf bedient die wichtigsten Stationen: Raxbahn – Ottohaus – Neue Seehütte – Predigtstuhl – Karl-Ludwig-Haus – Heukuppe – Gamseck – Habsburghaus – Scheibwaldhöhe – Klobentörl (Gloggnitzer Hütte) – Höllentalaussicht – Raxbahn. In zwei oder gemütlicheren drei Tagen realisierbar, auch abgewandelt, etwa mit Zustieg vom Preiner Gscheid oder von einem anderen Ausgangspunkt.

❽ Preiner Wand (1783 m)

Alpinistisch bedeutender Gipfelpunkt über dem Südrand der Rax. Besteigung leicht vom Grünschacher bzw. über die Kammlinie vom Ottohaus her möglich. Interessanter ist jedoch die Kombination von Preinerwandsteig im Aufstieg und Holzknechtsteig im Abstieg, für geübte Klettersteigler mehr noch der Hans-von-Haid-Steig (Grad D mit teils sehr originellen Passagen). Noch extremer ist der Königsschusswandsteig (E). Ab Parkplatz Griesleitenhof 3 bzw. 3½ Std. bis zum Gipfel. Auch Kletterer schätzen die Preiner Wand, als Klassiker gilt der Malersteig (III–).

❾ Heukuppe (2007 m)

Höchster Punkt der Rax, eine sanfte Wiesenkuppe im Süden der Hochfläche, die dann in den Raxenmäuern jäh abbricht. Diverse Steige ziehen durch diesen Steilriegel, wobei reine Wanderer meist den Schlangenweg wählen. Reißtaler-, Gretchen- und Karl-Kantner-Steig weisen gesicherte Passagen kaum schwieriger als Grad A auf, außerdem gibt es noch Raxenmäuer- und Martinsteig. Ab Preiner Gscheid 2 Std. bis zum Karl-Ludwig-Haus, von dort 45 Min. auf die Heukuppe.

Allerhand Ziele zur Auswahl: origineller Wegweiser bei der Neuen Seehütte.

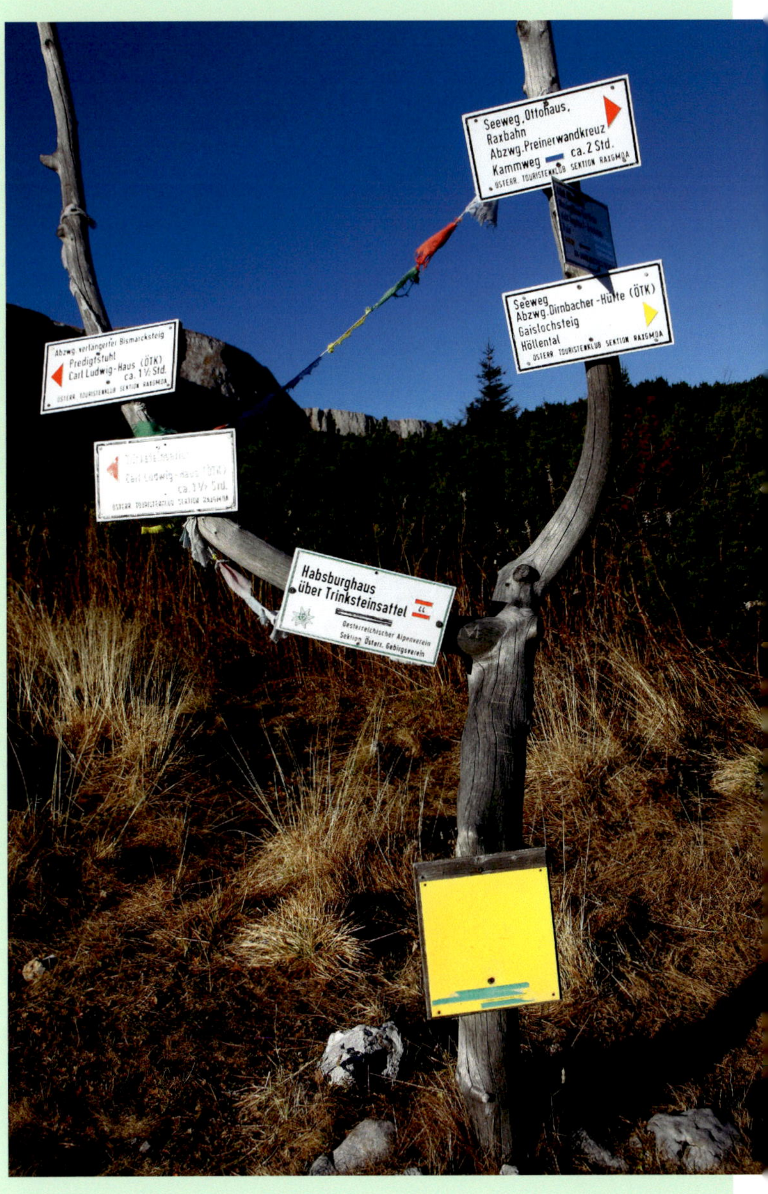

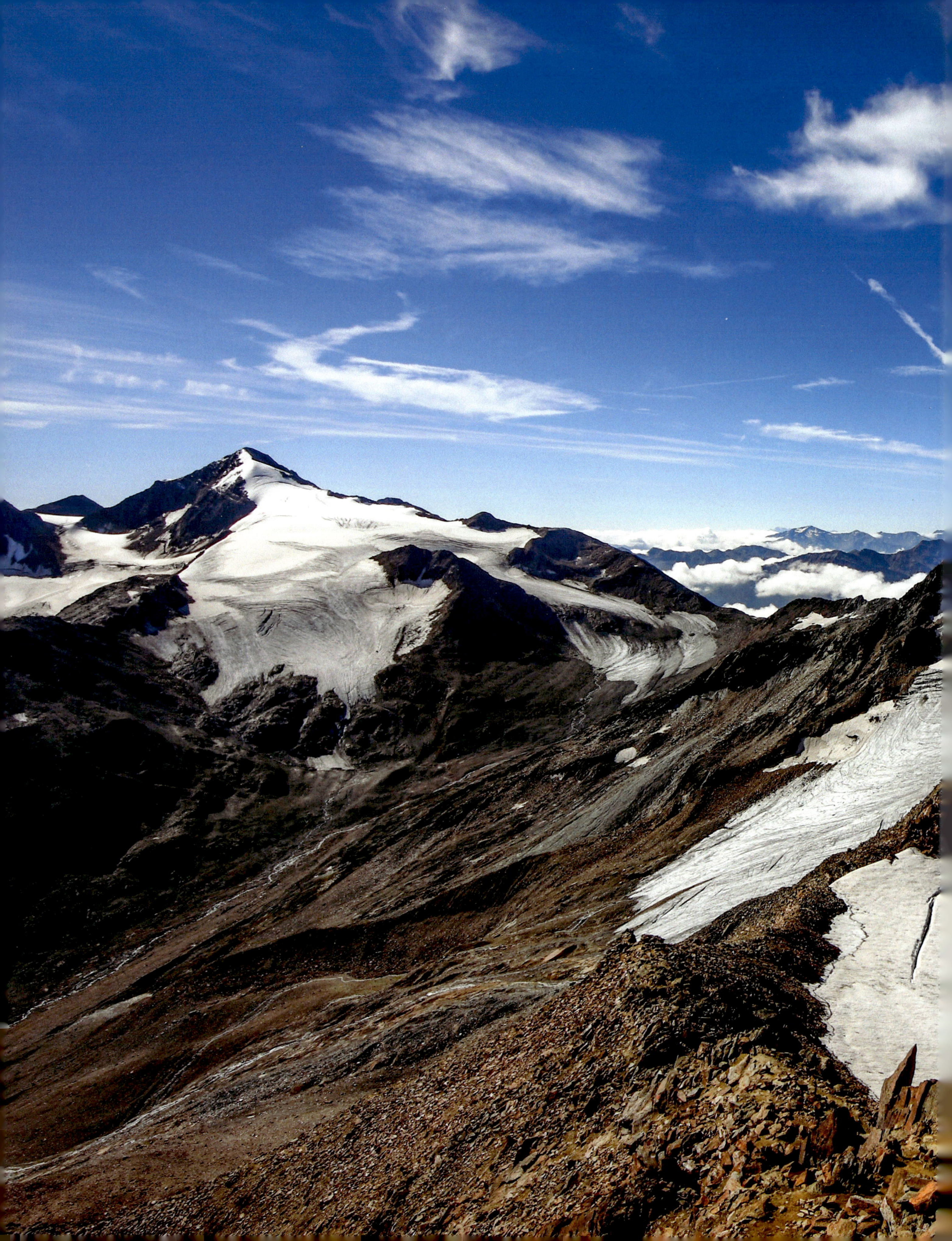

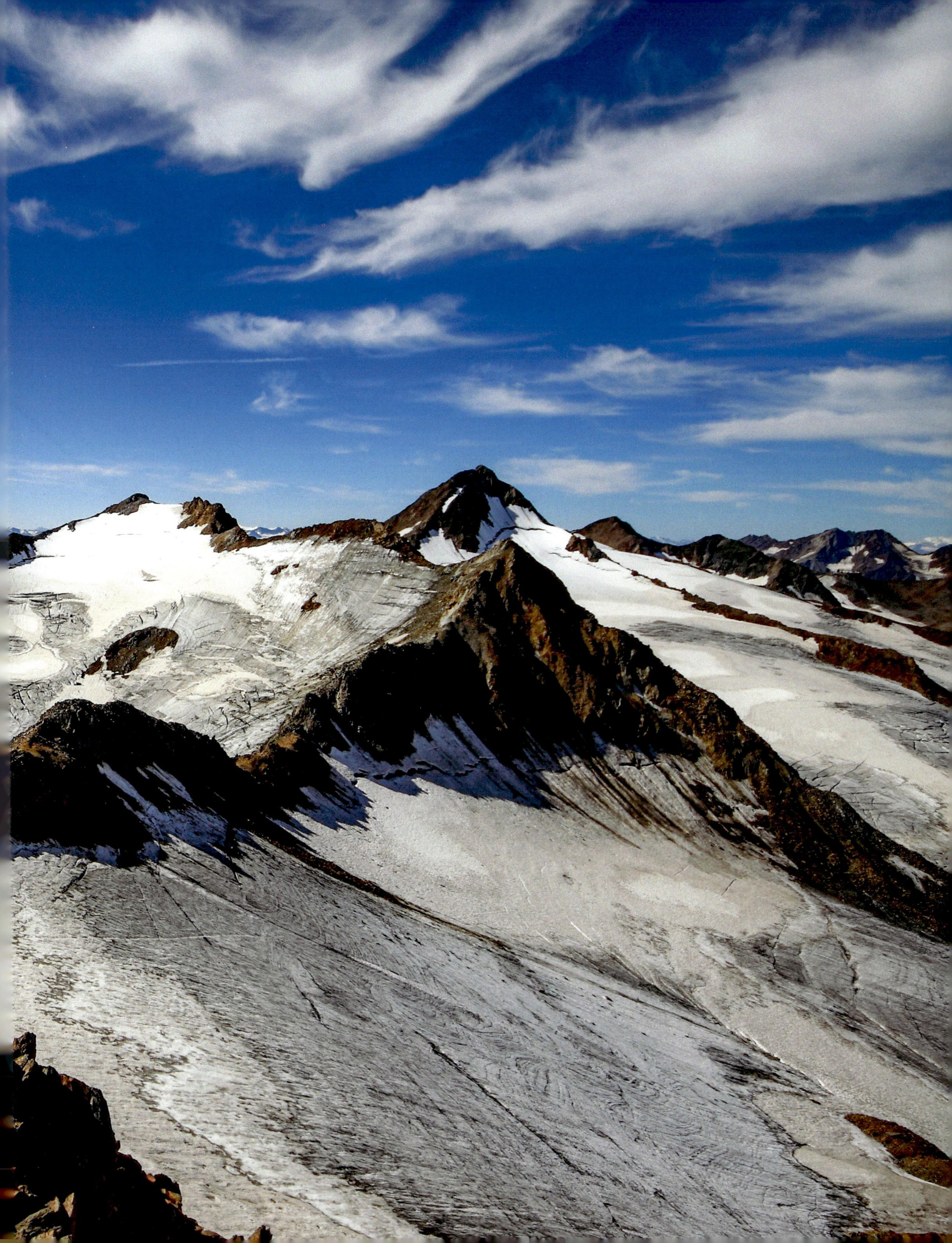

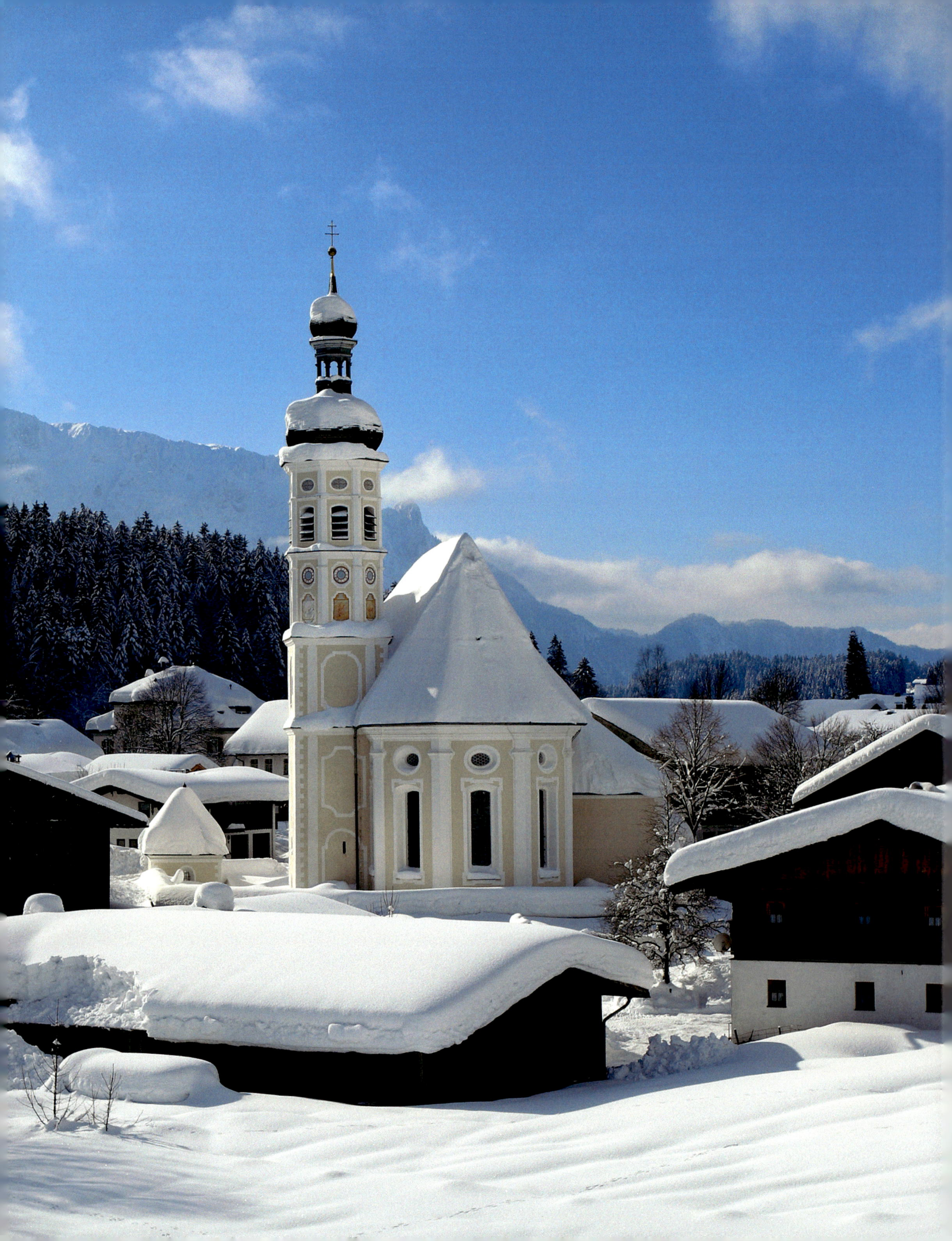

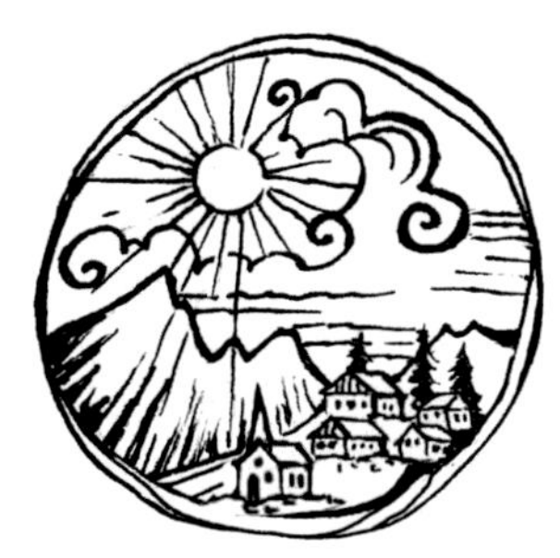

EIN BLICK IN DIE ZUKUNFT DER BERGSTEIGERDÖRFER

Mark Zahel hat sich fast drei Jahre lang Zeit genommen, die Bergsteigerdörfer in Österreich und jenes in Deutschland zu besuchen. Um besondere Emotionen einzufangen, ist er lange vor Sonnenaufgang aufgestanden, hat bei Regen und Schnee ausgeharrt und die letzten herbstlichen Sonnenstrahlen eingefangen. Die Bilder von Mark Zahel ermöglichen wie ein Schaufenster den Blick in eine Welt, die von ihren Bewohnern geprägt wurde und wird: Menschen, die mit der Natur leben, sich nicht gegen sie stellen, sondern versuchen, deren Stärken zu nutzen. Es sind Erfindergeister, Handwerkskünstler, Liebhaber der Berge und Alpinisten. Sie schätzen an ihrer Heimat, dass der menschliche Maßstab und auch Kulturwerte bewahrt werden, die an eine anderenorts bereits verloren gegangene Zeit erinnern – ohne sich modernen Entwicklungen zu verschließen. Gleichzeitig bleibt der Blick frei auf eine anspruchsvolle Lebenswelt, die sich auch heute noch von jener außerhalb der engen Täler und hohen Bergspitzen unterscheidet.

Die touristische Entwicklung des Alpenraums hat viele Facetten. Seit den ersten bergbegeisterten Sommerfrischlern und der Gründung des Österreichischen Alpenvereins im Jahr 1862 sowie sieben Jahre später des Deutschen Alpenvereins hat sich viel getan. Die wohl auffälligste Veränderung ist die Entwicklung des Massentourismus. Doch etabliert sich parallel dazu eine neue Urlaubsweise – getragen von einer Sehnsucht nach dem Ursprünglichen und dem ganz und gar nicht Inszenierten, getragen von dem Verlangen, sich selbst durch körperliche Anstrengung wieder zu spüren und zu erden.

Mit den beiden Chiemgauer Dörfern Sachrang (im Bild) und Schleching wird sich der exklusive Kreis der Bergsteigerdörfer im Sommer 2017 um einen weiteren Neuzugang auf bayerischer Seite erweitern.

EIN HANDVERLESENER KREIS

Und genau hier setzen jene 21 alpinen Ortschaften an, die sich bewusst für eine andere Art des Tourismus entschieden haben. Der Kreis der Bergsteigerdörfer ist überschaubar klein, und auch wenn es bald neue Mitglieder in Italien und Slowenien gibt, so wird es doch immer eine handverlesene Auswahl bleiben. Unter dem Dach der Alpenkonvention und mit Hilfe von Förderungen durch das Österreichische Lebensministerium sowie des Fonds für Ländliche Entwicklung bieten der Österreichische und der Deutsche Alpenverein den Bergsteigerdörfern eine Plattform, auf der sie sich als gemeinsame Marke präsentieren können. Vielfach als Vorzeigeprojekte gepriesen und als Modellregionen bezeichnet, lassen sich aber die Bergsteigerdörfer nicht in rot-weiß karierte Klischees pressen. In diesen Orten werden mutig neue Wege beschritten. Lokale Kultur und Tradition werden genauso selbstverständlich aufgenommen, erweitert und neu interpretiert, wie sie sich auch an veränderte Umweltbedingungen anpassen.

Den Alpenvereinen ist im Besonderen daran gelegen, Alternativen zum gängigen, vielfach hochsubventionierten

Wintertourismus aufzuzeigen. Sie möchten beweisen, dass »unverbrauchte« Natur- und Kulturlandschaft einen hohen Wert hat und daher selbstverständlich zu schützen ist. Gleichzeitig soll die Präsenz der Alpenvereinssektionen unterstützt, das Hütten- und Wegenetz als wichtige alpine Infrastruktur erhalten sowie Eigenverantwortung, Umgang mit Risiko und Umweltbewusstsein mithilfe von Kursen und geführten Touren gelehrt werden.

OFFIZIELLES UMSETZUNGSPROJEKT DER ALPENKONVENTION

Ist die Sicht frei und unversperrt, dann lässt sich auch ein Blick in die Zukunft der Bergsteigerdörfer werfen. Das mit der Alpenkonvention geschlossene Memorandum of Understanding (MoU) hebt die Bergsteigerdörfer in den Status eines offiziellen Umsetzungsprojektes. Damit wird die Kooperation vor allem bei der gegenseitigen Information und Öffentlichkeitsarbeit vertieft. Diese Zusammenarbeit setzt auf die Betonung bestehender Traditionen und Kulturen und auf die Möglichkeiten, daraus etwas Einzigartiges zu entwickeln. Der Aspekt der Regionalentwicklung folgt daraus von selbst. Eine möglichst große Ausgewogenheit zwischen sozialen, wirtschaftlichen und Umweltaspekten, aber auch die Balance zwischen extensiven und intensiven Tourismusformen sind dabei wichtige Themen der Alpenkonvention.

Möglich wurde dieses Memorandum durch die Ausweitung der Bergsteigerdörfer über die Grenzen Österreichs hinaus. Die Partnerschaftsabkommen zunächst mit dem Deutschen und in weiterer Folge auch mit dem Südtiroler und Slowenischen Alpenverein unterstreichen nicht nur den Erfolg dieses Vorzeigeprojektes des naturnahen, nachhaltigen Alpintourismus, sondern kennzeichnen auch wichtige Arbeitsbereiche, die in den nächsten Jahren anstehen. Der vor über acht Jahren eingeschlagene Pfad kommt nun zu einer wichtigen Weggabelung. Mit dem ersten bayerischen Bergsteigerdorf, Ramsau bei Berchtesgaden, wurde bereits 2016 ein erster Schritt auf dem Weg der Internationalisierung getan. Mit Sommer 2017 erweitern nun die beiden Chiemgauer Dörfer Sachrang und Schleching als Gemeinschaft den erlesenen Kreis auf 22 Bergsteigerdörfer.

Das Memorandum ist jedoch nicht nur Ehre, sondern auch Auftrag, die Protokolle und Deklarationen der Alpenkonvention noch konsequenter umzusetzen und den Menschen – seien es Besucher oder Einheimische – näherzubringen. Gleichzeitig bedeutet die Internationalisierung eine markante Aufwertung der »Marke Bergsteigerdörfer«, etwa durch die zielgruppengenaue Bewerbung bei den Alpenvereinsmitgliedern der beteiligten Staaten.

Mark Zahel ist mit diesem Werk eine sehr emotionale Annäherung an die Bergsteigerdörfer gelungen, und er ermöglicht gleichzeitig einen in Bilder gefassten Blick auf die Deklaration »Bevölkerung und Kultur« der Alpenkonvention – auf Selbstbewusstsein, Stolz und Verbundenheit und damit auf den Wesenskern der Bergsteigerdörfer.

Als Vertreter des Österreichischen und des Deutschen Alpenvereins bedanken wir uns gemeinsam beim Autor für dieses schöne Werk. Mögen Sie, liebe Leserinnen und Leser, die »Tiefe« der Bergsteigerdörfer in den Bildern entdecken.

Gerald Dunkel-Schwarzenberger
Vizepräsident Österreichischer Alpenverein

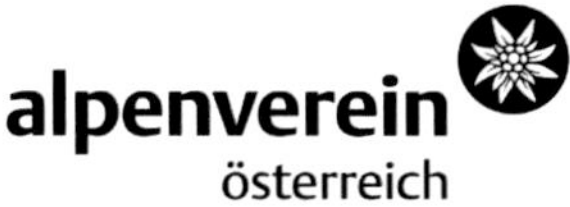

Rudi Erlacher
Vizepräsident Deutscher Alpenverein

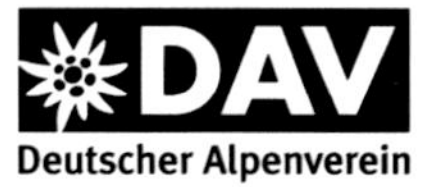

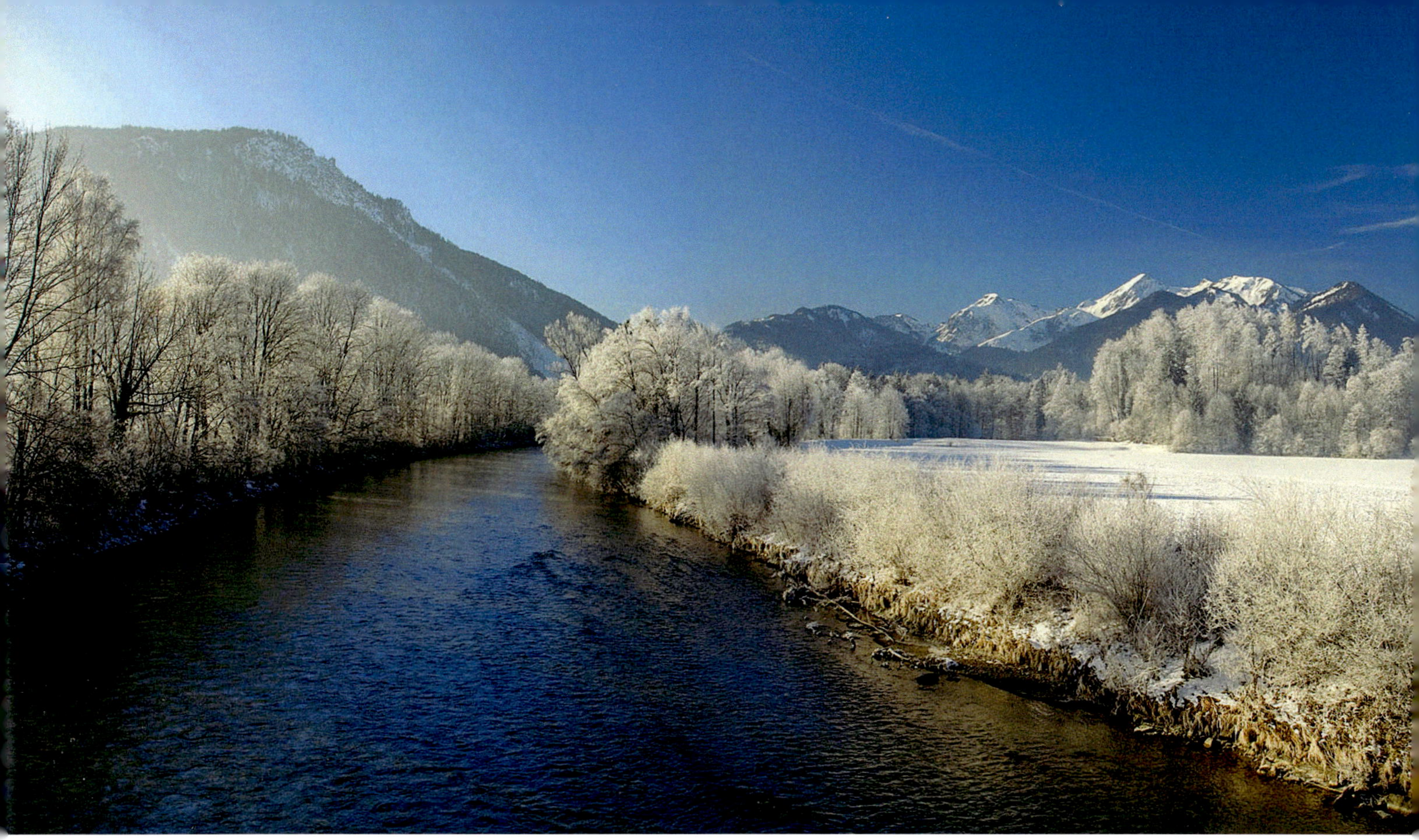

Sachrang und Schleching (unten) liegen im Chiemgau in den benachbarten Tälern der Prien und der Achen (oben). Zwischen den beiden Orten liegt der Geigelstein, einer der bekanntesten Chiemgauer Berge.

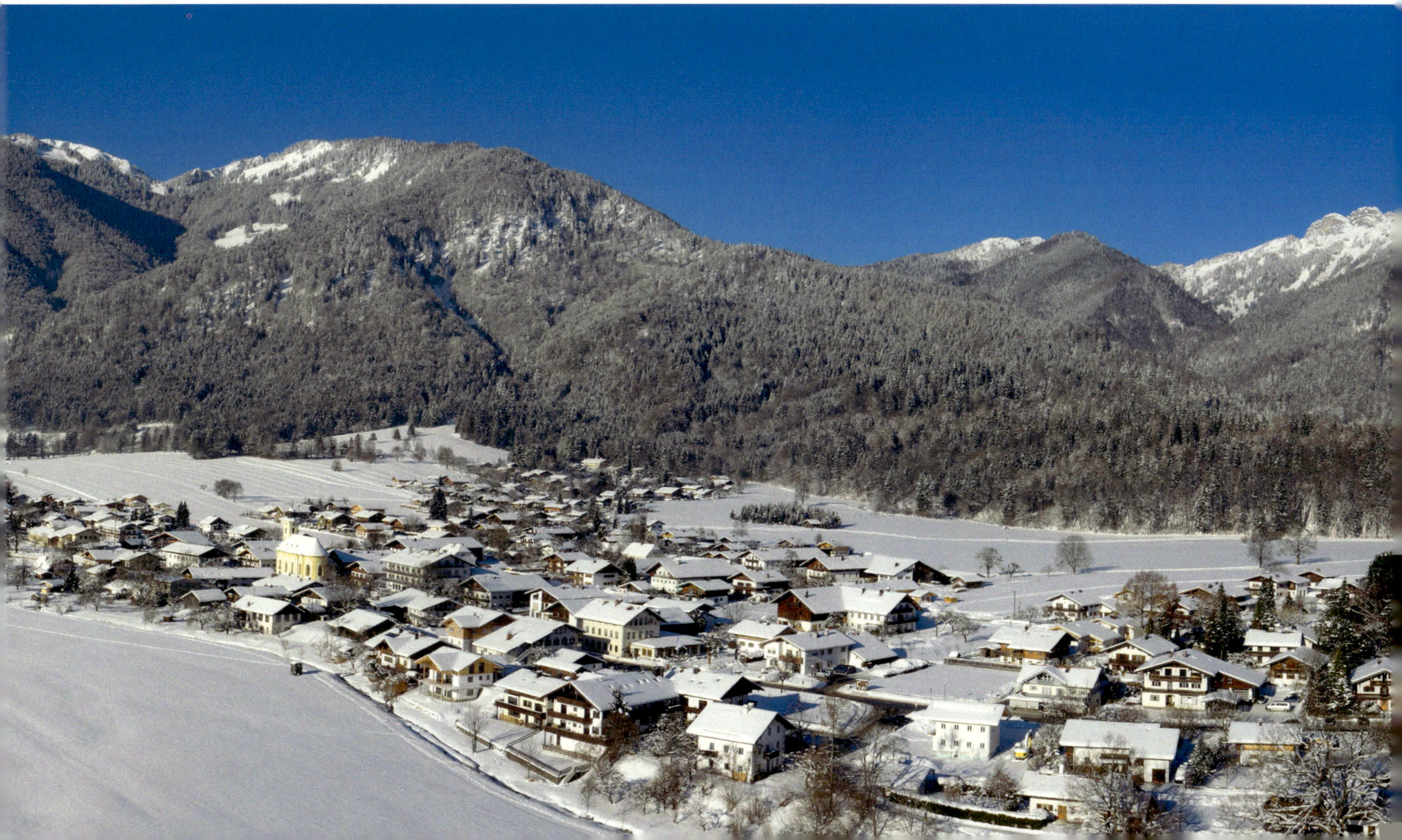

IMPRESSUM

2017

Umschlaggestaltung: Tyrolia-Verlag, Innsbruck
Titelbilder: Das Lechquellengebirge im ersten Licht (oben); das Bergsteigerdorf Schmirn in Tirol (unten).
Bildnachweis: Soweit nicht anders angegeben alle Abbildungen vom Autor. Bilder Seite 232 und 234 © DAV
Doppelseitige Abbildungen:
Seite 2/3: Maria Luggau im oberen Lesachtal ist als Wallfahrtsort bekannt. Seite 6/7: Grobes Blockwerk ist in den Zentralalpen allgegenwärtig. Diese Aufnahme entstand über dem inneren Rofental bei Vent. Seite 16/17: Streifzüge durchs Steinerne Meer in den Berchtesgadener Alpen verlaufen fernab jeglicher Zivilisation. Seite 232/233: Am Saykogel präsentiert sich der Ötztaler Hauptkamm mit Similaun (links) und Fineilspitze.
Layout und digitale Gestaltung: Angelika Zak, Scharnitz/Tirol
Kartographie: GeoGraphic Production GmbH, München (D)
Druck und Bindung: Gorenjski-Tisk (SI)

ISBN 978-3-7022-3595-6

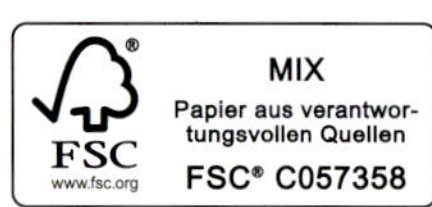

www.tyrolia-verlag.at
E-Mail: buchverlag@tyrolia.at

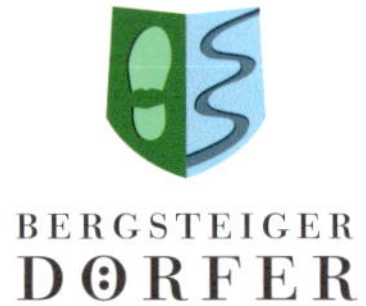

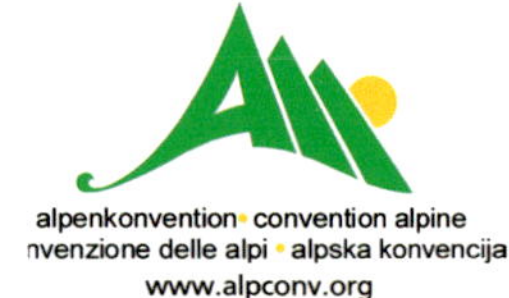

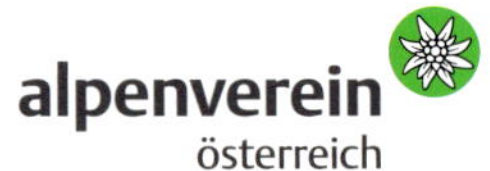

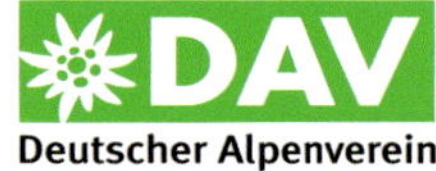

MIT UNTERSTÜTZUNG VON BUND UND EUROPÄISCHER UNION

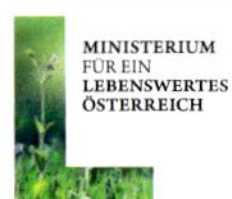

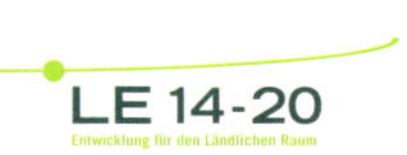

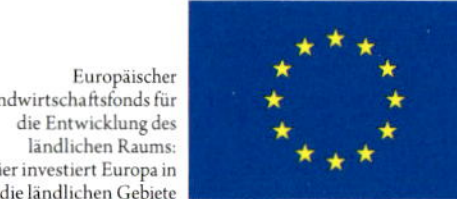

www.bergsteigerdoerfer.org